南京大学考古文物系
系　列　教　材

战国秦汉考古

刘兴林 编著

南京大学出版社

目 录

绪 论 1
  一、战国秦汉时期的特点 1
  二、战国秦汉考古的特点和面临的问题 4
  三、关于教材编写的几点说明 7

上 编　战国至秦代考古

第一章　城市和重要的人工设施 10
  第一节　重要的城址 10
    一、莒国故城 10
    二、齐国都城临淄 12
    三、新郑郑、韩故城 14
    四、赵国都城邯郸 15
    五、魏都安邑故城 17
    六、易县燕下都 18
    七、楚国纪南城 19
    八、秦国故都遗址 21
    九、中山国灵寿故城 28
    十、里耶古城 29
  第二节　战国和秦代长城 31
    一、战国内长城 31
    二、秦、赵、燕长城 34
  第三节　重要建筑和道路设施 36
    一、碣石宫和金山咀建筑群 36
    二、直道 36

第二章　埋葬制度 39
  第一节　墓葬概说 39

一、墓葬类型和等级……………………………………………………39
　　二、墓葬分区和分期……………………………………………………40
　　三、地面设施……………………………………………………………42
　　四、墓地制度……………………………………………………………44
 第二节　战国诸侯、封君和王室贵族大墓……………………………………45
　　一、大型墓葬的一般情况………………………………………………45
　　二、大型墓葬举例………………………………………………………46
 第三节　战国中小型墓的分区…………………………………………………51
　　一、三晋两周地区的墓葬………………………………………………51
　　二、关中和其他地区的秦墓……………………………………………53
　　三、长江中游和江淮地区楚墓…………………………………………57
　　四、长江下游江南地区吴越墓葬………………………………………61
　　五、燕国墓葬……………………………………………………………64
　　六、齐鲁地区墓葬………………………………………………………67
　　七、巴蜀地区墓葬………………………………………………………72
　　八、其他地区的特殊墓葬………………………………………………77
 第四节　从秦公大墓到秦始皇帝陵……………………………………………84
　　一、秦公大墓……………………………………………………………84
　　二、秦始皇帝陵…………………………………………………………87
　　三、兵马俑坑……………………………………………………………95
　　四、秦始皇帝陵和兵马俑坑考古的意义………………………………98

第三章　社会生产……………………………………………………………99
 第一节　手工业…………………………………………………………………99
　　一、战国时期的冶铁业…………………………………………………99
　　二、青铜冶炼和铜器铸造………………………………………………105
　　三、陶器制造和陶器类型………………………………………………115
　　四、漆器制造和漆器装饰工艺…………………………………………118
　　五、纺织生产和丝织品种类……………………………………………121
 第二节　农　业…………………………………………………………………125
　　一、战国农具……………………………………………………………125
　　二、农田灌溉和重要的水利设施………………………………………129
　　三、作物品种和分布……………………………………………………131

第四章　社会生活……………………………………………………………133
 第一节　货币体系………………………………………………………………133
　　一、布币…………………………………………………………………133
　　二、刀币…………………………………………………………………136
　　三、圜钱…………………………………………………………………138

四、楚币 …………………………………………………………………… 141
　第二节　度量衡制度 …………………………………………………………… 142
　　一、秦国的度量衡制 …………………………………………………… 142
　　二、楚国的度量衡制 …………………………………………………… 145
　　三、田氏三量与齐国量制 ……………………………………………… 147
　　四、其他地区的度量衡制 ……………………………………………… 147
　第三节　铜镜和灯具 …………………………………………………………… 148
　　一、战国铜镜 …………………………………………………………… 148
　　二、战国灯具 …………………………………………………………… 151

第五章　战国文字和简帛 …………………………………………………………… 153
　第一节　从六国文字到统一的小篆 …………………………………………… 153
　　一、六国文字 …………………………………………………………… 153
　　二、秦国文字 …………………………………………………………… 154
　　三、小篆和隶书 ………………………………………………………… 155
　第二节　简牍、帛书 …………………………………………………………… 155
　　一、楚简、帛书 ………………………………………………………… 156
　　二、秦简 ………………………………………………………………… 157

下编　汉代考古

第一章　城市和重要的人工设施 …………………………………………………… 162
　第一节　两汉都城 ……………………………………………………………… 162
　　一、西汉都城长安 ……………………………………………………… 162
　　二、东汉都城洛阳 ……………………………………………………… 175
　第二节　汉代郡县城址 ………………………………………………………… 181
　　一、曲阜鲁国故城汉城 ………………………………………………… 181
　　二、章丘东平陵故城 …………………………………………………… 182
　　三、盱眙东阳故城 ……………………………………………………… 184
　　四、武夷山城村汉城 …………………………………………………… 185
　　五、温岭大溪东瓯国城址 ……………………………………………… 186
　　六、广汉雒城遗址 ……………………………………………………… 186
　第三节　汉代长城 ……………………………………………………………… 187

第二章　埋葬制度 …………………………………………………………………… 189
　第一节　汉代墓葬概说 ………………………………………………………… 189
　　一、汉墓类型和等级 …………………………………………………… 189
　　二、汉墓分区和分期 …………………………………………………… 191
　第二节　汉代帝陵 ……………………………………………………………… 193

一、西汉帝陵……193
　　二、东汉帝陵……201
第三节　诸侯王和列侯大墓……204
　　一、木椁墓……205
　　二、黄肠题凑墓……214
　　三、崖洞墓……222
　　四、石室墓……228
第四节　汉代中小型墓……230
　　一、竖穴土坑木椁墓和土坑墓……230
　　二、西汉洞室墓……233
　　三、空心砖墓和砖室墓……235
　　四、石室墓……240
　　五、石椁墓……240
　　六、壁画墓和画像砖、石墓……242
　　七、土墩墓……257
　　八、东汉崖墓……258
　　九、刑徒墓……260
第五节　其他地区的特殊墓葬……263
　　一、东北地区墓葬……263
　　二、北方长城地带中段墓葬……264
　　三、新疆地区墓葬……265
第六节　汉代墓地制度和丧葬习俗……268
　　一、家族墓地……268
　　二、地面设施……270
　　三、随葬品……273
　　四、玉敛葬俗……275
　　五、告地策……278
　　六、买地券、镇墓文和镇墓兽……278

第三章　社会生产……282
第一节　手工业……282
　　一、汉代冶铁业……282
　　二、青铜冶炼和铜器铸造……290
　　三、陶器制造和陶器类型……292
　　四、漆器制造和漆器装饰工艺……298
　　五、汉代纺织生产……301
　　六、玉器和玉器制造……309
第二节　农　业……310

一、汉代农具 ……………………………………………… 310
　　二、汉代牛耕 ……………………………………………… 318
　　三、汉代水利 ……………………………………………… 319
　　四、作物品种和分布 ……………………………………… 323
第四章　社会生活 ………………………………………………… 326
　第一节　货币体系 ……………………………………………… 326
　　一、汉初的半两钱 ………………………………………… 326
　　二、汉代五铢钱 …………………………………………… 327
　　三、新莽货币 ……………………………………………… 328
　　四、汉代金币 ……………………………………………… 329
　第二节　度量衡制度 …………………………………………… 331
　　一、汉代度制 ……………………………………………… 331
　　二、汉代量制 ……………………………………………… 331
　　三、汉代衡制 ……………………………………………… 334
　第三节　铜镜、灯具和熏炉 …………………………………… 335
　　一、铜镜 …………………………………………………… 335
　　二、灯具 …………………………………………………… 337
　　三、熏炉 …………………………………………………… 340
　第四节　汉代基层聚落考古 …………………………………… 341
　　一、辽阳三道壕 …………………………………………… 342
　　二、内黄三杨庄 …………………………………………… 343
第五章　汉代纸张和简帛 ………………………………………… 345
　第一节　汉代的纸 ……………………………………………… 345
　第二节　汉代的简帛 …………………………………………… 348
　　一、西北地区汉简 ………………………………………… 348
　　二、山东银雀山汉简 ……………………………………… 350
　　三、湖北汉简 ……………………………………………… 350
　　四、湖南汉简、帛书 ……………………………………… 351
　　五、江苏汉简 ……………………………………………… 351
　　六、安徽汉简 ……………………………………………… 353
　　七、河北汉简 ……………………………………………… 353
　　八、南越汉简 ……………………………………………… 353
　　九、成都天回山汉简 ……………………………………… 353
　　十、北京大学藏西汉竹书（北大简） …………………… 354
主要参考书目 ……………………………………………………… 355
后　记 ……………………………………………………………… 360

插图目录

上　编　战国至秦代考古

图1-1　莒国故城平面示意图 …………………………………… 11
图1-2　齐国都城临淄平面图 …………………………………… 13
图1-3　新郑郑、韩故城平面图 ………………………………… 15
图1-4　赵国都城邯郸平面图 …………………………………… 16
图1-5　魏都安邑故城平面示意图 ……………………………… 17
图1-6　易县燕下都平面图 ……………………………………… 19
图1-7　楚国纪南城平面图 ……………………………………… 20
图1-8　秦都雍城平面图 ………………………………………… 22
图1-9　秦咸阳城遗址位置示意图 ……………………………… 24
图1-10　秦咸阳宫范围及建筑遗址分布图 …………………… 25
图1-11　秦咸阳宫一号宫殿基址（西北—东南）……………… 25
图1-12　秦咸阳宫一号宫殿遗址遗迹分布图 ………………… 26
图1-13　中山国灵寿故城平面图 ……………………………… 29
图1-14　里耶古城平面图 ……………………………………… 30
图1-15　楚国长城分布示意图 ………………………………… 32
图1-16　齐国长城分布示意图 ………………………………… 33
图1-17　燕、赵、秦三国长城和秦代长城遗迹分布图 ……… 35
图1-18　秦直道走向示意图 …………………………………… 37
图2-1　曾侯乙墓平面图 ………………………………………… 46
图2-2　曾侯乙墓中室出土的编钟（南—北）………………… 47
图2-3　中山王墓平面图 ………………………………………… 49
图2-4　中山王墓出土铜器 ……………………………………… 49
图2-5　中山王墓出土的兆域图铜版 …………………………… 50
图2-6　郑州南阳路战国早期墓（M15）出土陶器 …………… 52

图 2-7　新郑战国空心砖墓（M15） ……………………………………………… 52
图 2-8　三晋两周地区战国墓常见器物组合 …………………………………… 53
图 2-9　关中地区秦洞室墓的主要类型 ………………………………………… 55
图 2-10　关中地区战国秦墓常见陶器 …………………………………………… 56
图 2-11　湖北老河口安岗战国中期墓（M1）悬底弧棺 ………………………… 59
图 2-12　战国楚墓常见仿铜陶礼器（九店楚墓） ……………………………… 60
图 2-13　战国楚墓常见日用陶器（九店楚墓） ………………………………… 61
图 2-14　陶庄土墩墓出土器物 …………………………………………………… 62
图 2-15　江南战国墓常见器物 …………………………………………………… 63
图 2-16　北京怀柔燕国墓随葬器物 ……………………………………………… 65
图 2-17　燕国墓出土陶器 ………………………………………………………… 66
图 2-18　青州东高镇西辛村齐墓（南—北） …………………………………… 69
图 2-19　齐国墓葬出土陶器（郎家庄 M1，春秋晚期到战国初期） …………… 70
图 2-20　曲阜鲁国故城乙组东周墓出土陶器 …………………………………… 71
图 2-21　蜀文化墓葬 ……………………………………………………………… 73
图 2-22　战国蜀文化墓葬典型器物 ……………………………………………… 74
图 2-23　昭化宝轮院 M14 ………………………………………………………… 76
图 2-24　巴文化墓葬常见器物 …………………………………………………… 77
图 2-25　可乐文化墓葬（M273） ………………………………………………… 79
图 2-26　可乐文化常见典型器物 ………………………………………………… 80
图 2-27　滇文化墓葬典型器物 …………………………………………………… 81
图 2-28　祥云大波那一号墓铜棺及部分出土铜器 ……………………………… 83
图 2-29　雍城秦公陵园布局图 …………………………………………………… 85
图 2-30　周陵镇秦公陵园平面图 ………………………………………………… 86
图 2-31　秦始皇帝陵平面布局图 ………………………………………………… 89
图 2-32　秦始皇帝陵封土西侧出土铜车马 ……………………………………… 90
图 2-33　K0006 平面图及出土陶俑 ……………………………………………… 91
图 2-34　秦始皇帝陵外围主要遗迹分布示意图 ………………………………… 93
图 2-35　秦始皇帝陵陪葬坑 K0007 过洞出土的青铜水禽 ……………………… 94
图 2-36　秦始皇帝陵兵马俑坑分布图 …………………………………………… 95
图 2-37　秦始皇帝陵兵马俑一号坑（东—西） ………………………………… 96
图 2-38　秦始皇帝陵兵马俑坑一号坑局部透视图 ……………………………… 97
图 3-1　河北兴隆寿王坟出土铁铸范 …………………………………………… 104
图 3-2　Ⅶ号矿体 1 号点一组完整的井巷 ……………………………………… 106
图 3-3　大冶铜绿山遗址出土采矿工具 ………………………………………… 107
图 3-4　春秋战国铜器铸造工艺 ………………………………………………… 109
图 3-5　山彪镇战国墓铜鉴错红铜水陆攻战纹 ………………………………… 112

图 3-6　战国错金银和镶嵌铜器 ……………………………………………… 113
图 3-7　战国铺地砖 …………………………………………………………… 116
图 3-8　战国瓦当 ……………………………………………………………… 117
图 3-9　马山一号墓出土刺绣品上的凤纹 …………………………………… 124
图 3-10　战国铁农具 …………………………………………………………… 127
图 3-11　天星观楚墓盗洞出土的战国铁锄 …………………………………… 128
图 4-1　战国布币 ……………………………………………………………… 135
图 4-2　战国刀币 ……………………………………………………………… 138
图 4-3　战国圜钱和秦半两 …………………………………………………… 140
图 4-4　楚国的铜贝和禹金 …………………………………………………… 141
图 4-5　商鞅铜方升及其铭文 ………………………………………………… 142
图 4-6　北私府铜椭量及两诏铭文 …………………………………………… 143
图 4-7　秦国铜、铁权 ………………………………………………………… 144
图 4-8　楚国的天平和砝码（江陵九店 M246:8） …………………………… 145
图 4-9　齐国量器 ……………………………………………………………… 147
图 4-10　洛阳金村出土铜尺 …………………………………………………… 148
图 4-11　中山成公墓出土铜权（M6:123） …………………………………… 148
图 4-12　战国铜镜 ……………………………………………………………… 149
图 4-13　战国铜灯 ……………………………………………………………… 152
图 5-1　龙山里耶古城出土秦代简牍 ………………………………………… 159

下编　汉代考古

图 1-1　汉长安城遗址平面图 ………………………………………………… 163
图 1-2　章城门及章城门外城壕示意图 ……………………………………… 164
图 1-3　长乐宫建筑遗址 ……………………………………………………… 166
图 1-4　武库及其七号建筑遗址平面图 ……………………………………… 167
图 1-5　桂宫遗址平面图 ……………………………………………………… 168
图 1-6　汉长安南郊辟雍遗址平面图 ………………………………………… 172
图 1-7　王莽九庙第三号遗址（F3）总平面图 ……………………………… 173
图 1-8　汉长安城社稷遗址平面图 …………………………………………… 174
图 1-9　东汉洛阳城平面复原示意图 ………………………………………… 175
图 1-10　东汉洛阳灵台遗址（北—南） ……………………………………… 177
图 1-11　东汉洛阳灵台遗址平面图 …………………………………………… 179
图 1-12　曲阜鲁国故城汉城遗址平面图 ……………………………………… 182
图 1-13　章丘东平陵故城遗址平面图 ………………………………………… 183
图 1-14　盱眙东阳故城遗址平面图 …………………………………………… 184

图 1-15	武夷山城村汉城遗址平面图	185
图 1-16	广汉雒城遗址平面图	187
图 1-17	秦汉长城遗迹分布图	187
图 2-1	西汉帝陵分布示意图	194
图 2-2	汉景帝阳陵陵区遗迹分布图	195
图 2-3	汉景帝阳陵帝陵陵园遗迹分布图	196
图 2-4	康陵陵园布局和遗迹分布图	198
图 2-5	汉景帝阳陵外藏坑出土陶俑	199
图 2-6	汉景帝阳陵"罗经石"遗址平面图	201
图 2-7	东汉帝陵分布图	202
图 2-8	洛庄汉墓陪葬坑分布图	206
图 2-9	洛庄汉墓陪葬坑及出土器物	206
图 2-10	马王堆汉墓棺椁平、剖面图	207
图 2-11	马王堆一号汉墓出土漆器	208
图 2-12	马王堆一号汉墓内棺盖上的帛画	209
图 2-13	海昏侯墓园遗迹分布图	210
图 2-14	海昏侯墓 M1 椁室布局（正射影像）	211
图 2-15	海昏侯墓 M1 平面图	212
图 2-16	贵港罗泊湾一号汉墓平、剖面图	213
图 2-17	石家庄小沿村汉墓平面图	215
图 2-18	长沙象鼻山 M1 平面图	216
图 2-19	定陶灵圣湖汉墓(M2)椁顶铺砖及周边遗迹(东—西)	217
图 2-20	定陶灵圣湖汉墓(M2)平面图	218
图 2-21	北京大葆台汉墓(M1)平面图	218
图 2-22	扬州高邮天山汉墓(M1)平面示意图	220
图 2-23	济宁肖王庄汉墓(M1)平、剖视图	221
图 2-24	徐州北洞山汉墓平面图	223
图 2-25	徐州北洞山汉墓透视图	224
图 2-26	徐州狮子山汉墓平、剖视图	225
图 2-27	徐州龟山汉墓(M2)平面图	226
图 2-28	河北满城一号汉墓平面图	227
图 2-29	广州南越王墓平、剖视图	229
图 2-30	广州象栏岗东汉木椁墓(M2)平、剖面图	233
图 2-31	西安西汉洞室墓平、剖视图	234
图 2-32	洛阳烧沟西汉空心砖墓(M102)平、剖视图	236
图 2-33	洛阳烧沟东汉砖室墓(M1026)平、剖面图	238
图 2-34	广西贵港东湖新村汉墓(M1)平面图	239

图 2-35	广州沙河十九路军坟场 M3 平、剖视图	240
图 2-36	山东石椁墓平、剖面图	242
图 2-37	柿园汉墓墓顶壁画	243
图 2-38	洛阳西汉壁画墓（M61）墓室透视图及壁画	244
图 2-39	内蒙古和林格尔壁画墓透视图	246
图 2-40	汉代画像砖	247
图 2-41	山东金乡石椁墓石椁 01 号侧板画像	249
图 2-42	沂南北寨汉墓及画像	251
图 2-43	南阳石桥汉画像石墓透视图	253
图 2-44	陕西绥德苏家岩汉墓墓门画像	255
图 2-45	重庆璧山崖墓石棺及石棺画像	256
图 2-46	山东日照海曲土墩 D2 平、剖面图	258
图 2-47	新津大云山 M1 平、剖面图	260
图 2-48	东汉洛阳城南郊刑徒墓地墓葬分布图	261
图 2-49	东汉洛阳城南郊出土的刑徒墓志砖	262
图 2-50	新疆民丰尼雅 95MN1 号墓地 M8 木棺及出土的织锦护臂	266
图 2-51	新疆民丰尼雅 95MN1 号墓地 M8 出土器物	266
图 2-52	湖南常德南坪汉代土墩墓（D3）墓葬、遗迹分布图	269
图 2-53	山东长清孝堂山石祠示意图	271
图 2-54	四川高颐石阙	272
图 2-55	西安汉墓主要陶器演变图	274
图 2-56	山东长清双乳山济北王墓出土的丧葬用玉	276
图 2-57	河北满城中山靖王刘胜墓出土的金缕玉衣	277
图 2-58	东汉墓出土的镇墓罐（瓶）	280
图 3-1	铁生沟冶铁遗址配料池	284
图 3-2	圆炉和椭圆炉鼓风效果比较示意图	285
图 3-3	郑州古荥冶铁遗址一号高炉复原图	286
图 3-4	汉长安城冶铸遗址出土的带扣叠铸范	289
图 3-5	重庆巫山张家湾汉代陶窑	293
图 3-6	汉长安武库遗址出土瓦当	295
图 3-7	徐州铜山洪楼东汉晚期墓画像石（局部）上的纺织图	302
图 3-8	徐州铜山洪楼汉画像石织机复原示意图	302
图 3-9	马王堆一号汉墓出土的素纱襌衣和绒圈锦	305
图 3-10	马王堆一号汉墓出土绣品的刺绣纹样	306
图 3-11	南越王墓出土的印花铜版	309
图 3-12	汉代铁农具	313
图 3-13	秦汉时期的石磨	317

图 3-14　四川汉墓出土的舂碓画像砖和持扇俑 ································ 318
图 3-15　河南济源泗涧沟汉墓米碓、扇车模型 ································ 318
图 3-16　滕州黄家岭牛耕画像石 ································ 319
图 3-17　龙首渠结构示意图 ································ 320
图 3-18　西南地区汉墓出土的水塘、田地模型 ································ 323
图 4-1　汉代货币 ································ 328
图 4-2　新莽货币 ································ 329
图 4-3　海昏侯墓出土的西汉金币 ································ 330
图 4-4　汉代量器 ································ 332
图 4-5　郏国故城J3出土铜方版(J3①:41)诏铭 ································ 333
图 4-6　郏国故城J3出土的新莽铜环权 ································ 334
图 4-7　汉代铜镜 ································ 336
图 4-8　汉代铜灯 ································ 338
图 4-9　汉墓出土的烟道灯 ································ 340
图 4-10　满城汉墓出土的铜熏炉 ································ 341
图 4-11　河南内黄三杨庄汉代聚落遗址庭院分布图 ································ 343
图 5-1　汉代的纸 ································ 347
图 5-2　敦煌汉代悬泉置遗址出土的阳朔二年《传车簿》木简 ································ 349
图 5-3　连云港尹湾汉墓出土"神乌傅(赋)"部分木简 ································ 352

绪 论

战国秦汉考古是中国考古学断代考古的一部分，它上接夏商周考古，下连三国两晋南北朝考古，是历史时期考古的重要一段。对比前面学习过的石器时代考古和夏商西周考古，我们会发现，传世文献和出土文献的涌现使战国秦汉考古具有了十分鲜明的历史时期考古的特点，因此，在重视考古材料、考古学理论和技术方法的同时，强调文献基础和文献资料分析的重要性也是十分必要的。通过对该阶段考古的学习，我们要了解的是战国秦汉这一历史时期的物质文化和精神文化。

一、战国秦汉时期的特点

我国历史自战国开始进入铁器时代，作为考古时代，铁器时代一直延续到清代中叶。虽然同在铁器时代中，但各个历史时期又分别处于不同的发展阶段，有着鲜明的时代特点。战国秦汉时期在物质文化和精神文化等方面的特点，在考古学文化中都会得到较为全面的反映，同时，这些特点也为本段考古指出了明确的任务和努力的方向。

战国秦汉时期最为突出的特点是：

第一，进入铁器时代。虽然我国用铁的历史可以追溯到新石器时代晚期，但直到夏商时期，人们用的仍是陨铁，只将陨石铁施于器物（主要是兵器）的局部，如20世纪70年代，河北藁城台西村商代中期墓葬出土1件铁刃铜钺，铁刃是陨铁热锻后嵌到钺体上的[1]；北京平谷县（今平谷区）刘家河商代中期墓出土1件铁刃铜钺，刃部亦为陨铁加工而成[2]；20世纪30年代，河南浚县辛村发现商末周初铁刃铜钺、铁援铜戈各1件，使用的仍是陨铁[3]。西周时期出现了块炼铁制品。20世纪90年代初，河南三门峡虢国墓地西周晚期的两座大墓中，出土铁器和铜铁复合制品共6件，有3件使用陨铁，3件为块炼铁

---

[1] 叶史：《藁城商代铁刃铜钺及其意义》，《文物》1976年第11期。
[2] 张先得：《北京平谷刘家河商代铜钺铁刃的分析鉴定》，《文物》1990年第7期。
[3] 白云翔：《先秦两汉铁器的考古学研究》，北京：科学出版社，2005年，第25页。

或块炼渗碳钢制成[1]。这些都是早期用铁的事例。我国至迟在春秋中期发明了生铁冶炼技术,出现了生铁制品,如1964年江苏六合程桥出土春秋晚期的生铁丸1件[2],20世纪80年代中期,山西曲沃县天马—曲村晋文化遗址出土春秋早期偏晚和中期偏晚的生铁残片各1件[3]。而且,春秋时期铁器的出土数量增多,见于报道的有80余件,出土于山东、江西、湖南、湖北、河南、山西、陕西、甘肃、宁夏等地区[4]。但是,冶铁技术的成熟和铁器的进一步推广是战国时期的事。战国中期开始,铁制生产工具在当时的七国之域被广泛而大量地发现,所以,真正的铁器时代应该是从战国时期开始的。在社会大变革的战国时期,铁器普遍应用于生产中,成为社会生产力中最活跃的因素。因此,处在铁器时代开始的时段,战国秦汉考古的研究显得尤为重要。

以上是从生产力方面说的。

第二,社会形态的转变。春秋到战国、战国到秦汉皆处于社会大变革的时期。过去传统上,我们把战国作为我国封建社会的开端,从此我国古代社会进入封建社会,整个铁器时代的历史就是封建社会的历史。但是,史学界对古史分期和古代社会形态的争论由来已久,在封建社会的开始的问题上,分歧较多,有不下20种说法,除根本否定奴隶制社会的观点外,从"西周说"以至"明清说",众说纷纭。由于各派确立的标准不一,难以达成一致。其中,"战国封建说"影响很大,西周说、魏晋说等也较盛行。就"战国封建论"来说,春秋战国是历史学家研究的重点。

在考古时段上,以公元前5世纪前半叶为早期铁器时代考古的起点,这并不等于完全依从了"战国封建说",其间发生的社会变化也很难说是由冶铁术的进步引起的,而公元前475年这个年代的确定,在我们的考古学研究中更没有什么特别的意义。但是,不论我们对古史分期持何种态度,都无法否认,春秋到战国、战国到秦汉社会发生的巨大变化,把这一变化的转折或过渡时期放在大的时段中加以考察,更能理解和认识变化的原因和结果,发现和体会变化的特点和意义。也许我们应该更多地从考古学研究中,发现和提供对古史分期研究有用的材料和可以参考的理论和方法。

现在一般认为,夏商周是我国古史的王国时代,秦汉以后是帝国时代,前后两个时代各以血缘政治和地缘政治为特点。秦汉以地缘政治为特点的帝国时代的到来,是在东周血缘政治逐渐淡化、地缘政治逐渐强化的过程中实现的,而战国时代正处于这一转化的关键阶段,表现为由封邦建国到中央集权,由世卿世禄到官僚体制,由领地封邑到郡县机构。因此,虽然在研究中东周考古、秦汉考古、汉唐考古的划分较为常见,但我们认为,以战国秦汉为一个考古学习的时段,视界宽阔、方法科学,对社会制度、政治体制发生变化的过程

---

[1] 河南省文物考古研究所等:《三门峡虢国墓》第一卷,北京:文物出版社,1999年,第126页、530页,第559页附录三。
[2] 江苏省文物管理委员会等:《江苏六合程桥东周墓》,《考古》1965年第3期。
[3] 北京大学考古系商周组等:《天马-曲村(1980~1989)》,北京:科学出版社,2000年,第59页、1180页。
[4] 白云翔:《先秦两汉铁器的考古学研究》,北京:科学出版社,2005年,第24~27页。新疆地区出土的早期铁器也有一定数量,但由于它们的年代较早,与中原铁的关系尚无法确定,未在统计之内。

也容易得到合理的认识。

这主要是从生产关系方面说的。

第三，从列国纷争走向统一。战国时期，列国所处地域不同，各国政治制度上的差异、经济发展上的不平衡，带来了文化上的巨大差异，如文字不统一、货币不统一、度量衡制不统一，生产、生活和丧葬习俗等都各有自己的特点。这些特点既是地域上的，又表现为国别上的。

秦始皇统一六国，建立起中央集权制国家，这种统一虽然不能完全消除文化的地域差别，但战国时期具有列国制度特色的东西随之发生了大的变化（如文字、货币等）。政治上，中央集权下的郡县制和以法治国都在汉代日趋成熟，在大一统的国度内，地域文化的差异进一步缩小，民族融合的趋势明显加强，各族属文化（如巴蜀文化、滇文化、吴越文化等）至迟到西汉中期全部被统一为各具特色的汉文化，这也充分反映了汉中央政府的影响力。由于文化上的认同，中原各种族逐渐融合为一个混成的民族——汉族。

统一的中央集权制国家有效地解决了长期以来困扰北部地区的匈奴问题。匈奴在战国时期已经很强大，与燕、赵、秦相邻，三国分别筑长城以拒之。秦朝加固了长城，汉初实行"和亲"政策，暂时缓解了边患。汉武帝摆脱了匈奴的威胁，给后世留下了向北推进、向西延伸的宏伟的武帝外长城，成为汉代国力强盛期的有力见证。

这个由纷争到统一的过程和由制度的统一带来的文化上的影响，都在本段考古材料中有直观的反映。

第四，科学技术的突出进步和思想的空前活跃。战国秦汉是我国科学技术大发展的时期，出现了许多技术含量高的大工程。战国都江堰、秦代灵渠和西汉龙首渠都代表了我国古代高超的水利工程技术，至今仍有借鉴意义。冶铸技术和金属细工工艺取得重大进步，成为支撑铁器时代发展的技术条件。农业耕作和施肥技术提高，特别是牛耕、铁农具和播种机（耧车）的推广，大大提高了农业生产的效率。该时期还出现了专门的农学著作《氾胜之书》。西汉人假托黄帝所作的《黄帝内经》（又称《内经》），既有理论也有临床经验，其中的《素问》等篇反映了春秋战国以来的医药卫生水平。《内经》是我国目前保存下来的最早的一部医学典籍，至今还是非常重要的中医学参考书。《神农本草经》为东汉药物学专著，收录药物365种。此外，1973年马王堆三号墓出土医书《五十二病方》《足臂十一脉经》《阴阳十一脉灸经》等。其他如制陶、造纸、纺织、造船、煮盐、酿酒技术都达到了相当高的水平，尤其是瓷器，在汉代走上舞台，并开始成为人们日常生活中的用器。在数学、声学、力学、天文历法等基础理论领域，也都获得了长足的发展。所以，早在战国时期，我国就出现了两部科技史上对后世有重要影响的著作：对生产技术和有关实用科学知识进行总结的著作《考工记》和偏重科学理论的著作《墨经》。

战国时期又是我国历史上思想最活跃的时期，出现了百家争鸣的局面，齐国都城临淄的稷下学宫成为百家争鸣的策源地和中心，并且这种思想活跃气氛的影响一直延续到汉代。反映当时诸家思想和文化繁荣景象的材料大量出土，如湖北云梦睡虎地秦墓竹简、湖南长沙马王堆汉墓帛书《老子》、山东临沂银雀山汉墓竹简《孙子兵法》《孙膑兵法》等，都是当时思想文化繁荣的见证。

第五，民族融合的势头明显加强。战国时期，列国虽然各自为政，但从来没隔断人员的往来和文化的交流。至战国晚期，列国间文化的趋同性已非常明显，中原各种族文化朝着统一的方向发展，这是汉民族的形成时期。同时，中原文化的影响力大大加强，并向四周发展，而四周的种族在不断融合的过程中对中原文化区域形成压迫之势。在周边地区，整个战国秦汉时期，最大的民族问题是北方匈奴的入侵和骚扰，汉代在和亲与战争相伴中逐渐解决了北方的安定问题。随着秦汉帝国的建立，西域、西南夷、百越和东北地区也都逐渐纳入到帝国郡县（道）的体系之下，到西汉中期，大多数地区的文化逐渐混同为保留一定地方特色的汉文化。

第六，中外关系史的开端。战国时期，中原王朝对周边四夷之外的国家的认识还相对有限，来往也少。秦汉时期，帝国与今天的朝鲜、韩国、越南、缅甸、印度、日本以及中亚、西亚、北非、欧洲的一些当时已形成政权的国家都开始有了商业贸易、文化交流和外交往来。陆上和海上丝绸之路在对外交往的拓展中发挥了重要作用。秦汉时期是中外文化交流全面兴起的时期，也是我国外交关系史的开端。文化的交流和影响是相互的，这些相互交往的事实形成了大量考古发现的文化现象，如汉画中的胡人形象和各地的佛教遗迹、日本九州弥生时代遗址中发现的新莽货泉，等等。

战国是纷争年代、多事之秋，但也由此开启了我国历史上科技、思想、文化大发展的时期；秦汉是大一统的中央集权时期，官僚政治体系和郡县乡里管控制度的不断完善，为以后朝代的延续和社会的发展奠定了政治基础。如果我们循着考古遗迹和出土文物的指引，踏着历史的脚印去找寻那古老世界中发生的真切故事，它们一定会给我们诸多有益的启迪。

二、战国秦汉考古的特点和面临的问题

（一）战国秦汉考古的确立

在传统的考古学教学中，我们将中国考古学分为旧石器时代、新石器时代、夏商周（西周、春秋）、战国秦汉、魏晋南北朝、隋唐、宋元明几大段，战国秦汉考古是断代考古中的一部分。战国秦汉考古一段的分出主要是基于传统的考古学三段论（即石器时代、青铜时代和铁器时代的划分）和过去史学界关于"战国封建论"的研究成果。战国时期，铁制工具（主要是铁农具）和铁兵器开始发挥重要作用，这正是铁器时代的特点，20世纪50年代，苏秉琦先生在北京大学考古专业首开"战国秦汉考古"课程并编写了相应的讲义，也是从这个角度考虑的。由于古史分期已不再是热点问题，与历史分期接轨的考古分段也受到了影响，现在的考古学研究领域中，很少有战国秦汉考古的说法，而更多地认同以秦汉考古、汉唐考古为学术领域的提法。中国考古学会下设两周考古专业委员会、秦汉考古专业委员会，中国社会科学院考古研究所主持编著的多卷本《中国考古学》即以"秦汉考古"为一卷，战国部分归入"两周卷"中，有的学校也将战国部分放到夏商周考古课程中。这主要是由于，何为奴隶社会、中国历史上有没有奴隶社会在史学界曾一度成为十分含糊的问题，而中国的封建制实际上是战国以前的社会控制和管理的制度，而不是马克思主义史家

所说的地主或领主占有土地并剥削农民或农奴的社会形态,取代封建制的是秦汉郡县制或郡国制。奴隶制的存在与否和封建制名实表述上的混乱,也成了战国秦汉考古继续成立的障碍。但是,古代社会的土地制度的确是在战国时期酝酿并发生了大的变化。郡、县始于春秋,发展于战国,至秦统一推行全国,成为中央控制下的地方行政体系。汉代郡、国并用,可以说是郡国制,这并不是对秦郡县制的简单继承。即使不纠缠于社会形态和制度的论述,我们在讨论战国到秦汉发生的社会制度的变革和物质文化的变化时,也应该同时注意到发生变革或变化的过程,注意到战国文化与秦汉文化的密切关联。从考古材料来看,汉武帝以前的文化仍然可以看作战国文化的自然延续,要理解汉代考古学文化,至少要从战国晚期开始讲起。研究的时段可以依个人的兴趣而定,而考古教学的时段既要考虑到制度和物质文化的重大变化,还要看到这些变化的连续性。秦汉社会变革都是从战国时期开始奠定基础的。因此,战国秦汉考古教学时段的划分,既有传统继承的习惯性,也有内容安排上的合理性。

(二) 战国秦汉考古的主要特点

1. 有丰富的文献材料作为基础

商周时期可靠的文字材料主要是甲骨文和金文,传世文献中的商周历史主要来自战国秦汉时期人们的追述和后人的不断增益。进入战国时期,记录当代历史的文字材料大量出现,诸子百家的著作和其他各种著述经过汉代人的整理和辑录得以流传,流传至今的汉代文献更是不可胜数。自司马迁《史记》以后,我国形成了后继朝代为前朝修史的传统,《汉书》《后汉书》也成为了解汉代历史的重要文献。战国楚墓简牍和各地秦汉竹简的发现,丰富了战国秦汉时期的文献资料,而河西地区出土的汉简更有"地下《史记》"之称。丰富的文献材料为战国秦汉考古的研究提供了极大的便利,也对战国秦汉考古的学习提出了新的要求。

2. 考古材料丰富、庞杂,形成若干专题领域

考古发现的战国秦汉时期的各类遗迹、遗物,数量大、种类多,就出土遗物而言,金、银、铜、铁、铅、玉、陶、瓷、石、木各种质地都有,涉及社会生产、日常生活、礼乐、祭祀、制度和文化的方方面面,由此形成了诸多考古学专题研究的领域,如青铜器、陶瓷、漆器、金银器、玉器、丝绸、钱币、铜镜、灯具、农具、水利、仓储、乐器、绘画艺术、画像砖石、简牍帛书、印章封泥、矿冶、造纸、城市、度量衡、交通、军事(兵器)等等,其中生产性和技术含量高的农业、手工业领域专题较多,反映出战国秦汉时期的技术进步和生产的发展。

3. 墓葬发现、发掘数量大,类型多

从战国时期开始,商周以来的土坑墓、木椁墓传统逐渐发生变化。木椁墓流行到西汉时期,战国时期关中地区流行的洞室墓开始向中原地区推广,郑州一带出现空心砖墓。汉代,砖室墓逐渐取代木椁墓,并出现石室墓、崖墓等类型。考古发现的战国秦汉时期的墓葬数量远远大于商周时期,如战国楚墓,一个墓地往往有数百座墓。汉墓的发掘数量更是巨大,据估计,目前已发掘汉墓不下 10 万座。这一时期的墓葬,一是发现、发掘多,二是春秋以来逐渐形成的厚葬习俗使墓葬中的随葬品丰富而且贵重,三是发现大墓的机会比其

他时段的相对要多,战国秦汉考古的重要发现多集中于墓葬方面。

4. 地面遗址、遗物规模大,数量多

战国秦汉时期,许多规模巨大的人工设施在今天都能寻其踪迹。战国时期的列国都城,秦、赵、燕三国北拒匈奴的长城,楚、齐、魏、中山等国在各自边界修筑的相互防御的内长城,以及郑国渠、灵渠、都江堰等水利工程,今天都不同程度地保存着。秦直道、阿房宫、秦汉长城、帝陵、城址和西北边地的烽塞等各种建筑遗址,大多都矗立于地面或在地上留下了遗迹。地面可见的遗迹、遗物众多,这是战国秦汉考古的一个显著特点。

5. 纪年和有明确时间节点的材料增多,为准确断代提供便利

战国秦汉考古中的纪年材料增多,主要体现在以下几个方面:① 出土简牍、器物铭文或画像中的纪年;② 出土文献记载有明确制造或使用年代的钱币、铜镜、玺印、砖瓦等文物;③ 出土与文献中记载的历史事件相关联的遗址或遗物。如汉武帝于元狩五年(公元前118年)铸五铢钱,五铢钱的年代上限是公元前118年,据此可以推断与其有共存关系的器物或遗址的年代问题,为准确断代或确定年代范围提供了方便。

6. 反映生产力和技术的资料占有突出地位

商周时期器物以礼乐器、兵器、饮食器等为主。进入战国时期,生产性和技术性的器类增多,铁制生产工具特别是农具应用于生产领域并得到推广,漆器、陶瓷器、青铜器制作和装饰技术先进,建筑用砖瓦等生产量大,反映手工业发展的资料特别丰富。

(三) 当前的形势和主要问题

与以上战国秦汉考古的特点大致对应,该领域目前值得关注的主要问题可归纳为以下几点:

1. *出土文献研究形成专门学问——简帛学*

从20世纪90年代开始,随着楚墓、汉墓竹简和河西汉简以及各地墓葬零星简牍的不断出土和发布,对地下出土文献的研究成为历史、考古、文献等多学科关注的热点问题,研究和利用者越来越多,终于在21世纪初,以上海博物馆购藏楚简的发布为标志,形成国内外公认的专业学术领域——简帛学,出版年度《简帛研究》并有专业网站。简帛学是新兴且蒸蒸日上的学问,虽然三国、两晋时期的简牍也有出土,但简帛学的形成主要是战国秦汉考古发展的成果,同时,简帛学研究可以大大促进战国秦汉考古研究的深入。

2. *墓葬考古仍是战国秦汉考古领域的主流*

战国墓葬按国别结合地区进行研究,汉墓按自然和文化地理单元进行研究,除了常规的墓葬分期、分区,更多地应用文化因素分析法等探讨各地文化的交流和互动。虽然帝王陵寝考古和大型墓葬研究仍是人们关注的热点,但对代表社会最广大阶层的中小型墓葬的研究现在也受到普遍重视。

3. *各种专题研究向细化、深入发展*

根据出土文物分类进行的专题研究继续深入,而且更加细化,如关于席镇、原始青瓷、高温釉陶、玻璃器的研究,而且科技手段更加经常性地运用于专题研究,配合考古发掘进行的动物考古、植物考古、环境考古的研究在战国秦汉考古领域中也较过去更为常见。

4. 城市和聚落考古研究兴盛

战国秦汉时期的城市考古的对象由都城转向中小城市,战国都城之下的都邑或军事重镇,秦汉郡县、乡邑和各类专业城址的调查和研究在近些年受到很大重视,并且出现了综合性的研究成果。村落遗址不断有新的发现,由此兴起对战国秦汉时期基层聚落考古的研究。这虽然还相对滞后于历史学界的乡落研究,但已经成为战国秦汉考古研究新的生长点,成果也不断涌现。

5. 关注对外文化交流的研究

陆上和海上丝绸之路沿线各地考古成为国家"一带一路"建设的组成部分,西安、洛阳汉代两京地区、西北丝路沿线和广西合浦等与陆上、海上丝路密切相关的地区,考古工作都比较关注对外文化交流方面的研究,并召开相关的专题研讨会。"一带一路"建设带动了对外文化交流考古研究的深入开展。

6. 存在问题和未来展望

战国秦汉考古领域存在的问题,有些是老问题或者是其他各段考古的共性问题。① 考古资料积压严重,考古发掘结束后,资料的整理和公开发表滞后,有些甚至被积压在库房中永无公开之日,包括一些重大发现;② 考古报告的编写中,举例性比较多,缺少全面资料的出版和发表;③ 重视重大发现,忽视一般发现,一窝蜂地紧随重大发现做研究,往往忽视了对传统问题的持续关注;④ 专题研究存在对象过于集中、方向比较单一的问题,没有全局的眼光和整体意识,很容易得出偏颇的结论;⑤ 重考古轻文献,而历史文献是分析考古材料的基础,只有把考古材料还原到一定的历史背景之下,才能得到正确的解读,但古文献基础欠缺和阅读方面的困难,影响了一些学生对历史时期考古学习和研究的热情;⑥ 研究方法和理念相对陈旧,缺乏创新。

未来战国秦汉考古的研究,墓葬考古和聚落考古研究仍将是主流。从都市到基层的乡落,都是聚落考古着眼的对象。其实墓葬也应放到聚落考古理念中去认识,将生人生活的聚落和死后归宿的墓葬结合起来进行研究,对古代生活和死后的世界一定会有全新的理解。在考古材料的处理上,应有全局意识、问题意识。就一座墓葬来说,形制结构、棺椁制度、随葬品是其核心组成部分,墓上封土、所在墓地中的墓位、与其他墓地的关系、与周边聚落的关系和所反映的文化、礼俗以及出土品的技术分析、人骨鉴定和文物保护,等等,都应该考虑到,需要多学科合作研究,而自己一时做不了的,也要想到这些材料可能隐含的有用信息和潜在的更多用途。即使是进行专题研究,也不能忽视研究对象的出土环境(遗址类型、出土位置、共存关系等)所负载的文化信息。另外,广泛阅读文献(包括出土文献),夯实文献基础,开拓思路,大胆创新,也是考古学者应该具有的素质。这些也正是未来战国秦汉考古研究的希望所在。

三、关于教材编写的几点说明

(一) 关于分编

本教材编写虽以我国考古学界的传统分段为依据,但考虑到具体内容的分量和学习安排上的方便,分为上、下两编,可以在上编结束后进行总结和期中测试。从考古学文化上讲,秦代不是战国文化的终结,直至西汉中期,考古学意义上的汉文化才真正确立起来,因此将秦代内容列在上编学习。

(二) 关于章节编排

章节的编排打破以往由农业、手工业到都城、墓葬、钱币和度量衡的框架模式,主要是想从另一角度反映内容的关联性,即城市和地上遗迹(人居住和生活的地方)——墓葬制度(死后的世界)——社会生产(主要由墓葬、遗址出土物来反映的手工业、农业等)——社会生活(由生产到生活,主要用与生活密切相关的钱币、度量衡、铜镜、灯具等反映)——文化(文字和简牍)。这样安排可以大致反映各部分的有机联系,启发学生去体会从考古发现的物质文化走向人的生产、生活和精神世界的思路。虽然没有单列商业、艺术、军事等章节,但这些内容都可以从货币、度量衡、建筑、画像、兵器和各种文物中提炼和归纳出来,形成内容丰富的专题。

(三) 关于边远地区的考古学文化

过去教材中一般都将边远或周边地区的考古学文化在最后单列一章进行介绍,考虑到这些地区在今天也并不边远,许多考古学文化也都是我们所熟知的,如巴蜀、南越等,本教材在墓葬文化中将它们与一般墓葬等列,或列为特殊墓葬类型进行介绍。当然,这些介绍也是不够全面的。

(四) 关于思考题

本教材没有在每节(课)之后附思考题,编著者认为,一是,基本的概念都是需要掌握的,而各级标题就是很好的思考题的指示;二是,在理解基本事实和概念的基础上,应该强调跨章节、跨时段的横向和纵向的联系和比较,随时联系已学过的相关内容,由若干考古发现或基本概念可以形成更大的题目;三是,针对某一章节开列有限的思考题目,也容易让学生产生误会,不利于训练学生的开放性思维。课堂和教材所涉及的内容毕竟不是该段考古学的全部,让学生通过学习和阅读参考资料,自己寻出问题,比开列有限的思考题更有意义。教师要多做这样的启发,学生在学习时也须多加用心。

(五) 关于注释

教材将有关的材料出处或参考资料随文脚注于页下,以方便学生学习时查找参考,书后所列的主要参考书目,主要是编著时参考较多而在文中没有合适的地方注出,或者是文中虽有脚注而对学习较为重要的参考书。期刊中的相关论文、发掘报告和历史文献,或在脚注中出现,或在文中已说明,为免烦琐不再注出。

上 编

战国至秦代考古

第一章 城市和重要的人工设施

春秋战国时期,城市兴起,列国有都城,封君、大夫有城邑,城池既是军事设防的地面建筑,也是重要的聚落形式。为适应当时攻战、防卫的需要,列国之间筑有长城障塞,与北方匈奴接壤的秦、赵、燕三国筑有防御匈奴的外长城。秦统一后,也为后世留下了驰道、直道和与秦始皇帝巡行相关的行宫建筑遗迹。所有的地上人工设施大都服从政治和军事的需要。

第一节 重要的城址

战国时期,城市迅速兴起,《史记·田敬仲完世家》说齐国"地方二千余里,百二十城,带甲数十万,粟如丘山"。河南境内发现的战国城邑(包括军事性城堡)在150座以上。城的数量和规模都较前代有了大的发展。目前经考古发掘或调查的战国都城和重要城邑40余座,有的是沿用春秋故城,如河南洛阳东周王城,新郑郑、韩故城,山东临淄齐国故城,山西夏县魏都安邑故城,湖北江陵楚都纪南城;有的为战国新建,如河北邯郸赵国都城、易县燕下都、平山中山国灵寿城、陕西秦都咸阳、湖南湘西里耶古城等。当时的城市在选址、布局和城建技术等方面都突出了军事设防的战略考虑。

一、莒国故城

莒为鲁东南东夷古国,是西周至战国初期东部地区较具影响力的大国之一。莒于周初立国,曾都介根(汉称"计斤",即今江苏赣榆塔山镇,一说为山东胶州市南关街道办事处城子村),春秋初迁都莒。周考王十年(公元前431年)为楚所灭,《史记·楚世家》载:"简王元年,北伐灭莒。"(蒙文通《越史丛考》则认为,大约在公元前348年至公元前343年,莒先灭于齐)由于远离楚地,无法长期占据,莒地最终成为齐的疆土,莒城也成为战国时期齐国的重要附庸城。莒城作为都城的时间300余年,在当时列国都城中布局结构最为规整,是一座固若金汤的军事城池。公元前284年,燕将乐毅率燕、秦、魏、韩、赵五国联军伐齐,据《战国策·齐策六》载:"燕攻齐,取七十余城,惟莒、即墨不下。"莒城历史上这里也曾发生过许多波澜壮阔的大事件,并常常成为他国之君或贵族理想的避难之所。后来,莒城在汉代又为城阳国之都。

虽然莒城作为战国莒都城的时间不过数十年,鉴于其选址和平面布局极具典型意义,在此特别予以介绍。

莒故城位于山东莒县城区及四郊,东临沭河(沭水),西依柳青河[1],沭河南、北段皆向西弯折,两河对城址大有环抱之势。城分外郭城和内城(王城或宫城)两部分,外郭环绕内城,两城平面皆近方形,形成较规整的回字形布局。外郭城南北5.5公里、东西4.5公里,周长19公里,面积为24.75平方公里,除西北角呈抹角,四面城墙东西南北均为平直走向。内城位于郭城中部偏南,南北2公里、东西1.5公里。城门大多无法确定。内城全部为今县城占压,残存南、北两段夯土城墙,夯筑精良。南墙残存的一段长700米,高8~9米,底最宽处40米。残存南墙的中段有一处大的缺口,疑为内城南门。内城四周尚存环绕一圈、比原城壕窄得多的护城河。外城仅存西北角一段,长200余米,高3米。20世纪90年代,在内城南垣外、护城河北岸出土了大量坩埚、齐明刀范、窑炉、铜渣等,应是一处钱币铸造遗址(图1-1)。

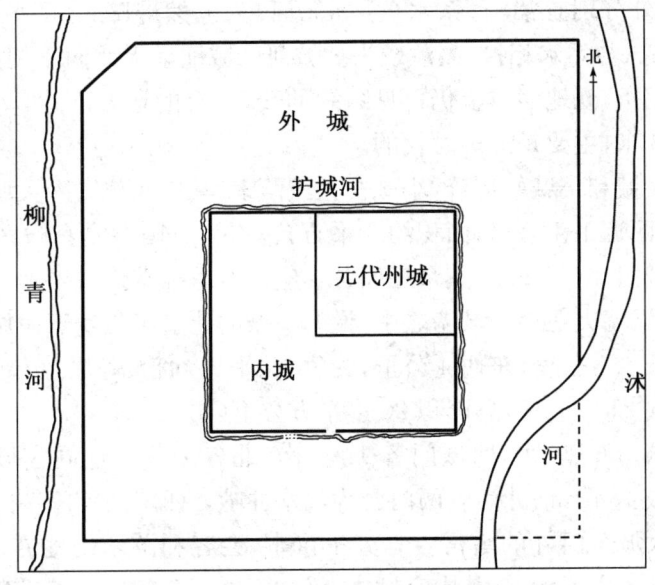

图1-1 莒国故城平面示意图

莒国故城在以下几方面值得注意:

第一,莒城选址于两河之间较为平坦的地方,内城垣外有城壕。城外向东、向西各约10公里分别有五里崮、浮来山,是两山、两水之间的一座城池。

第二,区分王城(内城)和郭城,且王城居中。《吕氏春秋·慎势篇》说:"择天下之中而立国,择国之中而立宫。"在列国都城中,莒城的布局是最为规整的,只有外城西北角呈抹角,其他地方的城垣走向都十分平直。从布局形式上说,莒城是东周都城的一个范例。

第三,莒国都城面积达24.75平方公里,在列国都城中仅次于燕国都城下都。东周列国都城多在10平方公里以上,规模大都超过了东周王城,莒城面积甚至是东周王城的

---

[1] 柳青河原为一条小河,名称不详,传明初督水官吕清主持对河道进行了开挖、疏导。

2.6倍。除了一些小国,列国中只有鲁国都城(面积为8.5平方公里)小于周王城,比较遵守周礼的约定。

二、齐国都城临淄

齐自太公立国,始都薄姑,至第七代国君献公迁都临淄,直到公元前221年亡国,临淄作为齐国都城达630多年,是齐国名副其实的政治、经济、军事和文化中心,也是当时规模最大、最繁华的城市之一,《战国策·齐策》说"临淄之中七万户",并非夸诞之辞。

临淄齐国故城位于今山东省淄博市临淄区辛店镇以北7.5公里,因东临淄河而得名。对临淄城的调查发掘始于1958年,从20世纪60年代开始到21世纪初,山东省文物考古研究所等单位在齐故城范围内进行普探和试掘,明晰了临淄故城的布局和城内堆积情况[1]。

故城东、西墙外分别有淄河、系水(今称泥河)为天然屏障,在不临河的南北两面有13~25米宽的城壕,与系水相接,灌注成为护城河。城址呈南北向不规则长方形,城墙随地形起伏而多处拐折,现地面以上仍可见断续的残垣,有的地方高达5米,夯筑痕迹清晰可辨,基宽28~43米,主要是战国时代的。

齐国故城有大城和小城两部分,小城在大城西南,其东北部嵌入大城西南隅。小城南北长2.2公里,东西近1.4公里,面积约3平方公里,为齐国国君宫殿区所在,又称宫城。宫城共发现5座城门,南门2座,其余三面各1座。城垣外有护城壕。从大小城城墙相接处的解剖看,大城城墙夹在小城城墙之中,说明小城的建造年代晚于大城,先建郭城,后建宫城。大城南北长4.5公里,东西4公里,为官吏、平民、商人等居住和生活的地方,又叫郭城。两城周长共21.5公里,总面积20多平方公里(图1-2)。

大城已探出城门6座,东、西城门各1座,南、北各2座。连同宫城,共探出城门11座。文献记载齐城13门,估计尚有两门已为淄水冲啮。西墙南首门稷门附近是著名的稷下学宫所在地。大城东门外的雪宫台是齐王议事、会客和游乐的地方。与11座城门对应,城内发现了10条主干街道,其中宫城内3条,郭城内7条。街道最宽者20米,最窄者4~6米,把齐城分为棋盘状格局的十多个区域,内中规划商业区、手工业区和居民的里、社等。

宫城内发现多处高大的夯土台基,最突出的是宫城西北的覆斗形的"桓公台",台基南北长86米,东西宽70米,现高14米,共分三层,是全城的制高点,应为齐君的主要宫殿基址。台基周围东、西、北三面150米开外有沟道围绕,可能是附属于宫殿建筑的排水系统。桓公台周围还有许多夯土基址,东北的一处台基俗称"金銮殿",出土砖、瓦当等具有齐国特色的建筑材料。宫城西南有遄台,又名歇马台或戏马台,台高5米,长60多米,宽50多米,相传为田忌与齐威王赛马之所。城西北有梧台,文献记载,齐王曾在此宴请楚国使者。

城内有统筹安排的排水沟道和排水口。小城排水沟渠深3米,长700米,宽20米,通

---

[1] 山东省文物考古研究所:《临淄齐故城》,北京:文物出版社,2013年。

过西墙下的排水涵洞注入系水。郭城有两条主渠道组成的排水系统分别注入系水和淄河。郭城西北角的排水口用大石交错垒砌,形成上下排列三层涵洞,每层5个方形水口,能排水而无法进入,有防御上的考虑。这些都是在筑城时事先规划布置的。

城内发现的手工业作坊遗址有冶铁遗址6处、炼铜遗址2处、铸钱遗址2处,其中宫城内2处冶铁遗址、1处炼铜遗址、1处铸钱遗址。在大城东北部还探出制骨作坊遗址4处,发现大量骨料和制骨工具等。

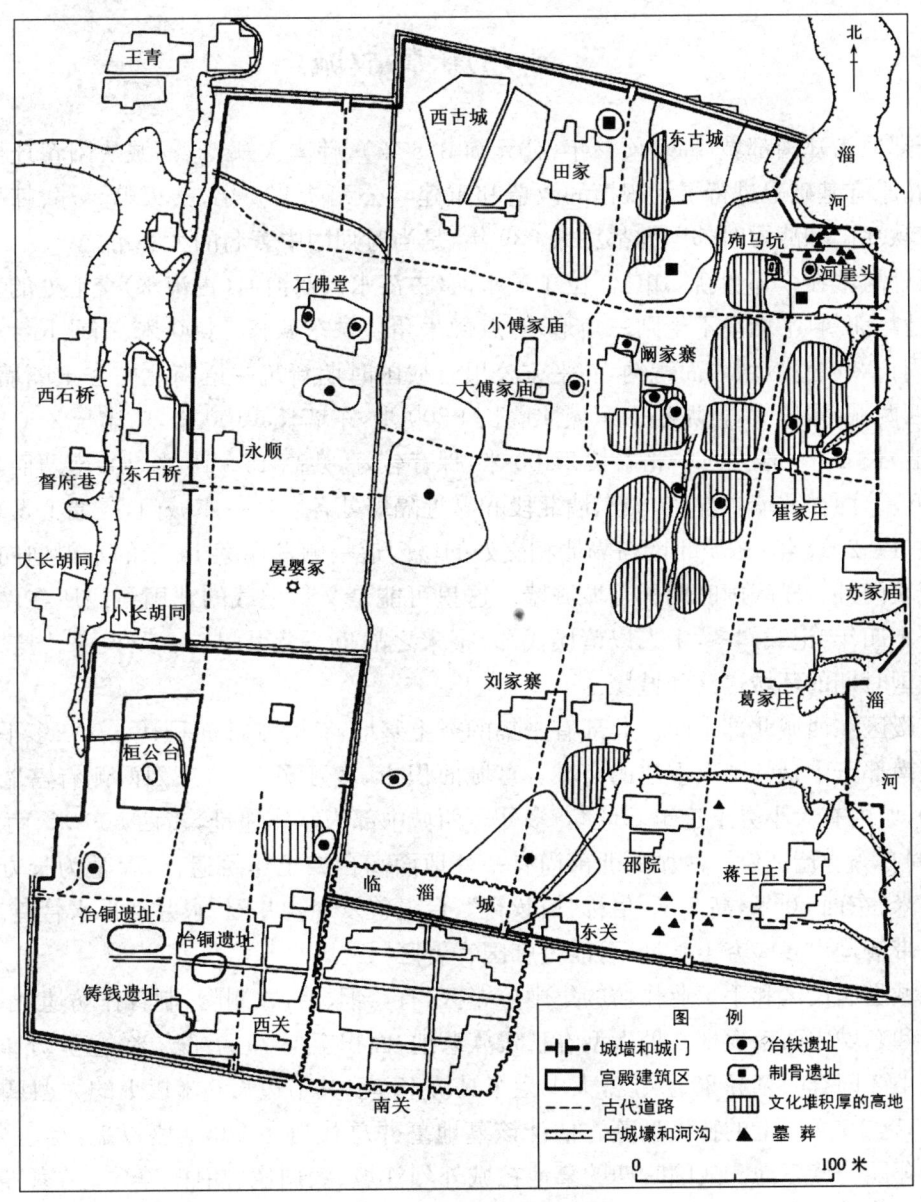

图 1-2 齐国都城临淄平面图

大城内发现两处春秋时期的齐国贵族墓地。大城内东北角今河崖头村一带的春秋齐国贵族墓地探出大、中型墓30多座,其中5号墓是一座"甲"字形石椁大墓,被盗。周围东、西、北三面有相连的殉马坑,发掘北面54米长的一段,出土马骨架145具,西南端30米长的一段出土83具。另一处在大城南部的刘家寨、韶院村一带。战国时代,临淄城的墓葬多位于城南10公里的牛山一带。在故城周围,分布大大小小的古墓数百座,其中不乏王公贵族大墓,至今有高如山丘的封土堆,故城东南有著名的郎家庄大墓。

一直到汉代,临淄仍是当时最大的城市之一,也是人口最多的城市,成为重要的经济中心,有着最为发达的手工业,如汉代临淄铜镜制造业的规模和产品质量闻名全国。

三、新郑郑、韩故城

新郑原为郑国都城,韩哀侯二年(公元前375年),韩国灭郑,把都城从阳翟迁到了新郑,并在原有基础上进行了大规模的改造和重建。公元前230年,秦灭韩。郑、韩故城先后为春秋郑国和战国时韩国的都城共539年,是当时列国中著名的大都市之一。

郑韩故城在今郑州新郑市区,位于黄水河(古溱水)、双洎河(古洧水)交汇处的三角地带,依地势而筑,平面呈不规则三角形,有点像牛角。城东西长5 000米、南北长4 500米左右,周长20公里,城内面积约16平方公里。战国时期新筑一道南北向夯土隔墙,分城为东、西两城,东城大,西城小。东城北墙长1 800米,东墙长5 100米,南墙长2 900米,隔墙(西墙)长4 300米。西城北墙长2 400米,保存较好,残高15~18米,西、南两面多被双洎河冲毁。西城北墙中部、东城东墙北段和靠近隔墙处各发现一座城门,隔墙上发现两处城门缺口。2017年,东城北墙与隔墙相交处的城门道一侧发现宽14米的水渠通向城外,并发现城门外一段战国时期的瓮城城墙。这里可能是文献记载的郑国渠门所在。《左传·桓公十四年》记载:"冬,宋人以诸侯伐郑,报宋之战也。焚渠门,入,及大逵。"瓮城外发现了战国时期的环城道路和城壕。

宫殿区在西城北部中间。北部有密集的夯土基址,有的基址面积达6 000多平方米。基址区南部正中是韩国人重建的宫城。宫城面积40多万平方米,东西两侧有宫墙,墙外有壕沟,城内有大小夯土建筑基址50多处。西城中部为宗庙遗址,东西500米、南北320米,四周有夯土墙环绕。西城西北部尚有一处地面高台夯土建筑遗存,台基为长方形,南北135米、东西80米,高8米,俗称"梳妆台",台上曾发现陶井圈、水井和排水管道。西城东部一带清理出多座夯土基址,可能是韩国官署区[1]。

东城是居民区和手工业作坊的集中分布区,有铸铜、冶铁、制陶、制骨作坊遗址。西城内东南和东城内西南发现一处大型春秋贵族墓地,面积至少25万平方米,墓葬分布密集,仅钻探1/3即查明墓葬800余座,大中型车马坑17座,其中边长6米以上的大型墓近180座,也不乏15米以上的特大型墓。估计该墓地墓葬总数当在2 000座以上,是包含多位国君的郑国公族墓地。战国时期的墓地在城外烈江坡、大周庄、胡庄、李家、马家等处(图1-3)。

---

[1] 马世之:《新郑郑韩故城》,《河南文博通讯》1978年第2期;河南省博物馆新郑工作站、新郑县文化馆:《河南新郑郑韩故城的钻探和试掘》,《文物参考资料丛刊》3,北京:文物出版社,1980年。

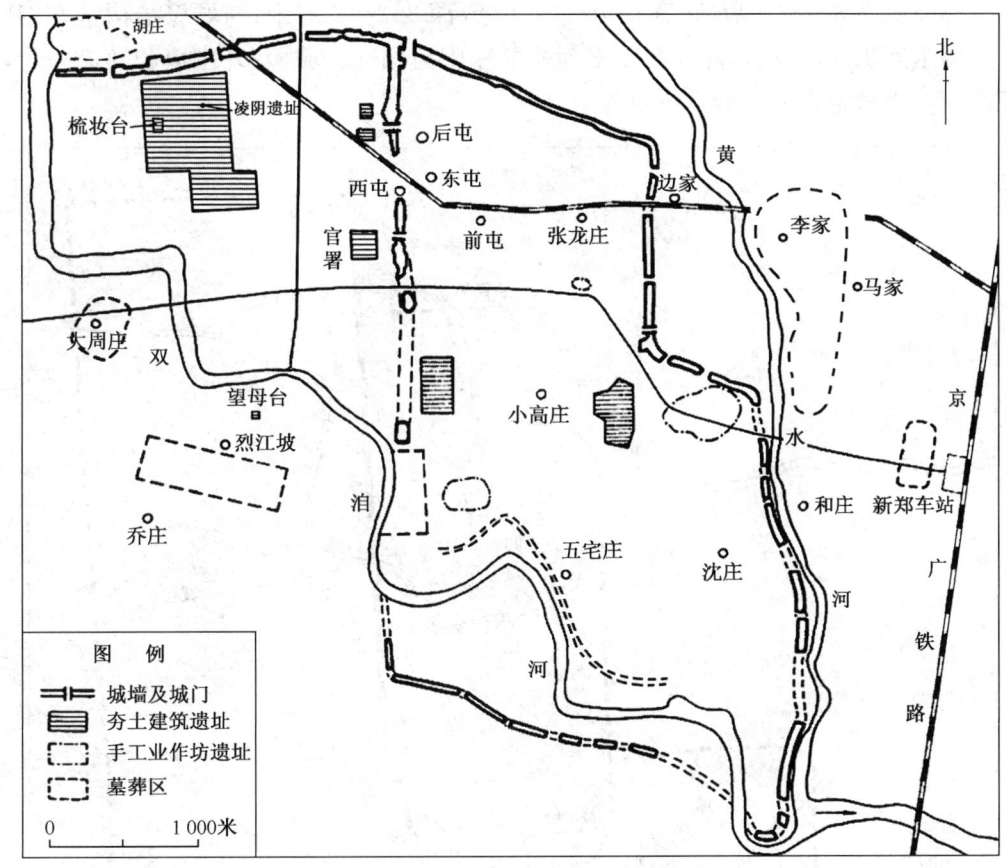

图 1-3 新郑郑、韩故城平面图

四、赵国都城邯郸

赵国原都晋阳(今山西太原西南),自赵敬侯元年(公元前 386 年)从中牟(今河南汤阴)迁都邯郸,直至赵王迁八年(公元前 228 年)秦破邯郸,赵国以邯郸为都凡 150 余年。

邯郸故城位于河北省邯郸市区及其外围,有沁河、渚河流经。全城分宫城(赵王城)和郭城(大北城),总面积 19 平方公里。

赵王城位于现邯郸市西南,距市区 4 公里,由三个小城组成,平面呈"品"字形布局,今地面上仍可见大部分城垣遗迹,城垣底宽 15.1 米,残高 5~7 米,是战国都城中保存最好的城址之一(图 1-4)[1]。

西城南垣外侧北距城垣约 17~19 米处发现城壕,城壕口部宽 10 米,底宽 2.4 米,深 3.8 米,断面大致呈倒梯形。西城南垣以南约 1 000 米处的郑家岗附近发现与南垣基本平行的东西走向的三条外围壕沟,三条壕沟相互平行,间距 10 米,探明的长度约 1 100 余

---

[1] 河北省文物管理处、邯郸市文物保管所:《赵都邯郸故城调查报告》,《考古学集刊》第 4 集,北京:中国社会科学出版社,1984 年。

米。外围壕口宽3~4.9米，底宽0.45~0.7米，深2.2~2.6米，与城壕结构基本相同。外围壕沟东连渚河，向西可能与西面不远处的滏阳河相连。城壕、外围壕和河流一起，构成了赵王城规模宏大的防御系统[1]。

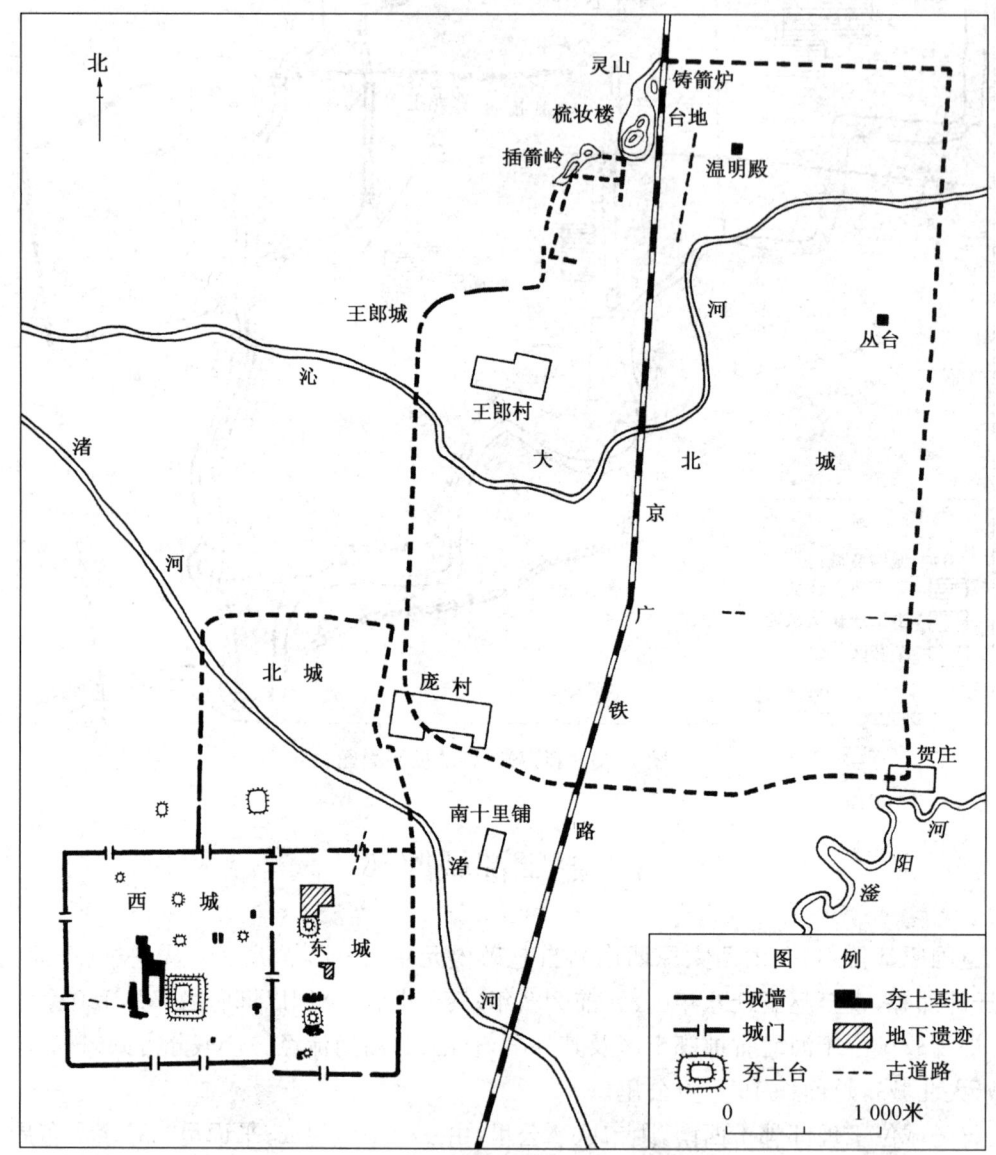

图1-4 赵国都城邯郸平面图

城垣主体建于基座之上，城垣墙体内侧从下向上每间隔1.5~2米向内收缩成斜坡状阶面，呈3~4级台阶状内收至顶。阶面上原用板瓦、筒瓦相配铺设成瓦面顶，并相隔一段距离铺一条由簸箕状陶水槽排成的排水槽道。墙垣内外地面还有卵石铺设的散水。西城东南角一带的墙体内侧还另建有贴附在主体墙上的附加墙，以起加固作用，附加墙顶面铺

---

[1] 段宏振、任涛：《邯郸赵王城遗址城垣建筑考古的发现》，《中国文物报》2011年3月25日。

设瓦顶,与主体墙内侧的瓦顶连为一体。铺瓦、排水槽、散水构成城垣的防雨排水系统。

发现城门遗址11处,西城8个,东城3个。西城中部偏南处有近正方形的夯土台基——龙台,实测高16.3米,为大型宫殿所在。北半部还有5个夯土台基,最大的两个与龙台在南北中轴线上。所有台基及其周围均发现大量瓦当、瓦片。城内还发现古道路8段。

郭城俗称"大北城",位于今邯郸市区,呈南北向不规则长方形,是一座深埋的"地下古城"。城西北角插箭岭、梳妆楼等台基高出地面,与城墙相连,地表下发现夯土基址。其余均在现地表下1~10米。城内发现战国至西汉时期的冶铁、制石、制骨、制陶等作坊遗址多处。该城为西汉时期赵国所沿用,至东汉逐渐废弃。汉代由于某种原因或形势需要,在大北城东半部筑新城作为赵国都城的中心,其东半部延伸至战国东垣外,呈南北向长方形(图中细虚线所示),面积不及战国郭城的一半。

城西北4公里一带分布赵国贵族墓,西北15公里的丘陵地带发现五组赵王陵。

五、魏都安邑故城

公元前562年,魏绛城安邑,至魏惠王九年(公元前361年)迁都大梁,魏以安邑为都达200年之久。安邑故城位于山西运城市夏县西北约7公里的禹王村青龙河畔,传说夏禹曾在这里居住,故又称禹王城或夏王城。至秦汉时为安邑县、河东郡治所。

故城由大城、中城、小城三部分组成。大城平面略呈梯形,北、西、南三面城墙保存较好,现高1~4米。北墙2 100米,西墙4 980米,南墙3 565米,周长15.5公里,面积13平方公里(图1-5)[1]。

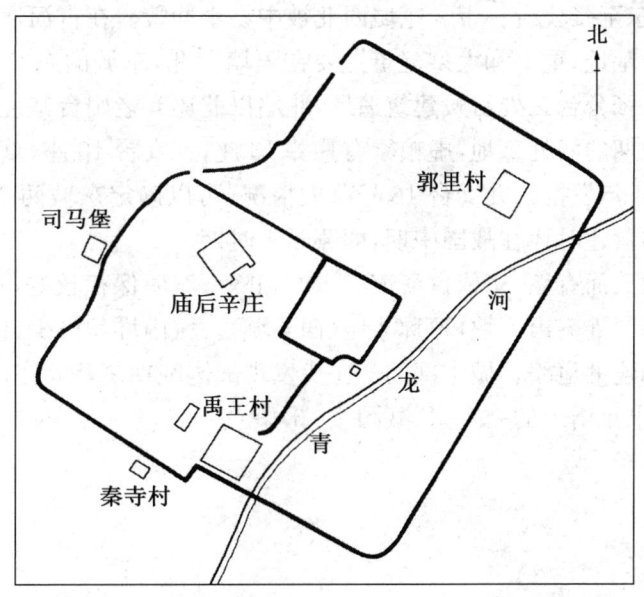

图1-5 魏都安邑故城平面示意图

---

[1] 中国科学院考古研究所山西工作队:《山西夏县禹王城调查》,《考古》1963年第9期。

中城偏于大城西南角,利用了大城西城墙的南段、南城墙的西段作为西城墙和南城墙,平面略呈方形,周长约6.5公里,面积6平方公里。城内发现汉代文化层和遗物,也出土战国时代的遗物。中城可能是秦汉时河东郡治所。

小城居中,长方形,城墙保存较好,周长约3公里,面积只有0.754平方公里,可能为宫城,但未发现宫殿基址。城内地势西高东低,城址比周围地面高出1～4米,远视形如土台。小城东南角有方形的夯土高台——禹王台(俗称青台),台边宽70米左右,高8米,发现战国到宋元时期的遗物、琉璃瓦等。小城中的文化层堆积较厚,多为战国至汉代遗物,在一处汉代铸铁遗址中出土了带有"东三""安亭"铭文的器物[1]。

六、易县燕下都

春秋时期,燕襄公(公元前657～公元前618年)由临易迁都蓟,"以蓟为国",至公元前226年秦取蓟止,后世称蓟为燕上都。燕昭王时(公元前311～公元前279年),又营建武阳为下都,至公元前222年秦灭燕后废弃。战国晚期,燕国可能是两都制。

燕下都位于今河北易县东南2.5公里太行山麓距山不远的隘口要冲地带,处于北易水、中易水之间。古城总体呈东西向长方形,东西8公里,南北4～6公里,总面积30余平方公里,是战国都城中面积最大的一座。城墙最宽处约40米,采用穿棍、穿绳、夹板夯筑法夯筑,城垣断面可见清晰的棍眼、绳眼。

城分面积相近的东、西两部分。东城是燕下都的主体,并自成一个完整的城堡,东西两垣外有人工河道作为城壕,中部偏北有东西横墙相隔,北部西墙外古河道向东引入东城,进城不远即分为南北两支小河道,南河道在隔墙以南,向东通往东城壕,北河道向北至北墙附近,沿墙向东至张公台一带。东城西北被中易水冲毁。在古河道南支以北、隔墙两侧分布着许多夯土基址,重要和大型建筑主要在隔墙以北,东城的东北部是宫殿区所在,有武阳台、望景台、张公台三处宫殿建筑遗址,北墙以北还有老姆台基址。西北的虚粮冢、九女台是战国中晚期的两处墓地,虚粮冢有墓葬13座,九女台10座,墓葬整齐排列,多为大型墓。根据1964年发掘的九女台16号墓的情况,可以确定东城两个墓区是燕国王室墓地所在。东城的营建时代在战国中期,即燕昭王时期。

西城南、北、西三面有墙,东依古河道与东城相隔。城墙保存较好,有的地方高达6.8米。西城北墙中部向外突出一块,习称斗城(西斗城)。城内堆积极少,仅在西墙中部发现一座城门和与其相连的道路。城中部的辛庄头发现战国晚期墓葬8座。该城的营建晚于东城,可能是战国末年增筑的一个附郭(图1-6)[2]。

---

[1] 山西省考古研究所:《山西夏县禹王城汉代铸铁遗址试掘简报》,《考古》1994年第8期。
[2] 河北省文物研究所:《燕下都》,北京:文物出版社,1996年。

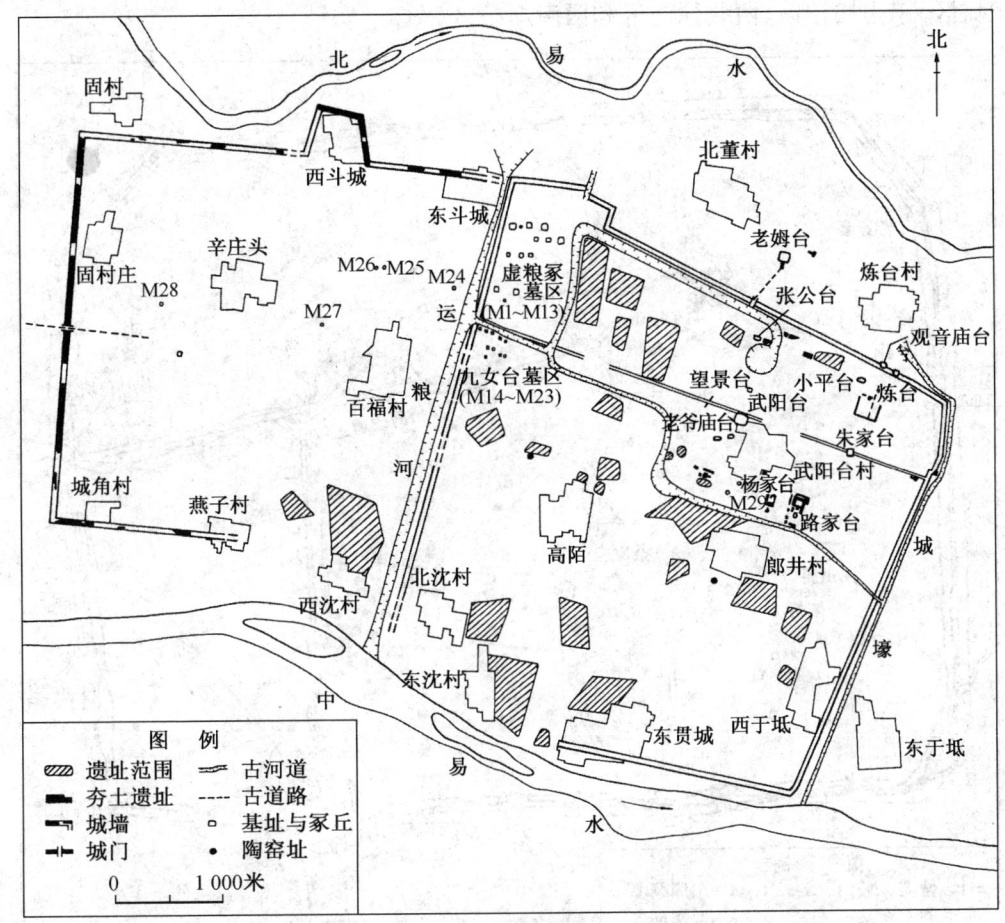

图 1-6 易县燕下都平面图

七、楚国纪南城

纪南城位于湖北江陵县城（今荆州市荆州区纪南镇）北5公里处，因在纪山之南，习称纪南城，为楚国郢都之一，始筑于春秋晚期以后，至公元前278年秦将白起取安陆、拔郢，楚顷王迁都于陈（今河南淮阳）。纪南城之名始见于《左传·桓公二年》西晋杜预注："楚国，今南郡江陵县北纪南城也。"

纪南城平面呈东西向长方形，东西约4500米，南北约3500米，周长15.5公里，面积16平方公里。夯土城墙大部残高3.9~7.6米，底宽30~40米，顶宽10~14米。城外有城壕遗迹环绕，壕宽40~100米。四面城墙各有城门2座，其中北墙东门、东墙北门和南墙西门为水门。西墙北门和南水门发现三门道，其余为一门道。纪南城是迄今最早使用一门三道的城址。三门道水门用4排木桩构筑而成，中门洞比侧门洞宽1倍。城内探明4条古河道，通过水门与护城河相通。朱河、新桥河、龙桥河三条河道将城区分为四区：东北纪城区、东南松柏区、西北徐岗区和西南新桥区(图1-7)[1]。

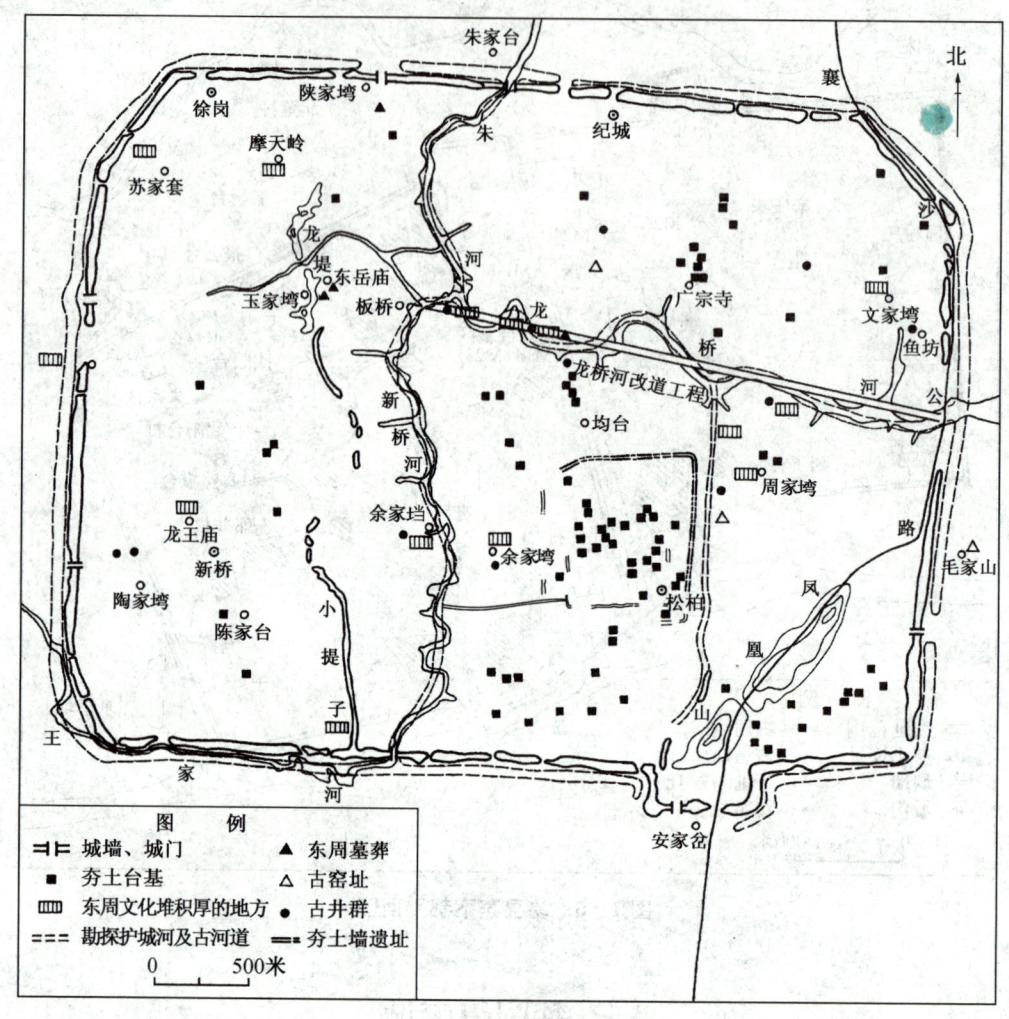

图1-7 楚国纪南城平面图

城内探明夯基100多处，其中东南部松柏区最为密集，有61个夯土台基，为宫城区。宫城四周有断续的宫墙墙基，墙外有城壕。宫城区的范围南北长906米、东西宽802米，面积为72.6万平方米。北宫墙上的两个缺口疑为宫门。宫墙内有宽7~18米、深约1.6米的环形界沟将宫城分隔为中间宫殿区和外围的护卫区。界沟围成的长方形区域基本位于宫城区中心，南北长565~575米，东西宽463~525米，面积约27万平方米。界沟东、西、南三面各有两个缺口，北面一大缺口，可能与宫门对应。宫城内台基分布有序，43号台基最大，长宽都在100米以上，其前30号台基系战国前期的宫殿基址，有成排的柱洞、隔墙、散水等。宫城内未见手工业作坊遗址。

大城东北、西南部为手工业区，发现制陶、铸造遗迹。西北为居民区，发现较为密集的

---

[1] 湖北省博物馆：《楚都纪南城的勘查与发掘(上、下)》，《考古学报》1982年第3、4期。

房址、水井等。龙桥河两侧及城内其他地方共发现水井 400 多眼,仅龙桥河西段长 1 000 米、宽 60 米范围内发现水井 256 眼,有少量竹、木圈井,多数为土井。

城内发现三处墓地,陕家湾和东岳庙两处为春秋中晚期楚墓,东南凤凰山一带是秦汉墓地,发现秦汉以来的墓葬 180 余座。大量的楚墓多分布于城址之外 5 公里左右,在周围三四十公里范围内也有密集的楚墓,已经发掘的如九店楚墓 597 座、雨台山楚墓 558 座。天星观一号墓为战国中晚期封君大墓。

八、秦国故都遗址

秦人自西垂立国到建都咸阳,曾八迁其都,其中自春秋中期到秦亡,四迁其都,秦德公元年(公元前 677 年)到献公二年(公元前 383 年)都雍城,献公二年至孝公十二年(公元前 350 年)都栎阳,孝公十二年至秦亡都咸阳。

(一) 秦都雍城

秦雍城地处关中盆地西部,城址位于陕西宝鸡凤翔县城南郊雍水河和纸坊河交汇的三角洲地带。雍城是秦国壮大和发展的重要据点。据《史记·秦本纪》,秦德公元年(公元前 677 年)"初居雍城大郑宫",至秦献公"城栎阳",秦以雍为都的时间长达 294 年,雍城也是在 200 多年中不断增筑和完善起来的,直到秦统一以后,雍城一直是秦的重要据点,许多重大活动都在这里举行。

城址南面是雍水河,东面是纸坊河,平面呈不规则的梯形。南垣沿雍水河而建,东西长 3 300 米,南北宽 3 200 米。西垣保存较好,发现城门遗址 3 处,门道宽 8～10 米,与城内 3 条东西向道路相连,墙外有宽 12～25 米的城壕。东墙紧靠纸坊河,顺河呈东南西北走向。北垣大部为今县城所占压(图 1-8)。雍城总面积约 11 平方公里,从春秋早期到战国中期,经历了由小到大、由东南向中部再向西北的发展过程[1]。

城内发现不同时期的宫殿、宗庙、市场、道路、窖藏及手工业作坊遗迹。宫殿基址主要分布于城中部以北的主干道附近,居民区集中于南部[2]。

中部偏西的姚家岗宫殿遗址,面积 2 万平方米,白起河由其西北向东南绕过,发现夯土台基、残墙、窖藏、铜质建筑构件及瓦当、瓦片等。遗址区南部发现密集的祭祀坑,出土牛、羊骨骼及玉璧、玉璜、玉圭等。该处遗址可能与大郑宫有关。

姚家岗西部发现围墙环绕的方形窖穴,东西长 10 米,南北宽 11.4 米,窖底东西 6.4 米,南北 7.35 米。窖穴四周为回廊,西回廊正中有通道和东西平行的五道槽门,第二道槽门以西的通道底部铺设有一条与白起河相通的水道。根据其构造特征判断,应是储冰的

---

[1] 韩伟、焦南峰:《秦都雍城考古发掘研究综述》,《考古与文物》1988 年第 5、第 6 期;田亚岐:《秦都雍城布局研究》,《考古与文物》2013 年第 5 期。
[2] 陕西省社会科学院考古研究所凤翔队:《秦都雍城遗址勘察》,《考古》1963 年第 8 期;陕西省雍城考古队:《秦都雍城钻探试掘简报》,《考古与文物》1985 年第 2 期。

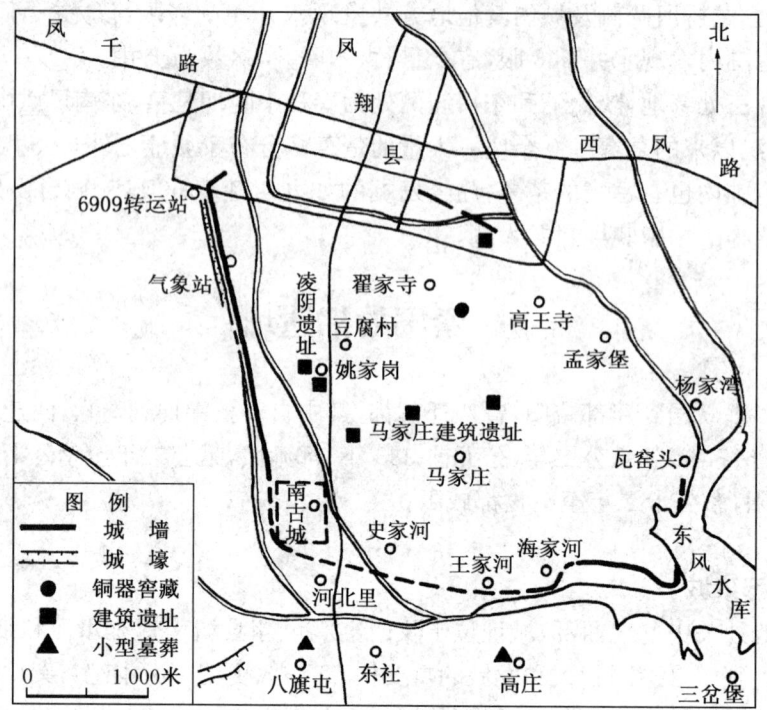

图1-8 秦都雍城平面图

凌阴建筑[1]。

中部偏西是马家庄春秋建筑基址,其中一号基址是一处宗庙遗址,坐北朝南,四周有围墙,院内主体建筑有北部正中的祖庙、东侧昭庙、西侧穆庙和南部门塾,中间为以上建筑环绕的中庭。中庭和祖庙夹室中发现祭祀坑181个,有羊坑、人坑、人羊坑、牛羊坑和车坑。建筑废弃于春秋末至战国初[2]。

姚家岗宫殿遗址以东约600米是马家庄三号建筑遗址。三号建筑四周有围墙,由南至北共五进院落,总体呈"凸"字形,南北326.5米,北端最宽,为86米,南端宽59.5米。院落间有隔墙,隔墙正中有门道,五门五院。第一进院落正前方有类似影壁的夯土墙,第二进院中部偏北有左右两座建筑基址,第三进院中心有一大型建筑基址,第五进院落面积最大,院正中偏北及其前方左右两侧各有一座建筑基址,三座建筑呈"品"字形布局。三号建筑的使用时间为春秋到战国,可能为秦公宫寝所在。

城内北部的铁丰村和西北部的豆腐村发现战国时期的窑场和制陶作坊遗址。城北部翟家寺附近发现长方形的市场遗址,市场南北160米,东西180米,夯土围墙,四面中部开门。围墙内是露天市场,出土秦半两钱和带有"咸阳里"等印文的陶器残片。城南郊是秦公陵园,秦公陵园与雍城之间的雍水南岸分布大量小型墓葬,时代为春秋战国到秦统一。

---

[1] 陕西省雍城考古队:《陕西凤翔春秋秦国凌阴遗址发掘简报》,《文物》1978年第3期。
[2] 陕西省雍城考古队:《凤翔马家庄一号建筑群遗址发掘简报》,《文物》1985年第2期;雍城考古队:《〈凤翔马家庄一号建筑群遗址发掘简报〉补正》,《文博》1986年第1期。

(二) 秦都栎阳

栎阳城在今西安市阎良区武屯街道武家屯、关庄村、联党村(旧南丁村)一带,春秋时期原是秦国的一个城邑,为了同东方的魏国争战,秦献公二年在栎邑基础上修筑栎阳城,并从雍城迁都栎阳。至秦孝公十二年(公元前350年)迁都咸阳,秦以栎阳为都的时间只有三十多年,但栎阳城作为秦入都咸阳和汉入都长安的过渡性都城,其地位和意义都值得重视。

栎阳城地处"东通三晋"的要冲之地,有大川河流经古城北部和东部。1980~1981年,中国社会科学院考古研究所对栎阳城遗址进行勘探、发掘,探出南墙和西墙。并在局部地段发现北墙,确定栎阳城东西长2500米,估计南北宽1600米左右,墙宽6~8米,探出三个城门和城内东西横贯全城的3条干路和6条主要南北向道路,发现、发掘秦汉建筑基址十多处,多数遗存的时代为战国晚期到西汉初期。城墙为平地起夯,不挖基槽,版筑疏松,缺乏统筹,建筑明显具有临时和过渡性都邑的特点[1]。

2013~2016年新启动的栎阳城考古工作确定栎阳有三座古城。以前发现的编为一号城址,重新确定其南北约2430米,东西约1900米。二号城的时代可能在武帝元狩五年(公元前118年)以后,约于新莽时废弃,三号古城内发现多座大型建筑基址,有半地下建筑、浴室、壁炉,出土空心砖踏步、巨型筒瓦、瓦当等,陶器上有"栎阳""宫"等刻划文字和大量的"栎市"陶文。综合分析,三号古城的年代为战国中期至西汉前期,应是战国秦都、汉初沿用的栎阳城,亦曾作为项羽分封的塞王司马欣的都城。城址的具体范围尚在调查之中[2]。

(三) 秦都咸阳

秦都咸阳在今咸阳市东北,因位于九嵕山南、渭水之北而得名。城址位于当时渭河以北的咸阳原上,在距今咸阳市约15公里的窑店镇一带。由于至今未发现城墙和相关的道路遗迹,对于城的大小和总体布局情况不甚明了。关于咸阳城的地望和格局一直存在不同看法。一种意见认为,咸阳南靠渭水,因为渭水不断北移,城遗址受到冲决,目前已看不到城址踪迹;另一种意见认为,咸阳城只有宫城而没有郭城,建筑设施整体呈散点式分布;还有一部分人依据秦始皇帝陵园的布局并分析文献认为,咸阳城有宫城也有郭城。咸阳有无外郭城的问题有待继续讨论,但关于咸阳城内宫城和宫殿基址的考古工作已取得重大成果。秦孝公自栎阳迁都咸阳,大举营造宫室。秦始皇在兼并六国的过程中,每破诸侯,即将其宫殿仿造于咸阳北原,用以显示自己的功绩。据《史记·秦始皇本纪》,"咸阳之旁二百里内宫观二百七十",这些都在秦咸阳城的范围内。

虽然咸阳未发现外郭城墙,但据遗迹发现情况,可以大致确定城址的范围,它西起今长陵车站附近,东至柏家咀村,北自成国渠故道,南到西安市草滩农场附近(秦代渭河北

---

[1] 陕西省文物管理委员会:《秦都栎阳遗址初步勘探记》,《文物》1966年第1期;中国社会科学院考古研究所栎阳发掘队:《秦汉栎阳城遗址的勘探和试掘》,《考古学报》1985年第3期。
[2] 刘瑞等:《西安秦汉栎阳城考古新进展》,《中国文物报》2015年9月11日。

岸),东西 7 200 米,南北 6 700 米,面积约 48.2 平方公里(图 1-9)[1]。在此范围内发现大、中型建筑基址 30 多处,以及排水道、水井、陶窑、手工业作坊遗址和大量灰坑,主要遗迹集中于窑店镇以北的原上和原坡。咸阳城考古工作最重要的收获是厘清了咸阳宫的范围和布局情况。

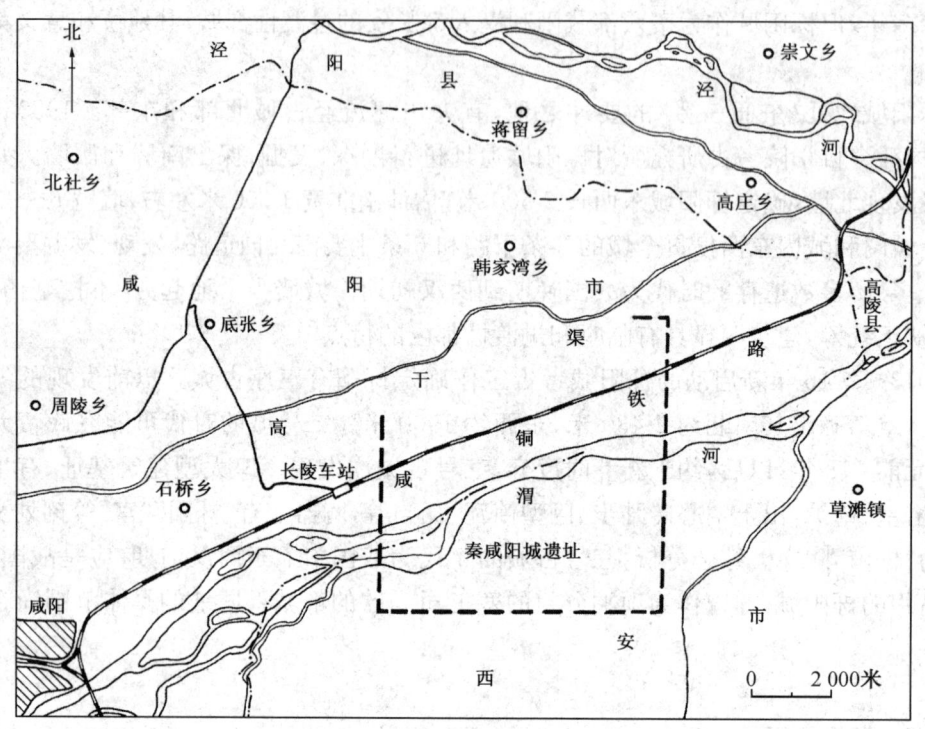

图 1-9　秦咸阳城遗址位置示意图

1. 咸阳宫

咸阳宫是咸阳城内最重要的宫殿,战国末期,秦王嬴政"见燕使者(轲)咸阳宫",统一后,"听事,群臣受决事,悉于咸阳宫"[2]。今渭水北岸窑店镇牛羊村北原上发掘的第一、二、三号宫殿建筑基址,均发现高大的阶梯式夯土台基,即咸阳宫的重要组成部分。

秦咸阳宫城遗址[3]位于今咸阳市渭城区窑店镇牛羊村北,在咸阳城址的北部阶地上,西北距咸阳市 13 公里。现在已经探明,聂家沟以东、姬家道沟以西的七处大型高台建筑遗址,应为当时主体宫殿和官署群的基址,其中西北部建筑最为密集,有四处基址。目前已发掘一至四号宫殿基址,五至七号也做过探查。遗址周围有晚期墙垣遗迹。围墙呈东西向长方形,北墙长 843 米,南墙长 902 米,西墙长 576 米,东墙长 426 米,面积 42 万平方米,南、西墙各发现门址 1 座,西墙和北墙内外均钻探发现有与墙体

---

[1] 刘庆柱:《秦都咸阳几个问题的初探》,《文博》1976 年第 11 期;《论秦咸阳城布局形制及其相关问题》,《古代都城与帝陵考古学研究》,北京:科学出版社,2000 年。
[2] [汉]司马迁:《史记》卷六《秦始皇本纪》,北京:中华书局,1962 年,第 257 页。
[3] 陕西省考古研究所:《秦都咸阳考古报告》,北京:科学出版社,2004 年。

方向一致的城壕(图1-10)。围墙外还发现20余处建筑基址。

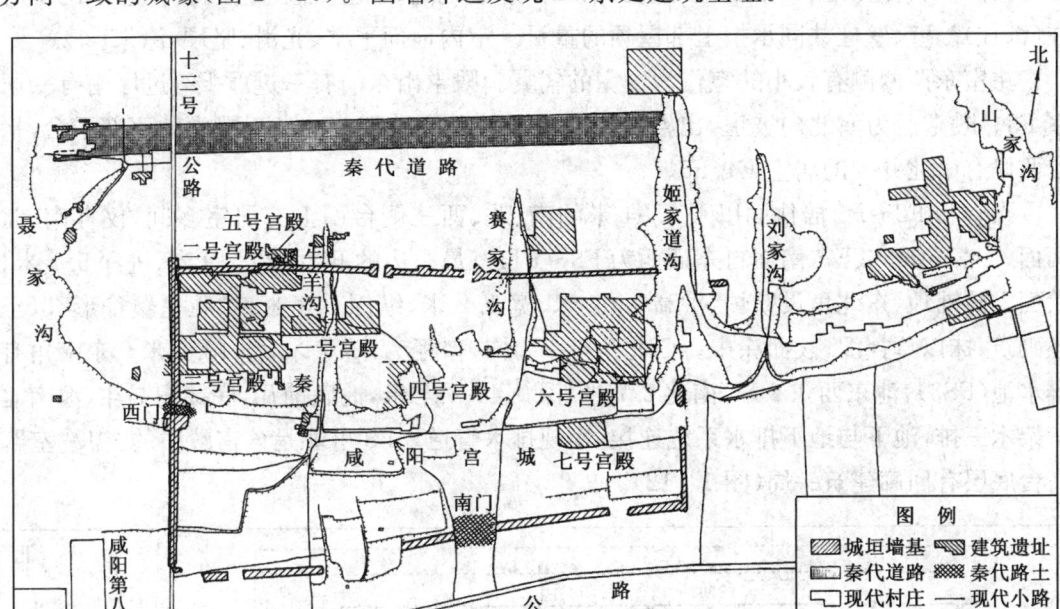

图1-10 秦咸阳宫范围及建筑遗址分布图

一号宫殿基址位于牛羊村和姬家道沟之间的原边上,对称坐落在当时就有的一条南北向谷道(今名"牛羊沟")的东西两侧。西部保存较好,东部保存较差。遗址总平面呈"凹"字形(单侧为L形),东西总长177米,南北宽45米,中间凹进的部分宽20米。西部台基底部东西长60米,发掘前高出地面6米,是多层夯土高台建筑的基础(图1-11)。

图1-11 秦咸阳宫一号宫殿基址(西北—东南)

夯土高台的顶部中心位置为主体建筑殿堂F1,平面近方形,东西13.4米,南北12米,南北各辟二门,东辟一门。四面有厚2米以上的夯土或土坯墙,墙内嵌入方形壁柱,柱下有天然砾石作为础石，中心埋一边长1.4米左右的柱础，上可立直径为64厘米的中心柱（都柱）。壁、壁柱共同承担上部屋顶的重量。室内地面平整、光滑、坚硬，涂朱。

主室东西两侧有较小的室作为主室的辅翼。殿堂出东门有一过厅F2，过厅南有一居室F3。殿堂西为南北向坡道，出殿堂南门向西登上坡道可上达高于殿堂的西部平台，平台西侧有南北并列的居室F4、F5。

殿堂和F2~F5居住面以下3.94米的南、北、西三侧台面上有居室多间，仅存南、北两面。北面有F6、F7，南面自东而西为F8~F11。最东边的F8面阔6.9米、进深5.7米，素面方砖铺地，东北角设壁炉，炉高1.02米、宽1.2米、纵深1.1米，炉膛呈覆瓮形，以土坯砌筑，抹以草拌泥，表面涂朱。西北角有一窖穴，口径为0.97米，深13.8米。东南角有排水池（PS3），池东西3.2米，南北2.7米，深0.4~0.7米，池底铺瓦，底接陶漏斗，池南北壁架木三排，池下与地下排水系统连接，发现排水管道。F8可能是该宫殿中的"盥洗室"。高台底层有回廊建筑一周（图1-12）。

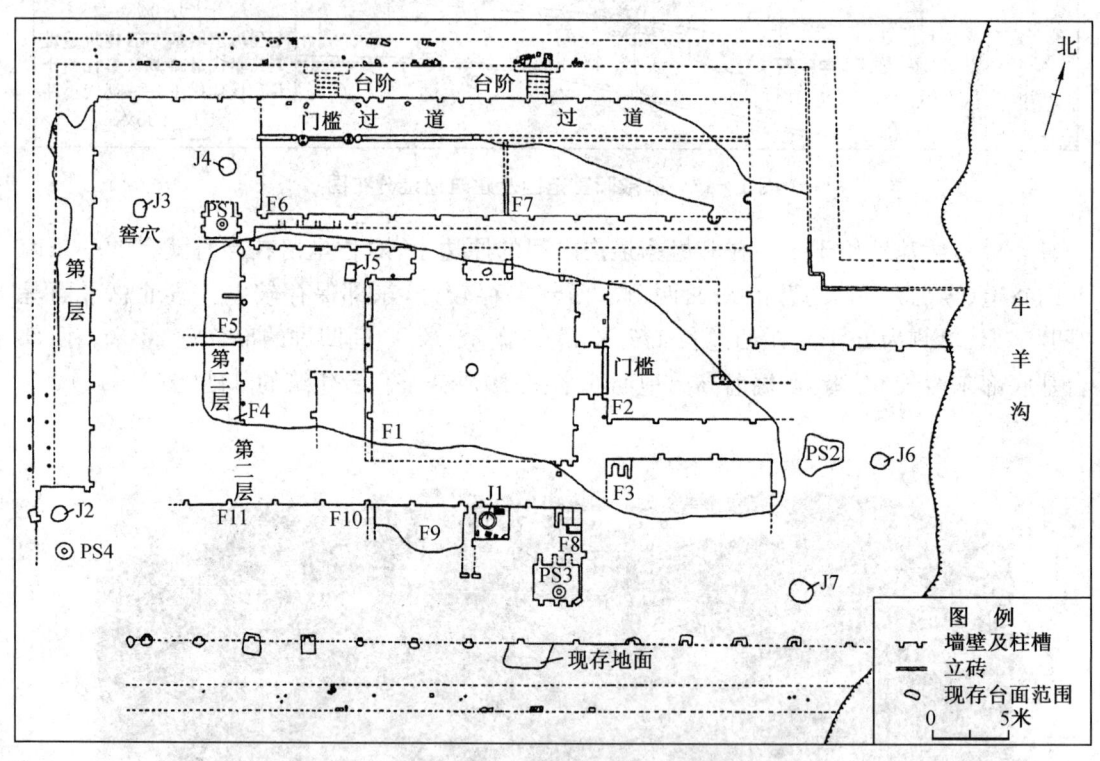

图1-12 秦咸阳宫一号宫殿遗址遗迹分布图

台基上下发现窖穴7个，有陶井圈壁和土壁两种，皆较深，底部均发现动物骨骼，有的窖底置陶盆。这些窖穴应与储存食品有关。另外还发现排水池4个，F8内1个，台基上部西北与东部各1个，台基下部的西南1个。

一号基址台顶中部为主体宫室，四周布置有上下不同层次和不同用途的小宫室，底层有回廊环绕，共有12处房址。古建专家复原为东西对称的一组高台建筑，结构紧凑，高下错落有致，估计当时有跨跃谷道的飞阁相连[1]。

一号宫殿为宫室类建筑无疑，有的室出土壁画残片，当为宫嫔所居或官员的办事机构。从位置、规模和结构功能等方面来看，远非大朝正殿。

一号基址西北93米是二号高台宫殿建筑基址，殿址东西长127米，南北宽32.8～45.5米，面积7 004平方米。台顶主体建筑（F4）平面呈方形，东西边长19.8米，南北19.5米，面积386平方米。台四周设回廊，有踏步通达地面。回廊和高台地面发现18处竖置陶管，陶管口径17～19厘米，长67～69厘米，内有木炭遗存。

一号殿基西南10米、二号殿址南73米为三号殿基。三号基址东西长123米，南北宽60米，主体建筑在台顶中央。台顶四周向下一层有台面，四面有房屋，室内地面涂朱，房屋之外有回廊，其外有散水。西侧回廊东西坎墙上残存的彩绘壁画是该建筑基址的重要发现之一。坎墙残高0.2～1.08米，上残留人物、车马、建筑、动物、植物、神怪、几何纹等彩绘图案。

宫殿建筑群遗址还发现大量筒瓦、板瓦、瓦当、铺地方砖、长方形空心砖、竹板等建材以及席等的痕迹。铺地方砖有方格纹、平行线纹、太阳纹、圆圈与云朵纹、菱形纹、回纹、绳纹、锯齿纹等。瓦片和陶器上印或刻有陶文681个，中有"咸阳""咸阳亭""里"等表示官营或民营作坊生产的文字。一号宫殿基址的窖穴中还出土了已经炭化的丝绸衣物。

咸阳宫建筑后来为项羽焚毁。

2. 阿房宫

秦统一后的第二年，秦始皇在渭河之南的上林苑内营建新宫——阿房宫。据《史记·秦始皇本纪》记载："乃营作朝宫渭南上林苑中。先作前殿阿房，东西五百步，南北五十丈，上可坐万人，下可建五丈旗。……阿房宫未成，成，欲更择令名名之。作宫阿房，故天下谓之阿房宫。"前殿是未来朝宫的主体建筑，是皇帝的办公地点，朝宫建成前暂称为阿房宫。《秦始皇本纪》另载，发"隐宫刑徒者七十万人，乃分作阿房宫，或作丽山"。全部工程越秦亡犹未完工，故未正式命名。上述规模只是其营建蓝图，并未最终实现[2]。

阿房宫前殿遗址位于渭河以南的咸阳原上，在今西安市未央区三里桥镇阿房村，与秦都咸阳城隔渭河相望。

中国社会科学院考古研究所与西安市文物保护考古研究所组成阿房宫考古队，从2002年开始进行大规模的考古调查、钻探和局部发掘，弄清了阿房宫前殿遗址的范围：台基东西长1 270米、南北宽426米，最大高度为12米，面积达54万多平方米，是迄今所知中国古代都城建筑夯土基址中规模最大的。前殿北部边缘呈台阶式三层台面结构，阶宽1～2米，层高2～4米。台面应是为廊庑类建筑设计的。在前殿台基之南还发现一处铺瓦的屋顶遗迹，有筒瓦6行，板瓦5行。据出土瓦件等分析，该遗址始建于秦代，汉代作为上林苑的一部分继续使用。前殿遗址之上未发现建筑遗存，基址与汉代文化层之间未发现秦代建筑遗存堆积。前殿东、西、北三面有墙，现仅残存北面墙体，高出台面2米多。该

---

[1] 陶复（杨鸿勋）：《秦咸阳宫第一号遗址复原问题的初步探讨》，《文物》1976年第11期。
[2] 杨东宇、段清波：《阿房宫概念与阿房宫考古》，《考古与文物》2006年第2期。

次勘探确认,阿房宫前殿当时只构筑了规模宏大的建筑台基和三面墙体,台基之上的主体建筑并未营造,阿房宫是尚未完工的一处工程,也未发现火焚痕迹[1]。唐代杜牧《阿房宫赋》对阿房宫的详尽描述是建立在想象基础上的,所谓"楚人一炬,可怜焦土",纯属张冠李戴、移花接木,实际上项氏所焚的应是咸阳宫。

阿房宫前殿遗址以西500米的"始皇上天台"遗址、东北2000米的"磁石门"遗址和西南1200米的"烽火台"遗址,均为战国中晚期的宫馆类建筑遗址,是秦渭南上林苑中的一部分建筑,其修建时间均早于阿房宫前殿,沿用至西汉,并不是秦阿房宫的附属建筑。

九、中山国灵寿故城

中山国是白狄的一支——鲜虞建立的国家,春秋晚期始称中山,处燕、赵之间,在太行山东麓。公元前414年,"中山武公初立居顾",公元前406年,魏文侯占中山(史称"魏属中山"),公元前380年中山桓公击败魏国,复国后都灵寿。从桓公营灵寿开始,统治中山的共有桓、成、䍐、𬳵、尚(胜)五位国君。公元前296年,赵灭中山。

灵寿故城位于河北平山县三汲乡,东距灵寿县城10公里,在滹沱河北岸台地上,东倚东陵山、牛山,南临滹沱河,西北为太行山,向东为华北大平原。灵寿城利用河沟之险依山而建,城垣往往建于沟侧的断崖之上,整个城顺地势、沟道修筑成不规则的桃形,四周不见明显的拐折。城东西宽4公里,南北最长为4.5公里,面积约18平方公里,城内由南北向隔墙分为东、西两城,东城北垣保存较好,其余地方被河水冲毁或仅保存基部。东城北部有一座独立的小山丘——黄山,为中山灵寿城的最高点,与史籍"中山俗以山在邑中"的记述相合。东城北垣西端向外(北)凸出一段长约150米、宽70米的"城垛"形夯土高台,高台西侧为东城北门阙,显然具有防御功能。西城西垣和南垣也发现类似的城垛3处,西垣中段发现门址1处。

城内地势北高南低,人工建筑充分利用河沟、高地等自然地形布置。重要的建筑基址在东城,其中最北部黄山以东的3号夯土基址规模最大,残存南北200米、东西150米,发现夯土墙基、成排的"磉磴"、坚硬的圆形夯土柱础基、瓦砾堆积和成片的红烧土等,应是当时的宫殿建筑所在。3号基址正南1500余米的7号建筑群有三组大面积的夯土建筑遗迹,应属官署类建筑。其北的8号基址与7号应为一个组群,两处基址被后来取土挖成的大沟隔开。8号东北的11号基址遭破坏严重,原规模要大于7号组群,也应是重要机构所在。

东城内西北部、黄山以南是官营手工业作坊区,北边是制陶作坊区(4号),现存南北、东西各200余米,发现陶支座、陶拍和废陶器堆积,其中有大量烧结变形的罐、豆、盆、瓮等陶器残片,发现成片排列的陶窑遗址。其西南、东北两区地面的陶片分布情况表明,当时作坊内烧制生活用器和烧制瓦件分工明确。陶制作坊区以南的铸铜、铸铁作坊区(5号),南北960米、东西580米,发现密集的炼炉和铜渣、铁渣、鼓风管、陶范和铁铲、铁锛等,还

---

[1] 中国社会科学院考古研究所、西安市文物保护考古所阿房宫考古工作队:《西安市阿房宫遗址的考古新发现》,《考古》2004年第4期。

发现一些"成白"刀的石范残片。

西城东部中间发现两处靠得很近的建筑遗址,总大小东西750米、南北450米左右,发现接连不断的夯土遗迹和大量瓦片、瓦当、空心砖残片和陶盆、罐、豆、甑、碗等生活用器的残片。遗址中部自东向西有一宽11米的古道贯通,古道向西正对西城门。遗址以北不远即是手工业作坊区,判断其性质与市相关。

城内发现三处较大的居住遗址,分别位于东城内手工业作坊遗址西南角(6号)、西城北部王陵区内(1号)和西城南部的西城墙东(2号)。

西城北部有一东西向隔墙(现仅存地下墙基)将西城分为南、北两部分,隔墙以北为王陵区,内有两座大墓和其所属的多座陪葬墓,北面大墓为桓公墓,南面700米处为成公墓(已发掘)。与城内王陵区相对,西墙之外是包括𰯼王陵在内的另一中山王陵区(图1-13)[1]。

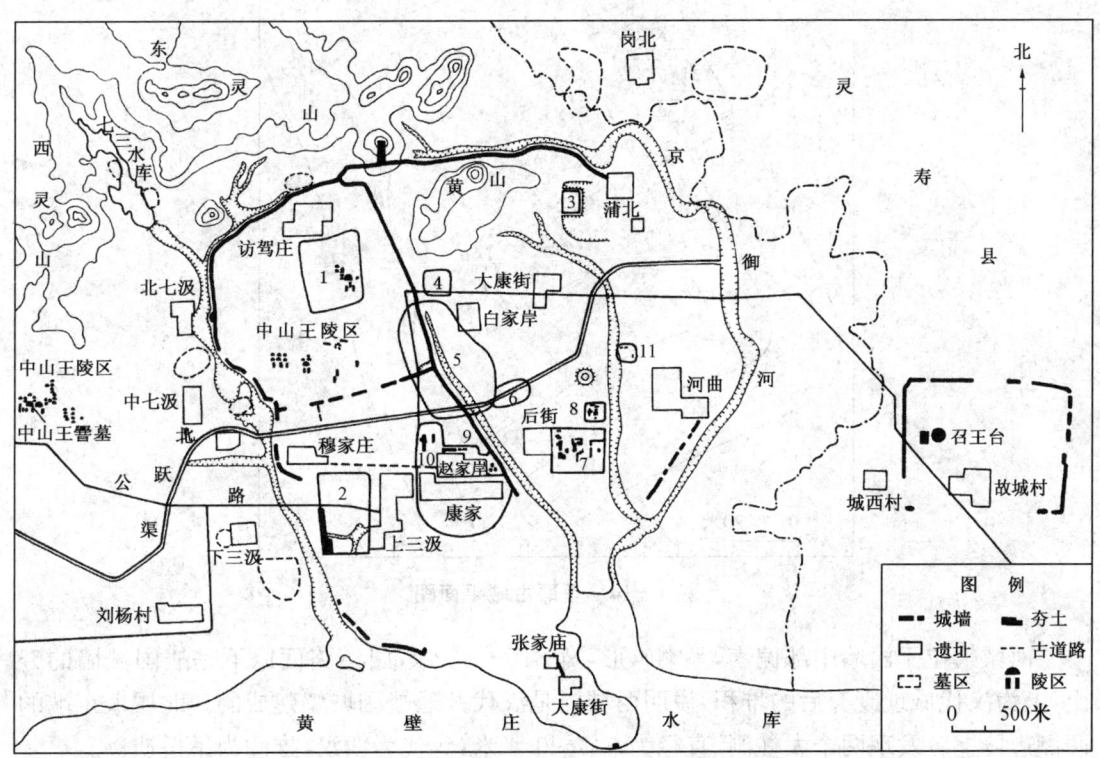

图1-13 中山国灵寿故城平面图

十、里耶古城

里耶古城位于湖南湘西自治州龙山县里耶镇,是战国中晚期楚人为了加强湘西边陲防御所建的一座城,楚和秦都相继使用,秦统一后为洞庭郡所辖的迁陵县城。古城在秦末

---

[1] 河北省文物研究所:《战国中山国灵寿城》,北京:文物出版社,2005年。

战乱中被毁弃，汉初重建。

城址位于酉水北岸，长方形，夯土城垣，城角略带弧形，城东部被酉水冲毁，北城墙在汉代经过增修。南、西、北三面有城壕环绕，从城壕的外缘计算，南北长210米，东西残宽103～107米，残存部分面积近2万平方米（图1-14）。城墙最早筑于战国中期，秦代继续使用，墙基宽26.5米，现高3.7米。墙外护城壕宽15米，深约6.5米。西汉早期在原城基础之上加筑城墙，墙基向外加宽，在城墙和护城壕之间拓有环城道路，城壕随之变窄。汉代疏浚护城壕，局部地段砌有高约1米的卵石护坡。

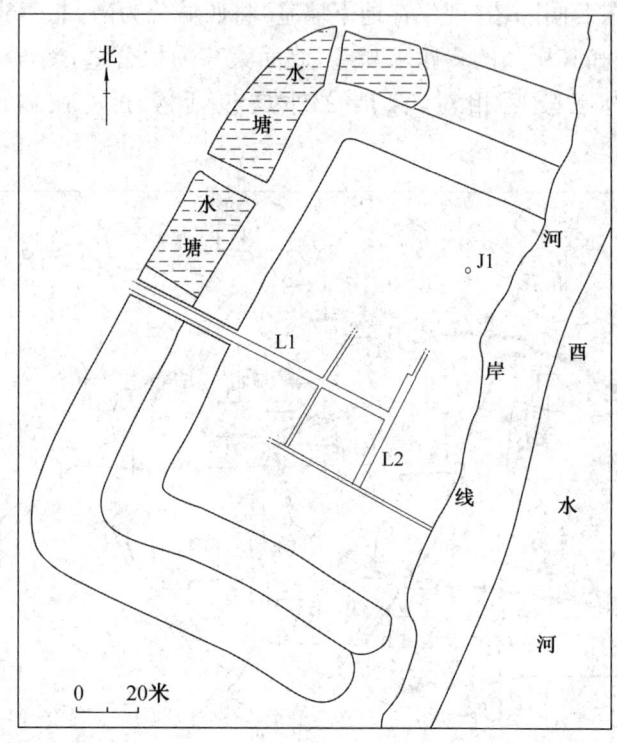

图1-14 里耶古城平面图

西城门位于西墙中部偏南，呈喇叭形，宽8.5～12米，门道路面以下是战国城墙的夯土，上为汉代城址废弃后的堆积，说明西城门是汉代开通战国城墙建成的。北城壕东端的两侧边坡上各发现两个大柱洞，直径为0.3～0.4米，年代为西汉，推测为吊桥遗迹。

城址中心部位是一条东西向大道（L1），自西城门向东与通往南城门的南北向大道（L2）直交，该道路宽约13米，高于两侧地面约半米。南门位置只是根据城壕中断情况和旱道走向推测，目前未发现相关遗址。

城内有作坊、房屋、水井等遗址多处。发现战国至秦代水井5口。一号井（J1）在F4中，有排列整齐的柱洞76个，没有墙基遗迹，应是一处干栏式木构井亭类建筑。房基中发现的一号井是一口木板嵌砌的水井，发现井台遗迹，井口为正方形，井深14.3米，内径2米左右，井内出土大量果核、动物骨骼、绳索、陶器等生活废弃物和工具、兵器等。该井使用于战国至秦，废弃于秦末。出土遗物中最多、最常见的是木屑和各种形制的木质材料，井中出土的3.7万余枚秦代简牍是里耶古城最重要的发现之一，简牍主要为官署档案，内容包括邮递、军备、算数、记事等,涉及社会生活的各个方面,时代皆为秦始皇统一中国后的秦朝时期。

古城的使用年代在战国中晚期至汉初,古城附近有多处战国、两汉时期的墓地和小型古城址[1]。

第二节 战国和秦代长城

长城是地上延伸极长的人工防御建筑设施,历史上共有20多个朝代修筑过长城。战国时期,与北方民族接壤的秦、赵、燕分别在各自北部边境地区筑长城,防御东胡、林胡、楼烦、匈奴,其长城被称为"外长城"。自春秋时期开始,各诸侯国出于相互防御的目的,在相邻边界地带修筑长城,如楚、齐、魏、中山等国都筑有长城,它们相对于北部地区的秦、赵、燕长城,是谓内长城。

一、战国内长城

(一) 楚长城

楚国是较早修筑长城的国家之一,当时称为"方城"。《左传·僖公四年》(公元前656年)记载,齐以诸侯之师伐楚,楚大夫屈完对齐桓公说:"君若以德绥诸侯,谁敢不服?君若以力,楚国方城以为城,汉水以为池,虽众,无所用之。"《史记·齐太公世家》等亦有相似的记述。《汉书·地理志》记载:南阳郡,叶,"楚叶公邑。有长城,号曰方城"。楚长城是我国历史上最早的长城之一。

春秋初期,楚文王灭邓及南阳盆地汉阳诸姬姓的小国申、吕等国。从春秋到战国,楚国陆续在通向中原的要塞之地设关,在申、息之北及今河南方城县东北依山筑城。战国末为防秦入侵,又于西部(今河南西峡、内乡、镇平、邓州一带)筑城、筑障,形成一套巨大而复杂的防御体系。

楚长城由今河南邓州市东北境起,沿镇平县境向北,经南召西北方向折转向东,至鲁山县南,然后由叶县西部南转,循方城县蜿蜒而入泌阳县境。整体上,楚长城主要在河南省南部,以南阳盆地为中心,东、西、北三面向南围成半环形,因有"方城"之名。楚长城大部地区依山势而建,利用山岭高地,连接数座山峰,再连接河流堤防,构成"连堤",因此它不是单线形式,更像是网络结构(图1-15)。

2008年至2009年,在河南境内调查残存长城墙体30.51公里,消失或掩于地下的墙体25.37公里,山险200多公里,关堡6个,寨堡105个,确认烽燧37个,古代道路8条,沿线冶铁遗址7个,城址18座。在不同地段,楚长城以山体为主要天然屏障,山间无险处累石堆土相连,筑险以为屏障,采取多种不同的防御形式:低平地筑人工墙体,人工墙体有

---

[1] 湖南省文物考古研究所:《里耶发掘报告》,长沙:岳麓书社,2006年。

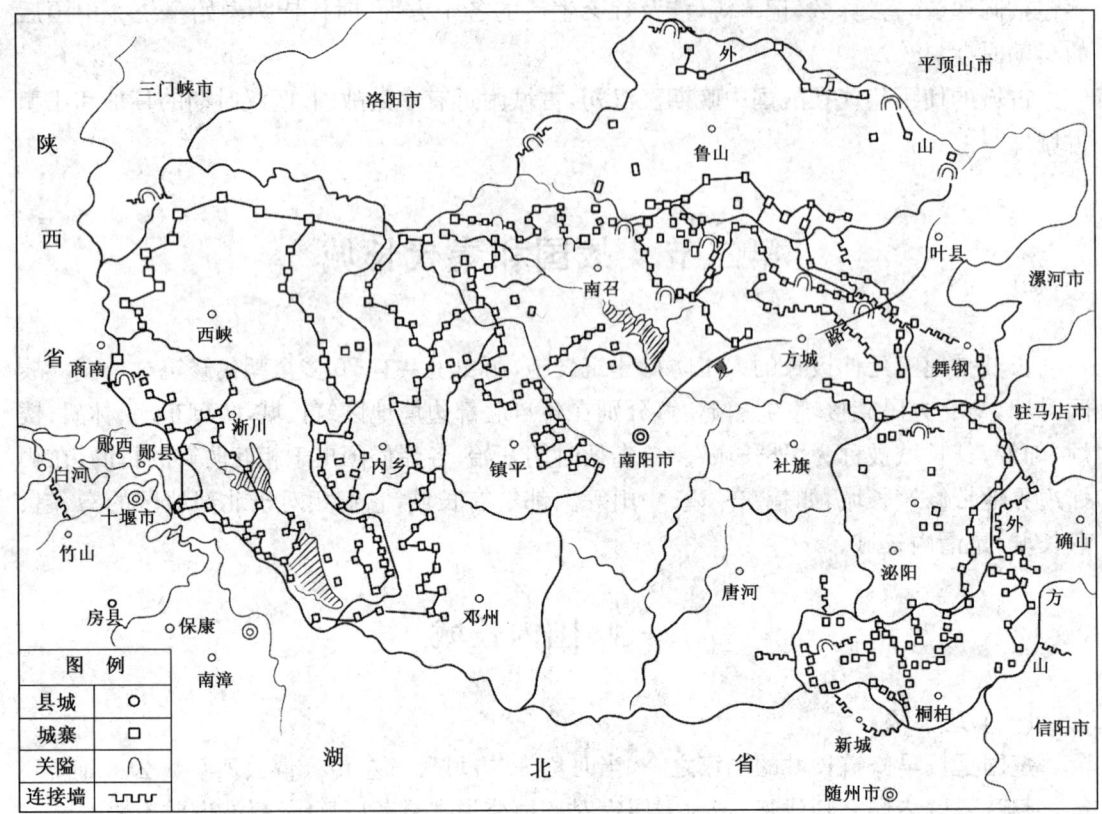

图 1-15 楚国长城分布示意图

土石混筑、纯土筑和毛石干垒等形式,解剖发现底部堆积有炭化的木棍层;人工墙体和山险结合;在山间垭口、古道、要冲处,沿两侧山势向下修筑一段人工墙体扼守;海拔较高的地方以山险为主,以关堡、城址扼守要冲。可见,楚长城是由人工墙体、关堡、城址、烽燧、古道、自然山险、河流等构成。局部墙体附近发现有兵营遗址[1]。

(二) 齐长城

齐长城也是春秋战国诸侯争霸形势下的产物。《韩非子·初见秦》载:"齐之清济浊河,足以为限;长城巨防,足以为塞。"

齐国的长城分三段。

春秋末期,齐国为防御鲁国,在与鲁接壤的泰山以西、今济南长清区西南或平阴县东北原济水河畔的钜防修筑了最早的长城,即西段长城。西段长城从今山东济南长清区西南的孝里镇广里村北古济水东岸的古防口东行,经泰安市肥城县绕泰山西麓,成为齐鲁的边界线。《管子·轻重》有言:"长城之阳,鲁也;长城之阴,齐也。"

春秋末到战国初,楚国势力向东、向北发展,先后灭莒、杞、邾等小国,又灭越、鲁,在山东境内与齐对峙。齐国把长城自泰山东延至穆陵关,成为中段齐长城。中段长城经泰沂

---

[1] 李一丕等:《豫南地区楚长城资源调查与发掘取得突破》,《中国文物报》2011 年 9 月 30 日。

山区东北行至章丘、莱芜,再东南经博山,至潍坊临朐大关镇与沂水县马站镇交界处的穆陵关。

战国时期,齐国把长城从穆陵关东延至海滨,成为防御楚国北上的工事。东段长城从穆陵关东南行,经莒县和五莲县北部,然后向东经诸城至胶南灵山卫镇东于家河庄(现属黄岛区)的海边入海(图1-16)。

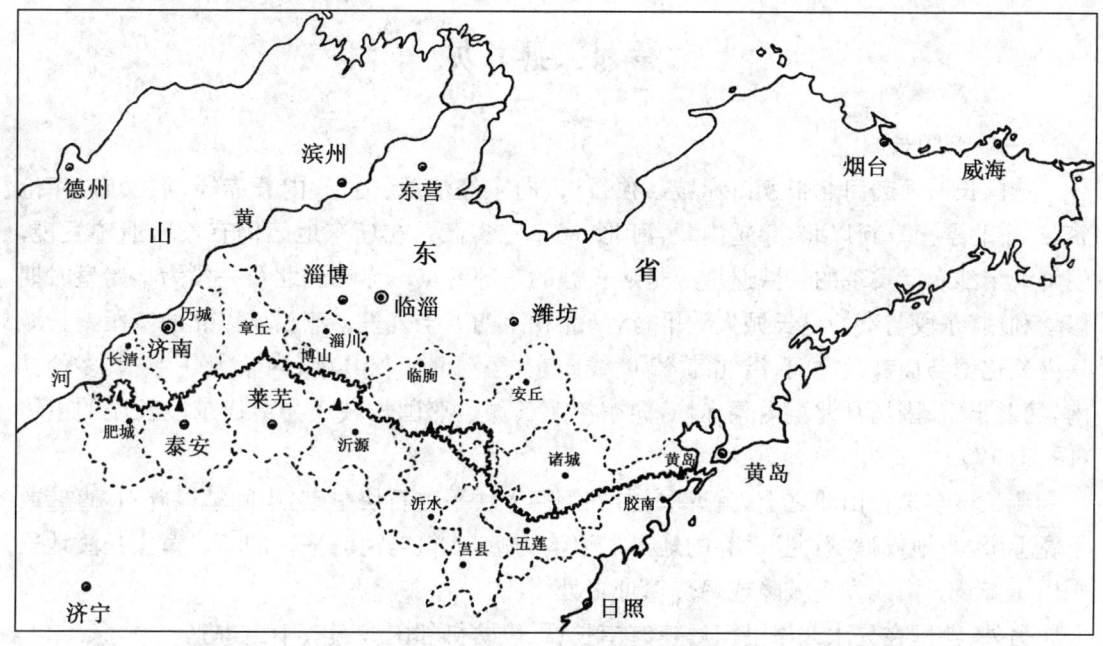

图1-16 齐国长城分布示意图

齐长城全长641.32公里,大部分经过泰沂山区,跨1 500余座大小山峦,采取多种形式构筑,因地制宜,就地取材,像土石长龙沿山脊匍匐而行,有的地方直接以陡峭山险代墙,属典型的山地长城。平阴、长清至泰安肥城之间的一段有土筑、石垒、土石混筑长城,莱芜、博山、章丘、长清等地都有石砌长城。石砌部分底宽8～10米,高4米,顶部为圆形[1]。

(三)魏国长城

魏国为防御秦国东下,在关中东部黄河以西的魏国西境筑长城。《史记·秦本纪》载:"魏筑长城,自郑滨洛以北,有上郡。"《史记·魏世家》载,魏惠王十九年(公元前351年)"诸侯围我襄陵。筑长城,塞固阳"。该处长城为魏的西长城。西长城南起今华阴市华山北麓的朝元洞,沿长涧河西岸,北抵渭河南岸,再循洛河东岸西行,至大荔县许原北的长城村,向东北经澄城、合阳等抵韩城县境内的黄河西岸,全长200公里。华阴、大荔尚存地面长城遗迹20多处,最长的一段长2 100米,墙宽16米,高2.2~11.4米,有的地方高出地面18米。魏长城为夯筑和堑山相结合,沿线有城堡、烽火台遗迹,烽火台均在墙南侧,北

---

[1] 何德亮:《中国历史上最古老的长城——齐长城》,《中原文物》2009年第2期。

侧有城壕[1]。

魏惠王晚年修筑了保护大梁的魏、韩边界长城，是为南长城。南长城在今河南中部郑州附近、魏都大梁之西存有两处遗址——郑州市管城区圃田乡的青龙山长城遗址（所在地今属郑州市经济技术开发区明湖街道办事处李南岗村）长3公里，西北东南走向；密县县城西北长城遗址现存5.5公里，南北走向。南长城墙基宽2.5米，高2.5米，以青石砌筑。

二、秦、赵、燕长城[2]

（一）燕国长城

燕国长城西起河北张家口赤城县独石口，向东经沽源、围场、内蒙赤峰、敖汉旗、库伦旗、辽宁北票至阜新以北，穿越内蒙、河北、辽宁三省区。在辽东地区仍有长城遗迹发现，朝鲜大宁江东岸发现的长城遗址应是燕长城的东部起点。赤峰到北票一段为秦始皇时期修缮利用，东段与秦始皇长城大致平行，南北相距四五十公里。燕长城以北的一段秦长城从内蒙化德与商都县之间，沿北纬42度线向东，经河北康保县南，内蒙太仆寺旗、多伦县南，河北丰宁、围场县北至内蒙赤峰，向东接燕长城。燕国长城成为秦代东段长城的主体（图1-17）。

燕长城多选在山岭之上，就近取材，外侧用大块平整石块垒砌，中间填以碎石，直壁或下宽上窄，当地或称"石龙"。有的地方以河沟为堑，或筑与河流平行的墙。黄土丘陵地段则以土夯筑。沿线发现城障或烽燧遗址多处。

另外，燕国在易水北岸沿河堤建有南长城，以防御邻国齐、赵、中山进犯。

（二）赵国长城

赵国北邻林胡、楼烦，北筑长城以御之。《史记·匈奴列传》记载："赵武灵王亦变俗胡服，习骑射，北破林胡、楼烦。筑长城，自代并阴山下，至高阙为塞，而置云中、雁门、代郡。"赵长城习称赵武灵王长城，分布于河套以北阴山南麓、大青山沿线，东端从河北张家口市万全、张北两县之间，经内蒙集宁市东南，沿北纬41度线往西，经呼和浩特市北、包头市和固阳县一带，越乌梁素海附近，北移沿阴山向西到内蒙巴彦淖尔盟临河市以北、乌兰布和沙漠边缘狼山口（今石蓝计山口）。赵国长城基本为秦所用，成为秦代的中段长城（图1-17）。

赵长城主要建于阴山山脉的大青山和乌拉山下，大部分为夯土建筑，少数地段用黑色巨石垒砌，总长尚有250多公里，高约4米，底宽3.5~4米，顶宽1.5米，为保存最完整的古长城地段之一。在长城之南，每隔1公里左右，就有一处小城址和烽火台。

---

[1] 中国社会科学院考古研究所陕西工作队：《陕西华阴、大荔魏长城勘查记》，《考古》1980年第6期。
[2] 参考文物编辑委员会：《中国长城遗迹调查报告集》，北京：文物出版社，1981年。

(三) 秦国和秦代长城

秦国长城在河套地区,东北—西南走向,秦昭襄王时修筑以拒匈奴。该长城从今甘肃岷县城西 10 公里处开始兴筑,沿洮河东岸到今临洮县境,绕县城东行,经渭源、陇西、通渭、静宁县,进入宁夏西吉、固原,甘肃环县,陕西吴旗、志丹、靖边、榆林、神木,沿毛乌素沙漠东南侧入内蒙准格尔旗,最后达黄河南岸准格尔旗东北的十二连城,消失于十二连城以西的沙漠中。秦国长城穿过甘肃、宁夏、陕西、内蒙四省区,是秦代完整加以利用的西段长城。

秦长城经过的地方大都是黄土地带,长城及沿线相关建筑多为黄土夯筑,有些地方隐约可见一条黑土带,其上草木格外茂盛。临洮附近的城墙下部宽 4.2 米,上部宽 2.5 米,残存长城高 3 米左右,用黄黏土夹杂少量碎石夯筑。秦国长城分支部分有石垒,也有土夯,丘陵高地上的夯土墙宽 6 米、高 3 米。许多地方是顺应地势堑削而成。

战国早期,秦国为了阻止魏国的西进,在秦国东境沿洛河西岸夯筑长城,是为秦东长城,史称"堑洛"。东长城自陕西华阴长城村过渭河,沿洛水西岸经大荔、蒲城、白水、宜君、黄陵到富县境。后来魏国加以修缮利用,成为抵挡秦军东下的魏国西长城。

秦统一后,公元前 213 年,始皇命蒙恬修缮、连接秦、赵、燕三国已有长城,征用民工 30 万,担土垒石十余年,连接起了一条西起甘肃临洮(今岷县)、东到鸭绿江岸的万里屏障,这就是秦代长城(图 1-17)。

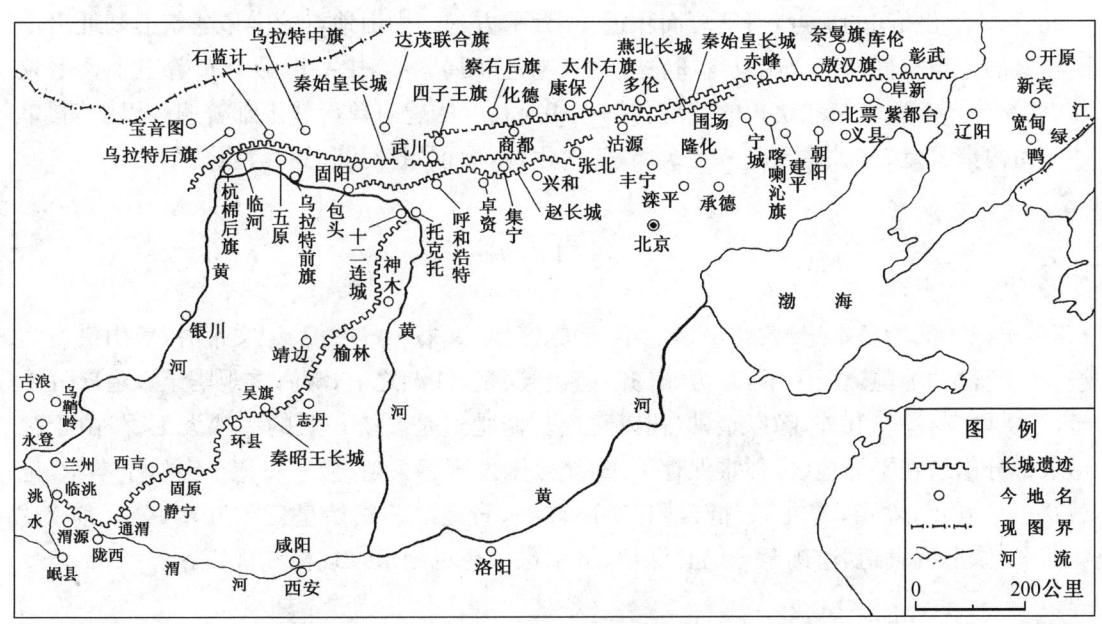

图 1-17　燕、赵、秦三国长城和秦代长城遗迹分布图

第三节　重要建筑和道路设施

一、碣石宫和金山咀建筑群

20世纪80年代，在北起辽宁绥中墙子村、南到河北秦皇岛北戴河金山咀40公里的环渤海地区发现秦代的大型建筑组群。绥中墙子村海滨高岗地带的一组耸立的自然礁石，民间传为"姜女坟"，又称"姜女石"。紧靠姜女坟的岸上发现六处建筑遗址群，规模最大、面对姜女坟的石碑地建筑遗址，平面呈曲尺形，中心建筑台基南北长500多米，东西宽近300米，面积近15万平方米，台基高8米，高出周围院落5米左右。夯土台上有多级建筑，周围建筑高低错落有致。高台建筑遗址上发现用空心砖铺成的左右对称的厕坑和夔纹、变形夔纹大瓦当[1]。以石碑地遗址为中心、以止锚湾和黑山头为两翼的大型建筑群，应即始皇于公元前215年出巡的行宫——碣石宫的一部分。碣石宫和阿房宫、始皇陵并列为秦代三大工程。

20世纪80年代发掘的秦皇岛市北戴河金山咀秦代建筑群遗址，分金山咀、横山和横山北三个南北相间的地点，遗址总面积近10万平方米。横山地点的大型建筑群基址出土了丰富的建筑构件和生活用具等遗物。建筑基址布局紧凑，中央区域分布着三个大型院落，两翼分布着两个南北狭长的院落。每一相对独立的建筑单元外围都普遍环以围墙，单体建筑内部分堂、室。建筑以夯土筑墙，室内用柱，屋顶用板瓦和筒瓦铺叠[2]。

二、直　道

《史记·秦始皇本纪》载："二十七年，治驰道。"《汉书·贾山传》记文帝时，贾山借秦为喻作《至言》："为驰道于天下，东穷燕、齐，南极吴、楚，江湖之上，濒海之观毕至。道广五十步，三丈而树，厚筑其外，隐以金椎，树以青松。"修驰道是秦统一后的一项大工程，由于驰道大部分修筑在平原地区，很难保存下来，至今未发现相关遗迹。《史记·秦始皇本纪》记载："三十五年，除道，道九原，抵云阳，堑山堙谷，直通之。"秦始皇三十五年（公元前212年）开始修造的直道，遗迹至今仍有保留，从中也可想见驰道之规格和规模。

（一）直道

现路面大部分湮没于林海、沙丘之中，发现道路的地方皆为夯土路面，道路所经之处，植被情况与两边明显不同，有的路段至今仍为当地居民使用。经过多年调查和勘探，现在

---

[1] 辽宁省文物考古研究所：《辽宁绥中县"姜女坟"秦汉建筑遗址发掘简报》，《文物》1986年第8期。
[2] 河北省文物研究所等：《金山咀秦代建筑遗址发掘报告》，《文物春秋》1992年S1期。

基本可以确认,直道从陕西淳化以北的秦林光宫遗址向北沿海拔1600米的子午岭主脉,经旬邑、黄陵、富县、甘泉、志丹、安塞、靖边、榆林等地,由神木西北角的昌鸡兔进入内蒙古鄂尔多斯高原,经伊金霍洛旗、东胜市、达拉特旗,在黄河南岸昭君坟附近过河,通向黄河北岸的九原郡麻池古城。除部分地段小有弯曲,总体上基本呈南北直线行走,所谓"直通之"(图1-18)。甘肃庆阳正宁、宁县、合水、华池等地也发现了可连成一线的道路遗迹、烽燧及古城,可能为秦直道的支线。直道横穿陕、甘、内蒙三省区的14个县,全长直线距离700多公里[1]。直道在陕西境内南段宽10～20米,北部宽20～60米,道路拐弯处最宽约60米,一般宽20～30米。靖边段局部宽达160米。2009年,因青岛至兰州高速公路施工,陕西省考古研究院对富县境内秦直道进行首次发掘,选择多处典型路段进行解剖,发现秦代车辙,出土的铜镞等与秦始皇兵马俑坑所出完全相同。

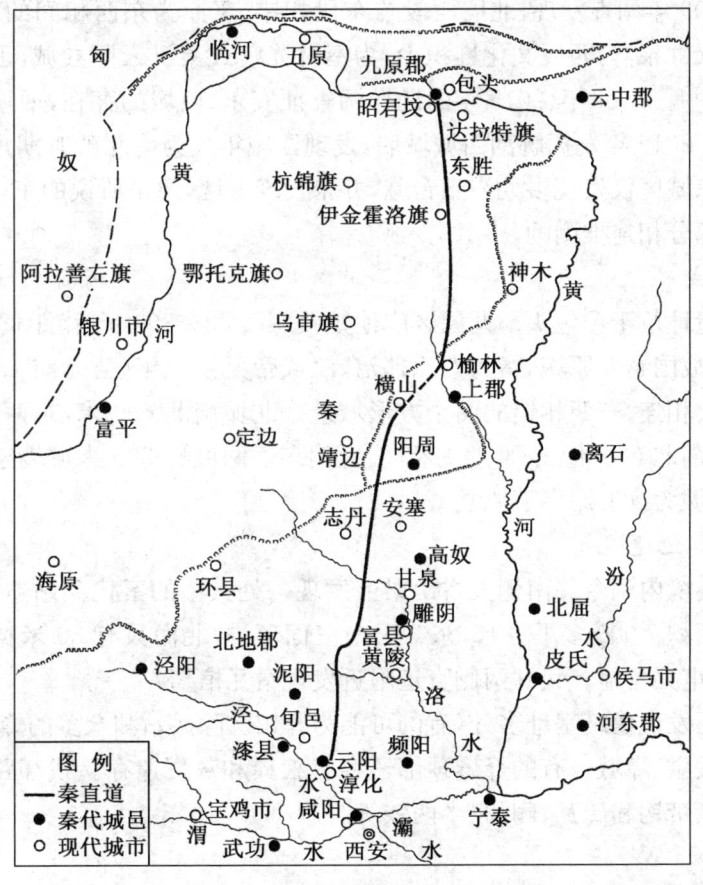

图1-18 秦直道走向示意图

---

[1] 王永亮:《世界上最早的"高速公路"——秦直道》,《中国文物报》2001年9月7日;甘肃省文物局:《秦直道考察》,兰州:兰州大学出版社,1996年。

(二) 与直道相关的重要遗址

1. 甘泉宫

甘泉宫遗址位于今陕西淳化县北约 25 公里的铁王乡凉武帝村、城前头村和董家村一带，是直道的起点。甘泉宫为汉武帝在秦林光宫基础上增扩而成，《长安志》引《关中记》载："林光宫，一曰甘泉宫，秦所造……汉武帝建元中增广之，周回十九里一百二十步，有宫十二，台十一。武帝常以五月避暑于此，八月乃还。"[1]昭、宣诸帝也在此宫举行重大活动。甘泉宫与未央、长乐、建章并称为西汉四大宫，为组群式建筑，周围有宫墙，内有宫殿台阁百余所，主体建筑是武帝时所筑甘泉前殿（又称甘泉殿）。

20 世纪 80 年代的考古调查表明，甘泉宫遗址平面东西向近长方形，夯土城墙，北墙拐折，总面积约 148.6 万平方米。城市发现汉代"甘林""长生未央""长毋相忘"文字瓦当等建材[2]。2009 年调查发现，北墙西段与东段相错，复原为东西相间的两个城，并推测东城（大城）为汉甘泉宫，西城文化堆积少，为秦林光宫或秦汉云阳县城，也可能是汉代驻军和阅兵场所[3]。2014 年、2015 年的勘探调查证实东、西城的存在，西城北、西、南三面城墙保存较好。2016 年发掘解剖西城城墙，发现西城年代为南北朝时期，与秦林光宫、汉甘泉宫无涉。东城区仅发现多处夯土台基，并未发现城墙，原来所说的东城墙是以几处大型建筑的外墙部分相连推测的。

2. 麻池古城

麻池古城遗址位于今包头市九原区麻池镇政府西北约 800 米，南距黄河 5 公里，是直道的终点，原为战国赵九原城，秦为九原郡治，汉武帝元朔二年（公元前 127 年）改为五原郡。古城有南北相连、东西相错的两个方形城址。北城南北 690 米，东西 720 米，位置偏西。南城稍小，南北 660 米，东西 640 米，位置偏东。两城有 300 米城墙连在一起。北城为秦九原郡，南城为汉五原郡五原县城。

3. 兵站和其他遗迹

甘肃正宁县境内调令关南侧大古山梁上发现一处大型的秦代兵站遗址，遗址北窄南宽，形似葫芦，面积 7000 多平方米，东、西、南三面环沟，北面只有 30 米宽的出口紧贴直道，形成天然的屯兵营地。兵站两侧直道附近发现秦瓦棺墓。

直道沿线还发现建筑基址多处，有的可能为驿馆。除兵站和众多的烽火台遗迹，在两山之间还设有关隘、障城。有的烽燧顶部还存有狼粪和灰烬遗存。残存路段发现许多秦汉铜铁镞、弩机、带钩和砖瓦、陶片、半两钱等。

直道是秦代的一项庞大的战备工程，是连接中原与北方草原地区唯一的交通枢纽，它与长城一起构成强大的防御体系，在方便战时前线补给、防御匈奴进犯、移民实边、设置郡县等方面发挥了重要的作用，是中国历史上最早的正式"国道"，西汉时期仍发挥着积极的作用。

---

[1] 陈直：《三辅黄图校证》卷二《汉宫·甘泉宫》，陕西人民出版社，1980 年。
[2] 姚生民：《汉甘泉宫遗址勘查记》，《考古与文物》1981 年第 1 期。
[3] 梁云：《汉甘泉宫形制探讨》，《考古与文物》2015 年第 3 期。

第二章 埋葬制度

战国时期的墓葬制度是春秋时期的延续,并在春秋墓葬制度的基础上发展出了新的时代特点。新中国成立以来的先秦考古工作理清了以诸侯国为单位的地域文化,印证了周代封建制的实施,列国在各自独立发展的道路上产生出既各具特色又相互联系的文化。同春秋时期相比,战国时期的墓葬反映出地域文化间的联系不断增强,我们从墓葬制度中既可以看到列国的文化面貌,同时也能够感受到文化统一的大趋势。在列国分立的形势下,各国墓葬制度各有其鲜明的地方特点,也有着明显的等级制度的印记。

第一节 墓葬概说

战国时期的墓葬在形制、随葬品、葬式以及墓地布局等方面,虽与春秋晚期墓葬有着密切的联系,但出现了一些前所未有的新气象,主要表现在丧葬礼制上的约束不断松弛以至基本消失,如大中型墓虽有用鼎的制度,但普遍出现了"僭越",不再合于礼数,用人殉葬的现象还时有发生,但仅见40余座大墓殉人,墓例和用人数量都较少。竖穴土坑墓和木椁墓依然流行,但出现了洞室墓、空心砖墓等新的形式。

一、墓葬类型和等级

战国时期,土坑墓、土坑木椁墓继续流行,是墓葬的主流形式。战国晚期,原来只流行于关中地区的土洞墓开始向关东地区扩散,但推广的数量还不多。土洞墓以竖井为墓道,在墓道底一边开挖墓室,又称洞室墓。战国中期,郑州一带首先出现了空心砖墓,以空心大砖在墓圹中筑造墓室,以木板或空心砖盖顶。土洞墓和空心砖墓代表了战国墓葬的新形式,但只局限于少数地区。战国时期江南地区的土墩墓逐渐消退。

按照等级分类的做法,可以将墓葬按规模大小分为大、中、小型或更加细致的等级类型。墓葬规模的大小往往同棺椁制度和随葬器物相对应,因此,这种分类大体可以说明墓主人生前的身份地位和财富情况,这也是考古学研究中常用的分类方法。

已经发掘的战国墓葬,规模最大、等级最高的是诸侯墓。据《庄子·杂篇·天下》载:"天子棺椁七重,诸侯五重,大夫三重,士再重。"目前周天子墓葬的棺椁情况尚不清楚,战国诸侯墓也未见五重棺椁者,文献所说未必合于战国墓葬的实际。在用鼎制度上,据东汉何休《公羊传·桓公二年》注:"礼祭天子九鼎,诸侯七,卿大夫五,元士三也。"传统上认为,春秋晚期至战国时期已出现了广泛的僭越现象,诸侯王墓普遍使用九鼎,已发掘的燕下都16号墓、曾侯乙墓、辉县固围村一号墓等,都随葬九鼎,而一些贵族大墓中也常常出现九鼎组合,如春秋晚期晋国六卿之一的河南辉县琉璃阁范氏,其墓葬 M60 和墓甲都用了九鼎。战国时期的王室贵族墓普遍随葬成套青铜礼器或仿铜陶质礼器,但在用鼎制度上已完全不合天子九鼎、诸侯七鼎、大夫五鼎、士三鼎的礼数规定,普遍升了一级。但也有人认为,战国时期礼的本质也发生了变化,礼不再是对人有强行制约作用的制度层面上的存在,而成为一种风俗现象,战国时期仿铜陶礼器的出现也说明了这一点,因此,人们没有必要去僭越不太看重的礼数,战国九鼎墓可能本是墓主应用的鼎数。《周礼·天官·膳夫》记载:"王日一举,鼎十有二,物皆有俎。"天子用鼎十二,诸侯九鼎并不存在僭越。另外,战国墓出土漆器较多,从战国晚期开始,过去那些用来表明墓主人特权和身份地位的所谓礼器越来越让位于用来炫耀财富的珍贵物品和日用品了。这个问题还有待继续讨论。从战国墓葬发掘的实践看,许多位在诸侯之下的封君墓的规模和棺椁、用器并不比诸侯墓差,这似乎说明了既有礼制约束又有相当程度的秩序混乱的客观存在。我们把诸侯王、封君特大墓粗略地看作一个类型,它们是战国墓葬中的特殊类型(过去称为甲类墓)。诸侯王以下的墓葬可以分为:

大型墓,一般为有两条墓道的"中"字形墓,墓圹边长 6~10 米,多两椁一棺或一椁重棺,椁室多分为四箱以上,随葬鼎、豆、壶等成套青铜礼器,以九鼎、七鼎、五鼎为列鼎,其他铜、陶器物数量众多。墓主为部分封君、王室贵族和上大夫。

中型墓,单墓道或无墓道,墓圹边长 4 米以上,有棺有椁,随葬成套铜礼器,或共出有仿铜陶礼器,出土日用陶器甚多,为下大夫一级的贵族墓葬。

中小型墓,墓圹长一般在 3 米左右,少数有椁,使用少量铜容器和不全的仿铜礼器随葬,日用陶器数量较多,墓主为中小贵族和平民。

小型墓为普通竖穴土坑墓,墓圹长在 2 米左右,有棺无椁,只使用少数日用陶器随葬,是正常埋葬的下层平民之墓。

另外还有一类无葬具、无葬品或很少葬品的贫民墓,有些属非正常埋葬。

一般说来,铜礼器墓高于陶礼器墓和一般铜容器墓,铜器墓高于陶器墓,陶礼器墓高于普通日用陶器墓。当然,这样的划分也不是绝对的,墓葬的规模和等级有时也不是对应的,而且大、中、小类型的划分没有绝对的尺寸标准,只有将墓坑规模、棺椁情况、随葬品的质量和数量以及战国时期社会不断变动的背景等结合起来考察,才能给墓葬以合适的定位,而且这种划分也不一定适用于所有的地区,墓葬的分类还要结合分区来研究。墓葬等级类型的存在是社会分层的一种表现。

二、墓葬分区和分期

(一) 墓葬分区

在考古学研究中,地域文化特点的总结是以各地区墓葬制度为基础的,从此意义上说，墓葬分区也就是文化的分区，而文化分区也代表了墓葬的分区。冯天瑜等著《中华文化简史》中说："中华文化自其发生期，即因环境的多样性而呈现丰富的多元状态。至迟到春秋战国时期，各具特色的区域文化即大致形成。东临沧海，山海兼备的齐鲁文化大相歧异于位处'四塞之地'的秦文化和地居中原的三晋文化；同在长江流域而分处上、中、下游的巴蜀文化、楚文化与吴越文化又各具特色。至于'天苍苍，野茫茫，风吹草低见中华'的北方草原文化与处'近海，多犀、象、毒冒、珠玑、银、铜、果、布之凑'的岭南文化，更是大异其趣。"这就是文化板块学说，秦文化、齐鲁文化、三晋文化、巴蜀文化、楚文化、吴越文化、北方草原文化和岭南文化等，都是构成中华文化的文化板块，它们各具特色又相互碰撞、摩擦，在相互交流和相互影响中向前发展着。各区的墓葬特点大致如下：

以洛阳为中心的两周和韩、赵、魏各国地处黄河中游，涉及河南大部、山西省、河北南部地区，是中原文化的代表，东周时期的周文化即主要体现在这里。墓葬流行竖穴土坑墓，大中型墓葬有棺有椁，随葬品以铜或陶的鼎、豆、壶等为基本组合，除直肢葬外，也有蜷曲程度不大的屈肢葬。

关中地区的秦墓，有竖穴墓、土洞墓，以土洞墓为特色，流行屈肢葬，随葬鬲、釜、盆、罐、甗等生活用器及陶仓囷，大中型墓中多有以鼎为首的铜礼器或仿铜陶礼器。

长江中游和江淮地区主要为楚墓分布区，墓葬大都保存较好，除长方棺外，还使用悬底弧棺、悬底方棺。椁室流行分箱，棺椁上下、棺椁与墓壁之间填青泥，有的也用木炭。随葬器物多使用铜、陶鼎、敦、簠、缶(壶)及陶鬲、盆、罐等。

分布于黄河下游地区的齐国墓葬，大中型墓多以石块砌椁室，二层台上有器物坑或随葬坑，有的有殉人。随葬器物以鼎、豆、壶、盘、匜、舟等最为常见。

东北部地区的燕国墓葬，大中型墓有墓道和墓圹上部夯筑在地表以上的现象，椁室不重视分箱，随葬器物常见铜或陶鼎、豆、簋、壶、敦、盘、匜、钫等，敦较楚地少而较中原和齐地多见。中山国与燕、赵、齐相邻，墓葬风格与燕、赵地区更为相近，同时也有与齐地石砌椁室相似的做法。

长江下游，江南原吴越地区，春秋以前的土墩墓已不多见，流行浅坑墓和印纹硬陶、原始瓷，器类有瓮、坛、罐、鼎、瓿、盅(杯)等，战国晚期受楚文化和中原文化影响明显。

西南巴蜀地区，除使用土坑墓和木椁墓，还多见富有地方特色的船棺或独木棺葬，随葬器物流行釜、罐、豆、鍪、甗等铜、陶生活用器，以及戈、矛、剑、钺等铜兵器，巴蜀式的剑、钺独具特色。

周边地区相当于战国时期的墓葬也有不少发现，它们都有着不同的地域特点。

(二) 墓葬分期

墓葬结构类型、葬式、随葬器物、墓地布局及与丧葬有关的礼俗的变化等，是墓葬分期的依据，其中器物组合和器形变化是墓葬分期最重要的指标。而墓葬分期又是建立在墓葬分区基础之上的，不同地区表现出的墓葬分期特征是不一样的。战国时期，列国文化下的墓葬制度虽然各具特点，但也相互关联、相互影响，在一个大的时代背景下，同中有异，随着时代的发展和文化融合的加快，列国墓葬文化从早到晚也反映出不断趋同的大势。

战国时代是从公元前475年到公元前221年,分为早、中、晚三期,战国初到公元前4世纪中叶为早期,公元前4世纪中叶到公元前3世纪前半叶为中期,公元前3世纪前半叶以后为晚期。考古学的分期并没有绝对的界点,战国早期墓葬同春秋晚期的联系比较紧密,如果没有纪年材料,有些墓葬甚至难以划分而只能以春秋晚期到战国初期来标识。战国晚期墓与秦及汉初也是一样。这也提示我们,墓葬分期是文化的分期,它同社会变化的节拍并不一定吻合。

20世纪50年代,洛阳中州路西工段共发掘东周墓葬260座,其中屈肢葬215座,洞室墓4座,有重椁铜器墓、一椁一棺墓、单棺墓和无棺无葬品的墓,墓主身份涵盖了东周洛阳王城一带的不同社会阶层,有一定代表性。发掘报告《洛阳中州路(西工段)》根据典型墓葬的陶器组合情况将其分为七期,其中一至三期为春秋中期至春秋晚期,四至七期为战国早期至战国晚期,相关时段比较典型的陶器组合为——春秋晚期(第三期)。鼎、豆、罐。战国早期(第四期):鼎、豆、壶。战国中期(第五、六期):鼎、豆、壶。战国晚期(第七期):鼎、盒、壶。各期同类器物的形制特点都发生了一些相应的变化。从墓葬类型来说,早、中期为竖穴土坑墓,晚期开始出现洞室墓。

中州路西工段东周墓时代连续,类型齐全,是三晋两周地区东周墓葬的代表,其分期结果也成为春秋战国墓葬分期的重要参考。各主要地区墓葬的分期(按器物组合)情况为:

战国早期——三晋:鼎、豆、壶。齐国:鼎、豆、壶、盘、匜、舟。燕国:鼎、豆、壶、盘、匜。楚国:鼎、簠、壶。吴越:鼎、罐、瓮等。秦国:鬲、釜、盆、罐、甑。

战国中期——三晋:鼎、豆、壶。齐国:鼎、豆、壶、盘、匜、舟。燕国:鼎、豆、壶、盘、匜。楚国:鼎、簠、壶,鼎、敦、壶,鼎、簠、敦。秦国:釜、盆、壶、罐、甑。吴越:鼎、豆、盘。

战国晚期——三晋:鼎、盒、壶。齐国:鼎、盒、壶。燕国:鼎、盒、壶。楚国:鼎、盒、壶。秦国:盒、盂、壶或鼎、盒、壶。吴越:鼎、豆、盒、壶。

各地各时期的器物组合是以器物较全的墓葬为准进行总结的,某期所列器物是该期常见或开始出现的组合。考古学研究并不满足于早、中、晚的粗略分期,根据器物组合和器物形制的变化可以分出若干期,期下又分早、晚不同时段。从上面所列的分期可以看出,到战国晚期,各地墓葬材料中出现了比较明显的统一趋势,可以说,即使没有秦的武力统一,相信中华文化大一统的时代也一定会到来。

三、地面设施

封土是战国时期大中型墓葬中较为多见的地面人工设施。诸侯王和封君及高级贵族大墓普遍有封土。大墓封土以圆形为主,也有像河北平山中山王墓那样的覆斗形封土。由于后世人力和自然力的破坏,一些墓葬的封土荡然无存,但小型墓葬可能多数原本就没有封土。墓葬封土究竟是何时出现的?长期以来,人们根据《礼记·檀弓上》所引孔子的一段话,将墓葬封土出现的时间定在春秋晚期,其文曰:"孔子既得合葬于防,曰:'吾闻之,古也墓而不坟。今丘也,东西南北之人也,不可以弗识也。'于是封之,崇四尺。"又《周礼·春官·宗伯》载:"以爵等为丘封之度,与其树数。"研究者认为,《周礼》一书所载的官制材料都不出春秋之世的周、鲁、卫、郑四国范围,还没有受到战国官制的影响。因此,《周礼》反映的主要是春秋时的制度。设有专门职掌丘封之度的官员冢人,就说明坟丘已经较为普遍,而孔子葬母时还需找出适当的借口起坟,又说明其母是没有资格封丘的,也就是说,春秋有坟,但还未普及到下层平民。虽然齐家文化的墓地上已发现封土,但目前考古发现的早期墓葬封土之例多在春秋时期。[1]

战国时期墓葬使用封土的情况可以通过保存较好的江陵地区楚墓来反映(表2-1)[2]。

表2-1 江陵地区楚墓使用封土情况

等级	墓主身份	封土情况	墓例		时代
			墓葬	封土大小	
甲类	封君、上大夫	有封土	荆门包山M2(楚怀王左尹昭佗)	直径54米,高5.8米	战国中期
乙类	下大夫	部分有封土	荆州秦家山M2	直径28米,高2米	战国中期
丙A类	元士	少部分有封土	荆门包山M5	直径10~12.5米,高0.8米	战国晚期
丙B类	下士	极少数有封土	荆门冢十包M1	直径13.6~14米,高2.1米	战国中期
丁类	庶人	无封土			

诸侯大墓除了有高大的封土,还有陵园和墓上建筑。陕西咸阳两处战国秦陵都有长方形的陵园。一处陵园以围沟围成,另一处陵园由内外两重夯土围墙和围墙之外的两重围沟围成,陵园内都有覆斗形的封土堆。河北邯郸和永年战国中期赵王陵陵区有5个陵台,位于邯郸西北丘陵地带的3个陵台,以山为基,筑于山顶。一号陵台长288米,其上有封土1个,二号陵台长242米,有封土堆2个,三号陵台长181米,有封土堆2个。三号陵周围地下发现夯土围墙,成为边长464~498米的独立陵园。周窑一号墓东距三号陵台2.5米,被认为是三号陵的陪葬墓,时代为战国晚期,"中"字形,墓室和墓道通长77米,墓口长14.5米,东墓道长33.5米、西墓道长28米,有车马坑和殉葬坑,殉葬坑有一椁二棺。封土之上发现板瓦、筒瓦,无瓦当,可能有墓上木构建筑。该墓周围还发现陵垣遗迹。

河南辉县固围村三座大墓(M1、M2、M3)是魏国王室之墓,三墓都有很长的墓道,"中"字形,墓口上都有用卵石或石板圈起的方形石基,内置若干石础,原应有"回"字形的墓上建筑,建筑基址的范围略大于墓圹。M2的墓上建筑为七开间,基址25~26米见方,西面M1和东面M3上的建筑基址稍小。M3的墓上基址长、宽约为19米,M1为18米左右,可能原为五开间建筑。

河北平山战国中山王墓出土的兆域图铜版详细规划了王陵的陵园布局,图上显示,双

---

[1] 甘肃省文物考古研究所、西北大学丝绸之路文化遗产保护与考古学研究中心:《甘肃临潭磨沟墓地齐家文化墓葬2009年发掘简报》,《文物》2014年第6期。
[2] 据丁兰:《湖北地区楚墓分区研究》,北京:民族出版社,2006年,第4~27页。

重围墙内,王墓和王后、夫人墓一字摆开,墓上都有享堂类建筑。已经发掘的中山王䥽墓(M1)和中山成公墓(M6),覆斗形封土皆向上呈三级内收,墓顶平台和两级台面上都发现建筑遗迹。成公墓封土第一层内侧有卵石铺成的散水,第二层有排列有序的柱洞、柱础,当为回廊建筑的遗迹,最上层是主要殿堂建筑的遗迹。经复原研究,其墓上为周绕回廊、上覆瓦顶的三层台榭式建筑[1]。

至秦始皇帝陵,以双重夯土陵墙围成陵园,覆斗形封土,陵园内外配置复杂的陵寝建筑和陪葬设施,并在不远处设陵邑,陵寝制度得到完善。

四、墓地制度

在墓地的选择和布局方面,早在史前时期就有氏族墓地,以仰韶文化半坡类型为代表,墓地与居住地以沟分隔,男女分区葬,儿童瓮棺葬,盛行二次葬。据《周礼·春官》,商周实行严格的公墓、邦墓制度,贵族墓地为公墓,国民(包括平民及中小贵族)的墓地为邦墓,"冢人掌公墓之地,辨其兆域而为之图。先王之葬居中,以昭穆为左右。凡诸侯居左、右以前,卿大夫、士居后,各以其族。凡死于兵者,不入兆域。凡有功者居前,以爵等为丘封之度,与其树数……墓大夫掌凡邦墓之地域,为之图。令国民族葬,而掌其禁令。正其位,掌其度数,使皆有私地域。凡争墓地者,听其狱讼"。在东周墓地中,同期墓绝少出现相互叠压打破的现象就说明了当时墓地管理制度的存在,虽然公墓、邦墓区分的制度还没有考古学的确切证据,但王侯和一般贵族、平民的墓地还是分开的。

战国时期,王陵和贵族墓相对集中在一个墓地中。中山国王陵在灵寿城西城北部和西城以西各形成一个王陵区,在墓位安排上,一般早的在北,晚的在西南,附近各有陪葬墓。但是,战国时期的墓地往往大小墓杂处,小墓不能确定就是大墓的陪葬,似乎说明在墓地布局上,已经由重等级序列发展到重血缘关系,公墓制度松弛。多数陵区都出现大小墓杂处的现象。河北邯郸、永年两县境内的赵王陵,有的陵附近又发现若干同时期的小墓;临淄东南贵族大墓与若干小墓杂处;燕下都虚粮冢、九女台两个墓区分别排列着13座、10座大小不等的坟堆。尽管王陵、贵族墓地还相对集中在一个地方,但已有平民的小墓掺杂其中,诸侯、王室贵族和平民同处一个大的区域中,这显然不是以前的公墓制度所容许的,反映了按等级聚族而葬的制度开始松弛和走向解体的过渡迹象。

20世纪70年代,在湖北江陵纪南城外雨台山东西长1050米、南北宽80米的范围内清理出东周楚墓558座。墓地位于雨台山南侧地势较低处,墓葬多分布在南北走向的四道岗地上,岗地之间的洼地无墓葬或有少量小墓。岗上墓葬分布密集,有的墓葬间距仅30厘米左右。岗上多大墓,一般有墓道的墓多在岗地之上[2]。从雨台山楚墓的分布,可

---

[1] 杨鸿勋:《战国中山王陵及兆域图研究》,《考古学报》1980年第1期;傅熹年:《战国中山王䥽墓出土的〈兆域图〉及其陵园规制的研究》,《考古学报》1980年第1期。

[2] 湖北省荆州地区博物馆:《江陵雨台山楚墓》,北京:文物出版社,1984年。

以体会到楚人严格的墓地规划和管理的制度——第一，墓地虽整体上处于地势较低处，但仍选择在低地的岗地之上，高处墓葬规格高于低处墓葬，岗地间的低洼地只有少量小墓；第二，墓葬分布虽然密集，但没有相互打破的现象；第三，所有墓葬的方向基本相同，特别是相邻的大墓方向相同，说明墓主是关系较近的一群人；第四，带墓道的大墓分散在不同的地点，大墓间中小型墓排列密集，大、中、小墓排列于一个墓地中，似乎也看不出紧紧围绕大墓排列的气象。以上情况说明，商周时期"公墓""邦墓"的墓位安排在东周时期已不存在，一个墓地中墓位的安排应该是按亲缘关系进行的，根据墓位的排列可以确定墓主之间血缘关系的远近，带墓道的大墓在其中起到引领和标识的作用。

战国墓地已进入按亲缘关系聚族而葬又依财力情况选择墓地的时期，成为汉代家族墓地进一步发展的先声。由单体墓葬开始放眼到墓地制度，是考古学研究的方向。

第二节 战国诸侯、封君和王室贵族大墓

战国时期的都城附近多分布着王陵及贵族大墓，它们与平民的小墓分别相对集中在不同的地点。不过春秋时期大墓多在城中，只是随着城区的发展，逐渐移到了城外。战国特大型和大型墓的墓主是包括国君在内的上层统治者，一般地面有高大的封土，有的还发现陵园的遗迹，方形或长方形竖穴，墓圹长数米到10米以上，施多重棺椁，椁内分隔成数目不等的箱，木椁四周和棺椁之间积石、积沙、积炭以防盗、防潮，随葬品有鼎、豆、壶等成套青铜礼器，随葬车马或车马器、编钟、编磬等。当然，在墓葬形制、结构、用器等方面，还有一些明显的地域特点。

一、大型墓葬的一般情况

战国早期的大墓多无墓道，随葬铜礼器。早在春秋晚期，墓葬铜礼器的组合中就出现了以豆代簋的现象，以八豆代八簋，与九鼎相配，如1988年山西太原市郊晋阳故城发掘的赵鞅（赵卿）墓，一椁三棺，随葬3 400多件器物，青铜器1 402件，九鼎八豆。墓的东北面为车马坑，有马44匹，车16辆[1]。战国大墓的青铜器多以鼎、豆为基本组合，只有早期少数墓仍使用过去的鼎、簋组合。殉人现象在早期大墓中还时有发现。

1971年发掘的山东临淄故城郎家庄战国早期一号大墓，无墓道，原有封土高10米，早期被盗，但椁室周围17个陪葬坑保存尚好，每坑1人，皆有独立的棺木。另外在墓葬填土中发现殉人6个，多数是女性青年[2]。

战国中期的大型墓少数出现墓道，但有无墓道与墓葬的等级没有太大关系。随葬品较多地使用仿铜陶礼器，与青铜礼器并用。墓葬制度表现出明显的战国特征，器物以鼎、

---

[1] 山西省考古研究所、太原市文物管理委员会：《太原晋国赵卿墓》，北京：文物出版社，1996年。
[2] 山东省博物馆：《临淄郎家庄一号东周殉人墓》，《考古学报》1977年第1期。

豆、壶为基本组合,墓上发现有享堂类建筑的基址。1974~1978年发掘的河北平山县三汲乡中山国大墓则反映出我国陵墓制度至此已经基本完善。

河南信阳长台关战国中期墓,平面呈"甲"字形,斜坡状墓道,墓室平面近方形,墓口残长13.6米、宽12.35米,原始深度10米以上。墓室自上而下呈阶梯状逐层内收成长10米、宽8.4米、深2.3米的竖穴,内用方木叠垒成方形椁室,椁室又以方木分隔为中央主室即棺室和周围6个摆放随葬品的室(箱),有前室、左侧室、右侧室及左后室、右后室,各室周壁以榫卯扣合,顶部用木板和方木平铺,上面再铺以多层竹席。该墓虽然被盗,但仍出土了铜鼎4件和仿铜陶礼器鼎、鬲、簋、敦、豆、壶等,以及大量漆器[1]。

战国晚期大墓多有墓道,各地墓葬在形制和葬品等方面的共性增多。南方楚国大墓自春秋时期一直盛行发达的椁室分箱制,已发掘的战国中晚期楚国封君级大墓有江陵天星观一号、二号,大夫级的有包山二号、望山一号、藤店一号,楚王墓有河南淮阳马鞍冢三、四号墓,安徽寿县楚幽王墓等,这些大型墓都有高大的封土和斜坡墓道,平面为"甲"字形或"中"字形,以"甲"字形为多,墓口呈多层阶梯内收,墓室方形或长方形,椁室被分隔为多个室(箱),椁室外多用膏泥、木炭填塞。

二、大型墓葬举例

(一) 曾侯乙墓

湖北随州擂鼓墩曾侯乙墓是战国早期的大型岩坑木椁墓[2],墓室为长方形和方形组合的四室空间,墓口最长21米,最宽16.5米,面积220平方米,墓深11米,墓室四周及椁顶用12万公斤木炭及大量青膏泥填塞,填土夯实,上盖石板。椁室以枋木排叠而成,分为东、西、北、中四室。共发现彩绘漆木棺22具。东室为主室,有墓主人的双重套棺1具,陪葬棺8具,素面无漆狗棺1具,另有青铜兵器、乐器、车马器、漆木器、金器、玉器等。西室有陪葬棺13具,中室以礼乐器为主,有九鼎八簋和编钟、编磬各1套,北室有兵器、车马器和竹简等(图2-1)。

该墓共出土礼、乐、兵、金、玉、漆木、竹器和简15 404件,其中礼器140多件,乐器125件,兵器

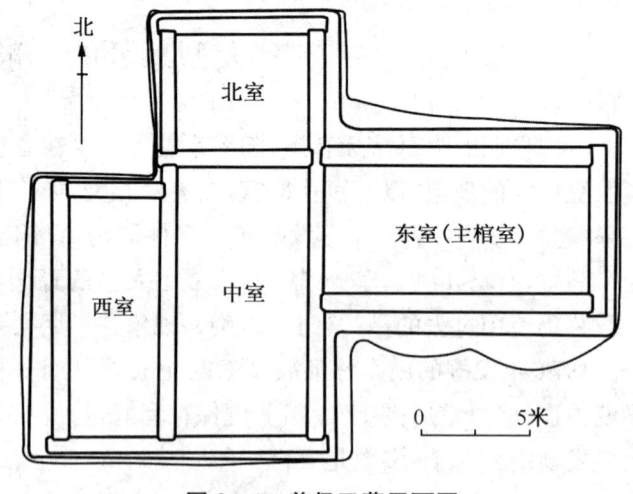

图2-1 曾侯乙墓平面图

---

[1] 河南省文物考古研究所、信阳市文物工作队:《河南信阳长台关七号楚墓发掘简报》,《文物》2004年第3期。

[2] 湖北省博物馆:《曾侯乙墓》,北京:文物出版社,1989年。

4500多件,漆器5000多件。

中室的青铜编钟是该墓最重要的发现,编钟由65件组成,有镈钟1件、甬钟45件、纽钟19件,依大小、音高编成八组悬挂在三层钟架上,每层有铜人承托。该墓出土的乐器还有笙、排箫、竹笛、琴、瑟、编磬、鼓等,管乐、弦乐、打击乐器俱全(图2-2)。

图2-2 曾侯乙墓中室出土的编钟(南—北)

许多器物运用了浮雕、透雕、镂孔、错嵌技艺,纹饰华美,工艺高超,出土的尊盘可能是运用失蜡法工艺铸造的,而金盏重2156克,纯度为85%～93%,是迄今发现的最大的先秦金容器。

出土铜器的铭文中多处有"曾侯乙"字样,如一件大镬鼎的内壁有"曾侯乙作持用终"的铭文,镈钟上的31字铭文记述了楚惠王五十六年楚王熊章为曾侯乙作宗彝一事。墓主为曾国国君乙,下葬于公元前433年或稍后,死时45岁左右,陪葬的21个个体为13～25岁的女性青少年。

1999年,在曾侯乙墓之西约12米处发现一排5个方形浅岩坑,K1出土器物470件,其中有铅锡残块2件和陶片1件,其余467件皆为非容器类青铜器件,有套筒类构件287件,环钩搭扣类构件147件,铲类32件。除盖弓帽、带钩、铲、镦等器形明确的器物,大多与实用的帐钩有关。另外四座坑,除K5未见遗物,多置放成排的盛放食物的陶器[1]。它们都是曾侯乙墓的陪葬坑。

---

[1] 武汉大学历史学院等:《湖北随州市曾侯乙墓一号陪葬坑发掘简报》,《考古》2017年第11期。

（二）九女台燕国大墓

燕国的大型墓葬主要分布在燕下都及其周围地区。河北易县燕下都是燕国在战国中晚期的都城，于东城的西北角"虚粮冢""九女台"、西城中部的"辛庄头"三个墓区有大小不等的土冢。东城两个墓区是燕国王室墓地所在。1964年发掘的燕下都九女台 M16 是目前已发掘的规模最大的燕国墓。

九女台 M16 地面上有略呈长方形的夯筑封土冢，封土南北长38.5米、东西宽32米，高7.6米。有南北两出墓道，墓道和墓室的上部均夯筑在地表以上，墓口长10.4米、宽7.7米，深7.6米，上部墓壁经火烧烤，墓室下部有白灰掺蚌壳筑成的二层台，台宽1.2米，起到类似椁室承重墙的作用。墓葬被盗，出土礼器均为陶质，器物组合以鼎、豆、壶、盘、匜为主，有盖列鼎9件，无耳有匕小圆鼎（鬲）两套各7件，无盖大鼎（镬鼎）2件，方鼎（羞鼎）4件，各式豆26件，壶11件，簋12件，以及盘、匜、尊、罐等。陶器半数以上施朱绘纹饰。出土陶质乐器编钟、镈共35件，可分为三套，另有一套石编磬15件。1977年于北墓道东侧又发掘了车马坑[1]。该墓虽因被盗未出土青铜器，但陶器组合一样显示出墓主人高贵的身份，是一座九鼎大墓。原报告定时代为战国早期[2]，但燕下都是战国中期燕昭王所迁的都城所在，与该都城相关的燕国王陵和贵族大墓的时代应不会早于战国中期。

（三）中山王䰜墓

中山国的陵墓分布于国都灵寿城址内外，共发现6座，都有高大的封土堆。已发掘的 M1、M6 上部都有享堂建筑基址。M1 享堂基址经研究复原为周绕回廊、上覆瓦顶的三层台榭式建筑[3]。两墓都是带两出墓道的"中"字形墓，石砌椁室。

一号墓是中山王䰜墓[4]，其东、北、西三面共有6座陪葬墓，封土南面有夯筑平台，下埋有车马坑2座，杂殉坑和葬船坑各1座。墓室南北长14.9米、东西宽13.5米，深8.2米（图2-3）。根据墓底的棺椁铜饰判断，M1 有四重套棺，椁室两侧另设藏器坑（库），东侧2个，西侧1个。西库出铜礼器9鼎、4簋及鬲、豆、壶，陶礼器5鼎及豆、壶、盘、匜等，乐器有编钟14件、编磬13件。东库出铜礼器5鼎及壶、盘、匜等。东、西两库各出土一对共4只错金银双翼神兽（图2-4,4）。车马坑出土了特别器形制的"山"字形器（三叉形）5件（图2-4,5），均高1.19米，器物下部有銎，銎内存木质，应是置于木杆顶端的仪仗性铜器，在中山国可能象征王权。M1 出土器物连同已发掘的 M6 和陪葬墓所出器物共同构成了富于特征的中山王器群。

---

[1] 河北省文物研究所：《燕下都》，北京：文物出版社，1996年。
[2] 河北省文化局文物工作队：《河北易县燕下都第十六号墓发掘》，《考古学报》1965年第2期。
[3] 杨鸿勋：《战国中山王陵及兆域图研究》，《考古学报》1980年第1期。
[4] 河北省文物研究所：《䰜墓——战国中山国国王之墓》，北京：文物出版社，1996年。

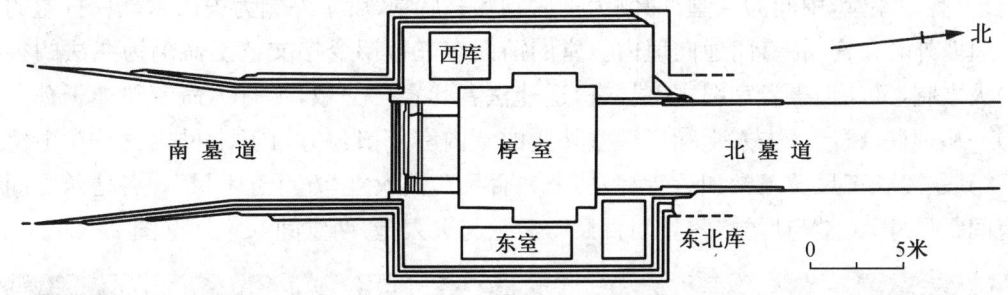

图 2-3　中山王墓平面图

根据 M1 所出铜鼎、铜壶的铭文,可知该墓墓主为中山王䰜,下葬年代在公元前 310 年前后。中山王䰜鼎(铁足)、方壶(图 2-4,1、2)和同出的胤嗣妾䣙圆壶合称"中山三器"。中山三器都有很长的铭文,其中鼎铭 469 字,为迄今战国最长铭文,记述了燕王哙宠信相国子之禅让而酿成内乱以及中山国参与伐燕的史事。中山王䰜方壶铭文 450 字,中山胤嗣妾䣙圆壶铭文 182 字,都为研究该墓墓主、年代和中山国历史提供了重要资料。

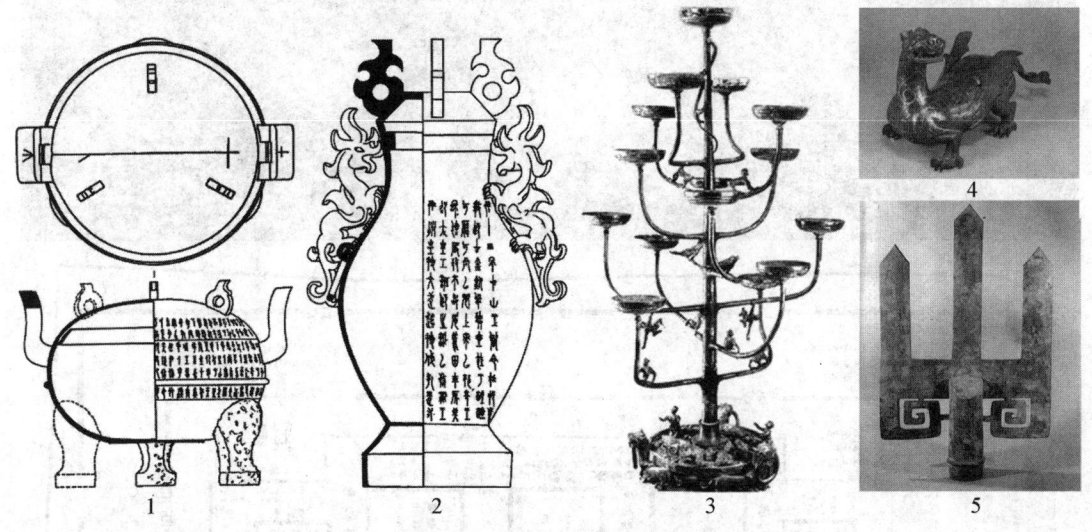

图 2-4　中山王墓出土铜器
1.中山王䰜鼎；2.中山王䰜方壶；3.十五连枝灯；4.双翼神兽；5."山"字形器

一号墓出土的十五连盏(枝)灯和六号墓出土的银首人俑灯都是制作精巧的艺术珍品。十五连盏灯高 84.5 厘米,形似大树,树干分枝承托 14 个灯盘,树顶端 1 个灯盘。灯分三层,最下层为灯座,表现树下两个裸体男子仰面抛物挑逗灯树上的猴,与树上众猴单臂攀灯枝伸出一臂向下乞食相呼应。中上层也有猿猴任性戏耍,或仰头探望,或侧耳聆听;树上小鸟啼鸣,游蛇环绕灯柱蜿蜒而上。"灯树"把人物、动物自然地组织在一起,使灯具既是有效的实用照明器具,又是精巧而颇具浪漫色彩的艺术珍品(图 2-4,3)。

特别值得注意的是中山王䰜墓椁室内出土的兆域图铜版,使我们对战国时期的王陵制度有了较多的了解,是该墓的重要收获之一。铜版为长方形,长 94 厘米、宽 48 厘米,厚约 1 厘米,上用金、银镶嵌出陵园的平面图。中宫垣里为内宫垣,内宫垣内为"凸"字形土台,台上有5座堂,中间为王堂,两侧为王后堂和哀后堂,后堂外侧为夫人堂。一排堂的后面内垣墙外有4宫,各有门通向垣内。堂的前面有三行诏令铭文:"王命赒为兆法阔狭少(小)大之制,又(有)事者官图之,建(进)退违法者死亡(无)赦,不行王命者殃连子孙。丌(其)一从,丌一藏府。"夫人堂和王后堂外侧的堂内有字曰:"方百五十尺,其椁棺、中棺视哀后,其题凑长三尺。"王堂和后堂都是"方二百尺",夫人堂"方百五十尺"。各建筑之间都标有间距尺寸,王堂与后堂"两堂间百尺",后堂与夫人堂"两堂间八十尺"(图2-5)。

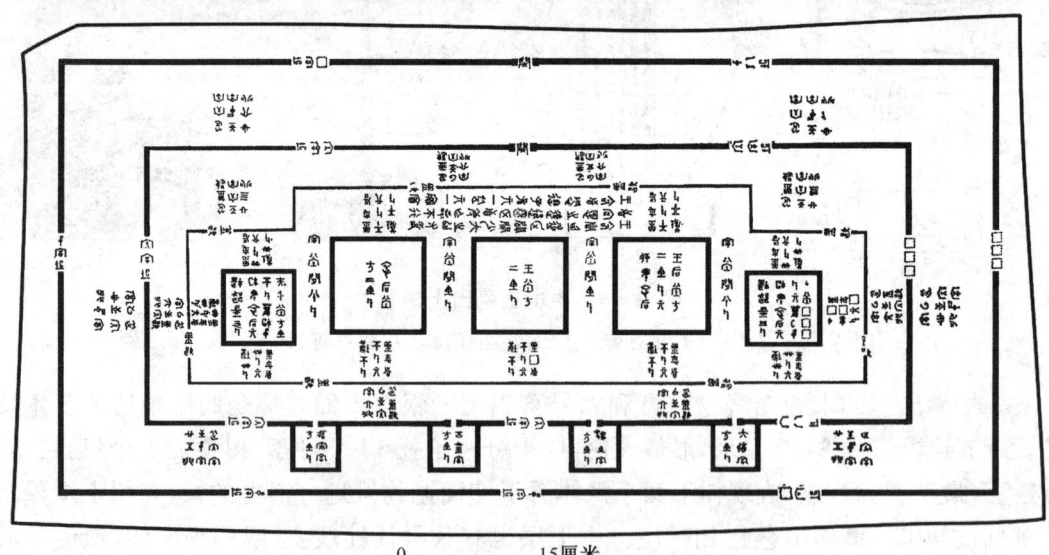

图2-5 中山王墓出土的兆域图铜版

从实地考察测量看,M1和尚未发掘的M2相当于图上的王堂和哀后堂,也与王堂方二百尺相当。也就是说,兆域图就是当时墓地的实际规划。但按铜版标示的范围看,并未发现建筑遗迹，也可能中山王譽王陵的陵园尚未建造完工。

中山王陵兆域图铜版又称"兆法图"或"兆窆图"，是中国考古学上的重要收获，对中国陵寝发展史乃至建筑史的研究有重要价值。现有资料表明，这种形制的国君陵墓至迟在战国中晚期的三晋两周地区已成定制。

第三节 战国中小型墓的分区

中小型墓是墓葬中数量最多的一类墓，在反映一个时期的丧葬特征方面具有普遍意义。根据墓葬规模和随葬器物的情况，一般以墓圹长 2～4 米、一棺一椁、随葬成套陶礼器和少数铜器的墓为中型墓，其墓主为下层贵族和部分富裕的平民。墓圹长度在 3 米以下、有棺无椁、随葬陶器的墓为小型墓，其墓主人为普通平民。这里不包括无葬具、无葬品或有极少葬品而时代特征不明显的一类小墓。

根据战国墓葬的形制、内涵所表现出的特点，我们着重介绍以下几大区域的墓葬：三晋两周地区、南方楚国（含与之相邻的曾、蔡）地区、关中秦国地区、长江下游吴越地区、齐鲁地区、燕国地区、巴蜀地区。梳理材料时以中小型墓为主，也涉及少数大型和介于大、中型之间的墓葬。

一、三晋两周地区的墓葬

以洛阳为中心的三晋两周地区战国中小型墓流行长方形竖穴土坑墓，无墓道，一棺一椁或单棺无椁。约在中期出现洞室墓。墓室多见壁龛，以放置随葬器物。洛阳地区周墓流行屈肢葬式，屈肢葬的比例高于其他地区，屈肢葬肢骨蜷曲的程度低于关中地区秦墓。随葬器物有成套的陶礼器鼎、豆、壶，并多见石圭。小型墓的随葬品少，而且也不成套。有的中型墓在墓主面部发现许多带孔玉片，玉片按五官位置排列，当时是缝缀在丝织物上的，称为玉覆面，较一般的幎目尊贵。

（一）战国早期

战国早期的中小型墓流行头端设壁龛，有生土或熟土二层台，一棺一椁或单棺无椁，屈肢葬占有一定比例，但郑州地区以直肢葬为主。随葬器物以陶器鼎、豆、壶为基本组合，有的有盘、匜或盂、鬲。如 2003 年发掘的郑州南阳路战国早期墓 M15，长方形竖穴土坑，口大底小，棺外有生土二层台，头端墓壁有壁龛，内置陶鼎 1、豆 4（其中 2 件为浅盘高柄豆）、壶 2（1 件高足小陶壶）、盆 1、匜 1。单棺，仰身屈肢，腰侧有 1 铜带钩（图 2-6）[1]。

---

[1] 郑州市文物考古研究所：《郑州市南阳路家世界购物广场战国墓葬发掘简报》，《华夏考古》2006 年第 2 期。

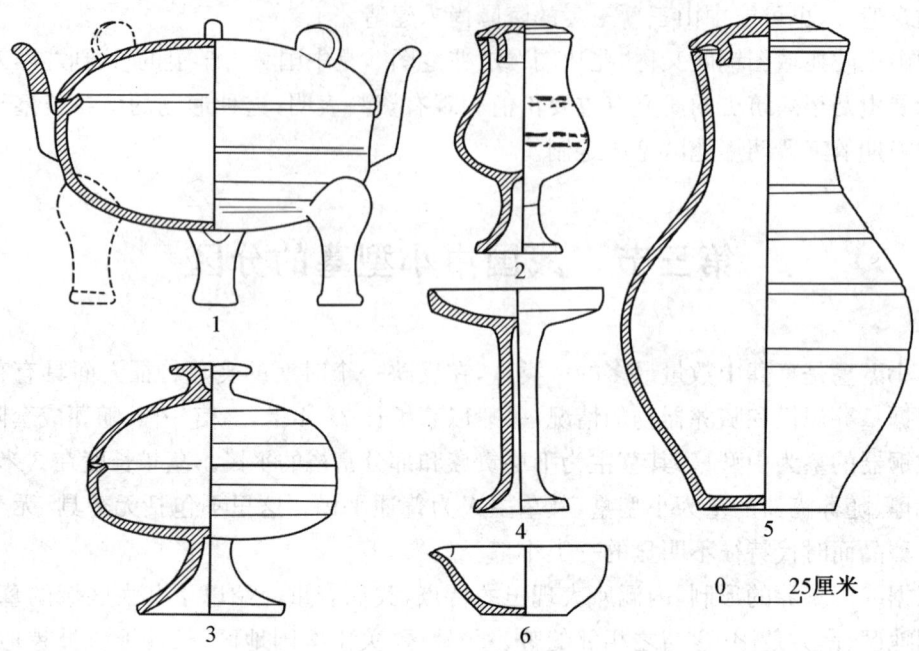

图 2-6 郑州南阳路战国早期墓(M15)出土陶器
1. 鼎(M15:1); 2. 高足小壶(M15:7); 3. 豆(M15:3); 4. 浅盘高柄豆(M15:4);
5. 壶(M15:6); 6. 匜(M15:9)

(二) 战国中期

郑州新郑自战国中期开始出现空心砖墓[1],在竖穴中以空心大砖横铺墓底,用空心砖侧立两层形成四壁,再以空心砖横向平铺盖顶形成椁室,也有用木板盖顶的(图2-7)。同早期相比,战国中期的墓葬屈肢葬增多,葬品仍以陶器鼎、豆、壶为基本组合,陶豆柄较矮,鼎身扁短。洛阳地区中型墓多用石圭随葬。该期开始出现洞室墓和夫妻合葬墓。洞室墓又称土洞墓、偏堂墓,以竖井为墓道,在墓道底部或近底处横向掏洞为墓室。

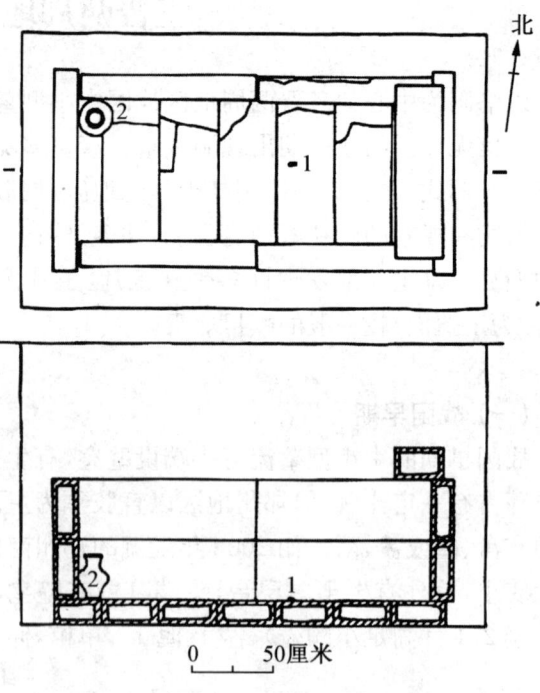

图 2-7 新郑战国空心砖墓(M15)

---

[1] 沈小芳、樊温泉:《郑韩故城东周时期空心砖墓研究》,《中原文物》2017年第6期。

(三) 战国晚期

战国晚期,竖穴土坑墓与洞室墓并行,洞室墓相比于中期增多,于洛阳中州路发现的四座洞室墓均为晚期。葬品组合为鼎、盒、壶,盒取代了以前的豆,鼎呈现明显退化之势,有的只用罐与盒。幎目减少。1992年发掘的洛阳原东周王城遗址区内东北部一座战国晚期墓中出土幎目一组,玉片有三角形、S形、圆形等[1]。空心砖墓增多,郑州南阳路战国墓M19是一座竖穴墓圹空心砖墓,墓圹下部有生土二层台,用空心砖砌成椁室,空心砖向内的一面有米字纹,上面以木板盖顶(有木板痕)。北壁有龛,内置壶、盒(报告称"合碗",上下扣合)各1件[2]。

战国时期三晋两周地区墓葬随葬的主要陶器组合常见器形早晚变化见图2-8。

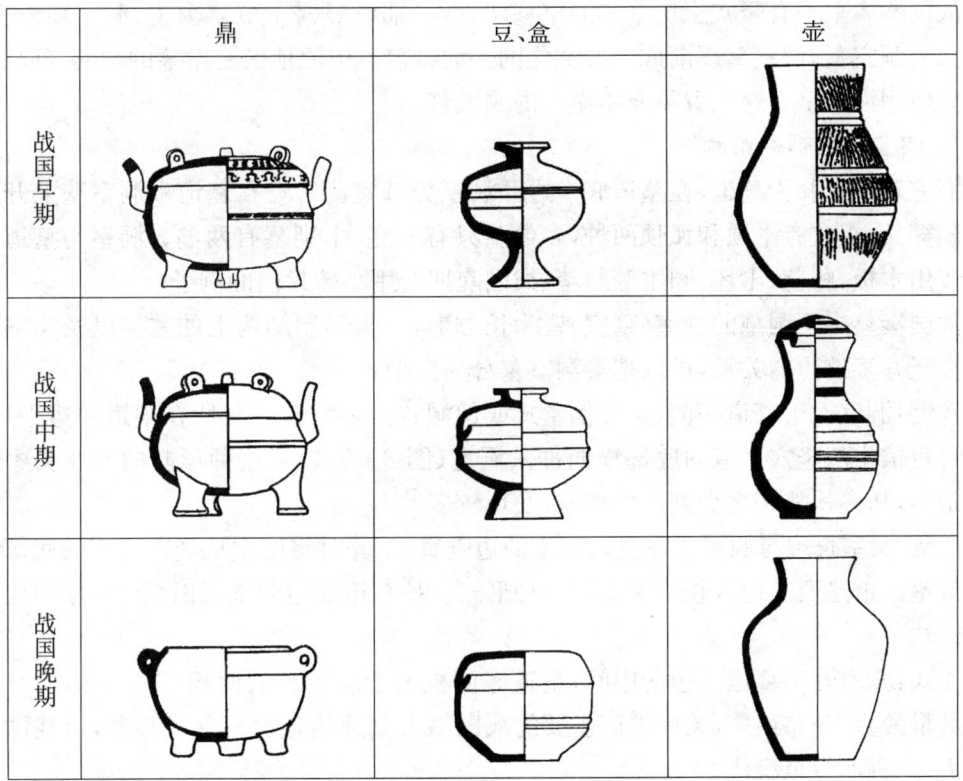

图2-8 三晋两周地区战国墓常见器物组合

二、关中和其他地区的秦墓

近年来发掘的关中地区秦墓逾千座。随着秦人政治、军事、经济、文化中心的不断东移,秦墓在不同的几个时期形成了几个集中分布的地区。战国秦墓比较集中的地区有宝

---

[1] 洛阳市文物工作队:《洛阳市西工区C1M3943战国墓》,《文物》1999年第8期。
[2] 郑州市文物考古研究所:《郑州市南阳路家世界购物广场战国墓葬发掘简报》,《华夏考古》2006年第2期。

鸡、西安、湖北云梦和四川青川等地。

（一）关中地区秦墓

宝鸡和西安两地是关中战国秦墓分布比较集中的地区。宝鸡地区是春秋至战国中期秦人活动的中心，凤翔县城西南郊的秦都雍城附近分布着春秋中晚期到战国晚期的秦墓，凤翔县南郊三畤原上秦公陵区的北面发现中小型秦墓近百座。西安地区位于渭水中游、关中盆地中部，包括西安市及其属县和咸阳市，是秦人活动的最后一个中心，春秋时期已有秦墓，战国至秦代的秦墓数量众多，重要的墓地有西安半坡秦墓[1]、西安南郊秦墓[2]、咸阳塔儿坡秦墓[3]、任家咀秦墓[4]等。

战国秦人墓葬有竖穴土坑墓和洞室墓两种，早期以竖穴土坑墓为主，洞室墓较少，晚期多数为洞室墓，洞室墓逐渐成为秦文化的一大特色。中原地区受秦墓的影响，到战国中期开始使用洞室墓。这里着重介绍秦人的洞室墓。

1. 洞室墓的形制结构

洞室墓以竖井为墓道，在墓道底一边开洞室为墓室。常见在墓道和洞室壁上开小龛置放随葬品，小龛有平顶和弧顶两种，多数墓只有一龛，个别墓有两龛。洞室与墓道相通的门多用木板、藤芭、土坯、圆木等封堵，战国晚期有用小砖封门的例子。

战国秦墓中土洞墓的洞室（墓室）皆为长方形，根据形制结构上的差异以及洞室长边和所在竖井墓道边的关系，可以把秦洞室墓分为三型：

A型：洞室设于墓道一侧（又称偏堂式或偏洞式），墓室长轴与所在墓道的边平行，下葬时可将棺木从竖穴墓道的底部横向推入洞室（图2-9,1）。这种形制的墓在关中地区出现最早，从春秋战国之交到秦代都有，发现较多。

B型：洞室长边与洞室所在竖穴墓道的边垂直，下葬时将棺木从竖穴墓道的底部纵向推入洞室。这是西安地区较为多见的一种形式。按墓道底与洞室底面积的大小对比又可分为二式。

Ⅰ式：洞室开于墓道一边的中间，墓道底面积大于洞室底的面积（图2-9,2）。此类墓葬数量最多、分布最广，关中地区主要的战国秦人墓地均包含有此类墓葬，自战国早期出现后，一直流行至汉代。

Ⅱ式：墓道底面积等于或小于洞室底面积（图2-9,4）。主要见于陕西临潼刘庄墓地、凤翔高庄墓地和咸阳机场导航台墓地，从战国晚期至汉代流行。

C型：竖穴墓道并列双洞室墓（图2-9,3）。此类型墓数量较少，仅见于西安地区战国晚期秦墓，葬式皆为仰身屈肢葬。

---

[1] 金学山：《西安半坡的战国墓葬》，《考古学报》1957年第3期。
[2] 西安市文物保护考古所：《西安南郊秦墓》，西安：陕西人民出版社，2004年。
[3] 咸阳市文物考古研究所：《塔儿坡秦墓》，西安：三秦出版社，1998年。
[4] 咸阳市文物考古研究所：《任家咀秦墓》，北京：科学出版社，2005年。

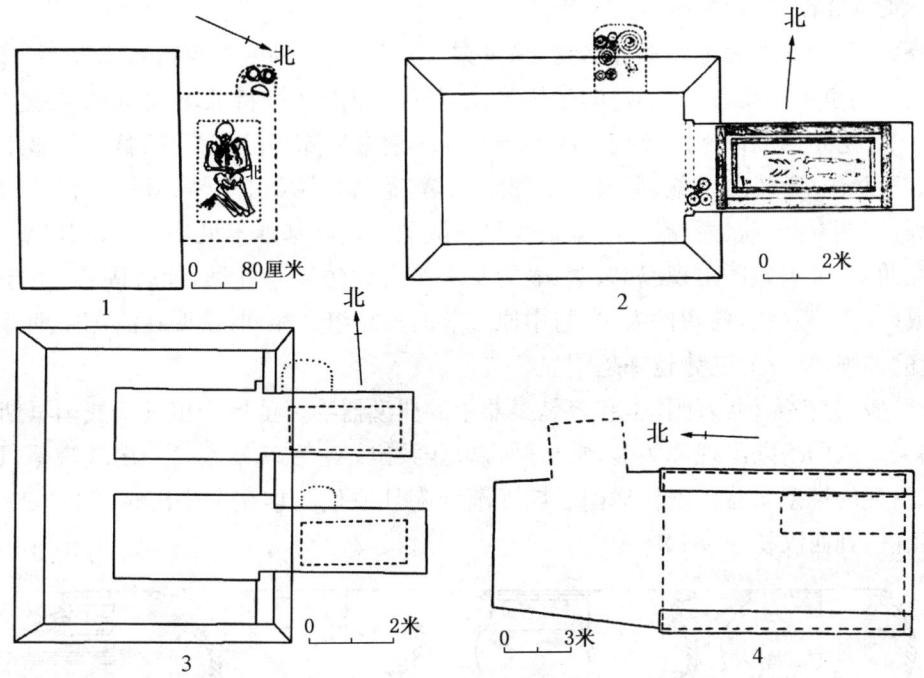

图 2-9 关中地区秦洞室墓的主要类型
1.陇县店子 M33；2.西安南郊潘家庄 M196；3.西安南郊邮电学院 M99；4.凤翔高庄 M47

2. 葬具

关中秦墓有一椁一棺、一棺、无棺几种形式，以一棺为主。由于秦墓盛行屈肢葬，棺木多较短。部分墓葬木棺下有枕木，应为推送木棺的滑道。少数墓用瓮棺，陶瓮与陶盆相扣成棺，作为装殓孩童的葬具。无棺墓多以席或草殓葬。

临潼战国晚期秦墓中发现砖椁木棺，用小砖砌壁、板材盖顶，再用小砖来封堵洞室口，这是我国发现最早的小砖造墓例。

3. 葬式和头向

秦墓流行单人葬，以屈肢葬为主要葬式（大型墓仍为直肢葬），少数直肢葬。屈肢葬有仰身和侧身两种，下肢有一般蜷曲和较大蜷曲几种，总的说来，秦墓屈肢葬蜷屈的程度甚于三晋两周地区。陇县店子秦墓 224 座（包括无葬品的小型墓），屈肢葬墓 194 座，占 93.7%以上，有仰身屈肢（142 座）、侧身屈肢（50 座）和上、下肢骨弯折叠合蜷屈特甚（2 座）三种。仰身直肢葬 12 座，瓮棺葬仅 1 座，肢骨错乱地置于瓮中。咸阳塔儿坡墓地战国晚期墓屈肢葬占 70.3%。直肢葬骨架一般两手置于骨盆的上部或两侧。

秦墓头向以西向为主。据对 618 座秦墓的统计，方向清楚的墓中有 435 座头向确认向西，占 71.3%，南北向的 101 座。这种布置可能是受到甘青地区葬俗的影响[1]。

---

[1] 叶小燕：《秦墓初探》，《考古》1982 年第 1 期。

4. 随葬器物

秦墓以日用陶器为主要随葬器物,除少数大型墓,从早到晚都流行日用陶器。铜礼器少见,铜兵器也不多见,只有小件的带钩等铜器。陶器的区域特征不太明显,各地的组合不尽相同。这是西周以来的传统。西周到春秋早期秦墓随葬品多为鬲、盆、豆、罐组合;春秋中晚期,豆减少,代之以釜,形成基本固定的鬲、釜、盆、罐组合。战国早期有鬲、釜、盆、罐、甑等;中期有釜、盆、壶、罐、甑,鬲很少见。战国晚期鬲基本不见,渭河流域以盒、盂、壶为主,在西安、宝鸡地区出现以鼎、盒、壶为基本组合的仿铜陶礼器,比较固定,凤翔以鼎、豆、壶或鼎、盒、壶(钫)各两件为主,与中原墓葬的葬品组合相同,说明在战国晚期,随着文化交流的加强,统一的趋势越来越明显。

茧形壶、蒜头壶(瓶)、囷、釜和鍪是秦器中的典型器物。茧形壶出现于战国早期,西汉中期消失。战国晚期出现蒜头壶,常与鼎、盒、壶共出。春秋晚期秦墓中出现陶囷,是墓葬中最早出现的模型明器。釜在战国后期逐渐为陶灶取代。鍪在关中出现于战国晚期,流行于秦统一到西汉初期(图2-10)。

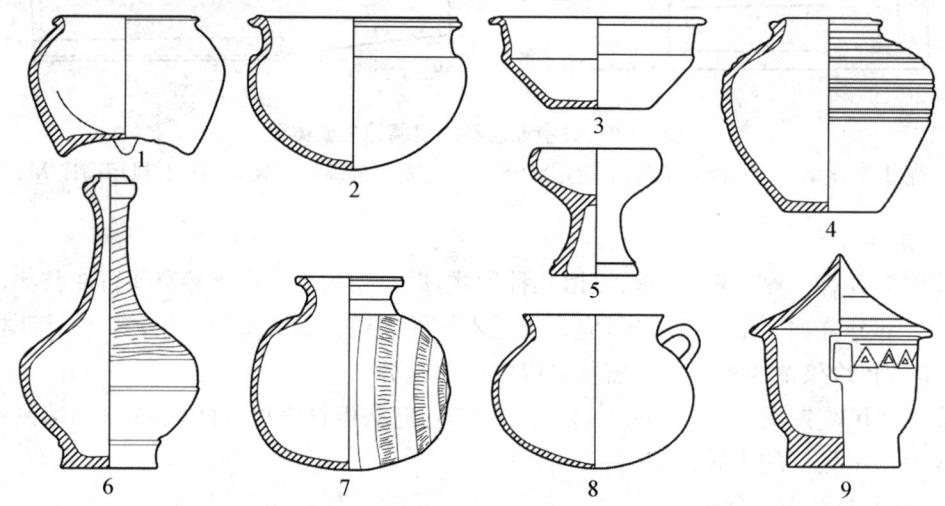

图2-10 关中地区战国秦墓常见陶器

1.鬲;2.釜;3.盆;4.罐;5.豆;6.蒜头瓶;7.茧形壶;8.鍪;9.囷

(二)其他地区的秦墓

1. 中原地区秦墓

在秦人征服六国的过程中,也伴随着秦文化的输出,在被占领地区留下了许多秦人墓;文化传统和丧葬习俗对所经略地区产生了明显的影响,也出现了具有秦文化特点的墓。中原地区与秦相邻的河南三门峡、山西侯马等地都发现与关中地区文化特点相似的墓葬,虽然它们不一定都是秦人的墓,但明显是以秦文化因素为主的墓葬。

2011~2012年,山西侯马市虒祁战国至西汉墓地,发掘墓葬173座,有竖穴墓47座、洞室墓118座，头向多为北向，东向次之，以仰身屈肢葬为主，少数为俯身屈肢或仰身直肢[1]。洞室墓从早期到晚期不断增多，反映了秦文化影响的过程。

河南三门峡上村岭发掘出75座战国墓，有洞室墓60座。葬式以屈肢葬为主，少数直肢葬。随葬铜器有鼎、壶、鉴等，陶器有釜、盆、甑、罐、壶等。洞室墓和陶器鉴、蒜头壶等都是典型的秦文化因素。这批墓葬也有楚文化的影响，如椁外填塞木炭、青膏泥，设头箱、边箱，随葬木胎漆器等。

2. 湖北云梦秦墓

公元前278年，秦将白起拔郢，秦在楚地设南郡，秦人墓葬随之在楚地遗留。云梦一带是秦人墓葬较为集中的地方，1975年，云梦睡虎地发掘了12座秦墓，时代为从战国晚期至秦代。楚地秦墓在墓葬形制上保留了楚国传统，一棺一椁，椁有箱，直肢葬，以青膏泥填塞墓室，随葬品则以秦文化为主，随葬陶器为小口瓮、罐、盂、甑、鉴等。

3. 四川青川秦墓

战国晚期，秦国势力影响到四川。公元前316年，秦灭蜀后，不断向蜀地移民，如《华阳国志·蜀志》载："戎伯方强，乃移秦民万家实之。"《史记·秦始皇本纪》记载，秦王政九年（公元前238年），嫪毐作乱被杀后，其舍人党羽"夺爵迁蜀四千余家，家房陵"。四川目前发现的秦人墓主要集中在成都、广元、荥经等地，处于川、陕、甘交界地带的四川青川县郝家坪、荥经曾家沟、古城坪等地秦人墓就是秦移民遗留的。

1979～1980年，青川郝家坪战国墓群发掘土坑木椁墓72座，其中秦昭王元年（公元前306年）以前的M50，一棺（悬底棺）一椁，椁底和墓室四周填白膏泥，椁顶盖板上铺2层桦树皮后再盖15厘米厚的白膏泥，其上铺10厘米厚的黄沙土，再加填土。出土陶罐、陶釜各1件，漆卮、双耳长盒、奁（圆盒）各1件，铜带钩1件。墓葬出土秦武王二年（公元前309年）"更修为田律"木牍1件和秦国的早期半两钱7枚[2]。

三、长江中游和江淮地区楚墓

在列国墓葬中，楚墓分布最广，发现最多，保存最好。目前已经发掘的战国楚墓数千座，比较集中和影响较大的有湖北江陵、湖南长沙、安徽西部、河南南部等地的楚墓。

（一）楚墓集中分布的地区

南方楚墓主要发现于长江中下游地区，湖北、湖南、河南南部、安徽都有大量发现，在重庆、山东、江苏、浙江、江西与以上省份相邻的地区也有楚墓分布。

---

[1] 王金平、杨及耘：《侯马市虒祁战国至西汉墓地》，《中国考古学年鉴·2013》，北京：文物出版社，2014年。

[2] 四川省文物考古研究院、青川县文物管理所：《四川青川县郝家坪战国墓群M50发掘简报》，《四川文物》2014年第3期。

1. 江陵楚墓

江汉平原西部是楚国的政治中心,以楚都纪南城为中心分布有大批楚墓,自1960年以来,在纪南城四周已调查发现大大小小的楚墓不下3 000座,地面可见有封土的冢墓多达七八百座,这些墓星罗棋布于城的西北,东部亦有少数。现在已经发掘的楚墓数千座,其中,1981～1989年由湖北省文物考古研究所在江陵九店发掘586座东周墓[1],从高级贵族到一般平民的墓都有。1975年,纪南城以东雨台山发现楚墓700余座(发掘558座);1986年,雨台山下又发掘300余座。这些都只是基建施工影响范围内的墓葬。

2. 长沙楚墓

分布于长沙市东郊、南郊、北郊,20世纪50年代开始发掘,是我国楚墓发掘工作进行较早的地区。大型报告《长沙楚墓》[2]对1950年以后发掘的2048座楚墓及1.4万余件出土物进行了系统整理和著录。

3. 河南楚墓

分布于河南南部,以南阳、信阳、淮阳地区最为集中,自20世纪50年代以来,发掘了一批大中型楚墓。南阳淅川一带是春秋时期楚人活动较多的地区,发掘的楚国早期墓葬也较多,如淅川下寺一处春秋中晚期的贵族墓地,共发掘清理大中型墓9座,小型墓15座。淮阳原为陈的都城,公元前478年楚惠王灭陈,设陈县,这里成为楚北方的军事重镇,公元前278年,楚顷襄王自纪南郢都迁于此,楚以陈为都凡37年。位于淮阳县城东南4公里的平粮台发掘楚墓30多座,其中"甲"字形中型墓7座,是迁都陈以后的楚国贵族墓。

4. 安徽楚墓

主要集中在江淮地区西部的寿县、六安、舒城、潜山一带,目前已发掘楚墓三四百座,墓葬结构和随葬品的风格与江陵楚墓基本一致。公元前241年,楚考烈王自陈迁都寿春。20世纪30年代,寿县楚幽王墓被盗掘。

下文以江汉平原西部地区楚墓为主,总结楚墓的特点。

(二) 墓葬结构和葬具

同中原地区相比,楚地中小型墓为单纯的长方形竖穴土坑墓,一棺一椁或单棺无椁,以膏泥铺垫墓底并填塞墓室外围。由于保存条件良好,棺、椁和漆木器、简牍等发现时多较完整,这在同时期其他地区是少见的,为分析楚墓结构提供了便利条件。

保存完好的楚墓,椁顶上铺有竹席或芦席,席下有拼合严密的椁盖板。春秋楚墓的椁盖板下为椁室,战国楚墓在棺室和各椁箱之上还有单独铺设的顶板,顶板拼合严密。中小型木椁墓虽然没有大型墓那样发达的箱,但也都有边箱、头箱或足箱,有的箱还隔成上、下两层,以有效地利用空间置放随葬品。椁的空间布局因棺室(主室)的位置不同而有不同,

---

[1] 湖北省文物考古研究所:《江陵九店东周墓》,北京:科学出版社,1995年。

[2] 湖南省博物馆、湖南省文物考古研究所等:《长沙楚墓》,北京:文物出版社,2000年。

棺室在椁室一角，可以用木板间隔出头箱、边箱或不用隔板间隔形成 L 形的椁箱，或者棺室居中，形成较窄的左、右边箱。小型墓只设一个箱（头箱、足箱或边箱）或不设箱。

楚墓棺的形制多变，常见的有：① 悬底弧棺，盖板与两侧棺板都向外弧凸，悬底，即底不落地，流行于战国中期至战国晚期早段（图 2-11）[1]。② 悬底方棺，盖板与两侧板皆平直，底板悬而不落地，战国早期至晚期都有发现。③ 长方形盒状棺，即平底长方形棺，多见于战国晚期。悬底棺的演变规律大致是底板从薄到厚，位置逐渐下降，从位于棺身中部到中下部，底板下的垫木从无到有。但中小型墓棺的形制变化较少，以长方形盒状为主，另有少量悬底方棺。

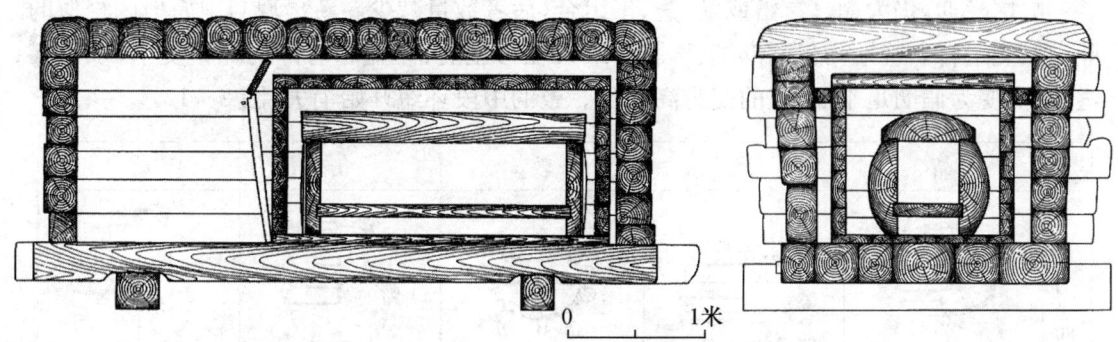

图 2-11　湖北老河口安岗战国中期墓（M1）悬底弧棺

棺的每面多为整块木板，极少拼接。有的棺底上发现有透雕和半透雕几何图案的漆笭床。

从保存较好的墓中可知，下葬时，尸体先用织物包裹，用丝带纵捆三周、横捆九周，放于棺内笭床上已铺好的竹（芦）席上，再将席子向内包裹。棺外用棺束（麻绳）捆扎，棺束经过的木棺棱角处相应凿有凹槽。棺束多为横三道或纵二道再横三道，每道棺束使用麻绳的周数各墓不一。平底方棺的棺束为麻布横三道，并用丝织荒帷把棺罩住。有的墓还在棺盖上铺放竹（苇）编棺帘。

（三）随葬器物

中型墓多没有完整的铜器组合，随葬仿铜陶礼器和日用陶器，小型墓以日用陶器为主。由于具有良好的保存条件，楚墓出土漆木器较多。器物基本组合为：

战国早期，鼎、簋、缶或鼎、敦、壶（缶），以鼎、簋、缶较为多见。春秋晚期，鼎、簋、缶组合已经出现，但敦的数量很少，也不成组合。楚式鼎为带盖圜底或近平底，深腹，瘦长腿外撇，蹄足。缶为壶属，其实与壶没有大的分别，只是在肩腹部有对称的二或四个环钮，陶缶的钮多为示意性的。早期壶（缶）颈部较粗矮，腹部最大径在中部偏下，圆底内凹或矮圈足，盖上或肩部的环钮穿透。敦是由半球形器盖和器身扣合而成的球形食器，常有三个支足，或以三个环钮为足，盖、身对称，早期多见口沿带环钮的。簋为盖、身对称扣合的长方形器，战国时期上、下两部扣合处的直口较春秋时期的稍高。

---

[1]　襄阳市博物馆、老河口市博物馆：《湖北老河口安岗一号楚墓发掘简报》，《文物》2017 年第 7 期。

战国中期，组合形式多样，鼎、簠、缶继续流行，也有只用鼎、簠的。鼎、敦、缶较早期更多见，也发现鼎、簠、敦组合。楚式鼎（A 型）三足稍有加高，弯撇程度逐渐变小，有的鼎足加以修削、变小，修削凸棱明显。该型鼎常与簠、缶组合。小口罐形鼎（B 型）是楚墓中的特征性器物，短直口，腹部扁圆、外鼓呈罐形，肩部两耳外撇或有两个立耳或钮，腹下有三个瘦而外撇的兽蹄足，该型鼎常与敦、缶形成组合。通过对九店东周墓的分析，可以看出 A 型鼎组合的墓主身份要高于用 B 型鼎组合的墓主。战国中期，缶的颈部变细加高，腹部最大径上移，出现铺首衔环，多为假圈足。长沙楚墓无鼎、簠、缶组合。河南楚墓没有鼎、缶组合，也没有小口罐形鼎。

战国晚期，仍为鼎、敦、缶或鼎、簠、缶组合，后者数量减少。新出现与中原地区相似的鼎、盒、壶组合。晚期陶缶颈部细长，腹部最大径移至肩部，盖和肩部的环钮变小，多不穿透，有的变为假圈足平底，有的变为高圈足。敦的中段环钮开始消失（图 2-12）。

	鼎	簠	敦	缶	壶
战国早期	M267:2	M267:8	M243:7	M244:6	M43:1
战国中期	M567:1	M612:9	M617:7	M612:3	M298:1
战国晚期	M77:10	M13:21	M723:7	M410:14	M463:2

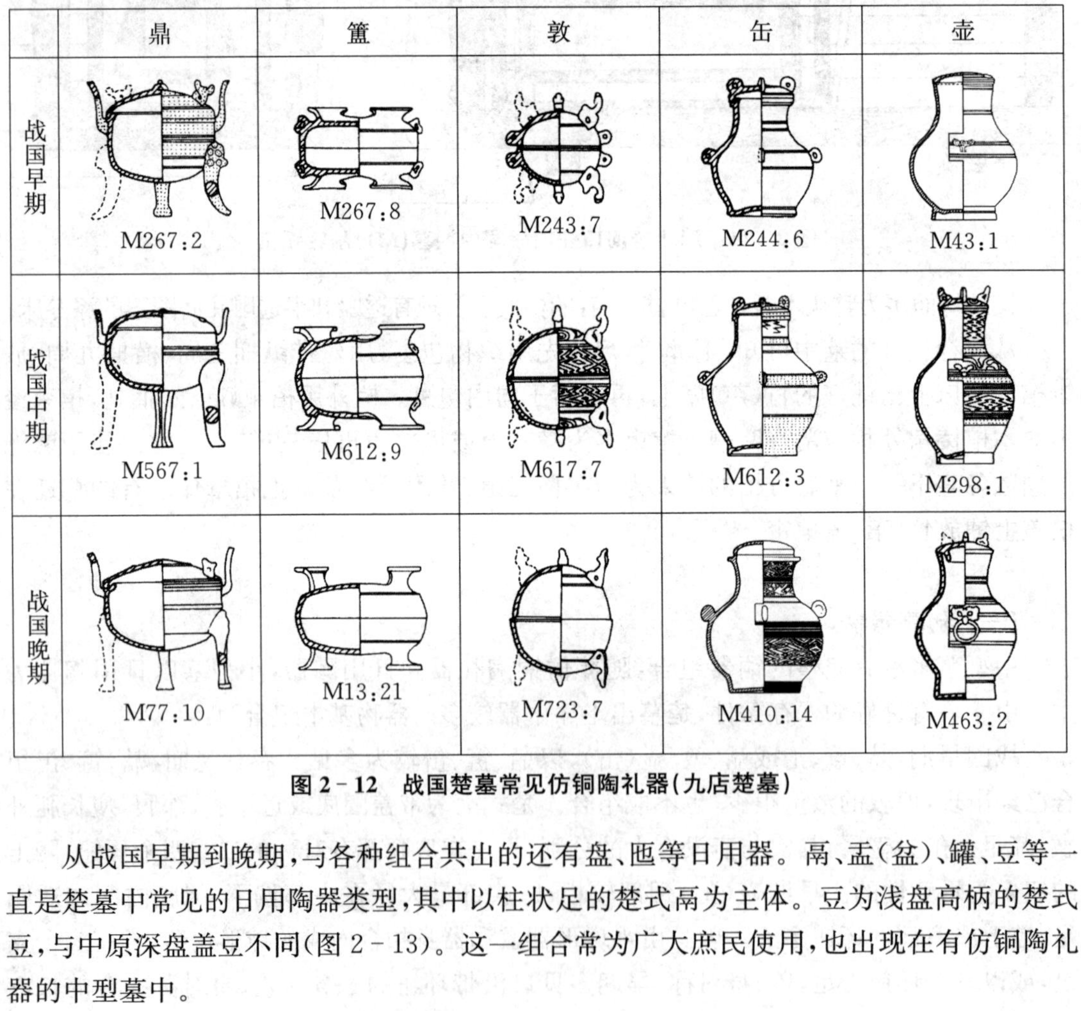

图 2-12　战国楚墓常见仿铜陶礼器（九店楚墓）

从战国早期到晚期，与各种组合共出的还有盘、匜等日用器。鬲、盂（盆）、罐、豆等一直是楚墓中常见的日用陶器类型，其中以柱状足的楚式鬲为主体。豆为浅盘高柄的楚式豆，与中原深盘盖豆不同（图 2-13）。这一组合常为广大庶民使用，也出现在有仿铜陶礼器的中型墓中。

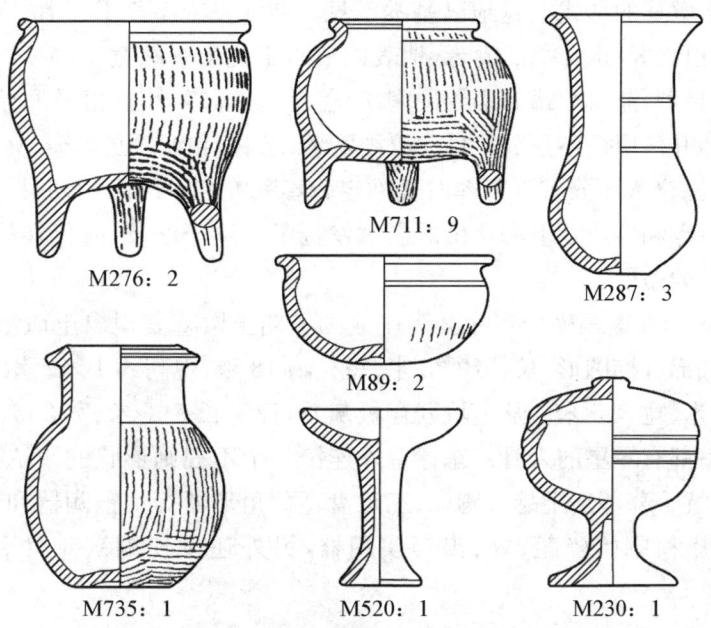

图 2-13 战国楚墓常见日用陶器（九店楚墓）

少数较大型的贵族墓有楚式升鼎出土。该型鼎以敞口、束腰、浅腹、大平底为特色，有三个直立短兽蹄足，立耳外撇，亦有立环耳。河南淅川下寺春秋中期楚墓（M2）和安徽寿县蔡侯墓所出自铭为"鐈"。器形从春秋中期到战国晚期变化不大，墓葬中多以偶数形式出现，也没有固定的组合关系。升鼎是楚器中的典型器。

其他楚墓特有的器物还有木质插鹿角的单首或双首的镇墓兽、虎座鸟架鼓、虎座飞鸟等，当然它们只见于中型以上的墓。楚式鼎（A 型）、小口罐形鼎（B 型）、升鼎、楚式鬲、楚式豆、镇墓兽、虎座鸟架鼓、虎座飞鸟等，构成了富有特色的典型楚式器物群。

四、长江下游江南地区吴越墓葬

战国时期长江下游吴越地区除保留吴越旧俗，主要受到楚文化的影响。公元前 473 年，勾践一举灭吴，尽有吴地。公元前 472 年，鲁正式聘越，从此越国横行江淮间，成为春秋末年最后的霸主。战国中晚期，楚威王灭越，长江下游地区为楚国所有。在墓葬制度上，江南地区有着吴越、楚和中原文化交互影响的特点。

（一）土墩墓

西周中期到春秋时期，江南地区是土墩墓的流行区域。土墩墓分布于浙江大部、苏南、上海、皖东、赣东和闽北地区，是江南地区的一种特殊墓葬形式，具有强烈的地方色彩。土墩墓以平地起坟、熟土埋葬为特征，在地面上（有的也施浅坑）安置死者，随葬器物，然后堆积成体量巨大的馒头状土墩。每墩直径 20 米左右，一墩有一墓至十几墓，一墩一墓者甚少。随葬品有大量的印纹陶和原始青瓷器。

战国时期土墩墓的形式在越地已基本不见。浙江安吉垄坝 D12 中,M2 开挖在熟土墩中,墓口距墩顶 0.85 米,深 0.40 米(地表以下),墓坑为一端宽一端窄的长条形。出土器物有陶豆、三足盘、瓿、盆、罐和印纹硬陶坛、盖罐、贯耳罐、小罐以及原始青瓷杯、碗、盅等。墩中在墓葬开口层面还摆放 7 件印纹硬陶罐、坛、壶和泥质灰陶壶、夹砂红陶罐等,从摆放位置看,似围绕 M2 分布。墓葬时代推定为春秋晚期至战国初期[1],但基本上还是春秋土墩墓的特点和性质。上海金山戚家墩发掘了 5 座土墩墓,时代在战国早、中期,也是春秋埋葬习俗的遗留。

2011 年发掘的安徽马鞍山当涂县陶庄战国早期土墩墓表现出土墩墓向土坑墓过渡的特点。土墩底部近椭圆形,长径约 23 米、短径约 18 米,现高约 1 米。墩底有深 55 厘米的浅坑,长 6.7 米、宽 3.5 米。从墓坑残存板灰看,椁室长 5.1 米、宽 2.5 米,从中间分为东、西两室,两室都有零星的人骨。东椁室外连接一个不规则形状的浅坑,坑内有股骨两根,可能为殉葬坑。墓葬出土越式陶鼎、三足盘、匜、角形器等仿铜陶器和陶釜、瓿、钵、纺轮、印纹陶罐、瓮和原始瓷瓿、杯、盅等实用器,另外还发现铜镞 1 件和玻璃珠等(图 2-14)[2]。

图 2-14 陶庄土墩墓出土器物
1.印纹陶瓮;2、3.越式陶鼎;4.原始瓷瓿;5.硬陶罐;6.印纹陶小罐;7.原始瓷盅

目前尚未见有关战国中晚期土墩墓的报道,这可能与战国中期楚灭越的历史背景有关。另外,在浙江宁绍一带发现的个别战国石室土墩墓也体现出当地越文化遗留的一种墓制。

---

[1] 浙江省安吉县博物馆:《浙江安吉垅坝 D12 土墩墓发掘简报》,《南方文物》2003 年第 3 期。
[2] 安徽省文物考古研究所等:《安徽当涂县陶庄战国土墩墓发掘简报》,《文物》2013 年第 10 期。

(二) 土坑墓

战国时期吴越地区的墓葬以竖穴土坑为主,但报道的数量不多。墓坑多呈长条形,长宽比达3∶1,一般较浅,有相当一部分土坑墓营造时是先堆土后挖墓坑,埋葬后再堆土加高,明显是过去土墩墓传统的继续。葬具有一棺一椁或有棺无椁,少数没有葬具。椁或棺的四周及底部有青膏泥或白膏泥。木椁墓也有椁室分箱的情况,江、浙、沪一带战国早中期还有使用独木棺具的现象。

随葬器物中有具有吴越本地文化特色的原始瓷和印纹陶器,也有楚文化特色鲜明的仿铜陶礼器。印纹硬陶瓮、坛、罐和原始瓷鼎、瓿、盅(杯)等都带有鲜明的地域特色,是吴越文化传统的延续。战国早中期以各式原始瓷器和方格纹或麻布纹的印纹硬陶最为多见和典型。1988年在吴县龙桥塘发掘了10座战国墓,竖穴土坑,都有独木棺具,其中一座有脚箱。随葬器物有印纹陶、原始瓷、黑皮陶器等,还有木制明器剑、削、刀、斧等,少数墓出青铜剑、镞。浙江漓渚发掘的几座战国早中期小型墓均为土坑竖穴,随葬印纹陶罐、釉陶鼎、罐、碗、钵等。浙江长兴雉城鼻子山墓带长墓道,出土原始瓷碗、罐、瓿和印纹硬陶罐等,墓坑外发现一个长11米、宽3米的器物坑,坑内出土印纹硬陶瓮、坛、罐和原始瓷鼎、盂等。苏州虎丘的一座战国中期墓出土铜鼎、缶、鐎壶、鉴、匜等。绍兴凤凰山战国中期木椁墓出土鼎、瓿、豆、敦、盘、匜等仿铜陶礼器。早中期的土坑墓出土的陶鼎多为越式鼎,三足细长向外弯撇,浅腹或垂腹,底近平,有的束腰、鼓腹(图2-15)。

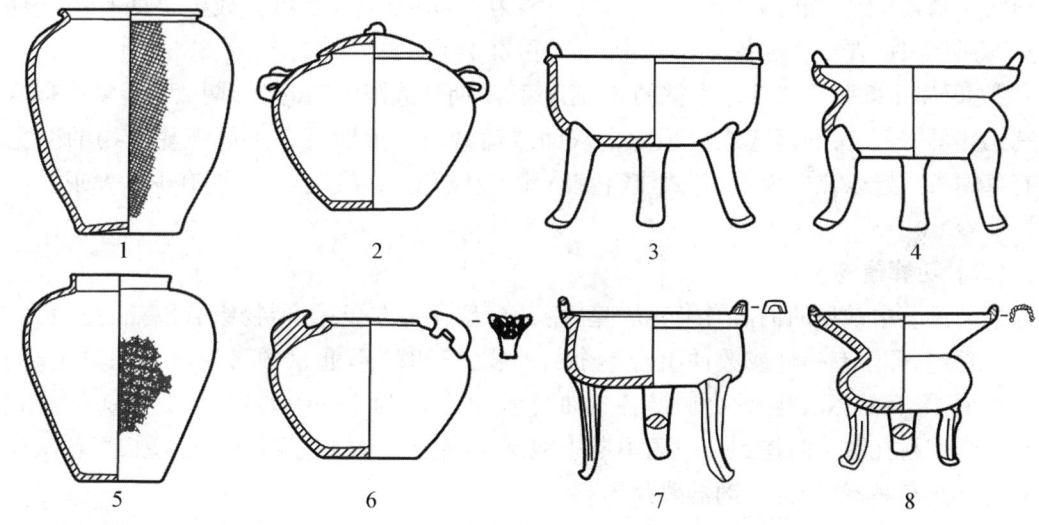

图2-15 江南战国墓常见器物
1、5.印纹陶瓮;2、6.原始瓷瓿;3、4、7、8.原始瓷鼎(越式)

战国晚期随葬器物以楚式和中原式鼎、豆、壶、盒为主,原始瓷和印纹陶明显减少,表现出向楚文化和中原文化趋同的现象。1980年武进孟河乡发掘一座战国晚期竖穴土坑木棺墓,棺下及周围有膏泥,随葬楚式铜鼎、敦、盒、壶、盘、匜、勺等[1]。1996年安徽宣州

---

[1] 镇江市博物馆:《江苏武进孟河战国墓》,《考古》1984年第2期。

市清理一座战国木椁墓,出土陶鼎、壶、钫、盒各2,漆樽1,漆耳杯4、木剑2、木俑4等。木剑为柳叶形,扁方茎无格,中起脊,长30～50厘米[1]。上海青浦福泉山三座战国晚期墓出土泥质陶鼎、豆、壶、盒、钫等,没有印纹陶、原始瓷等具有越文化特点的器物。上海嘉定外冈战国晚期到西汉初期墓出土器物14件,除1件釉陶瓿外,其余为泥质陶的鼎、盒、壶、豆、杯等[2]。

五、燕国墓葬

燕国地区包括今北京、天津两市和河北省北部、内蒙东部和辽宁省南部。这些地区都有燕国墓葬分布,迄今已发掘并公布材料的战国时期重要的燕国墓地有河北易县燕下都及其外围、徐水大马各庄、唐山贾各庄、北京怀柔城北、天津东郊张贵庄、辽宁建昌县东大杖子等处,已发掘战国燕墓200多座。

(一)墓葬结构、葬具和葬式

燕国墓葬皆为竖穴土坑墓,大中型墓都有墓道,墓道和墓圹上部往往夯筑于地面以上。有棺有椁,有的有多重葬具,但椁室分箱的做法不太常见。小型墓有棺无椁或无葬具,儿童使用瓮棺葬,以陶釜、盆、罐、瓮等扣合为棺。1959～1960年发掘的北京怀柔城北东周两汉墓,属于战国时期的有15座,以中型为主,均为竖穴土坑。战国早期6座,中期4座,晚期5座,早、中期各有一座墓有三重葬具(一椁二棺),其余13座皆为一棺一椁[3]。天津东郊张贵庄墓地发掘的33座春秋晚期到战国中期的燕国小型墓,多数有棺,个别无葬具[4]。有的墓壁或椁顶涂白灰面或铺膏泥。个别墓有置放随葬器物的壁龛。所有墓葬头向皆以北向为主,葬式流行直肢葬,屈肢葬只在战国早、中期有少量发现。

(二)随葬器物

战国燕墓中常见的铜器有鼎、豆、簋、壶、敦、盘、匜、方壶等,器物组合以鼎、豆最为常见,中小型墓葬多有一件或数件组合不全的器物。1982年,北京顺义龙湾屯在取土时发现一组铜器,有鼎、豆、簋、戈、剑、镞各1件及车马器,应为墓葬中器物[5]。1981年,北京通县中赵甫村在取土时挖到一战国中期中型墓,收集到的铜器有铜鼎3件,敦、豆各1件,另有戈、勺、车马器、带钩及铜器残片等[6]。

陶器的基本组合是鼎、豆、壶、盘、匜,早晚差别不大,只是器形有所变化,特别是中期器盖出戟较高,装饰更为夸张,流行彩绘,晚期又趋于平淡。战国晚期同时出现中原地区

---

[1] 宣州市博物馆:《宣州市战国墓清理简报》,《文物研究》第12辑,合肥:黄山书社,1999年。
[2] 黄宣佩:《上海市嘉定县外冈古墓清理》,《考古》1959年第12期。
[3] 北京市文物工作队:《北京怀柔城北东周两汉墓葬》,《考古》1962年第5期。
[4] 天津市文化局考古发掘队:《天津东郊张贵庄战国墓第二次发掘》,《考古》1965年第2期。
[5] 程长新:《北京市顺义县龙湾屯出土一组战国青铜器》,《考古》1985年第8期。
[6] 程长新:《北京市通县中赵甫出土一组战国青铜器》,《考古》1985年第8期。

常见的鼎、盒、壶组合。以北京怀柔城北墓地为例,该墓地中型墓15座,战国早期6座,中期4座,晚期5座,随葬陶器皆以鼎、豆、壶、盘、匜为主要的组合形式,间或有夹砂红陶深腹鬲。鼎、豆、壶是三期共同的基本组合。器形变化上,早期的鼎深腹圜底,两耳垂直,较小,盖隆起较高,鼎足膝部有兽面纹。中期盖稍平,两耳外撇,鼎足兽面纹减少。晚期鼎耳较大,盖扁平,足呈束腰兽蹄形,兽纹基本不见。早期豆深腹、高柄、厚重,中期腹加深,晚期趋于轻薄。早期陶壶颈较粗壮,溜肩,肩部饰三组花纹,中期颈部刻划动物纹,晚期(报告未附图)颈较高,口外侈,耸肩,肩部不再饰花纹,而是简化为四道弦纹(图 2-16)。早期匜多为鸡心形,腹深,中期出现桃形匜,晚期作圆形,腹浅[1]。

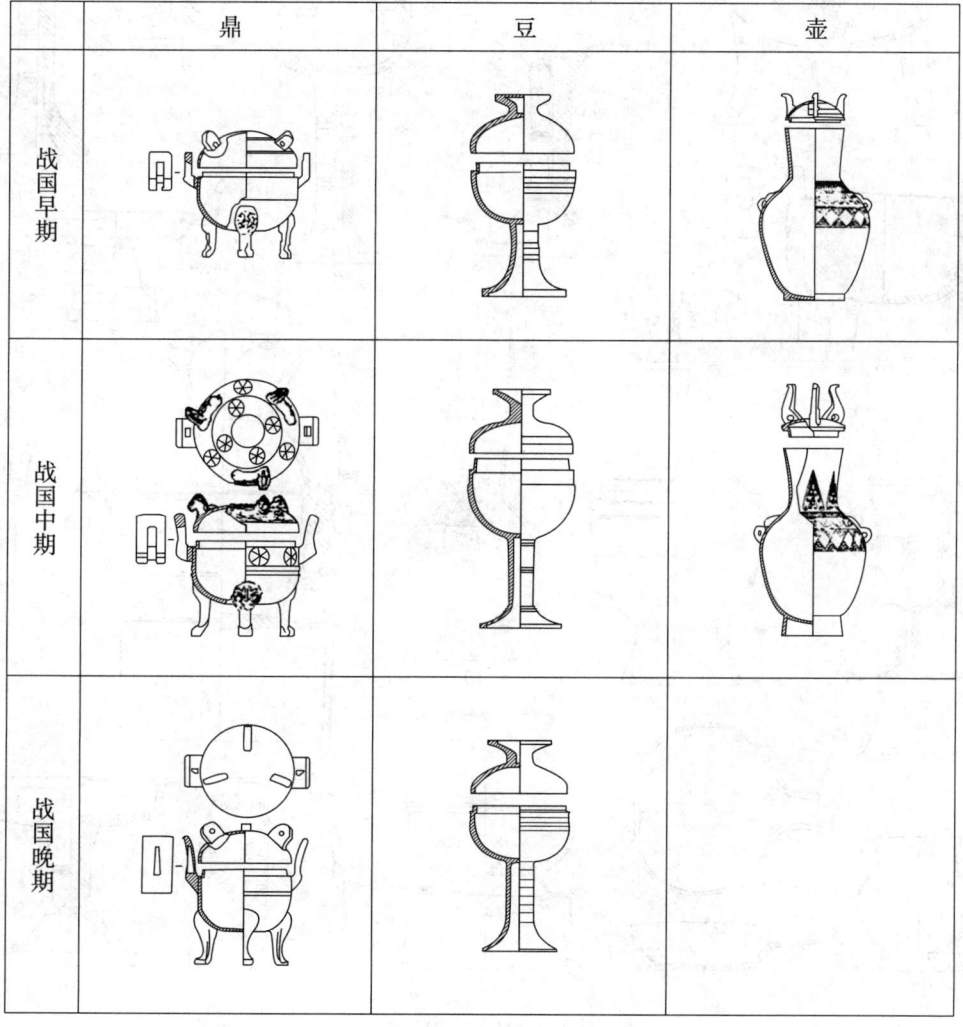

图 2-16 北京怀柔燕国墓随葬器物

---

[1] 北京市文物工作队:《北京怀柔城北东周两汉墓葬》,《考古》1962年第5期。

天津东郊张贵庄墓地33座墓皆为小型墓,春秋晚期墓有鬲,战国墓只有少数出鼎、豆、壶,多数墓只出一二件陶器[1]。辽宁辽阳徐往子战国中期墓出土陶鼎3件,陶豆、壶各2件,壶形高柄豆3件,夹粗砂灰陶鬲2件,圈足盘1件。壶形豆和小口深腹实心足的鬲也是燕国墓葬中常见的器物(图2-17)[2]。

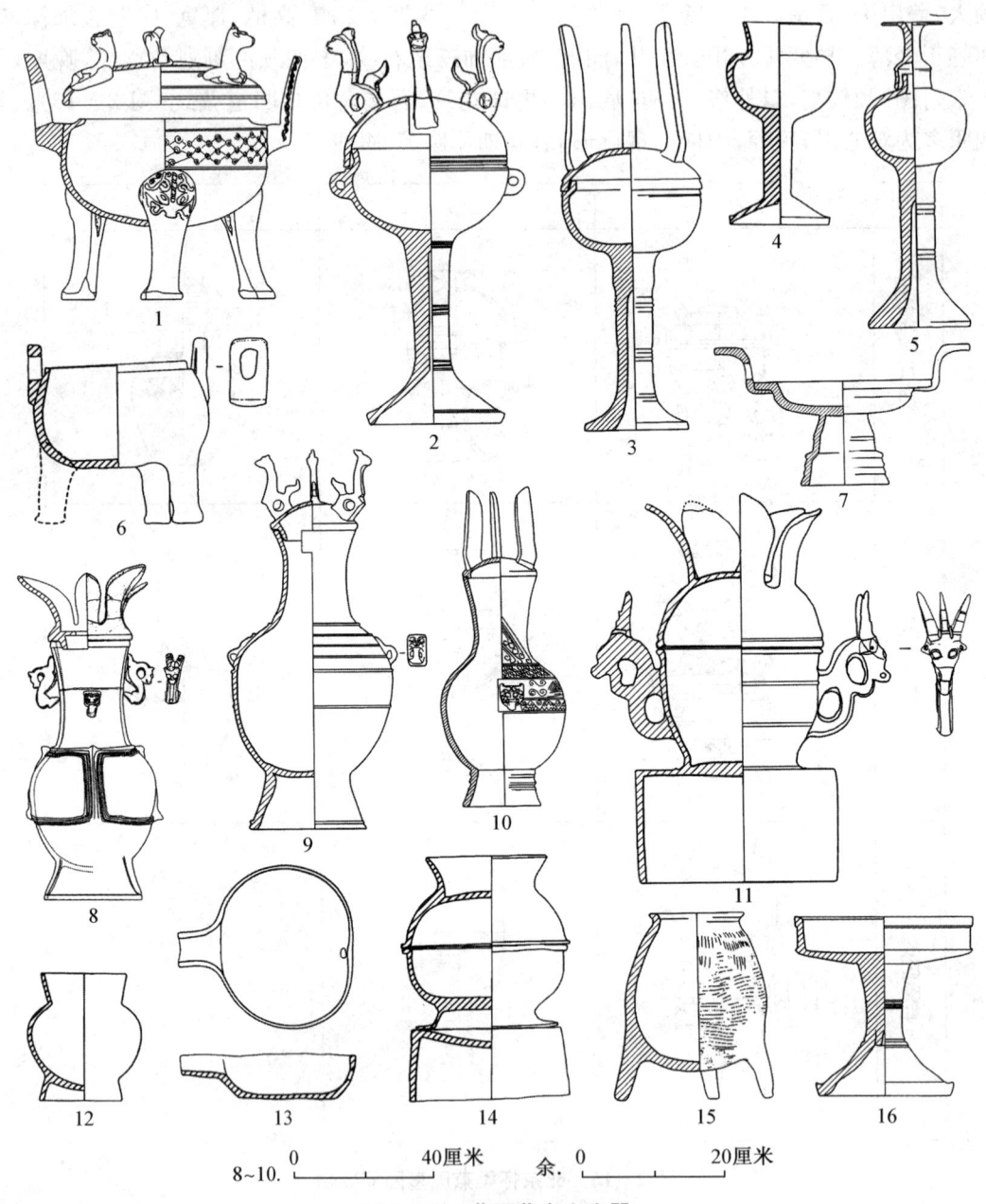

图2-17 燕国墓出土陶器

1、2、8、9、11、16. 东大杖子M40出土;3、5、7、10、15. 辽阳徐往子出土;4、6、12、13、14. 东大杖子M47出土

---

[1] 天津市文化局考古发掘队:《天津东郊张贵庄战国墓第二次发掘》,《考古》1965年第2期。
[2] 邹宝库等:《辽宁辽阳市徐往子战国墓》,《考古》2017年第8期。

1999~2000年,辽宁建昌县东大杖子村发现战国墓葬47座,至2012年共发掘42座。墓地包含中型和中小型墓,竖穴土坑,时代为从战国早期到晚期。早、中期多见封土封石,以小型墓为主。早期墓葬中土著文化因素较多,与燕文化有密切关系,出土的兵器戈、车马器和青铜敦都是中原文化中的典型器,其中M16出土的一件铜敦器形、纹饰与北京通县中赵甫墓所出的敦一致,说明该器形的时代差别不大[1]。中期墓多数被盗,出土器物不全,有铜豆、壶、敦及陶罐、壶、豆、盆等[2]。晚期的两座中型墓都是一棺二椁。M40出土陶鼎2套,其中大鼎7件,小鼎4件;方壶2件,带莲瓣盝顶式方形盖,体型瘦高,腹圆角圆鼓;豆11件,有盘形豆2件,壶形豆7件,盖豆2件;壶2件,细颈、鼓腹、高圈足,盖上有3枚鸟形钮;簋6件,方座,半球形盖,盖顶有花瓣状捉手,器身深腹,附兽形耳。另有罐、盆各1件,以及陶珠、玉石器等。铜器只有铜连环、带钩(2件)和铜削[3]。M47出土陶器有鼎5件,簋4件,罐形豆7件,盖豆2件,方壶2件,盨2件,盆、匜各1件(图2-17),铜器只有3件镞[4]。陶簋和瘦长体型的方壶见于燕下都墓地而不见于北京怀柔城北燕国墓,这两种器物本是中原地区春秋时期的器类,战国时期已经基本不见,它们在燕地的流行反映了地方特色的差异和文化的交流。燕和齐、赵等相邻地区的文化交流较多,但发展的步伐不同。

燕国器物表现出的地方风格是,鼎、豆、壶、簋等器盖上有较大的扁钮、莲瓣形钮和出戟,高柄豆的半球形盖上有的带有三只冲天长足。器物耳、钮的装饰都较夸张。陶器流行彩绘。

六、齐鲁地区墓葬

齐、鲁是南北相邻的两个国家,文化既有自己独特的风格,也有相互关联和影响的一面。齐国是文化开放的国家,是战国百家争鸣的策源地,好征伐;鲁国是孔子的故乡,谨守周礼。《左传·襄公二十九年》载,吴公子季札聘于鲁,观礼之后感叹"周礼尽在鲁矣"。春秋时期的文化传统对以后的丧葬礼俗产生了重要影响。目前已经发掘的齐鲁地区战国墓数百座,主要是齐地墓葬,鲁地只发掘了一些春秋墓,战国墓的材料较为有限。

(一) 齐国墓葬

1. 墓葬结构和葬具

齐地中型以上的墓多有高大的封土。齐都临淄周围现存的齐墓封土有圆形、覆斗形和方底圆顶等形状。封土的结构可分为平铺式、起冢式和柱心式三种类型。平铺式是从

---

[1] 辽宁省文物考古研究所等:《辽宁省建昌县东大杖子墓地2001年发掘简报》,《考古》2014年第12期;程长新:《北京市通县中赵甫出土一组战国青铜器》,《考古》1985年第8期。
[2] 辽宁省文物考古研究所等:《辽宁省建昌县东大杖子墓地2002年发掘简报》,《考古》2014年第12期。
[3] 辽宁省文物考古研究所等:《辽宁省建昌县东大杖子墓地M40的发掘》,《考古》2014年第12期。
[4] 辽宁省文物考古研究所等:《辽宁省建昌县东大杖子墓地M47的发掘》,《考古》2014年第12期。

地面逐层向上夯筑封土，最后再加修整，构筑成圆锥形的封土堆。起冢式是在地面以上夯筑墓圹和墓道的上部，墓室分为地上和地下两部分，地面部分一般大于地下部分的墓口，形成二层台，二层台上布置器物坑或陪葬坑。埋葬后填土将地上部分夯成陵台，然后堆土，夯筑成圆形封土。长清岗辛战国晚期大墓即为这种封土[1]。这种形式的封土和墓室营造方法还见于河北平山中山王墓和燕下都九女台十六号墓等，是燕齐地区大中型墓常见的形式。柱心式封土由封土中心的方形或长方形柱及其四面的护坡组成，先在墓口之上夯筑封土柱，封土柱采用夹棍夹绳系板法夯筑而成。封土柱的壁面除了有营造时的痕迹外，筑板痕迹两端的上下两缘有相对的系板绳索腐烂后形成的绳孔。柱壁呈垂直状态，夯面平直，夯层清晰。在封土柱夯打过程中，随柱的升高逐层夯筑周边护坡，最后修整成圆锥形和方基圆形的封土形式。这种封土形式为齐地所独有。

大中型墓多有二层台，台上有器物坑或陪葬坑。多石砌椁室，椁室外和上面积石防盗，积石也成了发现墓葬的重要线索，如1990年发掘的章丘女郎山匡章大墓就是钻探到一定范围的铺石后确定的[2]。中小型墓的构造相对简单，竖穴土坑，多有二层台，有的在二层台或墓上铺石以防盗。有棺有椁或有棺无椁，小型墓也有无葬具的。墓壁多设放置器物的壁龛，也有的在棺下设腰坑或器物箱，春秋到战国早期坑内殉狗，战国中期以后只放一两件陶器（陶豆或盘）。齐墓的头向以东向为主，其次为北向。

2013年发掘的山东淄博临淄区尧王两座战国墓（M1、M2），东西并列，皆为长方形土坑木椁墓，有长长的墓道，平面呈"甲"字形。两座墓椁室四周都有宽大的生土二层台，二层台上各有陪葬墓2座，器物坑1个。每座陪葬坑内葬3人。根据葬具朽痕判断，3人共用一椁，各有独立的棺木，棺内有石环、石管、蚌壳、海贝、铜带钩、水晶玛瑙串饰等随葬品。墓室被盗，器物主要出土于器物坑中。器物坑为竖穴土坑，器物可能置放于木质器物箱中。两墓为战国早期齐国贵族墓[3]。

1979年，齐故城南大夫观发现两座大型战国晚期齐墓。两墓并列，原有封土已被削平，已发掘的西南一座，墓圹呈台阶式内收，有南北墓道，椁室居墓底中间，四角有"器物库"。2012年发掘的临淄范家村四号木椁墓，在椁室两侧的宽大生土二层台上各有两个陪葬坑，时代为战国晚期[4]。生土二层台上设器物库、陪葬坑在战国后期成为齐国贵族的一种墓制。

2004年发掘的青州东高镇西辛村齐墓是一座战国末期的大型竖穴土坑石椁墓，原有封土已无存。墓葬平面呈"中"字形，有南北两出墓道，以南墓道为主墓道，斜坡状，墓葬通长约百米。中间墓室部分为长方形，两侧墓壁呈三级台阶内收至中间椁室，椁室直壁平底，内以巨石砌筑石椁，椁室内南北长6米、东西宽5米，深4.7米，四角各有两两对称的

---

[1] 山东省博物馆、长清县文化馆：《山东长清岗辛战国墓》，《考古》1980第4期。
[2] 李曰训：《章丘绣惠女郎山一号战国大墓发掘报告》，《济青高速公路章丘工段考古发掘报告集》，济南：齐鲁书社，1993年；李曰训：《山东章丘女郎山战国大墓出土乐舞陶俑及有关问题》，《文物》1993年第3期。
[3] 临淄区文物管理局：《山东淄博市临淄区尧王战国墓的发掘》，《考古》2017年第4期。
[4] 淄博市临淄区文物局：《山东临淄范家村墓地2012年发掘简报》，《文物》2015年第4期。

三角形脚窝,石椁上部周围一圈是石砌的二层台面,顶部用一层巨石覆盖。整个石椁用加工齐整的石块砌筑,石缝均用铁汁或铅汁浇灌。椁底平铺石板一层,底板下为厚0.4米的卵石层,卵石层下填有厚达3米的青膏泥。石椁与外面土圹之间以卵石和土相间夯填。石椁中央为巨大的木椁,以枋木构成,椁底板下铺有一层东西向木板,木板下有4块南北向枕木,枕木之间填卵石,其下即为石椁底面。木棺位于木椁中央,长2.75米、宽1.95米,内高0.92米,棺表髹黑漆,内涂朱漆。侧板、挡板及底板间以榫卯结合。木棺下面的棺床由4块横向的木板及2块侧板组成。棺床与棺用榫卯结合成为一体。墓道在近墓室的中间部分又下挖一条通向椁室底部的台阶式的内墓道,其底面与石椁底相平。该墓早年多次被盗,但石、木椁间一木质器物箱内仍出土了鼎、敦、钫、灶、甑等铜器。石椁外的墓室西侧二层台有4座陪葬坑,南墓道有1座陪葬坑(图2-18)。墓主应为齐国贵族,墓葬的年代下限有可能到西汉建国之际[1]。

图2-18 青州东高镇西辛村齐墓(南—北)

2. 随葬器物

春秋齐墓随葬铜器多见鼎、敦、盘、匜、舟(铏)等,战国时期则以鼎、豆、壶为主要组合,早期配以盘、匜、敦、舟(铏)等,晚期敦、铏少见,以鼎、豆、壶、盘、匜为常见组合,与燕国墓葬的器物组合相似。

春秋齐墓的陶器以鬲、豆、罐为主,有的配以簋或盂,少数墓使用鼎、豆、罐组合。战国早期齐墓陶器与铜器情况相似,出现鼎、豆、壶、盘、匜、敦、舟的组合(图2-19)。豆分有盖和无盖两种,常同出。大多数不出铜器的墓葬中无鼎,而出土陶豆、盂、壶、罐、鬲、罐、盆等。战国中期仍以鼎、豆、壶、盘、匜、舟为组合,晚期少数墓的陶器组合中增加了盒,并逐渐取代豆,形成鼎、盒、壶为主的组合形式。但对于多数极小型的墓葬来说,各时期也都只是随葬罐、豆、匜、盂等日用陶器中的一两件。

---

[1] 山东省文物考古研究所、青州市博物馆:《山东青州西辛战国墓发掘简报》,《文物》2014年第9期。

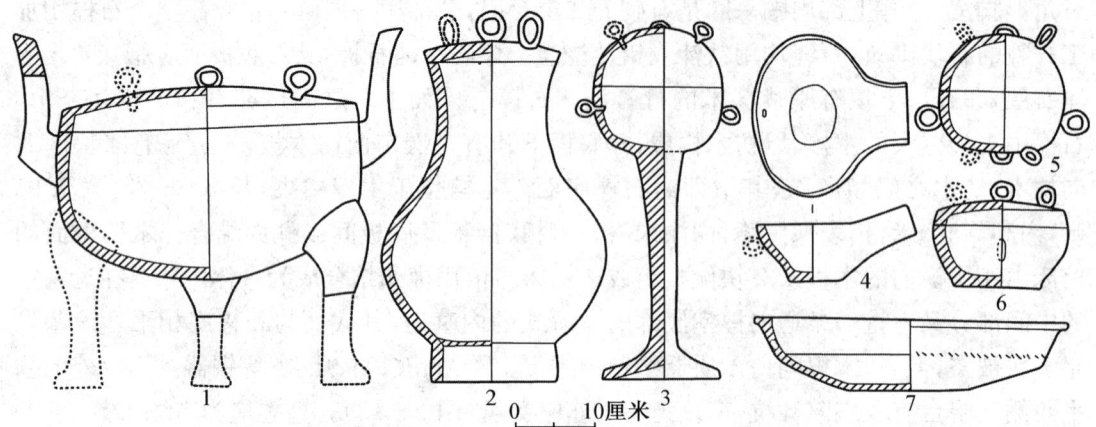

图 2-19　齐国墓葬出土陶器（郎家庄 M1，春秋晚期到战国初期）

临淄区尧王战国早期墓 M1 的器物坑出土有铜器鼎、壶、提梁壶、鬲、筐、敦、舟、盘、匜等，陶器有鼎、豆、勺、壶、罐、璜等，以及骨管、骨制蝉形器等。

齐国铜、陶器上流行环钮。齐墓的豆分为盖豆和无盖豆。无盖豆浅盘高柄，喇叭形座，折腹或圆折腹，从早到晚向瘦长柄方向发展。盖豆为上、下两半相合，盖、腹相合类球形，细长柄，盖、身多环钮。

（二）曲阜鲁国墓葬

1. 墓葬结构

在曲阜鲁国故城发掘的一批东周墓皆为竖穴土坑墓[1]。甲组 78 座为西周到春秋墓，一椁一棺或有棺无椁。头向以南向为主，其次为北向，东向较少。流行二层台、墓底腰坑，腰坑殉狗一只，颇有殷人遗风。

乙组墓 51 座，东周墓 12 座，以大中型为主，春秋末到战国初 4 座，战国早期 4 座，中晚期 2 座。据对春秋末到战国初的两座墓（M1、M2）的解剖，墓圹口大底小，在墓圹中夯筑规整的墓室，先在圹底筑 10～60 厘米厚的基础，在上面构筑与墓圹方向相反的长方形墓室。墓室四角有立木承接筑板，同时逐层夯筑墓室四壁，四壁夯层一致，版筑痕迹清楚。大型墓的二层台都是夯筑的，中小型墓的二层台为填土夯实。有一椁一棺和一棺无椁，仰身直肢葬，头向明确的皆北向，其余骨架无存，头向不明。

2. 随葬器物

战国早期较大型的墓（中型）也只有铜提梁壶（M3）、铜盘（M52）出土。战国中期始有鼎、壶、盘、匜等。

陶器组合为，春秋末到战国初期：釜、壶、甗。战国早期：釜、罐、壶、甗（或原始瓷罐）。战国中期或稍晚：釜、罐、壶、小壶。早晚期器类没有太大的变化，都没有仿铜陶礼器（图 2-20）。

---

[1] 山东省文物考古研究所、山东省博物馆等：《曲阜鲁国故城》，济南：齐鲁书社 1982 年。

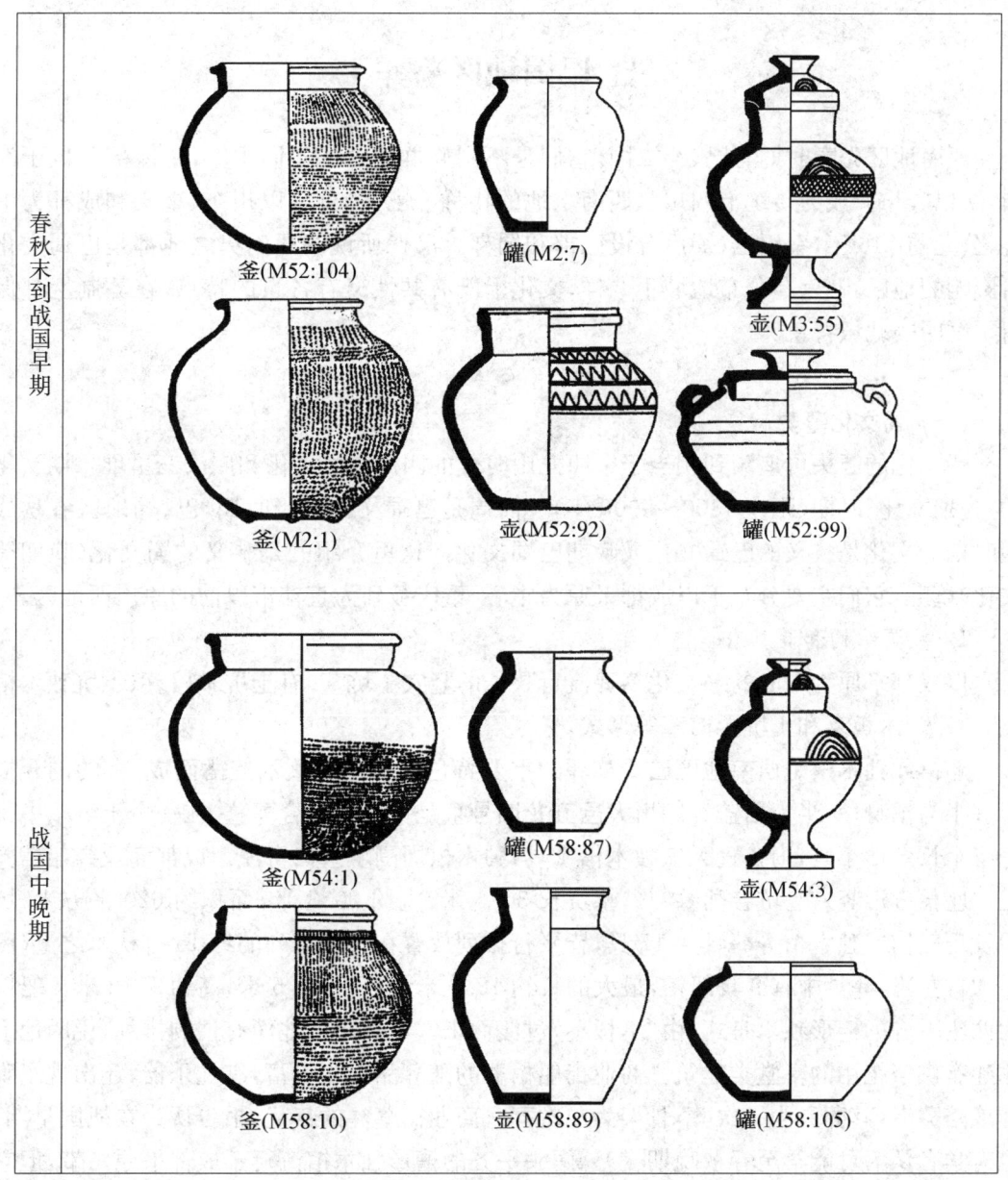

图 2-20 曲阜鲁国故城乙组东周墓出土陶器

M58 是一座未被盗掘的战国中晚期墓,棺具、葬式不明,出土铜器有鼎、壶(2件)、罐、缶、盘、匜、镳壶、镜和带钩、剑、削(2件)、矛镈等。陶器有罐18、壶4、釜1、器盖2件等,另有玉璧17(其中棺内死者身体上下各置一层玉璧,共16件)、玉环6、玉璜3、玉带钩1和玉佩饰多件(1组)等。棺盖位置放一石圭。

可见,战国鲁地墓葬无论是铜器还是陶器,尚没有齐地和中原地区的鼎、豆、壶组合。陶器以罐为多数,甚至铜器也出现了仿陶铜罐。一般认为,仿铜陶礼器的使用是礼制松弛和衰微的表现,曲阜战国墓的情况似乎说明当地礼制遭到破坏要比中原各国地区迟一些。

七、巴蜀地区墓葬

西南地区先秦时期有巴、蜀二国,它们是不同族群建立的不同国家,主体部分位于四川,所以"巴蜀"成为传统上四川和西南之地的代称。巴、蜀分别以川东、重庆和成都为中心,公元前316年,秦灭巴、蜀后分设巴郡和蜀郡。汉代所说的西南夷之地都是巴蜀文化所影响的地区。巴、蜀分布地域不一样,文化上既有共性又有各自的特点,在葬制上都保留了鲜明的地域特色。

(一)蜀文化墓葬

蜀文化的源头可追溯到相当于中原龙山时代的四川宝墩文化和广汉三星堆一期文化的"先蜀文化"时期(距今4800～4000年)。商周是巴蜀文化盛行时期,巴、蜀地区春秋战国时期的文化是狭义的巴蜀文化或晚期巴蜀文化。这里介绍的是狭义的蜀文化(晚期蜀文化)墓葬,它们主要分布于以成都平原为中心、重庆被列为直辖市以前的原川西地区。

1. 墓葬结构和葬具

以成都平原为中心的蜀文化墓葬流行狭长的竖穴土坑墓,有土坑木椁墓、土坑独木棺(船棺)墓、木板墓和土坑无棺墓等形式。

船棺或独木棺是西南地区巴蜀墓葬的重要特色。木棺为整木挖凿而成,有的剖开树干一半为棺身,一半为棺盖。四川大邑五龙四号墓是一座三棺合葬墓,在一个土坑墓中排挖三个长条形小坑,内各置无盖独木棺1具,独木棺周围填塞白膏泥。成都商业街船棺葬是一座长方形竖穴土坑合葬墓[1],墓坑长30.5米、宽约20.3米,面积约620平方米,坑中发现船棺或独木棺等葬具共17具,皆平行排列放置在整齐排列的约15排枕木之上(图2-21,左)。葬具中有9具船棺,最大的长约18.8米,直径约1.5米,高约1.12米。船棺为两头平齐的槽形独木舟式,由"木板墓"过渡而来。坑口周围地面有柱洞排列,说明地上原建有供祭祀用的享堂类建筑。商业街船棺葬的随葬品极为丰富,有礼乐器,还出现了殉葬或陪葬者,其葬具为一次葬,骨架为二次葬。商业街墓葬的年代,报告认为在战国早期,也有学者认为可能早至春秋晚期[2]。两头平齐的槽形独木棺流行于成都平原一带,但它是否是船棺的问题尚有不同意见[3]。

时代较晚的大中型墓有棺有椁。如新都马家木椁墓[4],长方形竖穴土坑,长10.45米、宽9.2米,带斜坡墓道,坑口距地表3.62米。椁长8.3米、宽6.76米,椁室内有独木棺1具,前有头箱,后有脚箱,两侧各有3个边箱,共8个椁箱。墓室被盗,椁内发现巴蜀印章。椁室底板下有一方形腰坑,腰坑四壁及上下铺砌木板,腰坑内出土铜器43套188

---

[1] 成都市文物考古研究所:《成都商业街船棺葬》,北京:文物出版社,2009年。
[2] 宋治民:《成都市商业街墓葬的问题》,《四川文物》2003年第1期。
[3] 罗开玉:《晚期巴蜀文化墓葬初步研究》,《成都文物》1991年第3、4期。
[4] 四川省博物馆:《新都战国木椁墓》,《文物》1981年第6期。

件，其中大小有序的鼎5件，最小的一件器盖内刻铭"邵（昭）之飤鼎"四字，通高26厘米，应为楚国三大姓昭、屈、景中昭姓贵族所铸之器流入蜀地者。该墓木椁与坑壁间填白膏泥，墓室椁板及器物外表涂抹白膏泥，有的器物内灌满白膏泥。墓葬时代为战国中期，可能为开明氏一代蜀侯之墓（图2-21，右）。

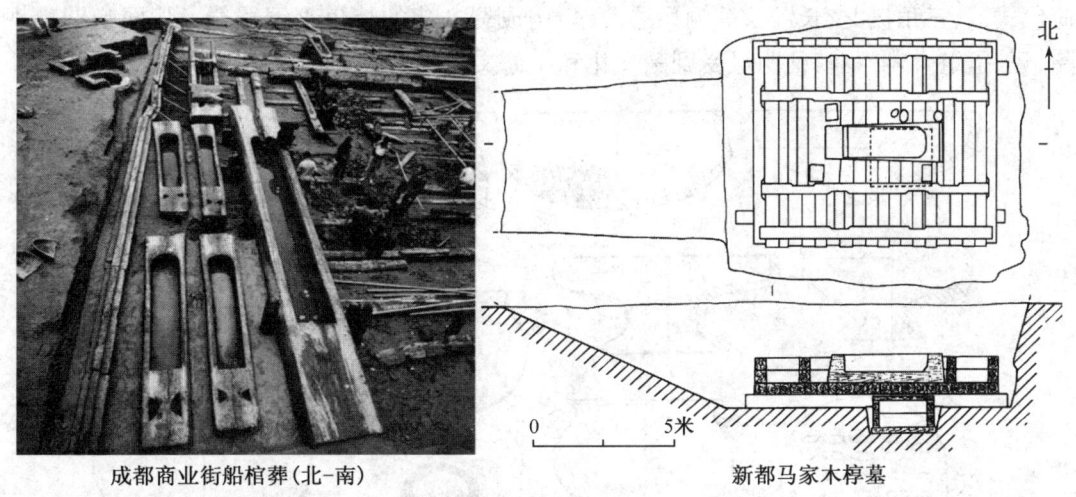

成都商业街船棺葬（北—南）　　　　新都马家木椁墓

图2-21　蜀文化墓葬

木椁内置独木棺（船棺）是船棺墓向木椁墓过渡的一种形式。成都青白江区跃进村西汉晚期的竖穴土坑木椁墓，有一种是竖穴内椁室底板上并列放置4具长方盒形独木棺，底板下有大型腰坑，腰坑四壁及底部由木板构筑，大部分随葬品放在腰坑内，表明战国时期墓内建造大型腰坑的习俗至少延续到西汉晚期[1]。

木板墓首先是竖穴土坑墓，在墓底铺一长方形木板，木板上放置死者，随葬品与同时代墓葬一致。木板墓发现较少，四川什邡墓地发现战国时期的木板墓2座，从墓葬和随葬器物来看，是否使用木板墓似乎与墓主身份地位无关。

蜀墓中使用白膏泥的现象较为普遍。大邑县五龙乡6座战国早期到秦代的蜀文化墓葬，除M3外，不管形制如何，都在墓坑中使用白膏泥或青膏泥[2]。成都西郊金鱼村清理的4座战国墓，保存较好的M14为使用白膏泥最突出者，墓室四壁及墓底铺的两块木板下均抹一层白膏泥，随葬器物（铜鍪、戈、剑、钺等）下葬前抹上白膏泥，容器内也灌满白膏泥，连同尸体一起用白膏密封包裹，然后埋葬[3]。

狭长土坑、两头平齐的槽形独木舟式船棺、带腰坑的木椁墓和普遍使用白膏泥，构成了川西地区蜀文化墓葬的特有风格。

---

[1]　成都市文物工作队、青白江区文物管理所：《成都市青白江区跃进村汉墓发掘简报》，《文物》1999年第8期。

[2]　四川省文管会、大邑县文化馆：《四川大邑五龙战国巴蜀墓葬》，《文物》1985年第5期；《四川省大邑县五龙乡土坑墓清理简报》，《考古》1987年第7期。

[3]　成都市考古队：《成都西郊金鱼村发现的战国土坑墓》，《文物》1997年第3期。

2. 蜀文化器物

春秋中期以前,蜀人以尖底盏为主要食器,尖底盏是蜀文化中三星堆文化以来的传统陶器之一。战国时期,尖底器不再流行,只在战国早中期有少量发现。战国墓葬多见釜、罐、豆等陶器。铜器中的炊器釜、单耳鍪、甑是典型的组合,中期出现敦,它们与柳叶剑、烟荷包式钺、三角援戈、长骹矛等铜兵器一起,构成蜀文化的特色青铜器群。战国晚期出现鼎、豆、釜组合,器物特征明显受到楚文化和中原文化的影响。

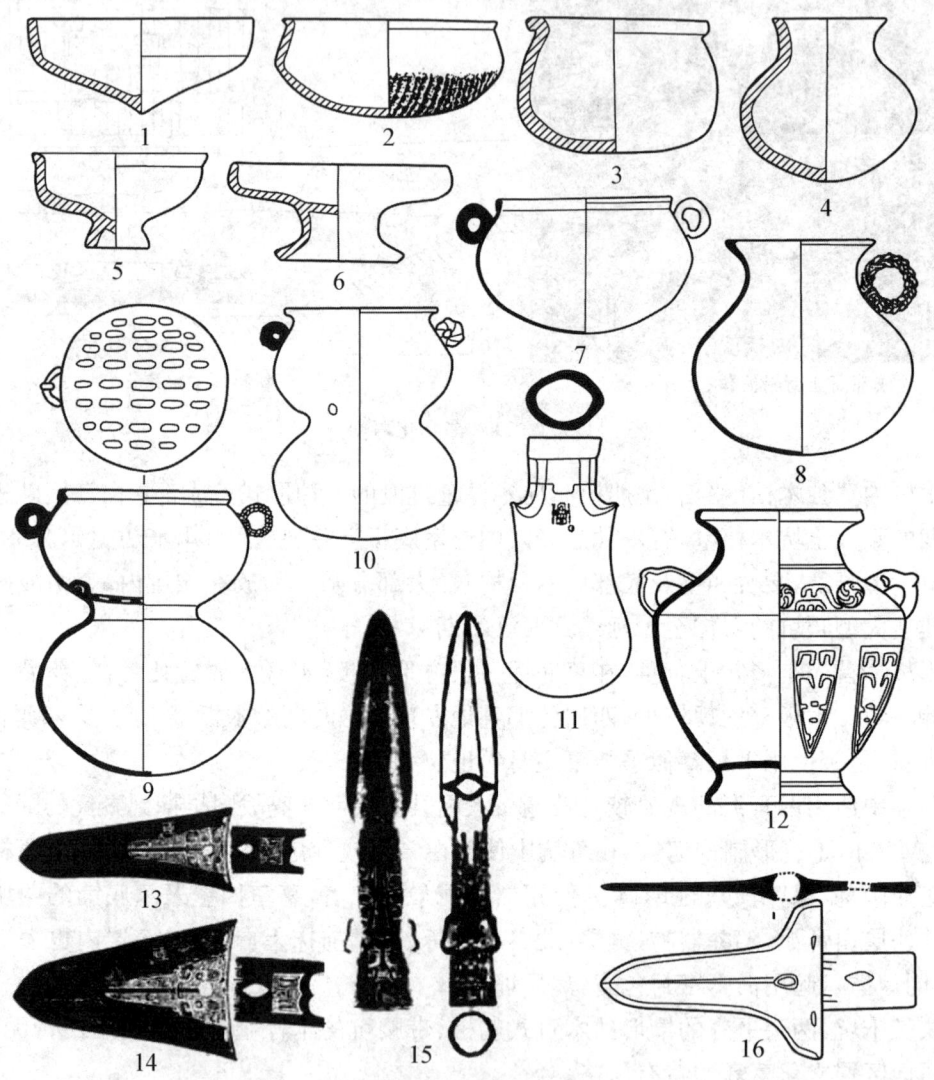

图 2-22 战国蜀文化墓葬典型器物

1. 陶尖底盏;2~4. 陶釜;5、6. 陶豆;7. 铜釜;8. 铜鍪;9、10. 铜釜甑;11. 铜钺;
12. 铜罍;13、14、16. 铜戈;15. 铜矛

成都地区的铜釜甑,上甑下釜一体铸成,甑底有可活动的箅。蜀墓中大量出现的圜底器,特别是圜底釜,可能受到了楚的釜、罐文化传统的影响。兵器中狭而厚重的柳叶形无格扁茎铜剑、双剑一鞘(木质或皮质)的剑等均系蜀文化的传统器物。剑身常铸有虎斑纹、

半圆形斑纹、三瓣花纹、斜棱纹等,剑身近柄处铸或刻有虎纹、鸟纹、手心纹等象形纹样150余种,有称巴蜀符号或徽识。成都平原蜀墓中出的铜钺,战国早期为直腰式,钺身相对较长;中期以后多为弧刃长身式,刃呈弧形,且和身的分界不很明显;有的刃部呈月牙形,身呈长方形(图2-22)。成都百花潭10号墓为战国早期墓,长方形土坑墓,墓底为弧形,似有船棺,出土较大铜器鼎、壶、鍪、甑各1件,置于肢下,甑内有戈、矛等兵器21件(戈4、矛3、削2、斧4、凿4、勺4),壶内有铜器5件(矛1、剑1、削1、铜条片2)。另有刀2件、矛2件、钺2件、衾形器2件、小铜鍪1件和陶尖底盏1件置于头部一侧[1]。

蜀墓中器物组合似有一定规律。主要礼器鼎、豆、壶、罍等各5件一套,如新都马家乡木椁墓出土属于本地文化的釜、鍪、豆每套各5件,兵器戈长援、三角形、十字形、中胡形共六套,每套5件,柳叶形和中原式剑各5件,烟荷包式钺大小两套各5件,工具类的削、斤等也是每种5件。另外,还出土巴蜀图语印章2枚。成都金沙星河路M2722为一座长方形竖穴土坑船棺墓,二人合葬,分东西两室,西室墓主随葬柳叶形铜剑、三角援铜戈、柳叶形矛各5件[2]。但随葬5件一组配套器物的现象并不见于简单的小型墓,应具有等级或分层的意义。

5件一组的搭配与20世纪50年代彭县竹瓦街青铜器窖藏的列罍之数也相合,该窖藏出土一大四小5件铜罍,窖藏时间为西周末或春秋初[3]。

(二) 巴文化墓葬

巴人起源于湖北清江(古称夷水)下游的长阳,奉廪君为祖先,尚虎。由于受到楚人的挤压,不断沿长江向西发展,同蜀、楚、秦之间的文化交流较多,特别是战国时期与蜀文化的共性增多,形成文化面貌基本统一的巴蜀文化。巴文化墓葬分布于重庆到湖北省西部地区,四川广元一带也有发现。已发掘的墓地有四川广元昭化宝轮院、重庆巴县冬笋坝(今属九龙坡区)、涪陵小田溪、云阳李家坝、开县涂家坝等处。

1. 墓葬结构和葬具

战国巴文化墓葬流行宽长方形的竖穴土坑墓,其次为狭长的竖穴土坑墓,有土坑墓、土坑木椁墓和独木棺(船棺)墓葬几种类型。船棺葬有两种形式,一种以独木舟为棺,棺内置尸体和葬品;一种以独木舟为椁,椁内另置长方形木棺,如四川广元昭化宝轮院M14,船椁葬,内置木棺以殓尸(图2-23)。这是船棺葬受到木椁墓影响,向木椁墓过渡的形态,先由船棺变船椁,船椁内置长匣形小棺,形成船椁葬。船棺葬的时代大体在战国晚期,船椁葬可能晚至秦代。巴地的舟船形独木棺是一端或两端上翘的形式,更像船棺,与蜀地两头平齐的独木棺明显不同,但两地的船棺形式也有交叉,如广汉也有翘首船棺,而广元

---

[1] 四川省博物馆:《成都百花潭中学十号墓发掘记》,《文物》1976年第3期。
[2] 王林、周志清:《金沙遗址星河路西延线地点发掘简报》,《成都考古发现》(2008),北京:科学出版社,2010年。
[3] 范桂杰、胡昌钰:《四川彭县西周窖藏铜器》,《考古》1981年第6期。

宝轮院、重庆冬笋坝也有独木舟式的船棺[1]。

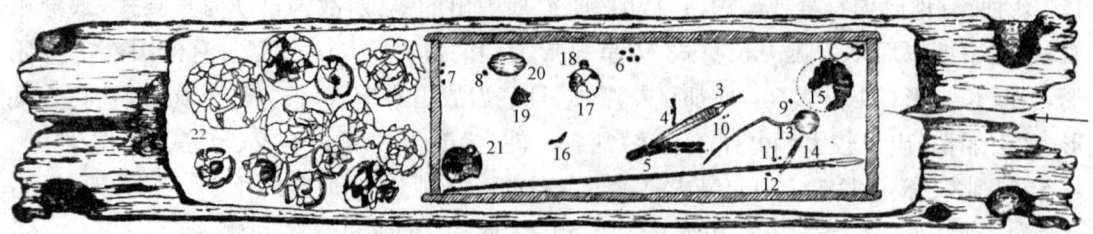

图 2-23 昭化宝轮院 M14

土坑木椁墓四壁不甚规整,圆角。重庆涪陵小田溪墓地,墓葬形式主要是长方形竖穴土坑,较大的墓有木椁。1997～1999 年李家坝两次共发掘墓葬 88 座,主要时代从战国早期到秦汉间,上限可至春秋战国之交,下限不晚于西汉武帝时期,都是中小型竖穴土坑墓,大部分是无葬具的小墓。长方形竖穴土坑长 2～4.6 米、宽 0.5～2.9 米。较大的如 98M23,一棺一椁,椁内外涂青膏泥;98M24 为单椁墓,墓主为仰身直肢,脚下有一人牲头骨,两侧各有一殉人;98M18 为一椁两棺墓,椁室内错置双棺,均为头北足南,墓主在东棺俯身直肢,随葬铜剑、铜勺,脚端棺外有 3 个人牲头骨,殉人在西棺,靠东棺的下半部,仰身直肢,无随葬品。巴文化墓葬中较少使用白膏泥填塞或涂抹,李家坝木椁墓算是一个特例,与成都平原地区流行白膏泥的蜀文化墓葬各具特点。

2. 随葬器物

巴文化墓葬中常见的陶器组合为釜、罐、无柄或短柄豆,也有釜、甗组合,以豆、罐最为常见。铜器的基本组合为剑、戈、矛、钺等,有的墓中还出土铜鍪、上下分体的铜釜甑、巴蜀印章等典型的巴文化遗物。个别墓有鼎、敦、壶等铜礼器,其时代在战国晚期至汉代。秦代陶豆和铜剑、戈、钺减少,陶釜、铜釜、铜盘增多。重庆涪陵小田溪发掘的 8 座秦代土坑墓出土的陶器以夹砂陶为主,又以圜底罐和釜、短柄豆、壶、圜底釜为主,少见或不见尖底盏。陶器组合为罐、鍪、豆等,秦汉间出现鼎、盒、壶、罐,木椁墓中也多见铜壶、铜镜等秦或楚文化的器物。万州中坝子发掘的东周墓葬均为长方形竖穴土坑墓,随葬陶器组合主要是釜、豆、罐,铜器主要是剑、钺、矛等,东周墓葬最大的特点就是随葬大量的陶豆(图 2-24)。

兵器中的柳叶形无格扁茎剑与蜀地相同,又被称为"巴式剑",但巴地不见双剑一鞘的蜀文化剑。巴式钺也是弧刃长身式,刃部呈弧形,钺身相对较长。重庆发现的钺和宝轮院船棺葬出土的钺多为圆刃折腰式,其形制为刃部呈圆形,三面为刃,钺身相对较短,和刃部的分界拐折十分明显,与蜀文化刃、身分界不明显的钺区别明显。铜器尤其是兵器上流行虎纹和巴蜀符号。

---

[1] 四川省博物馆:《四川船棺葬发掘报告》,北京:文物出版社,1960 年。

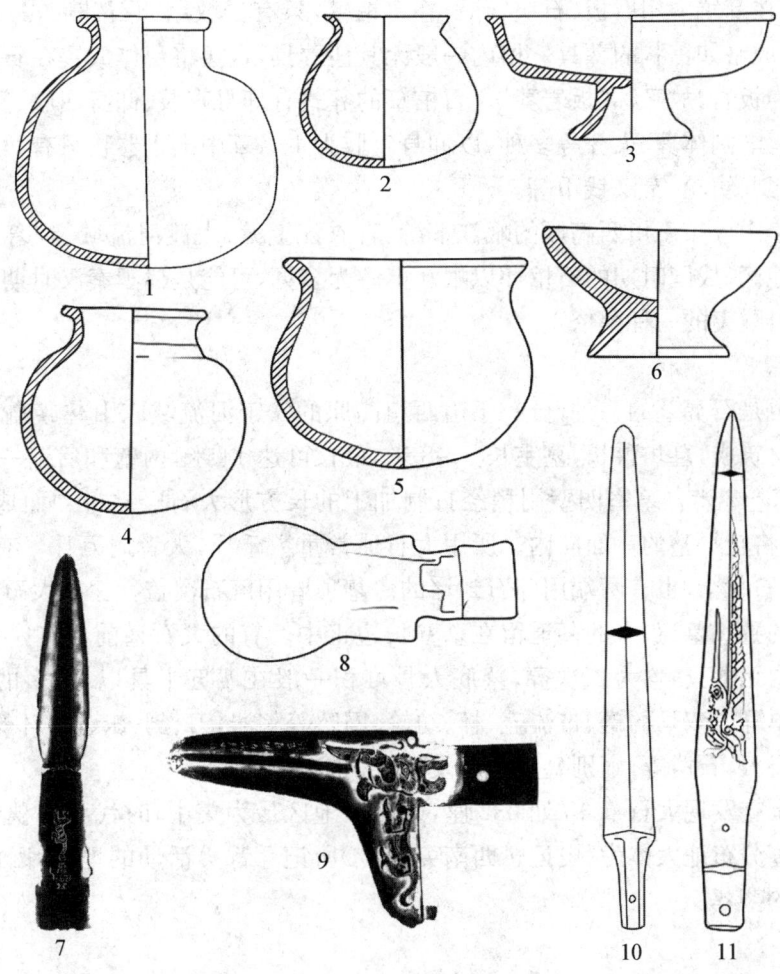

图 2-24 巴文化墓葬常见器物
1、2、4、5. 陶釜；3、6. 陶豆；7. 铜矛；8. 铜钺；9. 铜戈；10、11. 铜剑

八、其他地区的特殊墓葬

战国时期除列国文化外，周边地区分布着各具特色的地方文化。在埋葬习俗上，它们虽然都使用土坑墓，但棺椁制度、丧葬方式和随葬器物等与中原地区差别较大，表现出鲜明的地域文化特色。下面仅选择介绍几种主要的特殊墓葬类型，它们远非周边地区墓葬类型的全部。

(一) 川西高原地区的石棺葬和大石墓

1. 石棺葬（板岩葬）

春秋战国至西汉末期（有的晚至东汉时期），川西高原地区流行各种类型的石葬墓，包括大石墓、石板墓和石棺墓。石棺墓是其中较典型的一种。石棺墓为长方形竖穴土坑，以石砌筑棺具,在墓坑内用石板、石块、砾石叠筑棺壁,只有少数用卵石铺底,最后用石板或石条盖顶,形成略如棺状的葬具。棺内一般无其他葬具,直接将尸体放置在石棺中。因筑棺材料通常为板岩,故又称"板岩葬"。石棺墓的葬式有仰身直肢、仰身屈肢、侧身直肢、侧身屈肢、二次葬、割体葬、火葬等多种,以仰身直肢为主。墓中出土器物只有两三件双耳陶罐,有的出土剑、纺轮、秦汉钱币等。

石棺墓集中分布于川西高原的岷江上游、青衣江上游、大渡河流域、雅砻江流域和金沙江流域等地区,战国时期的石棺葬以岷江上游为多见,可能是战国秦汉时期该地土著羌人或筰夷和冉駹夷的一种葬俗。

2. 大石墓

大石墓也是石葬墓的一种,分布于川西南高原的安宁河流域凉山彝族自治州。大石墓以巨大石材筑成,墓圹狭长,墓室长6~8米,最长可达14米,两壁和后壁一般宽0.8~1.2米,深1.5~2米。墓室四壁用稍经打制加工的长方形大石竖立排列而成,有的直接用自然石块,将较平整的一面向内。所用大石通常重数千斤,大者逾万斤。有的前壁(墓门位置)用碎石封堵,也有两端用碎石封堵的。墓顶皆用巨石覆盖。少数大石墓墓门前有用大石排成的狭长墓道,有的墓道留在墓壁长边正中。有的大石墓前立有一块巨石作为标识。墓室内无葬具,均为二次葬,墓底人骨堆积一般在四五十具以上,多的达百余具。随葬器物有单耳或双耳的罐、带流壶、杯、纺轮、网坠等陶器,刀、剑、镞、钺、环等铜、铁兵器和饰品以及石刀、石凿等,个别墓室内还发现有稻谷痕迹。

目前已调查发现大石墓45处232座,以西昌地区最为集中,时代为春秋中期到西汉晚期。大石墓分布地大体为《史记·西南夷列传》所记邛都夷活动的地区,因此推测它们可能是邛人的墓葬。

(二) 贵州夜郎文化(可乐文化)墓葬

《史记·西南夷列传》载:"西南夷君长以什数,夜郎最大;其西靡莫之属以什数,滇最大;自滇以北君长以什数,邛都最大:此皆魋结,耕田,有邑聚。"约战国初期,濮人建立了夜郎国。古夜郎强盛时期,其疆域达到昆明以东、四川自贡、西昌、广西中西部、湖南芷江等地。

从20世纪70年代开始,贵州省文物考古研究所等单位在贵州西部赫章县可乐乡发掘古夜郎时期的"南夷"墓葬数百座[1]。墓葬可分为与中原汉墓相似的甲类墓和带有强烈地方特色的乙类墓两种,两类墓葬各自形成相对集中的墓区,较少杂处。乙类墓多为长3米以下的长方形圆角竖穴土坑墓,地表不见封土,墓圹口大底小,少数墓前、后端的侧壁略作弧形外扩,平面近似哑铃,或头端墓壁中部有一小圆弧外凸,平面似钮钟状。多为仰身直肢葬,墓主双手置于胸前,少数侧身葬。该类墓有古夜郎民族特有的"套头葬"埋葬方式,以鼓形铜釜(个别用铁釜)套于头顶(图2-25),可分为几种情况:用一件大铜釜套头,一件大铜釜套脚,脸上盖一件铜洗,双臂上也放置有铜洗;以一件大铜釜套头,一件大铜洗垫于脚下,右臂下垫一件铜洗,左臂旁侧立一件铜洗;以铜洗垫头、盖面或以铜戈插于头

---

[1] 贵州省博物馆考古组等:《赫章可乐发掘报告》,《考古学报》1986年第2期。

侧。发现用铜洗盖于死者脸部的墓2座,用铜洗垫于头下的墓1座,头骨无存,但洗上保存了一对铜发钗,洗边有一对骨质耳环的残痕。在死者头侧(左或右侧)斜插一件铜戈的墓有4座。重要的墓出戈、剑组合,剑也有柳叶形的巴式剑。套头葬铜釜内都保存了部分头骨、牙齿和发钗,可以看出系仰身直肢。有的在墓坑底部四周用未经加工的石块垒砌一圈。少数墓内发现木棺痕迹[1]。

图2-25　可乐文化墓葬(M273)

夜郎文化的典型器物是鼓形或虎形双耳铜釜、铜柄铁剑、镂空牌形首扁茎铜剑、三角援无胡铜戈和折腹小陶罐等(图2-26)。套头葬墓葬的共同特点是多随葬剑、戈等兵器,故有人推测墓主身份可能是军官或武士[2]。其时代为从战国中期至西汉中晚期,少数墓可能更晚。

(三) 云南地区青铜文化墓葬

1. 滇池地区滇文化(石寨山文化)墓葬

滇国出现的时间不晚于战国初期,云南滇池地区是滇族活动的范围和滇国统治区,其东为夜郎国,北部有邛都国,西部是以大理洱海为中心的昆明国。战国至西汉初期是滇国存续的时期。《汉书·西南夷两粤朝鲜传》记载,武帝时,"滇王与汉使言:'汉孰与我大?'及夜郎侯亦然,各自以一州王,不知汉广大"。

滇文化的墓葬群主要有昆明呈贡区天子庙、官渡区羊甫头、江川李家山、晋宁石寨山等处,分布于以滇池、抚仙湖为中心的云南中东部,这里是滇文化的中心区域。1955年至1960年,云南省博物馆先后四次发掘石寨山墓地,发掘近50座墓,出土百余件青铜器。1996年第五次发掘,清理36座墓葬。晋宁石寨山墓地的墓葬为长方形或不规则形的竖穴土坑墓,地表都不见封土。大墓一般长3～4米,小墓一般长约2米,部分墓有二层台和

---

[1] 梁太鹤:《赫章可乐夜郎考古发现形式不同的"套头葬"》,《中国文物报》2002年3月22日;贵州省文物考古研究所:《赫章可乐二〇〇〇年发掘报告》,北京:文物出版社,2008年。

[2] 吴小华:《贵州赫章可乐套头葬墓主人身份试析》,《四川文物》2014年第3期。

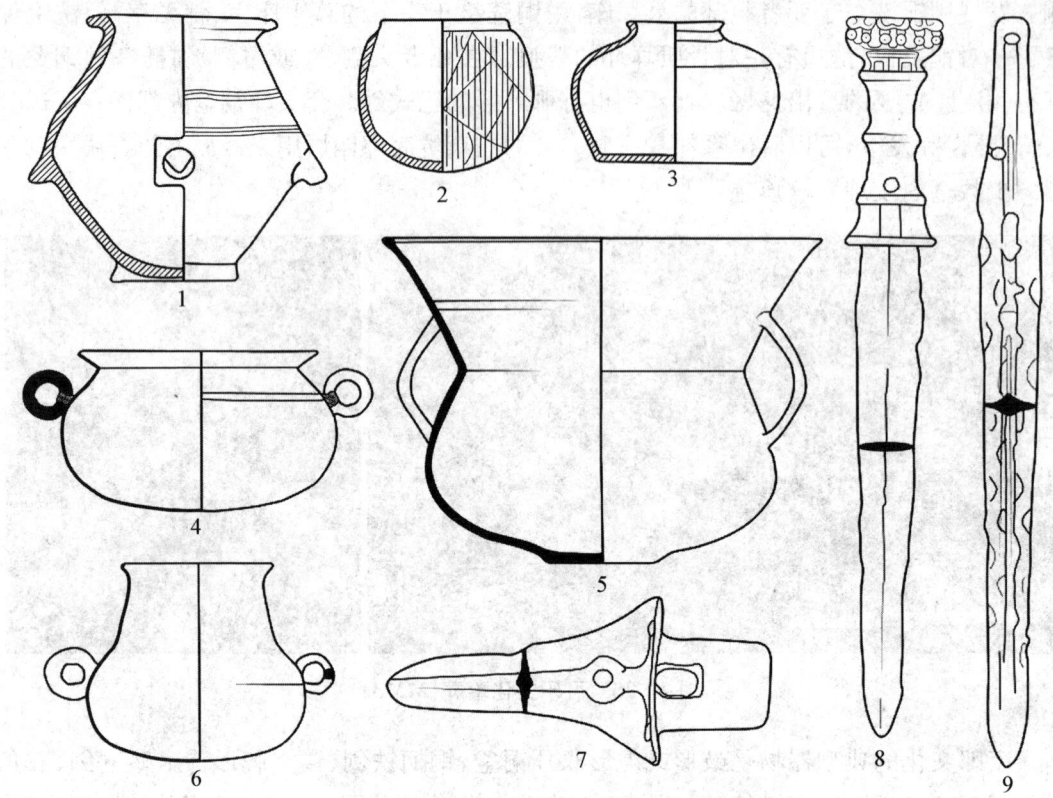

图 2-26 可乐文化常见典型器物
1~3.陶罐；4、5.铜釜；6.铜鍪；7.铜戈；8、9.铜剑

腰坑。葬具均为长方形木棺，表里髹以黑、绿、朱三色漆，并绘有纹饰。葬式为仰身直肢，有杀殉现象。石寨山墓地埋葬着西汉滇王及其臣仆，其中六号墓出土一方蛇钮金印"滇王之印"。综合各地墓葬的情况，滇文化墓葬的年代主要是战国至西汉中期，这正是云南青铜文化发达的时期。

滇文化墓葬的随葬品以青铜器占绝大多数，包括生产工具、兵器、生活用具、乐器、装饰品、钱币等。青铜器种类繁多，铸造精致，合金比例成熟，尤其是器物上的纹饰和雕铸的人物、动物形象生动逼真，反映了滇人独特的文化习俗，其高超的造型艺术在全国青铜器中亦属少见。

贮贝器、铜葫芦笙、树叶形铜锄、铜柄铁剑、铜枕、铜俑、曲援戈、一字格剑、铜鼓、釜形鼎、细颈壶以及各种人物、动物形镂空扣饰，都是滇文化的特有器类，具有浓郁的地方特色（图 2-27）。贮贝器是在铜鼓的基础上发展和变化而来的，是石寨山文化的典型器物，可分为桶形、鼓形、异形三种。云南出土的贮贝器已有近百件，年代最早的出土于江川李家山 M21，时代在春秋晚期或战国初期。贮贝器盛行于战国中期至西汉中期，消失于西汉晚期。铜贮贝器器盖上主要铸造表现祭祀、农事、纺织、进贡、赶集、行船、舞蹈、战争、狩猎和虎牛搏斗等场景，以其特有的铸造风格展现了滇人的真实生活。云南晋宁石寨山甲区一号墓中出土的鼓形贮贝器，盖上铸有18个小铜人，表现仆人们在女主人监视下从事织布及其他劳动的情景。又有一贮贝器盖上有41个小铜人,似是举行杀人祭祀铜柱的仪式,器身为阴线浅刻的人形8个,他们手中各执武器作追逐的姿态。贮贝器铸造使用的是合范法和失蜡法[1],器内所存之贝和滇文化遗存出土的贝可能来自于贸易。

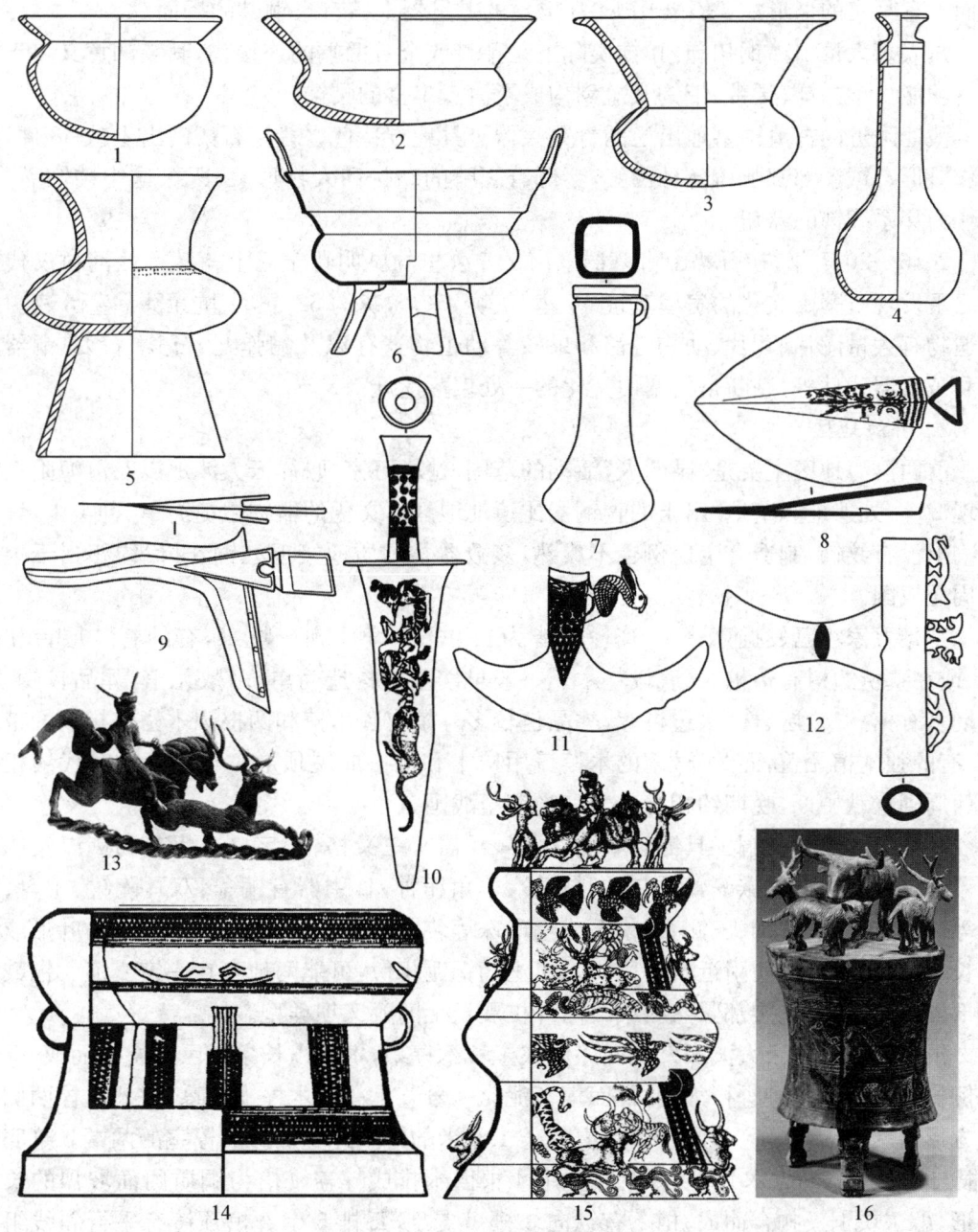

图2-27 滇文化墓葬典型器物
1~3.陶釜;4.铜细颈瓶;5.陶尊;6.铜鼎;7.铜斧;8.铜锄;9.铜曲援戈;10.铜一字格剑;11.铜钺;12.铜管銎斧;13.铜扣;14.铜鼓;15、16.铜贮贝器

---

[1] 肖明华:《论滇文化的青铜贮贝器》,《考古》2004年第1期。

铜鼓的前身是供多人煮饭用的大铜器。云南早期铜鼓出土时大多是鼓面向下、圈足向上作倒置状,一般无纹饰或仅内侧有简单的花纹,鼓面及胴部均有较厚的炊烟痕迹。它作为炊器的功能后来被铜釜所取代。石寨山类型的铜鼓面径小于胸径,胸部最大径偏上,鼓面上有写实的鸟形纹。石寨山 M20 出土的贮贝器上铸有祭铜鼓的场面。

滇人墓大量出土铜扣饰,扣饰实际上是革带或金带两端的连接物,其装饰意义多于实际的功能。铜扣饰、腰带、带钩及短剑构成了滇人丰富的腰饰。

滇池附近的古滇国墓地出土的青铜兵器极具地方特色。晋宁石寨山出土钺 58 件,有的作靴形。钺銎部都雕铸各种图案,銎侧有圆雕的动物和人物形象,既可作为装饰品,又可作为穿系缨饰的器钮。

2016~2017 年,在石寨山古墓群以南 1.5 公里的昆明晋宁区上蒜镇上西河村汉代地层之下发现石寨山文化的房屋基址 40 座,灰坑 47 个,灰沟 62 条,土坑无葬品墓 3 座。出土遗物有大量陶片、瓦片、动物骨骼和果核等动植物遗存以及陶弹丸、石斧、石刀、铜器残件和玉石器残件等,判断是石寨山文化的一处聚落遗址[1]。

2. 洱海地区

滇西洱海地区主要是"昆明人"活动的范围,楚雄万家坝、祥云大波那以及洱海附近共发现 20 多处遗址和墓地,出土的青铜器比滇池地区滇文化的器物粗糙简单,种类少,许多器物上没有纹饰,制造合金比例也不成熟,多数器物的质地接近红铜,时代约相当于中原西周至战国。

楚雄万家坝已发掘墓葬 79 座[2],皆为长方形圆角竖穴土坑墓,有的有二层台和腰坑,或在墓坑边树有边桩,墓底设垫木。一般早期墓的构造简单,多数无棺,葬品较少,而晚期多有棺、二台层、枕木、边桩等,葬品也较多。棺有独木棺和两根圆木凿空拼成的带盖棺,有的独木棺无盖,而 21 号墓的木棺盖用枋木和椽搭成屋顶形。早期墓的时代约相当于西周到春秋中期,晚期约相当于春秋晚期至战国。

随葬器物主要有铜工具锄、斧、凿、锥等,兵器有三叉格、一字格或粗茎的剑以及柳叶形矛、弧刃细长銎钺、镞等,乐器有铜鼓、铃、羊角钮钟,日用器有铜釜、双耳陶罐、木盘、木勺等。还有铜镯、牌饰、玉镯、绿松石或玛瑙珠等装饰用品。铜锄出土较多,作树叶形或弧刃长方形,前者与昆明附近石寨山文化出土的铜锄相似,可能两地存在一定交流。铜鼓为胴部外凸超过鼓面、腰部骤然收细又向外扩展至足的万家坝类型。

洱海以东的祥云大波那发掘两座竖穴土坑木椁墓,木椁以长条形巨木叠架而成,椁外两侧排列密集的木桩进行加固,外面填膏泥。一号墓是一座木椁铜棺墓,叠架木椁两侧壁的方形巨木长 5 米,两头开出榫口,嵌入长 1.2 米的短木并叠加形成椁室的两端。墓底铺 4 根与椁室同长的方木为垫木,上部亦用 4 根巨木排成椁盖。棺为铜质两面坡顶的长方屋形,由 7 块铜板扣合而成,棺下有纵向 3 排短支足,每排 5 个。棺顶铸有平行斜线组成的几何纹,斜线间填饰云雷纹。侧壁外饰斜向卷云纹。两端外壁刻划鹰、燕、虎、豹、野猪、

---

[1] 杨新鹏、蒋志龙等:《云南昆明晋宁上西河遗址》,《大众考古》2017 年第 9 期。
[2] 云南省文物工作队:《楚雄万家坝古墓群发掘报告》,《考古学报》1983 年第 3 期。

鹿、马、小鸟的动物图案等(图2-28)[1]。

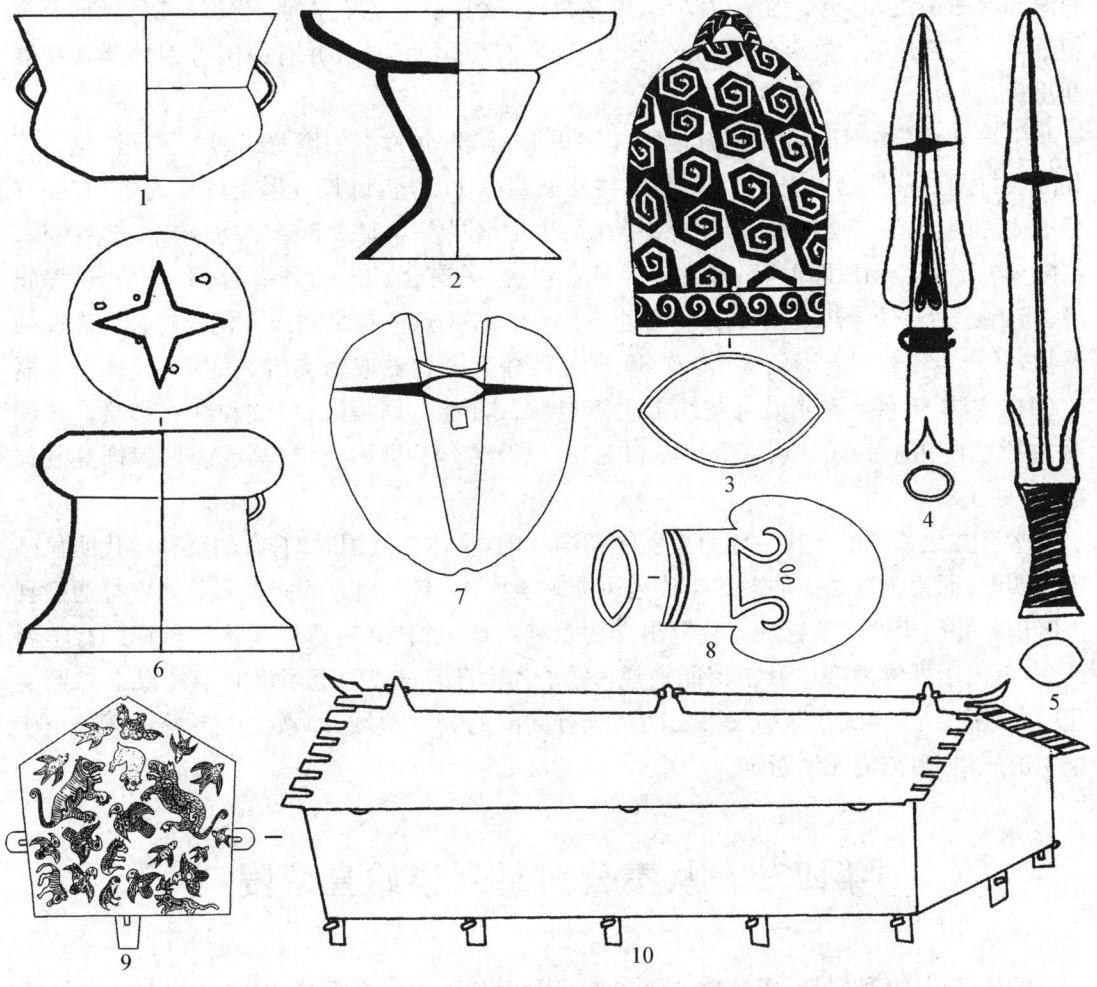

图2-28 祥云大波那一号墓铜棺及部分出土铜器
1.釜；2.豆；3.钟；4.矛；5.剑；6.鼓；7.锄；8.钺；9.铜棺端板；10.铜棺

该墓随葬的器物有铜三叉格剑、身长略短于剑的束刃矛、圆刃銎首钺等兵器，尖叶形和长方形锄、锛等工具，鼓、环钮圆筒钟、葫芦笙等乐器，釜、尊、杯、勺、豆、釜、匕等生活用具，以及干栏式房屋和马、牛、羊、猪、犬、鸡等模型和锡手镯等。木棺的C14测年数据为距今2350±75年。二号墓无木棺，出土器物与一号墓基本相同[2]。

万家坝和大波那墓葬所代表的文化可以归入昆明族或古夜郎之西的"靡莫之属"。

(四) 东北地区平洋文化墓葬

东北地区发现的墓葬较多，与生活于当地的少数民族有关，其墓葬特点体现出燕赵文

---

[1] 云南省文物工作队：《云南祥云大波那木椁铜棺墓清理报告》，《考古》1964年第12期。
[2] 大理州文管所等：《云南祥云大波那木椁墓》，《文物》1986年第7期。

化和草原文化的影响。战国时期,燕国疆域最大时南起河北满城、徐水、安新、文安、天津静海和塘沽一线,北至今内蒙敖汉旗、吉林梨树一线,东至辽宁宽甸,跨鸭绿江后延伸至今朝鲜半岛北部地区。在朝鲜半岛北部各地发现有燕国明刀钱,并有战国青铜兵器和铁器共出。

平洋文化分布于嫩江中下游地区,以1984～1986年发掘的黑龙江泰来县平洋镇砖厂和战斗村两处墓地为代表[1]。两墓地共发掘墓葬118座,以长方形土坑墓为主,有的有墓道或二层台,流行二次葬、异性合葬、成人和儿童同穴合葬。普遍以马、狗、牛、猪的头、蹄随葬。随葬器物以陶器壶、碗或钵为基本组合,另有瓮、罐、高颈壶、鸭形壶、大口深腹罐、浅裆鬲、小三足器(罐、鬲、杯等)和小支座(脚)等。这些都是平洋文化较具有代表性的器物,可分为容器和支脚两大类,有80座墓随葬有陶容器或陶支脚共331件,其中容器271件,支脚60件。陶器装饰花纹常用篦点纹、指甲纹、锯齿纹、绳纹和红衣彩绘。青铜器主要为小型的刀、矛、镞、锛等兵器和工具,以及带钩、耳环、管饰、马或鹿形牌饰等装饰器,少见铁器。

平洋文化墓葬的年代主要为春秋晚期到战国,主体为战国时期,有的墓葬年代明显已进入西汉,而出土高颈壶的墓葬年代也可能晚至西汉,其他地方的同类墓葬如吉林通榆县兴隆山墓葬出土西汉五铢钱。墓葬出土物既有汉地风格,又有草原文化的印记。有学者认为,就出土器物类型与形制特征来说,该文化墓葬仍属战国至西汉时期的汉书二期文化[2]。所谓"平洋文化",与汉书二期文化有共同的分布地域,即嫩江中下游地区。至于墓主的族属,目前尚无法断定。

第四节 从秦公大墓到秦始皇帝陵

陵随都设,春秋时期,秦公陵主要在雍城附近。秦孝公迁都咸阳以后,秦公大墓皆在咸阳附近。春秋秦公陵围周沟(兆沟)建陵园,至战国时期,周沟和夯土围墙并用。陵园内封土呈覆斗形,墓室皆有四出墓道,园内有陵寝建筑遗迹。秦公陵园以南北向为主,形制布局与东方六国大墓有所不同,成为秦始皇帝陵园体系的前奏。秦始皇帝陵进一步完善了战国时期的陵寝制度,为汉及以后陵寝制度的发展定下了基调。

一、秦公大墓

(一)凤翔雍城秦公陵

陕西凤翔南郊三畤原上探明的秦公陵区,南、北、西三侧均有宽2～7米、深2～6米的壕沟,东西12公里,南北近3公里,面积达21平方公里。陵区内探出车马坑49座,归属

---

[1] 黑龙江省文物考古研究所:《平洋墓葬》,北京:文物出版社,1990年。
[2] 潘玲、林沄:《平洋墓葬的年代与文化性质》,《边疆考古研究》第1辑,北京:科学出版社,2002年。

13座秦公陵,其中9座陵有长方形或梯形的围墓兆沟,可分为单兆和双兆两种,形成各自单独的陵园。每座陵园内有主墓和祔葬墓,主墓一般位于陵园南侧[1]。1995年在该陵区之西、距已经发掘的秦公一号大墓约7公里,新发现十四号陵(三岔秦公陵区),内有大墓5座,主墓为"丰"字形,有内外两重围壕(图2-29)[2]。

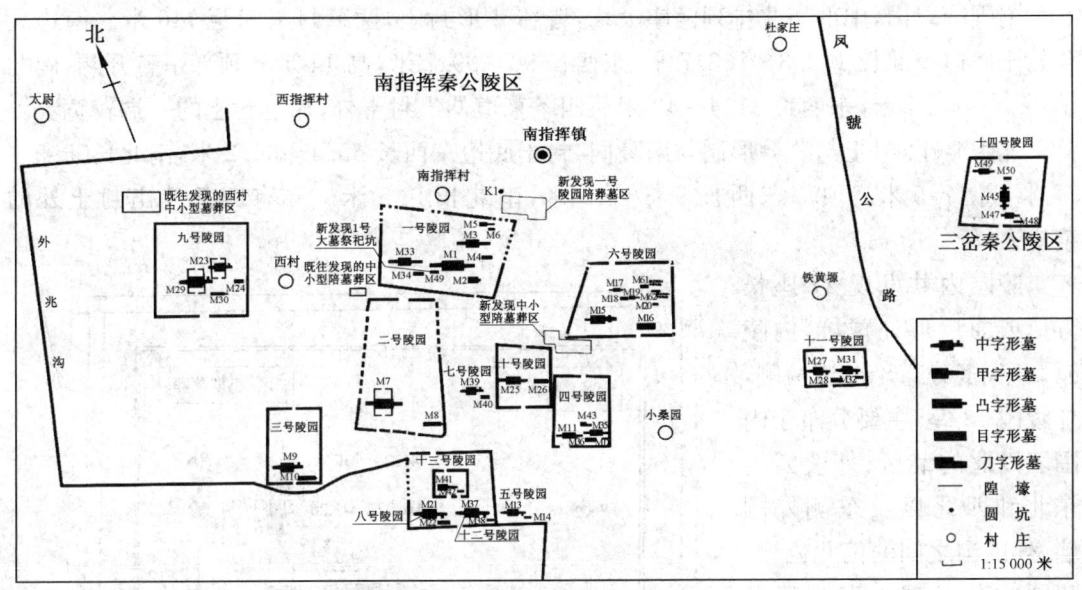

图 2-29 雍城秦公陵园布局图

(二) 咸阳秦公陵

咸阳市渭城区周陵镇北的两座大型封土前有清代毕沅抚陕时所立的"周文王陵"和"周武王陵"两块石碑,经咸阳市文物考古研究所、陕西省考古研究院调查确认,是战国秦公陵。两座大墓在一个陵园之内,陵园平面呈南北向长方形,由陵园内的南、北二陵,内外双重夯土围墙,和分别位于两重围墙之外的两重围沟组成。外围墙南北长833米,东西宽528米,墙体残存部分在现地表下20~50厘米,宽3~4米。四面各辟一门,分别位于南陵封土东西轴线的正东、正西和南、北二陵封土南北轴线的正南、正北。除南门遗址压在现代建筑之下无法钻探,其余三门址均为顺墙方向的长方形,门道宽3.3~3.7米。外壕沟在外围墙之外34.5~50米,亦为南北向长方形,南北长950米,东西宽639米,壕沟在对应的外围墙门址处断开。壕沟上宽下窄,上口宽14~17米,深3.5~5.5米,开口距地表1.8~2米。

外围墙内的中部稍偏南有内围墙和内壕沟,形成"回"字形布局。内围墙南北长422米,东西宽236.5米。四周发现门址6处,为与外围墙对应的四门和北陵封土东西轴线的

---

[1] 陕西省雍城考古队:《秦都雍城钻探试掘简报》,《考古与文物》1985年第2期;《凤翔秦公陵园第二次钻探简报》,《文物》1987年第5期;焦南峰、段清波:《陕西秦汉考古四十年纪要》,《考古与文物》1998年第5期;陕西省考古研究院等:《雍城一、二号秦公陵第三次勘探简报》,《考古与文物》2015年第4期。

[2] 陕西省考古研究院、凤翔县博物馆:《雍城十四号秦公陵园钻探简报》,《考古与文物》2015年第4期。

正东、正西两门。门址处均发现夯土遗迹,其中东侧南门门址还发现三处卵石铺设的散水遗迹。围墙内东北角和东南角发现夯土台基,可能是角楼之类的建筑基址。内壕沟围绕在内围墙之外,二者相距1~3.9米,南北长432米,东西宽246.5米,沟宽2.1~2.8米,深1.5~2米,与外围墙之间相距139~246.5米。

内围墙以内,中部南北排列两座大墓,皆覆斗形封土,两墓封土间距146米。南边大墓封土底边南北长103.3~103.7米,东西长90~99.7米,高14米。顶部平整开阔,南北长46.6~48.1米,东西长41.4~43米。四条墓道伸出封土外,靠近封土的一端较宽。

北陵略小,封土与墓葬形制与南陵同,封土底边东西长65.4~66.2米,南北长55.5~57米,高17.5米。顶部东西长9.8~10米,南北长9.5米。亦有四条伸出封土外的墓道。

陵园内共发现27座长方形或曲尺形外藏坑,内陵园9座,多分布于墓道两侧,外陵园18座,主要分布于内围墙以北的北区、外陵园内东北和西北以及东侧外围墙、外壕沟之间的偏北位置。陵园内共发现小型陪墓葬168座,其中外陵园内西北角73座,东西向排列,南北共4行;外陵园内东北角34座,东西排列,南北3行(此处遭破坏,墓葬应与外陵园西北角墓区对称);东侧外围墙、外壕沟之间中部偏北61座,南北排列,东西5行(图2-30)。墓葬有竖穴土坑和洞室墓两种,其中洞室墓占80%以上[1]。

陵园内采集到大量陶片和板瓦、筒瓦及素面或葵纹瓦当的残片,说明园内还有相应的建筑。研究者认为,该陵可能是秦惠文王公陵、

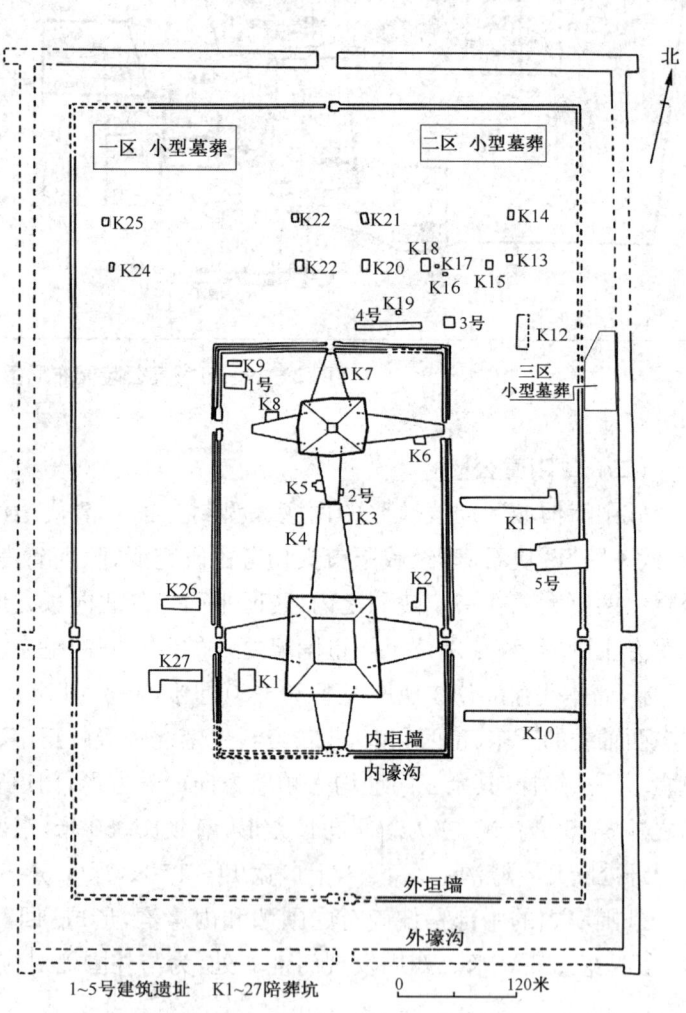

图2-30 周陵镇秦公陵园平面图

---

[1] 陕西省考古研究院等:《咸阳"周王陵"考古调查、勘探简报》,《考古与文物》2011年第1期。

秦悼武王永陵之一[1],也可能是秦孝文王和华阳太后合葬的寿陵[2],但最终都不能形成定论。

2002年,咸阳市文物考古研究所对咸阳原汉成帝延陵东北500米左右的"西汉成帝后妃陵墓"进行钻探调查,确认两座大墓位于长方形陵园之中,时代为战国,可能是秦公陵之一。陵园以宽8~13米的围沟围成,南北向长方形,东西650米,南北残长992米(南部被破坏)。围沟底距地表5~7.5米。

该陵园内中部偏南有两座带四出墓道的大墓,一南一北,南边大墓的封土仅余低小的平台,东、西墓道各长55米,南墓道长75米,北墓道长95米。北边大墓封土为覆斗形,底边长75~88米,高14.8米,东墓道长94米,西墓道长52米,南墓道长66米,北墓道长60米。北边大墓封土东北260米处有一座"中"字形墓,墓室为长方形,南北长29米,东西宽19~20米,南墓道长38米,北墓道长18米,北墓道西边同墓室西边齐平。调查者据文献记载和陵园方位,推测有可能是秦惠文王(公元前337~公元前310年)的公陵[3],但尚无法确定。

(三) 芷阳陵区

秦始皇帝父、祖之墓所在的芷阳陵区史称秦东陵,在临潼县(今西安市临潼区)西部韩峪乡骊山西麓,属秦芷阳县。陵区内发现四座陵园,均以人工壕沟和自然沟谷围成,每座园内有主墓和数量不等的陪葬墓、车马坑以及地面建筑。主墓"亚"字形或"中"字形、"甲"字形,地面有高大的封土[4]。有学者据2010年一号陵园中被盗的"亚"字形大墓出土漆器上的文字分析,该陵园为昭襄王与唐太后(秦孝文王之母)的合葬陵园[5]。

二、秦始皇帝陵

秦始皇帝陵继承秦公陵长方形陵园的传统,完善了陵寝制度,在中国陵寝发展史上有着十分重要的地位,它直接影响了西汉帝陵的建制,并对后世帝陵产生了深远的影响。

(一) 秦始皇帝陵园

秦始皇姓嬴名政,于公元前246年13岁时即王位,21岁时加冕亲政,清除了吕不韦、嫪毐敌对集团,公元前230~公元前221年进行了十年统一战争。统一六国后,秦始皇先后有五次巡游全国的活动,公元前210年7月,于第五次巡游途中暴死于沙丘平台(今河北省邢台市广宗县内),两个月后运回咸阳下葬骊山陵墓。骊山陵自始皇即位不久就开始

---

[1] 焦南峰、杨武站等:《咸阳"周王陵"为战国秦陵补证》,《考古与文物》2011年第1期。
[2] 耿庄刚、曹龙、赵汗青:《咸阳原三座秦公陵墓主考》,《考古与文物》2018年第4期。
[3] 刘卫鹏、岳起:《咸阳塬上"秦陵"的发现和确认》,《文物》2008年第4期。
[4] 陕西省考古研究所、临潼县文管会:《秦东陵第一号陵园勘查记》,《考古与文物》1987年第4期;骊山学会:《秦东陵探查初议》,《考古与文物》1987年第4期。
[5] 王辉等:《八年相邦薛君、丞相殳漆豆考》,《考古与文物》2011年第2期。

设计,开创了我国古代预造寿陵的先例,但由于秦始皇死得太突然,陵墓的附属设施最终未能全部完工,入葬后修陵工程仍在进行,直到公元前208年还有几十万刑徒在陵园内外劳作。《汉书·楚元王传》载:"骊山之作未成,而周章百万之师至其下矣。"农民起义军攻入临潼,二世胡亥下令赦免刑徒参战,至此,持续数十年的修陵工程才停了下来。

始皇陵位于陕西临潼城东5公里,南靠骊山,北临渭水,处于骊山北麓的黄土台塬和山前洪积扇的交汇地带,陵区内地势南高北低,东高西低。西周时骊戎国居于此,并造有骊戎城。《史记·秦始皇本纪》说始皇"穿治骊山"、"葬骊山",陵园内出土器物上有"丽山园""丽山飤官"等字样,可见秦始皇帝陵原称"丽(骊)山"。

1. 陵园的城垣

秦始皇帝陵园是由两重夯土垣墙围成,城墙墙体大部仅存墙基,局部地段高出地面0.6~1.5米,基宽8米。陵园呈南北向长方形,内垣墙南北1330米,东西590米,周长约3800米;外垣南北2187米,东西970米,周长6300米,面积达2.13平方公里。封土在内城南半部。

除内城北墙两座城门,内城其余三边和外城四边各有一门,内、外城东、西城门在一条直线上,穿过封土中间。内城南门和北墙东门、外城南门和北门也各在其垣墙的中部,四门连线穿过封土中间。

内、外城的东、西四座城门规模巨大,大于内、外城的南、北门。东、西内、外城门之间,司马道中部两侧各发现一组三出阙遗址,南北对称,东阙稍大于西阙。经探测,正对东阙的内城东门门址由三条各宽约20米的门道组成(图2-31)。

2. 陵园的整体布局和考古发现

始皇陵的整体布局可分为四个层次:核心区的封土和地下宫城(地宫);内城;内外城之间;外城以外。由近及远四个部分,主次分明。在秦陵园区范围内共发现195座内涵、形状各异的陪葬坑,分布于陵园内外。出土包括兵马俑在内的各类文物5万多件,各类墓葬7处400余座。

(1) 封土和地宫

封土(陵冢)居内城中部偏南,人工夯筑,呈覆斗形。文献记载"其高五十余丈",合今116米左右,现在实际高度只有62.3米(或51.7米)。底边南北长350米,东西长345米,周长1390米。顶部为长方形土台,东西长24米,南北长10.4米。

地宫因未发掘,其内情况只能凭记载了解。《史记·秦始皇本纪》载:"穿三泉,下铜而致椁,宫观百官奇器珍怪徙藏满之。令匠作机弩矢,有所近穿者辄射之。以水银为百川江河大海,机相灌输,上具天文,下具地理。以人鱼膏为烛,度不灭者久之。"

1981~1982年,中国科学院地质矿产部物探研究所在秦俑考古队的配合下,用美国进口的测汞仪做了认真的测量,结果表明:"秦陵地宫上部正中大约12000平方米的封土层里,存在有高出普通土壤280倍的汞异常,而且汞异常的分布密度,呈现出有规律的几何形状。"[1]2003年,通过验收的科技部"863计划"项目"考古遥感与地球物理综合探测

---

[1] 常勇、李同:《秦始皇陵中埋藏汞的初步研究》,《考古》1983年第7期。

第二章 埋葬制度

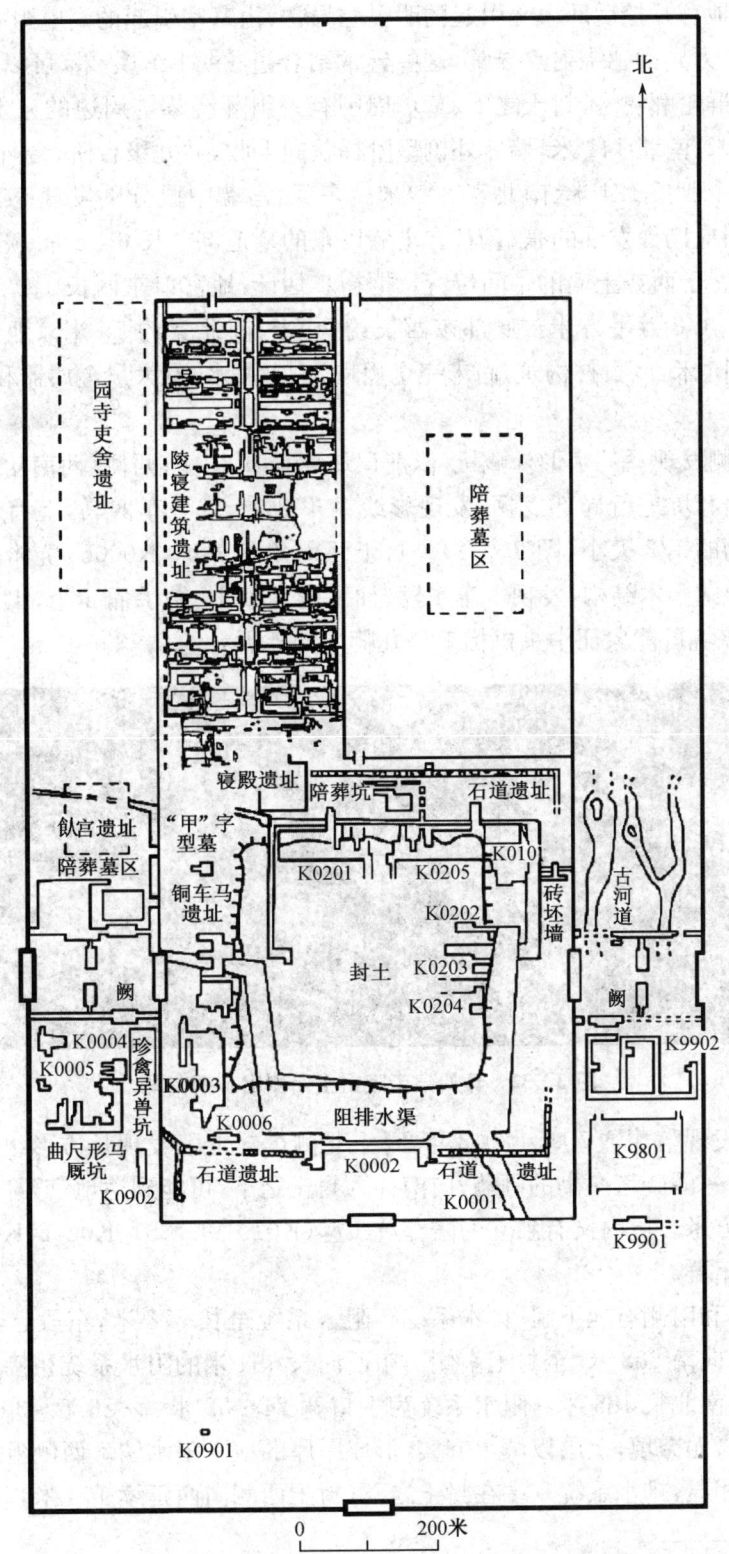

图 2-31 秦始皇帝陵平面布局图

技术"发现,由地宫开挖后回填土引起的明显磁异常,由墓室引起的高电阻率异常,开挖范围内汞异常、重力异常和绕射点异常,这些异常结合过去钻探的结果,可以大致勾画出巨大的地下建筑群轮廓[1]。封土之下、墓圹周围有一组环绕墓圹周边的夯土宫墙,墙的长度为东西 168 米、南北 141 米,墙体外侧呈阶梯状向上收,共九级台阶,台阶上发现大量瓦片。墙顶内侧东西长 124 米、南北宽 107 米。东、西宫墙中段分别发现 57 米、52 米宽的缺口,东缺口对应勘探发现的东墓道,夯土墙以东的墓道部分长 66.5 米、宽 13~19 米,斜坡状。西缺口止于西夯土墙的中间位置。据初步估计,地宫口东西长 170 米、南北宽 145 米,地宫面积达 1.8 万平方米。底部东西长约 80 米、南北宽约 50 米。地宫距现地表约 30 米,墓室高 15 米,以石材构筑,尚未完全坍塌,也未进水,有大量金属器和水银。

(2) 内城

封土西北侧发现"甲"字形外藏坑(以前误认为是墓)1 座;西侧、西南角共有 4 座陪葬坑,西侧中部陪葬坑进行局部发掘,发现彩绘铜车 2 乘,皆一车四马,上有铜御官俑,车、人、马约为实物的 1/2 大小(图 2-32)。封土西南角陪葬坑(K0006)坑体面积 144 平方米,为地下坑道式土木结构,发现木车 1 辆、袖手陶俑 8 个、御手俑 4 个,出土大量马骨架(图 2-33)。该坑可能象征中央机构三公九卿中的廷尉。

图 2-32　秦始皇帝陵封土西侧出土铜车马

封土北侧发现陪葬坑 7 座。2003 年,封土北侧至封土下发现长方形组合式陪葬坑 1 座,坑的周围有一圈砖坯垒砌的围墙,向南伸入封土之下,可能到达地宫开口的北边,总面积达 8 万多平方米。坑内又有独立的陪葬坑 4 座(K0101、K0201、K0202、K0205),是一个特大型陪葬坑组群。

封土东、西和南侧有地下阻、排水系统。阻水系统全长 778 米,东段起于封土西侧正中偏北的位置,向南 238 米,至封土南侧与东西向长 354 米的阻水系统相接。西侧阻水渠压于封土之下,南北长 186 米。阻水系统为上口宽 24~52 米、深 23.5~39.4 米的壕沟,内以细密的青膏泥夯填,上层以填土夯实,形成厚厚的地下阻水墙。西侧阻水系统北端向西与排水系统相通,排水系统东端在封土之下,封土西侧向西延续 108 米,穿过内城西门,

---

[1] 田静:《863 计划介入考古学——遥感物探与考古结合探索秦始皇陵》,《中国文物报》2004 年 1 月 30 日。

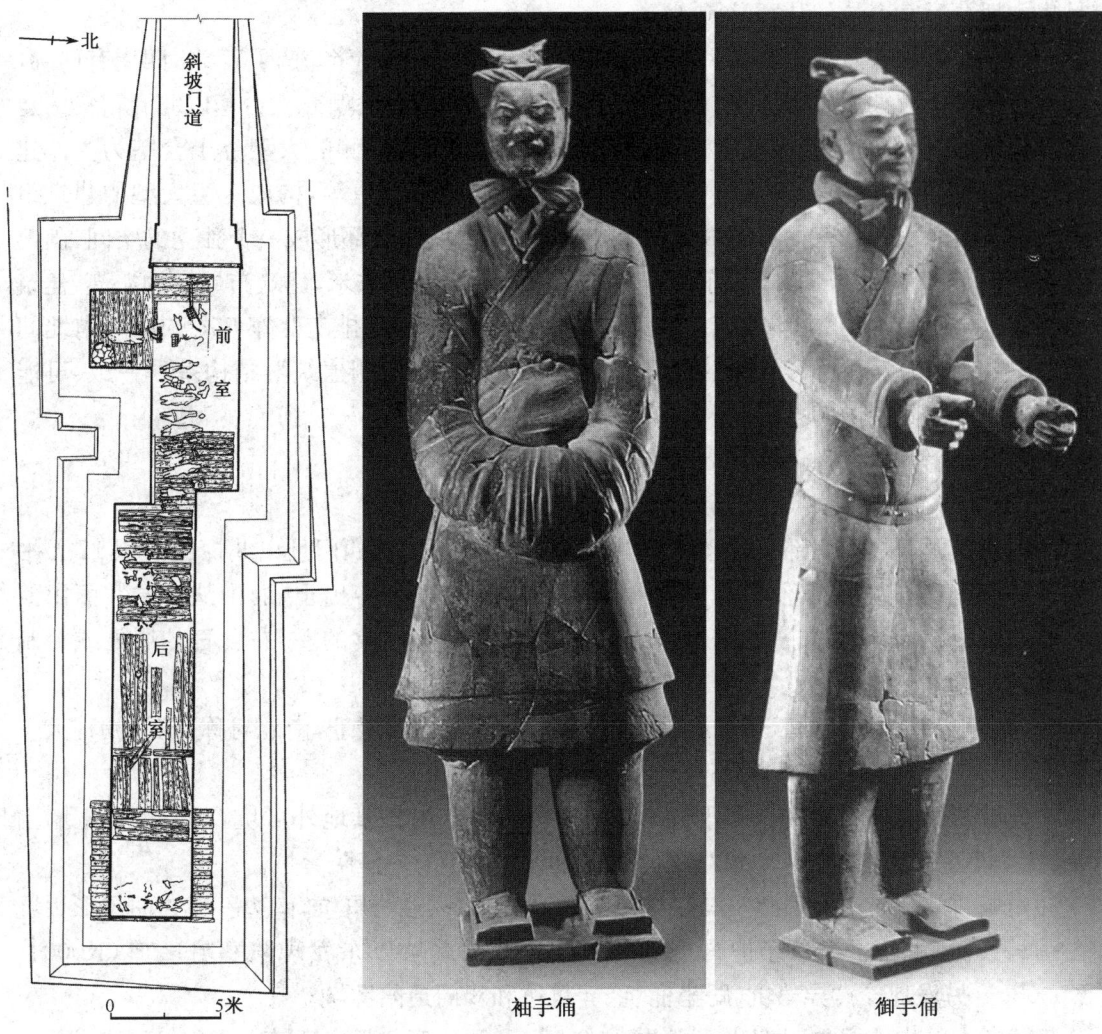

袖手俑　　　　　　　御手俑

图 2-33　K0006 平面图及出土陶俑

沿内城垣向北 220 米,折向西 197 米,这 525 米内探明井 8 段、暗渠 7 段。明井暗渠的结构与西汉时期的井渠相同。排水渠越外城垣后继续向北延伸[1]。该系统将西北流的地下水阻排到陵园外城以西,保证了地宫顺利施工。地宫至今未进水,也说明阻排水系统切实发挥了作用。

内城东北部利用内城北墙和东墙筑一南北向长方形小城,小城南北长 670 米、东西宽 330 米。西墙为宽约 8 米的"夹墙",中间为通道。通道北通内城北墙东门,南通小城南墙门址,两座门址与内城南门和外城南、北门址在南北直线上。1980~2011 年,小城内发现 99 座中小型陪葬墓,均无封土,呈南北向 8 列分布,其中有 5 座为中型,其余为小型。2013 年发掘 10 座小型带斜坡墓道的洞室墓,墓道填土中均发现散乱的人骨。推断小城

---

[1] 陕西省考古研究所、秦始皇兵马俑博物馆:《秦始皇陵园 2000 年度勘探简报》,《考古与文物》2002 年第 2 期。

是集中埋葬后宫人员的从葬墓园。

封土北侧钻探发现一座大型夯土建筑台基,台基南北62米、东西57米,四周有回廊,有残留的墙壁及大量砖、瓦、草拌泥块、灰烬等。小城以西、大型夯土台基以北有密集的建筑群遗迹,它们都是寝殿区的组成部分。寝殿建筑区以最南侧的大型夯土台基为主体建筑,由九条东西向通道分割为东西对称的十进,有侧殿及廊道等,构成一组大型的建筑组群。建筑区东、西、北三面有宽3米的夯土墙基,在内城西北部形成一个独立的空间,南起封土北侧3米,南北长692米,东西宽228米,面积17万平方米,建筑布局结构严谨,建筑结构复杂,规模宏大。主体建筑以北为10排院落式建筑,每排南北宽55~60米,南北间以散水或墙分开,以中间的通道为中轴分布于东西两侧,两侧建筑群结构基本一致,可能是朝寝建筑在陵园内的再现(图2-31)[1]。

内城城墙内外发现环绕一周的连绵不断的廊房建筑遗址。

(3) 内外城之间

内外城西墙之间北部有管理陵园的园寺吏舍遗址,中部西门址以北探出面积12万平方米的庞大建筑群,有制作祭品的"丽山飤官"遗址等,遗址曾出土"丽山飤官左""丽山飤官右""丽山二斗半"等文字的陶器,可能为掌管供奉陵寝膳食的左、右食官的居处或礼制建筑的遗址。

内、外东、西城门之间,司马道两侧,各发现一组三出阙遗址,南北对称,东门阙稍大于西门阙。

内城西门之外北侧有一东西长170米、南北宽90米的墓地外藏坑,四周有夯土墙围绕,探明小型陪葬墓74座。另外,内外城之间还发现50多座陪葬坑。

内城西门外向南发现两座马厩坑,北边一座为双门道马厩坑,南边一座为曲尺形。坑内殉马数百,并有饲养和守护马厩的若干陶俑。马厩坑以东发现陪葬坑2座(K0004、K0005)。另发现珍禽异兽坑、跽坐俑坑、葬仪坑和双门道陪葬坑。

陵东南的内外城之间有大型陪葬坑2座,小型1座。K9801东西120米、南北110米,面积1.3万平方米,在试掘的4个探方中出土石铠甲90多领,石兜鍪约36顶,3组石质马缰索残件及青铜车马器构件。甲、鍪均为石灰岩石片以扁铜条连缀而成,石铠甲每领重30公斤左右,由700多片石片组成,石兜鍪重3公斤,由74片石片组成[2]。

石铠甲坑南40米的另一陪葬坑(K9901)有东西向三个过洞,东西通长80.8米、宽12.8~16.7米,深4.6米,面积900平方米,发现大量陶俑残片和铜器等,发现一巨型青铜鼎,鼎口径为64厘米,通高59.5厘米,重212公斤,是目前所知最大的秦鼎[3]。

北内外城间发现6.8万平方米的建筑遗址,性质待定。

---

[1] 陕西省考古研究院:《秦始皇帝陵园2010年度礼制建筑遗址考古勘探简报》,《考古与文物》2011年第2期。

[2] 始皇陵考古队:《秦始皇陵园K9801陪葬坑第一次试掘简报》,《考古与文物》2001年第1期。

[3] 始皇陵考古队:《秦始皇陵园K9901试掘简报》,《考古》2001年第1期。

(4) 陵园外围(外城以外)

陵园外围发现5处共100多座陪葬坑和陪葬墓,著名的有兵马俑坑、动物坑、马厩坑、水禽坑等(图2-34)。

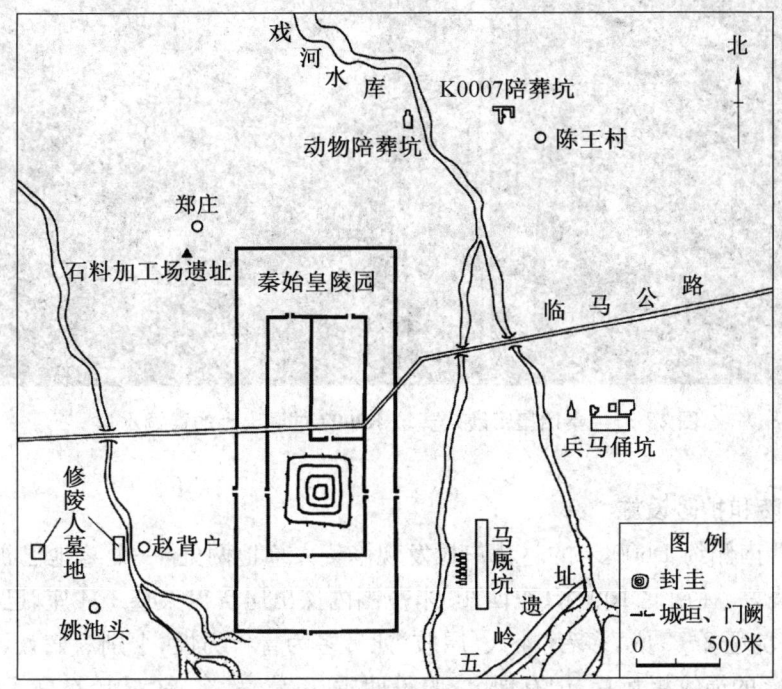

图2-34 秦始皇帝陵外围主要遗迹分布示意图

位于陵东1225米的兵马俑坑是目前秦始皇帝陵区最重要的发现。陵园以东400米、兵马俑坑西南800米有上焦村马厩坑,其中的93座坑比较清楚,南北向三排,已清理51座,出土大量俑、马、陶器等文物。

马厩坑以西有陪葬坑17座,成南北"一"字排列。这些墓排列整齐,墓向一致,当为同时下葬。从已发掘的8座墓的情况看,均有棺椁和一定数量的葬品,有的出"少府"铭文的器物,反映了墓主生前较高的地位和与宫廷的联系。墓主多被肢解,身首分离,年龄在二三十岁上下,可能是被杀殉的群公子、公主或王室宗族成员。

2001~2003年发掘的陵园外东北900米处的K0007陪葬坑为地下坑道建筑,发现包括双层棚木、箱板、立柱、垫土以及木构之间的榫卯结构痕迹,是迄今秦始皇帝陵园唯一保存较为完整的木结构遗址。该坑出土青铜水禽46件,有天鹅20件、鸿雁20件、仙鹤6件,皆整齐排列于坑底由青膏泥涂抹做成的象征性河道的两岸,朝向中间河道(图2-35)。另有踞姿陶俑7件,箕踞姿陶俑8件以及其他小件文物[1]。K0007的性质可能与少府属官的"左弋外池"相关[2]。《汉书·元帝纪》如淳注引《汉仪注》:"佽飞具矰缴以射凫雁,给

---

[1] 陕西省考古研究所、秦始皇兵马俑博物馆:《秦始皇陵园K0007陪葬坑发掘简报》,《文物》2005年第6期。
[2] 焦南峰:《左弋外池——秦始皇陵园K0007陪葬坑性质蠡测》,《文物》2005年第12期。

祭祀,是故有池也。"

图2-35 秦始皇帝陵陪葬坑K0007过洞出土的青铜水禽

(二)造陵和护陵设施

陵园外西南侧约1600米的赵背户村发现修陵人墓地两处,一处墓地已被破坏殆尽,另一处保存尚好,在南北100米、东西45米范围内探出居赀役人墓104座,已清理32座,竖穴土坑,一坑埋2~3人,多者14人,屈肢,死者多为青年男性,个别为妇人、小孩。出土18件带有文字的绳纹板瓦片,记有地名、服役性质、爵位、姓名等,显示修墓人来自山东六国地区,都是劳累致死的筑陵劳役者。

西北角郑庄村南发现75万平方米的石料加工场,出土大量石料、半成品、残水道、铁刑具和5处房基。

陵东北1.5公里的鱼池村有建陵遗址,在东西2000米、南北600米的范围内发现大片夯土遗迹,出土砖、瓦等大量建材,与陵园内建筑遗址中发现的一致。该建筑早于秦陵,是为建陵而设。陵园外围还发现窑址多处。

陵东南骊山北麓洪积原上发现人工夯筑的防洪堤遗址,当地人称为五岭。五岭遗址为西南—东北走向,长3000多米,保存较好的一段尚有1500多米,宽25~80米,高3~18米。陵园正对骊山北麓谷口,防洪堤阻挡山谷之水及由洪水携带的泥沙、石块冲击,为保护秦陵发挥了作用。

(三)陵邑

《史记·秦始皇本纪》记载,秦王政十六年(公元前231年)"置丽邑",二十五年(公元前222年)"徙三万家丽邑","皆复不事十岁"。陵园饮官遗址等出土"丽邑""丽邑二升半、八厨""丽邑五升""丽邑九升"等刻文的陶器或残片。丽邑遗址在陵园北侧3公里的临潼区新丰街道刘寨村一带,南北长约1000米、东西宽约500米。遗址西部约6万平方米范围内发现房基多处,有厚达30厘米的瓦砾堆积,出土有板瓦、筒瓦、瓦当、条砖等。瓦上有"寺婴""宫瓦"等印文,与陵园内出土的相同。丽邑是造陵人居住和生活的地方,是因造陵而设的小市镇,也是帝陵建制的重要组成部分。陵邑制度自此始,西汉诸陵多有陵邑。

2013年,陕西省考古研究院在距秦始皇帝陵约5公里的临潼马额街道冢王村西南发现一处墓群,面积36万平方米,探出墓葬上千座,已发掘50座,其中秦墓45座,年代为战国晚期至秦,部分陶器上发现"丽""戏"字,应与丽邑或戏有关[1]。

三、兵马俑坑

兵马俑坑在秦始皇帝陵外城墙以东1 225米处,它本是秦始皇帝陵区外藏坑(陪葬坑)的重要组成部分,因其地位重要、内容丰富、影响巨大,单列在此进行介绍。

(一) 基本情况

兵马俑坑位于临潼区上焦村、西杨村一带。1974年春,当地村民打井时发现"瓦人"碎片,经临潼县文化馆收集,修复成武士俑,引起重视。1974年7月,陕西省文物考古部门正式开始发掘,探出平面呈长方形、总面积达12 600平方米的俑坑,编为一号坑。一号坑试掘面积1 000平方米,发现武士俑500个,车马4乘。1979年建成秦俑博物馆加以保护,并对外开放。2013年对一号坑进行第三次发掘。

1976年4月,在一号坑展厅施工过程中,于一号坑北边20米探出二号坑,5月又在二号坑西探出三号坑,并在二、三号坑之间发现四号坑。三号坑约500平方米,出土战车1乘、甲俑68个,于1989年9月对外开放。四号坑是一个尚未建成的空坑(图2-36)。

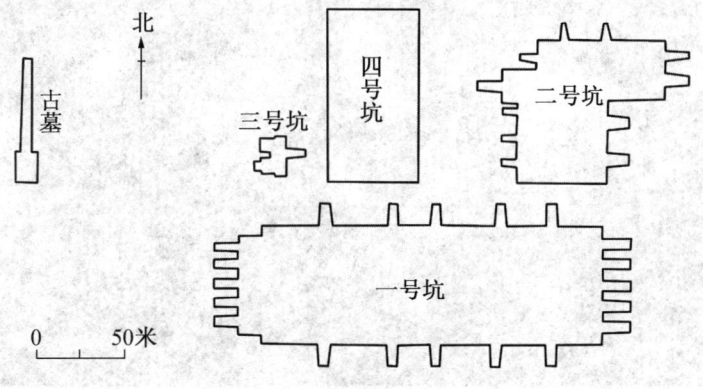

图2-36 秦始皇帝陵兵马俑坑分布图

1994年3月开始发掘二号坑,发掘面积6 000多平方米。该坑由车兵、骑兵、步兵和弩兵四个兵种单独或混编组成,清理出陶俑1 400多个,出土大量铜矛、铜弩机、青铜剑、铜镞等。一号坑全部遭到焚毁,二号坑只局部遭到火焚,大部分棚木系自然腐朽,共清理出棚木1 500多根。2002年5月,二号坑对外展出。

---

[1] 陕西省考古研究院:《2013年陕西省考古研究院考古发掘调查新收获》,《考古与文物》2014年第2期。

(二) 坑内布局

一号坑平面呈长方形,南北60米、东西210米,深4.5~6.5米,面积12600平方米,东、西两边各有5个斜坡门道,门道内发现车辙。

1号坑是步兵、车兵混合编组的军阵。坑四周是回廊,东西两端是列队守卫的步兵,东端长廊横排三列弩兵俑,共204个,皆执弓负箙,着战袍,不着铠甲,面朝东。第一列横队中间及左右两端各有一铠甲武士俑,右端铠甲俑腰挂铜剑,可能三人是东廊前锋卫队的指挥者。

南北侧廊侧翼卫队各两队,外侧一列分别面南、面北,即朝向外,内侧一列面向东(朝前),皆为执弓着战袍俑。西端回廊一列后卫面向西,也是朝外。整个军阵呈拱卫待命状,而不在行进中。

坑中间有9个过洞,以隔墙间隔,每过洞4路纵队,皆为披甲执戈、矛等的长兵俑,连同南北两边廊内侧各1路武俑,共38路纵队,皆面向东。过洞军列中有战车相间(图2-37)。

据俑的排列密度,估计全坑有执兵武士俑6000个左右,四马战车40乘。俑的高度为1.75~1.85米,皆身着铠甲或战袍,执弩机、弓,负矢箙,或执矛、刀、戟,佩剑。

图2-37 秦始皇帝陵兵马俑一号坑(东一西)

二号坑在一号坑东端北20米,平面呈曲尺形,东西两边分别有4个和5个斜坡门道,北边2个。不含门道,东西最长96米,南北最宽84米,总面积6000平方米。此坑为步兵(含弩兵)、车兵、骑兵、车骑兵结合的四个军阵混合编组,发现116件鞍马骑兵俑。目前该坑大部尚为棚木覆盖,估计整坑可出武士俑900多个、马俑470多个、木质战车80余辆,以及大量青铜兵器。

三号坑在一号坑北25米、二号坑之西125米,平面呈"凹"字形,东西17.6米、南北21.4米、深5.2~5.4米。此坑未经焚烧,系自然塌陷。坑内发现战车1乘,车后有武士俑4个,南面铠甲武士俑42个,北面铠甲俑22个,共68个。南、北两面武俑沿四周相向排列。

四号坑在二号、三号之间,总面积4608平方米,深4.8米,是尚未建成的空坑,未见任何文物。

(三) 俑坑结构

兵马俑坑为地下坑道式土木结构,三个坑的营造方法基本相同。以一号坑为例,其营造程序为:先掘大坑,再夯筑四周边墙和坑内东西向10道宽2.5米的隔墙作为承重墙,形成南、北边廊和9个过洞。过洞底以青砖墁铺,中间略高。过洞两侧贴隔墙有立柱,立柱间距1.1~1.5米。立柱上东西向(纵向)放置枋木,与承重墙顶持平。枋木及承重墙上密排南北向(横向)棚木,棚木上铺席,席上覆青灰泥层20~30厘米,泥层之上填土至地面(图2-38)[1]。

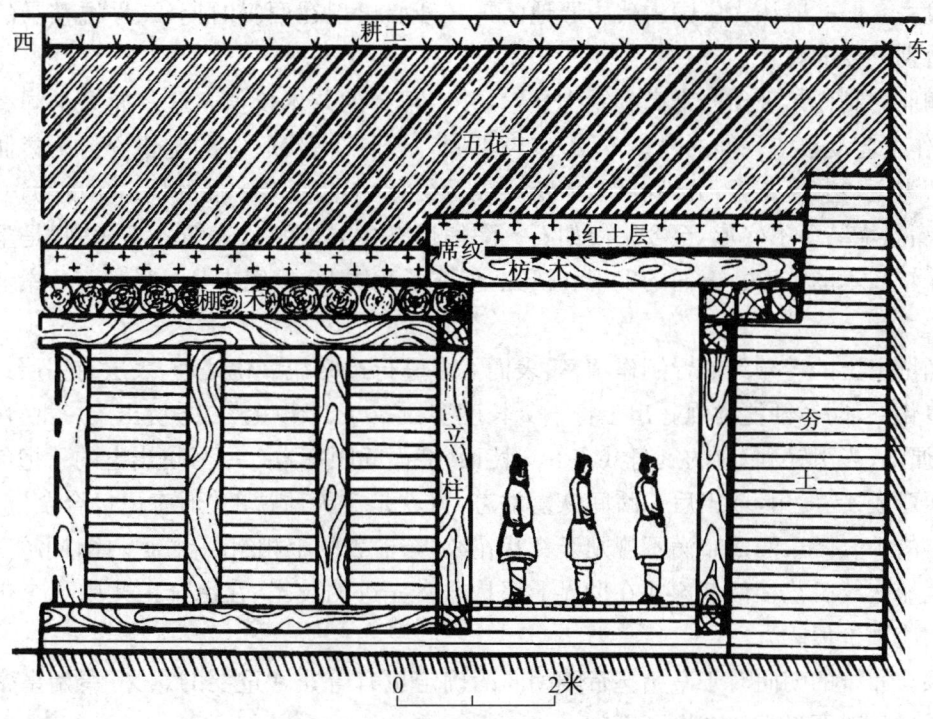

图2-38 秦始皇帝陵兵马俑坑一号坑局部透视图

---

[1] 陕西省考古研究所、始皇陵秦俑坑考古发掘队:《秦始皇陵兵马俑坑一号坑发掘报告(1974~1984)》,北京:文物出版社,1988年。

四、秦始皇帝陵和兵马俑坑考古的意义

秦始皇帝陵进一步完善了战国时期的陵寝制度，其布局形式是中国陵寝制度成熟的标志，在中国陵寝发展史上居有重要的地位。

陵园内面积2.13平方公里，整个陵区占地面积为56.25平方公里，陵区文物分布密集区近20平方公里。当时陵园的营造是一个庞大的系统工程，现在秦始皇帝陵考古也是一个系统工程，秦始皇帝陵考古为高科技进入考古勘探、多学科合作提供了经验，为我国大遗址保护提供了范例。

兵马俑坑不但出土俑的数量巨大，而且涉及的兵种齐全，陈列整齐，形象地再现了当时的阵列和装备情况，是研究秦代军队的可靠资料。

二号坑出土的陶鞍马，马背上所饰的马鞍，其前后两端微微隆起，中部低凹，属低桥鞍。过去人们一般认为中国古代中原地区马鞍开始出现在西汉时期，二号坑鞍马的发现具有特别重要的意义。

陶俑的制作体现出非常高的制陶技术，并有很高的艺术价值。这些俑大小同真人真马，制作工艺复杂。兵俑的身份不同，装束不同，是研究秦代服饰的重要资料。秦俑的制作以塑为主，塑、模结合，分件制作，入窑烧成后绘彩，工艺复杂。俑的烧结温度为1 000 ℃左右，高温烧结而不变形，至今坚硬如石。陶俑形态各异，面目、表情各不相同，是重要的地下雕塑艺术的宝库。秦俑的发现和研究，促成了我国20世纪末又一显学——秦俑学的兴起。

俑坑出土的青铜兵器皆制作精密，表面大多进行过铬盐氧化处理，表层有一层致密的铬盐氧化层，防锈蚀能力强。出土青铜剑长度多在80厘米以上，二号坑出土一批青铜剑，长86厘米，光滑锋利，有的剑身共有8个棱面，棱面间距一致。一号坑出土的一把剑当时被俑压弯成45度角，取出后一瞬间恢复常态，这就是今天所说的"形态记忆合金"。一号坑出土的16件铍，两面布满不规则云头状花纹，与器表的金相组织融为一体，同越王勾践剑的菱形花纹工艺相似。这些在世界上都是非常先进的技术，在冶金工艺中至今仍有非常高的应用价值。

兵马俑坑的朝向对于秦始皇帝陵朝向的确定也有着非常重要的意义；秦始皇帝陵的东向布局又对西汉帝陵产生了影响。

秦始皇帝陵和兵马俑坑是我国的一笔厚重的文化财富。1987年，秦始皇帝陵及兵马俑坑被联合国教科文组织列为世界文化遗产。

第三章 社会生产

社会生产性的行业主要是农业和手工业,表现为食物生产和用器生产两方面。由于它们之间的联系密切,也常常难以分开。如农业生产离不开手工业提供的工具,食物生产既是农业的也是手工业的。考古学研究是用实物资料揭示生产过程和生产技术,所以从方便、有效的角度着眼,还是应该对丰富而复杂的社会生产方面的考古材料加以大致的归类,按照它们在实际生产中的作用和意义去分析和认识。

第一节 手工业

战国至秦代,手工业生产门类齐全,主要有矿冶(采矿、冶炼、铸造)、木工、皮革制造、制陶、漆器制造、玉石器制造、煮盐、酿酒、编织、纺织、造船、建筑等十几个部门。影响较大的有冶铁、炼铜、纺织、漆器制造等,这些手工业的产品都是当时社会生产和生活中的常用品,特别是铁器,由于有了铁制的工具,许多行业的生产发生了变化,它影响到农业生产、兵器制造、漆木器加工、工艺雕刻等。所以我们先从冶铁手工业说起。

一、战国时期的冶铁业

(一) 战国以前冶铁技术的初步发展

从目前出土的材料看,商代已开始利用陨铁。陨铁是一种自然铁,经锻打后常施于铜兵器的刃部,以增强兵器的强度。河北藁城台西村和北京平谷刘家河商代遗址出土的铁刃铜钺都是局部使用自然铁的兵器。1931年,河南浚县出土西周初年的铁刃铜钺、铁援铜戈各1件。商代到西周早中期是利用自然铁的时期,这一时期,人们已经充分认识到铁的特性,为人工炼铁技术打下了基础。

西周晚期已出现块炼法炼铁技术。块炼法是一种低温固体还原法,用木柴和木炭为燃料和还原剂,与铁矿石(主要成份为 Fe_2O_3)一起投入炼炉内,在较低温度(1 000 ℃)和固体状态下,用木炭还原法炼成比较纯净的铁。用块炼法炼出的铁沉在炉底,不能呈液态流出炉外,只能等铁块冷却后从炉中取出,出铁少而慢。块炼铁含碳低,结构疏松,质地柔软,是具有较强延展性的熟铁,又称海绵铁。海绵铁夹杂泥土、炭等杂质,成器前需经锻打,是低级形态的铁。1990~1991年,三门峡两座西周晚期虢国墓出土6件铁刃兵器和工具，其中镶玉铜柄铁剑等3件为人工冶铁制品，所用铁系由块炼法精制而成。

从考古发现来看，西周时期虽然已开始使用人工铁（块炼铁），但铁制品发现数量少，器形简单，而且多为金、玉、铜的复合制品。此时期对陨铁的利用仍在继续。

块炼熟铁的技术出现以后，随之有了渗碳成钢的技术。在炒钢技术发明以前，要制造对硬度和韧性都有较高要求的工具和兵器，只有用块炼法炼出的熟铁渗碳制钢，它是早期的一种简便成钢的方法，用木炭加热块炼铁并反复锻打，由于碳不断渗入熟铁从而使其硬度增大。三门峡虢国墓地西周晚期墓M2001（虢季墓）出土的一件铜内铁援戈、M2009（虢仲墓）出土的铜骹铁叶矛用铁的部分都是用块炼铁渗碳钢制成的[1]。1976年，长沙春秋晚期墓出土一把钢剑[2]。渗碳成钢技术伴随着块炼法，一直使用到汉代[3]。

春秋时期仍以块炼法为主，但已出现生铁制品。生铁是在较高温度（1146～1300 ℃）条件下熔化铁矿石，在液态状态下用木炭还原法取得的，故又称高温液态还原法或熔炼法。生铁出炉时呈液态，可以连续生产，直接浇铸成型，从而使冶炼和铸造效率以及产品质量大大提高。所以由块炼铁到生铁是炼铁技术上的一次飞跃。生铁含碳量高，在2%以上，质地较硬，性脆。目前已经鉴定时代最早的生铁标本是山西曲沃县天马—曲村晋文化遗址地层中出土的一件铁器残片，时代为春秋中期偏晚[4]。河南新郑唐户村出土的春秋晚期板状残铁器也属生铁制品[5]。春秋晚期的生铁制品有江苏六合程桥M1出土的生铁块（丸）[6]，长沙杨家山M65（《长沙楚墓》M26）出土的生铁鼎和窑岭M15（《长沙楚墓》M102）出土的生铁鼎（春秋战国之际）[7]。早期的生铁制品都是白口铁。生铁可用来直接铸造器件，提高了生产效率，所以熔炼法是一种先进的冶炼方法。中国是世界上最早使用生铁冶炼技术的国家。

生铁韧性较差，性脆易折，适用面窄。大约在春秋晚期或春秋战国之交出现了铸铁柔化处理技术，经过柔化处理的生铁硬度大，韧性好，成为一种可锻铸铁、展性铸铁，可广泛用于制作生产工具。这是一种高温退火的热处理技术，即将生铁铸件加热并持续保温，进行长时间高温退火处理，使铸铁中的自由渗碳体分解、脱碳或石墨化，从而改善铸铁的性能，获得具有一定韧性的可锻铸铁，这是一种退火脱碳工艺。如果在充分的氧气条件下（如在铸件加温后对其表面鼓风）对白口铸铁件进行退火脱碳处理，就可得到脱碳为主的

---

[1] 河南省文物考古研究所等：《三门峡虢国墓地》第一卷，北京：文物出版社，1999年，第126、559页。

[2] 长沙铁路东站建设工程文物发掘队：《长沙新发现春秋晚期的钢剑和铁器》，《文物》1978年第10期。

[3] 河北满城汉墓仍有块炼渗碳钢铸件。见《满城汉墓发掘报告》中清华大学所作的金相分析报告。

[4] 北京大学考古学系商周组、山西省考古研究所编著、邹衡主编《天马-曲村（1980～1989）》，北京：科学出版社，2000年，第59页。

[5] 开封地区文管会等：《河南省新郑县唐户两周墓葬发掘简报》，《文物资料丛刊》2，北京：文物出版社，1978年；柯俊等：《河南古代一批铁器的初步研究》，《中原文物》1993年第1期。

[6] 江苏省文物管理委员会等：《江苏六合程桥东周墓》，《考古》1965年第3期。

[7] 长沙铁路车站建设工程文物发掘队：《长沙新发现春秋晚期的铜剑和铁器》，《文物》1978年第10期。

白心可锻铸铁,而以石墨化为主就成为黑心可锻铸铁,或石墨化可锻铸铁。现在所知最早的退火脱碳铁标本是 1976 年河南新郑唐户村南岗 M7 出土的板状残铁器,时代为春秋晚期[1]。

战国以前,我国用铁的历史经历了三个阶段:陨铁(利用自然铁的时期)——块炼铁(人工炼铁的初级阶段)——生铁(人工冶铁走向成熟)。它代表了我国早期冶铁技术发展的三个阶段,而块炼铁渗碳成高碳钢和生铁柔化处理分别是以块炼铁和生铁为基础发明的两项重要工艺。

西北地区发现的铁制品比中原地区要早。甘肃永昌出土的铁刀、灵台景家庄出土的铜柄铁剑、礼县秦公墓地出土的鎏金镂孔铜柄铁剑等,年代都在春秋早期。2009 年,甘肃临潭县陈旗磨沟寺洼文化(距今 3300~3000 年)墓地 M444、M633 分别发现铁条 1 件和铁锈块 1 件。M633 处于齐家文化向寺洼文化的过渡时期,时代稍早于 M444。从 C14 测年可知,两墓的年代为公元前 14 世纪,可以看作中国目前最早的人工冶铁品(块炼渗碳钢)[2]。

而新疆地区发现的早期铁器年代普遍较早。2001 年新疆伊犁地区尼勒克穷科克水电站工地发掘墓葬 55 座,年代在公元前 1000 年到公元前 5 世纪,绝大多数出土铁器[3]。哈密焉不拉克墓地发现 7 件铁器,出铁刀的一座墓的 C14 测年数据为距今 3240±135 年。西亚各地发现的铁器甚至早到 4500 年前,公元前 10 世纪前后,地中海地区普遍使用铁器。新疆属中亚的一部分,自公元前 1000 年左右即已进入早期铁器时代[4]。中亚、西亚地区发现的早期铁器为原始的块炼铁,穷科克墓地出土的铁器经北京科技大学冶金史研究所鉴定,为块炼铁或渗碳钢。铁器的发现情况表明,冶铁技术是由西向东传播的[5],这也是我国冶铁技术的"西亚传播说"。但从我国西周到春秋时期出土的早期铁器类型(如剑、矛、削、锛等)及器物形制特征来看,都与同类青铜器相似,看不出外来文化的影响,这是否说明中原地区的冶铁技术有自己独立的起源和技术体系? 值得研究。

(二) 战国时期冶铁业的发展和铁器的普及

1. 冶铁技术

考古发现的春秋晚期到战国早期的铁器不多,且多为块炼铁。战国时期,块炼法继续使用,生铁冶炼技术得到推广并有了进一步提高,而最为突出的成就是块炼铁渗碳成钢和铸铁柔化处理工艺的广泛应用。

块炼铁或熟铁渗碳成钢是在汉代炒钢技术出现以前常用的制钢方法。经科学分析鉴

---

[1] 柯俊等:《河南古代一批铁器的初步研究》,《中原文物》1993 年第 1 期。
[2] 陈建立等:《甘肃临潭磨沟寺洼文化墓葬出土铁器与中国冶铁技术起源》,《文物》2012 年第 8 期。
[3] 新疆文物考古研究所:《尼勒克县穷科克一号墓地考古发掘报告》,《新疆文物》2002 年第 3、4 期(合刊)。
[4] 陈戈:《新疆察吾乎沟口文化略论》,《考古与文物》1993 年第 5 期。
[5] 刘学堂:《中国冶铁术的起源》,《中国文物报》2004 年 4 月 2 日。

定的战国渗碳钢制品有:1974年湖北大冶铜绿山古矿冶遗址出土的战国中晚期块炼渗碳钢锻制品[1];1986年湖北荆门包山楚墓出土的战国中晚期块炼低碳钢制品[2];1950~1990年河北易县燕下都出土的铁器中,有低碳钢、中碳钢、高碳钢,战国后期墓M44出土铁器79件,送检的6件兵器中除1件由块炼铁直接锻制,其余的剑、戟、矛、镞等5件均为块炼铁渗碳钢制品[3];1980年湖北江陵九店战国晚期楚墓出土铸钢剑1把[4];西安半坡战国墓M98出土1件铁凿,含碳量较高,系经多次加热锻打渗碳制成[5]。这些仅是出土战国铁器中经过鉴定的事例。直到现在,采用熟铁渗碳炼制钢的方法仍在使用,其原理同古法渗碳成钢是一样的。

由于可锻铸铁(展性铸铁)的用途更加广泛,战国时期,铸铁柔化方法得到较大推广。战国早期展性铸铁的实物发现不多,河南洛阳水泥制品厂战国早期灰坑出土的铁锛和铁铲是公认的经柔化处理的展性铸铁标本,其中,铁锛是白心可锻铸铁的初级阶段产品,铁铲也具有黑心可锻铸铁组织[6]。战国中期以后,铸铁柔化处理技术渐趋成熟,发现的实例增多,如长沙战国楚墓出土的铁铲[7],湖北大冶铜绿山出土的六角锄[8],荆门包山楚墓出土的空首斧[9],河北易县燕下都M44出土的铁䦆、六角锄和铁镈[10],石家庄市庄村出土的空首斧和陕西西安半坡出土的铁凿[11],等等,不但发现数量多,分布地区也较广。

展性铸铁的性能介于生铁和钢之间,它具有较高的硬度和较强的韧性,既耐磨又抗冲击,在古代农业、手工业和日常生活中应用广泛,这与铸铁柔化处理技术的普及是分不开的。

2. 冶铁遗址

战国时期的冶铸工场遗址主要分布于河南、河北、山东等地,而以河南最为集中,这些地区是战国时期冶铁业的兴盛之地。已经调查、发掘的冶铸遗址有:

河南省:洛阳东周王城冶铁遗址,鹤壁鹿楼冶铁遗址,淇县西坛村冶铁遗址、付庄冶铁遗址,辉县古共城铸铁遗址,新郑仓城村铸铁遗址,商水扶苏故城冶铁遗址,西平冶铁遗址、杨庄冶铁遗址、铁炉后村冶铁遗址,舞阳舞钢许沟冶铁遗址、沟头冶铁遗址、翟庄冶铁遗址、圪垱冶铁遗址、尖庄铁矿遗址,泌阳下河湾冶铁遗址,桐柏毛集采矿冶铁遗址,登封告城镇阳城铸铁遗址。

---

[1] 铜绿山考古发掘队:《湖北铜绿山春秋战国古矿井遗址发掘简报》,《文物》1975年第2期。
[2] 湖北省荆沙铁路考古队:《包山楚墓》,北京:文物出版社,1991年。
[3] 河北省文物管理处:《河北易县燕下都44号墓发掘报告》,《考古》1975年第4期。
[4] 湖北省文物考古研究所:《江陵九店东周墓》,北京:科学出版社,1995年。
[5] 金学山:《西安半坡村战国墓葬》,《考古学报》1957年第3期。
[6] 李众:《中国封建社会前期钢铁冶炼技术发展探讨》,《考古学报》1975年第2期。
[7] 湖南省博物馆等:《长沙楚墓》,北京:文物出版社,2000年;华觉明、杨根、刘恩珠:《战国西汉铁器的金相学考察初步报告》,《考古学报》1960年第1期。
[8] 冶军:《铜绿山古矿井遗址出土铁制及铜制工具的初步鉴定》,《文物》1975年第2期。
[9] 湖北省荆沙铁路考古队:《包山楚墓》,北京:文物出版社,1991年。
[10] 河北省文物管理处:《河北易县燕下都44号墓发掘报告》,《考古》1975年第4期。
[11] 华觉明、杨根、刘恩珠:《战国西汉铁器的金相学考察初步报告》,《考古学报》1960年第1期。

河北省：易县燕下都高陌村5号铸铁作坊遗址，邯郸赵国故城大北城铸铁遗址，平山三汲中山国灵寿城冶铁遗址，兴隆寿王坟和磁县下潘汪铁铸范发现地。

山东省：章丘东平陵故城冶铁遗址，临淄齐国故城冶铁遗址，滕州薛国故城冶铁遗址，曲阜鲁国故城冶铁遗址。

山西省：夏县禹王城庙后辛庄铸铁遗址。

江西省：新建大塘赤岸山铁范发现地。

陕西省：凤翔南古城村冶铁遗址。

福建省：福州新店古城炼铁炉遗迹。

这些冶铸遗址，有的面积很大，并且一直使用到汉代，如泌阳下河湾冶铁遗址，面积约23万平方米，发现窑址、房址、炉基、炼渣、鼓风管、耐火砖、陶范、石范、铁板材等。该作坊工场从战国中晚期一直沿用到西汉[1]。新郑郑韩故城仓城村冶铁遗址面积4万平方米，清理出熔铁炉基1座、烘范窑2座，出土鼓风管、炼渣、陶范、木炭，可铸铁铲、铁刀、铁镬等铁器，时代为战国晚期[2]。登封告城阳城冶铁遗址面积2.3万平方米，发现熔铁炉、鼓风管的残块、烘范窑、退火脱碳窑以及铸造镬、锄、刀、斧、削、戈、矛、带钩等铁器的陶范。陶范有外范、范芯，均用淘洗过的细泥掺和细砂模制而成，经过烘烤，胎质坚硬。该作坊工场始于战国早期，盛于战国晚期，一直使用到汉代以后[3]。河北兴隆寿王坟发现铁范42副计87件及众多铁矿石碎块和锄、镰、镬、斧、凿等农具、手工工具类的范和车马器范，重达95公斤，有内范、外范之分，有单合范，也有双合范（图3-1）[4]。河北燕下都21号作坊遗址出土铁器多达1678件，有生产工具、日用器具、武器装备、车马器和杂器等。

从诸遗址的情况看，战国时期的铁器铸造有以下几点值得注意：

除陶范、石范外，还使用金属范。金属（铁）范可反复使用，不但提高了生产的效率，而且保证了铸件规格的整齐划一，实现了标准化生产，便于计量、安装和更换。

使用烘范窑，铸造前先烘范，铁液浇入范腔中流动性增强，可减少成品的气泡和砂眼，保证铸件的质量。

小件器物使用多腔范，一范浇铸多件，提高了生产效率。

根据对出土铁器的鉴定，当时在兵器铸造中已开始使用淬火工艺，如燕下都M44出土的2把剑和1把戟，经北京钢铁学院压力加工专业检测，都经增碳、淬火处理[5]。

---

[1] 宋定国：《河南泌阳下河湾发现大型铁官遗存》，《中国文物报》2005年1月21日。

[2] 刘东亚：《河南新郑仓城发现战国铸铁范》，《考古》1962年第3期；河南省博物馆新郑工作站、新郑县文化馆：《河南新郑郑韩故城的钻探和试掘》，《文物参考资料》3，北京：文物出版社，1980年。

[3] 河南省文物研究所、中国历史博物馆考古部：《登封王城岗与阳城》，北京：文物出版社，1992年，第256页。

[4] 郑绍宗：《热河兴隆发现的战国生产工具铸范》，《考古》1956年第1期。

[5] 北京钢铁学院压力加工专业：《易县燕下都44号墓葬铁器金相考初步报告》，《考古》1975年第4期。

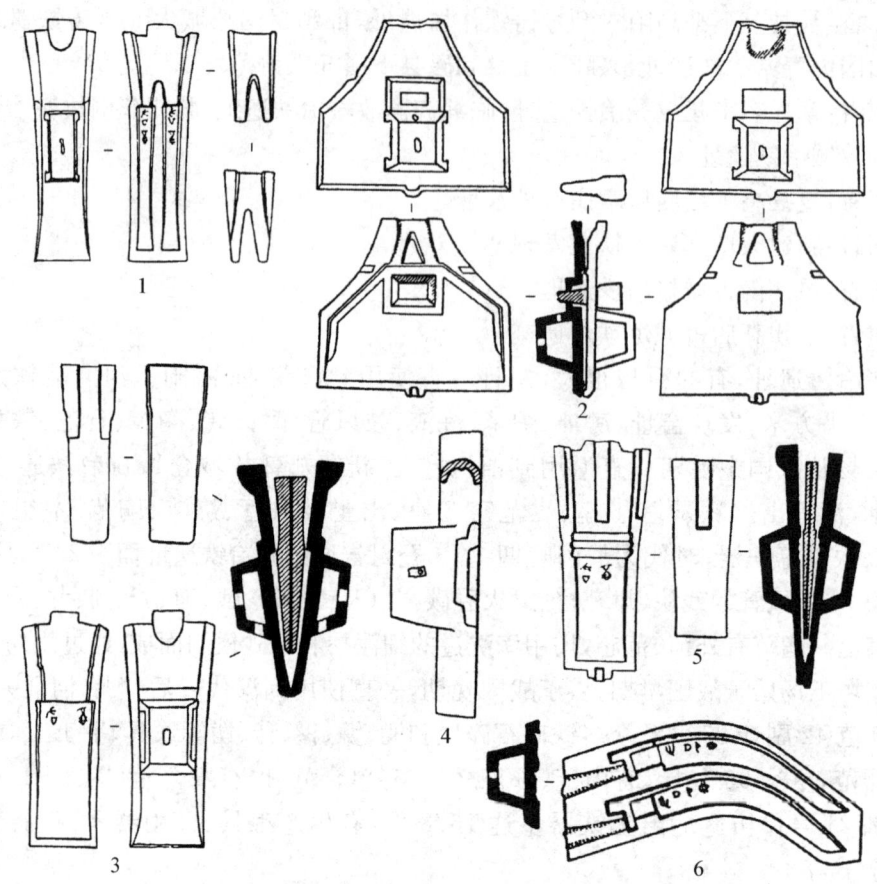

图 3-1　河北兴隆寿王坟出土铁铸范
1. 双凿范；2. 锄范；3. 钁范；4. 车具范；5. 空首斧范；6. 双镰范

3. 铁器类型

战国早期，虽然冶铸生铁的技术已经较为成熟，但出土的铁器为数不多，且多为块炼铁。一些反映技术进步的典型事例在前面已经约略提到了。战国中期以后，冶铁业获得了长足发展，生铁制品大量出土，展性铸铁被广泛用于农具、兵器的制造。河南辉县固围村战国晚期的3座大墓和2座小型墓共出土铁器175件，其中M1出土44件，既有较大的犁冠、铁钁、铁锸，也有小型的刀、削等[1]。湖南长沙196座战国楚墓共出土铁器237件，有锸、锄、斧、凿、小刀、带钩、铁鼎等工具和日用器以及剑、戟等兵器[2]。河北易县燕下都M44是一座战国武士丛葬坑，有人骨22具，出土器物1 480余件，除刀、布铜钱1 360余枚，其余主要为铁器和铜器，有铁器79件，以兵器为主，有剑15把、矛19件、戟12件、镞11件、匕首3件、刀1件、锄1件、钁1件、带钩3件和杂器8件，另有铁廓底座的铜弩机1件、铁铤铜镞19件[3]。河南洛阳东周王城62号战国粮仓出土各类铁器32种126

---

[1] 中国科学院考古研究所：《辉县发掘报告》，北京：科学出版社，1956年，第69～109页。
[2] 湖南省博物馆等：《长沙楚墓》，北京：文物出版社，2000年。
[3] 河北省文物管理处：《河北易县燕下都44号墓发掘报告》，《考古》1975年第4期。

件以上,重达 400 多公斤,计有斧、锛、凿、削、锤、钻、锥等手工工具,犁、钁、锸、耙、锄、镰等农具,剑、戟、矛、镞、甲胄、匕首等兵器,鼎、盆、盘、杯、带钩等日用器,以及车马器、刑具等[1]。以上是铁器发现比较集中的几例。

铁器出土的地点遍及当时的七国之域,中原地区外,南方的两广、福建,西南的云南、贵州、四川,东北的黑龙江、吉林、辽宁,西北的宁夏和新疆,北方的内蒙,都有铁器出土或冶铁遗址分布。战国铁器已经进入当时人们生产、日用和军事的各个方面,不仅数量众多,种类也十分齐全。以其用途区分,主要有:

农业生产工具:犁、锸、钁、锄、铲、镰、铚、耙。

手工业工具:斧、锛、凿、锯、锤、钻、錾、锥、钩、刮刀、砍刀、坩埚。

日用器具:鼎、釜、鍪、盘、盆、勺、灯、权、环、管、钉、带钩、带扣、指环、镯、簪、镊子、纺轮、针、小刀、车马器(马镳、马衔、车釭、车锏、齿轮等)。

兵器:剑、戟、矛、刀、匕首、殳(杖)、镦(或镎)、镞、弩机、胄。

刑具及杂器:钛(脚镣)、颈锁、铺首、箍、鱼钩。

有些依据器形无法判明其用途,一时难以定名,不能举述。

结合发现的铸范,从种类和数量上看,战国时期的铁器以工具为主,特别是农业生产工具和手工工具,从古代农业社会角度来说,这是铁器时代最重要的标志。小型日用器的种类齐全,说明铁器已渗透到人们日常生活的各个方面,其中带钩更是常用的物件,故发现数量也多,一些小墓中都有出土。山西侯马乔村发掘战国至秦代墓葬 952 座,出土铁器401 件,其中带钩就有 263 件,出土于 257 座墓中[2]。生活用器中,铁容器发现较少,主要是釜、鍪等炊事用器,长沙楚墓共发现铁鼎 3 件,长沙是战国墓出土铁鼎最多的地区。铁兵器中作为主要器类的剑、戟、矛还不多见。铁镞发现较多,但多为铜铁复合的铁铤铜镞,如辉县固围村 5 座墓中出土铁铤铜镞 79 件,易县燕下都 M44 出土铁铤铜镞 19 件。在铁器时代的前期,铁是首先在生产领域发挥效用的,这正体现了考古时代划分标准的科学性。

二、青铜冶炼和铜器铸造

(一)矿冶遗址

目前发现的战国时期的古铜矿开采和冶炼遗址有湖北大冶铜绿山[3]、湖南麻阳九曲湾[4]、安徽铜陵金牛洞[5]等处。铜绿山和金牛山古铜矿的延续时间较长,自春秋到西汉一直都在开采。麻阳铜矿的年代比较单纯,为战国时期。这几处古铜矿同江西瑞昌商周

---

[1] 洛阳博物馆:《洛阳战国粮仓试掘纪略》,《文物》1981 年第 11 期。
[2] 山西省考古研究所:《侯马乔村墓地(1959~1996)》,北京:科学出版社,2004 年。
[3] 黄石市博物馆:《铜绿山古矿冶遗址》,北京:文物出版社,1999 年。
[4] 湖南省博物馆、麻阳铜矿:《湖南麻阳战国时期古铜矿清理简报》,《考古》1985 年第 2 期。
[5] 汪景辉、杨立新:《安徽铜陵市古代铜矿遗址调查》,《考古》1993 年第 6 期;杨立新:《安徽沿江地区的古代铜矿》,《文物研究》第 8 辑,合肥:黄山书社,1993 年。

时期的古铜矿连成一片,组成 400 余公里长的沿江古铜矿遗址分布带,其中以铜陵为中心的皖南地区古铜矿开采、冶炼遗址分布面积最大,延续时间最长,除金牛洞外,还有江木冲、木鱼山和南陵等古矿冶遗址,使用时间为从先秦至宋代[1]。

麻阳九曲湾战国古铜矿遗址有矿井 14 处,大部分是矿井式地下开采,也有露天开采的。金牛洞清理出竖井、平巷、斜井等木支撑结构和铜凿、铁斧、铁锄、竹筐等一批采掘工具。大冶铜绿山古矿冶遗址从矿井到炼炉的各种遗迹均有发现,比较完整地再现了古代矿冶生产的过程和技术水平。

大冶铜绿山位于鄂东丘陵地带,东距大冶县城 3 公里。据同治《大冶县志》记,此山每逢暴雨过后,可见无数铜绿小花般点缀在土石之上,因有铜绿山之名。这里自古就是铜矿石的富集之地,20 世纪 70 年代仍有大型国营露天矿场在开采生产。1973～1985 年,在现代露天矿场北端和南端发掘了 6 处矿体,清理出商代晚期至西汉时期的开矿和冶炼遗迹。12 线矿井(当地称老窿)为春秋时开始使用,其上部已被挖掉,仅有 8 个竖井、1 个斜井和支护木料、采掘工具等。南端发掘了 24 线老窿,矿井均不晚于战国中后期,有 5 个竖井、1 条斜巷、10 条平巷,发现大量木料,采掘工具 70 余件,有铜斧、铜锄、铜锛、铜凿、木槌、木铲、铁锤、铁锄及藤篓、木钩、麻绳(图 3-3)。另外在铜绿山东北 1 公里处的大阴山发掘了一处春秋古铜矿遗址,掘出Ⅶ号矿体 1 号点一组完整的井巷。井巷由多条平巷上下三层交错组成,有竖井、盲井、斜井、平巷(图 3-2)。几处古矿井清理和出土工具的情况可以较全面地反映春秋战国时期的矿冶技术。

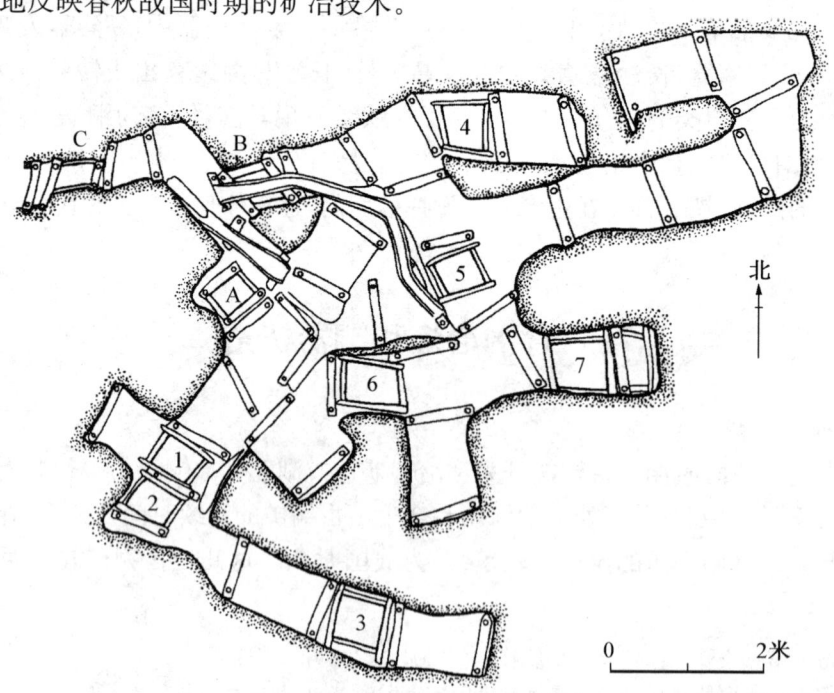

图 3-2　Ⅶ号矿体 1 号点一组完整的井巷
A-C. 竖井；1-7. 盲井

---

[1] 裘士京:《江南铜研究——中国古代青铜铜源的探索》,合肥:黄山书社,2004 年。

矿井结构：先挖竖井，至理想矿位后旁开平巷或斜巷，富矿区的巷道多至三层，层间有盲井相通。矿井的深度达50多米，地下井巷纵横交错，平巷每隔1米用方形木框支护。早期竖井用方形木框间隔40厘米支护，晚期竖井用圆木层层搭建，形同木井。遗址内发现大量直径为5～10厘米的支护木料。所有矿井均未见尸骨遗存，说明支护措施对矿下安全发挥了很好的作用。

选矿：除了凭经验根据矿石的颜色、光泽用目力选矿外，还可能借用某种工具选矿。1号点发现2件船形木斗，似淘金斗，古代矿工用它作为重力选矿的工具，将碎矿石放在盛水的木斗中，交替抬高木斗两端，由于铜矿石和普通石料比重上的明显差异，富铜矿会自行分出。确定了矿石中的含铜品位，就可以决定采掘的方向，并把贫矿和废石充填于废弃的巷道和盲井之中，以减少运送矿石的工作量。

提升：把辘轳支架在竖井口上将矿石和井下渗水提升到地面。矿区发现简易的辘轳轴2件（图3-3），竹篮、竹筐、竹篓、麻绳等运载工具在古矿井中都有发现。

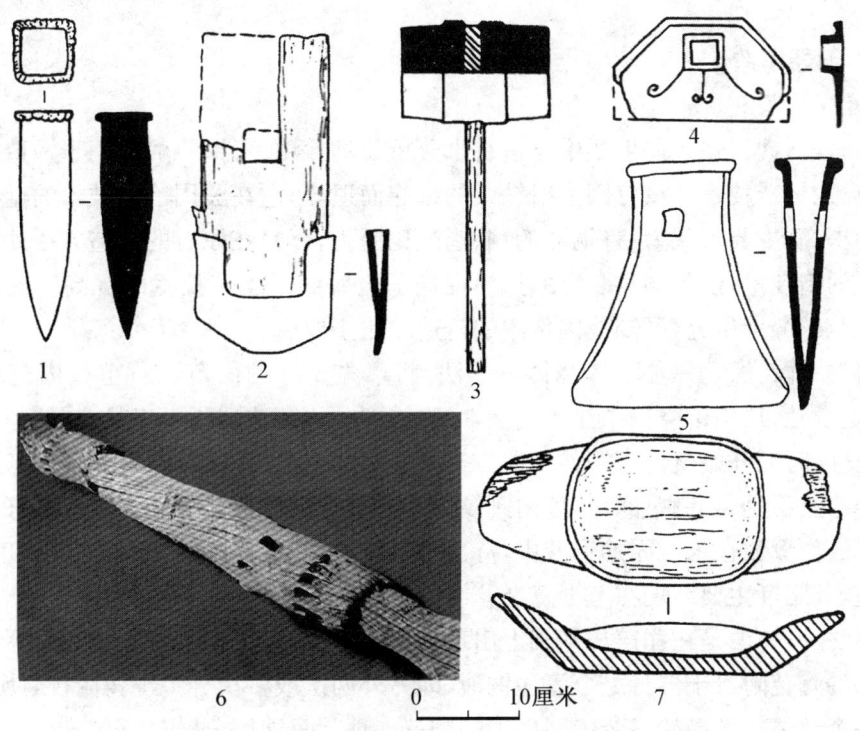

图3-3 大冶铜绿山遗址出土采矿工具
1.铁凿；2.铁锤；3.铁锤；4.铁锄；5.铁斧；6.木辘轳；7.船形木斗

通风：采掘中要有良好的通风条件，以保证井下工作面有充足的氧气。铜绿山没有发现机械通风设施，矿井的通风完全是靠井口高低不同产生的气压差所形成的自然风流来解决的。另外，及时填塞无用巷道、盲井，以使新鲜空气顺利流向采掘方向，到达深处的作业面，也是有效的办法。

排水：在巷道内铺设木制水槽或开凿水道引水入储水坑或未挖通的盲井，再用木桶和辘轳通过竖井提升到地面。水槽由大树干挖成，放在平巷一侧或废巷中。在经过提升矿石用的竖井时,为不影响提升矿石的工作,水槽上部整齐地铺设一层木板,成为暗槽。

照明:1号井巷填充物中出土过一些短竹签,一端有燃烧痕迹,应是照灯用的火把。将竹签编集成火把,可燃烧较长时间。

碎料、筛分:矿石运送到附近冶炼地点的碎石场,先用大石球进行碾磨破碎,再经人工筛分成大小适中的颗粒,以便投入到炼炉之中。

冶炼:铜绿山附近的东山坡清理出残破的炼炉9座,用复原的2座进行模拟试验,一台小型鼓风机向两个风口鼓风,持续投料1300公斤,木炭600公斤,10小时排渣14次,放铜2次,得红铜100多公斤,纯度为94%～97%,略高于出土粗铜的纯铜含量。出土的炼渣中残铜含量0.7%,矿区共出炼渣40万吨以上,推算应是生产万吨以上红铜后的遗留。

铜绿山的工匠们在开采和冶炼方面拥有丰富的经验和较高的技术,矿区的考古发现为我们寻找长江中下游青铜器原料的来源提供了线索。

(二) 铜器铸造

1. 铸造技术

战国时期,铁器在人们生活中已占有十分重要的地位,青铜一般只用于铸造礼器和兵器,但是青铜铸造技术并没有因为冶铁业的兴起而退步,它在殷周冶铸技术的基础上有了进一步的提高,主要表现为:青铜器的铜、锡配比更为合理,在原有的铸造方法外使用制造复杂器形的新技术,注重铜器装饰的风尚促进了金属细工工艺技术的提高。根据对器物和出土陶范的分析研究,可知战国常用的铸造方法主要有:

浑铸法:浑铸法是一种整体浇铸的方法,将事先做好的面范和背范或内范和外范相合,也就是合范,从预留浇口中注入铜液,一次成型。浑铸法适用于工具、兵器等简单器的生产,自夏商时期开始就是常用的制器方法。也可以使用单面范铸器。云南滇国铜器中扣饰的铸造过程是,先制单面范,范内刻纹饰,将铜液注满范内,再将预先打制好的铜扣插按设定好的位置放在未凝固的铜液中,待冷却后除去外范。单面范所铸器物,正面光滑,背面粗糙,其难度主要表现在范上复杂花纹的刻划上。

分铸法:分铸法是在浑铸法基础上出现的新技术,又称"嵌入法"。先铸好器身,把耳、足等附件的陶范附着于器身之上灌注铜液,即另外两次或多次合范浇铸附件,使之与器身铸接成一个整体。像秦始皇帝陵园出土的铜三连环就只能用分铸法来铸造(图3-4,5)。或者先铸附件,把预先铸好的附件嵌入器身的陶范上,在浇铸器身时铸接成一个整体。分铸法适于制造较为复杂的器形,商代就已使用,春秋战国时应用更为普遍。

焊接:焊接技术是西周晚期在嵌入法的基础上发展起来的,春秋中期以前以铸接为主,春秋中期开始,使用低温焊料的焊接技术已广泛应用于青铜礼器的铸造,至战国时期,焊接成为青铜连接的主要技术。将器身和附件分别铸好后,再将附件用铜、锡、铅和少量锌液焊接起来,又称铸接。由于在铸器身时已事先在有附件的部位铸出卯钉,然后用其他金属焊剂将附件粘接上去,又称榫卯焊接。战国时已掌握锡焊、铜焊、铅锡合金焊接等技术。河南三门峡虢国墓壶耳的套环,龙耳方鉴与跽座人铜灯的龙耳和执灯人的头,固始侯古堆 M1 出土的方豆耳钮(图 3-4,1),辉县琉璃阁 M80 出的瓠壶的錾,湖北随州曾侯乙墓出土的建鼓座附饰龙件(图 3-4,4)以及升鼎的耳、足和龙形饰件,都是分铸后与器身焊接在一起的,焊接处可以看到焊迹。焊接技术的出现在我国古代金属加工工艺上具有划时代的意义,它使铸造过程中减少了许多合范、合型、合铸的工序,提高了铸造效率和工艺水平,是青铜铸造技术提高的重要标志。

榫卯斗合法:或称子母榫接法。战国时期,在榫卯焊接法基础上出现了榫卯斗合的制器方法。它将木工工艺中的榫卯拼接技术应用于铜器制造中,将器物各部分铸好并预留榫卯,用子榫和母榫相互扣合连接,插接成一个整体,拆卸起来也很方便。此法多见于战国灯具的制作,中山国 M1 的十五连枝灯就是由主干、分枝、灯盘等插合而成的,出土时该灯树的部件散落一地(图 3-4,2、3)。

图 3-4 春秋战国铜器铸造工艺
1.侯古堆 M1 方豆;2、3.中山王墓连枝灯;4.曾侯乙墓建鼓座;5.秦始皇帝陵园三连环;
6.淅川下寺楚墓铜禁;7.曾侯乙墓尊盘

失蜡法：春秋晚期偏早出现失蜡法铸造技术，此法适于铸造外形透空、弯曲和带有复杂透雕花纹的复杂器形。将易熔化的黄蜡（蜂蜡）制成所需器形的蜡模（内模），定形后用细泥浆多次浇淋，泥浆渗入蜡模的外表和空隙，再涂上耐火材料使之硬化，制成铸型。烘烤使黄腊熔化流出，留下泥范型腔，进行浇铸。也可以不用烘烤直接浇铸铜液，蜡模遇热流出，铜液置换了蜡模，冷却后成器是带有复杂花纹或镂孔的器物。失蜡法是一种熔模铸造法，又称拔蜡法、出蜡法或走蜡法。铸出器物尽管器形复杂，但没有合范的毗缝、锻打和焊接痕迹，浑然一体。现藏于纽约大都会博物馆、器底有"楚王熊审之盂"铭的盂的盖部钮形饰，1978年河南淅川下寺楚墓（M2）出土的铜禁（图3-4,6），装饰工艺复杂，都是所见最早的失蜡法工艺标本。淅川下寺楚墓的年代为春秋中期偏晚或春秋晚期偏早[1]。战国曾侯乙墓出土的尊盘是目前所见用失蜡法铸造的最精美的器物（图3-4,7）。

关于失蜡法工艺在我国出现的时间，当前仍有不同的看法。一种观点认为，战国以前我国根本就没有失蜡法制品，过去确定的春秋战国时期的失蜡法铸器其实都是先铸单元件再焊接或插接而成的[2]。但是当年下寺楚墓的发掘者称根本看不到焊接的痕迹[3]。

铜器并不都是铸造的，商代以前的早期小型铜器有的就是冷锻制成的。东周铜器也有锤锻成型的，不过其质料都是比较柔韧、易于延展的红铜，而不是青铜。

2. 生产管理

西周到春秋时期"工商食官"的局面到战国时期虽然发生了变化，但金属冶铸业仍然是官府主导的产业，带有私营性质的手工制作主要是散布于民间的纺织、编结和木器制造等行业。铜器铸造同其他官营手工业生产一样，有着严格的制度和管理体制，只是铜器上留下了更多说明生产管理的印记，因此，铜器铸造也是了解手工业生产管理制度的一面镜子。

《礼记·月令》记："物勒工名，以考其诚，工有不当，必行其罪，以究其情。"《吕氏春秋·孟冬纪》也有相同记载。战国铜器铭文反映，在生产过程中，从原料到成品的每一工序都有专人监督和实施。器物制好以后，要把各工序中管理者和工匠的姓名刻到成品上，以便考核、检查、确定责任，以加强生产者的责任感，奖罚分明。战国铜兵器（主要是戈，铭文刻于胡上）上常刻有铸造时间、器物规格以及主管官吏、工师、工匠的姓名，这就是"物勒工名"管理制度的反映。战国时期，各国负责手工业生产的基本都是工师，工师之下有冶工等具体执行者，产品质量不合格，工师也要受到处罚。《秦律杂抄》载："省殿……赀工师二甲，丞、曹各一甲，徒络组五十给。"兵器刻铭如：

燕国铜戈："郾王臣乍（作）行议鐱，左攻（工）尹青其，攻（工）竖。"

赵国铜铍："十八年，相邦平国君，邦右伐器，段工帀（师）吴□，冶疟（？）执齐。大攻尹，肖（？）触（？）……"[4]

---

[1] 华觉明、郭德维：《曾侯乙墓青铜器群铸焊技术和失蜡法》，《文物》1979年第7期。

[2] 周卫荣、董亚巍等：《失蜡工艺不是中国青铜时代的选择》，《中国文物报》2006年7月21日；董亚巍、潘路等：《再探曾侯乙尊盘的铸造工艺》，《中原文物》2008年第1期。

[3] 赵世纲：《春秋时期失蜡法铸造工艺问题探讨》，《华夏考古》2006年第4期。

[4] 黄盛璋：《关于加拿大多伦多市安大略博物馆所藏三晋兵器及其相关问题》，《考古》1991年第1期。

秦国铜戈:"武 廿六年蜀守武造,东工师宦,丞业,工□。"该戈被认为是秦始皇二十六年之器[1]。

各国器物铭文中常见的铸器管理和制造者不尽相同,列为下表(表3-1)。

表3-1 各国兵器刻铭常见的管理和制造者

地区	督造	主持	配料	制器(工匠)
韩	令、司寇	工师、冶尹	执齐(剂)	冶
赵	相邦、守相、大工尹	工师、冶尹	执齐(剂)	冶
魏	邦司寇	工师	执齐(剂)	冶
秦	守、相邦	工师、工上造、工大人		工、工隶臣
燕	工尹			工
楚	工尹、集尹	冶师、工师、佐		

刻铭中的督造者令、相邦、司寇、守等,都是高高在上的中央和地方大员,他们不可能对每件器物进行督造或检验,但挂名领导,以示重视,具体管理者应是工师,而工匠的姓名放在最后。列国的管理体制和铭刻习惯也可以为铜器断代提供参考。"物勒工名"更多地反映在兵器上,也可见当时统治者对兵器的高度重视。这种对手工业的管理措施被后世统治者所继承,具体做法又在汉代漆器铭文中得到充分反映。

(三) 铜器装饰技术

铜器的装饰工艺主要指金属细工工艺,早在春秋即已出现,战国更为普遍。由于装饰手法灵活多样,战国铜器为此改变了以前模印纹饰的呆板风格,突破了传统表象的对称格式,有些铜器上出现了许多战争、劳动的场景和故事的片断,内容丰富又生动活泼。

贴金与包金:将金块锤成极薄的金片,然后根据需要包贴于器物之上的做法,早在商代就已出现。黄金具有质软、延展性好和装饰性强的特点,被广泛用于铜器、铁器和骨器等多种器物的装饰。在多种金属装饰的工艺中,贴金与包金是最早的装饰工艺。包金主要用于车马器等小件铜器。三星堆铜面具已使用包金工艺,春秋时期有包金铜贝,1992~1993年,临淄商王村战国墓出土1件长筒状包金铜镈。贴金比包金用途更广,可以在漆木器、玉器乃至丝织品上局部贴金,还可用于较大的器物上。金片与原器底色相互衬托,形成瑰丽的装饰效果。

包金工艺的出现与贴金大致相同或略晚,由于鎏金工艺的兴起,包金工艺在汉初绝迹,其原因可能是鎏金比包金更节约金材,而贴金工艺在汉代仍然流行。

鎏金:利用汞(水银)加热到400℃能溶解金银又易于蒸发的特性,将金(银)丝或金(银)片溶入水银后,再制成金(银)泥,均匀地涂于铜器表面,加温烘烤,使水银蒸发,剩下金(银)牢固地附于器表,形成鎏金(银)器。这种工艺是在包金工艺的基础上发展起来的,多用于小件器物的装饰,最早见于春秋末战国初,战国、西汉直到东汉鎏金器都很普遍,临

---

[1] 于豪亮:《四川涪陵的秦始皇二十六年铜戈》,《考古》1976年第1期。

淄博王村战国墓地出土鎏金器106件,有带钩、铜环、节约、铜钉、铺首、带扣等[1]。西汉时期,鎏金技术更为兴盛,仅临淄西汉齐王墓随葬器物坑出土的鎏金器就达400余件,其中以车马器居多。河北定县西汉中山穆王刘畅墓出土鎏金器500多件。

错嵌:金属错嵌工艺根据所用材料的不同,分为错红铜、错金和错银三种,就是在铜器表面刻出阴线花纹图案,或事先铸造出器物的花纹沟槽,然后将红铜、金或银丝(片)打进花纹沟槽内,再错平磨光,形成装饰。它充分利用红铜、黄金、白银与青铜的色泽差异,显现出醒目、华贵的装饰效果,而器物表面亦因错磨而保持光滑平整。

错红铜工艺在商代出现,春秋时得到较快发展,春秋晚期到战国早、中期时达到高峰,战国晚期开始减少,逐渐为错金、银工艺所取代。较早的器例有山东滕县(今滕州)筝叔三器(敦、盘、匜)和河南辉县甲乙墓出土的扁圆壶。山东长岛王沟战国早期墓出土错红铜壶2件,形制、花纹相同,除圈足外,壶外壁通体有错红铜纹饰,有虎、鹿、卷云等[2]。错红铜可以灵活地表现鸟兽和生活、战争等图景,如河南汲县(今卫辉市)山彪镇M51出土铜鉴(M1:56)上的错红铜水陆攻战纹,表现的是波澜壮阔的战斗场面(图3-5)。

图3-5　山彪镇战国墓铜鉴错红铜水陆攻战纹

错金银又称金银错,有错金、错银的单错纹,也有金、银并错装饰。错金也称黄文错镂,最早见于春秋中期铜器上的错金铭文,如晋国栾书缶铭文,器身40字,盖内8字,均为错金而成。春秋晚期一些小型兵器上的铭文和花纹,尤其是江南地区吴越兵器上的鸟篆铭文多是错金而成。战国中期到西汉早期是我国古代金银错工艺最发达的时期,见于兵器、礼器、日用器、车马器、符节、玺印等铜器,已不限于铭文和小型器物上的装饰。曾侯乙墓出土编钟、兵器上的铭文和花纹以及鹿角、立鹤、磬架上的花纹都是用错金工艺装饰的。长篇错金铭文如安徽寿县征集的鄂君启节,是仿竹节铸造的铜节,计舟节2块,每块165

---

[1] 淄博市博物馆、齐故城博物馆:《临淄商王墓地》,济南:齐鲁书社,1997年,第26~29页。
[2] 烟台市文物管理委员会:《山东长岛王沟东周墓群》,《考古学报》1993年第1期。

字,车节3块,每块150字。错金铭文铜节是战国中期楚怀王赐给其亲族鄂君启的免税凭据[1]。1974年出土于西安市南郊的秦杜虎符也有错金铭文(图3-6,3)。河南辉县固围村魏国大墓(M1)出土的铜辕饰,三门峡上村岭出土的错金龙耳方鉴、错金蟠螭纹方罍,陕西兴平豆马村出的嵌金铜犀尊,安徽寿县丘家花园出土的铜牛等,都是战国时期错金工艺的代表作品和极为精美的艺术品。

错银装饰可能出现于战国早期,洛阳中州路战国早期车马坑出土错银铜器[2]。其后辉县固围村魏国墓、河北平山县中山王墓等都有错银铜器出土,但整个战国时期,单纯的错银工艺还是不太多见,它一般与错金同时使用,以金丝为主、银丝为辅,错出雷纹流云的装饰图案。错金、错银又合称为错金银或金银错,河北中山王墓出土的铜兽插座,如犀屏风插座(图3-6,2)、虎噬鹿插座(图3-6,4)和龙凤方案等都是错金银装饰的铜器,兆域图铜版上陵园的规划布局和文字也是错金银的。战国时期的错金银工艺常与嵌银和镶嵌绿松石等多种工艺结合,形成复合装饰工艺,使构图更为绚丽多彩。

错金、错银、错金银是战国时期兴盛一时的铜器装饰工艺,但到西汉时期,由于鎏金技术的发展而逐渐减少。

图3-6 战国错金银和镶嵌铜器
1.复合装饰的铜壶;2.错金银犀屏风插座;3.错金铭文虎符;4.错金银虎噬鹿插座

---

[1] 殷涤非、罗长铭:《寿县出土的鄂君启金节》,《文物参考资料》1958年第4期;刘和惠:《鄂君启节新探》,《考古与文物》1982年第5期。
[2] 洛阳博物馆:《洛阳中州路战国车马坑》,《考古》1974年第3期。

镶嵌：是在铜器表面镶嵌玉和绿松石的装饰工艺，又叫嵌玉镶琅。战国时期的嵌玉镶珠常与错金银等多种工艺结合，形成复合制作工艺。中山王墓出土的铜犀尊全身错金并镶嵌松绿石。1982年出于江苏盱眙穆店公社(今穆店乡)南窑庄汉代窖藏的重金园壶(又称重金络壶)，全身以绿松石和金银错嵌而成(图3-6,1)，窖藏时代为西汉时期，但圆壶为战国时期燕国器物[1]。1964年临淄商王村墓地出土一面错金银镶绿松石铜镜，直径29.8厘米，镜背三个环钮等列于镜周，有银乳丁9枚，地嵌绿松石，图案为粗线条云纹上错以金丝，制作精工华丽，构图严谨，堪称镶嵌工艺的杰作。

刻纹(细线刻镂)：在铜器表面刻纹装饰的工艺出现于春秋早期，多见于战国时期。刻纹图案的线条细如发丝，装饰的器物大都是器胎较薄的匜、盘、鉴、杯、匕、奁，以盥洗器皿匜、盘为主，刻纹多施于内壁，缶、奁等也有刻在外壁的，内外壁兼施刻文的有上海博物馆所藏的椭杯。刻纹器多为锤打成形而非铸造而成，器壁较薄，大多不足1毫米，口沿部分厚2毫米左右，故较易破碎。纹饰有人物、楼阁、车马、花草、鸟兽、宴乐、歌舞、战争、祭祀等内容。1951年河南辉县赵固战国中期墓(M1)出土的铜奁，腹部刻有宴乐射猎图一周，上有人物37个、禽兽38只、器物66件[2]。江苏淮阴战国墓一次出土盘、匜、鉴、算形器、牛、虎等刻纹铜器20多件[3]。江苏六合战国初期墓也出刻纹残铜匜1件[4]。

模印：在铜器上加铸装饰纹样，战国时期除了沿用商周在泥模上雕刻的办法，还用花纹印模版在泥模上捺印，或将印出的花纹泥片贴附在模胎上，大大减省了铸器的时间。现在发现的战国陶范上的模印花纹有蟠螭纹、夔龙纹、夔凤纹、云纹、涡纹、贝纹、羽状纹、绹纹、环纹、垂叶纹等。

填漆：在铜器纹饰的沟槽内填以彩色的漆，打磨光滑，有类似错金银的装饰效果，而且比错金银等工艺更加简便和经济。这一装饰工艺产生于商代晚期，战国时期较为多见。河北平山中山成公墓(M6)出土的银首人俑铜灯，俑身服饰上的卷云纹填嵌的为黑漆和红漆[5]；湖北江陵望山M2出土的变形龙纹尊和圆涡纹铜缶亦为填漆作品[6]。

(四) 铜器类型和总体特征

战国时期，商周以来的青铜礼器逐渐为日用器皿所代替，常见的有鼎、壶、豆、敦、簋、匜、盘、舟、鉴、簠、盉、灯、铜镜、带钩及兵器戈、矛、剑、镞等。战国后期的铜器多薄胎、素面，轻巧多变，体态丰满，既省工料又美观实用，逐渐摆脱商代、西周以来神秘森严的庄重气氛。一方面青铜器向简单粗陋发展，另一方面向金属细工装饰工艺方向发展，分化出实用的生活用器和精致的装饰用器等种类，有些日用器也开始向装饰方向发展，如灯具和铜镜等。

---

[1] 姚迁：《江苏盱眙南窑庄汉文物窖藏》，《文物》1982年第11期。
[2] 郭宝钧：《山彪镇与琉璃阁》，北京：科学出版社，1959年。
[3] 淮阴市博物馆：《淮阴高庄战国墓》，《考古学报》1988年第2期。
[4] 吴山菁：《江苏六合县和仁东周墓》，《考古》1977第5期。
[5] 巫鸿：《谈几件中山国器物的造型与装饰》，《文物》1979年第5期。
[6] 史树青：《我国古代的金错工艺》，《文物》1979年第5期。

战国初期青铜器上的花纹也很繁缛,礼器、铜镜流行蟠螭纹,其次有绹纹、贝纹、涡纹、三角云纹、勾连雷纹和叶状、羽状纹。中期开始,反映现实生活的战斗、狩猎纹较为习见,各种云纹更加流行,蟠螭纹已不占突出地位。晚期流行简单的螭纹和花朵纹带,有的素面为主,只加一二道凸弦纹,局部地方才有简单的花纹。由于花纹模印技术的普遍使用,铜器纹饰显得工整精细。

鸟兽和生活图景是错嵌红铜经常表现的纹饰类型。鸟兽纹往往分层对称排列或同向排列成纹饰带,鸟兽间饰以云纹、"工"字纹或菱形纹等。河北唐山贾各庄燕国墓(M18)出土的豆,河南辉县琉璃阁出土的扁壶,固始侯古堆出土的罍、方豆壶等,均属此类。表现社会生活的装饰题材多为建筑、战船、车马、采桑、田作、狩猎等,河南汲县山彪镇M1出土的水陆攻战纹的铜鉴,腹四周有水陆攻战图案40组292个人物及旌、旗、鼓、戈、戟、剑、盾、弓、箭、车、豆、壶、舟、鱼等,表现出格斗、射杀、划船、击鼓、犒赏、送别种种场面(图3-5)[1]。陕西凤翔高王寺战国铜器窖藏出土的射宴壶,有错红铜装饰的射猎、宴饮、歌舞的鲜活场景[2]。内容相同的还有1965年成都百花潭战国墓(M10)出的铜壶,通体布满用铅类金属错嵌的图案,自上至下有宴饮习射、采桑弋射、水陆攻战、狩猎图,用纤细流畅的线条刻划出110多个人像和50多只动物,内容丰富,技术精湛。唐山贾各庄M5出土的狩猎纹铜壶亦属此类。

战国青铜器总的来说是向着简单、轻巧、素面方向发展,以方便实用为目的;另一方面,由于金属细工工艺的兴起,又出现了一些装饰华丽的贵重铜器,装饰性和实用性并重。

战国时期的铜器种类、形制特征因时因地而异,已在墓葬部分中进行说明。日用铜器中常见的铜镜、带钩等将在"社会生活"一章进行介绍。

三、陶器制造和陶器类型

(一) 烧造技术

春秋战国时期,制陶业有了较大发展,专业分工细致,普遍流行横穴式窑,窑室面积增大,烟囱移至后方,流行半倒焰和平焰窑,能够烧造像秦兵马俑一样的大型和火候较高的产品,烧造技术和效率有了较大提高。战国时期新出现了地面式陶窑。1975年发现的湖北江陵毛家山春秋战国之交的陶窑可能是目前所见最早的地面窑,窑门前有一椭圆形的烧火坑,深约0.5米,与窑门相接,是一个供烧火的工作坑,坑底堆积大量草木灰。窑门宽约0.5米,门内窑室分火膛和窑床两部分,窑床基本在地表,火膛为扇形,高于烧火坑约0.5米,而低于窑床。窑室以窑床为主体,呈纵向椭圆形,长轴1.5米、短轴1.2米。窑床平整,近火膛处呈红褐色,其余部分有烟炱。烟囱设在窑床后方,靠近窑床的地方堆积二十多个尚未烧好的陶豆[3]。战国时期的地面窑应该比较普遍,由于暴露于地表,不易保

---

[1] 郭宝钧:《山彪镇与琉璃阁》,北京:科学出版社,1959年。
[2] 韩伟、曹明檀:《陕西凤翔高王寺战国铜器窖藏》,《文物》1981年第1期。
[3] 纪南城文物考古发掘队:《江陵毛家山发掘记》,《考古》1977年第3期。

存下来,所以被发现的机会也少。

山西侯马发现了一批春秋末至战国早期的陶窑,较为完整的一号窑址窑身呈椭圆筒状,东西径 2 米,南北径 1.6 米。洛阳发掘的战国陶窑,窑室的面积为 3~10 平方米,烟囱普遍设在窑室的后方。

战国晚期至秦,为适应日用陶器、砖瓦、随葬俑类和模型明器的大量需求,陶器生产领域拓展,制陶业的规模不断扩大。咸阳东西向的北坂原坡上集中发现战国晚期到秦代的陶窑 108 座[1]。秦始皇帝陵周围有专为造陵服务的密集陶窑。

(二)陶器类型及特点

战国时期的陶制产品依其用途和特征大致有日用陶器、模型明器和建筑用陶三大类。日用陶器主要是容器,鼎、豆、壶、敦、盒、釜、罐、盆、匜,等等,以鼎为首的鼎、豆、盒、壶等又被冠以礼器之名,大的方面来说,也属日用部分。模型明器只有少量陶灶和关中地区常见的陶囷。这些在墓葬相关部分内容中都已涉及,本部分只说明一下建筑用陶。

建筑用陶的生产自西周时期即已开始,主要有陶水管道、板瓦、筒瓦、陶井圈等。战国时期,砖、瓦的制作成为建筑用陶生产的主要内容。

1. 砖

砖为模制品,战国时期生产数量尚有限,且以铺地方砖为主,为较大的平板式,极薄似瓦,正面有花纹,河南洛阳东周王城、山东章丘东平陵故城等地均有出土。齐国的铺地花纹砖,以菱形纹为骨架,每一菱形中填以细密的图案花纹,四角为四组三角状花纹,中间为四层"亚"字形框相套,中心为"十"字,像日出时云雾蒸腾状。秦咸阳宫铺地砖,边长 40 厘米左右,正面有对称分布的圆圈纹、卷云纹,或以菱形界格为骨架布置纹饰(图 3-7)。

图 3-7 战国铺地砖
左:临淄故城出土 右:咸阳宫出土

空心砖是战国中期陶工的一个创造,它首见于中原一带的战国中期墓葬,一般作长方形扁状,有鸟兽纹、纺织纹等。制作方法为:先将一块制砖泥皮铺在砖模底上,再紧贴砖模四壁放四块泥皮,将泥皮相接处粘连,中间放入沙包,上面再放一块泥皮压住沙袋,用模板压牢并挤压成形,取出晾至半干后,从砖的两端各切开一方形的小口,让沙袋里的沙流出。最后是入窑烧造。

---

[1] 吕卓民:《从考古资料看秦汉时期咸阳的制陶业》,《文博》1989 年第 3 期。

秦代的砖主要有空心砖、条形砖、长方形砖、曲尺形砖、楞砖、券砖等。秦陵和咸阳出土的大型空心砖,砖两端的出沙口呈椭圆形,与战国空心砖的方形小口有所不同。咸阳宫遗址出土的空心砖上刻划加彩绘的谷纹璧和蜷曲的龙,极具特色,可能是作为台阶踏步用的。曲尺形砖用于包砌台阶,券砖作楔形,用在弧顶部位,其余都是铺地用砖。

秦代短暂,但建筑事业极盛。秦在统一过程中,每破诸侯,"写放其宫室,作之咸阳北阪"。统一后又发隐宫刑徒70万造阿房宫,其建材用量可想而知。秦代砖坚实细密,但主要用于铺地,还未见用于建筑的基础和墙体,如秦始皇帝陵兵马俑坑过洞的底均为青砖墁铺。

2. 瓦和瓦当

瓦的生产历史悠久,陕西宝鸡和石峁都出土龙山时代的素面瓦,四川三星堆文化遗址也出土板瓦。至战国、秦代,瓦的种类已很齐全,常见板瓦和筒瓦。瓦的制法是先用泥条盘筑法做成圆形坯,剖开后入窑烧造。四剖或六剖为板瓦,对剖成半圆形筒瓦。板瓦和筒瓦配合使用,板瓦仰铺,凹面朝上,筒瓦覆于两行板瓦相接处,形成不漏水的屋顶。又宽又大的筒瓦用于护脊或墙头,称为脊瓦。中山国灵寿城还出土大量瓦钉。

建筑檐头筒瓦前端的遮挡称为瓦当(挡),瓦当有圆形、半圆形两种,作用是保护椽头、装饰建筑,在建筑用陶中,它是最富于变化和装饰性的构件。

战国时期的瓦当以半圆形为主。圆瓦当始见于战国早期,它是从半瓦当发展而来的。汉代流行圆瓦当,东汉时期半瓦当基本不再使用。战国时期开始,瓦当多数都有纹饰,但南方地区瓦当发现较少,楚国地区瓦当仍以素面为主。不同地区不同时代,瓦当纹饰有不同的特点(图3-8)。

图3-8 战国瓦当
1~9.秦瓦当;10~12.齐国瓦当;13、14.燕国瓦当

秦国流行圆形瓦当,以葵纹瓦当为特色,同时流行各种动物图案的圆瓦当,有生动活泼的奔鹿、立马、双兽图案等。秦雍城出土的瓦当,面径13.5~16厘米,有站鹿、连颈双獾、蟾蜍、虎、夔凤、戴胜、荷花、卷云纹,等等,图案纹饰高凸。秦始皇帝陵寝殿建筑遗址出土的大型夔纹瓦当,直径为61厘米,高48厘米。类似的秦瓦当在辽宁绥中县沿海秦代建筑遗址也有出土。

赵国以三鹿纹和变形的云纹圆瓦当为特色。

燕国流行半瓦当,纹饰有饕餮纹、黼黻纹、双兽纹(双鹿、双龙等)、独兽纹(长颈兽)、双鸟纹、窗棂纹、云山纹几类。燕下都出土云山纹瓦当甚多,其双兽纹瓦当几乎全部取材于非现实世界的怪兽。

齐国有圆瓦当和半瓦当,一般直径16~18厘米,以树木纹为特色,多属中轴对称型。有树木双兽纹、树木单兽纹、树木双兽云纹、树木双骑纹、树木双骑卷云纹、树木双兽箭头纹、树木卷云乳钉纹、树木箭头乳钉纹等等。动物纹有朱雀(双凤)、四鹤、太阳鸟等,另外还发现素面瓦当。树木纹饰是齐都临淄瓦当最具特色的纹饰,齐国其他地方少见。动物纹也多与树木纹相配,置于树木左右两侧,且多取材于现实生活中的马、驴、鹿等动物。临淄故城的树木双兽纹瓦当部分有人骑兽形象,画面富于现实生活的灵动气息,这也是其他地方所不见的内容。另外齐国故城还发现箭头纹和对称布局的凤鸟纹半瓦当。

三晋两周地区的半瓦当则以对称布局的云纹为主要形式,这种形式是汉代云纹瓦当的母本。

(三) 陶器装饰

同春秋时期相比,战国陶器以素面陶为主,有纹饰的也以粗绳纹、弦纹为多见,出现较多的暗纹,即在陶坯半干时,用圆钝的竹木或骨器在器坯表面压划出绳纹、弦纹、几何纹等,然后打磨烧制成磨光陶,形成暗纹。各地陶器的纹饰风尚也各有不同。秦国陶器除绳纹外还流行篮纹、方格纹。燕国则刻画狩猎、鸟兽纹,与青铜器的纹饰特点相一致。

中原地区有少量的彩绘陶,有红色彩绘纹和黑色暗花,图案有云雷纹、菱形纹、涡纹、锯齿纹、蟠螭纹等。山西榆次发掘春秋战国墓300余座,其中战国墓出土大量的彩绘陶,如战国晚期或中期偏晚的一件彩绘陶盒,高16厘米、口径18厘米,以红、白线条画出粗犷的卷云纹。

南方地区仍有印纹陶,在器表上拍印回纹、斜方格纹、席纹、米筛纹、麻布纹等,纹饰细密而规整。

四、漆器制造和漆器装饰工艺

(一) 漆器种类

从春秋时期开始,漆器以其耐腐、轻巧、美观和便于装饰等特点,在日常生活中逐渐取代了青铜器皿的地位。楚、秦、齐、燕、三晋两周、中山、鲁、曾、蔡等列国故地均有战国晚期漆器出土,长江中下游地区所出完整器较多。湖北江陵楚墓、湖南长沙楚墓以及湖北云梦秦墓和四川青川战国晚期秦墓成批出土的漆器，都是研究战国漆器工艺的珍贵资料。从目前所发现的漆器来看，战国漆器已涉及日常生活、礼乐、交通、军事、丧葬等各个领域，经髹漆的器具种类相比春秋时期有了明显的增加，用途十分广泛。以其用途分类，主要有：

家具：床、几、案、箱
饮食器：盘、盂、卮、樽、耳杯、勺、匕
炊厨用具：俎
妆奁器：奁、盒、梳、篦、匜、鉴
陈设品：座屏
仿铜礼器：鼎、豆、壶、钫
乐器：鼓、瑟、笙、钟虡
兵器：甲胄、盾牌、弓、矢箙、剑鞘、柲
交通工具：车、肩舆
丧葬用具：棺、笭床、镇墓兽等。

(二) 漆器的生产和制造

虽然文献较少有春秋战国时期漆器生产的直接记载，但我们可以从漆器制造的原料——漆的生产状况略见一斑。《周礼·地官·载师》："唯其漆林之征二十而五。"生漆生产在周代是国家赋税来源之一，要缴纳1/4的税。战国时的庄子曾做过专门管理漆园的小吏。生漆的生产为国家所重视，并有专人管理，亦可见漆器在人们生活中的地位。春秋时期，漆器生产还附属于木器手工业，战国中期以后迅速发展成为一个独立的手工业部门。

不同器形和胎质的漆器，制作工艺是不一样的。战国至汉代都以木胎漆器为主，制法有轮旋、斫制、卷制、拼合四种，分别因器形而施。

厚木胎的杯、匜、钫、案等非圆形器，一般采用斫制，经剡、凿、剔、挖，雕刻而成，故又称为砍挖胎。盒、壶、盘等圆形器，用轮旋刮削的方法加工外壁，再剜空其内部，称为旋木胎。奁、卮、樽等直壁筒状器，用薄木片旋转卷曲成器壁，粘合或用木钉连接成圆筒再添加器底而成，最后用麻布裱糊以掩盖接缝，是为卷木胎，又称卷素。战国漆器多用木胎，后期也用卷素。棺、案、几等长方器，使用榫卯将木板拼合成器，称为板合胎。秦汉文献称木胎漆器为"木器髹者"。

盾牌、弓用竹片拼接或篾片编织成形，矛、戈的柲多有积竹而成的，髹漆后成为竹胎或藤胎漆器。长沙楚墓出土的皮方盒、皮甲和皮盾牌，随州曾侯乙墓出土的12件皮甲，都经髹器。战国时期也有在陶器表面涂漆的，但为数不多，汉代遗址发现稍多。这种胎质的漆器又称为瓦胎漆器。

战国中晚期，有一种在薄木胎上裱麻布再髹漆的夹纻胎漆器，是木胎漆器的一种。受木胎裱麻布工艺的启发，一种新的漆器类型——布胎漆器出现了。布胎的制作工艺是：先用木头或泥土制成器型作内模，在内模上裱多层麻布或缯帛，逐层涂漆灰，裱一层刮一次漆灰，经反复磨光后再上面漆，干实后去掉内模，形成缯帛胎或麻布胎。由于麻布或缯帛夹在漆灰中间,故又称为布胎或缯帛胎,其制作的方法就是脱胎法。夹纻胎一般厚0.3～0.5厘米,轻巧、牢固,它克服了卷木胎漆器容易开裂变形的缺点,最适于自由地创造各种器形,特别是圆形器皿,如湖北江陵望山楚墓(M1)出土的鞘,湖南长沙战国楚墓出土的盒、樽,四川青川秦墓出土的奁等,皆为布胎漆器。但是战国晚期到西汉早期的布胎漆器发现较少,到西汉中后期才开始增多。秦汉称布胎漆器为"纻器"。

战国漆器胎质的多样化,特别是夹纻胎和布胎漆器的出现,标志着战国漆器制作技术已达到了相当高的水平。

(三) 漆器装饰工艺

髹漆本身既是保护器物也是装饰器物。战国秦汉漆器的颜色有黑、朱、黄、蓝、白、绿、紫等十几种。漆器的外表也可任意敷彩,自由发挥创作多种图案花纹,既方便又美观。同时,在漆器之上又常常附加装饰,形成多样的艺术效果。

扣器: 在漆器口沿、器身或底部镶套镀金或镀银的铜箍,或在耳、足等部位镶套镀金或镀银的铜饰,铜饰又称为铜扣(釦),这样的漆器称为扣(釦)器。铜扣起到了加固器身和装饰器表的作用,是漆器装饰工艺发展的标志。镶扣漆器滥觞于西周,战国时期,漆器胎逐渐变薄,为了固胎防裂,开始采用附加铜件加固的办法,出现了真正意义上的扣器。战国时期的扣器发现的数量还比较有限,但它标志着当时漆器装饰技术的发展进程。漆木器不易保存,考古发掘中铜扣的出土可以说明漆器的存在。

贴花: 利用金银延展性能良好的特点将金银捶打成薄片,将金、银薄片裁制成图纹,用漆粘贴在器物的胎或漆面上,涂漆,打磨显出花纹,这种漆器装饰工艺叫作金银片贴花。金银片贴花最早出现于商代,1966年山东青州苏埠屯商代大墓中曾出土14片薄金片,应为贴于漆器上的饰品。战国时期的贴花有各种飞禽、走兽、车马、人物、海水、翔云等,至汉代,贴花工艺仍很流行,但完整的贴花漆器较难发现,只有散落的金片,器形难以辨认。

金银平脱: 金银平脱是类似金银片贴花的装饰工艺,将金、银薄片剪成所需的图案纹饰,金片上施以镂空花纹或毛雕,然后镶贴在漆器表面,用漆液粘合,反复多遍通体上漆,直至油漆淹没金银薄片花纹,干后再仔细打磨髹漆后的器胎,直到光滑细腻并露出金银贴花图案为止。因粘贴上的金银片花纹与漆面平齐,从漆面中脱露出来,文质齐平,故称"金银平脱"。金银平脱工艺使金银片图案与漆器合为一体,既美观又有富贵感。临淄商王村一号战国墓出土银平脱漆盘2件,大小及纹饰一致,木胎已朽,口镶银扣,内壁及内底饰银质平脱纹饰。纹饰系用银片剪裁而成,内壁饰垂叶纹,内底中部饰龙纹[1]。银平脱为战国时期齐国的特色工艺,其他地区发现较少。

锥画: 即针刻工艺,用针尖在已涂漆而尚未完全干透的器物漆面上刺刻出细如游丝的花纹或铭文。战国时期已见针刻铭文的做法,但针刻花纹主要见于西汉及以后。

漆绘: 漆绘就是将生漆制成半透明漆液,调上各色颜料在器表上描绘花纹。大多数漆器都是用漆绘法装饰的。它不但色泽光亮,也不易脱落。生漆不管涂在什么器物上,干后

---

[1] 淄博市博物馆:《山东临淄商王村一号战国墓发掘简报》,《文物》1997年第6期。

本身就有光泽,在漆器装饰工艺中,这种光泽称为"原光"或"浮光"。后来生漆与干性油调和髹涂,干后光泽更好,称为"明光"。

油彩： 用桐油调色,描绘于漆器表面。这种方法所绘花纹往往因油脂老化而脱落,不如漆绘牢固耐久,但也省便易行,与漆绘等装饰的漆器彩绘纹样一样细致流畅。战国时期漆器上的彩绘纹样有几何纹、几何勾连纹、模拟青铜器的花纹、云纹、变形云纹、龙凤纹、动植物纹和乐舞、狩猎等生活题材的生活画、故事画以及天文图像等。

五、纺织生产和丝织品种类

(一) 纺织生产

战国秦汉时期的纺织品主要是丝帛和麻葛织品。《墨子·天志中》载:"从事乎五谷麻丝以为民衣食之财。"麻布原料来自人工种植的大麻(又叫火麻),是中国古代的大田作物。丝织品原料来自蚕桑业。《管子·牧民》有:"养桑麻,育六畜。"采桑图纹多次见于战国铜壶上的装饰纹样,湖北云梦睡虎地秦墓秦律竹简有专门保护桑叶的条文。从战国时期蚕桑业的情况也可见当时丝织业的盛况。

春秋战国时期,手工业生产大都掌握在官府手中,即所谓"工商食官",他们直接服务于官室。长沙楚墓中曾经出土过一方"中织室鈢"铜印[1]。"织室"是当时官府管辖之下的丝织生产作坊,由工匠和奴婢专门生产高级丝织品,供官府和贵族使用,生产规模较大。从印文分析,楚国的织室可能还设有东织室、西织室等。这说明,楚地的丝织生产已经有了一定的管理体系。

战国时期,纺织生产逐步专门化、职业化、系统化,官营的纺织生产,纺、织、印染全套工艺的分工已经形成,并且同其他的手工生产一样实行"物勒工名"的制度,这有利于纺织技术和产品质量的提高。

1957年长沙左家塘406号楚墓所出的丝织品中,有一块褐地矩纹锦,锦一边有0.8厘米宽的黄绢作边,绢上墨书"女五氏"三字,锦面上盖有朱印一处[2]。1982年,荆州马山砖瓦厂一号楚墓出土的丝织衣物上也发现有朱红色印文和墨书文字,其位置均在织物的幅边或紧靠幅边处。在塔形纹锦带上,多处盖有正方形的朱色印记,有的一件上盖有3印,印文不够清晰。墨书文字2处,一处在鸟鳧锦面衾的灰白绢里上,为"门膚"二字的合文,一处在小菱形纹锦面锦袍的深黄绢里上,为"柬"字。从这些印记和墨书文字在衣物上的位置来看,应是在成幅的织物上揿印或书写的,做成衣物后,这些印文和文字往往位置颠倒或横置,甚至被缝住了一部分,可见它们不是物主的名字,而应是在织制过程中印、写的[3]。丝织物上的印记很可能就是"物勒工名"制度的反映,"女五氏"应为具体织造的女

---

[1] 石志廉：《战国古玺考释十种》，《中国历史博物馆馆刊》1980年第2期。
[2] 湖南省博物馆、湖南省文物考古研究所等：《长沙楚墓》，北京：文物出版社，2000年，第413页。
[3] 彭浩：《略论马砖一号墓出土的几种丝织品的织造方法和产地》，《中国纺织科技史资料》第十六集，北京：北京纺织科学研究所，1984年。

工的姓氏。这是官营生产作坊组织生产的标志。

(二) 织造技术

根据目前出土的战国纺织品实物的幅宽,推测当时使用踞织机和固定的台式织机两种织机进行纺织生产。踞织机又称腰机,它没有固定成型的机台或机架,只能织制窄幅织物。马山楚墓中出土的丝织绦带的织幅在 2.1~6.8 厘米之间,如此窄幅的织物就是踞织机上的作品。

目前所见战国楚墓中出土的丝织品,除绦带外织幅都较宽,均匀细密,并且有复杂的图案纹饰,固定的台式织机应该已经使用。马山一号墓出土的绢、锦等大多数织物的幅宽在 50 厘米左右,包山二号墓所出的绢幅宽约在 42~44 厘米之间,反映当时大量使用的织机规格基本一致。《礼记·王制》载:"布帛精粗不中数,幅广狭不中量,不鬻于市。"孔疏:"广狭者,布广二尺二寸。"按战国度制,一尺约合今 23 厘米,幅宽 50 厘米约合二尺二寸,与实物相符。汉代仍然保持着这一定制,《汉书·食货志》载:"布帛广二尺二寸为幅,长四丈为匹。"说明织机的规格在战国时期已经基本定型,并一直沿用到汉代。

根据安阳殷墟和陕西宝鸡西周墓中出土的青铜器或泥土上的丝织物花纹的印痕分析,商周时期已较多地出现提花织物。湖北荆州江陵马山一号墓的丙丁纹锦,在一个完整的花纹循环中约需 88 片提花综,舞人动物纹锦约需用 143 片提花综,显得更为复杂。织制提花织物,寻常纺织机部件外尚需增加提花机件,织制像马山一号墓的丙丁纹锦,必须有专门的提花机,操作这样的织机织出细密而带有精美花纹的丝织品,说明当时纺织品提花技术已经相当成熟。

绕线或缫丝的工具也有发现。江西贵溪春秋战国时期古越族的崖墓中,发现一"⊠"形的木质绕线框[1]。云南江川李家山战国至汉初的墓葬中也出土"工"字形铜器,长22.1 米、宽 21.4 厘米[2]。"工"字形铜器在云南晋宁石寨山汉墓中也有出土。木制或铜制的"工"字形和"⊠"字形器具就是缫丝用的丝篗。缫丝时,理出丝纩,集绪后,将丝线引到丝篗上,以备制纱纺织。

(三) 纺织品的种类

战国纺织产品主要有麻织物和丝织物。麻织物织造粗疏,缺乏变化,并且发现的数量不多,也不系统。根据文献记载和出土材料,当时的丝织品有罗、纨、绮、锦、绣、纱、缟、绢、绦、绫等,其中齐国的丝织技术最负盛名,而出土最多的是楚国地区。

目前战国丝织物发现最集中的地方是湖北、湖南两地,地下水位较浅,楚墓椁外填塞木炭并以白(青)膏泥封固墓室的葬俗,使墓葬中的丝、麻、竹、木、漆器等得以较好地保

---

[1] 江西省历史博物馆、贵溪县文化馆:《江西贵溪崖墓发掘简报》,《江西历史文物》1980 年第 4 期。
[2] 云南省博物馆:《云南江川李家山古墓群发掘报告》,《考古学报》1975 年第 2 期。

存下来。出土的丝织物较多的主要有:长沙楚墓 160 件[1];荆门包山楚墓 73 件[2];荆州马山一号墓 152 件(其中完整的衣物 35 件)[3];江陵望山楚墓 35 件[4];江陵九店楚墓 17 件[5]。出土品包括了绢、缣、纱、罗、绮、锦、组带,等等。

绢:绢是一种组织简单的平纹丝织物,对织造技术要求相对较低,在出土实物中也是数量最多的一种。出土的绢品以粗疏者为主,但马山一号墓出土的枕套的绢面经纬密度达到了 164×66 根/平方厘米。经密在 100 根以上的绢代表了当时较高的丝织技术水平。密度最小的一件是内棺盖上残存的深棕色绢衣缘,经纬密度只有 30×15 根/平方厘米,是绢中最为稀疏的一种。长沙 365 号墓出土的一件绢品经纬密度为 35×21 根/平方厘米。古称细绢为纨、缟,粗绢为绨,《说文·丝部》有:"绨,厚缯也。"马山一号墓的一种绢厚 0.7~0.8 厘米,经纬密度为 80×10 根/平方厘米,可算是名副其实的绨了。

马山一号墓出土的个别绢织造后经过压光处理,更具有良好的色泽。绝大多数绢是经过煮练的熟绢。

缣:缣为并丝平纹织物,一纬双丝,织制难度较大,是丝织物中较为高贵的一种。1951 年长沙战国楚墓出土一件浅黑色双丝平纹织物,经纬密度为 40×18 双根/平方厘米。

纱:纱是有孔眼的平纹丝织物,是所有织物中用丝线最少的一种,它轻薄、疏朗、透气性好,是制作夏衣的理想面料。包山二号墓出土的 14 件纱,经密为 12~30 根/厘米,幅宽为 27.5~30 厘米,两侧有边维,质地轻薄,有的还涂有一层半透明的胶状物。江陵九店乙组墓共出 8 件,6 件为棕色,粉红、黑色各 1 件,黑色纱上附有一层胶状物。长沙 3 座楚墓出土了 12 件方孔纱,黄褐色方孔纱的经纬密度为 48×46 根/平方厘米,纱孔均匀清晰。在纱类织物上涂漆液,可以得到富有弹性的漆纱,到汉代,漆纱制品大量使用。

从出土情况看,纱主要用于器物封口的内层或包裹器物及作衣物内衬,而极少用作衣料。马山一号墓用纱的衣物只有 6 件。长沙楚墓发现的 1 顶残纱冠和 1 件纱手帕是先秦时期难得的珍贵实物。

罗:罗是采用绞经组织的有孔丝织物,其织造工艺要比纱复杂得多,织造时,纬丝保持平直,相邻的经丝交叉纠绞形成椒形孔眼,不致因错动使孔眼变形。商周时期已有罗织物。马山一号墓出土了 1 件用作绣地的素罗,经纬密度为 40×42 根/平方厘米。

绮:《说文》载:"绮,文缯也。"一般认为,绮就是在平纹地上起斜纹花的丝织物。元代戴侗《六书故》说:"织素为文曰绮。"绮是提花丝织物,故常与锦等列,战国时期已较为多见。马山一号墓所出的 2 件绮,其外观为顺经线方向有规律排列的深红、黑、土黄色相间的条纹,每条纹带宽 1.3~1.5 厘米。包山二号墓所出的 6 件原报告称为彩条纹绢的丝织物,面上排列黑、褐或黑、土黄色相间的条纹,也应属条纹绮,这种绮多用作衾的面或里。

---

[1] 湖南省博物馆、湖南省文物考古研究所等:《长沙楚墓》,北京:文物出版社,2000 年。
[2] 湖北省荆沙铁路考古队:《包山楚墓》,北京:文物出版社,1991 年。包山 2 号墓为公元前 316 年下葬。
[3] 湖北省荆州地区博物馆:《江陵马山一号楚墓》,北京:文物出版社,1985 年。
[4] 湖北省文物考古研究所:《江陵望山沙塚楚墓》,北京:文物出版社,1996 年。
[5] 湖北省文物考古研究所:《江陵九店东周墓》,北京:科学出版社,1995 年。

包山二号墓还出土一件用作夹衾里的菱形纹绮。

锦：锦是经线提花的多彩丝织物，为平纹经二重或三重组织成，以彩色丝线织成，经线显花，是丝织物中最贵重的一种。《释名·释采帛》载："锦，金也。作之用功重，其价如金，故其制字，帛与金也。"在楚墓丝织品中，锦是品种最多的一种，出土数量仅次于绢。长沙楚墓出土的 38 件锦，有褐地小花纹锦、彩条纹锦、深棕色地红黄色菱纹锦、褐地矩纹锦等 9 种。马山一号墓一座墓中就出有 9 种 42 件，多为衣物的缘和衣衾的面，以菱形纹锦最为多见，其舞人动物纹锦的经密达到了 156 根/厘米，堪称锦中精品。这些锦出土时大多光彩夺目，艳丽如新。

组带：组带有经无纬，只用经线呈一定角度左右交叉相互编织而成。长沙楚墓在 4 座墓中出土 7 件，深褐色，每厘米有经线 13～20 根，有的稀疏似网状，其中长沙浏城桥 89 号楚墓（原编号 M1）出土的一件长 9.8 厘米、宽 46 厘米，时代在战国早期前段，是目前所见最早的编织组带实物。马山一号墓发现的 10 件组带均为双层，用于衣领、缘和囊、帽等的系带。

绦：绦就是以丝线编织成的彩纹丝带。《说文》有："绦，扁绪也。"《广雅》作"编绪"，《汉书·贾谊传》作"偏诸"，《说文》段注认为当以"编诸"为是，"诸者，谓合众采也"。马山一号墓所出的绦是一种丝织窄带，绦带宽度为 5.6～7.8 厘米，经密为 32～48 根/厘米，纬密为 22～32 根/厘米，均为袍领。如此繁复艳丽的花纹用在衣领上，无疑有画龙点睛的效果。

刺绣：我国迄今发现的战国刺绣实物基本都在楚国地区，以湖北江陵及其周围地区最为集中，战国中晚期的马山一号墓一次出土 21 件，绣地以绢为主，有蟠龙飞凤纹（图 3-9）、舞人动物纹等多种图案。湖北江陵九店、望山，荆门包山及湖南长沙等地的楚墓也都有刺绣品出土。战国时期刺绣的针法以锁绣为主（又称辫绣），并且出现了钉线绣法。刺绣时，根据图案的具体需要，或间绣，或满绣。每件绣品使用的彩色丝线多在 3 种以上，所有图案均不见加绘填彩，完全靠绣线组成多彩的图案花纹。这些绣品从刺绣针法到花色品种都反映出高超的手工技艺和人们的审美情趣。

图 3-9　马山一号墓出土刺绣品上的凤纹

彩绘和印染：运用彩绘对纺织品进行装饰虽然没有织锦、刺绣般华丽，却较锦绣的制作省时省工。洛阳殷商墓就曾发现用黑、白、红、黄等色绘成的几何形图案的画幔。战国时期的彩绘丝绸品有江陵九店 410 号墓出土的 2 件木俑衣袍和 1 件残片，都是在绢地上用红、灰白二色粉绘四方连续的菱形纹间 S 纹,色彩已部分脱落[1]。战国时期楚地所特有的帛画虽然与普通的彩绘丝织物有着不同的功用,但它们的彩绘工艺甚至工具应该是一致的。这些战国帛画有:1942 年、1973 年长沙子弹库楚墓出土帛书图像、人物御龙图各 1 幅;1949 年长沙陈家大山楚墓出土人物龙凤图 1 幅;1982 年马山一号墓出土帛画"非衣"1 件[2]。战国中期长沙左家公山 15 号墓出土了丝织物和用上好兔毛制造的毛笔,毛笔当为书写和涂绘的工具。这些从一个侧面反映了彩绘也曾是流行于楚地的一种美化丝绸的手段。

纺织品的印花工艺在春秋战国时期也已经出现,1979 年江西贵溪仙水岩春秋战国崖墓中出土了双面印花的苎麻织物[3]。

第二节 农 业

战国时期是农业大发展的时期,也是我国传统农业的形成期。结合文献资料,通过分析考古发现的作物遗存、农业工具、农田遗迹、家畜圈舍遗迹和遗骨、简牍材料、粮仓遗址和仓囷模型、水利工程遗址等等,可以帮助我们认识战国时期与农业生产和农民生活相关的各个方面。

一、战国农具

从春秋中晚期开始,铁制农具就逐渐应用于农业生产,但春秋铁农具发现的还比较有限。战国中期以后,文献中有关铁器的记载开始增多,较早记载铁质农业生产工具的是《国语·齐语》:管仲相齐时曾提到,"美金以铸剑戟,试诸狗马;恶金以铸锄夷斤斸,试诸壤土"。《孟子·滕文公上》载:"许子以釜甑爨,以铁耕乎?"用铁器耕作已和用釜甑烧饭一样寻常,表明战国时期铁农具已广泛用于农业生产活动,并在农业生产中起主导作用。

战国时期铁农具的出土明显增多,据统计,迄今发现的先秦铁器上千件,绝大部分是战国中后期的,而铁农具又在其中占很大比重,如河北石家庄市庄村赵国遗址出土铁器 477 件,其中铁农具占 65%[4]。不少墓都有随葬铁农具的习俗,且数量较多,如 1955 年山西长治分水岭战国初期墓出土铁铲 4 把、铁钁 17 件[5]。出土铁农具的地区已超出当时的七国地域,遍及今河北、河南、陕西、山西、内蒙古、辽宁、山东、四川、云南、湖北、湖南、安徽、江苏、广东、广西、天津等省、市、自治区。铁农具是反映生产力的重要指标。战国铁

---

[1] 湖北省文物考古研究所:《江陵九店东周墓》,北京:科学出版社,1995 年,第 297 页。
[2] 有关帛画资料及其研究的基本情况,可参见刘晓路著《中国帛画》,北京:中国书店,1994 年。
[3] 江西省历史博物馆等:《江西贵溪崖墓发掘简报》,《文物》1980 年第 11 期。
[4] 河北省文物管理委员会:《河北石家庄市庄村战国遗址的发掘》,《考古学报》1957 年第 1 期。
[5] 山西省文物管理委员会:《山西长治分水岭古墓的清理》,《考古学报》1957 年第 1 期。

农具的种类有锸、镬、铲、锄、耙、镰等,根据其用途大体可分为三大类。

(一) 翻耕、整地农具

犁:犁是由耒脱胎而来的,先秦文献已见有犁,如《管子·轻重甲》记载:"今君躬犁垦田,耕发草土,得其谷矣。"商代、西周已出现三角形的铜犁。甘肃天水等地发现战国时期的大铜犁。战国使用铁犁,但数量不多,形制也比较原始,一般是呈"V"字形的铁口犁,两翼向后展开,两翼外侧为锋刃,内侧有凹槽,使用时套装在木犁底上与犁架相连。犁底、犁架无存,只有铁犁头遗留下来,故称为"铁口犁"。河南辉县固围村战国大墓出土的铁口犁,"V"字形,两翼结合部略见凸起,以起加固作用(图 3-10,1、2),两翼夹角较大(120°),边长 17.9 厘米,重 465 克[1]。陕西临潼鱼池遗址出土了秦代的三角形全铁犁铧[2],类似西周时期的铜犁。这种全铁犁到西汉时期才推广开来。

镬:镬是一种挖土的横斫式工具,也可用作中耕松土和除草,即《国语·齐语》所说的"铸锄夷斤欘"的"欘"。商周时期有青铜镬,春秋战国又出现了铁镬。在战国各类铁农具中,铁镬的出土数量最多,分布也广,包括了当时秦、燕、齐、楚等国的一些地区,并远及吴越。战国铁镬的形制有两种:

一种是直銎的,它继承了商周时期青铜镬的形制,形状像一端带銎的长条形铁板,装曲柄使用,或先直装木叶,再用榫卯与横的直柄相连,又称蹶镬。早期镬一般是直銎的。河北平山战国中晚期中山王墓出土 8 件,一件长 15.8 厘米,銎端宽 5.3 厘米,刃端宽 4.6 厘米(图 3-10,3)。

另一种是横銎的,銎眼在铁镬的上端,直接安装直柄使用,又称斫镬。唐山东欢坨遗址出土的战国中晚期的横銎镬长 25.2 厘米、宽 6.5 厘米,背部微曲,銎部高于镬面,以便纳柄和强化銎部(图 3-10,4)[3]。

横銎镬装柄方便,较直銎镬晚出。无论是直銎还是横銎,使用起来都是横斫。

锸:锸是翻土开沟的重要工具。战国时期的锸有两种形制:

长方形或"一"字形铁锸,又叫直口锸。直口锸下边为刃,上边有长方形的銎。銎用来含纳木叶,以木叶连接长柄。战国时期的铁锸在河南辉县固围村、郑州二里岗、湖北江陵、湖南长沙等地均有出土,高 6~7 厘米,刃宽 12~13 厘米。河南新郑郑韩故城战国冷藏室遗址出土的铁锸长 12 厘米、宽 5.5 厘米(图 3-10,5)[4]。此种锸虽是早期较原始的一种,装柄方式复杂,但以其形制简单、灵便,直到西汉早期还在使用。

"凹"字形锸,又叫凹口锸,銎在内凹部内侧,装柄时三面包住木叶的下部,使铁锸和木叶、木柄的结合更加牢固,轻巧而省铁材。铁锸刃口又有尖、弧、近平等形式。湖北宜昌前

---

[1] 中国科学院考古研究所:《辉县发掘报告》,北京:科学出版社,1956 年,第 91 页。

[2] 始皇陵秦俑坑考古发掘队:《陕西临潼鱼池遗址调查简报》,《考古与文物》1983 年第 4 期。

[3] 河北省文物研究所等:《唐山东欢坨战国遗址发掘报告》,收入《河北省考古文集》,北京:东方出版社,1998 年,第 196 页。

[4] 河南省文物研究所:《郑韩故城内战国时期地下冷藏室遗迹发掘简报》,《华夏考古》1991 年第 2 期。

坪战国墓出土的凹口锸有尖圆形刃,长 11 厘米、宽 15 厘米(图 3-10,7)[1]。湖南资兴旧市战国墓出土铁锸 17 件,有尖刃锸 1 件,余为弧刃外侈锸(图 3-10,6)[2]。湖北宜昌路家河战国遗址出土的一件锸高 9.6 厘米、刃宽 12 厘米、銎部宽 8.4 厘米[3]。河南辉县固围村战国大墓同时有直口和凹口两种锸出土。

耙:耙是带齿的碎土工具,常见有二齿、三齿、五齿三种。耙的上部有一长方銎,横向装柄,柄与耙面垂直。三种耙在河北易县燕下都有发现,另外河北兴隆还发现五齿耙的铸范。燕下都出土的二齿耙高 11.7 厘米,三齿耙高 15.2 厘米,五齿耙高 11.4 厘米(图 3-10,9、10)。耙是破土碎土的工具,由于它也可用于挖土,尤其在黏湿地中使用更为得力,又称为多齿镢。因此,耙也可看作起土工具。

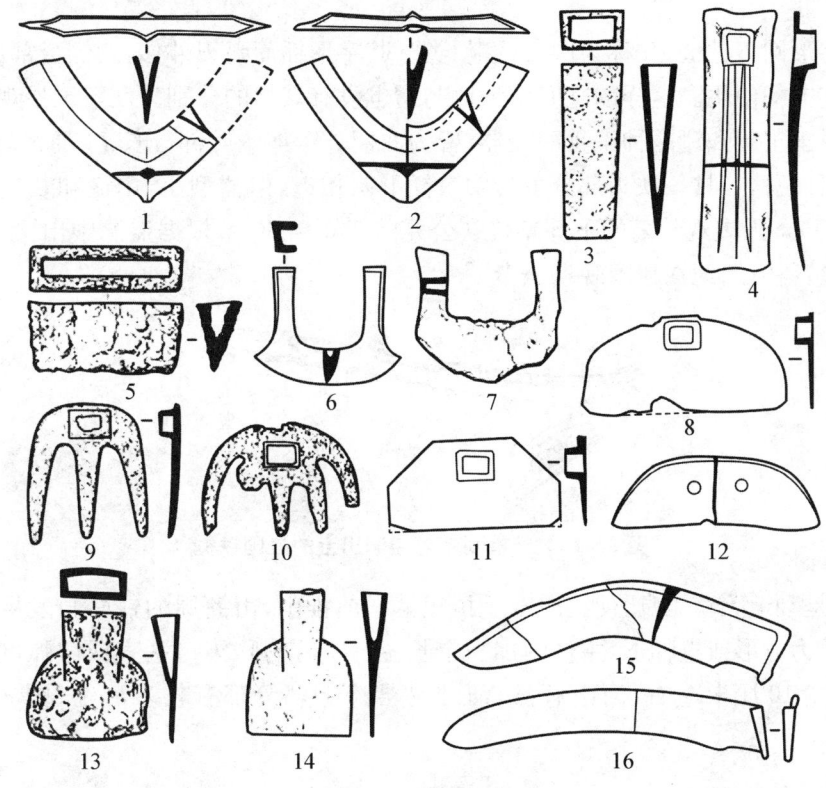

图 3-10 战国铁农具

1、2.辉县固围村"V"形犁;3.平山中山王墓直銎镢;4.唐山东欢坨横銎镢;5.郑韩故城长方形锸;6.资兴旧市凹口锸;7.宜昌前坪凹口锸;8.淄川南韩村圆肩锄;9、10.燕下都铁耙;11.燕下都六角形锄;12.辽宁宽甸铁䦆;13、14.燕下都铁铲;15.吉林桦甸铁镰;16.辉县固围村铁镰

---

[1] 湖北省博物馆:《宜昌前坪战国两汉墓》,《考古学报》1976 年第 2 期。
[2] 湖南省博物馆:《湖南资兴旧市战国墓》,《考古学报》1983 年第 1 期。原报告称为"锄"。
[3] 长江水利委员会:《宜昌路家河》,北京:科学出版社,2002 年,第 97 页。

(二) 中耕农具

锄：锄是主要的中耕农具，使用的方法与其他农具的最大不同是，持柄伸向前方再向劳动者面前拉动，这种操作的方法决定了其装柄的方法。战国铁锄主要有两种形制：

六角形锄，锄身呈六角梯形，以长底边为刃口，长边对面近短边处有长方形的横銎，用于横装锄柄。锄面、背平整，只有銎部凸出锄面以增加銎的强度。河北易县燕下都、河北兴隆、湖北大冶铜绿山、内蒙敖汉旗老虎山等地均有出土。燕下都44号墓出土的锄宽18厘米、高9厘米（图3-10，11）。与六角形锄相近的有圆肩形锄，由六角形锄发展而来，结构类似六角形锄，背部圆弧，整体近半圆形。唐山东欢坨出土的战国早中期圆肩铁锄，高15.5厘米、刃宽17.7厘米。山东淄川南韩村战国墓出土的圆肩铁锄，刃宽22.8厘米、高10.5厘米（图3-10，8）[1]。

"凹"字形圆刃铁锄，又称为圆刃铁锄，类"凹"字形锸而弧刃外侈，两侧銎部后延较长，装木叶再连曲柄使用。这样的"凹"字形锄与钁也没有截然的分别。江陵天星观一号楚墓盗洞内同时出土锛和锄两种工具的全器，皆为曲柄。锄连木叶部分长11厘米，柄长46.5厘米，是一种短柄工具。铁头部分虽与凹口锸形制相近，但器型小，用途和装柄方式也不同（图3-11）。天星观楚墓的下葬年代在公元前340年前后，根据盗洞中出土的陶器、铁器等判断，被盗时间约在战国晚期至秦[2]。

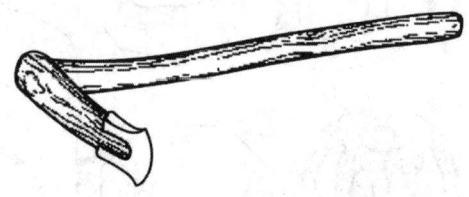

图3-11 天星观楚墓盗洞出土的战国铁锄

铲：铲是翻地除草工具，使用时双手执短柄向前推削，由商周的钱（镈）发展而来。战国时期的铲为方形或近梯形，主体附加一个长銎，两肩圆弧，刃口平直或微弧，通长12厘米左右，刃宽10厘米左右，河南辉县、河北易县燕下都等都有较多出土（图3-10，13、14）。

(三) 收获农具

镰：镰是主要的收割工具，长条形，有锋刃和齿刃两种，前者多新月型，后者多宽刃型。新月型镰的刃、背微曲或弯如新月，无銎；宽刃者体短，刃口常作锯齿状，镰体正面有平行的斜线纹通达刃口，此型镰在春秋战国铜镰中较为多见，少数带有銎。战国时期的镰还是生铁浇铸的，无銎，装柄时需要绑缚，有的在缚柄部位预留小孔以便穿钉加固。安徽蚌埠双墩一号春秋墓出土的宽刃型带銎铜镰是目前所知最早的金属带銎镰，长16.1厘米[3]。

---

[1] 于嘉方：《淄博市南韩村发现战国墓》，《考古》1988年第5期。
[2] 湖北省荆州地区博物馆：《江陵天星观1号楚墓》，《考古学报》1982年第1期。
[3] 安徽省文物考古研究所、蚌埠市博物馆：《安徽蚌埠双墩一号春秋墓发掘简报》，《文物》2010年第3期。

吉林桦甸战国墓出土的铁镰末端有栏和凹口以利于装柄,身长27.5厘米、最宽处5厘米(图3-10,15)[1]。河南辉县固围村大墓所出铁镰,体稍直,长24.1厘米,末端翻卷,也是考虑了装柄的需要(图3-10,16)。

铚:铚也是收割的工具,由早期的石刀发展而来。与镰相比,铚的形体短而宽,形状接近半月形,背部往往有1～2个小孔,以双孔为主,便于穿绳套在手指上使用,功能同镰。如辽宁宽甸燕国墓出土的铁铚,圆弧背,背部双孔,刃部稍内凹,长13厘米、宽4厘米(图3-10,12)[2]。《管子·轻重乙》中镰、铚并举。《说文·金部》有:"铚,获禾短镰。"铚是掐穗工具,《小尔雅·广物》称:"禾穗谓之颖,截颖谓之铚。"今称手镰或爪镰。

二、农田灌溉和重要的水利设施

(一) 水井和井灌

凿井获取水源是井灌得以实现的前提。我国凿井的技术早在新石器时代就已成熟,出现了土井和各种木构水井。木构水井代表了穿井技术的新水平。商周时期的井仍以土井为主,木构或竹构井的数量有所增加,至迟到春秋中期出现了新的类型——陶圈井。

春秋战国时期的水井可以举湖北江陵楚都纪南城的例子。纪南城内居住遗址和手工业作坊区水井密集,水井种类齐全,较全面地反映了该时期水井利用和造井技术上的发展状况。纪南城调查发现春秋战国时期的水井400余口,尤以城内东北部龙桥河西段的手工业作坊区最为密集。1975～1979年,在长约1 000米、宽约60米的范围内发现水井256座,包括土井71座、陶圈井176座、木圈井3座、竹圈井5座,还有一批水井没来得及统计就被洪水淹没[3]。城内西部位于新桥河低洼地中部偏东的松柏发现陶井15座、土井3座[4]。1987年,纪南城西部新桥村鱼池发现水井29座,其中土井17座、陶圈井11座、木井1座[5]。这些井都较深,大部分未清理到底。土井均为圆筒形竖坑,井壁光滑,由于长期使用,口大于底。陶圈井的井圈多置于井坑的上半部,个别井下部有竹、苇等编织物以过滤和防淤。井圈壁有两个或多个圆孔渗水,最下一层的井圈一般有插入井坑土壁内的"井""="十"形木架(井盘)承托。以新桥鱼池J1为例,该井坑直径为1米、深6.3米。陶井圈直径为80厘米、高70厘米。井上部有井圈8节,底部1.1米高一段不设井圈以利渗水。1965年松柏余家湾发掘的一座陶圈井,5节陶井圈相叠置于井坑上半部,最下一

---

[1] 吉林省文物工作队:《吉林桦甸西荒山屯青铜短剑墓》,《东北考古与历史》第1期,北京:文物出版社,1982年。

[2] 许玉林:《辽宁宽甸发现战国时期燕国的明刀钱和铁农具》,《文物资料丛刊》3,北京:文物出版社,1980年。

[3] 湖北省博物馆:《楚都纪南城的勘查与发掘》(下),《考古学报》1982年第4期。报告中各类井的数字之和与总数不相符。

[4] 湖北省博物馆:《楚都纪南城考古资料汇编》,1980年10月。

[5] 湖北省文物考古研究所:《纪南城新桥遗址》,《考古学报》1995年第4期。

层陶井圈的外壁另套有竹井圈并直至井底。竹井圈以竹条纵横交错编结而成[1]。这是陶、竹复合井的例子。龙桥河西段发现的木圈井,系将对剖的原木各挖凿成半圆形拼合成椭圆形井圈,然后置于井坑上半部,下有平行托木。有的木圈井在木圈外还套有竹编井圈。竹圈井则用较硬的竹子或柳条为竖直的经,以较柔软的作纬,编结成井圈贴于井坑壁上。

纪南城井的时代,根据其所在遗址和出土的遗物分析,大部分在春秋晚期至战国中期,有的可能早至春秋中期。纪南城松柏东30号建筑遗址早、晚两期均发现水井,早期有陶圈井1口,晚期有水井12口,其中土井1口、陶圈井11口[2]。该遗址的水井类型较单一,但也反映出从早到晚陶圈井增多的趋势。

纪南城水井中,陶圈井占了绝对优势,说明春秋晚期到战国中期,陶圈井已经广为流行。土井数量不多,但仍算常见类型。竹圈井构筑复杂,发现较少。而2012年纪南镇高台村发掘战国水井88口,其中有竹圈井68口、陶圈井6口、陶圈和竹圈结合的水井13口(上部为陶圈,下部为竹圈)、楠木井1口[3]。由纪南城出土各类水井的构成看,战国时期以流行陶圈井为主,土井较少,地方类型的竹木井占一定数量。

战国时期木构水井的营造技术更加成熟,如湖南湘西里耶古城内建于战国至秦、废弃于秦末的一号井,以井内出土3.7万余枚秦简而闻名,深14.27米,井壁以层层木框相叠,形成木井,井上有井台及井亭建筑的遗迹[4]。同时期的北方地区,陶圈井也已出现,如河南南阳宛城发现战国中晚期陶圈井3口[5],河北邢台曹演庄遗址战国文化层发现的"瓦井"也是陶圈井[6]。北方仍以土井为主要形式,木构水井以木框相叠形成井筒,没有南方地区因地制宜的竹、苇井。纪南城水井的类型可能无法代表当时水井的普遍情况,在都城内较早和较多地使用新型且成本较高的水井是完全可以理解的,陶圈井的数量在其地方尚未超过土井,而像以掏空树干制作井筒的情况又是极少的现象。这些井虽然不在农田中,但可以说明农田灌溉用井的营造技术。

井灌的历史差不多同掘井的历史一样悠久。《世本》载:"汤旱,伊尹教民田头凿井以溉田。"从战国开始,关于井溉有了明确的记载。《庄子·天地》有:"凿隧而入井,抱瓮而出灌。"春秋后期出现了利用杠杆原理汲水灌溉的工具——桔槔。春秋战国时期的铜绿山矿冶遗址还发现提升矿石的辘轳,同桔槔一样,辘轳也应是当时汲水灌溉的工具。

秦始皇帝陵封土西侧发现由明井和地下暗渠组成的排水系统,这是目前发现的最早的井渠遗址。井渠技术最早见于《史记·河渠书》,始皇陵的考古发现说明,类似今天新疆吐鲁番坎儿井的井渠至迟在战国晚期已在关中地区使用了。

---

[1] 湖北省博物馆:《楚都纪南城的勘查与发掘》(下),《考古学报》1982年第4期。
[2] 湖北省博物馆:《楚都纪南城的勘查与发掘》(下),《考古学报》1982年第4期。
[3] 刘建业:《荆州市荆州区高台战国古井群》,《中国考古学年鉴·2013》,北京:文物出版社,2014年,第333页。
[4] 湖南省文物考古研究所:《里耶发掘报告》,长沙:岳麓书社,2006年,第38~50页。
[5] 南阳市文物考古研究所:《河南南阳市宛城遗址战国水井发掘简报》,《华夏考古》2003年第3期。
[6] 河北省文物管理委员会:《邢台曹演庄遗址发掘报告》,《考古学报》1958年第4期。

（二）重要的水利工程

战国时期人们开始重视农田水利事业。《荀子·王制》载："修堤渠,通沟浍,行水潦,安水藏,以时决塞,岁虽凶败水旱,使民有所耕耘,司空之事也。"到战国中期,水利兴建达到了前所未有的规模,著名的水利工程有漳河渠、郑国渠、都江堰等。

郑国渠是关中地区重要的灌溉工程。据《史记·河渠书》记载："凿泾水自中山（陕西淳化南）西邸瓠口（陕西泾阳西北）为渠,并北山,东注洛,三百余里,欲以溉田……渠就,用注填阏之水,溉泽卤之地四万余顷,收皆亩钟。"郑国渠历时十年完工,堵水坝采用与都江堰竹笼填石法相似的木笼填石法筑成。它从河身较窄、河床平坦、水流较缓处引水,充分利用沿线陂泽、河流的水源,解决了长途供水、输水问题,利用自然地形,将干渠道设计在山麓、灌区最高一线,形成一套自流灌溉系统,充分显示了水工的聪明才智。1973 年 6 月,有关部门实测干渠全长 126 公里,为中国古代最长的人工灌溉渠道。

都江堰位于今成都市西北 50 公里的都江堰市西部,是战国中期蜀郡郡守李冰主持修造完善的一处岷江上的引水工程,是秦统一前为了战争物资储备而兴建的灌溉工程,它无坝分流,引水溉田,直到今天仍发挥巨大效益。秦惠王二十二年（公元前 316 年）,秦灭蜀,以其地置蜀郡,公元前 256 年,秦昭王（公元前 306～公元前 251 年）任李冰为蜀郡郡守。《史记·河渠书》载："蜀守冰凿离碓（堆）,辟沫水之害,穿二江成都之中。"

修建都江堰时,先在灌县（今都江堰市）城西北岷江右岸筑"百丈堤"护岸,以防冲刷,又在百丈堤下游不远的江心,于江水入平原的急流峡口处用竹笼盛卵石沉江筑坝分流,形成"鱼嘴",分岷江为内外江。西边的外江是主流,流经宜宾入长江。内江一侧,在今都江堰市西南玉垒山岩石上用烧石泼水法凿出宽约 20 米的"宝瓶口",引内江水入成都平原,形成灌溉系统。洪水期,宝瓶口不足以泄洪,又于内江河道弯曲处设飞沙堰。飞沙堰的设计位置和高度合理,既可以溢洪,又能够利用堤前产生的弯道效应,使底层泥沙汇于宝瓶口对岸的飞砂堰处,随洪水泄入外江,保证将清水引进宝瓶口,以免淤塞灌溉渠道。

都江堰是无坝引水枢纽,渠首主要靠鱼嘴分水,飞沙堰溢洪,宝瓶口控制引水,所以分水鱼嘴、飞砂堰和宝瓶口是都江堰的三个主体工程。据《华阳国志·蜀志》载："开明决玉垒山以除水害。"所以李冰可能是在蜀开明氏鳖灵的工程基础上修建了都江堰。

1974 年整修都江堰水利工程时,于外江鱼嘴下游北距安澜索桥 130 米、东距外金刚堤 40 米的河道中出土了一尊石像,石像由整石刻成,高 2.95 米,着冠穿长衣拱手而立,胸前刻有"故蜀郡李府君讳冰",左衣袖刻"建宁元年闰月戊申朔廿五日都水掾",右衣袖刻"尹龙长陈壹造三神石人珍（镇）水万世焉"。1975 年又于外江鱼嘴下游 84 米处出一持臿人石像,头残,残高 1.85 米,着长衣,垂袖束带。

三、作物品种和分布

战国时期,粟、黍、稻、麦、大豆、大麻、高粱等几种我国种植的主要粮食作物的遗存都有出现,有的出土数量甚多,如湖北江陵纪南城陈家台遗址发现多处被火烧过的战国时期的稻米堆积,其中一处堆积达 5.25 平方米,厚 5~8 厘米[1]。而高粱作为商周时期开始种植的作物,在战国时期也有发现。1955 年,河北石家庄市庄村战国中晚期遗址,"在遗址底部不同地点处,发现有鸡蛋壳和炭化高粱各两堆"[2]。《睡虎地秦墓竹简·日书甲种》有:"五种忌:丙及寅禾(粟),甲及子麦,乙巳及丑黍,辰麻,卯及戌叔(菽),亥稻。不可以始种及获赏(尝),其岁或弗食。"其中提到的作物有六种,还没有高粱,这说明高粱的种植在战国时期还不普遍,也不很重要。考古发现的战国作物遗存虽然不能代表当时全部的种植作物,但出土地点和出土频率(或概率)、数量等,可以反映作物品种的大致分布和种植情况。几种作物遗存的出土地点分布情况(以春秋战国为时间段)如下:

粟:陕西、河南、山东、安徽、湖北、四川、云南、吉林

黍:陕西、河南、山东、四川

稻:陕西、河南、山东、安徽、湖南、湖北、江西、浙江、四川、云南、上海

麦:陕西、河南、山东、安徽、云南、青海、新疆

大豆:陕西、河南、山东、山西、吉林

大麻:江西、青海

高粱:河北

出土作物品种较丰富的几个省份,作物组合情况为:

河南:粟、麦、黍、稻、大豆

陕西:粟、麦、黍、稻、大豆

甘肃:黍、粟、大麦、小麦、麻

山东:粟、小麦、黍、大豆、大麦、稻

安徽:稻、小麦、粟

四川:粟、稻、黍、大麦

云南:稻、粟、麦

其他地区如吉林、江西、湖北、湖南等省份,也都有粟、大豆或稻、麻等出土,品种相对单一。考古发现带有一定的偶然性,没有发现作物的地方不一定就没有,但发现次数多的地方肯定说明种植相对较多。

粟和黍是自新石器时代以来广大北方地区种植的优势作物。南方地区一直以水稻为主。从各种作物遗存的出土情况分析,麦的种植可能在战国时期已经超过了黍,这成为汉代麦作大推广的基础。黄河中下游地区是一个大的作物分布区,以粟、麦、黍、稻、大豆、麻等为常见;淮河流域介于南北之间,作物以稻、麦、粟为主;西南地区有水稻,也有旱作的粟。

---

[1] 湖北省博物馆:《楚都纪南城的勘查与发掘》(下),《考古学报》1982 年第 4 期。
[2] 河北省文物管理委员会:《河北省石家庄市市庄村战国遗址的发掘》,《考古学报》1957 年第 1 期。

第四章 社会生活

社会生活部分的内容不是独立存在的,考古发现的跟人们生活密切相关的东西都来自于社会生产,它们也都从不同的侧面反映了一定时期的社会生活方式和人们的精神风貌。关乎生活的东西丰富多彩,我们着重选取考古资料成体系的几个方面进行介绍。考古材料的介绍注重的是它们的形制特征和时空分布特点,至于它们的文化背景和在社会生活中的具体作用与意义,也正是考古学研究中通过分析材料去深入体会的。

第一节 货币体系

战国秦汉是我国货币发展史上的第一个繁荣时期。春秋战国时期,列国各有自己的货币体系,货币的形态多样,币制各有特点。同时,为便于地区之间的贸易和往来,列国货币在制作上也相互借鉴,不同国家铸造形态相似的货币,大约从战国中期开始,货币发展出现了明显的统一态势,最终秦始皇以秦国的半两钱统一了天下货币。

春秋战国是我国商业文化大发展的时期,为货币文化的发展提供了丰厚的土壤,铜币大量出现,民间用货币单位计算粮食和货物的价值,税收有"刀布之敛",铜铸币一次出土就有数百斤、上千枚。就货币的形态区分,战国时期主要有布币、刀币、圜钱、铜贝、金版等等,这些货币多在春秋时期即已流行,它们分别流通于不同地区。

一、布 币

布币仿自青铜农具铲,主要流通于三晋两周地区。战国晚期,受三晋两周货币体系的影响,北方的燕国和南方的楚国也有铸造。

(一) 三晋两周地区的布币

三晋两周的布币经历了由空首布到平首布的发展过程。春秋到战国早期流行空首布,有銎,为周王室及晋、卫、郑、宋等国的金属铸币。战国中期,布币由空首变为平首,布首扁平无銎,形体变小,多带有地名,并以"釿"为单位。布币主要出土于以河南洛阳为中心的方圆百里的地方。

1. 空首布

早期布币为空首布，布身扁平，上端有长长的銎，主要流行于春秋中晚期，到战国早期已很少见。空首布主要有平肩弧足、斜肩弧足、尖肩尖足等形式。

平肩空首布，长銎、平肩、弧足，布面有三道平行竖纹，有郭。分大、中、小三型，通长 7～10 厘米，重 10～30 克，布面有数字、干支、吉语或"东周"等。一般时代越晚，越向小型化发展，足部弧曲越甚。

斜肩弧足空首布，长銎、斜肩、弧足，面、背各有三道凸线纹，常以中间的凸线为钱文笔画。足宽明显大于肩宽，通长 7～9 厘米，也分大、中、小三型。面文有"三川釿""武""武采""武安""东周"等。

尖肩尖足空首布，细长銎、耸肩、尖足，一般面、背各有三道平行竖纹，面多无文。大型的通长 13～14 厘米，足宽 6.5 厘米，重 30～34 克，钱文有数字、记号以及"甘丹"（邯郸）等。小型的通长 10～11.7 厘米，重 15 克。

2. 平首布

平首布扁平实心首，形体变小，两足间基本呈"凹"字形，流行于战国中期至晚期，有的到战国早期，主要有平首尖足布、方足布、桥足布和圆首圆足布几种。

平首尖足布，耸肩、尖足、方档或平档，少数平肩、圆档或尖档。首部两道竖纹，布身中间一道竖纹，背面两道竖纹直达足部。有大、小两型。大布通长 5～8 厘米，重 6～12 克，钱面铸地名"武安""晋阳"等，少数为地名加"半"字，如"晋阳半""大阴半""兹氏半""榆半"等。时代在战国早、中期，是平首布中最先出现的类型，多出土于山西北部地区，均为赵国铸币（图 4-1,1～3）。

平首方足布，平肩、方足、方档，首部一道或两道竖纹直抵近档部，有大、小两种，大型的重 12 克，较少见。小型的一般通长 4.5 厘米，重 6 克。晚期一般都是小型布，俗称"方足小布"。一般只铸地名，如"平阴""东周""梁""安阳""平阳""蔺""兹氏"等。是战国中晚期三晋地区的铸币，战国晚期尤为多见，也是先秦货币中较为常见的种类。1963 年，山西阳高天桥村一次出土窖藏布币 13 000 余枚，重 102 公斤，其中平首方足布 11 630 枚，而又以"安阳"钱文的布为多，另有"平阳""宅阳""梁""蔺""襄垣"等铭，均为三晋布。在三晋两周布币中，安阳布发现数量最多。安阳，魏地，在今河南安阳境内（图 4-1,9～11）。

平首桥足布，圆档、桥足，有平肩和圆肩两种，首部为倒梯形，有的首上有孔。主要为战国中晚期魏国、韩国的铸币。铸有地名、币值（釿），有"安邑二釿"（一釿、半釿）、"梁二釿"（一釿、半釿）等。二釿布较厚重，通长 6.5 厘米，重 28 克；一釿布通长 5.5 厘米，重 14 克；半釿布通长 4 厘米，重 6 克。带"釿"字面文的布又称"釿布"（图 4-1,5～7）。

圆首圆足布，又称平首圆足布、圆肩圆足圆首布。特点是首圆、肩圆、足圆、档圆。其出土地点集中在晋中、晋北，钱文均为"赵邑"，为战国晚期赵国铸币。又分为无孔布和三孔布两种。无孔布面文地名比较单一，有"离石"（山西离石县境）、"閵"（蔺，离石西）、"兹氏"（山西汾阳县境）等。背有数字，如"廿""卅""卌"等。有大、小二型，大者通长 7.4 厘米，重 10 克；小者通长 5 厘米，重 6 克（图 4-1,4）。三孔布又叫三窍布或三孔圆足布，面文有"安阳""宋子""家阳""上苑"（艾）等。三孔布有大、小两个等级，依铢两计值，背文有

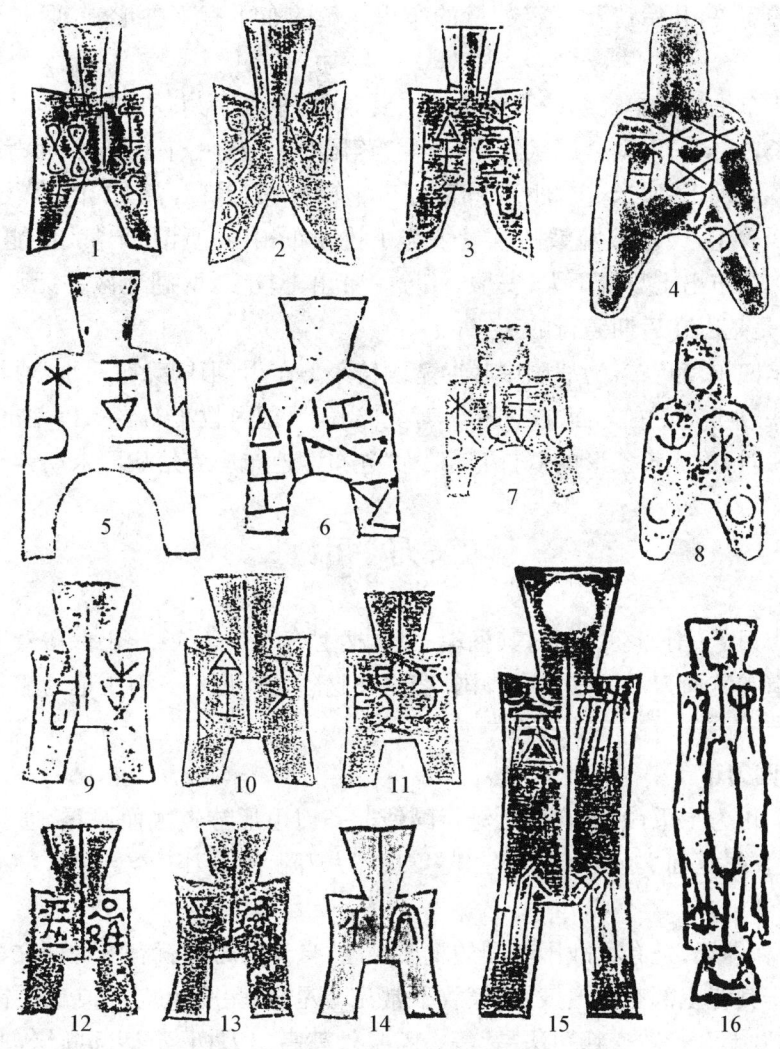

图 4-1 战国布币

一两(大型)和十二铢(小型)两种。主要分布于今山西阳泉市以东、河北保定以南、邢台市以北和滏阳河以西的地区,属中山国疆域或中山国与赵国不断交战的地区(图4-1,8)。

(二) 燕国布币

战国晚期受三晋两周地区布币的影响,燕国也开始铸行布币。燕国的布币都是平首平肩方足方裆布,形制同三晋平首方足布基本一样,只是面文地名不同,有"襄平"(辽宁辽阳境)、"坪阴"(辽阳境)、"益昌"(河北涿县东)、"宜平"、"鱼(渔)阳"(北京密云县境)、"阳安"(或释"匋阳")。20世纪70年代后期,辽阳下麦窝村太子河冲出4 000多枚布币,其中还夹杂一些方足或尖足的三晋布(图4-1,12~14)。

(三) 楚国布币

春秋战国时期,楚国通行铜贝和金版,战国中晚期受北方文化的影响,出于与三晋两周地区贸易的需要,开始铸行一定数量的布币。楚的布币有一种形制、两种面文(图 4-1,15、16)。

殊布当釿布是战国中晚期楚国铸造的主要布币,平首平肩,方足方裆,体型较中原平首方足布瘦长,长条而下垂燕尾状两足,俗称"燕尾布"。首上有一圆孔,面背孔下有一竖纹直达裆部。通长 10 厘米,重 34.5~37 克。面文"殊布当釿",背文"十货"。楚国的铜贝一般一枚重 3.5 克,10 枚蚁鼻钱的重量恰与 1 枚殊布相当,所谓"十货"可能就是殊布与铜贝的比值。该布出土数量不大,安徽、江苏一带出土较多,两湖地区并无殊布当釿布出土,说明该布是楚国在后期铸行的。

另一种是四布当釿布,为战国中晚期楚国铸小型布币,形同殊布而小,通长 4 厘米,重不足 10 克,一般 4 克左右。面文"四布",背文"当釿",即 4 枚小布当 1 枚大布。两枚四布当釿布两足相对,连成长条形的双首布,又称"连布",连布应为楚战国末期铸制。

二、刀 币

刀币是由刀子(削)演变而来,其柄端有环,柄上有一二条线纹,仍保留着刀削的形态。战国时期铸造和流通刀币的国家有齐国、燕国和赵国,而以燕、齐刀币最为盛行和发达。

(一) 齐国刀币

齐国以刀币为主币,战国晚期也铸行圜钱。齐刀币形体较大而厚重,通长 18 厘米左右,弧首弧背。根据面文区分,主要有节墨刀、齐大刀和齐明刀三类。

1. 节墨刀

节墨(今作即墨)是春秋战国齐国的重要城邑,自春秋时期就有一种面文为"节墨之大刀"的五字刀,其背上部有三道横纹,横纹下常见一星号,星号下有一或二字铭文,如"化""日""工""甘""上""行""安邦""法昌"等。刀身外郭高出刀柄,至柄部断缘,通长约 19 厘米,宽 2.8 厘米,重 60 克上下,为齐刀中出现最早和最重者。

战国晚期铸有一种四字刀"节墨大刀",形体同五字刀而小,通长 15 厘米,重 22~38 克,又称小节墨刀。其刀背无横纹及星号,有"化""工""大""上"等文字,也有光背者,铸工较"节墨之大刀"粗劣(图 4-2,1、2)。

2. 齐大刀

齐大刀是齐刀中的主要品类,依面文也有两种,即"齐之大刀"和"齐大刀"。

齐之大刀的始铸时间在战国早期或春秋战国之交,通长 18 厘米,重 47 克,背上部三横,中有星号,下为一或二字铭文,以一字为多,少数有 1~3 个"O"形符号。刀身外郭高出刀柄,断缘,这是早期齐刀的特点。

齐大刀大约铸行于战国中期齐威、宣时期,过去释"齐法化",取法定货币之意。齐大刀形制同四字齐刀,身长 18 厘米,重 43~53 克,但不断缘,即刀身、柄处外郭等高。齐大刀是齐刀币中行用时间最长、铸造数量最多的一种(图 4-2,3、4)。

3. 齐明刀

齐明刀面文有"明"字,刀首斜直,弧背圆折,通长14厘米,重14克,与同类燕明刀形制相近,不同的是齐明刀上"明"字外笔只作方折下垂,背文多见"齐刀""刀""齐刀共金""司""莒冶齐刀""莒冶大刀"等(图4-2,9),多出土于山东博山一带,旧称博山刀。齐明刀是战国晚期为适应燕、齐贸易而铸,也可能是燕占齐期间所铸。齐地也有燕明刀范出土,从钱文上看,并无齐明刀常见的方折笔画[1]。

(二) 燕国刀币

燕国是刀、布并行的地区,战国晚期又出现圜钱。过去认为燕国的刀币是受齐国刀币的影响铸造的,但从出土情况来看,燕国的刀币远较齐国发达。燕刀主要有尖首刀和明刀两类。

尖首刀是燕国刀币早期的形式,铸行于战国初期,特征是弧背凹刃尖首,柄较细。一种刀尖呈斜坡状或微弧曲,长14~16厘米,宽1.9~2.2厘米,重14~18克,柄上面背各有两道线纹。铭文有数字、干支等,或面或背。另一种刀尖似针,又称针首刀,长14~15厘米,宽1.8~2厘米,重6.8~10克,面、背多无文字,柄背面只有一道线纹,制作稍粗糙(图4-2,10、11)。尖首刀多发现于燕国北部长城内外,又有"匈奴刀"之称[2]。

明刀是燕国铸币的主要形式,在刀币中出土数量最多,也最为常见,是燕国刀币的代表,称为燕明刀。其特点是刀首斜直,面有"明"字,柄较尖首刀更宽。背文有数字、"鱼""鸟""日""左""右""内""外"和地名以及其他符号450多种,非常繁杂。

燕明刀又分为圆折刀和磬折刀两种。圆折刀刀身、柄连接处呈弧形或呈圆折,凹刃,通长13~14厘米,宽1.6~1.9厘米,重14~19克。面文"明"作圆笔。此类时代稍早,可能与尖首刀同时或略晚。磬折刀刀首、刀刃斜直,背部在身柄连接处方折即磬折,宽柄,身宽1.5~1.7厘米,"明"字更像眼睛,铸行稍晚,为战国中晚期铸币。燕国明刀就是以磬折刀为主的(图4-2,12~14)。有人释"明"为"匽(郾)",明刀实为燕刀之谓[3]。

(三) 赵国刀布

赵国是布币的流通区,战国时期受东邻燕国的影响或出于燕、赵贸易的需要,也铸造了少量刀币。其刀币的基本特征是形体较小,刀背平直,又称直刀或直背刀,又分渐趋平直和完全平直两种,早期的多渐趋平直型,刃、背略具弧形,刀柄有一道或二道线纹,背面柄上有一道或无线纹,刀首圆、平或倾斜。赵国刀币以小型为主,大者12~14厘米,重10~14克,小的在10厘米以下,重只有4.5克,面文有"甘丹"(邯郸)"柏人""成白""蔺""圁阳"等赵国地名(图4-2,5~8)。

---

[1] 陈旭:《山东临淄出土燕明刀范》,《中国钱币》2001年第2期。
[2] 黄锡全:《尖首刀的发现与研究》,收入《广州文物考古论集》,北京:文物出版社,1998年。
[3] 卢岩:《说燕国泉货面文的所谓"明"字》,《中原文物》2012年第1期。

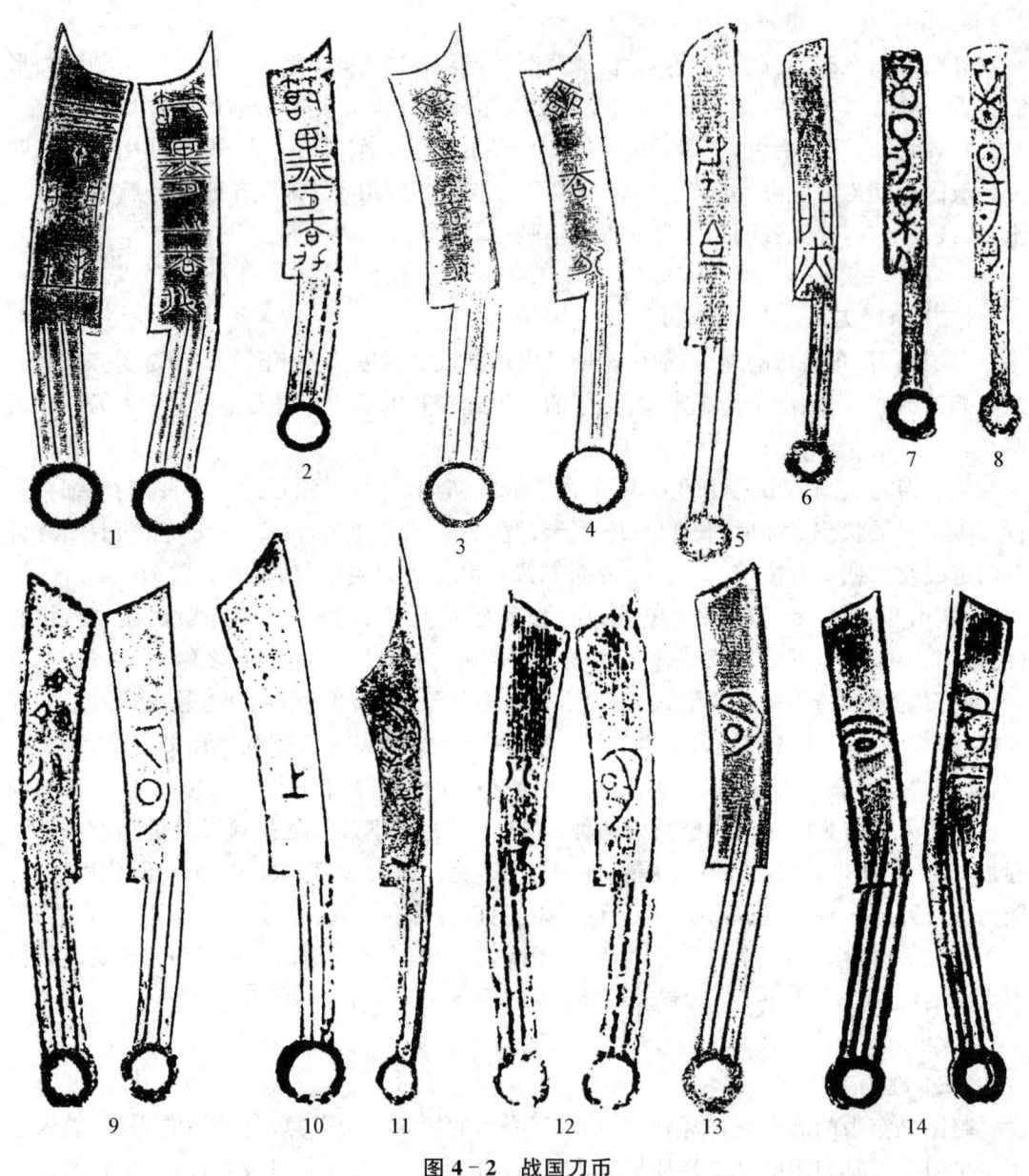

图 4-2 战国刀币

三、圆钱

　　圜钱又叫圆钱、环钱，体圆、有孔，是货币发展到一定时期，人们在不断总结经验的基础上铸造的一种便于流通和携带的货币，铸行地区有秦国、三晋两周、燕国和齐国，有圆形圆孔和圆形方孔两种，圆孔者出现较早，方孔者较晚。

(一) 三晋两周地区的圜钱

三晋两周地区为布钱流通区,又是圜钱铸行较早的地区,其圜钱流行于战国中晚期,圆孔无郭,背平素,面铸地名或地名加币值,货币单位是釿。

魏国是最早铸行圜钱的国家,面文主要有"垣""共",钱文铸于穿右。"垣"字圜钱直径4~4.2厘米,重9~11克,较为常见,战国中期已有流通。"共"字圜钱直径稍大,在4.4~4.65厘米之间,重15~18克,是圆孔钱中最大的一种,流行于战国中晚期(图4-3,1、2)。

战国晚期,赵国也铸造圜钱,面文常见有"蔺"和"离石"两类,背平素,有外郭。"蔺"字钱直径3.6厘米,重11.2克,面文穿左穿右不定;"离石"钱稍晚于"蔺"字钱,直径3.5厘米,重10.6克(图4-3,3、4)。

两周圜钱铸行于战国晚期,有"西周""东周"和"安臧"三种。"西周"钱直径2.6厘米,重4~5克,背平素,面有内外郭。"东周"钱直径2.5厘米,重4~4.5克,在先秦圜钱中是较轻的一种。"东周"钱出现略晚于"西周"钱。"安臧"钱无郭,直径4厘米,重10克,多出于洛阳一带,故被认为是周王畿内铸币(图4-3,6、7)。

(二) 齐国圜钱

齐国主要流通刀币,战国晚期也开始铸行圜钱。齐国圜钱圆形方孔,背平素。面文有"賹刀""賹四刀""賹六刀"三种。"賹刀"有外郭,直径2厘米,重2克,出土较少;"賹四刀"兼有内外郭,直径3厘米,重6克,出土较多;"賹六刀"也有内外郭,直径3.5厘米,重10克,出土最多。(图4-3,8~10)

(三) 燕国圜钱

燕国是诸侯国中最晚铸行圜钱的国家,铸行时间在战国末年。燕国圜钱圆形方孔,背皆平素。有"明(匽)刀""明(匽)四""一刀"三种。匽刀直径2.6厘米,重2.5~4.5克,无郭,出土较多;"匽四"稍大,直径2.8厘米,重4.2~4.6克,非常罕见;"一刀"铸行最晚,直径1.8~2厘米,重1.1~2.7克,有郭,出土最多(图4-3,5、11、12)。

(四) 秦国圜钱和秦代半两

秦国是圜钱流通的主要地区,秦国的圜钱有圆孔无郭、方孔有郭和方孔无郭等形制,币值以珠(铢)、两为单位,铸行于战国中晚期。

早期圜钱为圆孔,钱文作"一珠重一两十二""一珠重一两十四",面无郭,背平素,直径3.8厘米,重13~15克,所见多为传世品。1996年陕西省考古研究所于西安北郊秦墓清理出一枚"一珠重一两十四"的圜钱(图4-3,13),并有鼎、盒、壶等战国秦墓中的器物组合伴出,十分珍贵[1]。

方孔钱出现稍晚,钱文多见"半两""两甾(锱)"(图4-3,14、18)。"两甾"钱发现较少,与"半两"钱等值。半两钱圆形方孔无郭,直径3厘米,重5.4~7.4克,是秦国后期流

---

[1] 陕西省考古研究所北郊考古队:《长庆油田西安基地墓葬圜钱》,《中国钱币》2001年第2期。

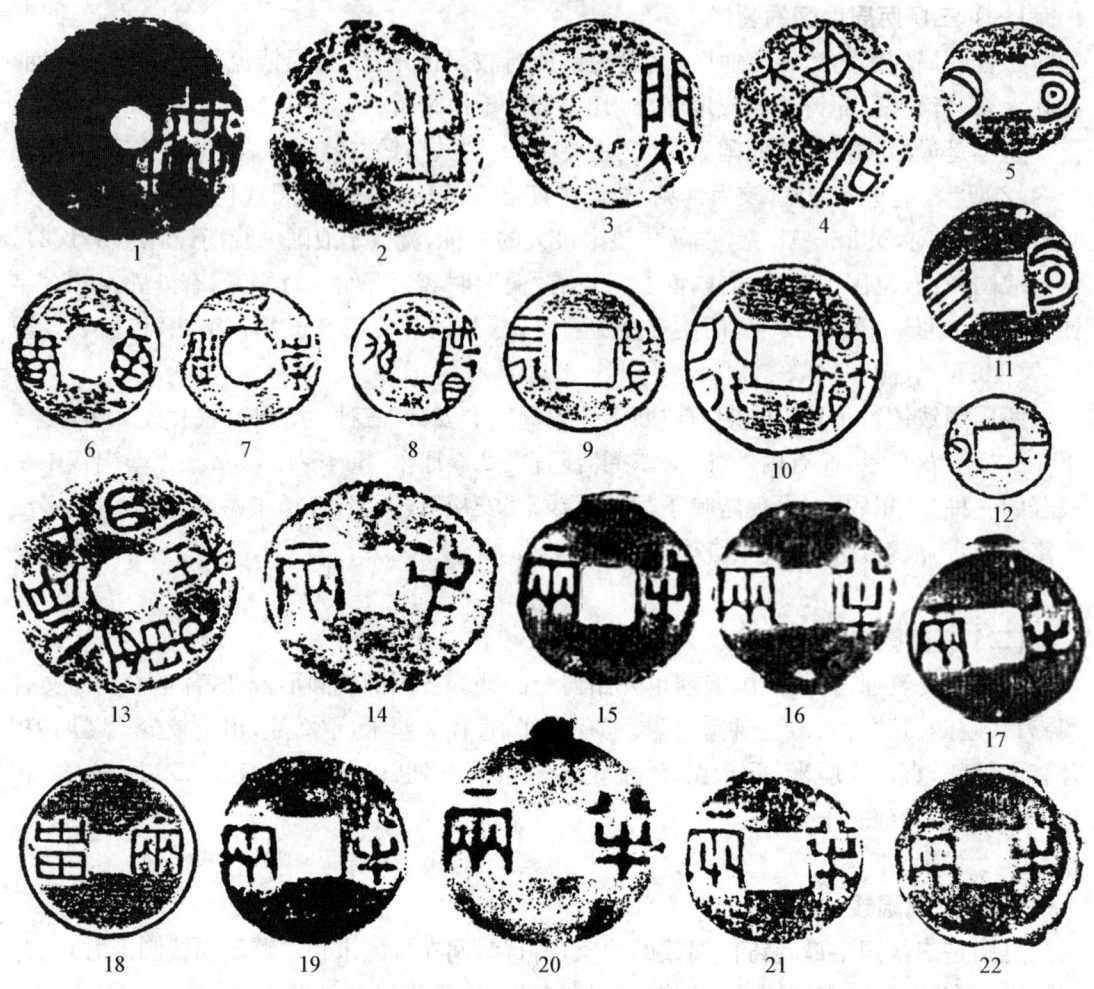

图 4-3 战国圜钱和秦半两

行的主要货币,陕西、四川、甘肃战国墓都有出土。1980 年,四川青川郝家坪战国秦墓 M50 出土半两钱 7 枚(图 4-3,15~17),直径 3.2~2.7 厘米,重 3.9~6.7 克,最重的一枚重 9.8 克。该墓出土秦武王二年(公元前 309 年)"更修为田律"木牍,根据木牍上出现的年代,M50 的年代应在公元前 309 年至公元前 307 年间[1]。这是发现较早的秦国半两钱。战国晚期,秦国在控制地区推广使用半两钱。

由于半两钱的铸造和广泛流通,首先在秦国境内实现了钱币形制和钱文的统一,成为秦始皇帝统一天下货币的基础。秦统一后,采取了一系列的统一措施,于秦始皇三十七年(公元前 210 年)颁布货币改革令,废除布、刀、贝币,行用方孔圆钱——半两钱。从出土实物来看,秦半两大小、轻重不一,并未完全"重如其文",但实现了货币形态和钱文的统一。

---

[1] 四川省文物考古研究院、青川县文物管理所:《四川青川县郝家坪战国墓群 M50 发掘简报》,《四川文物》2014 年第 3 期。

秦代半两钱背平素,无郭,直径为2.5~3厘米,重3~6克(图4-3,19~22)。晚期半两钱明显较早期粗糙,甚至有不足0.5克的鸡眼钱,可能专为冥币制作。秦代仍有战国半两钱流行。

秦代统一半两钱,结束了春秋战国刀、布、圜钱长期混用,货币制度混乱的局面,它对于巩固中央政权和发展经济发挥了重要作用,对后世币制也产生了深远的影响。从此,外圆内方的方孔圆钱便成为中国古代铜钱的固定形式。

四、楚 币

楚国货币除布币外,另有铜贝和金版,它们分别又被叫作蚁鼻钱和爰(称)金(爰旧释"爱")。蚁鼻钱和爰金是楚国的主要货币。蚁鼻钱形体较小,体呈椭圆形,上尖下圆,面凸背平,尖头有一穿孔,又似背面磨平的贝,故常以铜贝称之。其大者长1.8厘米,重4~5克,小者不足1厘米,重1~2克,多数重2.5~3.5克。面上有阴文似蚂蚁状,看起来像一只蚂蚁歇于鼻尖。又有像"哭"字的种类,或称鬼脸钱(图4-4,1~7、9、10)。蚁鼻钱在两湖、河南、安徽、江苏、浙江、山东等地都有出土。山东曲阜董大村曾出土一陶瓮,内有15 978枚,均为鬼脸钱。

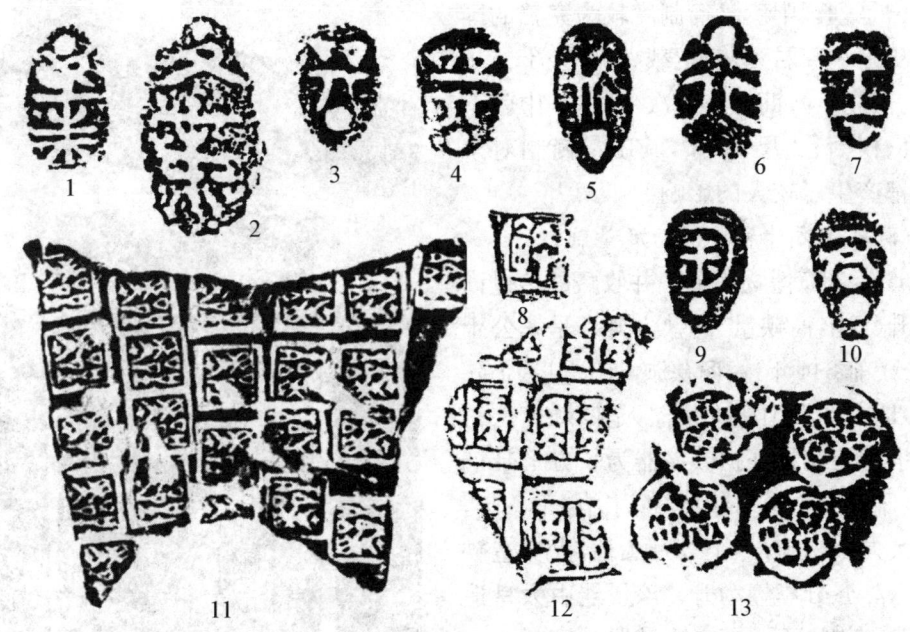

图4-4 楚国的铜贝和爰金

楚地产黄金,爰金是战国时期楚国的块形金版,在金版上由方形或圆形的印记分为若干小块。金版上的印记以"郢爰"为主,又有"陈爰"等。爰金是一种切割称量的货币,所见郢爰四周有凿痕(图4-4,8、11~13),交易时使用天平称砝码称量。

禹金主要发现于江苏、安徽两省,以江苏出土最多[1]。1982年,江苏盱眙南窑庄窖藏出土禹金11块,总重3243.4克,最大的有52方"郢禹"印记,重达610克。

第二节 度量衡制度

没有计量标注的文化是一种停滞不前的文化,度量衡器不但是社会生活中不可或缺的工具,也是社会生产和文化发展的标尺。商周时期,度量衡制度已较完善。据上海博物馆藏殷墟出土的象牙尺实测,商代1尺=15.8厘米,国家博物馆所藏商代牙尺长15.78厘米,台北故宫博物院藏商代骨尺长16.95厘米。商代已采用10进制,尺上刻10寸,每寸刻10分。随着社会生产的发展,尺度有不断增大的趋势。根据文献推算,周尺1尺=19.91厘米。

春秋时期,诸侯各自为政,度量衡制度比较混乱。战国时期,为了便于商品流通和赋税征收,各国变法中多涉及度量衡的整理和统一,但诸侯国之间的度量衡仍有较大差异。

一、秦国的度量衡制

秦国是列国中度量衡制度较为完善的国家,据《史记·商君列传》记载,秦孝公十二年(公元前350年),商鞅第二次变法,其中就有"平斗桶、权衡、丈尺"一条,其度量衡制对东方六国都产生了较大的影响。

1. 商鞅铜方升和秦国的度量制

1966年上海博物馆征集并收藏的传世商鞅铜方升(又名商鞅量、商鞅方升),是孝公十八年(公元前344年)由商鞅颁发给重泉(今陕西蒲城)地方的秦国标准量器,是商鞅变法得到切实推行的实物证据。该器为长方形带柄的量器,器的右侧外壁有32字刻铭:"十八年,齐率卿大夫众来聘,冬十二月乙酉,大良造鞅爰积十六尊五分尊壹为升。"该量器由大良造商鞅监制,铭文记录了这件量器的容量——"积十六尊(寸)五分尊(寸)壹为升"(图4-5),说明其容积为十六又五分之一立方寸。经实测,器内宽6.93厘米、长12.474厘米、深2.31

图4-5 商鞅铜方升及其铭文

---

[1] 陈尔俊:《江苏出土的楚国郢爰》,《考古》1995年第3期。

厘米,可以推算秦制1升=6.93厘米×12.474厘米×2.31厘米=196.69毫升。

秦量有斛(桶)、斗、升、合、龠,前四者为十进,合、龠为2进,1合=2龠,由此可以推得秦所有量制单位的大小。1976年,湖北云梦睡虎地秦昭王时期的墓葬M7出土的桶形秦斗容积为2 000毫升,则1升为200毫升[1]。后世所出的北私府量实测为199.35毫升。综合各地出土的秦量,取其均数,秦量1升为198毫升左右。

再据铜方升铭文所述和实测数据,若以器深2.31厘米为秦1寸之数,将其容积换算成秦制,则为:6.93/2.31×12.474/2.31×2.31/2.31=16.2立方寸,正与铭文所记容积相合。秦度制有引、丈、尺、寸、分,为十进制,秦制1寸=2.31厘米,1尺=23.1厘米。其余度数亦可由此推知。

铜方升外底补刻秦始皇二十六年(公元前221年)的诏令40字:"廿六年,皇帝尽并兼天下诸侯,黔首大安,立号为皇帝,乃诏丞相状、绾,法度量,则不壹,歉疑者皆明壹之。"(图4-5)秦始皇仍然是以战国秦制统一天下度量。又据北私府量的实测数据为199.35毫升,说明此制一直沿用至秦统一后。方升柄端对面的外侧刻"重泉"二字,是初次颁行量制之地。重泉为县名,汉属左冯翊。器右侧刻"临"字,是始皇当时移器至此地,但临地无考。

秦统一后继续沿用商鞅所制定的标准和器物,并在旧量器和衡器上补刻始皇二十六年统一度量衡的40字诏令。二世时又刻二世元年(公元前209年)60字的法度量诏书:"元年,制诏丞相斯、(冯)去疾,法度量尽始皇帝为之,皆有刻辞焉。今袭号而刻辞不称始皇帝,其于久远也。如后嗣为之者,不称成功盛德,刻此诏,故刻左,使毋疑。"1982年在陕西省礼泉县发现的椭圆形带柄铜量,柄面上刻有"北私府""半斗"字样,实测该量容积为980毫升,正合半斗之数。铜量两侧外壁刻有相同的始皇二十六年诏,外底刻二世元年诏(图4-6)[2]。刻有两种诏书的称为"二诏量"。

图4-6 北私府铜椭量及两诏铭文

如果是木质量器,则铸刻诏书铜版嵌在器身,作为使用凭证,称为秦诏版,其内容与刻于

---

[1] 云梦县文化馆:《云梦睡虎地秦墓出土陶量——秦斗》,《文物》1978年第7期。
[2] 陈孟东:《陕西发现一件两诏秦椭量》,《文博》1987年第2期。

青铜量器上的诏书一样。常见的只有秦始皇诏令一种,也有两种都有的。铜衡器上也有镶铜诏版的。秦量器、衡器上的诏版和诏令是秦统一度量衡的见证。1976年,甘肃镇原县富坪出土一件秦始皇二十六年铜诏版,长10.8厘米、宽6.8厘米、厚0.3厘米,其上阴刻始皇二十六年统一度量衡的诏书5行42字,秦篆,诏版四角有四个小钉孔,其中两孔已残,正是秦时钉在官定木质量器上或镶嵌在铁量器或衡器上的诏版[1]。1982年,东海县双店乡竹墩村出土秦始皇、秦二世父子诏铜量,口近圆形,圆底,短柄中空,器壁、口沿有磨损。容量为630毫升,合3升多一点。外腹一侧竖刻秦始皇二十六年诏书,另一侧为二世法度量诏书。

考古发现的秦量器多为长方形或椭圆形的带柄铜量和圆形的陶量,外壁大多铸刻有始皇二十六年统一度量衡的诏书,有的还有二世袭用旧制的诏书,量器有大有小,容量有一升、二升半、一升少半升、半斗、一斗等。

2. 秦石权与秦的衡制

衡制可以通过出土的衡器来了解。衡器的重要组件是衡杆和砝码(权),木质的衡杆不易保存,而铜、铁的砝码却时有出土。1964年,西安市郊高窑村秦阿房宫遗址发现一件大铜权(图4-7,1),一面有铭:"三年,漆工䰀、丞诎造,工隶臣牟。禾石。高奴。"这是秦昭王三十三年(公元前273年)颁发给高奴县(今陕西延安东北)的标准衡器[2]。铭文说明是一石的重量,实测重30.75公斤。秦衡制有石、钧、斤、两、锱、铢,1石=4钧,1钧=30斤,1斤=16两,1两=4锱,1锱=6铢,则秦1石=30.75公斤=120秦斤,1秦斤=256.25克,1铢=0.69克。

该器是官制标准衡器,自颁行到秦统一后一直使用。器的另一面后来又补刻了秦始皇二十六年诏,秦二世时再补刻二世元年诏,故又称秦两诏权。

秦铜权或铁权在陕西、甘肃、内蒙、山西、河北、山东等地都有出土,自铭有"一斤""五斤""八斤""十六斤""二十斤""二十四斤""三十斤"和"石"(即一石)等。1973年山东文登莒山公社铁权村(今威海市环翠区莒[崮]山镇新树村)发现的铁权,高19.4厘米、底径为25厘米,重32.257克。二十六年诏版镶在一侧的长方形凹框内[3]。1956年山西左云出土的铁权高19厘米、底径为26厘米,重32.5公斤,腹部嵌始皇二十六年诏,是目前所知最重的秦权(图4-7,2)。

图4-7 秦国铜、铁权
1. 高奴禾石铜权;2. 左云铁权

除了衡权这样最直接的材料,衡制还可以根据器物的记重、记容自铭来推算,如一件秦私官鼎有铭:"一斗半正,十三斤八两十四铢。"经实测换算,得秦1斤=258.1克。

---

[1] 王博:《甘肃镇原县富坪出土秦二十六年铜诏版》,《考古》2005年第12期。
[2] 陕西省博物馆:《西安市西郊高窑村出土秦高奴铜石权》,《文物》1964年第9期。
[3] 蒋英炬、吴文祺:《山东文登发现秦代铁权》,《文物》1974年第7期。

二、楚国的度量衡制

1. 楚国度量制

楚的度制大体同秦制。湖南省博物馆藏长沙出土的铜尺长 22.7 厘米,国家博物馆藏长沙出土的铜尺长 23 厘米,南京大学藏安徽寿县出土的铜尺长 22.5 厘米,安徽寿县出土的两件不等臂铜衡梁分别长 23.1 厘米、23.15 厘米,正面刻有十等分刻度线,相当于秦制的 1 尺、10 寸。寿县李三古堆楚墓出土的战国铜矩,两边长相等,均为 23.3 厘米,应为楚制 1 尺[1]。据此可知,楚 1 尺=22.5~23.15 厘米。

楚量多出于安徽,器虽有大小之分,但形制相同,皆为广口、直壁桶形,外壁一侧有一环形抓手,器腹多有"郢大府"三字,因称"楚大府量"。安徽凤台出土的一件高 12.5 厘米,口径为 11.6 厘米,容量为 1 110 毫升,外壁刻铭"郢大賔笒",底部刻铭"笒"。寿县李三古堆大墓出土 3 件,两大一小,小器容 216 毫升,大器容 1 140 毫升。又淮南出 1 件容 1 125 毫升,阜阳 1 件容 110 毫升。根据《周礼·天官·大府》的记载,"大府"是管理贡赋的机构。楚量单位和进制尚不清楚。

2. "钧益"砝码和楚国的衡制

常见的楚国称量工具是一种衡杆中间带提纽的等臂天平,与砝码配套使用(图 4-8)。砝码一般用青铜制成,呈圆环形,在楚墓中常常成组出土,单个出现的情况较少,但与天平臂、盘同出的情况很少。长沙近郊楚墓出土了一套完整的天平砝码,共 10 个。因从小到大第九枚砝码上刻有"钧益"二字,又被称为"钧益"砝码[2]。如果把十个砝码从小到大排列起来,配以序号,仍以秦制铢重 0.69 克计,可以发现其中有着非常明显的规律(表 4-1)[3]。

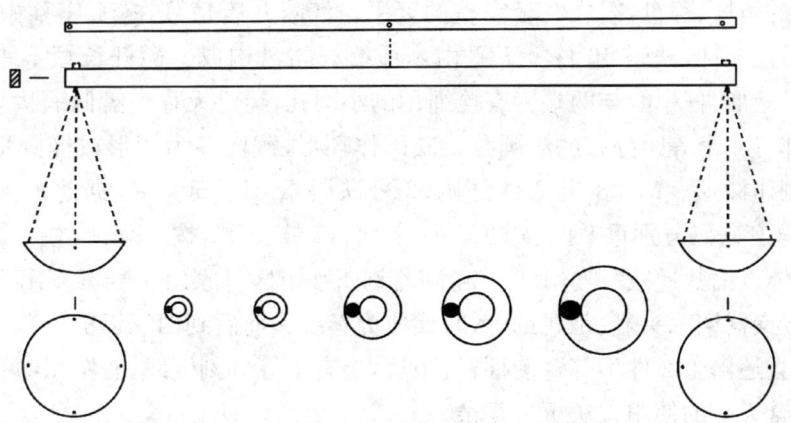

图 4-8 楚国的天平和砝码(江陵九店 M246:8)

---

[1] 李景聃:《寿县楚墓调查报告》,收入《田野调查报告》,上海:商务印书馆,1936 年。
[2] 高至喜:《湖南楚墓中出土的天平砝码》,《考古》1972 年第 4 期。
[3] 后德俊:《楚国青铜砝码中数学问题》,楚文化研究会编《楚文化研究论文集》第二集,武汉:湖北人民出版社,1991 年。

表 4-1　楚国成套砝码的大小（直径：厘米）

序号	1	2	3	4	5	6	7	8	9	10
克重	0.69	1.33	1.94	3.87	8.04	15.53	30.28	61.63	124.37	251.53
铢重	1	2	3	6	12	24	48	96	192	384
外径	0.75	0.9	1.1	1.38	1.75	2.3	3	3.51	4.91	6.06

最小的砝码重1铢，最重的相当于秦的1斤，10个砝码的总重量约当秦2斤，是该套砝码所能衡量的最大重量，1铢到2斤是其称量的重量范围。很显然这是楚国称量较小物体的衡器，很可能是在交易中用来称量黄金货币（爯金）用的。

实验证明，要称量1铢到2斤（768铢）范围内的任一重量的金币，这10个砝码是缺一不可的。如11铢可用2、3、4号3个砝码，1斤3两7铢只要1、4、6、7、10号就行了。也就是说，用这套砝码可以称量1铢到2斤之间不小于1铢的任何物件的重量。

砝码形制的设计也是十分科学的。用环形砝码，相近重量的砝码直径区别明显，比较容易找到所需要的砝码。同时，环形砝码在天平的称盘中也不易滑脱，既精细准确，又方便实用。

从对砝码的测算可知，楚国衡制与秦国十分接近。根据包山楚墓竹简146记"豕攻苛□利之金一益间益"，"益"是楚国的衡制单位，即"镒"，过去所谓"钧益"应为"间镒（锾）"，即半镒，镒相当于斤，刻有"钧益"二字的第九枚砝码重124.37克，恰合半斤之数[1]。结合文献和出土的铭刻材料，楚国实行的是镒、两制，其衡制单位似为石、钧、镒、间镒、两、铢，进制情况为1石=4钧，1钧=30镒，1间镒=8两，1两=24铢，1铢=0.65克。

同类砝码在楚墓中不断有所发现，有的与天平衡杆共出，如江陵雨台山419号墓出土3～9号砝码，安徽寿县朱家集出土4～9号，长沙左家公山15号墓出土1～9号（缺第10号），同出土的衡杆、称盘，组成一套完整的天平。江陵九店楚墓在11座墓中出土衡杆3件，铜质天平盘3件，砝码46件。天平由木质衡杆与盘构成。衡杆长短不一，作扁长条形，横截面呈矩形，杆中心与两端皆有拴绳用的小圆孔，绳已无存。盘似锅状，圆形，敞口，圜底，口缘部有4个等距分布的小圆孔。砝码作环形，截面多为圆形或椭圆形，少数为外侧圆弧、内侧作棱形。M423出6件砝码，2号砝码重61.7503克，据此推算，每两重约15.44克。这套砝码分别重8两、4两、2两、1两、12铢、3铢，按一套计，差6铢砝码1件。这套砝码大体以倍数递减[2]。1999年，湖北荆州沙市区肖家山一号秦墓出土3～7号砝码，该墓出土秦器铜蒜头壶、楚式剑等，时代应为秦统一前后到西汉以前[3]。

安徽寿县还出土2件不等臂衡秤，长1尺，上有十等分刻度线，有穿系纽孔，但无环权发现。不等臂天平的使用方法更为复杂。

---

[1] 黄锡全：《试谈楚国黄金货币称量单位"半镒"》，《江汉考古》2000年第1期。
[2] 湖北省文物考古研究所：《江陵九店东周墓》，北京：科学出版社，1995年，第254页。
[3] 荆州博物馆：《湖北荆州市沙市区肖家山一号秦墓》，《考古》2005年第9期。

三、田氏三量与齐国量制

春秋齐量以豆、升、区、釜为单位,进制较为复杂,《左传·昭公三年》记晏子语:"齐旧四量,豆、区、釜、钟,四升为豆,各自其四,以登于釜,釜十则钟。"杜预注:"釜,六斗四升。"则1钟=6.4石。陈(田)氏代齐,"陈氏三量,皆登一焉",除保留1釜=10钟,其余改五进制。依杜预注"釜八斗,钟八斛",则1钟=8石。

咸丰七年(1587年)出土于山东胶县灵山卫古城(今属胶南市)旁的陈纯釜、左关𬭎、子禾子釜(图4-9,2、1)是田齐时期制作的三件量器,被称为"田氏三量",铭文中都有"左关"字样,陈纯釜、子禾子釜皆铭"左关之釜节于廪釜",可知这些量器为左关制作而放在关卡上使用的,铭文中还规定,守关者不得舞弊,违者重罚。

三量实测分别容2 070毫升、20 580毫升、20 460毫升,1釜约为20 500毫升,根据进制可以推算出升、豆、区、釜、钟的情况:1升=164毫升,1豆=820毫升,1区=4100毫升。左关𬭎的容量实际上只相当于半区,10𬭎=1釜。相传出土于临淄的两件右里升,一件容830毫升,另一件容187毫升,分别相当于豆和升(图4-9,3)。同秦国量制相比,齐国的釜大体相当于秦国的斛。

迄今所见齐量有𬭎、升、豆、区、釜五种,独不见钟,待考。

图4-9 齐国量器
1.子禾子釜;2.左关𬭎;3.右里升

四、其他地区的度量衡制

1. 两周三晋地区

以洛阳为中心的两周是保存古制最多的地区,但目前所知仅有一件相传出于洛阳金村现藏南京大学博物馆的铜尺,长23.1厘米(图4-10),度制同秦。洛阳金村出土的铜钫等有自铭容量或重量,容量单位有"斗",重量单位有"寽""冢""铢""两"等。而三晋不但度制不明,量、衡也比较混乱,量有斗、升,衡用朱(铢)、两、益(镒)、釿,单位与秦有同有异。

图 4-10　洛阳金村出土铜尺

2. 燕国

燕国度量情况不明，衡制以铢、两为单位，与秦国同。据燕下都出土记重器物看，重量的分割和精确度极高。1977年燕下都辛庄头M30出记重金饰件20件，正面浮雕半身人像及牛、马、狗、驼等动物形像，背铭为自重"四两九朱""四两十四朱半朱""二两廿三朱四分分朱一""四两十六朱四分分朱三""四两三朱半朱八分分朱一"，根据标重和实测，得1铢≈0.66克，由1斤＝16两，1两＝24铢，推得燕1斤＝16×24×0.66＝253.4克，与秦制亦相近，但其精确度达到1/8铢(0.0825克)，为其他地区所不见。

3. 中山国

1976年，中山成公墓(M6)出土一件目前仅见的中山国衡器——铜权(图4-11)，形制同秦权相近，重712.6克，可惜无铭文表示该权所代表的重量单位。在该墓出土的记重铜器上，出现的重量单位有"石"和"刀"，如圆壶铭文："冢(重)一石三百三十九刀之重。"

图 4-11　中山成公墓出土铜权(M6:123)

第三节　铜镜和灯具

战国时期，青铜器的日用化趋势已非常明显，最突出的表现是作为照容用具的铜镜和日常照明铜灯大量出现，考古报告中的铜器墓主要是针对随葬青铜容器类的墓葬说的，虽然同样是青铜器类，但铜镜和铜灯由于在人们日常生活中的普遍应用而使它们标志墓主身份地位的作用明显减弱。但是，铜镜和铜灯不只是简单的实用器具，同时也具有装饰和美化生活的作用，其中不乏工艺性极强的艺术品，一些铜镜和灯具也绝非一般平民所能有。所以，在青铜器的发展中，既要看到一般青铜器日用化的主流，也要认真理解贵重器物的作用和意义，前者反映着普通大众的日常生活，后者代表了生产技艺和人们审美情趣达到的水平。

一、战国铜镜

战国铜镜常见的一般为圆形镜，平缘或素卷缘，直径多在10～20厘米之间，最小的只有6.3厘米，厚度为0.1～0.8厘米。另外，我国西北甘青一带战国墓还出土带短柄的圆镜,如2009年甘肃秦安王洼战国墓地M2出土2件带短柄的素面镜,墓葬属战国西戎文化[1]。西北地区的带柄镜可能受到了西亚地区铜镜的影响。

战国铜镜的镜背纹饰常见羽状纹、蟠螭纹、云雷纹、涡纹等,有的单用地纹,有的用主、地两纹,也有的单用主纹。

楚国地区出土战国铜镜最多,以下以楚镜为主,分期介绍战国铜镜的特点。

(一) 战国早期

战国早期铜镜为桥形钮,有圆形或方形的钮座,以圆形为主。窄平镜缘,有素面镜、"山"字纹镜、龙凤纹镜、蟠螭纹镜几种。"山"字纹镜多方形钮座,地纹为细密的羽状纹,主纹为等距离分布的三山纹或两两对称的四山纹(图4-12,1);蟠螭纹镜是战国早期多见的镜式,以蟠螭纹为主纹,钮座外缘往往有一道贝纹带(图4-12,2)。

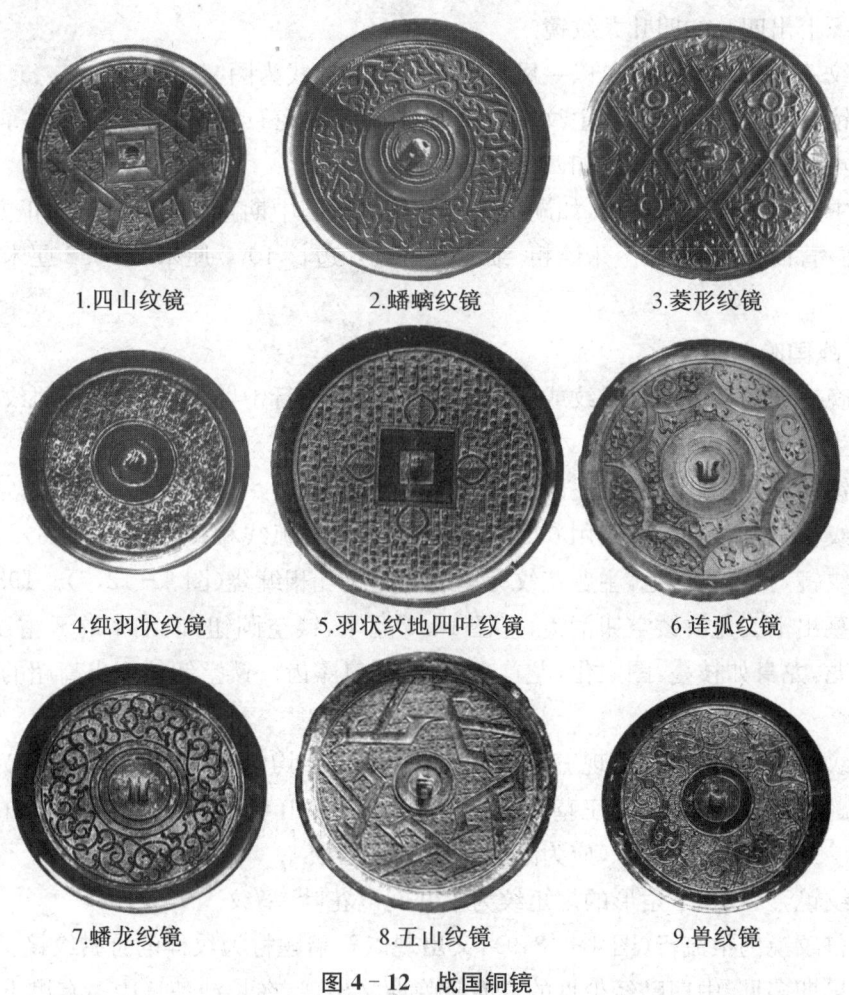

1.四山纹镜　　　2.蟠螭纹镜　　　3.菱形纹镜

4.纯羽状纹镜　　5.羽状纹地四叶纹镜　　6.连弧纹镜

7.蟠龙纹镜　　　8.五山纹镜　　　9.兽纹镜

图4-12　战国铜镜

---

[1] 甘肃省文物考古研究所:《甘肃秦安王洼战国墓地2009年发掘简报》,《文物》2012年第8期。

(二) 战国中期

战国中期铜镜式样增多，一般为三弦镜钮，花纹分地纹和主纹两层，以羽状纹或蟠螭纹作地纹衬托山字、花叶和凤鸟等纹样。常见以下几种：

山字纹镜，同早期纹饰基本相同，不同的是钮座四角或每边正中伸出一片桃形叶子，每叶向外伸展，靠近镜缘处再各连接一桃叶形。这样把镜面分成四等分，山字均匀地分布在每等分内。

菱形纹镜，地纹为羽状纹，主纹作菱形纹（过去称为方连纹），在中间配以四瓣花纹，钮座有圆形或四瓣花座（图4-12,3）。

羽状纹镜，以单纯的羽状纹为装饰，没有主纹（图4-12,4）。

四叶纹镜，羽状纹地，在方钮座或圆钮座四周各出一桃叶形纹（图4-12,5）。

蟠螭纹镜，与早期铜镜相似，不同的是钮座的边缘不是贝纹而是一道宽弦纹。也有在圆钮座边缘上出四叶的四叶龙纹镜。

凤鸟纹镜，多见漆绘铜镜，以一凤一凰相纠缠的形式为图案单元。

兽纹镜，有的有羽状纹地，主纹用凸线条勾出一圈四兽或五兽，兽似鹿、蚕等各种不同的形状，也有的与四山纹相间，如四山四鹿纹镜。

战国中期出现少量方形镜，如湖南慈利石板村战国中期墓（M36）出土的正方形镜，质薄，桥形钮，背面髹黑漆，漆上朱绘粗、细线方格纹。边长10.2厘米，厚0.2厘米[1]。

(三) 战国晚期

战国晚期的铜镜多以云雷纹或涡纹为地，并继续流行中期的四叶纹镜、凤纹镜等。新出现和发生变化的有：

弦纹镜，钮与缘之间饰一周、两周或三周凸起的弦纹。

连弧纹镜，云雷纹地，主纹用6、8、11等不同数目的弧线相接（图4-12,6）。

蟠龙纹镜，云雷纹为地，主题花纹为单纯的龙纹互相缠绕（图4-12,7）。1953年长沙子弹库楚墓出土三龙纹镂空钮铜镜，直径16.5厘米，镂空圆钮，以细密的云雷纹为地纹，主纹为三龙，龙身如枝蔓，图案化，龙首有独角，张口露齿。镂空钮体现出高超的铸镜工艺水平。

四山纹镜依然流行，还出现五山纹镜，五个"山"字均匀布局，仍以羽状纹为地纹（图4-12,8）。广州西汉早期南越王墓出土一枚六山纹镜，山字左旋，钮座周围和山字右边饰小叶，共十二叶，直径21厘米，应为战国晚期楚镜。

几何纹镜，以双线三角形的规矩纹为主并间以花叶、鸟纹。

晚期兽纹镜仍很流行（图4-12,9），又出现以狩猎题材为纹样的狩猎纹镜。

战国早期多见、中期已经少见的素面镜晚期又出现，在长沙楚墓中多有出土。

重庆涪陵小田溪战国晚期墓也出土方形镜，镜背镂空，饰双龙。

---

[1] 湖南省文物考古研究所等：《湖南慈利石板村36号战国墓发掘简报》，《文物》1990年第1期。

二、战国灯具

青铜灯具在战国时期即已较为流行,且形制多样。所有灯具都有灯盘,但承托灯盘的方式多种多样,可以大致分为普通豆形灯、动物或人物承托的灯、树形多枝灯等形式。

豆形灯:豆形灯是青铜灯具的基本造型,一般是细长柄支一圆形平底折腹灯盘,喇叭形或圆饼形底座,有的豆盘中心有一插火烛用的铜扦或圆管。如湖北荆门左冢战国中期一号楚墓出土的豆形灯,细高柄,灯盘直壁方唇,直径12.2厘米,中心立一圆筒形灯柱,柱壁三面皆以长方形孔穿透,喇叭形座。盘内外壁和柄座皆残留厚厚的烟炱和油垢(图4-13,4)[1]。用麻、苇、竹等集束缠缚成细长的草卷,插在灯扦上作灯捻子,灯盘中倒入动物油脂或植物油[2]。没有灯扦或铜管的,可以将细软的灯捻搭在豆盘口沿上。

动物、人物承托的灯:用动物、人物造型承托灯柄的青铜灯堪称战国灯具中的艺术品,湖北枣阳九连墩、荆门包山、江陵(今荆州市荆州区)望山、山东诸城、河北平山中山国战国墓都有出土。战国中晚期望山墓M2出土的人骑骆驼铜灯,铜人跪踞在骆驼背上,双手于胸前擎着细长的灯柄,柄端有一灯盘,盘中有灯扦(4-13,5)。河北平山中山国成公墓(M6)出土的漆绘银首人俑铜灯高66.4厘米,造型为一身穿绣袍的男子,左手持蛇连接两层灯盘,右手高举螭蛇连接的另一灯盘,男子手中的蛇似乎在向前蠕动,环绕灯柱的蛇也在向上爬升,高处的鸟鸣叫欲翔,栩栩如生,有较强的动感(图4-13,1)。1957年出土于山东诸城葛埠村的人形灯,身穿短衣的男子立于示意性镂孔的龟背上,双膝微曲,双手伸向两侧,各擎一向外弯屈的带叶片的竹节灯柄,柄端与灯盘榫接(图4-13,2)。整件铜灯设计精巧,造型独特,虽两灯盘分开距离较大,仍显平稳自然,灯高21.3厘米,盘径11.5厘米,出土时还附有一件供添油用的长柄铜勺。山东临淄战国墓出土的鸟柄铜灯,灯体为矮柄豆形,鸟衔灯盘口沿,鸟足夸张地弯曲前伸,连于盘腹,成为灯的抓手,造型奇特而巧妙(图4-13,3)。

树形多枝灯:树形多枝灯以树干分枝连接多个灯盘,向四外展开,形似灯树。战国时期还是该类灯的初始阶段,目前仅见河北平山中山王䚄墓出土的十五连枝灯,但该灯的设计造型和铸造工艺都已达到中国古代同类灯具的最高水平,使用榫卯斗合法,树干、分枝和灯盘分铸后插合成一棵完整的灯树,树上有蛇、鸟、猴,树下有人物,上下呼应,灵动和谐,可以想见花灯大放时的美妙情景(见图2-4,3)。

---

[1] 湖北省文物考古研究所等:《荆门左冢楚墓》,北京:文物出版社,2006年,第69页。
[2] 穆海亭:《商周的"烛",秦汉的"镫"》,《文博》2007年第1期。

图 4-13 战国铜灯
1. 平山 M6 出土；2. 诸城战国墓出土；3. 临淄战国墓出土；
4. 荆门左冢 M1 出土；5. 包山 M2 出土

第五章 战国文字和简帛

文字、典籍、科技、艺术是衡量一个民族文化进步程度的重要标尺。春秋战国虽然诸侯割据,各自为政,但思想自由的氛围造就了文化的繁荣,百家争鸣的局面成为科学和艺术发展创新的动力源泉。但是,列国分离和自然区域特点造成文化多样化的事实毕竟存在,而透过考古发现,我们已经感到战国时期地域文化的共通性在不断加强,随着政治统一的进程,文化的发展也迎来了新的时期。

第一节 从六国文字到统一的小篆

春秋战国时期,列国各自为政,地域文化差异明显,反映在文字方面,不但书写风格各异,文字的形体结构也存在很大的不同,这在一定程度上影响了文化的交流和发展。秦统一后,统一文字成为保证中央集权国家政令通行的重要举措,也成为中华文化一体化的重要基石。

一、六国文字

战国是东方六国文字变化较大的时期,西周金文传统的规范文字体系开始解体,简化、俗体现象杂出,形体变化较大,以至难以辨识。

考古发现的战国文字材料有铜器铭文、陶文、玺印和封泥、货币文字、简牍和帛书、石刻文字以及盟书(载书)等。

铜器铭文。从春秋时期开始,铜器铭文多施于器物外表较显眼之处,兼具装饰作用。战国时期的铜器铭文大多为刻铭,笔画细而圆柔,有的错金银,更具装饰作用。战国铜器铭文多为记铸工和管理者的物勒工名性质的刻文或铸器事由、器主等简单的文字,很少有长铭。从书体风格上看,北方地区文字多凝重、峻整或细劲,而南方楚国文字字体颀长华丽,笔画诘曲。战国中晚期,楚国及江南吴越地区盛行鸟虫书,常施于兵器之上,并错金银,流行装饰性的图案。20 世纪五六十年代,安徽寿县征集的五件楚怀王给鄂君启的铜节,有车节 3 块,每块有铭文 150 字,舟节 2 块,每块 165 字,皆错金铭文;1977 年河北平山中山王䝨墓出土的中山三器上都有较长的铭文,其中铁足铜鼎上有长达 469 字的铭文,方壶上有 450 字铭文,中山胤嗣𡖊蜜圆壶 182 字,文字皆细长字体,具有鸟虫书风格,为战国时期所仅见[1]。中山三器上的长铭和鸟虫书都为北方地区所少见。1978年随州曾侯乙墓出土编钟上的乐律铭文总计3 000余字。

盟书是春秋战国时期各诸侯国或卿大夫之间订立盟誓记录的言辞，墨书于圭形或圆形玉、石片上，盟誓后随牺牲、祭品瘗埋。1965年，山西侯马晋国盟誓遗址出土盟书5 000余件。20世纪40年代，河南沁阳出土几十片墨书文字的盟书[2]。20世纪80年代，河南温县出土战国盟书5 000余片，多数为墨书，风格、辞例、形制等与侯马盟书相似[3]。

货币文字。铸造在钱币上的文字多为记地和记值(重)文字，由于地域差异大，形体省变严重，识读较为困难。

简牍、帛书。大约在西周末或春秋初期，竹简、缯帛开始用于书写，目前发现最早的竹简出土于曾侯乙墓，时间为战国前期。现在出土的战国简牍主要是楚简和秦简。楚简多出土于战国中晚期墓葬中，单墓出土数量最多的是1993年发掘的湖北荆门郭店楚墓，出土竹简804枚，13 000余字。楚简文字与同时期的铜器铭文有很大不同，字体扁平欹斜，有的与秦系篆书相似，有的则具有明显的隶书笔意。战国帛书只有1件，1942年于长沙子弹库楚墓盗掘出土，现藏美国大都会博物馆，共900余字，含《四时》《天象》《月忌》三篇，内容为天象灾异、帝王及昼夜形成的神话等，周围绘有十二月神像。包山楚墓还出土了书写简牍、帛书的毛笔。

玺印、封泥。目前所知的先秦玺印少有出土品。长沙市郊陈家大山、伍家岭等处700余座战国墓中仅发现一方私印；1954年发掘的西安半坡120座战国墓，有4座墓各发现私印1枚。目前还没有战国墓出土官印的报道。封泥春秋时期已经出现，现在发现的先秦封泥多为战国时期，亦少见出土品。

陶文。刻在陶器和砖瓦上以记录制器者为主的文字，如战国齐国陶文，"王卒左聚城阳中垂里人曰得"(《古陶文汇编》3·497)，"楚郭聚莒里昌"(《古陶文汇编》3·335)。高明《古陶文字征》收录商周至秦陶文单字1823个。

二、秦国文字

《汉书·艺文志》和《说文解字·叙》等说，周宣王时的太史籀著大篆十五篇，籀文大篆是西周晚期的文字，秦统一前使用的文字也应该是大篆。战国秦文字的风格也随着载体和用途的不同而有所变化，如秦国铜器铭文规范、刚健、严整，秦玺文字字形略长，线条圆转流畅。秦孝公十八年(公元前344年)商鞅铜方升上的32字刻铭、石鼓文和诅楚文都是用秦国的大篆文字写成的。大篆字体演变至战国晚期已十分接近小篆。

唐初在天兴县(今陕西凤翔)发现10个刻有文字的鼓形石墩，后世称石鼓，刻文即为石鼓文，其内容为记叙出猎场面，形式为四言诗，共10首718字。石鼓的年代约在春秋战国之际。

---

[1] 河北省文物研究所：《䗩墓——战国中山国国王之墓》，北京：文物出版社，1995年，第340～396页。
[2] 陈梦家：《东周盟誓与出土载书》，《考古》1966年第5期。
[3] 河南省文物研究所：《河南温县东周盟誓遗址一号坎发掘简报》，《文物》1983年第3期。

诅楚文是战国中后期的秦国刻石。战国后期,在秦楚争霸中,秦王祈求天神保佑,告神诅楚,每告一神即刻石记之。北宋时发现3块刻石,每石除神名不同,其他内容基本相同。诅楚文字形与小篆已比较接近(北宋时发现三种诅楚文刻石,原石和拓片亡佚,今仅存摹本)。

秦竹简的第一次重大发现是1975年湖北云梦睡虎地战国晚期至秦统一时期的秦墓(M11)出土的1 150余枚竹简,以法律文书为主。另一次重大发现是2002年湖南湘西里耶古城一水井出土的3.7万余枚秦简,字体都是早期的隶书(秦隶或古隶)。也就是说,秦在战国时已存在篆、隶两种通行的书写系统。

三、小篆和隶书

秦统一后在全国范围内"书同文字",这其实是对战国时期杂乱的文字结构和书写作风的一次规范和整理。《说文解字·叙》载:"(李)斯作《仓颉篇》,中车府令赵高作《爰历篇》,太史令胡毋敬作《博学篇》。皆取史籀大篆,或颇省改,所谓小篆者也。"小篆是在秦大篆基础上规范统一而成的,是秦统一后通行全国的文字。统一后的秦诏版铸有秦始皇二十六年40字诏令和秦二世60字诏令,诏令文字即为统一后严整的小篆(图4-6)。标准秦小篆在秦始皇历次巡行途中的记功刻石上也有具体的反映。秦刻石同时也是小篆规范和推广的范本,今所见峄山、泰山、琅玡台、芝罘、碣石、会稽刻石则多为摹本。

隶书是篆书的简便书写形式,也可以说是与小篆并行的日常俗体写法,战国晚期即已出现,先从民间自发使用。书同文以后,小篆是规定的官方用字,隶书也在民间开始推广,以至地方行政文书有时也用隶书抄写,如云梦秦简、青川木牍等。到汉代,隶书因为其方便书写的特点,很快成为官民通用的文字,小篆只有玺印、钱币等有限的几种特殊载体或用途使用。

秦统一文字后仍有根据不同用途使用的八书:大篆、小篆、刻符、虫书、摹印、署书、殳书、隶书。

第二节 简牍、帛书

战国简牍主要出土于楚墓和秦墓中,根据其内容可分为五类:① 书籍,包括日书;② 占卜祭祷,包括盟誓;③ 遣策,为丧葬中随葬品的记录;④ 制度,主要为法律文书;⑤ 行政文书。早期的发现大都数量较少,字数不多,内容相对单一,以遣策和卜筮祭祷文书为主,古文字学界关注较多。战国简牍、帛书后逐渐成为研究先秦历史的重要地下出土文献,弥补了由于传世文献欠缺造成的历史空白。我国历史从《左传》所记的最后年代周贞定王二年(公元前467年)到《战国策》所记的开始之年周显王三十五年(公元前334年)的100多年中,没有传世文献的记录,竹简的发现就成为研究这段历史的可靠材料。

一、楚简、帛书

楚墓简牍的出土次数最多,主要是战国中晚期简。

1. 信阳长台关简

1957年,信阳长台关一号墓(战国中期偏早)出土竹简148枚,是一篇近600字的文章,因残甚难以通读,经研究为《墨子》佚篇,记有周公和申徒狄的对话。该墓还出土遣策。

2. 江陵望山简

1965年望山一号墓边箱东部出土竹简,经整理拼对,有207枚1 000余字,内容为墓主昭固患病期间占卜及祭祀神祇和祖先的记录,故又称"昭固卜辞",是我国发现的最早的卜筮祭祀类竹简。望山二号墓还出土遣策。

3. 荆门包山简

1987年出自包山二号墓,共448枚,有字简278枚,总计12 600余字,单字约1 600个,有大量新见字。除卜筮祭祷记录和遣策等,大部分为楚国官方行政司法文书、判案记录。司法文书最为重要,有《集箸》《集箸言》《受期》《疋狱》。墓主为楚国主管司法事务的左尹邵㐌,葬于公元前316年。包山简的发现成为楚简研究的转折点,从此楚简和楚文字研究走向系统化。

4. 荆门郭店简

1993年冬,考古部门抢救性发掘荆门市沙洋区四方乡郭店村一组一号楚墓,出土竹简805枚,1998年公布,内容为先秦典籍,13篇,共计13 000余字,包含道家典籍《老子》甲、乙、丙三种和《太一生水》,儒家著作《缁衣》《五行》《六德》《尊德义》《成之闻之》《穷达以时》《唐虞之道》《忠信之道》和《语丛》(一、二、三),其他还有论述君臣间权谋的类似纵横家书的《语丛》(四)等。《老子》和《缁衣》有传世本,其余大部分为佚本。郭店简的发现带来了楚简研究的高潮。

5. 新蔡楚墓竹简

1994年河南新蔡葛陵楚墓出土竹简1 571枚,内容包含卜筮祭祷类和遣策类,绝大多数为前者。遣策类有人认为是"赗书",仅20余枚。

6. 上博楚竹书(上博简)

1994年,上海博物馆从香港古玩市场陆续收购楚简1 200余枚,计有简文35 000余字,据说出于湖北荆门一带。后来分批整理为《上海博物馆藏战国楚竹书》,包含古书百余种,已整理发表的主要有《孔子论诗》《缁衣》《性情论》《民之父母》《子羔》《鲁邦大旱》《从政》《昔者君老》《容成氏》《周易》《恒先》《中弓》《容祖》《采风曲目》《逸诗》《曹沫之陈》《内豊》《昭王毁室》《相邦之道》《柬大王泊旱》《竞建内之》《鲍叔牙与隰朋之谏》《季庚子问孔子》《姑成家父》《君子为礼》《弟子问》《三德》《鬼神之明·融师有成氏》等。上博简的陆续发表和研究促成了简帛学的形成。

7. 清华简

2008年,清华大学入藏一批战国中晚期楚简,2 500余枚,主要为《尚书》《诗经》类和编年体类的经、史类书籍,其中更多的是前所未见的佚篇。清华简数量多,内容完整而丰富,在迄今发现的战国竹简中是少有的。从文字风格和主要内容看,这批竹简确实是来自于楚国的,对于研究先秦史尤其是楚国历史有重要价值。

8. 其他楚简

湖北荆州天星观、江陵藤店、随州曾侯乙墓等都出土了卜筮祭祀类竹简和遣策。湖南长沙仰天湖等地楚墓也出土楚简4 700余枚。

9. 楚帛书

1942年,长沙子弹库战国楚墓被盗掘,出土帛书1幅,900余字,现存美国纽约大都会博物馆。帛书长38.7厘米、宽47厘米,四周有文字十二段,各附十二月相应月份的神像。中部有两大段术数性质的文字,记天象灾异和各月的宜忌,所说的宜忌与《吕氏春秋·十二纪》《礼记·月令》相近。帛书讲四时昼夜的形成,有伏羲、炎帝、祝融、共工等传说中的人物。

二、秦 简

战国中晚期至秦统一的简牍迄今共发现6万余枚,主要出土于湖北、湖南、甘肃、四川等地。

1. 云梦秦简

1975年冬,湖北云梦县城关公社(今城关镇)在平整土地进行农田水利建设时偶然发现墓群,共清理发掘12座战国末秦国至秦始皇帝时代的墓葬。这些墓都属小型墓,其中M11棺内出土竹简1 150余枚,简长23.1~27.8厘米,宽0.5~0.8厘米,简的上、中、下都有三道绳痕。简文4万字,皆墨书秦隶,清晰可辨[1]。这是我国第一次发现秦简。

云梦秦简包含了10余种书籍,有《编年记》《语书》《秦律十八种》《效律杂抄》《法律答问》《封诊式》《为吏之道》《日书》甲种和乙种等,《语书》《效律》《封诊式》和《日书》是原有书题,其余为整理时期据内容拟定。

(1)《编年记》《大事记》52简,位于墓主头下,按年代顺序记述秦昭王元年(公元前306年)到秦始皇三十年(公元前217年)间90年的历次战争和私人生平事迹,类似后世的年谱,也是秦国的编年史,从中可以了解秦统一战争的全过程,所记史事与《史记》等书的记载很多是一致的。

(2)《语书》(原定名《南郡守腾文书》)14简,出土于墓主腹部和右手下面,为秦昭王时南郡守腾对所属各县官吏发布的文书,要求属吏奉公守法,无害于邦。秦昭王二十八年(公元前279年),秦将白起攻占楚地,秦国为巩固在这里的统治,设南郡。

(3)《为吏之道》50简,发现于墓主腹下,采用上下五栏书写的独特格式,内容庞杂,主要讲述儒家处世哲学,相当于学习为吏之道的课本。

---

[1]《云梦睡虎地秦墓》编写组:《云梦睡虎地秦墓》,北京:文物出版社,1981年;睡虎地秦墓竹简整理小组:《睡虎地秦墓竹简》,北京:文物出版社,2001年。

(4)《日书》425 简,发现于墓主足下和头侧,分别有甲种和乙种,但内容相似,都是预测吉凶祸福的卜筮类书籍,是日常宜忌的书,对研究五行学说和当时社会生活皆有重要价值。

(5) 法律类文书 600 余简,是该墓竹简中的大宗,有《秦律十八种》《效律》《秦律杂抄》《法律答问》《秦律说》)和《封诊式》。对农田水利、牛马饲养、粮食贮存、徭役征发、刑徒服役、工商管理、官吏任免、物资账目、军爵赏赐、军官任免、军队训练、战场纪律、后勤保障、战后奖惩等都有具体的法律条文规定。

另外,四号墓还出土 2 件写有家书的木牍。

2. 青川木牍

1979~1980 年,四川青川郝家坪第 50 号战国墓出土木牍 2 枚,皆长 46 厘米。一枚宽 3.5 厘米,文字残损,无法辨识;一枚宽 2.5 厘米,正面墨书文字三行,内容为记秦武王二年(公元前 309 年)命丞相甘茂等"更修为田律"及田律的具体实施情况:"二年十一月己酉朔朔日,王命丞相戊(茂),内史匽,□□更修为田律:田广一步,袤八则为畛。亩二畛,一百(陌)道。百亩为顷,一千(阡)道,道广三步,封,高四尺,大称其高。埒(埒),高尺,下厚二尺。以秋八月,修封埒(埒),正疆畔,及芟千(阡)百(陌)之大草。九月,大除道及除鄐(浍)。十月为桥,修陂堤,利津[梁]。鲜草,虽非除道之时,而有陷败不可行,相为之□□。"背面可识文字有"四年十二月除道者"等[1]。牍文记述关于农田规划的有关法律,也涉及秦国土地制度。这是继云梦秦墓之后第二次发现秦律。

3. 放马滩秦简

1986 年,甘肃天水放马滩(又叫牧马滩)战国晚期秦人墓(M1)出土秦简 460 枚,其中《日书》甲、乙种 452 简,是继睡虎地秦简之后第二部同类书,但内容有所不同。《墓主记》(《志怪故事》)8 简,记述"丹"死而复生的过程和过去的经历以及不死的原因。墓内还出土 4 块木板地图[2]。

4. 龙岗秦简

1989 年,湖北省云梦龙岗六号墓出土秦简 150 余枚,内容为秦统一后的律文,有《禁苑》《驰道》《马牛羊》《田赢》《其他》等。墓主腰部有木牍 1 方,是给死者的免罪冥判辞,与"告地策"相似。骨架缺失腿以下部分,可能是生前因罪获刑的守宛囿的刑徒[3]。

5. 王家台秦简

1993 年,湖北荆州博物馆发掘江陵郢城镇王家台 15 号秦墓,出土秦简 813 枚,简长有 45 厘米和 23 厘米两种,其中有易占类 500 支,内容可能是今已失传的"三易"之一的《归藏》。另有《效律》《日书》和无法定名的记录自然界灾异现象和预示吉凶的简文[4]。

---

[1] 四川省文物考古研究院、青川县文物管理所:《四川青川县郝家坪战国墓群 M50 发掘简报》,《四川文物》2014 年第 3 期。

[2] 甘肃省文物考古研究所、天水市北道区文化馆:《甘肃天水放马滩战国秦汉墓群的发掘》,《文物》1989 年第 2 期。

[3] 湖北省文物考古研究所等:《云梦龙岗秦汉墓地第一次发掘简报》,《江汉考古》1990 年第 3 期。

[4] 荆州地区博物馆:《江陵王家台 15 号秦墓》,《文物》1995 年第 1 期。

6. 周家台秦简

1998年,湖北荆州沙市周家台30号秦墓出土竹简3组计387枚,另有木牍1件,隶书简文,共计5 300余字,内容为《日书》《病方及其他》和记录墓主生前活动的《历谱》。木牍为秦二世元年(公元前209年)历谱,竹简中秦始皇三十四年(公元前213年)的历谱完整地记录了全年的日干支,对于秦代和秦汉之际历法的研究有重要意义[1]。

7. 里耶秦简

2002年,湖南湘西龙山县里耶古城1号井内出土秦简3.7万余枚,存有字迹的约1.7万枚,20余万字,其中有上千枚无字简。简文内容有各种政令,政府往来的公文、司法文书,吏员名簿,物资登记和转运及里程等,还有最早的乘法口诀木牍。是秦末当地政府的官署档案文书资料。2005年,古城北护城壕11号坑又出土51枚简牍(图5-1)。里耶秦简的纪年从秦王政二十五年(公元前222年)至秦二世元年(公元前209年),连续不断。古城所处的湘西酉水流域及武陵山区,战国属楚黔中郡,秦为洞庭郡,里耶古城可能是洞庭郡迁陵县城所在。古城和秦简的发现填补了该地区传世文献记载的空白[2]。

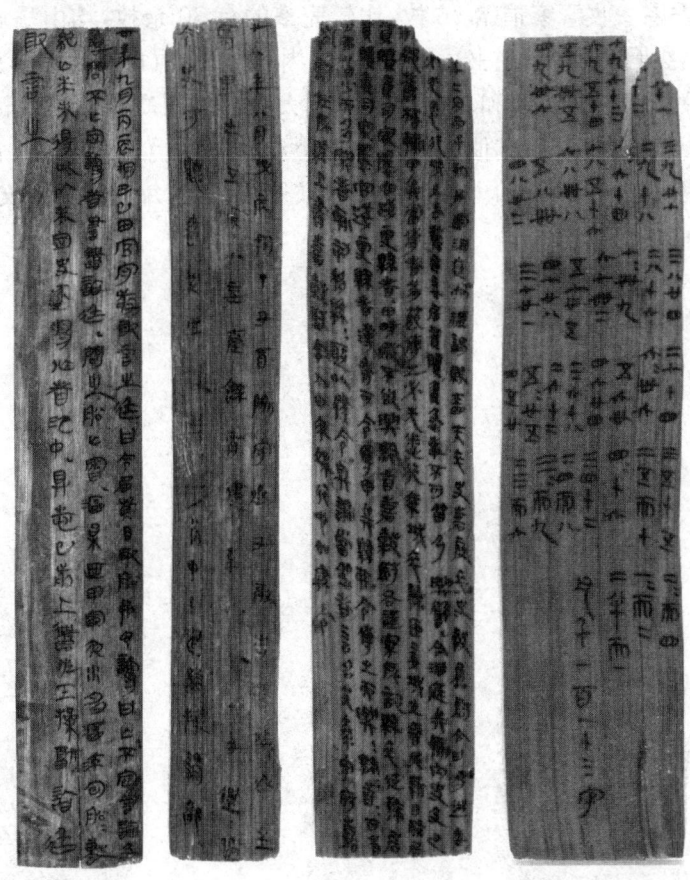

图5-1　龙山里耶古城出土秦代简牍

---

[1] 湖北省荆州市周梁玉桥遗址博物馆:《关沮秦汉墓清理简报》,《文物》1999年第6期。
[2] 湖南省文物考古研究所:《里耶发掘报告》,长沙:岳麓书社,2006年。

8. 益阳兔子山秦简

2013年,湖北益阳洞庭湖滨兔子山遗址16口古井有13口出土战国晚期至孙吴的木牍、竹简,目前已清洗出土1.3万余枚,初步估计有1.6万枚以上,其中9号古井中出土的一方木牍为秦二世登基文告,正面书:"天下失始皇帝,皆遽恐悲哀甚,朕奉遗诏,今宗庙吏及箸以明至治大功德者具矣,律令当除定者毕矣。元年与黔首更始,尽为解除流罪,今皆已下矣,朕将自抚天下。"背面书:"吏、黔首,其具行事已,分县赋援黔首,毋以细物苛劾县吏,亟布。以元年十月甲午下,十一月戊午到守府。"

一并提及,3号井出土简牍约5 000枚,有哀帝建平、平帝元始等年号;6号井出土约1 000枚,简文有桓帝永兴、永寿、献帝建安和吴大帝嘉禾年号。兔子山遗址是楚、秦、汉、孙吴各朝益阳县衙署所在地,出土简牍多为公元前250年到公元250年各朝政府的档案,是目前所见年代序列最为完整的一批[1]。这批材料目前正在整理当中。

9. 岳麓书院藏秦简

2007年,湖南大学从香港古董市场购藏秦代简牍2 098枚,相对比较完整的有1 300余枚。2008年,香港一收藏家捐赠76枚,比较完整的有30余枚,均由岳麓书院收藏。这批简主要为竹质,少量为木质,墨书书体为秦隶,内容分为《质日》《为吏治官及黔首》《占梦书》《数书》《奏谳书》《秦律杂抄》和《秦令杂抄》七大类,其中《质日》《为吏治官及黔首》《数书》三种是简背上原有的标题,其他四种是整理小组暂拟的篇题。《岳麓书院藏秦简》(壹~伍)由上海辞书出版社出版,刊出彩色图版和红外线图版,每简随图释文。

---

[1] 张兴国、周创华等:《湖南益阳兔子山遗址2013年发掘收获》,国家文物局主编《2013中国重要考古发现》,北京:文物出版社,2014年;湖南省文物考古研究所、益阳市文物处:《湖南益阳兔子山遗址九号井发掘简报》,《文物》2016年第5期。

下 编

汉 代 考 古

第一章 城市和重要的人工设施

城市是聚落的一种形式,汉代是城市聚落全面发展的时期。西汉都城长安和东汉都城洛阳是汉代最高规格的聚落,从战国都城到汉代都城,城市的格局发生了很大的变化,并为以后都城的建设模式奠定了基础。国家政治管理体系由东周的领地封邑到汉代的郡县、郡国和乡里,各层级的城随之也成为由血缘政治到地缘政治变化的外在形式。城市以外的重要设施也都反映了汉中央政府的统辖能力、经济实力和文化影响力的变化。

第一节 两汉都城

两汉都城所在地都经过了汉代以前长时期的经营,在建设过程中充分利用了以前无形的政治影响和有形的城建基础,尤其是东汉洛阳城,基本上沿用了秦代的大格局。作为都城所在地,长安和洛阳带动了地域经济、文化的发展,使两京地区成为汉文化的轴心。自 20 世纪 50 年代开始,汉代都城遗址就一直是我国考古学研究的重要内容,不仅是对城址本身的探讨,研究视野也逐渐拓展到与都城相关的领域。

一、西汉都城长安

西汉都城长安位于现在西安市的西北郊。汉代以前,这里作为秦都咸阳的一部分,有秦的章台、兴乐宫等离宫别馆。汉初的四年以栎阳(今西安市阎良区武屯镇)为临时都城,高祖五年置长安县,在秦兴乐宫的基础上建长乐宫以为皇宫。次年长乐宫建成,高祖由栎阳迁都于此,更名长安。同时,又以秦章台为基础建未央宫,并陆续在两宫附近造武库、太仓、东阙、北阙甲第及大市,又除秦社稷,立汉官社,在长安城中立高祖庙,都城设施逐渐齐备。惠帝时始筑长安城墙,立西市、北宫、社稷。武帝时在城内筑桂宫和明光宫,扩建北宫,开凿昆明池,又于城外增筑建章宫等宫室,扩充上林苑。至王莽时期,重建和完善了城南郊的宗庙、官稷、明堂辟雍和九庙等礼制建筑。长安城是经过整个西汉至新莽时期不断建设而逐渐完善起来的。

(一)城墙、城门和街道

长安城平面呈不规则的方形,正南正北方向。惠帝筑城时,受渭河支流汜水枝津的影响,北垣近河,只好随河斜行(图1-1)。

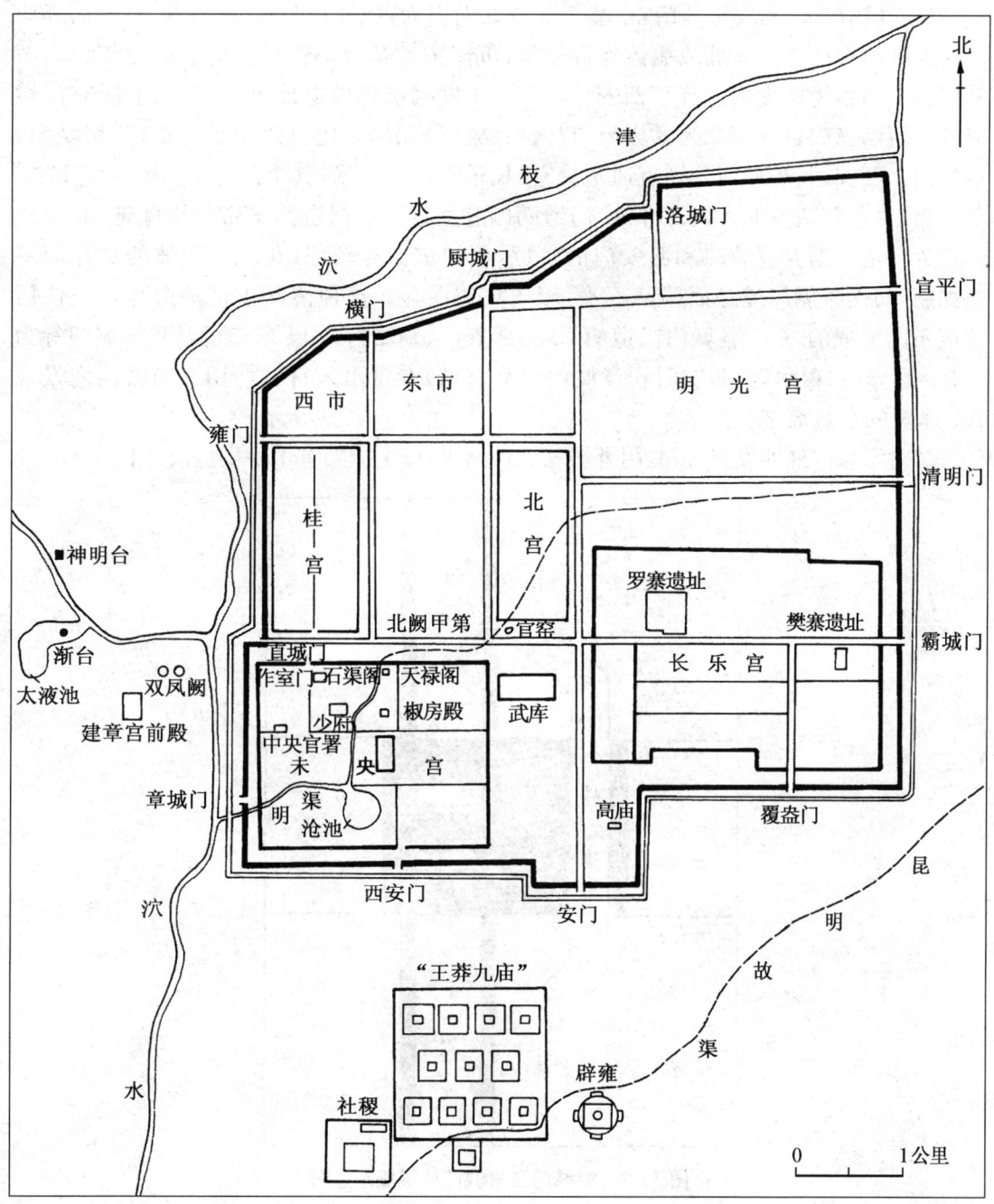

图1-1 汉长安城遗址平面图

城墙为黄土夯筑,基宽12~16米,高12米,现残高7米,自下向上斜收。东、南两面城墙保存稍好,至今仍连续不断,西、北两面有不少断缺。东墙长5 916米,西墙长4 766米,南墙7 453米,北墙6 878米,周长25 000米,合汉62里多,面积约34.4平方公里。城外有宽 40～45 米、深 3 米的城壕环绕[1]。

　　长安城有 12 门,每边 3 门,东墙三门自北而南为宣平门、清明门、霸城门,三门外均发现向外凸出的夯土基址或墙体外折现象,可能为阙基或类似后世的瓮城建筑。南面三门自东向西为覆盎门、安门、西安门,1957 年发掘汉都城遗址时,西安门上尚有门楼遗迹。西墙三门自南而北为章城门、直城门、雍门,北墙三门自西而东为横门、厨城门、洛城门。西安门、霸城门分别直通未央宫、长乐宫,宽 52 米,其余门宽 32 米。每门有 3 个门道,每条门道宽 8 米,长 16 米,门道两侧有立柱。中门道为皇帝专用驰道,其余二门道为行道。据对直城门和西安门的发掘,中门道保存较好,路面上所抹的草伴泥平整如新,而两条侧门道路面凹凸不平,碾压痕迹明显。这种情况正是驰道与行道使用频度不同形成的[2]。各城门门道的间隔,西安门、霸城门为 14 米,直城门、宣城门等为 4 米。霸城门、覆盎门、西安门和章城门紧靠宫城,专供出入宫城使用。霸城门内发现 1.5 米宽的车轨痕迹。

　　据对章城门外的发掘可知,门外城壕向外凸出,壕上应架有木桥供出入(图 1-2)。

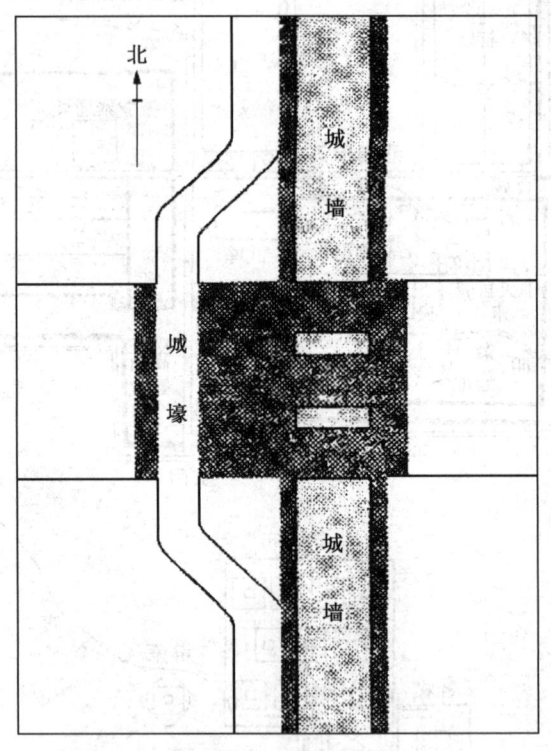

图 1-2　章城门及章城门外城壕示意图

　　除了直通宫城的 4 门入门不远即为二宫,其余 8 门各对应一条笔直的大道(街),或南北,或东西,中间无曲折。安门大道最长,为 5400 米,次为宣平门大道,3800 米,洛城门

---

[1] 董鸿闻、刘起鹤等:《汉长安城遗址测绘研究获得的新消息》,《考古与文物》2000 年第 5 期。
[2] 中国社会科学院考古研究所汉长安城工作队:《西安汉长安城直城门遗址 2008 年发掘简报》,《考古》2009 年第 5 期。

大道最短，只有 800 米，其余多为 3 000 米左右。西汉初期，街道宽度与城门总宽相近，中期以后，街道拓宽为 45～56 米。街道中间有 2 条宽 90 厘米、深 45 厘米的排水沟将大道分隔为三涂（2009 年对直城门和安门大街进行试掘，未发现路沟分隔，可能也以树木分隔），对应城门的三个门道，中间的为御道（驰道），宽 20 米，侧道各宽 12 米，为官吏、平民所用的行道。

《三辅黄图》卷二引《三辅旧事》载："长安城中八街九陌。""九陌"可能是指城内九条次要的街道。

城墙墙基内预先埋设断面呈五角形或圆形的陶制水管，排水入城壕。直城门、西安门下都发现砖石券筑的涵洞，宽 1.2～1.6 米，高 1.4 米左右。

（二）城内建筑布局

与 8 座城门相连的东西、南北方向的道路将城内分成 11 个区，各个区的功能不尽相同。长安城的地势南高北低，重要的建筑都位于南部，长乐宫、未央宫就坐落在这里。

1. 长乐宫

长乐宫位于长安城内东南部，为汉初修治秦离宫——兴乐宫而成。宫垣东西长 2 200 米左右、南北 3 200 米左右，周长 10 760 米，面积近 7 平方公里，占全城面积的 1/6。中部探出一条宽 45～60 米的东西干路，道路结构与城内街区的大道一致，依此可确定长乐宫东、西门的位置。东出宫门为霸城门，西出宫门接安门大街。干路以南探出南北向道路 2 条，大型建筑遗址群 3 组。最东部的一组坐北朝南，由阶、庭、朝、寝组成，规模宏大，可能是长乐宫的主要建筑之一。四号建筑遗址是两组半地下式的房屋，其中 F1 由门道、通道、门房和主室组成，门道设台阶通到门道底部，由门道通往主室。门道东西宽 0.93～1.88 米，南北长 13.75 米，中间西侧有一门房；主室东西长 23.97 米，南北宽 10.06 米，四壁为夯土外包土坯，外抹草泥皮，再刷白灰面；室内柱础南北 10 排、东西 4 列，是比较重要的政务场所（图 1-3，左）。F2 地面涂朱，出土彩绘壁画残块，有套间、侧室、附室等，应是重要人物的生活场所[1]。长乐宫的西北新发现一处排水管道遗址，管道分四组，均由陶制五角形水管接成，通向一条东南—西北向的排水沟，表明汉长安城的建设在施工前就已将供、排水设施纳入规划之中了[2]。

2004 年，汉长安城工作队于长乐宫西北部发掘清理了长乐宫五号建筑遗址，这是一组形制独特的建筑，主体基址（F1）四面有宽厚的夯土墙，南墙最厚，达 5.5 米，西墙厚 4～4.6 米，东墙厚 3.9 米，北墙厚 3.5～3.7 米。房内中部为条砖侧立排成的地面。顺墙有一周回廊，宽 0.98 米，地面平铺条砖（多已无存）。房内地面由南北两侧向中间倾斜，并于中部形成一条东西向的排水沟，排水沟的东端连接一条穿过东墙的排水管道。根据其半

---

[1] 中国社会科学院考古研究所汉长安城工作队：《西安市汉长安城长乐宫四号建筑遗址》，《考古》2006 年第 10 期。

[2] 中国社会科学院考古研究所汉长安城工作队：《汉长安城长乐宫排水管道遗址发掘简报》，《考古》2003 年第 9 期。

图 1-3　长乐宫建筑遗址
左：四号建筑遗址 F1（北—南）　右：五号建筑遗址 F1（西—东）

地下式建筑、厚墙和立砖铺地等特点，推测应为凌室。中间贮冰，故有排水的沟道。四周回廊为行走的通道（图 1-3，右）。文献记未央宫有凌室，《汉书·惠帝纪》载，四年"秋七月乙亥，未央宫凌室灾"。汉初长乐宫曾一度用为皇宫，因此，五号基址也应为长乐宫中的一处凌室和其附属建筑的遗址[1]。

2. 未央宫

未央宫是萧何在高祖东征韩信时，在长乐宫西南、秦章台旧基上兴建的，位于全城最高处龙首原的高地上，是长安城的主要宫殿。惠帝后，太后住长乐宫，又称东宫，以未央宫为西宫。未央宫东、西宫墙各 2150 米，南、北各 2250 米，周长 8800 米，面积近 5 平方公里，占全城面积的 1/7。北宋宋敏求《长安志》记载，未央宫内有殿、台、观、阁等 70 余处建筑。

未央宫四面宫墙各有一门，四座宫门都是单门道，宽约 8 米。宫内有前殿、宣室殿、温室殿、清凉殿、麒麟殿、椒房殿、天禄阁、石渠阁等十几组重要的建筑设施，已勘探的有天禄阁、石渠阁、沧池、椒房殿、前殿和西南宫城的角楼遗址。

前殿居中心位置，是正殿，也是未央宫的座标，现仍有高大的台基，南北长 400 米，东西宽 200 米，高出现在地表 0.6～15 米，由南向北分为三级，三级建筑基址分别高出其东西两侧现地面 0.6 米、3.9 米、12 米，最高处高出现地表 15 米，形成低、中、高三个台面。南台面长 200 米、宽 140 米，建筑基址东西 75 米、南北 50 米；中台面长 180 米、宽 120 米，建筑基址东西 130 米、南北 70 米；北台面长 165 米、宽 110 米，建筑基址东西 120 米、南北 50 米。每个台面上有一组建筑，三层夯土台基上的建筑共同组成宏大的殿堂体系。

椒房殿（二号基址）位于前殿基址以北 350 米，为组群式建筑。石渠阁是汉代国家最大的藏书阁，在前殿的西北面，台基现高约 8 米，东西 67 米、南北 56 米，出土"石渠千秋"瓦当。天禄阁在前殿北面，也是一座高台式殿阁建筑，性质同石渠阁，台正方形，现高约 10 米，边长 20 米，有"天禄阁"瓦当出土。前殿西北 880 米，西距未央宫西宫墙 105 米，是管理全国工官的官署遗址（中央官署）。

1987 年春发掘的官署三号建筑基址有围墙，南北 13.4 米、东西 65.5 米，中有水渠通

---

[1]　中国社会科学院考古研究所汉长安城工作队：《汉长安城长乐宫发现凌室遗址》，《考古》2005 年第 9 期。

过,出土 5 万多枚骨签,上有各地工官进器的记录[1]。该基址可能是与武库有关的一类建筑或是管理各地郡国工官的官署。

1987～1988 年,在前殿遗址西北 400 米、椒房殿遗址西 350 米发掘了四号建筑遗址,发现一组大型的建筑群,出土"长乐未央""与天无极"瓦当等西汉时皇室建筑中富有特点的建材,据出土的货布、货泉钱币和文献记载,推测四号建筑基址应是焚于王莽末年战火的汉少府或其主要官署,这里集中了织室、暴室和尚方等大量少府官署[2]。

宫内探出主要道路 5 条,其中一条宽 10 米的南北大路,北端出宫城的北司马门与直城门大街相交,南通前殿东侧。其余三座宫门也各连接一条道路通到前殿。前殿西南有沧池遗址,沧池是宫内休宴的林木池沼之地,有平面呈曲尺形的水池,池壁以砖垒砌。

3. 武库

两宫之间、安门大街西侧有武库。长安武库建于高祖七年(公元前 200 年)。《汉书·高帝纪》载,高祖七年"二月至长安。萧何治未央宫,立东阙、北阙、前殿、武库、太仓"。武库有长方形围墙,东西 322 米,南北 710 米,东、南墙各发现一门道。院中部有一南北向隔墙,将整个武库分隔为东、西两个院落,共有 7 个仓房基础,东院 4 座,西院 3 座。七号房址最大,东西 230 米,南北 45.7 米,分 4 大间,每间有 4 条夯土墙基,南北有对称的 4 门。每间大房内有东西 21 列、南北 17 排础石,并发现大量木灰,可能就是放置兵器的木架(图 1-4)。出土有刀、矛、剑、戟、镞、镦等各类兵器,其中以铁兵器为主,特别是铁镞,有 1 000

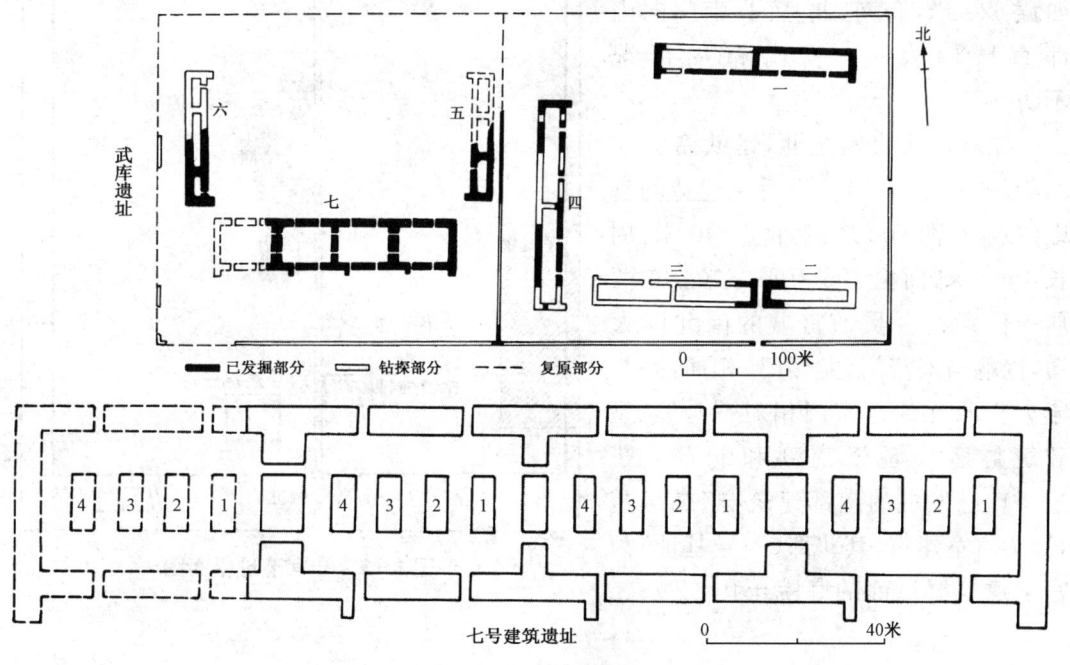

图 1-4 武库及其七号建筑遗址平面图

[1] 赵化成《未央宫三号建筑与骨签性质初探》认为,未央宫三号基址应是武库或府库性质的建筑,骨签则属于武器或包括其他器物上的标签或标牌。《中国文物报》1995 年 5 月 14 日。
[2] 中国社会科学院考古研究所汉城工作队:《汉长安城未央宫第四号建筑遗址发掘简报》,《考古》1993 年第 11 期。

多件,都是西汉时期(包括新莽)器物。这些兵器是分类放置的,如一号遗址以铁铠甲为主,七号以箭镞为主。遗址发现大量烧成红色的土坯、灰烬、炭屑等,武库可能焚毁于更始末年的赤眉之役[1]。

4. 明光宫

长乐宫以北有明光宫。武帝太初四年于长乐宫以北造明光宫,文献中只记有相对位置,但范围大小不明。由于钻探资料单薄,尚不能说明问题,其位置甚至有无等问题都有待进一步认证。

5. 桂宫和北宫

未央宫北是桂宫和北宫,为后妃所居。北宫始建于高祖时期,武帝时有所增筑。桂宫营造于汉武帝时期。两宫均为南北向长方形布局。1994年重新确认了北宫的位置在未央宫东北、武库的正北,其南北长1710米、东西宽620米,有南、北宫门,南门向南即直城门大街。宫内布局情况不明[2]。

桂宫在未央宫之北,是武帝太初四年(公元前101年)为后妃建造的宫殿建筑,东西900米、南北1840米,周长4660米,面积106万平方米。东西居中位置有一贯通宫城的南北向大道,南端与南宫门(龙楼门)相通,并与未央宫西北的作室门相对[3]。大型建筑群多发现于南部和北部(图1-5)。已发掘的南部建筑群(二号基址)为宫室建筑,其北部(一号基址)为宫室建筑群后部的庭院土山。一、二

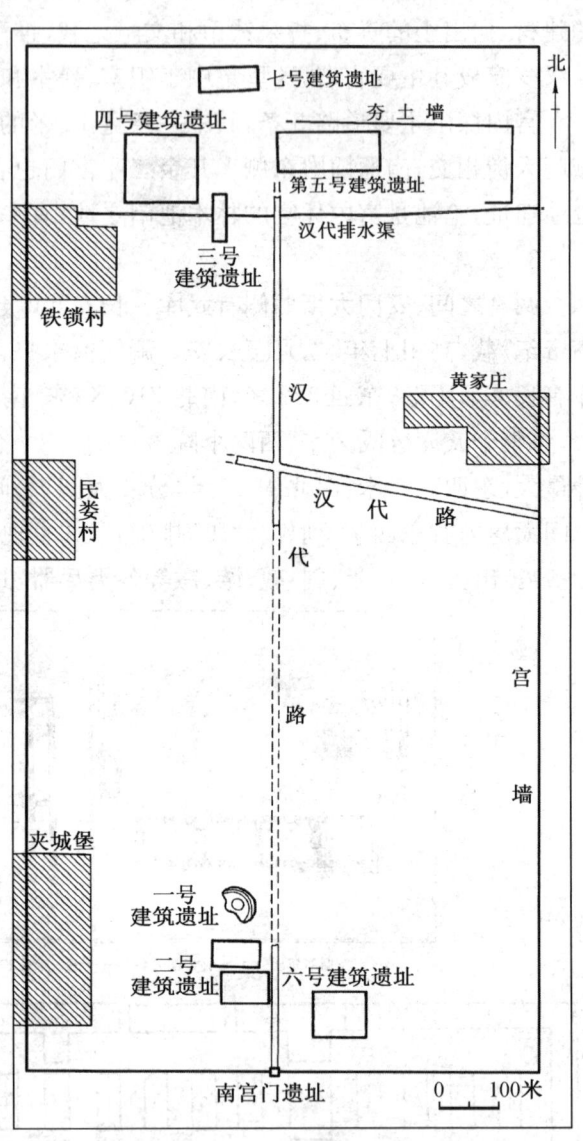

图1-5 桂宫遗址平面图

---

[1] 中国社会科学院考古研究所:《汉长安城武库》,北京:文物出版社,2005年。
[2] 中国社会科学院考古研究所汉城工作队:《汉长安城北宫的勘探及其南面砖瓦窑的发掘》,《考古》1996年第10期。
[3] 中国社会科学院考古研究所、日本奈良国立文化财研究所:《汉长安城桂宫1996—2001年考古发掘报告》,北京:文物出版社,2007年。

号基址应为一组,由南院、北院内的多座建筑及北面的夯土高台组成,是一组完整的宫殿建筑群。南、北院落之间有南北向的地下通道连接。西北部三号建筑遗址是一座仓库基址,南北长 84 米、东西宽 24 米,面积 2 016 平方米,由南、北两座大房址和两房址间的七座并排小房址组成,房址间有厚达 2.5~3.28 米的隔墙,墙上有密集的壁柱,推测为桂宫中存放车辆的仓库。2001 年中日联合考古队发掘桂宫西北部的四号建筑基址,该基址东西 124 米、南北 120 米,面积 14 880 平方米,由中间的通道分为东、西两部分,平面形状不规则,出土新莽时期的一件残的封禅玉版(牒)。

6. 长安市

西北部为长安商业区即市的所在。横门以南探出一组大型建筑遗址群,以横门大街和这组建筑为界,分长安市为东、西两市。两市间共用一市楼或市亭,即横门以南、两市之间的大型建筑基址。高祖时于长安建大市,惠帝五年(公元前 190 年)又于大市之西建西市,更名大市为东市。

两市四周均有围墙,墙基宽 5~6 米,遗址内各有东西、南北向道路 2 条,四道相交成"井"字形。与道路相对,四边墙各辟 2 门,形成一市八门。西市东西 550 米,南北 420~480 米,约 0.25 平方公里,内有大量手工业作坊遗址。东市东西 780 米,南北 650~700 米,约 0.49 平方公里,内涵情况不甚明了。现在又有推测认为,东、西二市位于长安城北侧厨城门大街的东、西两侧[1]。

7. 手工业作坊

长安市同时又是重要的手工业作坊区,发现了大量手工业作坊遗址,西市范围内发现 4 处制俑作坊,其中以 1990 年发现的东区相家村东南作坊 21 座烧造陶俑的窑址最为重要,出土几千枚无臂陶裸俑,俑高 50~60 厘米,与帝陵陪葬坑出土的俑一样。窑的年代为景帝末年到西汉末年。其余 3 处有陶窑 12 座,烧造陶俑和砖瓦。西市发现冶铁作坊 2 处,有熔炉、烘范窑、铁铸件等。西市东北部今相家巷村东、东南发现大量五铢钱范,范上有的有纪年"元凤""甘露"等,属西汉中晚期。另外在北宫南侧发现砖瓦窑 20 余座,已发掘 11 座[2]。这些作坊都属官营的。

8. 居民区

桂宫、北宫之间为北阙甲第,未央宫东、武库南是另一处大第——东第。据《三辅黄图》卷二,"长安闾里一百六十",但宫殿、大第之外,空余区域所剩无几,仅在北部宣平门大街以北尚有不大的空地,应为一般平民区。

(三) 城外设施

长安城墙以外有离宫、苑囿和礼制性建筑,主要有建章宫、上林苑、社稷、辟雍等。

---

[1] 刘振东:《汉长安城综论——纪念汉长安城遗址考古六十年》,《考古》2017 年第 1 期。
[2] 中国社会科学院考古研究所汉城工作队:《汉长安城北宫的勘探及其南面砖瓦窑的发掘》,《考古》1996 年第 10 期。

1. 建章宫

建章宫是长安城外最重要的建筑。武帝太初元年（公元前104年）于城西仿未央宫制建造，实际上是作为新的皇宫来修筑的，规模较未央宫更大。建章宫成，武帝长期活动于此，直至元凤二年（公元前79年），汉昭帝才从建章宫迁回未央宫。

现已探明，建章宫东西长约2130米，南北宽约1240米。宫中的主体建筑是前殿，基址南北320米、东西200米，北高南低，北部高于今地面10余米。前殿西北450米处有太液池遗址，池平面呈曲尺形，东西510米、南北450米，面积151600平方米，以石材构筑池岸。池东北有建筑台基址，现存东西60米、南北50米、高10米，可能是建章宫内的神明台遗址。《汉书·东方朔传》载："今陛下以城中为小，图起建章，左凤阙，右神明，号称千门万户。"

建章宫四面皆有宫门，东宫门在前殿以东700米，宫外二阙遗址尚存，即凤阙，阙址间距为53米，西阙保存较好，现高11米，底径17米。阙址东西并列，故东宫门应是坐南朝北。二阙间有一条南北宽50米的大路，由阙址向南500米，南北路与通往建章宫前殿的东西路相交。东阙即双凤阙，是我国现存最早的古代阙址，阙址在双凤村东南，双凤村由此而得名。建章宫北门外有北阙，又称圆阙[1]。建章宫以西为上林苑。建章宫当时有跨城阁道与未央宫相通。由于至今未发现宫墙，建章宫的具体范围不清。

2. 城南建筑群

2013年在长安城南墙西安门外西南方距南墙约125米处发掘一座西汉大型建筑遗址，四周有围墙，东墙被破坏，南北间距101米，东西残长144米，内部是12个院落、廊道和排房组成的建筑群。建筑遗址北侧有道路通达西安门，推测为南军或北军的驻地[2]。

3. 上林苑

上林苑在城西南，为秦都咸阳时所建苑囿，汉初一度荒废，武帝建元三年（公元前135年）对上林苑大事修建扩充，成为纵横200多里的皇家公园，园内离宫别馆数十处，遗存瓦当都有"上林"字样。

元狩三年（公元前120年），为训练水师和解决城内供水，于上林苑中凿昆明池。《西京杂记》卷一云：汉武作昆明池，并在池中养鱼，"鱼给诸陵庙祭祀，余付长安市卖之。池周回四十里"。经钻探，昆明池遗址在汉长安城西南约8.5公里处，池岸一周长17.6公里[3]，计10余平方公里，今遗址为一片洼地，北部一处高地是当时的池中岛屿，即豫章宫所在。池址内今长安区斗门镇遗有石雕人像一对，据考，东为牵牛、西为织女[4]，即班固《两都赋》所云："临乎昆明之池，左牵牛而右织女，似云汉之无涯。"《三辅黄图》卷四"汉昆明池"条载："昆明池中有二石人。立牵牛织女于池之东西，以象天河。"周围还有其他建筑

---

[1] 李遇春：《汉长安城建章宫东阙及宫阙研究》，《中国文物报》2002年3月8日。
[2] 中国社会科学院考古研究所汉长安城工作队、西安市文物保护考古研究所：《西安市莲湖区三民村西汉大型建筑遗址发掘简报》，《考古》2017年第1期。
[3] 中国社会科学院考古研究所汉长安城工作队：《西安市汉唐昆明池遗址的钻探与试掘简报》，《考古》2006年第10期。
[4] 俞伟超：《西汉石雕牵牛织女辨》，《文物》1979年第2期。

遗址。

4. 桥梁

2006年、2007年,西安市文物保护考古研究所在汉长安城西南清理出汉代的两座古桥遗址,古桥建于原洨水之上,因而编号洨水一号、二号古桥遗址。一号桥址发现东西向五排160余根木桩,二号有五排32根木桩。两桥相距90米。一号桥被焚毁,木桩为柏、栎、楠、漆四种,排距4.2~5.7米,时代较二号晚。二号桥毁弃后,在其东侧建造了一号桥。一号桥建于武帝时期,毁于新莽以后。两桥是上林苑内重要的桥梁。[1]

2012~2013年,在长安城北和东北发现3组共7座桥址[2]。对应厨城门外,东西400米的范围内,已发现5座桥梁遗址,对应洛城门外发现1座桥址(洛城门桥),长安城东北、今西安市草滩镇王家堡发现桥址1座(王家堡桥)。最近又经进一步调查,确认厨城门外只存在3座桥址。这些应都是当时横跨渭河的大桥。除厨城门外原编号为五号的桥址为以卵石堆砌、圆木纵横叠垒的墩式桥,其余为木梁柱桥。厨城门一号桥正对厨城门,宽至少在15米以上,南北长880米以上,距今渭河南岸3000米,距厨城门1200米,西北距咸阳宫一、二号遗址6800米。木质桥桩残长6.2~8.8米,周长约0.5~1.5米,材料有侧柏、云杉、贞楠、榆、香椿等。碳14测年表明,该桥应用于西汉晚期(或东汉早期)至魏晋时期,为迄今发现的最大的汉代木梁柱桥梁遗址。通过对厨城门一号桥址的发掘,可以确定,直至清康熙年间(1662~1722年),该桥仍位于渭河河床之内。

5. 礼制建筑

安门、西安门外的南郊,上林苑的北面有成组的礼制性建筑,是长安城的重要组成部分,这些遗址皆经全面发掘[3]。

辟雍始建于汉平帝元始四年(4年),直到王莽执政,才正式建成。辟雍遗址又称大土门遗址,平面外圆内方,中心建筑建在6.3米高的圆形夯土台上,台面直径62米,建筑平面呈"亚"字形,四面对称,方向为正南北,每边长42米。建筑正中是一方形夯台,边长约17米,现残高1.5米,台面上原有高大的建筑即太室。太室四面东西南北有四个厅堂。主体建筑的外围有围墙,形成方形院落。院落边长235米,四边中央各辟一门,门两侧置塾,院四角各有一平面曲尺形的建筑,院墙顶部覆盖板瓦。院外有圜水沟将整个院落包其中,圜水沟范围为东西368米、南北349米,砖砌沟壁。圜水沟正对院落四门处,向外又有平面近长方形的小圜水沟,东、西小水沟各长90米,南、北水沟各长72米,北面小水沟与其北的昆明故渠相通。小水沟内堆置着乱砖、石板,估计是盖在水沟上的。院落四门相对的圜水沟和小水沟上原架有石桥(图1-6)。[4] 研究者认为该遗址当即明堂和辟雍遗

---

[1] 西安市文物保护考古研究院:《汉长安城洨水古桥遗址发掘报告》,《考古学报》2012年第3期。
[2] 陕西省考古研究院:《2012年陕西省考古研究院考古发掘新收获》,《考古与文物》2013年第3期;陕西省考古研究院:《2013年陕西省考古研究院考古发掘调查新收获》,《考古与文物》2014年第2期。
[3] 中国社会科学院考古研究所:《西汉礼制建筑遗址》,北京:文物出版社,2003年。
[4] 王世仁:《汉长安城南郊礼制建筑(大土门遗址)原状的推测》,《考古》1963年第9期。

址,其中间的主体建筑为明堂,而四周的圜水沟为辟雍[1]。或以为该建筑为辟雍,与明堂分属于不同的建筑,还应另有明堂[2]。明堂(辟雍)是按儒家传统礼制和当时流行的阴阳五行学说设计的。

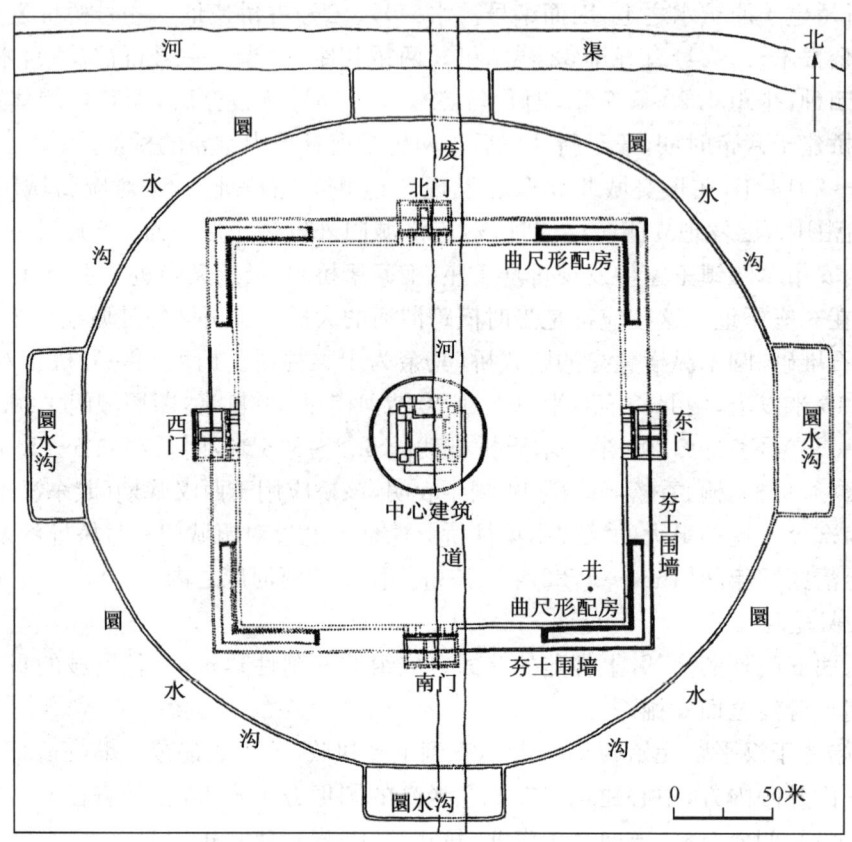

图 1-6 汉长安南郊辟雍遗址平面图

地皇三年(21年),王莽于辟雍以西建九庙,用以代替汉家宗庙,史称王莽九庙。王莽九庙由十二座形制基本相似的建筑组成,其中十一座在一大的近方形院落内,院落夯土围墙的边长为东西1 600米,南北1 400米,十一座建筑分为南北三排,中间一排三座,其余二排各四座。每座建筑的平面亦为方形,又有各自的围墙,围墙边长270~280米,中心建筑平面呈方形,边长55米,四面对称。中央有平面呈"亚"字形的高大台基,为正方形四角向外各凸出一方形,残高4.5米。依《吕氏春秋·月令》,中央方形范围为太室,四隅凸出部分为夹室。太室边长27.5米,夹室边长7.3米。四面各有堂,东为青阳,南为明堂,西为总章,北为玄堂(图1-7)。厅堂低于中央台基2米,低于外围台面0.5米。外围每面三个夯筑方台,间距各9米左右,边长2.8米左右,残高10~30厘米。

---

[1] 唐金裕:《西安西郊汉代建筑遗址发掘报告》,《考古学报》1959年第2期;杨鸿勋:《从遗址看西汉长安明堂(辟雍)形制》,收入《建筑考古学论文集》,北京:文物出版社,1987年。
[2] 黄展岳:《汉长安城南郊礼制建筑的位置及有关问题》,《考古》1960年第9期。

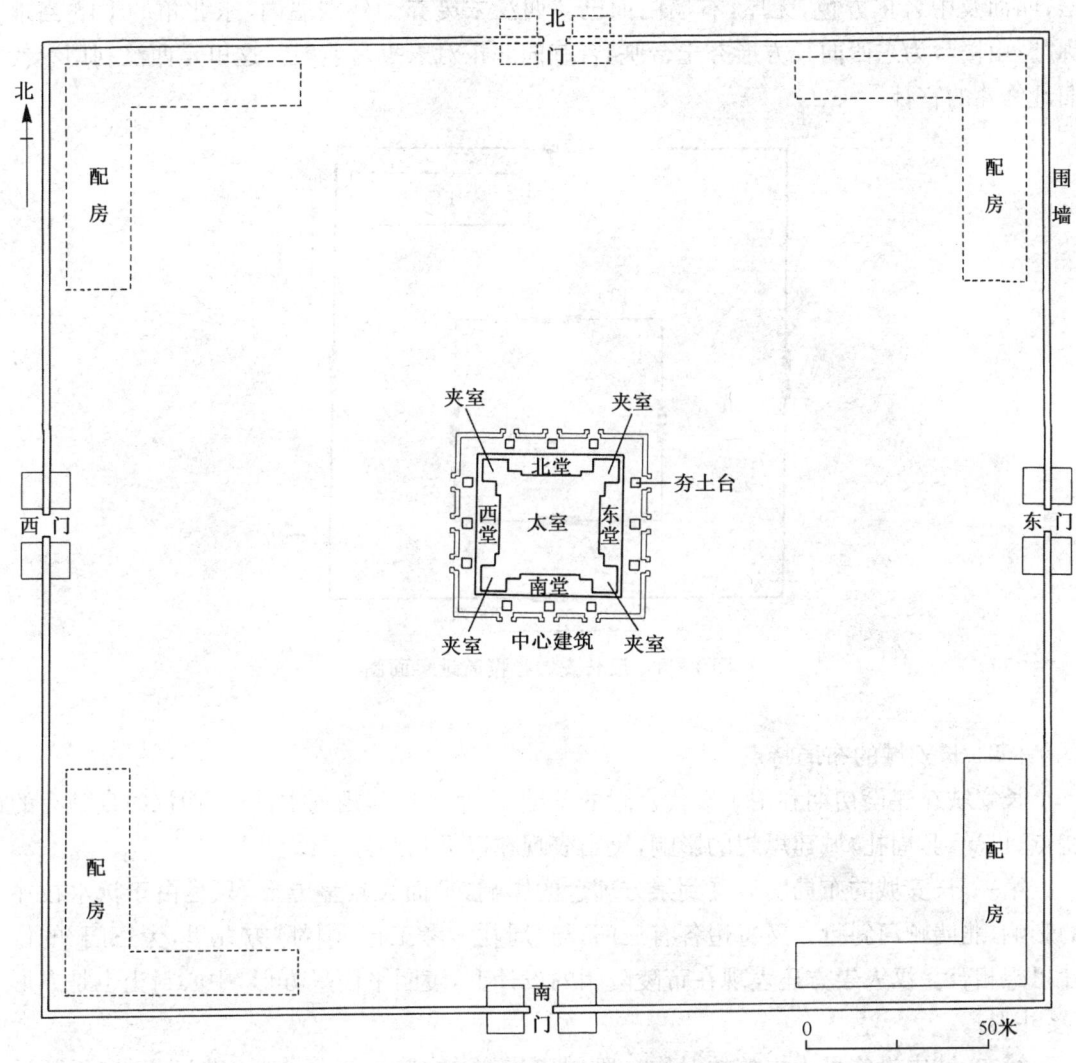

图 1-7 王莽九庙第三号遗址(F3)总平面图

有一独立的建筑(F12)在建筑群院落围墙以南正中位置，自成院落，与北院相距10米，规制与十一座建筑相同，只是中间建筑的边长是100米，有厢房而无夹室，建筑石柱础上有朱书"始建国"题记。有人认为，所谓"王莽九庙"应是汉十二帝的祖庙，南边独立的一座为高祖庙，是王莽篡汉前建造的[1]。

社稷遗址(F14)位于西安门外大道西侧，九庙围墙外西南边。现存长方形夯土台基，高4.3米，东西残长240米，南北70米。稷坛遗址平面呈"回"字形，内外圈皆为方形，内圈边长273米，外圈边长东西570米，南北600米，内外圈四面正中皆有一门址(图1-8)。内围墙以内未发现任何建筑遗迹，可能是由于政治突发事件，未能按计划完成，或说社稷以无顶为特征。《后汉书·光武帝纪》注引《续汉志》："立社稷于洛阳，在宗庙之右，皆方

---

[1] 王恩田：《"王莽九庙"再议》，《考古与文物》1992年第4期。

坛,四面及中各依方色,无屋,有墙门而已。"西汉末废弃。外围墙内,东北角的 F13 当地称"影山楼",为东西向长方形夯土台基,台基向北正对未央宫前殿。这里是西汉利用秦代旧址修建的官社。

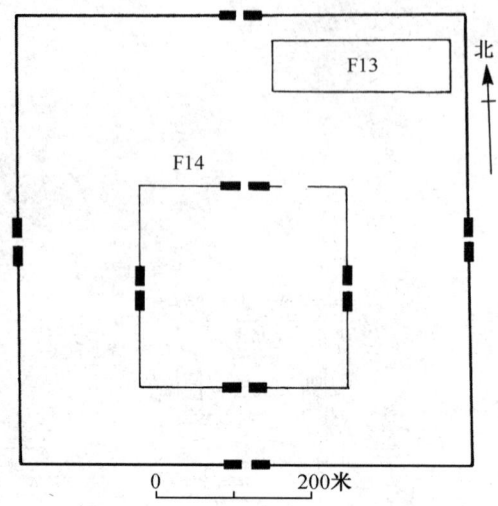

图 1-8　汉长安城社稷遗址平面图

(四) 长安城的布局特点

长安城在建设初期利用了秦代宫殿的基础,在整个城建规划中,既有西汉时期独有的特点,也受到《周礼》城建思想的影响,突出表现在以下几个方面:

第一,长安城的布局明显受到崇方理念的影响,平面大致呈方形,只是由于氵水枝津的影响,北墙顺河斜行。又每边各有三门,与《周礼·考工记》国都"方九里,旁三门"的设计思想相合。汉人崇方还表现在帝陵陵园的设计上,陵园平面呈方形,中心封土也是方形(覆斗形)。

第二,城内设施虽无规整的对称布置,但宫室在前(南),市场在后(北),仍是"面朝后市"的规划。长乐、未央二宫分列安门大街东西两侧,城南礼制建筑宗庙和社稷分列于未央宫前殿中轴线的两旁,规划中也考虑到观念和功能上的对称,而不是形式上的对称。

第三,宫城分散于城内各处,面积占长安城总面积的 42%,宫殿建筑和官署建筑占据了整个城市的 80% 以上,突出了政治中心的功能,而与东周列国都城居民区和手工业作坊等占有较大面积的特点不同。

第四,城市主体空间形态因地制宜,因势利导,不拘一格,不受"择中立宫"传统的限制,反映了汉长安城在建设上的革新。

第五,长安城不仅包括城墙围成的部分,城西建章宫、城南礼制建筑、城西南的上林苑等,都是长安城的有机组成部分。城市布局又与区域空间结合成一体,以长安城为中心城市,帝陵陵邑的城镇成为其卫星城,构成区域城镇体系,而不同于秦咸阳城周围散布的宫观。

二、东汉都城洛阳

东汉都城洛阳在今洛阳城东 15 公里，邙山之南，洛河之滨，是汉至魏晋时期的重要城市。汉初，刘邦曾一度想定都洛阳。西周初年，周公东征后在此营建成周，迁殷顽民居之。《汉书·地理志》载："周公迁殷民，是为成周。"同时又在其西营建雒邑为东都，即王城。公元前 770 年，平王东迁雒邑，是为东周。春秋末年，周敬王避王子朝之乱，自雒邑迁都成周，晋侯合诸侯之力在西周成周城基础上向北进行了扩建。因城在雒水之北，战国时称"雒阳"。秦代再向南扩建，形成了东汉洛阳城的框架和规模。曹魏改称洛阳，原王城旧址成为汉河南县城所在。北魏时在洛阳城外围另造外郭城，汉晋洛阳城成为北魏洛阳城的内城。至隋代在东汉洛阳城以西另建大兴城为东都，唐因之。

1986 年，洛阳汉魏城工作队对城址城墙进行了多处解剖试掘[1]，发现秦至汉魏各代的夯层，表明洛阳城经过了历代修补。经过历年调查、发掘和研究，基本搞清了东汉洛阳城的布局[2]。

（一）城墙、城门和街道

东汉洛阳城平面呈南北向长方形，现地面东、北、西三面残存部分垣墙，以北垣东段和东垣保存较好，地面以上仍有 5～8 米高的垣墙。北魏以后，洛河改从现在的河道，城南垣被洛河冲毁。残存的三面垣墙不完全呈直线，有多处拐折，拐折处多为历代增筑和不断修补形成，与该城址使用时间长有关。经实测复原，南墙（以东、西垣间距计算）长 2460 米，北墙 2820 米，东、西墙南端被冲毁，东墙残长 3895 米，西墙残长 3510 米。如果加上南端被毁部分，周长近 14 公里，约合汉晋 30

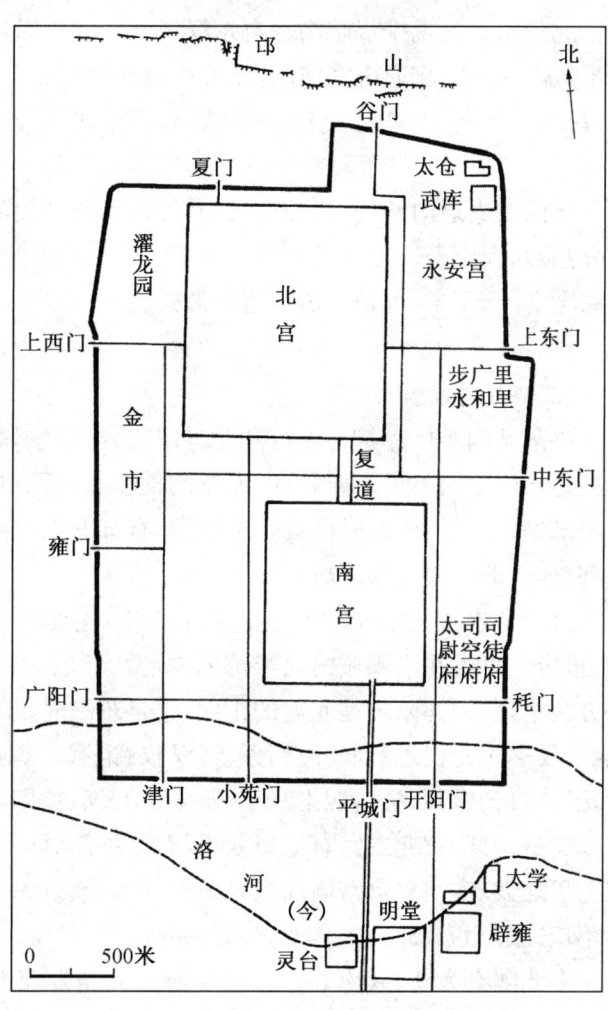

图 1-9　东汉洛阳城平面复原示意图

---

[1] 中国社会科学院考古研究所洛阳汉魏城队：《汉魏洛阳城城垣试掘》，《考古学报》1998 年第 3 期。
[2] 段鹏琦：《汉魏洛阳故城》，北京：文物出版社，2009 年。

里,与文献记载大致相符[1]。城内面积 9.5 平方公里,大小不及长安城的 1/4(图 1-9)。

据《洛阳伽蓝记》《舆地志》等记载,洛阳城外有渠水绕城。城外勘探到一些护城河和漕渠的遗迹,因历代不断地修城,遗迹比较复杂,还需进一步的勘察。

文献记载汉洛阳城有城门 12 座,现三面垣墙上有 10 个城门缺口。东墙 3 门,自北而南分别为上东门、中东门、耗门。北墙 2 座,自东而西分别为谷门、夏门。西墙汉代有 3 门,自北而南分别为上西门、雍门、广阳门。北魏时在上西门以北新开承明门,在与中东门相对的位置辟西阳门。因雍门斜出而将其填塞。南墙上四门位置现已在洛水之中,自西向东分别为津门、小苑门、平城门、开阳门。夏门遗迹保存较好,经钻探,有 3 个门道。已发掘的东墙上东门即北魏建春门,也是一门三洞,采用靠夯土墙及排叉柱支撑的大过梁式建筑形式。门洞表面曾以白灰膏精心粉刷,城门两侧城墙头的包砖有汉代城砖、魏晋长方砖。北门洞下发现排水暗沟。自东汉至北魏四代沿用此门。其余可能都是一个门道。南面平城门内大街直通南宫南门,城外大道向南径穿明堂、灵台间,郊祀大典帝驾出入此门,《续汉书·五行志》引蔡邕曰:"平城门,正阳之门,与宫连,郊祀法驾所由从出,门之最尊者也。"

城内大街通向城门,互相交叉,共发现贯通城门的大道 9 条,东西向 5 条、南北向 4 条(对应着四个南门),分隔成 24 段,文献所谓"洛阳二十四街"。经勘探,对应上东门的城内道路宽 35～51 米,也是一街三道的形式。

(二) 城内建筑布局

洛阳城内主体建筑为南宫和北宫,与西汉长安城相似,两宫占据城内很大的面积,不同的是洛阳二宫不是东西并列,而是南(前)北(后)布置,均有独立的宫墙。南宫占据城内南半部偏东位置,西汉时已具一定规模,有却非殿、崇德殿、九龙殿等 20 余座宫殿。光武定都洛阳,即住南宫却非殿。

汉明帝永平三年(60 年)至八年(65 年)建北宫,根据文献记载以及街道和南宫的位置,推定北宫就在洛阳城内北半部的中心。北宫为南北向长方形,较南宫更大,面积 3.1 平方公里,宫中德阳殿是北宫的正殿,也是东汉时最雄伟的建筑,殿前的朱雀阙高耸入云。据《续汉书·礼仪志》刘昭注引蔡质《汉仪》记载,"德阳殿周旋容万人。陛高二丈,皆文石作坛","自到偃师,去宫四十三里,望朱雀五阙、德阳,其上郁律与天连"。

文献记载南、北二宫有七里复道相连,洛阳城南北仅合汉九里,东西六里,复道不可能有七里之数,实测二宫宫墙间只有一里[2]。或以为七里当是南、北二宫主殿之间的距离,而不应理解为南、北二宫宫墙之间的距离[3]。

东北隅有太仓、武库等。1962 年在东北角发现南北两组大型建筑遗址。南面一组整

---

[1] 《后汉书·志·郡国》注引《帝王世纪》:"城东西六里十一步,南北九里一百步。"又引晋元康《地道记》:"城内南北九里七十步,东西六里十步。"

[2] 王仲殊:《中国古代都城概说》,《考古》1982 年第 5 期。

[3] 钱国祥:《由阊阖门谈汉魏洛阳城宫城形制》,《考古》2003 年第 7 期。

体方形,南北长199米、东西142～186米,四周建有夯土围墙,中有聚集成组的夯土台基和独立的较大建筑基础,应为武库。北侧一组包括东西相对的两座方形院落,西院为南北向长方形,长约100米,宽约70米。东院方形,边长50米。二院四周皆有夯土围墙。西院中发现至少5座大小不等的台基,而东院未见任何建筑遗迹。两院之间汉代文化层下叠压着一大型东周墓。《水经注·谷水注》记"景王冢在洛阳太仓中"。两院未发掘,只是初步判断。

城西北有濯龙园。中东门、上东门之间应为里坊所在,文献记载上东门内大道南侧有步广里和董卓住宅所在的永和里。雍门和上西门之间有金市,是洛阳城市重要的工商业区。其余空处也应有民居的里坊等。

(三) 城外设施

洛阳城南郊有南市,东郊有马市,雍门外1公里是创建于明帝永平十一年(68年)的白马寺。城南太学和礼制建筑是洛阳城外最重要的设施。

城南出平城门是灵台、明堂、辟雍(合称"三雍")和太学遗址。

1. 灵台

灵台即当时的国家天文台,始建于东汉光武帝中元元年(公元56年)。《后汉书·光武帝纪》载:"是岁,初起明堂、灵台、辟雍,及北郊兆域。"

灵台基址位于平城门外大道西侧,现地面上残有一平面方形的夯土高台(图1-10)。高台东、南、西三面地下均有夯土院墙的遗迹,北墙遗迹毁入洛河中[1]。

图1-10 东汉洛阳灵台遗址(北—南)

---

[1] 中国社会科学院考古研究所洛阳工作队:《汉魏洛阳城南郊的灵台遗址》,《考古》1978年第1期;中国社会科学院考古研究所:《汉魏洛阳故城南郊礼制建筑遗址1962～1992年考古发掘报告》,北京:文物出版社,2010年。

高台地下基础的夯土在地面以下1.8~2.2米，平面略呈方形，南北长48.2~48.8米、东西宽57~58米，北、南、西三侧坡道处的地基夯土还要向外凸出一块。外周一圈散水，散水外有方便排水的砖砌浅沟槽。

建筑基址为正方形，高8米，底边长49.5米，加上四面中间向外侧凸出4米的门亭建筑，基址的最大范围为57.5米见方。

夯土台基址自下而上有三层台面，高台四周的第一层台面略与当时地面相平，台面上围绕着中间方形高台的最外侧建有一周廊房式建筑，只有北侧保存较好，有廊房、坡道、散水、柱槽等遗存。坡道宽5.7米，位于第一层平台上的廊房建筑中间，坡顶连接第二层平台的地面，坡底通至第一层平台外侧的地面，大致与基址外的一周卵石散水齐平，坡道两侧包砖。由坡道外侧发现的一组柱槽遗迹分析，四面坡道下应各有一门亭式建筑。平台宽2米，北侧廊房被坡道分隔为东、西两部分，东、西各5间以上，每间面阔2.5米。房内地面原铺有大方砖。

向上第二层夯土平台高出第一层1.86米（以铺砖面为准），平台宽约8.5米，上建有围绕中间方形高台的殿堂建筑，四面各有5间建筑的遗迹，每间面阔5.5米，内部未发现隔墙，可能是通敞的，地面全用长方形小砖"人"字形铺砌。西侧平台在5间建筑后又加辟5间进深2米的内室，内室后壁即夯土台壁，但未发现柱槽，前壁为土墙，兼作前面5间的后壁，可能为密室。《晋书·天文志》载"作铜浑天仪于密室中"。四方建筑的墙壁上残留有青、白、红、黑四色。

第三层即台顶，有明显的塌毁成的椭圆形平面遗迹，原应为方形平台，四周边缘的内侧发现9个柱槽，是灵台上最早的建筑遗迹之一，但数量较少，底部又无础石，不太可能为承重立柱。台面不设殿堂是为了便于架设仪器观测云气天象，推测柱槽应为起观测作用的立杆类设施。

高台东、南、西三面地下均发现有夯土院墙的遗迹，墙上各有门址，北墙遗迹毁入洛河。院落略呈方形，东西232米、南北残长220米。《续汉书·祭祀志》载，章帝时曾为"灵台十二门作诗，各以其月祀而奏之"，可见灵台周围院墙有十二门，在保存较好的东墙和西墙的中段，东墙北段、南段，各发现一处砖石遗迹或砖瓦堆积，据位置判断可能是门址（图1-11）。

汉和帝时，张衡任太史令，接管灵台，曾在此观测天文。到曹魏、西晋时继续沿用，至西晋末年毁于战火，北魏废弃并改作他用，高台上曾发现北魏时期的砖雕佛像。

2. 明堂

明堂是天子太庙，是祭祖之所和宣明政教的地方。洛阳明堂建于光武建武中元元年（公元56年），西晋沿用并增修，北魏在原址上重建。基址北临改道后的洛河南堤，全在今地表下，经复原可以大致确定它是圆形围廊环绕中间一座方形殿堂的大型建筑，与《水经注》"寻其基构，上圆下方"的记载相符。

明堂有夯土围墙，除北墙因洛河改道被毁，其余三面均有发现，南墙保存最好，东墙最差。院落大致为方形，东西415米、南北残长400米。南面正中正对明堂主体建筑，试掘发现了南门遗址。

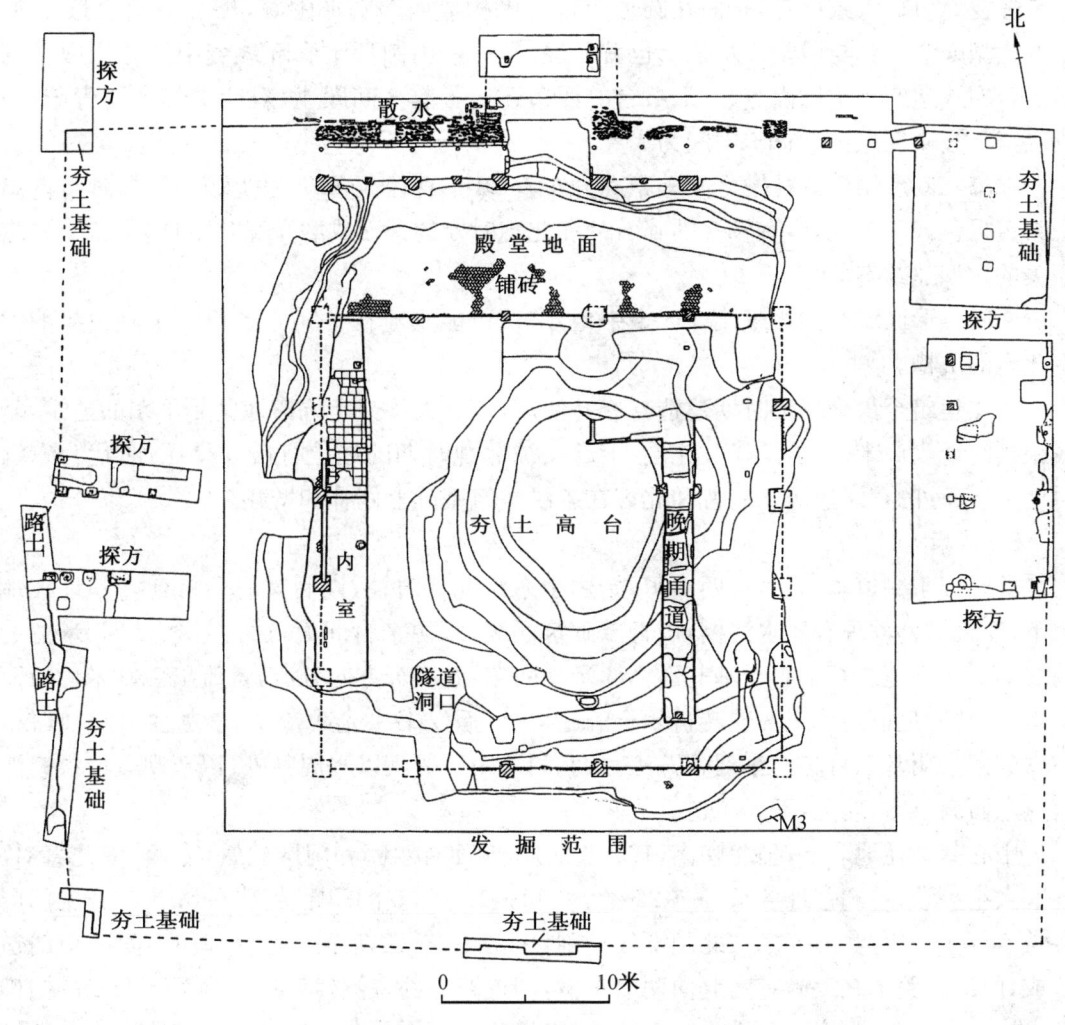

图 1-11　东汉洛阳灵台遗址平面图

中心夯土基址南北长 64 米、东西宽约 63 米。其南、西、东三面发现一些规模较小的夯土基址，应属明堂的附属建筑。北面也应有这类基址存在。该明堂遗址是一座台基直径 60 余米的大型圆形主体建筑，四面 60～100 米处各布置一组附属建筑（均未试掘，时代、性质不明），再外围四面是夯土院墙。

现存圆形夯土台基直径 62 米，四周低，中间略高，中间高出台基周围晚期石片路面 70～80 厘米，台基边缘残存的夯土表面高于石片路面 10～20 厘米。外圈有原镶包石条。环绕圆形夯土台基的周边有一圈宽 45～60 厘米、残深 20～40 厘米的石条包边的沟槽，沟内出土北魏瓦片等。

中间夯土较高的 37 米见方的区域内未发现建筑遗迹，而以外的范围发现排列有序的建筑柱网的柱槽、大小沙坑、石片地面等遗迹，都是北魏重修明堂时留下的。大型柱槽共清理出 205 个（应有 221 个），它们基本上按一列 3～5 个、最多 6 个纵列环绕在圆形台基中间 37 米见方的区域周围，复原为 56 列。

经复原可以大致确定,它们在圆形台基外围构成两圈圆形围廊,环绕中间边长为37米的大型殿堂。廊与殿堂皆瓦顶。也就是说,是一座由圆形重廊环绕着中间方形殿堂的多层台阁式建筑。重廊内侧、方形殿台的四边还应各有3间殿堂,对应文献中的青阳、明堂、总章、玄堂及左个、右个,中间为太室。

在第二圈和第三圈柱槽之间等距离分布着28个直径3米以上的大型沙坑,沙坑内填土为黄褐色或深黄色,含有较多的碎石片和北魏时期的素面或磨光瓦片,可能与二十八宿相关的大型建筑有关。

中间方形区域东侧边缘残存5个中型沙坑,可能是建在中间方形建筑东侧边缘的大型建筑的坑槽。

主体建筑至少为三个时期建造与修补使用,地下大型夯土坑槽地基是早期的建筑,基底距当时地表2米,打破汉代文化层,上部又被北魏时期的夯土打破并叠压,时代为东汉时期,是仅存的东汉遗迹。魏晋和北魏在东汉建筑基础上修补和增建。

3. 辟雍

辟雍位于御道东、太学村西1里,始建于东汉光武时期,以后又有所修建。基址在地表下,建筑群外发现有环水沟槽,以青砖砌筑涵洞,水源来自北面,通过一条4~5米宽的南北向引水干道流至中心殿基北面156米处向东、西两个方向分流,各流出180米后折而向南,直到遗址以南也未发现转折闭合的趋势。《后汉书·光武帝纪》李贤注引《汉官仪》曰:"辟雍去明堂三百步。车驾临辟雍,从北门入……辟雍以水周其外,以节观者诸侯曰泮宫。东西南有水,北无,下天子也。"

中心基址在地表下,坐北朝南,165米见方,四面有双阙和门屏建筑,东西、南北直对。各阙大小一致,单阙基址各长19~22米、宽11~12米,双阙间距为13~14米。夯土门屏各长41~45米、宽3~8米。北门屏较特别,中部由东、西两个门房台基和中间一个门道组成,门道的路土之上尚有南北向两对车辙,门道路土的东侧残存一块表面带凹槽的门础石,推测应有门。门房和门道为晚期建筑,晚期门房是在早期门屏基址的中段向南改造扩建而成。

中心偏北贯通南北双阙的中轴线上有一大型夯土建筑基址,东西长46米、南北宽32~33米,现高56厘米。殿台四周边缘零星发现13个大小不同的方形或长方形坑。殿台夯土纯净、坚实,应是东汉旧址。四周包砖无存,各边尚有沟槽残砖。小型坑的时代略晚,可能是魏晋时期修补和改建。

遗址出土西晋辟雍碑和碑座。出土遗物中有大量汉代砖瓦、钱币,魏晋遗物较少,说明该遗址就是东汉旧址,魏晋沿用并进行部分重修,未发现北魏时期的遗迹。

4. 太学

洛阳太学创建于光武帝建武五年(公元29年),遗址位于开阳门外三里的御道东侧,即现洛河南堤的南北两侧。由于东汉太学太大,目前尚未找到它的准确位置和范围,现在能够明确的只有魏晋以降的晚期太学遗址。遗址分为两部分,各呈长方形。东北部的一处四面有墙垣,东西150余米、南北约220米,应是魏晋以来的太学遗址。遗址范围内发现多处长条形排房舍以及澡堂、道路等。长条形房舍井然有序,每栋房子间隔5米左右。

院落西北部、东南部和中部也发现一些早期建筑的遗迹,有的也可能与东汉太学有关。

另一部分在辟雍正北、魏晋太学以西 300 米,这里发现一处同东部太学院内排房遗址相似的遗迹,据传为太学石经碑座出土的地方,村民耕种时曾犁出数排如同太学房舍一样的长条形房基,东西宽五六米,南北长数十米,北自洛河南堤边,南至东西向小路仍未见尽头。此处可能也是与东汉和魏晋太学有一定关系的一组建筑。

汉灵帝熹平四年(175 年),蔡邕等建议正定《鲁诗》《尚书》《周易》《春秋》《公羊传》《仪礼》《论语》七经文字,刻隶书石碑 46 通立于太学门前,是为熹平石经,又称"一体石经"。熹平石经在东汉末毁于战乱,宋代以来常有残石出土。1980 年,偃师太学村魏晋太学院落旧址东南面出土石经残石 661 块,其中有字残石 79 块,残存文字皆隶书,应主要来自于熹平石经[1]。

5. 其他

魏晋太学以南 100 米,发现一处时代略早于魏晋太学的大型院落与殿堂遗址,院内有至少有三座面积较大的夯土建筑基址。该处建筑大约建于东汉,沿用至魏晋,为一处官府建筑遗址,性质不清。

灵台西南侧 1.5 公里处是刑徒墓地,已发掘 522 座,出土人骨架 432 具,刑徒墓志铭砖 823 块[2],据砖铭,徒役征调自中原、长江中下游各地。

北魏时在汉晋洛阳城外围另造外郭城,汉晋洛阳城成为北魏洛阳城的内城。现发现了北、东、西三面,保存较差。

第二节 汉代郡县城址

汉代地方城市数量大增。据《汉书·高帝纪》,高祖"六年十月,令天下县邑城"。《汉书·地理志》记载,至平帝时有城市 1 600 余座。《续汉书·郡国志》记载,到顺帝时有城市 1 285 座。自 20 世纪 50 年代以来,除对两汉都城常年进行钻探和发掘,调查发现的汉代郡国及县城城址亦有 600 余座。

一、曲阜鲁国故城汉城

鲁顷公二十四年(公元前 249 年),楚灭鲁设鲁县,秦设薛郡为郡治,汉景帝封子刘余为鲁王,都鲁县。山东曲阜周代鲁国都城成为西汉鲁国的都城和鲁县县城。

周代鲁国故城呈东西向不规则的圆角长方形,除南墙平直外,其余三面皆弯曲。故城东西最长 3 700 米、南北最宽 2 700 米,面积不足 10 平方公里。北墙、西墙外有洙水河,南

---

[1] 中国社会科学考古研究所洛阳工作队:《汉魏洛阳故城太学遗址新出土的汉石经残石》,《考古》1982 年第 4 期。
[2] 中国社会科院考古研究所洛阳工作队:《东汉洛阳城南郊的刑徒墓地》,《考古》1972 年第 4 期。

墙、东墙外有人工城壕与洙水相连。有城门11座,南墙2座,其余三面各3座。[1]

汉城位于周代鲁国都城的西南角,东西向长方形,借用鲁城西墙和南墙,新筑北墙和东墙。新筑墙较平直,北墙2556米、东墙1880米,宽10米,墙外有城壕。有城门7座,东、南、北各2座,西墙门1座,南墙、西墙沿用鲁国故城城门。门道两侧有石墙遗迹,城内干道连通城门(图1-12)。汉城面积3.75平方公里,只及鲁故城面积的1/3。这是在战国都城城址中另筑新城的例子。

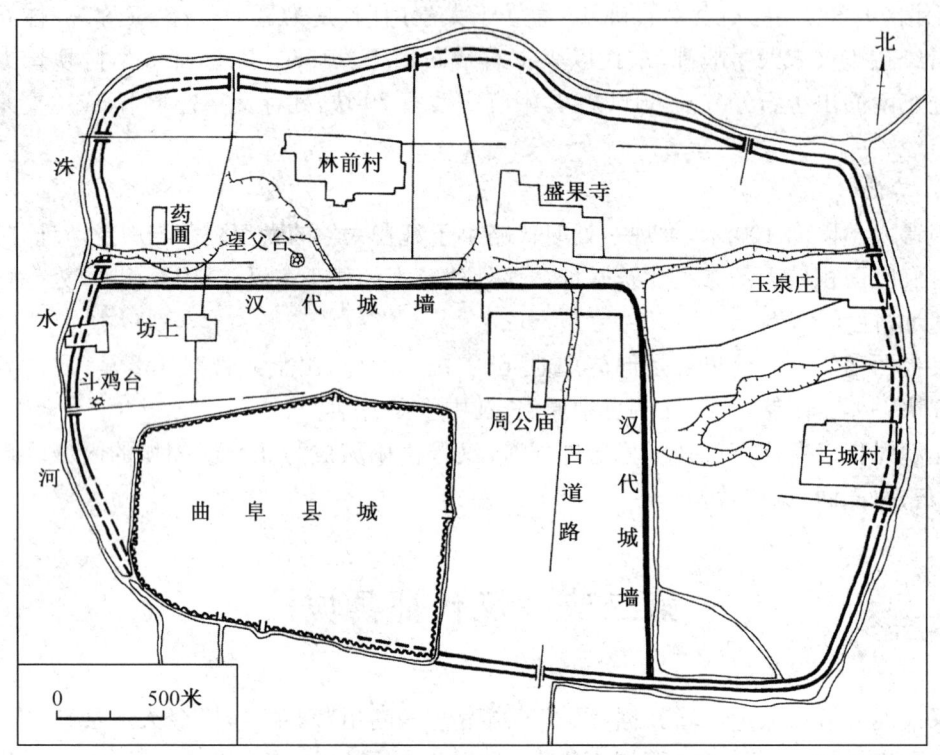

图1-12　曲阜鲁国故城汉城遗址平面图

汉城东北部周公庙村一带发现大片建筑群遗址,其中可能有宫殿或官署建筑。这里也是全城地势最高的地方。周公庙东北和曲阜县城北关各发现汉代冶铁遗址1处。西汉时期的鲁王墓分布于曲阜市东南的九龙山上,有5座大型崖洞墓,其中三号墓发现"王庆忌"铜印,为鲁孝王刘庆忌之墓。

二、章丘东平陵故城

东平陵城位于山东章丘龙山镇闫家村北,西南距城子崖遗址2公里,东距章丘洛庄汉墓6公里,向西距济南市35公里。

东平陵城始建于战国,沿用至汉代。汉初吕后以其兄之子吕台为吕王,文帝十六年

---

[1] 山东省文物考古研究所、山东省博物馆等:《曲阜鲁国故城》,济南:齐鲁书社,1982年。

(公元前164年)封齐悼惠王之子刘辟光为济南王,皆以此为都。景帝三年(公元前154年),济南国除为郡,东平陵降为济南郡治所。东汉初重建济南国,仍以东平陵为都。东平陵又是汉代著名的手工业中心,在此设有工官和铁官。

城址略呈方形,边长1 900米,面积3.6平方公里,四周夯土城墙至今仍高立于地表之上,城内地势平坦,是迄今国内保存最好的汉代诸侯国都城遗址(图1-13)。经勘探,该城墙先后经过七次修建和增补,其中南墙基宽33米,残高7米。城外护城壕宽43米、深4米。西墙和南墙各有一城门缺口,其他因有村庄占压无法探查[1]。

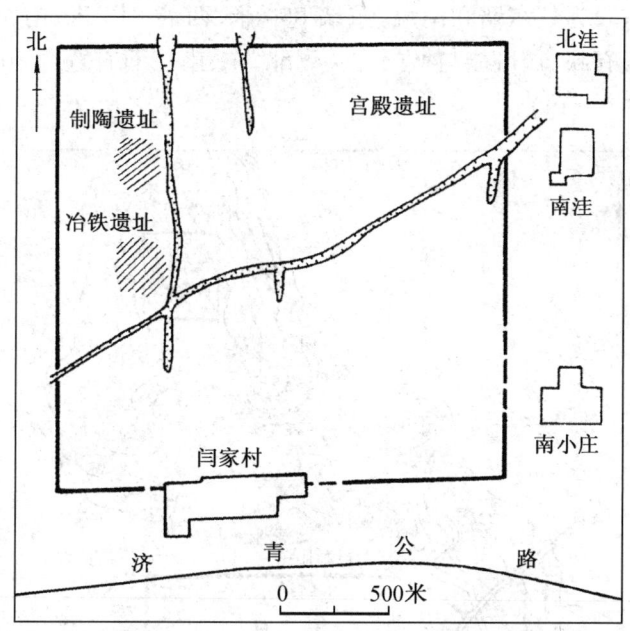

图1-13 章丘东平陵故城遗址平面图

城内发现一条东西向干道和两条南北向街道,城东北部当地人称"殿基地"的地方发现大型夯土建筑基址,基址东西50米、南北30米(不包括室外散水部分),与散水相连的地面廊道尚存有部分铺地砖,并有"千秋万岁""万岁富贵"等文字瓦当出土,应为宫殿所在。城内西侧偏南、南北向古沟道的西侧(俗称"铁十里铺")还发现大面积的冶铸遗址,发现西汉中期的熔铁炉、残房基、铁材坑、石灰坑等,以及西汉晚期的烘范窑、储泥坑、水井和包含多件有"大四"铭文的铁器铸范的灰坑等。王莽至东汉时期的遗迹有竖穴土坑水井和多个灰坑、灰沟等,出土大量汉代的残铁器、铁块、铁板材。冶铁遗址以北有制陶遗址。

---

[1] 山东省文物考古研究所:《山东章丘市汉东平陵故城遗址调查》,《考古学集刊》第11集,北京:中国大百科全书出版社,1997年。

三、盱眙东阳故城

东阳城位于江苏省盱眙县马坝镇东阳村。城址保存比较完整,20世纪80年代调查后初步判断为东西并列的两个方形小城[1]。2010年勘探确认是大小相套的两城[2]。大城北墙约1790米,保存较差,东墙约1390米,南墙约1830米,西墙约1350米。现存城墙高出地面近1米,基宽25米左右。城外有城壕遗迹。小城位于大城内东南角,以大城东墙南段、南墙东段为其东墙和南墙,东墙860米、西墙810米、南墙950米、北墙980米,四面近中间位置有缺口,可能与城门有关。北、东、南三面有宽约30米的城壕遗迹,西墙城壕淤塞严重(图1-14)。

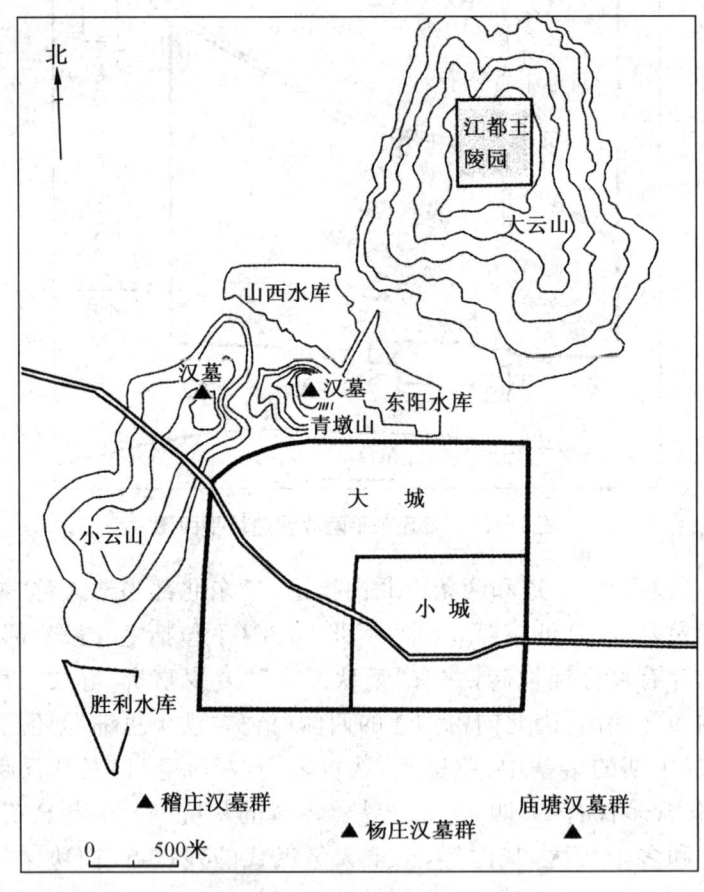

图1-14 盱眙东阳故城遗址平面图

---

[1] 尤振尧:《秦汉东阳城考古发现与有关问题探析》,《中国考古学会第五次年会论文集》,北京:文物出版社,1988年。

[2] 陈刚、盛之翰、李则斌:《东阳城遗址调查纪要》,《南京博物院集刊12》,北京:文物出版社,2011年。

战国时期楚国有东阳城,秦为东阳县治,西汉早期属吴国,刘濞在东阳城设吴国太仓,后属江都国。西汉后期及东汉先后属下邳国、广陵郡、临淮郡。小城可能是战国时期楚的东阳城,城内曾发现秦始皇二十六年诏书铜权。

东阳城属江都国,城北的小云山、青墩山汉墓密集,大云山又是江都王陵所在地,其地位非同一般。

四、武夷山城村汉城

城村汉城位于福建崇安县(今武夷山市)兴田镇城村西南,现武夷山市区之南40公里,建阳市区北30公里,处于山间盆地的边缘,1958年文物普查时发现,1959年复查试掘,发现房址,并定名为"崇安城村汉城遗址"。1980年开始发掘,至1996年为止,基本清楚了城的布局,确定其性质为汉代的城[1]。

城村汉城营建于丘陵群中,有夯土城墙蜿蜒于起伏的山脊之上,呈不规则长方形,南北约860米,东西约550米,面积48万平方米。城墙宽15~21米,残高4~7米。城外大部分地段有护城壕。东墙南段和西墙南段各发现一个城门缺口,两城门东西相对,有一条10米宽的大道相连,路面以鹅卵石铺成。城内地势有高有低,西南角乌龟山上有烽火台遗址,台底径约20米,台顶高出城墙约8米。较平坦的台地上探出建筑基址10多处,中部高胡坪、南部大岗头、西部下寺岗、东北部马道岗等处高地上都有大型的建筑基址,中部基址出土"常乐未央""常乐万岁""万岁""未央"等瓦当,应为宫殿所在。城外东北及城南等处发现居民区、制陶作坊区和冶铁遗址。东门外北岗发现东西并列的两组建筑遗址,一号为封闭式庭院建筑,二号为以长方形露天台基为主体带廊庑、殿堂的建筑,或认为是庙坛遗址(图1-15)。城四周发现五处贵族墓葬区。2002年在城址外发掘了一座大型贵族墓,葬制类似浙江绍兴越王允常墓,"人"字形

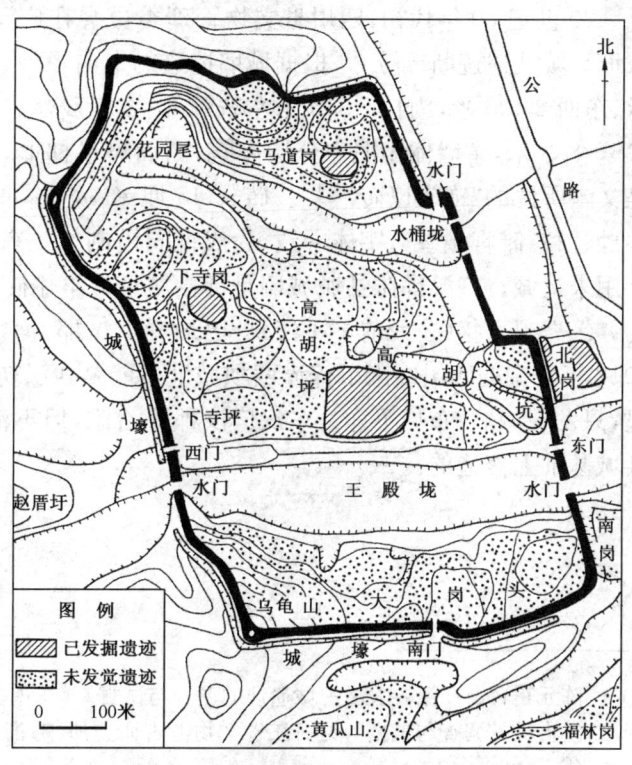

图1-15 武夷山城村汉城遗址平面图

---

[1] 福建博物院、福建闽越王城博物馆:《武夷山城村汉城遗址发掘报告1980—1996》,福州:福建人民出版社,2004年。

椁，推断汉城为汉初闽越国都城。也有人认为是公元前110年武帝灭东越王余善后在这里设的一个屯戍点，以看守不安分的越族。

五、温岭大溪东瓯国城址

2002~2008年，浙江省文物考古研究所先后三次对位于温岭市大溪镇以北约3公里大塘岭南麓的古城进行调查和试掘，发现和确认地面尚存的西、北两边部分城墙，东墙仅存几十米，城址平面大体上呈东西向长方形，东西长390米、南北宽260米，城墙宽8米，均为在原生土地面上直接用土向上堆筑而成，堆筑不太讲究，未见明显的夯层。这是南方地区堆筑城墙的例子。发现大量绳纹板瓦、筒瓦、瓦当等堆积，出土印纹（方格居多）硬陶敛口罐、瓮、硬陶碗、钵、瓿、盒、壶、筒形罐和夹砂陶釜、鼎、碗、原始瓷碗、钵等。大溪古城遗址是西汉初期的东瓯国城址[1]。2006年，于古城外东北约1公里处发掘一座贵族大墓[2]。

六、广汉雒城遗址

20世纪80年代初，四川省文物管理委员会在广汉县城调查发现东汉时期的雒县城城址。城址遗迹断续分布，根据城墙遗迹的走向，复原的城址平面略呈椭圆形，南北1 800米、东西2 400米，周长7 350米左右[3]。城墙残存的几段，残高约30~140厘米，残宽约2.5~8.9米，主墙体为泥土分层夯筑，断面略呈梯形，内外两面用十层砖包砌，这大概就是文献所说的"饰表以砖"[4]。砖长45厘米、宽22厘米、厚9厘米，砖上多印有篆书的"雒城"和"雒官城墼"，字体一致，为成批同模制作。东汉时期的砖室墓遍及全国，但砖极少用来筑城。广汉郡雒县城城墙是郡县城址最早用砖包砌城墙的例子。

汉高祖六年（公元前201年）分巴蜀置广汉郡，据《汉书·地理志》，广汉雒县有工官。2012年发掘的四川绵阳市梓潼西坝城址可能是西汉初期的广汉郡治遗址，面积2平方公里，只发现城墙，布局不详。东汉广汉郡移治雒，但不清楚东汉雒城城址是否是在西汉雒县城基础上修造的。

---

[1] 陈元甫：《浙江温岭大溪古城遗址的调查与试掘》，《东南文化》2008年第2期；田正标等：《温岭大溪古城的调查与试掘》，见浙江省文物考古研究所编《浙江考古新纪元》，北京：科学出版社，2009年。

[2] 浙江省文物考古研究所等：《浙江温岭塘山西汉东瓯贵族墓》，《考古》2007年第11期。

[3] 沈仲常、陈显丹：《四川广汉发现的东汉雒城遗迹》，收入《中国考古学会第五次年会论文集》，北京：文物出版社，1988年。

[4] 《水经注·浊漳水》："左思《魏都赋》曰：邺城'其城东西七里，南北五里，饰表以砖'。"

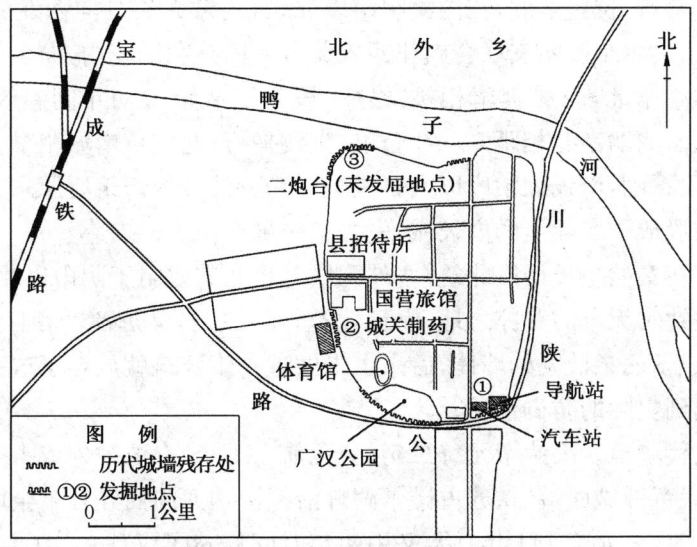

图 1-16　广汉雒城遗址平面图

第三节　汉代长城

汉代长城包括继续利用的东部秦代长城和新筑的西部长城。汉代长城大发展的时期是汉武帝时,长城西起敦煌,东至辽东碣石,东西直线距离达 6 700 公里以上。从东向西可分为三段(图 1-17)。

东段主要利用燕、秦长城,但武帝时为了加强西部防守,一度放弃了上谷郡造阳地,在燕、秦长城以南 20～50 公里另筑长城,使防线南移。向东至今辽宁省境内继续沿用燕长城,直至朝鲜境内大宁江东岸。

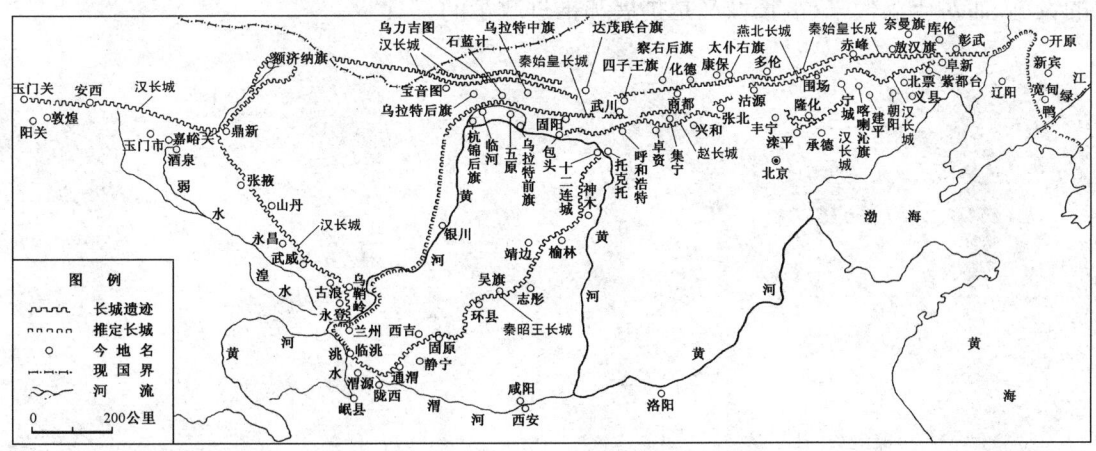

图 1-17　秦汉长城遗迹分布图

中段为汉代增筑，位置最北，在内蒙阴山以北，自内蒙武川县向西北穿越阴山北面的草原地带，经内蒙达尔罕茂明安联合旗往西入蒙古人民共和国境内，向东延伸至我国额济纳旗的苏古诺尔湖东北，与居延塞相接。这一段为汉武帝太初年间新筑，可称"武帝外城"。外城为复线，两墙南北相距5～50公里，大致平行，北城较南城稍早。墙体以夯土筑造为主，部分地段石砌，南线固阳段以大石混筑。武帝外城的修筑使原来秦长城的赵国长城段和秦国长城段成了实际上的内长城，失去了防御作用。

武帝原本想在秦始皇长城以北筑"塞外列城"，将北匈奴阻于阴山以北的戈壁之上，但由于阴山以北是缺水无草的荒凉之地，而且建筑材料匮乏，又远离产粮区，所以只是就地取材，短期内筑成了两条低矮的墙体，后来也未做进一步修筑就放弃了这一军事工程。这两条长城并未起到实际的防御作用。

西段也为汉代增筑。汉武帝元狩二年(公元前121年)夺取被匈奴占据的河西走廊以后，修筑了东接武帝外城西端、从苏古诺尔湖畔沿额济纳河向西经甘肃金塔县至酒泉的一段长城。元鼎六年(公元前111年)始，又用两年时间修筑了汉代令居(今永登西北)到玉门关的"河西汉塞"，从永登向西北经天祝藏族自治县、古浪县和武威市境，入永昌县，向西北行，经山丹县，沿黑河北岸至临泽县和高台县至酒泉市，向西经金塔县至嘉峪关市，沿疏勒河西岸，抵安西，在敦煌市分为南、北两道，北道出玉门关，南道出阳关。玉门关和阳关是汉代长城西端的两个关隘。该段长城有堑壕、堑壕与墙垣结合、关隘三种形式。武帝太初元年至四年(公元前104年～公元前101年)修筑玉门关至盐泽(新疆罗布泊)一段。玉门关以西的荒漠上仍有为沙砾掩盖的汉代烽燧遗迹，延伸为一条线，断续向西连绵至姑墨(今新疆阿克苏)。这一段以城墩、烽火台为主，虽然没有像其他地方的长城以墙体连续的样子，但防御功能同长城一样，是汉代长城的西延。汉代西段长城皆以红柳或芦苇与土相间夯筑而成，有些地段保存较好。

长城不是一条孤立的线，而是一个防御体系，它与其周围的防御力量、防御工事、军事和政权机构密切关联。秦汉皆沿长城设郡治理，屯兵列镇。战国和秦代，长城是防御为主的设施，而对于汉代来说，长城又是扩展和推进政策的工具。

第二章 埋葬制度

汉代是我国古代丧葬制度发生大变化的时期,以砖室墓为主要特征的汉葬制的形成是墓葬制度进入新时期的重要标志。西汉早期基本继承了战国时期木椁墓的形式和丧葬习俗,西汉早期墓同战国墓的联系较多,中期以后变化较大。整个西汉是木椁墓逐渐走向消亡和砖室墓开始流行的时期,西汉以后,砖室墓成为我国古代墓葬的主流形式。墓葬建材上发生的变化,有利于家族多室合葬墓的营造,也便于使墓室结构模仿生人居室的形式,而这些最终都是从汉代人们的丧葬观念变化中逐渐显现的。家族墓地逐渐兴起,并且厚葬成风,随葬品中大量使用涉及生产、生活各个方面的陶质模型明器、动物和人物偶俑造型成为汉代墓葬的一大特色,这正是汉代人丧葬观念发生变化后,厚葬形式的另一种表示。

第一节 汉代墓葬概说

汉代墓葬目前发现数量巨大,经考古调查和发掘的汉代墓葬有帝陵、诸侯王墓和数量众多的中小型墓,墓葬的结构类型有土坑墓、竖穴木椁墓、土洞墓、崖洞墓、砖室墓、石室墓等等,黄肠题凑墓、空心砖墓、画像墓、壁画墓等是其中的特殊类型。墓葬类型既有整体风尚,也有地域特征,各地在丧葬礼俗上虽然受到大一统的汉文化的影响而共同性增多,但依然保留着明显的地方因素。

一、汉墓类型和等级

根据形制结构、建材和墓室布置等情况,通常将汉墓分为土坑墓、竖穴土坑木椁墓、黄肠题凑墓、石椁墓、土洞墓(洞室墓)、砖室墓、空心砖墓、石室墓、画像石墓、画像砖墓、壁画墓、崖洞墓、土墩墓等等。这些类型的墓葬,有的是延续了战国墓葬的基本形式,但也呈现出了不同的发展趋势,如木椁墓随着砖室墓的出现到西汉晚期基本消失。早在春秋战国时期,山东地区齐国大墓就有石砌椁室的做法,西汉到东汉早期,以石板拼砌椁室的石椁墓流行于今鲁南、苏北地区。洞室墓从关中地区向关东地区推广,并在西汉中期以后影响到整个北方地区。空心砖墓在战国晚期仅局限于河南郑州等地,西汉时期推广到河南以洛阳、郑州为中心的十多个县市和晋南一带,至东汉时期基本消失。汉代土墩墓是最近几年使用的新概念,它不同于一般的封土墓,以先筑土墩或墩基再挖墓的熟土埋葬为特点,常常是一墩多墓,墩内墓葬形式和内涵与同时期汉墓一致,常见于西汉中期以后,目前多发现于浙江北部、江苏、山东东南部等地区。其余为西汉新出现的墓葬类型。黄肠题凑墓目前只见于西汉诸侯王、列侯和高级贵族大墓,东汉有仿黄肠题凑形式的石室、砖室墓。小砖砌筑的砖室墓出现于西汉中期关中、中原地区,西汉晚期以后成为各地汉墓的主要形式。崖洞墓凿山为室,西汉时期是楚、梁、鲁、菑川、昌邑、中山等国诸侯王和王室墓葬的形式,东汉时期广见于四川、重庆地区的大、中、小型墓。

这些墓葬种类虽因分类标准的不统一出现交叉重叠现象,但它们确实是形成了不同的汉墓种类,代表不同的等级或地方类型:有的是因墓主身份等级不同形成不同的类型,如土坑墓和土坑木椁墓,不只是有椁和无椁之分,其规模大小也不在同一档次上;黄肠题凑墓是木椁墓的一个特殊类型,只有帝王、列侯等高级贵族使用。画像石墓一般是石室墓的特殊类型,但有些画像石墓是砖石混作的,画像石材只用在墓门等局部位置,主要分布于四个地区,即鲁南、苏北和皖北,河南南阳和鄂北,陕北,四川。画像砖墓同时也首先是砖室墓,但砖室墓的分布很广,而画像砖墓只发现于河南、四川等少数地区。有的类型不存在地域上的区别,但在葬具、葬品及丧葬习俗方面却表现出很强的地方特色。

每一类墓葬中又有大小等级之分,表现在墓圹规模、葬具和葬品的数量与质量等方面。有的类型又是某一阶段多用或专用的,如黄肠题凑只存在于高等级的大型墓。传统上根据墓葬规模和随葬品的情况,将帝后陵和非正常埋葬的刑徒以外的汉墓分为五类:

甲类墓:墓圹边长10米以上,多重棺椁,或黄肠题凑、石室墓,随葬品丰富,有车马、铜、漆礼器和日用器及大批陶器、玉石器、木器等,有的有玉衣。墓主为诸侯王和官爵二十级的列侯。

乙类墓:墓圹边长5~10米,单棺或双棺,有三到四个椁箱,或为多室砖室墓。出土偶车马及铜、漆礼器和大批铜、漆日用器。墓主为上卿、郡太守至县令,即九级五大夫以上到十九级关内侯。

丙类墓:墓圹边长2~5米,两椁箱及以下的木椁墓、单棺空心砖墓、土洞墓、带前室和耳室的小砖墓。随葬品以陶器为主,或有模型明器仓、灶、井等,有少量铜器、带钩、陶俑等。墓主为八级公乘以下的下层官吏及中小地主,也有富裕农民,他们是汉代社会中人数众多的阶层。

丁类墓:墓室边长2米左右的单棺土坑或土洞墓,以陶罐、陶壶数件随葬,个别有铜镜或带钩。墓主为民爵(即庶民),在汉代社会中占绝大多数。

戊类墓:以大小只可容身的土坑或土洞为墓室,用薄板、板瓦或瓮为棺,或无棺,少数有一二件陶罐或数枚铜钱陪葬,或无葬品。墓主属贫民阶层。

我们可以用习惯上的大、中、小型来对应以上分类,将汉墓分为大型(甲类)、中型(乙类)、中小型(丙类)、小型(丁、戊类)四个等级。东汉时期,砖室墓广为流行,由于家族(庭)成员合葬一墓的葬俗盛行,多在前室边上开侧室,或增加后室的数量,流行多室墓,此时墓室的多少又是判断墓葬等级的主要参数,因此,东汉墓的分类依据是墓室的多少结合墓圹大小和葬品的情况,墓圹较大的多室墓为大、中型墓,有前后室或带耳室的为中小型墓,最小的单室墓为小型墓。

需要说明的是,墓葬规模与墓主的身份也并非完全一致,如2003年西安市文物保护考古研究所在长安区西北政法学院南校区工地发掘了一座有斜坡墓道的洞室墓,平面略呈甲字形,据出土的"张汤""张君信印"和"张汤""臣汤"两枚双面印,可知墓主为西汉武帝时位列三公的御史大夫张汤,但仅有一棺,因遭严重盗扰,葬品仅见铜镜、带钩等日常生活用器中的小件,不见汉墓常见的陶器和其他贵重器物[1]。张汤因受诬陷自杀于元鼎二年。《汉书·张汤传》记:"汤死,家产直不过五百金,皆所得奉赐,无它赢。"下葬时"载以牛车,有棺而无椁"。其墓即使不被盗扰,亦不会有重大发现。

二、汉墓分区和分期

在汉文化的发展上,呈现出以长安、洛阳两京地区为中心向外传播扩散的趋势。各地域文化特色最为显著的时期为西汉早中期。随着郡县制的实施,从西汉中期开始,全国各地墓葬文化也趋于统一。

两汉墓葬各分为早、中、晚三期。西汉早期,为从汉初至武帝前半期。西汉早期的墓葬仍然保留战国墓葬的部分特点,以木椁墓为主要形式,特别是初期墓葬,同战国晚期有时难以区分。战国晚期出现的鼎、盒、壶礼器组合成为西汉早期墓葬普遍流行的器物,模型明器主要为仓、灶。西汉中期,是从武帝后半期到昭宣时期。汉武帝元狩五年(公元前118年)铸造五铢钱,五铢钱常常成为西汉早期的下限。武帝时期是真正的汉文化确立的时期,在墓葬制度上表现为小砖墓的出现。小砖墓是汉制形成的标志。西汉中期,除礼器组合外,模型明器较早期更为多见。西汉晚期,是元帝到新莽时期。木椁墓消退,砖室墓开始普及,礼器组合衰退,模型明器种类增多,仓、灶、井组合较为稳定,另有圈舍、楼阁或房屋类模型。新莽时间短暂,常归入西汉晚期,但在墓制上也有其明显的特色,如砖室墓前堂后室格局的形成。东汉早期主要是"光武明章"至和帝时期,墓葬以砖室墓为主并继续新莽时期前堂后室的主要形式,礼器组合已很少见,建筑模型和家畜俑较为常见。东汉中期,是殇帝到质帝时期,各地木椁墓消失,砖室墓增加侧室或单室墓增长墓室,以应合葬之需,随葬器物中釉陶器增多,模型明器和俑类流行,无鼎、盒类器物。东汉晚期是桓帝到献帝时期,两室以上的多室墓流行,随葬器物种类同中期区别不大。

以上这些只是总体上大致的划分,具体地区又有更为具体的区域特点。

关中地区 关中地区为西汉京畿之地,有竖穴土坑墓、土洞墓、砖室墓和少量的空心砖墓。土洞墓是继承了战国时期的传统,到西汉时期广为流行,除旧式的竖井墓道外,新出现了斜坡墓道。西汉中期开始出现小砖墓,在洞室内砌筑墓室。东汉砖室墓普遍流行。西汉早中期墓多见鍪、茧形壶、蒜头瓶等本地特色器物。春秋晚期,秦墓中即已开始使用圆锥形顶的仓囷模型明器,到西汉时期,仓和船形灶陶模型已十分多见,东汉墓开始出现

---

[1] 西安市文物保护考古所:《西安市长安区西北政法学院西汉张汤墓发掘简报》,《文物》2004年第6期。

陶井模型。

中原地区 以洛阳为中心的中原地区有竖穴土坑墓、竖井墓道的土洞墓、砖室墓、空心砖墓、画像砖墓、壁画墓等。砖室墓到新莽时期开始流行,空心砖墓到东汉时期基本消失。空心砖同时也是汉画像的载体,是河南画像砖的主要用材。从西汉晚期开始,壁画墓随着砖室墓的普及而多见。洛阳汉墓类型反映出的早晚变化为:

西汉早期:单棺空心砖墓、单棺土洞墓。

西汉中期:单棺空心砖墓、单棺平顶土洞墓、双棺空心砖墓。出现带竖井墓道的小砖券顶墓和弧顶土洞墓。

西汉晚期:盛行带竖井墓道的小砖券顶墓和弧顶土洞墓。有梯形墓顶的空心砖墓。

新莽到东汉早期:流行砖室墓,多前后室结构,前室穹窿顶、后室券顶。

东汉中期:流行双穹窿顶砖室墓和前堂横列砖室墓。

东汉晚期:流行横前堂多人合葬砖室墓。

中原地区的西汉墓有比较稳定的鼎、盒、壶组合,东汉墓基本无礼器,而更多地使用仓、灶、井、厕、楼阁等模型明器。

山东地区 山东地区西汉早、中期流行土坑墓和竖穴木椁墓,西汉晚期出现砖室墓。山东南部,泰沂以南地区和胶东,西汉至东汉早期流行石椁墓。东汉中晚期,鲁南、苏北地区还是画像石墓分布的地区。西汉墓使用鼎、盒、壶、罐组合,仓、灶等模型明器相对较少见。东汉墓在结构、形式和葬品等方面的变化与中原地区接近。鲁南地区汉墓的特点与苏北、皖北基本一致。

长江下游和江淮地区 长江下游和江淮地区战国时期是受楚、越文化影响较多的地区,西汉早期保留了楚文化的某些特点,以木椁墓为主,盛行分箱,有使用白膏泥的现象,流行高温釉陶或硬陶的鼎、盒、壶、瓿、罐等,器物多具有江浙越文化的特色。从江浙到苏北以至鲁东南地区,西汉中期至东汉,墓葬中有一类土墩型的墓葬,一墩多墓,土墩内的汉墓与同期墓葬相同。砖室墓出现于新莽到东汉早期之间。建筑类模型明器不如中原、山东地区多。

长江中游地区 长江中游地区是战国楚文化的主要分布区,早、中期汉墓的楚文化特色较浓厚。西汉时期流行竖穴木椁墓,棺椁、墓圹之间普遍填膏泥。椁室分箱,即使是小型墓也常有一椁箱。西汉中期,长江以南出现前后两室或三室的木椁墓。西汉晚期,鄂西北开始出现砖室墓,长江以南地区的木椁墓直到东汉早、中期才逐渐被砖室墓取代。随葬器物西汉时期有鼎、盒、壶或钫,日用陶器,仓、灶(长方形双眼灶)模型和较多的漆木器,西汉晚期开始使用猪圈、家畜、家禽等模型。

华南地区 西汉时期流行木椁墓,木椁墓中有一种上、下两层埋葬的类型,上层为椁室,下层为器物箱,大型墓葬如罗泊湾汉墓椁下除器物箱外还随葬7具木棺。木椁墓直到东汉中期还有使用,而砖室墓的墓底仍然遗留上、下二级的结构,前低后高,即棺室地面略高于前室或甬道。随葬陶器除有与中原地区相似的鼎、盒、壶、钫,还有具有地方特色的瓮、三联或五联罐、三足盒、瓿、提筒等,硬陶和釉陶多见。中期以后礼器组合和地方特色器物开始减少,模型明器如陶屋、仓房、井、灶、圈舍、水田模型和仿铜、陶器的滑石器等逐渐增多。东汉墓还有陶车、船等。

西南地区 西南地区主要是指四川、重庆原巴蜀地区，有土坑或岩坑木椁墓、土坑木板墓、砖室墓、石室墓、崖墓等墓葬类型，也是画像砖、石墓的分布地区。西汉时期流行木椁墓，随葬器物有鼎、盒、壶、罐组合，或釜底罐、釜、鍪、巴蜀式柳叶形剑、矛、钺等具有地方特色的铜、陶器。中期开始使用仓、灶、井模型明器和人物、动物俑，以桶形的仓形罐、长方形双眼或多眼灶、方形单眼仓为特色，多以井台为井的象征。西汉晚期在木椁墓之外新出现砖室墓和崖墓，随葬器物以罐、钵（盆）、壶、甑等日用陶器为主流，模型明器和俑类增多，水田、水塘、房屋模型和侍俑、舞俑、说唱俑、劳作俑以及猪、鸡、狗等动物俑成为常见的类型。东汉时期以砖室墓、崖墓为主，有少量石室墓，中期开始出现镶嵌画像砖的砖室墓、画像石墓和石刻画像崖墓，崖墓中使用木棺、石棺、陶棺（瓦棺）、砖棺等葬具。随葬器物类型不变，釉陶增多。众多陶俑、水田模型、崖墓、多种棺具和画像砖、石成为西南地区东汉墓葬最突出的特色。

第二节 汉代帝陵

帝（后）陵是各时期墓葬的特殊类型。我国的陵寝制度成熟于战国时期，中山王墓兆域图铜版就是当时真实的陵园布局图。至秦始皇帝陵，这一制度更为完善，其园墙、寝、堂、封土、陪葬墓和地下从葬设施的一整套形式为汉代和汉代以后所继承。汉代帝陵学习了秦始皇帝陵的范式，规范陵园和园门的设计，创立新的寝、庙和陵邑制度，把单纯的陵墓设计成了首都长安的卫星城。另外，汉代继承了秦代预造寿陵的制度，如汉景帝即位后的第五年（公元前152年）就开始造陵，至武帝元朔三年（公元前126年）王皇后死后合葬阳陵止，造陵活动前后进行了26年。汉武帝即位的第二年便下诏为自己修建陵寝，修建时间长达53年。时间充裕的造陵活动，保证了帝陵的规模，也使陵寝制度更加完善。汉代帝陵规模庞大、设施完备、埋葬丰富，虽然至今还没有发掘过一座汉帝陵，但从其陪葬墓和外藏坑中所出器物也大体可以想见各帝陵地下宫殿中的奇异景象。

一、西汉帝陵

（一）帝陵分布和墓位排列

西汉11帝，除文帝霸陵在西安市东郊、汉长安城东南的白鹿原，宣帝杜陵在西安市东南郊的少陵原，其余9陵皆在渭水北岸、咸阳市至兴平县境内的咸阳原上，东西跨百余里。霸陵西南有文帝母薄太后的南陵，白鹿原东北任家坡有文帝窦皇后的陵。附近还有高帝之父的万年陵、昭帝母钩弋夫人的云陵和未完工的成帝昌陵，长安城附近共有15座帝后陵园。

咸阳原上的9个帝陵均分布于渭河以北，沿成国渠遗址，自西而东分别为：武帝茂陵、昭帝平陵、成帝延陵、平帝康陵、元帝渭陵、哀帝义陵、惠帝安陵、高祖长陵、景帝阳陵。命名分别与各陵当时所在的地名有关,如霸陵因灞河而得名,茂陵在秦槐里县茂乡,平陵在咸阳县平原乡,延陵在延乡,高祖长陵和惠帝安陵则因长安而得名(图2-1)[1]。

汉帝陵的分布最初还是沿用"先王之葬居中,以昭穆为左右"的族墓制。按昭穆制度,父为昭位,子为穆位,孙复为昭位。以高帝长陵为始,惠帝安陵在长陵之右,景帝阳陵在长陵之左,武帝茂陵又在右。但西汉皇帝并不是完全按父、子顺序承继的,武帝以后有兄死弟继、祖死孙继等情况,昭穆次序混乱,有的帝王就无法在渭北的陵区安排陵位。文帝刘恒为刘邦次子,初封代王,后即帝位,虽与惠帝同属穆位,但因非其嗣,惠帝先葬长陵之西(右),文帝只好单独另在白鹿原择地起陵。宣帝为昭帝之孙,均为昭位,只好到杜东原上建初陵(杜陵)[2]。而平陵、渭陵、延陵、义陵、康陵杂错于安陵与茂陵间。所以,西汉帝陵自武帝以后就没有什么昭穆次序可言了。也有学者认为,西汉帝陵一开始就不是按昭穆制度安排的[3]。

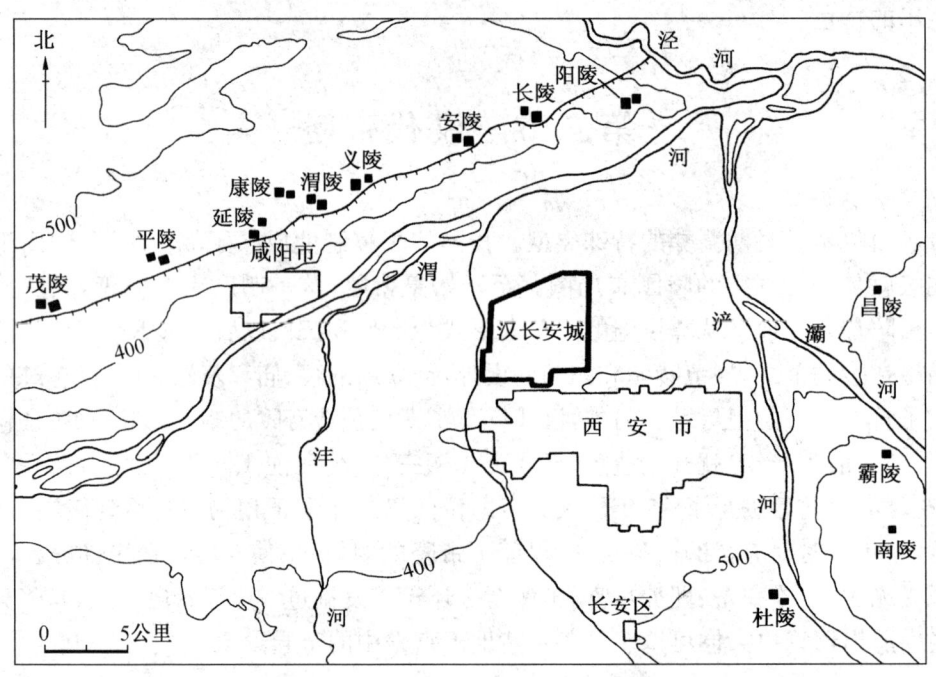

图2-1　西汉帝陵分布示意图

(二) 双重陵园

各陵园都有方形或长方形的围墙包围,围墙外有围沟。高祖长陵、惠帝安陵只有一重陵园,景帝阳陵及以后的7座帝陵均已发现了较为完整的两重陵园或两重陵园的线索,内层是帝陵陵园,其中景帝阳陵(图2-2)、武帝茂陵、昭帝平陵、元帝渭陵、哀帝义陵、平帝

---

[1] 刘庆柱、李毓芳:《西汉十一陵》,西安:陕西人民出版社,1987年。

[2] 刘庆柱、李毓芳:《西汉十一陵》,西安:陕西人民出版社,1987年;杨宽:《中国古代陵寝制度史研究》,上海:上海古籍出版社,1985年。

[3] 焦南峰、马永嬴:《西汉帝陵无昭穆制度论》,《文博》1999年第5期。

康陵的双重陵园最为完整和清晰。

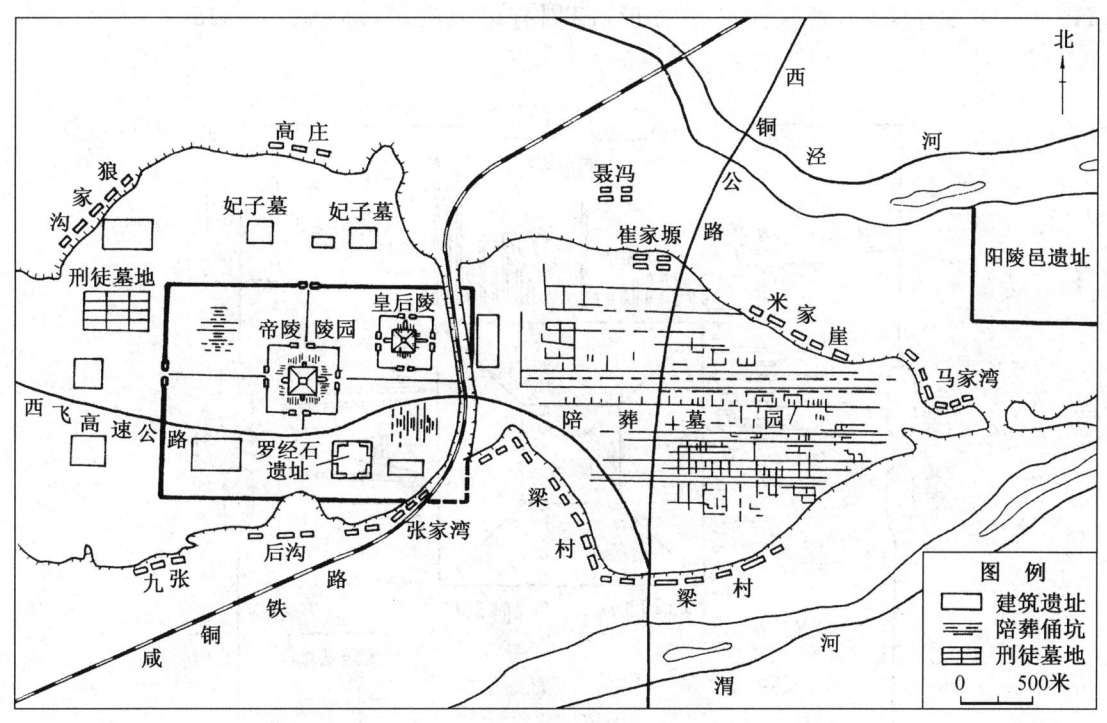

图 2-2 汉景帝阳陵陵区遗迹分布图

武帝茂陵的双重陵园，外围墙围成的陵园平面呈长方形，东西长 2 086 米、南北 1 393 米，夯土墙宽 2.5~3.5 米，墙外有围沟，沟宽 3~4 米，深 2.8~3.5 米，与墙相距 3.2~4 米。园略呈西南—东北方向。东、西两侧与武帝陵园东、西门对应处有门阙遗址，南、北相对处因遭破坏，情况不明。帝陵陵园位于茂陵园区中心偏南。

昭帝平陵陵园东西 2 097 米、南北 1 396 米，夯筑园墙，四面各有一门与位于中部偏南的帝陵陵园相对，北墙偏西又辟一门，共 5 门。东、西、北三门址外 60~80 米发现门阙建筑的台基。墙外距墙 3 米、60~80 米处各有一条围沟，即双重围沟。

哀帝义陵陵园平面呈东西向长方形，外垣墙东西 1 857 米、南北 1 540 米，墙体宽 3.5 米，墙基在今地面以下 0.5~1 米，残存高度为 0.4~0.8 米。帝陵陵园位于义陵园区西南部，义陵园区对应帝陵西、北墓道位置各设一门，东、南垣墙因破坏严重未发现门址遗迹。西门址有南北对称的三出门阙，通长 73.8 米、宽 9.5 米，门道宽 2.4~2.9 米。北门址通长 72.8 米，门道情形不详。垣墙外 16~34 米处有壕沟围绕，壕沟开口距地表 0.6~1 米，宽 2~4.4 米，深 2.5~2.8 米。

高祖和吕后合葬于长陵，共用一陵园，园呈长方形，南北 1 000 米、东西 900 米，封土靠陵园南部，一东一西，帝陵在西，后陵在东，大小约等。其余各陵陵园中，帝陵陵园基本为方形，边长在 400 米左右，封土居于陵园的正中。围墙四边正中各开一门，整个陵园以陵丘为中心呈"十"字对称布局。武帝帝陵四周的夯土垣墙边长约 430 米，四面底边距封土 80 余米，墙中段各有阙门，陵园四角有角阙建筑遗迹。位于今咸阳市渭城区正阳镇张家湾村北原上的阳陵,帝陵陵园边长 417.5～418 米,园墙宽 4～4.2 米,门道宽 15 米左右(图 2-3)。哀帝义陵,帝陵陵园呈方形,四周有垣墙围绕,垣墙边长 418 米,宽 2.3～6.6 米。

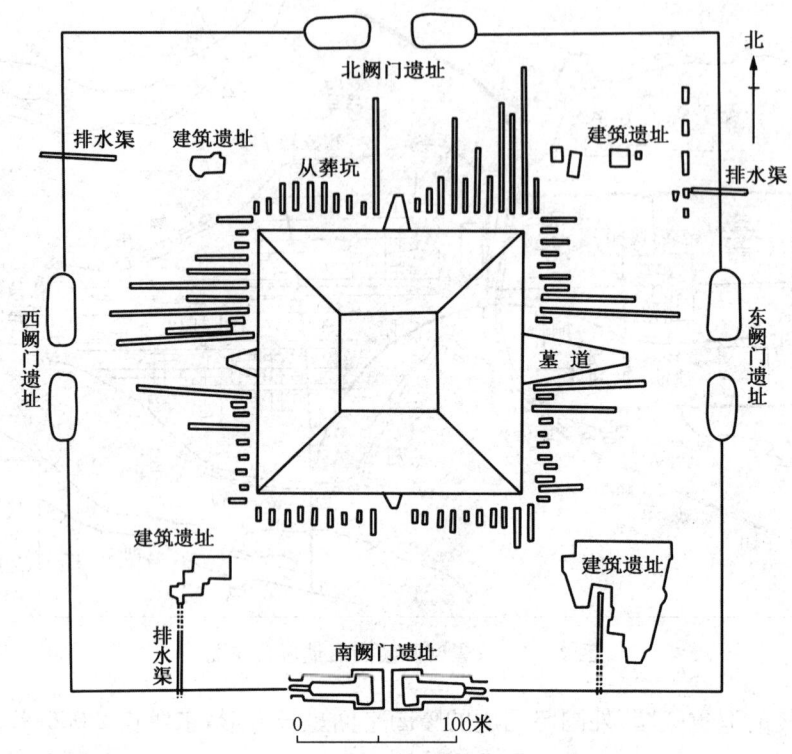

图 2-3　汉景帝阳陵帝陵陵园遗迹分布图

　　方形的帝陵园区四边中间多探出门阙遗址,门阙原为土木建筑,与围墙在一条直线上。武帝陵园除南门阙地面无存,其余三面均探出三出阙遗迹。1998 年,阳陵景帝陵园南门遗址探出一组三出门阙,阙址平面由大小依次递减的三个长方形组成,东西全长 134 米、南北宽 10.4～27.2 米,总面积 2 380 平方米,整个遗址布局规整,结构严谨,东西对称,平面布局与秦始皇帝陵园内外城东西门之间的阙大体一样。景帝陵南门阙有遭火焚毁的遗迹,遗址出土大量板瓦、筒瓦、瓦当等建材[1]。哀帝义陵帝陵陵园四个门址皆出现三出阙址。长陵未发现门阙遗址。

　　后陵同帝陵而略小,也发现门阙。位于义陵陵园东部中段的哀帝傅后陵园,垣墙长 179 米、宽 164 米,仅存与门址相连的部分。四面正中各设一门,东门址外侧有门阙三出,内侧一出;西门址北阙两出,南阙一出;南门址内侧两出;北门址为三出。这种不对称门阙在帝陵园中是没有的。

---

[1]　陕西省考古研究院:《汉阳陵帝陵园南门遗址发掘简报》,《考古与文物》2011 年第 5 期。

(三) 方形封土

汉帝陵都有高大的人工夯筑的覆斗形坟丘。汉陵以方形为贵,方形封土的做法影响到唐宋皇陵的形式,至明代才改为圆形,称为"宝顶"。汉陵封土一般高30米左右,底边长约150～200米。武帝陵最大,封土底边长240米,顶边长约40米,高48.5米。高祖陵为165米×145米,高30米,吕后陵为155米×130米,高32米,底边都近方形。哀帝陵封土呈覆斗形,底部四边长东161米、南172米、西166.4米、北173米,顶部边长东54米、南57.2米、西56.3米、北57.8米,现存高度29.7米,封土底部与围墙间的距离为115.5～126.7米。平帝康陵帝陵封土外形呈带二层台的截锥体状,底边长约220米,顶部边长约55米,现高36米,在距顶部4.5～6米处内收成二层台。

覆斗形坟丘在战国时期已见于诸侯王和贵族大墓,西汉帝陵、后陵除文帝霸陵外皆有覆斗形坟丘,这种形制在诸侯王墓中也较为流行。过去认为,文帝霸陵依山为陵,不另起坟丘。近年的调查表明,白鹿原上窦皇后陵西北800米左右的空地上的"江村大墓"应是汉文帝的霸陵[1]。该墓地表不见封土,北距过去认定的凤凰嘴"霸陵"约2公里,周围有陪葬坑多座,但无围墙,是汉陵中较特殊的一座。汉帝陵封丘高低皆有法度,《续汉书·礼仪志》刘昭注引《汉旧仪》:西汉诸帝陵墓"坟高十二丈,武帝坟高二十丈"。

(四)"亚"字形地宫

据1996～1998年对阳陵的钻探,帝陵带有四出墓道,有的墓道伸出封土范围,也就是说,西汉帝陵为带四出墓道的"亚"字形大墓。茂陵封土外东、西两面中部各发现一条墓道,东墓道封土以东部分长21米,宽8.2～16.7米,深6.8～12.2米。由于封土巨大,北、西两条在封土边之内30米探出。景帝陵四出墓道伸出封土范围,东墓道长69米,南墓道17米,西墓道21米,北墓道23米,东墓道最长、最宽。哀帝陵封土四侧中部探出四条墓道,伸出封土以外14～29米,宽4.1～7.5米。新确认的文帝陵(即江村大墓)也是"亚"字型大墓。从各陵墓道情况看,东墓道最长,应该是主墓道,高祖长陵帝陵和吕后陵的情况也是如此,这或许说明西汉帝陵是向东的,与秦始皇帝陵相同。

据《后汉书·刘盆子传》:"赤眉发掘诸陵……有玉匣殓者,率皆如生。"结合西汉诸侯王墓的情况推测,西汉帝陵为设有四出墓道的大型竖穴土坑木椁墓,有黄肠题凑,墓主着玉衣。

(五) 后陵居东

帝陵附近有后妃墓,除高帝和吕后同用一个陵园外,其余都各有自己单独的陵园,覆斗形封土,形制同帝陵而略小,与帝陵园同在一个大的陵园中。一般帝陵在西,后陵在东,为异坟合葬。如宣帝杜陵,帝陵在西,陵园呈方形,边长430米,封土边长175米,现高29米;王皇后陵在帝陵东面偏南,与帝陵相去175米,陵园边长330米,封土边长145米,现

---

[1] 杨武站、曹龙:《汉霸陵帝陵的墓葬形制探讨》,《考古》2015年第8期。

高 24 米。惠帝张皇后墓在安陵帝陵西，元帝王皇后墓在渭陵帝陵西北，武帝李夫人墓在茂陵帝陵西北，属例外情况，皆非常制，应另有原因。

平帝王皇后陵较为特别，为内、外两重陵园，横跨南北向长方形的康陵陵园的西外围墙。康陵陵园墙外有围沟，平帝陵园和王皇后陵共处于一围沟围成的区域内，围沟呈刀形（图 2-4）[1]。后陵外陵园边长 830 米，墙宽 3.5～5 米，共有 5 座阙门，除正对后陵四条墓道各有一处门阙，西墙北部正对帝陵东墓道处也有一门阙。内陵园南北 422 米、东西 316 米，墙宽 3.8～6 米，四面正中与墓道相对位置各有一门址，四角墙体向外加宽 4～7 米，可能是类似角阙建筑的基址。王皇后墓封土为覆斗形，底边约 80 米、顶边约 30 米，现高 11 米，四出墓道。平帝康陵的南北向陵园和帝后陵园的复杂布局应是西汉末年至新莽时期特殊历史背景下形成的特例[2]。

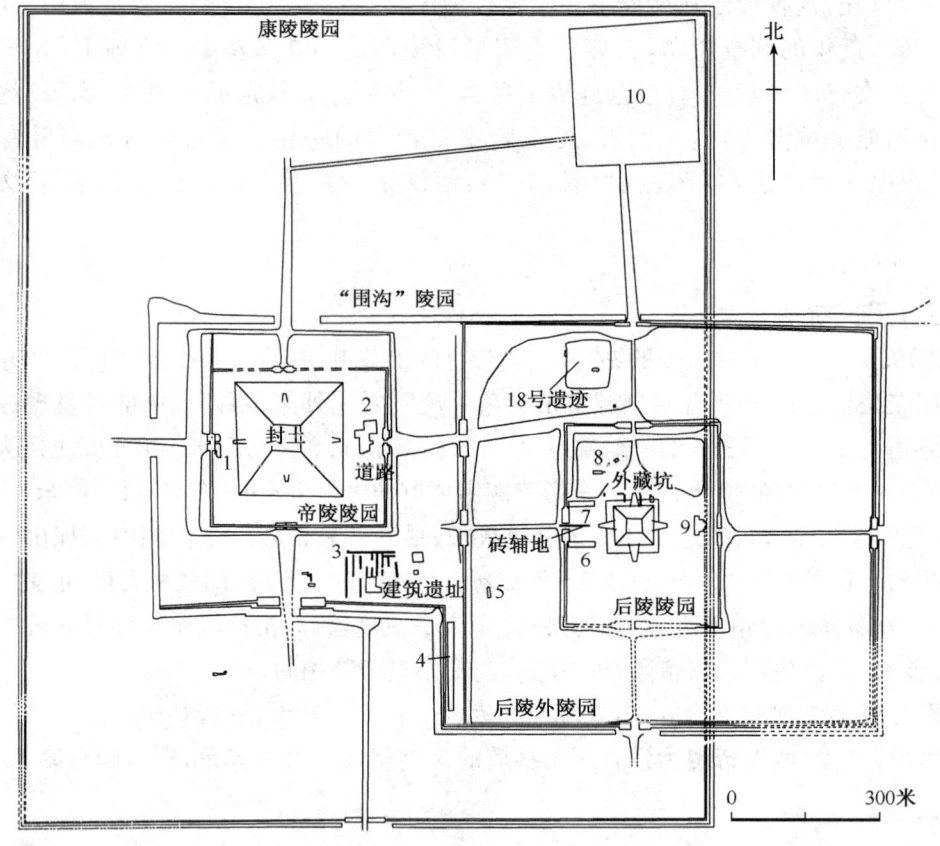

图 2-4 康陵陵园布局和遗迹分布图

---

[1] 陕西省考古研究院、咸阳市文物考古研究所：《汉平帝康陵考古调查、勘探简报》，《文物》2014 年第 6 期。
[2] 马永嬴：《汉平帝康陵布局试析》，《文物》2014 年第 6 期。

(六) 外藏坑

诸陵皆有埋藏各种人物俑和动物俑以及车马、生活用器（物）等的外藏坑（过去称从葬坑）。外藏坑分布于帝陵园内、封土以外和内外陵墙之间，后陵园内也有少量外藏坑。从分布和埋葬内容来看，它们应象征"婢妾""厨""厩"之属和"宫观及百官位次"，代表帝王生前的管理机构和服务设施。1990 年开始至 2006 年，已发现阳陵外藏坑 193 座，封土以外、陵园之内有 86 座，在四边墓道两侧基本平均分布，与墓道平行而垂直于封土底边，东侧 21 个（已发掘 K11～21）、西侧 20 个、南侧 19 个、北侧 21 个，其余 5 座分布在陵园东北部。各坑间距 4～7 米，坑宽 3.5 米左右，深 3 米，距今地表 7 米。阳陵帝陵陵园东南、西北 500 米的东、西两区各探出外藏坑 24 个。两区外藏坑大小相等，对称分布。1998 年对阳陵帝陵封土东侧的 11 座外藏坑进行了试掘，出土大量彩绘陶俑，其中 6 号坑北端 40 平方米范围内出 400 余个彩绘陶俑，另有铜镞、矛、铁剑等各式兵器及猪等动物俑群。15 号坑内发现了大量的牛、羊、猪、狗等陶俑和水稻、小麦、谷子等粮食，该坑内还出土有"导官令印"，表明这里象征专门为皇帝加工粮食的机构[1]。陵区南区 17 号外藏坑全长 37 米，发现 64 件着衣式铠甲武士俑和 2 辆彩绘木车，每个俑高约 62 厘米，左侧挎有一把铁剑。武士俑左手拥盾，右手执戟，身上的"军右太仓"印表明，这些武士属于管理粮库的军队（图 2-5）。在武士俑南边 20 多米长的范围内，用木板分割成 10 个大小不同的区间，每个区间内都装满了粮食，其中以谷子为主，基本上都已经炭化[2]。

图 2-5　汉景帝阳陵外藏坑出土陶俑
左：南区 K20 出土铠甲武士俑　右：南区 K17 出土陶俑

---

[1] 焦南峰：《汉阳陵从葬坑初探》，《文物》2006 年第 7 期。
[2] 陕西省考古研究所汉陵考古队：《汉景帝阳陵南区从葬坑发掘第一号简报》，《文物》1992 年第 4 期；《汉景帝阳陵南区从葬坑发掘第二号简报》，《文物》1994 年第 6 期。

茂陵外藏坑分布于帝陵陵园内外,2003年钻探到封土四周的63条,绝大多数一端伸入封土之下,一端伸出封土之外,只有少数几条独立于封土附近。最长者98.5米,最短仅3米,宽多为4米左右。244条外藏坑有规律地分布于帝陵陵园外的茂陵园区西、西南和东北三区,长度以120~170米为多,最长299米,最短16米。宽大多为2~3米[1]。以后勘探数量又有增加。目前所探测的到各陵的外藏坑数量如下[2]:

高祖长陵285座;惠帝安陵168座;文帝霸陵134座;景帝阳陵193座;武帝茂陵400座;昭帝平陵1288座;宣帝杜陵98座;元帝渭陵26座;成帝延陵20座;哀帝义陵17座;平帝康陵7座。

(七) 陪陵制度

汉沿秦制,有陪陵制度,陪葬墓一般在帝陵东边或东北边。长陵陵园东门外有70余冢,20世纪70年代调查尚有63座有封土,大小不一,有覆斗形、圆锥形、山形等,多为南北方阵排列,成组分布,应该经过严整规划。据记载,可能有萧何、曹参、王陵、张耳、纪信、张良、王氏和田氏家族等。茂陵陪葬墓集中于园东,有霍光、卫青、霍去病等名臣的墓20多座。茂陵附近120多座大中型墓,还包括园内东北角的8个中型墓,8座墓南北两列、东西4排,每排两座墓,布局整齐,应皆为陪葬性质。陪葬墓最少的是成帝延陵,只有1座。或认为帝陵是帝国在另一个世界的延伸,陪葬墓是另一种形式的分封制[3]。

(八) 寝庙制度

各陵区内均发现西汉建筑遗迹、遗物,估计与寝殿有关。汉制,寝殿设于陵园中,包括寝殿和便殿两组建筑,寝殿内陈"衣冠、几杖、象生之具",旁设便房(殿),以象"休息闲晏"之所,两处都是供奉皇帝生前所用衣冠并定时进行各种祭祀的场所。

茂陵陵区共探出建筑遗址14处,有夯土、砖铺地、卵石散水、柱础石及砖、瓦建材等。哀帝义陵发现6处建筑遗址,一号基址在帝陵园之南,与南垣墙相接,南北长332米、东西宽159米,可能为寝殿。二号位于帝陵园北侧东部,一号遗址的东侧,东西长94.6~98.2米、南北宽86米,可能为便殿[4]。

原高帝庙在长安城中,位于长乐宫西、武库南,惠帝时在长陵园外设高帝庙,自此诸陵都在园外附近设庙藏主,文帝霸陵有"顾成庙",景帝阳陵有"德阳宫(庙)",武帝茂陵有"龙渊庙",昭帝平陵有"徘徊庙",宣帝杜陵有"乐游庙",元帝渭陵有"长寿庙",成帝延陵有"阳池庙",都在各陵附近。这些庙均在西汉末年遭焚毁。阳陵内、帝陵园东南130米的"罗经石"遗址,建筑的形制布局与王莽九庙相似,可能就是景帝的德阳庙所在(图2-6)。

---

[1] 咸阳市文物考古研究所:《汉武帝茂陵钻探调查简报》,《考古与文物》2007年第6期。
[2] 陕西省考古研究院秦汉考古研究室:《2008~2017年陕西秦汉考古综述》,《考古与文物》2018年第6期;段清波:《外藏系统的兴衰与中央集权政体的确立》,《文物》2016年第8期。
[3] 马永赢:《秦汉之际的"功"、"德"思想与汉陵陪葬墓的兴起》,《考古与文物》2012年第4期。
[4] 陕西省考古研究院、咸阳市考古研究所:《汉哀帝义陵考古调查、勘探简报》,《考古与文物》2012年第5期。

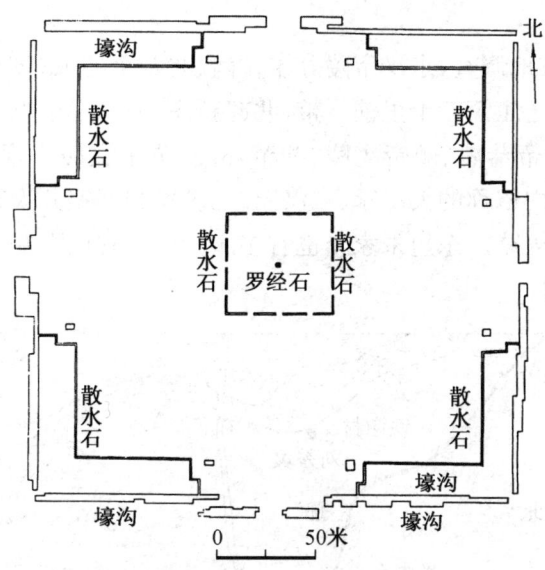

图 2-6　汉景帝阳陵"罗经石"遗址平面图

（九）陵邑制度

汉代继承秦始皇帝陵的陵邑制，在陵附近设陵邑，汉政府强迁部分地方豪强至陵邑中以实关中，使他们宗族亲党分离，削弱他们的地方势力，以达到强干弱枝的目的。据《汉书·陈汤传》，至元帝时方停止"徙民起邑"的做法。目前武帝茂陵、昭帝平陵、惠帝安陵、高祖长陵、景帝阳陵、文帝霸陵和宣帝杜陵等都在其附近发现陵邑遗迹。

陵邑平面呈长方形，夯筑围墙。长陵邑在长陵陵园以北，东西长1 100米，西墙长600米。安陵陵邑也在陵园以北，东墙曲折，北墙长1 600米。茂陵邑位于陵园以东的司马道北侧，西距茂陵陵园东墙370米，为西南—东北方向的长方形，东西1 813～1 844米，南北1 534～1 542米，四面围以宽2～5米、深2.5～3.2米的界沟，未发现墙垣遗迹。邑内发现纵横道路、数十个里坊，以及砖、瓦等遗物，东南部为烧陶作坊区[1]。

二、东汉帝陵

东汉以洛阳为都，东汉13帝除少帝刘辩葬处不明、献帝刘协的禅陵在焦作修武县方庄镇外，其余11个帝陵均在洛阳故都附近。现在陵区内虽有高大封土分布，但大都无法确指其具体的归属。根据实地调查勘探，结合文献记载，可知东汉的帝陵制度同西汉时期相比，发生了较大的变化[2]。

---

[1] 陕西省考古研究院等：《汉武帝茂陵考古调查、勘探简报》，《考古与文物》2011年第2期；刘卫鹏、岳起：《茂陵邑的探索》，《考古与文物》2008年第1期。
[2] 严辉：《邙山东汉帝陵地望的探索之路》，《中国文物报》2006年11月3日；洛阳市第二文物工作队：《洛阳邙山陵墓群的文物普查》，《文物》2007年第10期。

(一) 南北陵区

根据文献记载和实地调查,东汉帝陵分布在南、北两个兆域(图2-7)[1]。北兆域在邙山,位于孟津县东部送庄镇三十里铺一带,北起新庄,南到平乐以北洛孟公路一线,共有5个陵:光武帝原陵、安帝恭陵、顺帝宪陵、冲帝怀陵、灵帝文陵。现在陵区西部地面有5座独立大冢,即孟津境内俗称的大汉冢、二汉冢、三汉冢和刘家井大冢,它们大致成南北一线,四冢西侧还有一座玉冢。东边朱家仓也有多座大冢。它们在众多封土堆中十分显著,都是帝后陵规模的大墓。

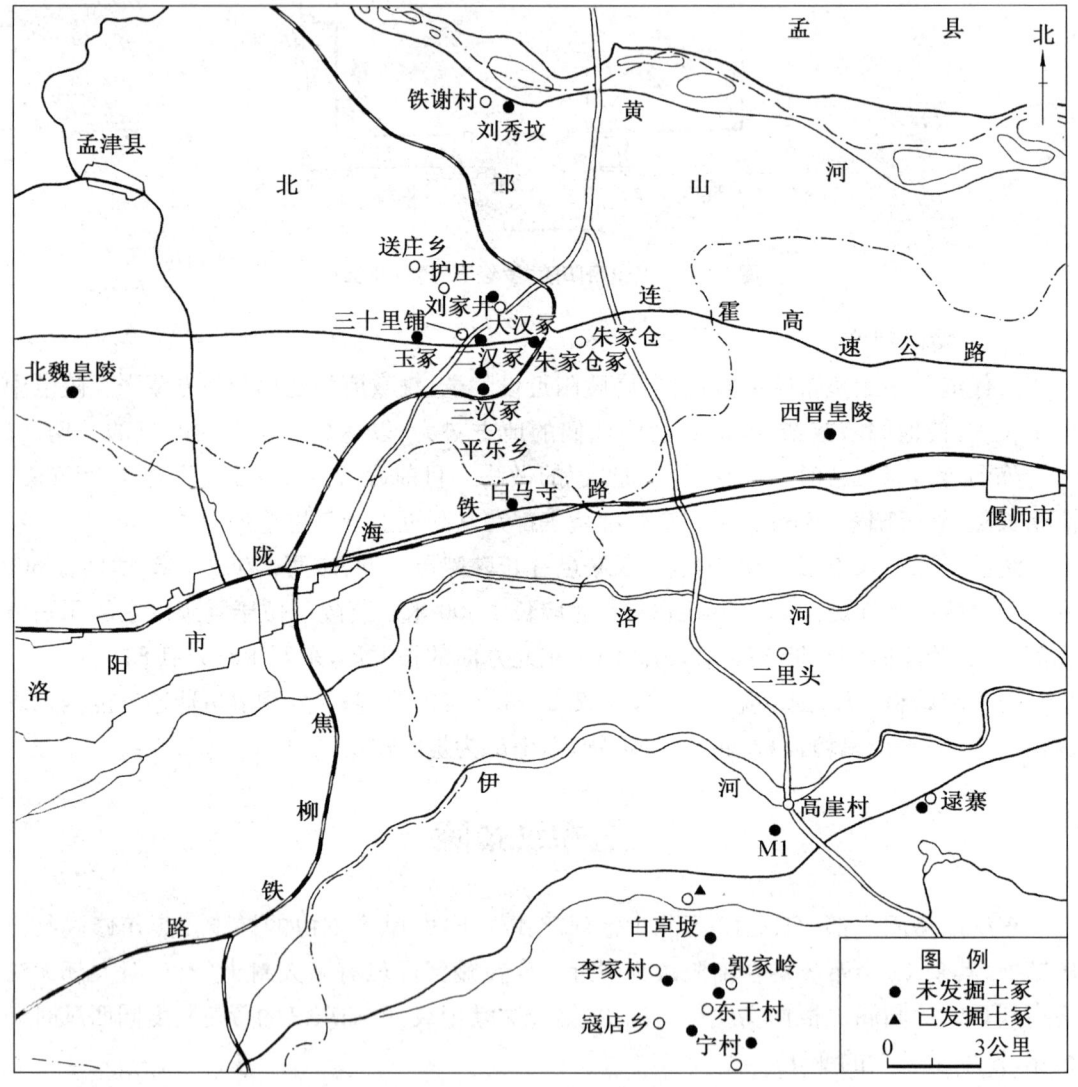

图 2-7 东汉帝陵分布图

---

[1] 韩国河:《东汉帝陵有关问题的探讨》,《考古与文物》2007年第5期。

孟津铁谢村西南过去传为"刘秀坟"的封土,现在已证实可能是北魏孝文帝所筑的方泽坛。过去有人认为,光武帝原陵当是新庄西南的刘家井大冢。孟津当地俗称大汉冢、二汉冢、三汉冢的三座大冢大致成南北一线分布,其中大汉冢是邙山陵区内最大的东汉帝陵级封土墓冢。经考古调查和钻探,初步认定大汉冢可能为光武帝的原陵,其东北方向发现约 20 万平方米的建筑群遗址,应与陵庙有关。孟津县平乐镇朱仓村西的 M722 可能为顺帝宪陵,而 M707 可能与冲帝怀陵有关。

南兆域在洛河以南偃师县境南大口和高龙乡一带,有 6 个陵:明帝显节陵、和帝慎陵、章帝敬陵、殇帝康陵、质帝静陵、桓帝宣陵。现在地表有多座大型封土堆。

偃师高崖村大墓(M1)可能与质帝静陵或桓帝宣陵有关[1]。偃师庞庄镇白草坡村发现一座大墓,原封土已被夷平,发现大型陵园遗址,时代约当东汉中晚期。

(二) 圆形封土

自刘秀原陵开始,变西汉时期的覆斗形坟丘为平面圆形、外观呈馒头形的低矮封土。这是东汉一朝改方坟为圆坟的做法,隋唐时帝陵的封土复变为覆斗形。

孟津大汉冢和偃师高崖村大墓等的钻探情况,证实封土底面都是圆形的。大汉冢、二汉冢、三汉冢、刘家井大冢、玉冢现存封土的底径分别为 130 米、118 米、70 米、114 米、94 米,均为圆形矮丘状,高 20 余米。孟津县平乐镇朱仓村西 M722 地面以下的原始封土直径为 136 米,是目前所知最大的。白草坡大墓原始封土底径为 125 米。这些封土的底部都遭到不同程度的破坏,原始尺寸应比目前所见到的大。东汉帝陵的规模要比西汉帝陵小得多。光武临终遗诏,效仿孝文皇帝制度,"务从约省","无为山陵,陂池裁令流水而已"[2]。

(三) 砖(石)筑墓室

根据调查勘探,东汉帝陵一改有四条羡道的竖穴木椁墓为一条或两条墓道的"甲"字形砖(石)墓,或以黄肠石仿黄肠题凑形式构筑墓室。孟津刘家井所得 2 块黄肠石上有刻铭"建宁五年二月省掾刘宫主""熹平六年二月,省掾慎主"。这些黄肠石都应是墓内之物。

东汉帝陵墓葬一般为长斜坡墓道的"甲"字形明券砖室墓,墓道为南向,长 50 米,宽 9 米以上,且以多级台阶内收,墓室方形带回廊。南兆域高崖村质帝静陵,经钻探确认是一座带一条南北向墓道的砖(石)墓[3]。2010 年确认的北兆域 M722、M707 都是坐北朝南[4],一改西汉帝陵坐西朝东、以东墓道为主道的布局[5]。

---

[1] 郑州大学历史学院考古系、洛阳市第二文物工作队等:《偃师市高崖村东汉墓(陵)冢钻探、试掘简报》,《中原文物》2006 年第 3 期。
[2] [南朝宋]范晔:《后汉书》卷一《光武帝纪》,卷四《光武十王列传》,北京:中华书局,1965 年。
[3] 郑州大学历史学院考古系等:《洛阳市高崖村东汉墓(陵)冢钻探、试掘简报》,《中原文物》2006 年第 1 期。
[4] 史家珍、严辉:《洛阳邙山陵墓群考古新发现——连霍高速改扩建发掘东汉帝陵陵园遗址和曹魏贵族墓》,《中国文物报》2010 年 9 月 10 日。
[5] 丁岩:《先秦两汉帝陵墓向问题初探》,《华夏考古》2014 年第 1 期。

(四) 合葬与陪葬

西汉帝、后陵同茔异坟，两坟相距较远。东汉帝、后同穴而葬，与砖室墓方便分室有一定的关系。在北兆域邙山陵区 5 座大冢的北侧和西侧分布一些零星小冢，从钻探情况分析，规格较高，墓葬形制也属东汉时期，应为后妃墓。各陵都有陪葬墓，邙山陵区东部有较多的墓冢分布，封土直径一般在 50 米以下，为陪葬墓群。而西汉帝陵封土内外复杂的外藏系统，东汉时期已不再使用，大量随葬器物放置于耳室或侧室之中。

(五) 陵园和寝殿

过去由于调查未发现陵墙的遗迹，一般认为从明帝开始不筑陵园围墙，采纳文献中以拦阻人马通行的木制"行马"为陵园界限的说法。现在经多年钻探发掘，各大封土周围基本都发现了围墙和建筑的遗迹。孟津朱仓 M722 周围发现四面墙垣，边长 420 米，墙宽 2.8 米，墙外发现壕沟。封土位于陵园西部，陵园内东部、南部有夯土基址多处。封土东侧大型的建筑基址上有序地分布柱础、排水沟和散水等，可能与寝殿、便殿之类有关。M707 封土东侧亦有大型建筑基址。偃师白草坡发现大型陵园遗址。东汉陵园采用内外陵园制度。内陵园以帝后合葬墓为中心，周边有周垣或道路环绕。封土北侧或东北侧集中分布大型建筑基址。外陵园以大面积夯土建筑基址为主，集中分布在内陵园的东北侧。M722 的外陵园只发现夯土基槽，未见夯土墙。

(六) 不设庙、邑

自明帝时开始，废止一帝一庙的制度，把历代神主汇集到一个祖庙之中，实行同堂异室的供奉办法，从此陵寝和陵庙制度都发生了重大变化。光武帝原陵有庙（原庙），《后汉书·志·祭祀下》载："明帝临终遗诏，遵俭无起寝庙，藏主于世祖庙更衣。孝章即位，不敢违，以更衣有小别，上尊号曰显宗庙，间祠于更衣，四时合祭于世祖庙。"章帝即位，未有更改，只是将原庙中明帝藏主之殿尊号为"显宗庙"。东汉帝陵亦不再设陵邑。

第三节　诸侯王和列侯大墓

早在楚汉战争中，刘邦为了打败项羽，曾分封了韩信、英布、彭越等重要将领为王。汉初，被封的异姓王有七个。此外，还封了功臣萧何等一百四十多人为列侯。从公元前 202 年到公元前 195 年，汉高祖借谋反的罪名，翦除韩信、彭越、英布、臧荼等异姓王，又陆续分封了九个刘姓子弟为王，以代替异姓王。景帝时平定七国之乱后对诸侯国多有限制，如将职官任命权、军事指挥权收归中央等。元鼎五年（公元前 112 年），汉武帝以诸侯王所献助祭的"酎金"成色不好或斤两不足为借口，夺爵、削地 106 人，占当时列侯的半数[1]。至此，王、侯二等封爵制度虽然还存在，但所封王、侯只能"衣食租税"，不得过问封国政事，封

---

[1]《史记·平准书》："至酎，少府省金，而列侯从酎金失侯者百余人。"

土而不治民。通过这些措施,中央基本上结束了汉初以来诸侯王割据的局面,中央政权对地方的控制加强。同时铸币权也收归中央,不许郡国铸钱,专由上林三官铸,诸侯国的经济实力也大受影响,墓葬规模也无法与汉初相比。

诸侯王、列侯墓,都有边长 10 米以上的竖穴土圹,多重棺椁,或黄肠题凑,或石室墓、砖室墓、崖洞墓,葬品丰富,有车马、铜漆礼器、日用器及大批陶器、玉石器、木器等,有的有玉衣。目前已发掘的能够确认的汉代诸侯王墓,西汉有 43 处 84 座,东汉 18 座,列侯大墓数量更多。它们所反映是汉代社会上层的丧葬制度,是除帝陵以外的墓葬类型中最高和最完善的层次。木椁墓主要流行于西汉,东汉时期诸侯王、列侯大墓不见木椁墓。两汉诸侯王和列侯大墓一般都有规格不等的墓园,夯土园墙,园内有寝堂类建筑的遗迹。

一、木椁墓

木椁墓继承了商周以来的传统,在长方形竖穴土坑内用木板搭筑椁室,一般有斜坡式或阶梯式墓道,多重棺椁。汉代早已没有先秦天子七重、诸侯五重的棺椁制度的严格限制,诸侯王和列侯墓多 3~7 重棺椁。南方地区木椁墓多见 3~4 个椁箱,椁一般不再分层,随葬鼎、盒、壶等成套铜、漆礼器组合。湖南长沙马王堆汉墓[1]和广西贵港罗泊湾汉墓[2]是列侯级木椁墓中两个典型的地方类型,两处汉墓时代皆为西汉早期。

(一) 章丘洛庄汉墓

山东济南章丘洛庄汉墓西距东平陵故城 6 公里,地面有高大的覆斗形封土堆,原封土面积 4 万多平方米,高近 20 米。探明墓圹平面呈"中"字形,有东、西两条墓道,东墓道长 100 米,西墓道长 40 余米。东墓道两侧有排列整齐的柱洞。墓室南北长 35 米,东西 37 米,面积 1 295 平方米,深约 20 米,是目前发现的汉代诸侯王土坑墓中最大的一座。

主墓室尚未发掘。在墓圹周围发现陪葬坑和祭祀坑 37 座,它们在开挖于墓葬开口地表和封土中的不同层位,共分三层(图 2-8)。各坑平面均呈"凸"字形,宽度 3 米左右,长 13~25.9 米,结构呈坑道式,坑深 2 米左右,向外凸出的部分为入口。根据出土情况,这些坑可分为仪仗木俑坑、出行车马坑、兵器坑、饮食庖厨坑、乐器坑、祭祀牛坑、马坑及小型祭祀坑等,是目前所发现的 80 余座汉代诸侯王陵中陪葬坑和祭祀坑最多的一座。

34 号坑出土羊、兔、猪、狗等各类动物的完整骨架 110 具;35 号坑出土陶瓮 2 个、陶壶 9 个,以及鸡、鱼、羊骨等,还出土一枚"吕大官丞"封泥;9 号陪葬坑出土 90 余件铜器,半数有铭文,其中仅鼎就有 30 余件,出土 40 件纯金马饰,总重 600 余克,是发现汉代金马具最多的一次;11 号坑发现 3 辆实用马车,3 车均驾四马,车马具大多为鎏金铜器,达 1 500 余件,为研究秦汉马车制度提供了难得的资料(图 2-9)。14 号坑是一个乐器坑,通长 22 米,宽 4 米,深 2.8 米,出土编钟一套 19 件,其中甬钟 5 件,钮钟 14 件稍小,原分为上下两

---

[1] 湖南省博物馆等:《长沙马王堆一号汉墓》,北京:文物出版社,1973 年。
[2] 广西壮族自治区博物馆:《广西贵县罗泊湾汉墓》,北京:文物出版社,1988 年。

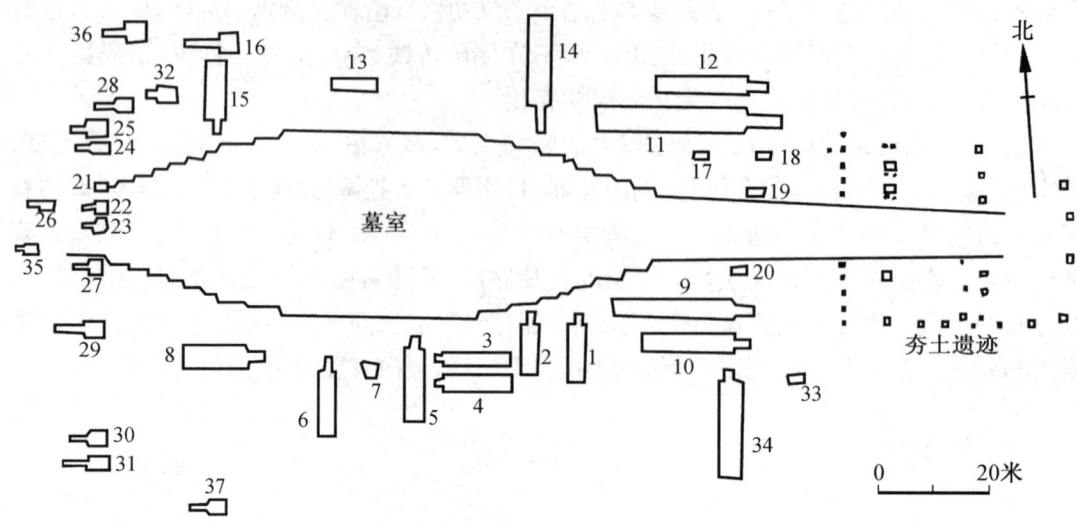

图 2-8 洛庄汉墓陪葬坑分布图

排挂在钟架上;编磬六套 107 件,数量比目前全国汉代考古发现的编磬的总和还多,且保存完好。其中一件石磬上刻了一清晰的"最",而该磬不是最大,有可能是调音的记号。发现錞于 1 件、建鼓 1 面、悬鼓 2 面、瑟 7 件等各种乐器。

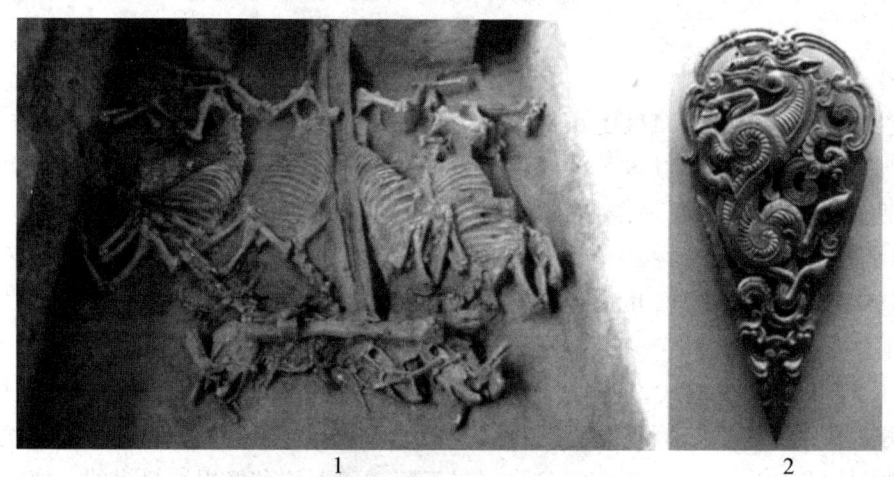

图 2-9 洛庄汉墓陪葬坑及出土器物
1. 11 号车马坑;2. 9 号坑出土鎏金当卢

有 4 个坑出土了 30 余枚"吕"字开头的封泥,有"吕内史印""吕大官丞""吕大行印"和"吕大官印"四种。据考,墓主是西汉初期被吕后分封到济南为王、以东平陵城为都的吕国第一任国君吕台,下葬年代应在高后二年(公元前 186 年)或稍后[1]。

---

[1] 济南市考古研究所等:《山东章丘市洛庄汉墓陪葬坑的清理》,《考古》2004 年第 8 期。

(二) 长沙马王堆汉墓

马王堆三座汉墓位于长沙市东郊五里牌,1971~1973年发掘。一号墓、二号墓都有高大的封土堆,东西并列相连(M1在东),形似马鞍,当地称为"马鞍堆"。三号墓在一号墓之南,墓道被一号墓打破。

一号墓为长方形竖穴墓,墓口南北19.5米、东西17.8米,墓圹深16米,从封土顶到墓底20米,墓道向南。从墓口向下有四级阶梯内收,墓底南北7.6米、东西6.7米。墓内一椁四棺,棺室居中,周围椁室分隔成头箱、足箱和左右边箱,是典型的间切形椁室(井椁)。椁室用厚重的松木板构筑,内置四重套棺(图2-10)。套棺用梓属木料制作,内壁均髹朱漆,外表则各不相同。外层为黑漆素棺,长2.95米,宽1.5米,高1.44米。第二层为黑地彩绘棺,在黑漆地上绘有仙人、鸟兽以及飞腾出没于云气间的云虡纹,构成神秘而生动的画面。第三层为朱地彩绘棺,色彩更加绚丽,棺盖板上绘二龙二虎相斗的图像,头挡、足挡分别绘高山奔鹿及双龙穿璧,左侧面也是以龙、虎为主的题材,右侧为勾云纹。第四层是殓尸的锦饰内棺,盖棺后先横加两道帛束,再满贴羽毛贴花锦。

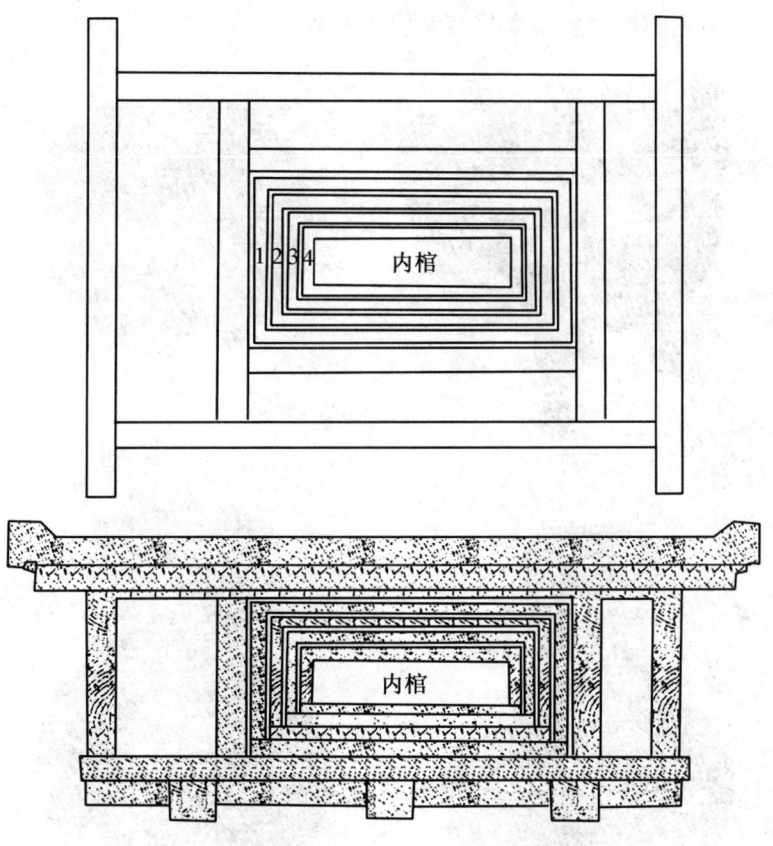

图2-10 马王堆汉墓棺椁平、剖面图

一号墓的底部铺垫15厘米厚的白膏泥,然后再筑椁室。棺椁上部及四周填塞厚40~50厘米的木炭5 000多千克,木炭外再填白膏泥1~1.3米。深埋和填塞木炭的做法保证了墓中葬品和尸体的完整。

死者为一中老年女性,死时约50岁。女尸身着丝质锦袍和麻布单衣,足登青丝履,面盖酱色锦帕,并且用丝带将两臂和两脚绑缚起来,再用20层锦衾、衣着和丝麻织物严密包裹,最后用九道丝带捆扎,出土时半浸于约80升的棕黄色棺液中。尸身长1.54米,保存体重34.3千克,体形完整,全身润泽,皮肤覆盖完好,大部分毛发尚存,指、趾纹路清晰,部分关节可以弯动,软组织尚有弹性。

该墓出土随葬品1 000余件,分类放置于四个椁箱中。主要有:① 大量衣物和丝麻织品,其中有46件单幅衣料置于两个竹笥中。丝织物中的素纱禅衣和绒圈锦代表了汉代最高的丝织水平。② 食品,有粮食和各种菜肴。③ 植物类药材,装在竹笥中。④ 漆器,有鼎、盒、壶、钫、耳杯等大量精美器物(图2-11),彩绘漆器共有184件,大部分保存完好,色泽如新。⑤ 其他,如大量木俑、乐器、梳妆用品(具)、泥半两、陶器和生活用品(具)。墓中还出土遣策竹简312支,记录了随葬品的名称和数量,与实际出土情况基本相符。锦饰内棺盖上覆有"T"形彩绘帛画,帛画上描绘了天上、人间和地下三界图景,上有墓主人的形象,遣策称"非衣",应即铭旌之类,为出殡时张举的旌幡,入葬后覆在棺上(图2-12)。马王堆三号墓和山东临沂金雀山九号墓等也有发现。

图2-11 马王堆一号汉墓出土漆器

图 2-12 马王堆一号汉墓内棺盖上的帛画

三号墓在一号墓之南,两座墓棺椁保存得都相当完整,结构也大体一致。三号墓现存封土高 7.8 米,埋葬较浅,椁外填充的木炭仅厚 15～30 厘米,白膏泥厚 60～70 厘米,只有一号墓的一半,棺椁和器物保存状况较差。填土中发现一件木柄铁锸,全长 139.5 厘米,锸身扁平,上刻"五"字形,铁套刃呈"凹"形。墓道内靠近墓圹处,东西各有一草泥偶人,因墓道被一号墓打破,西侧的偶人被破坏了左臂,头不存。出土遗物 100 余件,有竹木弓、弩和角质的矢、箙、剑、矛等兵器 38 件,漆器 316 件,木俑 104 件,桃枝粗雕小俑 2 件。有 27 幅衣料置于四个竹笥中,完整者 23 件。据遣策所记:"右方车十乘,马五十四,附马二匹,骑九十八匹,辎车一两,牛车十两,牛十一,竖十一人。"还有"襌衣""复衣"等。该墓所出帛画和帛书是最重要的发现,其中帛画 4 幅,包括内棺上盖上的"T"形帛画 1 幅、棺室东西两壁各张挂 1 幅、东边箱 57 号漆奁内 1 幅。有车马仪仗图,上有人物上百、马匹数百和车数十辆;导引图,上有动作各异的人物 44 个。帛书内容为《老子》《战国纵横家书》《七十二病方》等,共计 12 万字。

二号墓封土高 6 米,椭圆形墓圹,坑口长径 11.23 米、短径 8.9 米,坑底长径 10.35 米、短径 7.9 米。墓道在北侧,斜坡墓道东西放置两个偶人,用木块和草绳制作,外敷草泥、跪坐,头插鹿角,高分别为 1.18 米、1.05 米。棺椁、葬品保存得不好。出土漆器约 200 件,其中耳杯约 100 件,盘 70 余件,以布胎为主。陶器残破,按耳、足统计,有九鼎。出土泥半两、泥金饼和泥丸等。

马王堆汉墓是西汉初期吴氏长沙国丞相、轪侯利仓的家族墓地。M2 出土了"轪侯之印""长沙丞相"铜印和"利苍"玉印。据《汉书·高惠高后文功臣表》"轪侯"条记,第一代轪侯、长沙丞相的名字是"黎朱苍",《史记·惠景间侯者年表》称为"利苍"。该墓的墓主即卒于汉惠帝二年(公元前193年)的第一代轪侯利苍。M1出土"妾辛追"印章,墓主应是轪侯利苍的夫人。

三号墓墓主的身份有两种意见,一种认为是第二代轪侯利豨的兄弟;另一种认为应是第二代轪侯利豨,漆器有"轪侯家丞""轪侯家"铭文,墓中出土了一件有"十二年十二月乙巳朔戊辰"字样的木牍,学界认为纪年应是汉文帝十二年(公元前168年),即利豨卒年。《史记》记载第二代轪侯利豨死于汉文帝十五年,两者相差3年,可以修正传世文献中的错误。后来又发现了一枚带"利豨"字样的残封泥,使第二种意见得到确认[1]。

马王堆汉墓是旧楚国地域上的西汉初期墓,仍保留较多楚制。

(三) 南昌海昏侯墓

海昏侯墓位于南昌市新建区大塘坪乡观西村墩墩山上,南距南昌市区约60公里,2011~2016年发掘,揭示出包含海昏侯主墓及其祔葬墓、车马坑和礼制建筑遗址在内的大型墓园[2]。

墓园呈梯形,东西长、南北短,夯筑墙体,周长868米,面积4.6万平方米。东墙和北墙各发现门址一座,门外皆有门阙类建筑遗址,门内亦有房屋建筑遗迹。园内有主墓2座、祔葬墓7座、车马坑1座(图2-13)。

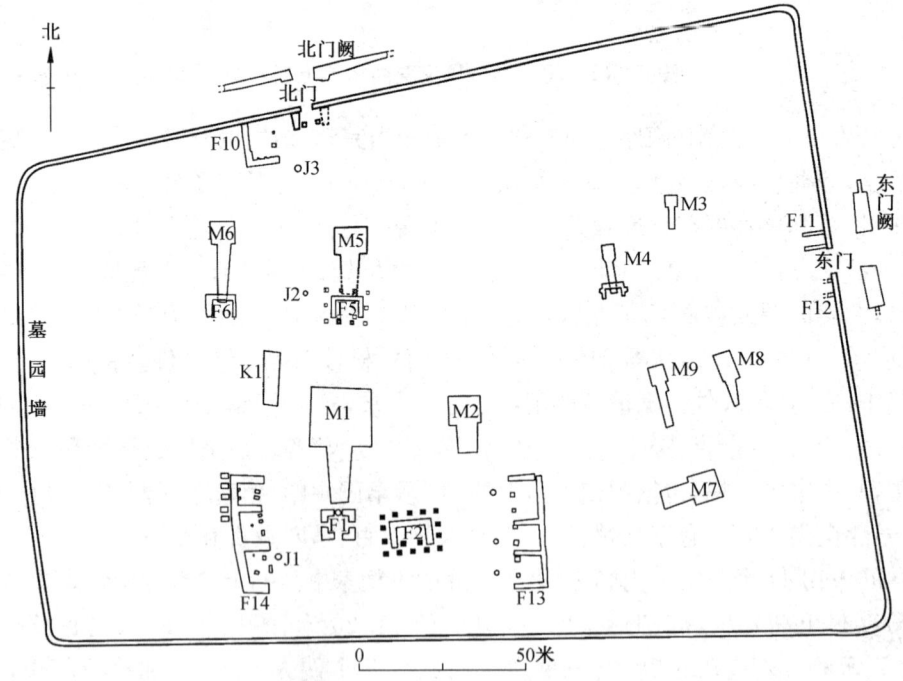

图2-13 海昏侯墓园遗迹分布图

---

[1] 傅举有:《汉代列侯的家吏——兼谈马王堆三墓墓主》,《文物》1999年第1期;陈松长:《马王堆三号墓主的再认识》,《文物》2003年第8期。

[2] 江西省文物考古研究所、南昌市博物馆等:《南昌市西汉海昏侯墓》,《考古》2016年第7期。

两座主墓 M1、M2 位于墩墩山山顶之上,东西并列。M1 是墓园中规模最大的一座墓,发掘前地面封土呈覆斗形,高约 7 米。封土下有大型的方形夯筑基座,M2 与 M1 共用一基座。M1 墓道朝南,平面呈"甲"字形,近方形墓圹,墓口边长 17 米,深约 8 米。墓内中央为主椁室,主椁室外有一周宽 0.7 米的过道。过道外围,前方(即墓道口方向)有甬道。甬道两边为东、西车马库;后方(北边)和东、西两边构成回廊形藏椁(椁箱)。中央主椁室东西长 7.4 米,南北宽 7 米,高出周围藏椁约 0.6 米。主椁室由木板分隔为东、西两室,木板墙中间留门道连通两室,主棺置于东室东北角(图 2-14、2-15)。双重套棺,棺盖相对完整,皆有漆画痕迹。外棺盖上置 3 把玉具剑,内棺盖上有丝织品痕迹。内外棺之间放置大量金器、玉器和漆器。墓主人遗骸头南足北,头部有镶玉漆面罩覆盖,腰部有玉具剑和"刘贺"玉印 1 枚。遗骸下有包金丝缕琉璃席,席下等距离排有 20 组金饼,每组 5 枚。

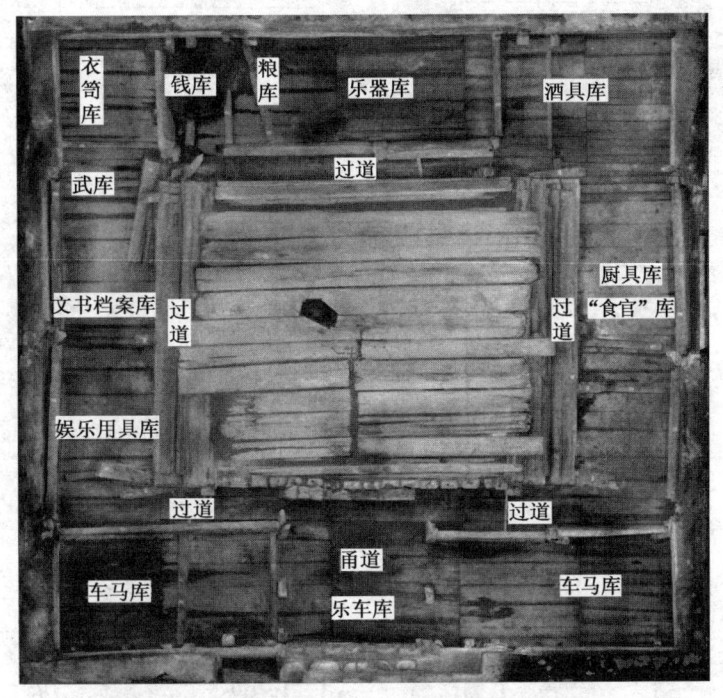

图 2-14　海昏侯墓 M1 椁室布局(正射影像)

各单元空间分类放置随葬品。甬道为乐车库,北藏椁自西向东为钱库、粮库、乐器库、酒具库,西藏椁从北向南为衣笥库、武库、文书档案库、娱乐用具库,东藏椁为厨具库。目前已清理随葬物品 1 万余件(套),其中青铜器 3 000 余件(套),有日用蒸煮器、锅、壶、鼎、提梁樽、提梁卣、缶、镶壶、釜、博山炉、灯、席镇、滴漏、权、杵、臼和勺等,乐器编钟、錞于、铙等,兵器戈、矛、剑等以及车马器、印章、铜钱等等。青铜器刻铭中常见"昌邑"字样。漆木竹器约 3 000 件,有耳杯、盘、奁、笥、樽、盒、几案、托盘、床榻、围棋盘等。另有玉器璧、环、舞人、带钩等 500 余件(套),陶罐、陶壶、青瓷罐、青瓷壶等陶瓷器约 500 件,金饼、马蹄金、麟趾金、金版等 478 件约 115 公斤,约 200 版木牍和 5 000 枚竹简是该墓重要的出土文献,包含遣策、奏牍、《论语》《易经》《孝经》《医书》等。主棺内出土的"刘贺"玉印证明墓主

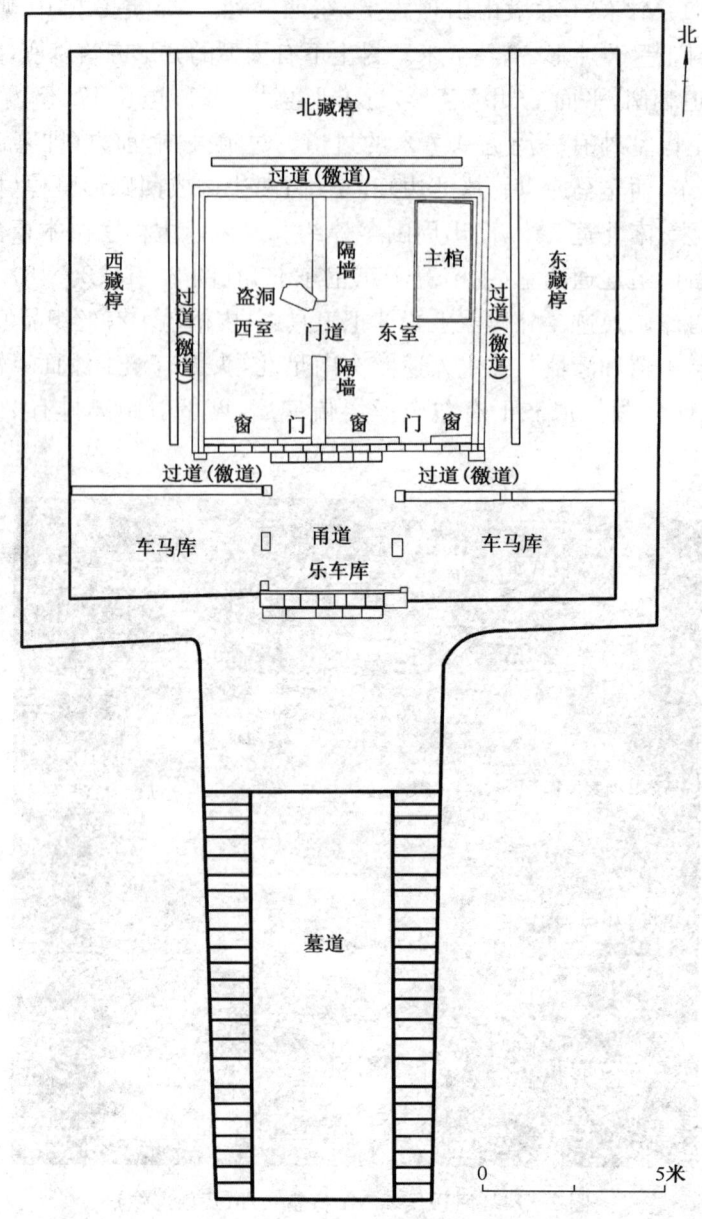

图 2-15　海昏侯墓 M1 平面图

人就是海昏侯刘贺。

一号墓之东的二号墓是海昏侯夫人之墓，两墓共用一封土基座，共用墓前的礼制建筑。高台礼制建筑由东、西对称布局的厢房（F13、F14）和厢房之间的 F1 和 F2 组成，东西长约 100 米、南北宽约 40 米。墓园中的 7 座祔葬墓分布于两座主墓的北边和东边，除七号墓墓道朝西外，其余皆向南，与 M1、M2 方向一致。

海昏侯墓园再现了西汉列侯墓制，但由于刘贺的特殊经历，它所反映的墓地布局不一定具有普遍意义。

(四) 罗泊湾汉墓

广西贵港市罗泊湾两座汉墓[1]位于该市城东 5 公里郁江南岸的罗泊湾村。M1 封土经层层夯筑而成，底径 60 米。墓道位于墓圹南侧，斜坡状，长 41.5 米。墓道以东 22.7 米处有一陪葬坑，出铜车马器 30 多件，有漆皮板灰，车轮印痕，应为车马坑（图 2-16）。

椁室平面呈"凸"字形，南北长 12.7 米，前宽 5.1 米，后宽 8 米，椁室由盖板、壁板、底板以榫卯扣合，底和盖各用 28 根大杉木横铺，东、西、北三面也用杉木垒砌。椁室用木板隔成前、中、后三室，前、中室又分别隔成 3 个椁箱。中室中部有 1 具木棺，中空。东边箱堆积大量木炭，西边箱出木牍、漆皮、果核和植物种子等。木牍长 38 厘米、宽 5.7 厘米，正面文字五栏，背面文字三栏，为"从器志"（遣册），记有物品 70 多种，为随葬品清单的一部分。后室隔成前后两排 6 个椁箱（室），前排中间一室为主棺所在。主棺为双层套棺，棺内已空无一物。东椁箱有棺 1 具（中空），棺外有木梳篦 10 件、木尺 1 件、玉璧 2 件。前部西边箱出楚式四山纹铜镜、木瑟。后室后排为 3 个头箱，出铜镞、木鼓、六博棋盘和大量耳杯、漆盘等。

椁室底板下有 7 个陪葬坑，每坑 1 棺 1 人，计圆棺 4 具，方棺 3 具。陪葬者 1 男 6 女，年龄为 13~26 岁，衣文绣，穿鞋袜，当为近幸、乐伎或侍从。陪棺北端有东、西两个器物坑，出土羊角钮钟、九枝灯等青铜器和大、小两面铜鼓。

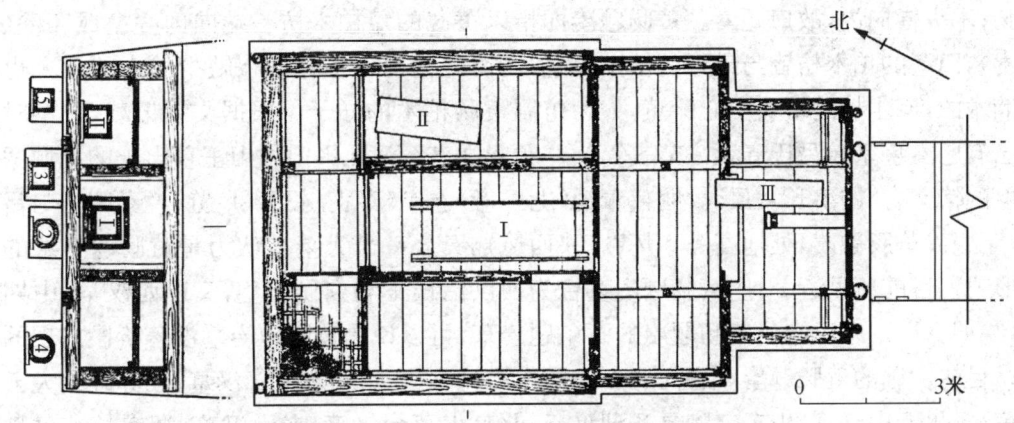

图 2-16　贵港罗泊湾一号汉墓平、剖面图

从椁室出土的"从器志"木牍来看，随葬器物应十分丰富，由于该墓早年被盗，椁板以上部分随葬器发现较少，只有下层殉葬坑和器物坑相对完整。出土陶器有盒、三足盒、罐、三足罐、瓿、釜、纺轮、珠等八种 50 件。铜器 192 件，车马器出土于车马坑，兵器出土于椁室，其余乐器、食器等出土于器物坑中，除前述铜鼓、钟、灯外，还有锣 1 件、直筒形钟 2 件、桶 4 件、鼎 6 件、钫、壶、蒜头扁壶、鐎壶、提梁漆绘筒、钵、铜各 1 件，三足案 2 件、盘 4 件、漆绘盆 6 件、匜 3 件、勺 4 件、镜 2 件、带钩 7 件等。另有玉、金、银、竹、木、玛瑙、琉璃等器物及丝麻织品和植物种、实。鼎分为盘口平底细长足的越式鼎和圆腹短足的中原式鼎两

---

[1] 广西壮族自治区博物馆：《广西贵县罗泊湾汉墓》，北京：文物出版社，1988 年。

种,钫、壶等也是中原地区常见的器形,铜鼓、直腹带耳桶和漆绘铜器都是具有岭南地区文化特色的器物。

该墓结构特殊,椁室前、中、后的分割同马王堆汉墓的间切形椁有很大不同,椁板以下设陪葬坑和器物坑的做法也属岭南地区的地方葬俗。推测墓主应为某代西瓯君或骆越人的上层人物。

罗泊湾 M2 与 M1 相距 500 米,规模略小。夯筑封土的底径 42 米,斜坡墓道长 11.3 米,墓道下口高出墓坑底 28 厘米。椁室四周有白膏泥、青膏泥。椁室分前、后两室,前、后室间有门,前室置车马器,后室又分为棺室、头箱、足箱和东西边箱。据漆皮推断,当有两套棺具。出土器物有陶罐、五联罐、三足罐、三足盒、木俑、铜鼎、铜壶、铜桶、铜鼎、弩机、木炭、植物种子等,头箱中出土一方"夫人"玉质印章。在后室底板下有一殉葬坑,死者 20 多岁,性别不明,随葬漆奁、漆耳杯。M2 墓主为女性,38~40 岁,当为 M1 主人之妻。

二、黄肠题凑墓

黄肠题凑墓是木椁墓中的特殊形式,它比普通木椁墓的规格高,结构复杂,墓主是诸侯王或列侯级的高级贵族[1]。《汉书·霍光传》注引苏林曰:"以柏木黄心致累棺外,故曰黄肠;木头皆向内,故曰题凑。"黄肠题凑即指以黄芯的短柏木枋一端向内叠垒成四壁(即题凑),四壁的柏木枋皆与最近的棺壁垂直,题凑之内另有木椁。在缺少柏木的地方也有用楠木的,楠木枋的端头中心涂黄,人为仿制黄肠柏木的样子。根据文献记载,先秦时期即已有题凑墓室,《吕氏春秋·节丧篇》有"题凑之室",河北平山中山王墓出土的兆域图铜版上的铭文有"题凑长六尺"。明代董说《七国考》卷十《秦丧制》引《皇览》说秦昭王与吕不韦"冢皆以黄肠题凑,处地高燥不坏"。陕西凤翔秦公一号大墓被认为是黄肠题凑墓的早期形式。目前所见近 20 座黄肠题凑墓皆为西汉诸侯王和列侯级墓,又以西汉早、中期为多,晚期少见。东汉有仿黄肠题凑的石条题凑墓,可以说是黄肠题凑墓没落阶段出现的变种。目前发掘的黄肠题凑墓有河北石家庄小沿村汉墓、定州八角廊汉墓,江苏盱眙大云山汉墓、扬州天山汉墓,山东定陶灵圣湖汉墓、北京大葆台汉墓、老山汉墓,湖南长沙象鼻嘴汉墓、陡壁山汉墓、望城坡渔阳墓、风蓬岭汉墓,安徽六安双墩一号汉墓等。从地域分布上看,题凑墓多见于长江以北地区。

(一)石家庄小沿村汉墓

题凑是为了保护椁室的。文景以前,木枋叠垒的题凑壁的高度尚低于椁室,题凑墙就像构筑在椁室外侧的框壁。文景以后,题凑壁才开始高过椁室,起到承重墙的作用。

河北石家庄北郊小沿村汉初赵王张耳墓是目前所见最早的汉代题凑墓例[2]。该墓

---

[1] 北京市大葆台西汉墓博物馆:《西汉"黄肠题凑"葬制的考古发现与研究》,北京:北京燕山出版社,2013 年。

[2] 石家庄市图书馆文物考古小组:《河北石家庄市北郊西汉墓发掘简报》,《考古》1980 年第 1 期。

原有坟丘高 15 米,长方形土坑竖穴,墓口南北长 14.5 米、东西宽 12.4 米,有南、北墓道(墓道未清理),墓圹四周有略高于椁室的版筑夯土二层台,用于支架横梁和顶盖,距墓口深 2.3 米处有夯土二层台,东、西二层台两端各有一园形柱槽,中段各有两个对称的方形柱洞。墓内一椁二棺,棺椁间放葬品。木椁四周是与椁室呈垂直方向的题凑木,题凑前壁平面略呈边长 4 米的方形(图 2-17)。墓主为男性,40~50 岁,仰身直肢。该墓被盗,椁室塌陷并遭焚毁,题凑木质、堆垒层次、方法等已不可考。残存铜印上有"张耳"两字,张耳卒于高祖五年(公元前 202 年)。以后题凑墓的结构大体如此,只是在题凑内外的布局安排上有不同程度的繁化而已。

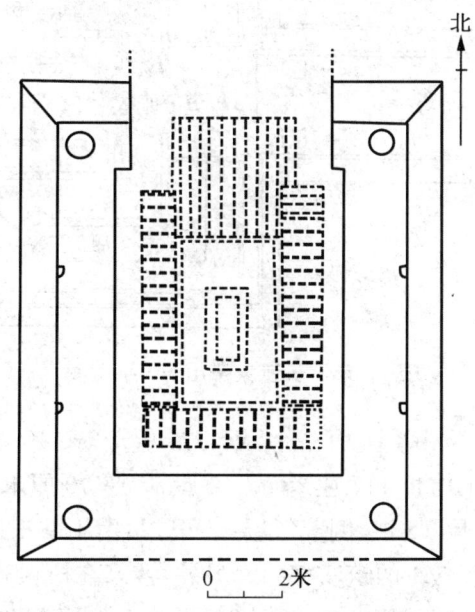

图 2-17　石家庄小沿村汉墓平面图

(二) 长沙象鼻嘴和陡壁山汉墓

长沙象鼻嘴汉墓[1]和陡壁山汉墓[2]为文景时期的黄肠题凑墓,两墓在湘江右岸咸家湖畔山丘之上,凿岩坑为墓。

象鼻嘴山 M1 原有封土,有向西的斜坡墓道。岩坑长 20 米、宽 18 米、深 7.9 米,四壁向下两级台阶,墓底长 17.1~17.35 米、宽 15.65~15.7 米。墓道底高出墓底 58 厘米,在距墓室 1.75 米的墓道两侧各立偶人一个,偶人高约 65 厘米。墓底正中置放六根东西向枕木,枕木上铺木板。墓室题凑木与墓壁间距为 1.2~1.5 米,题凑用 908 根柏木枋垒成,柏木枋宽 25 厘米、厚 30 厘米,前后壁的枋长 170 厘米,两侧为 150 厘米。后壁 6 层,余皆 4 层,均平铺叠垒,不用榫卯,四角采用上下两层纵横相压的办法交接。题凑内为两重椁,内椁以内是东、南、北三面立板围成的棺室,棺室中间有三重梓木套棺,内、外椁之间和内

---

[1]　湖南省博物馆:《长沙象鼻嘴一号西汉墓》,《考古学报》1981 年第 1 期。
[2]　长沙市文化局文物组:《长沙咸家湖西汉曹嬛墓》,《文物》1979 年第 3 期。

椁与棺房之间形成两层回廊。棺室前有南、北连通外回廊的厅堂(前室),厅堂地面高出周围底板。前端在通道内又分前后两排顺向叠垒柏木枋各四层,构成"凸"字形的题凑。墓底和四周填塞青灰色膏泥,然后填土夯实。随葬器物主要出于两层回廊中。墓中出土泥半两和泥金版(郢爯)而不出五铢,墓葬时代当为文景时期,墓主可能是死于孝文帝后元七年(公元前157年)的长沙王吴靖。

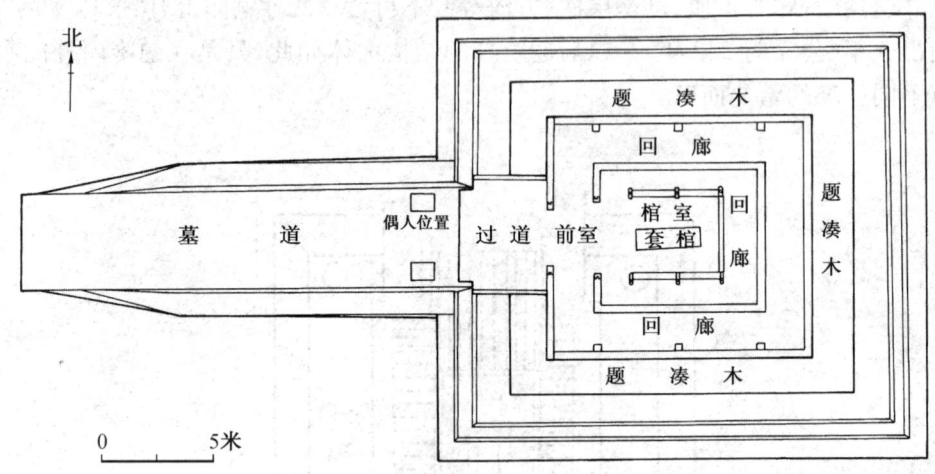

图 2-18 长沙象鼻山 M1 平面图

陡壁山 M1 形制同象鼻山 M1 而略小,近方形墓穴,长 13 米、宽 10 米,二重椁三重棺。黄肠题凑呈方形,柏木枋长 117 厘米、宽 40 厘米、厚 40 厘米,前壁 12 层,每层 13 根,后壁、侧壁各 3 层,后壁每层 15 根,侧壁每层 18 根,共用 179 根题凑木,与墓底承托椁室的枕木扣接,其余与象鼻嘴 M1 的筑法相同。另外,该墓在椁顶和题凑壁的外围填塞木炭并用白膏泥封固,是江淮地区战国秦汉墓常见的做法。根据出土私印"曹㜮""妾㜮"和"长沙□丞"封泥,推测陡壁山墓可能是长沙定王刘发之妃曹㜮之墓。

(三) 山东定陶灵圣湖汉墓

2010 年发掘的山东定陶县灵圣湖汉墓(M2)[1],位于定陶县马集镇大李家村西北约 2 公里,探明夯筑封土直径约 100 米,曾高出地表七八米,总高度 18 米左右,封土之上原有一座宋元时期的"三官庙"。东向斜坡墓道长约 20 米,墓圹南北长 28.46 米、东西宽 27.84 米。墓圹周围分布有一周柱洞。封土下有厚达 1 米的青膏泥,对应椁室顶部的填土上分布有柱洞,排列有序。墓圹壁与椁室之间的积沙槽内有木柱,木柱尚未完全朽掉。它们同墓圹外围的柱洞构成跨度近 36 米的柱洞群,可能为构建椁室时临时建筑的遗迹。椁室长 22.64 米、宽 22.48 米,椁室顶部铺两层青砖,共用砖 1.3 万余块,青砖层周边用单砖封护(图 2-19)。部分砖上有朱书、墨书字迹,可辨者多为人名和定陶一带的地名。椁外周边亦用青砖封护,数量尚无法统计。椁顶封砖之下是一层由麻绳交错编联的薄木板。

---

[1] 山东省文物考古研究所等:《山东定陶县灵圣湖汉墓》,《考古》2012 年第 7 期。

木椁顶为五层枋木垒砌的封盖。

图 2-19　定陶灵圣湖汉墓(M2)椁顶铺砖及周边遗迹(东一西)

题凑墓室由前、中、后三室和侧室、回廊、外藏室、题凑墙组成。前、后室南北两侧各有两个大小相近的侧室,分别长 3.7 米、宽 1.98 米,都有壁龛。中室南北两侧各有对称的两个侧室,分别长 1.98 米、宽 1.6 米。向外为一周木构回廊,回廊外分布 12 个外藏室。各室对称分布,有敞开的木门,门板用穿榫连接,门上铺首衔环已失。

各室门、甬道、墓门两侧均由竖、横向枋木以凹凸槽扣连。最外围的题凑墙厚 1.15 米,周长 88 米,用黄肠木 20 994 根,黄肠木长如题凑墙之厚,宽 16 厘米、厚 7 厘米。回廊内侧、中室四周墙亦厚 1.15 米,用木 2 412 根。回廊外各室和间隔壁用枋木 12 006 根。题凑墙、各室和间隔壁的枋木均由三个薄枋木榫卯连接成一组,层层叠垒。整个墓室用木材总量约 2 200 立方米,除椁顶五层为楠木和硬木松,棺为梓木,余皆为柏木(图 2-20)。

主室内有已被撬开的漆棺一具,长 2.4 米、宽 0.9 米、板厚 0.12 米,被拆成 6 块。棺外有漆画和彩绘,内髹红漆。除此之外,墓室内空无一物。2011 年又在墓室内地板下发现一竹笥,内盛一件缝有玉璧的汉代女性丝质长袍。推测墓主为汉成帝异母弟定陶恭王刘康之妻、汉哀帝的母亲太后丁氏。《汉书·哀帝纪》载:"建平二年(公元前 5 年)六月庚申,帝太后丁氏崩……请合葬而许之……遂葬定陶。"《汉书·师丹传》载:"平帝即位,新都侯王莽白太皇太后发掘傅太后、丁太后冢,夺其玺绶,更以民葬之,定陶隳废共皇庙。"灵圣湖汉墓是王莽有组织地毁坏和迁葬后留下的一座空墓,是目前所见用材量最大、结构最复杂、保存最完整、规格最高的黄肠题凑墓,可以据此推测汉代帝王陵地下寝宫的盛况。

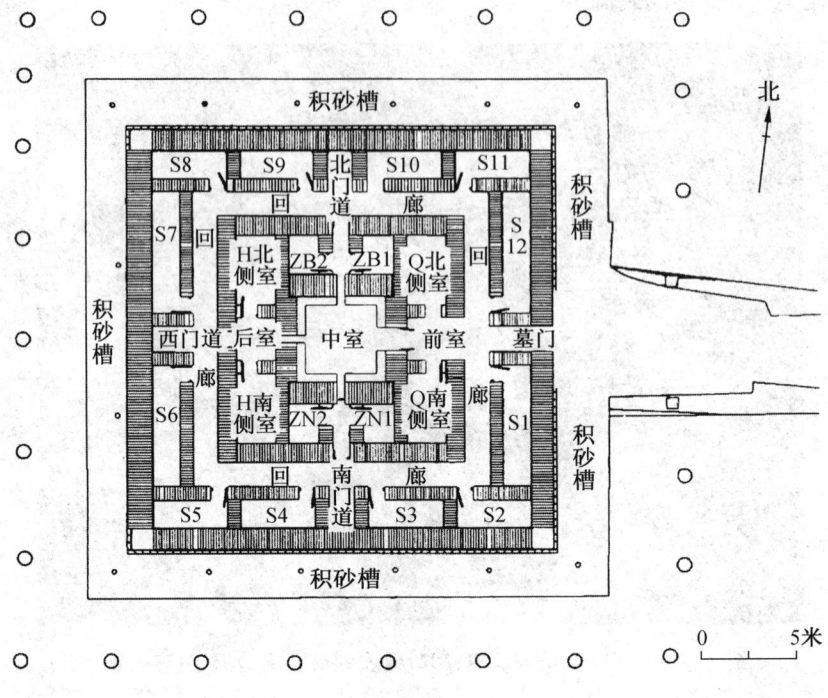

图 2-20　定陶灵圣湖汉墓(M2)平面图

(四) 北京大葆台汉墓

北京大葆台汉墓位于北京丰台区黄土岗乡,为东西并排的两座墓,M1在东,M2在西。大葆台汉墓为我国首次发掘的黄肠题凑墓[1]。两座墓的结构相同,但M2早年被焚毁,详细结构不明。M1保存较好,封土高8米。在墓圹之南,有底宽4.25米、残长34米的墓道,南半段呈斜坡状,残17.3米,北半段与甬道平齐,以厚木板贴墓道壁拼成长16.7米、宽4.1米、高约2.5米的箱形木椁,箱下有四条纵向垫土承垫,象征车马库,内置实用的朱轮华毂车3辆、马11匹。车马库向北接墓圹甬道,并且顶盖相连,之间可能无隔断。车马库与墓道交接处则有木板封堵,外垒圆木,是墓门所在。墓圹外围用厚木板并排拼成双层外廊,外层与甬道壁相连。外回廊是放置葬品的主要地方,置陶器、铁器、漆器等。

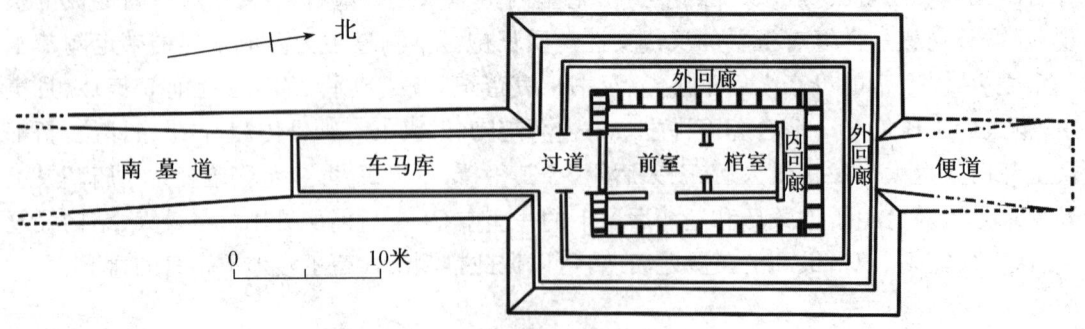

图 2-21　北京大葆台汉墓(M1)平面图

---

[1] 大葆台汉墓发掘组:《北京大葆台汉墓》,北京:文物出版社,1989年。

内侧回廊以内是黄肠题凑,堆垒法与长沙的两座墓相同,用长 90 厘米、宽 10 厘米的柏木条叠成,顺向纵铺,左右壁横铺,与椁呈垂直方向,层层叠起,每壁各有 30 层,高 3 米,共用木材 15880 根。在四角交接处,左、右壁木枋垂直挤压于前后枋木的端头,从内侧看四壁,都只见柏木枋的横断面。题凑顶端增设压枋,高于椁室,墓室的顶盖棚木即架在题凑木上,使题凑同时起到承重墙的作用。题凑木墙以内形成内回廊,主要放置陶器。

内回廊壁以内构成前、后两室,前室象征前堂,用柱梁架构成厅堂,发现各种动物骨骸。后室(棺室)象征后寝,用木板从左、右、后三面围成,内有二椁三棺,发现大量玉器、玉衣残片等。

墓底铺木板,木板下有 12 条纵向地龙承托,地龙下为厚 20 厘米的木炭和 50 厘米的白膏泥。墓顶也分层铺有木炭和白膏泥,墓室外侧与墓壁之间填充木炭。

墓坑北部正中有一个造墓时方便运料和出土的斜坡便道,残长 4 米。便道近墓室处有一盗洞通至北侧外回廊。

大葆台一号墓的墓室模拟地上宫室建筑的意向非常明显,大致以题凑为界,题凑内的内回廊、前室、后室构成内藏部分,外回廊为外藏。从内到外,依次为棺室(梓宫)—前室(便房)—题凑—外藏(图 2-21)。

大葆台二号墓被严重焚毁,判断结构与 M1 相同。墓道内车马库长 15.5 米、宽 3.3 米、高 2.5 米。墓底南北长 17.3 米、东西宽 11.5 米。该墓出土五铢钱百余斤,时代略晚于 M1。

《汉书·成帝纪》记载,元帝竟宁元年(公元前 33 年),"有司言:'乘舆车、牛、马、禽兽皆非礼,不宜以葬。'奏可"。元帝末诏禁用真车马,大葆台汉墓的年代不应晚于元帝末年,墓中出土钱币皆为五铢而无莽钱,应在新莽以前。M1 的主人可能是卒于元帝初元四年(公元前 45 年)的广阳顷王刘建或思王刘璜,M2 墓主为 M1 墓主之妻。

(五)高邮天山汉墓

天山汉墓位于江苏扬州高邮天山镇神居山村,是西汉中期某代广陵王及其王后的陵墓,两墓东西并列,1979~1980 年发掘[1]。发掘前地面坟丘残高 5~6 米,附近散落大量汉代瓦片,原应有陵园、寝殿类建筑。两座墓均为单墓道长方形岩坑竖穴墓。M1 深 24 米,墓底铺以碎石、夯土、木炭,以厚木板铺设椁底,绕墓圹四壁以立木为外椁墙,外椁之内用楠木枋构筑一圈框形题凑。题凑框南北长 13.5 米、东西宽 11.2 米,高 4.10~4.5 米,共用楠木 857 根,每根长 94 厘米,宽、厚各 40 厘米,楠木枋两端正中嵌入 5 立方厘米的木块,并涂黄以象黄肠。题凑的前、后壁设门,以立柱为门框,用短题凑木叠垒封门。左右侧壁各设立柱 5 根,嵌置于底板之上,与门框、压边枋木构成框架结构,全部题凑木嵌置其中,题凑木交接处上下左右都以阴阳榫相互嵌合,使题凑成为一个牢固的整体。

题凑内外各有一周回廊,外廊(外椁房)宽 1.6~1.7 米,东西侧廊由五根立柱分隔为

---

[1] 梁白泉:《高邮天山一号汉墓发掘记》,《文博通讯》第 32 期,1980 年;黄展岳:《汉代诸侯王墓论述》,《考古学报》1998 年第 1 期。

7间,内置放木俑、灶、井模型及车马、仪仗等,是为外藏椁。内廊周于内椁室,内椁分前室(便房)和后室(棺室),前室置漆器等葬品,后室置重棺。题凑内壁是由15间相互连通的小房组成的中椁房(图2-22)。

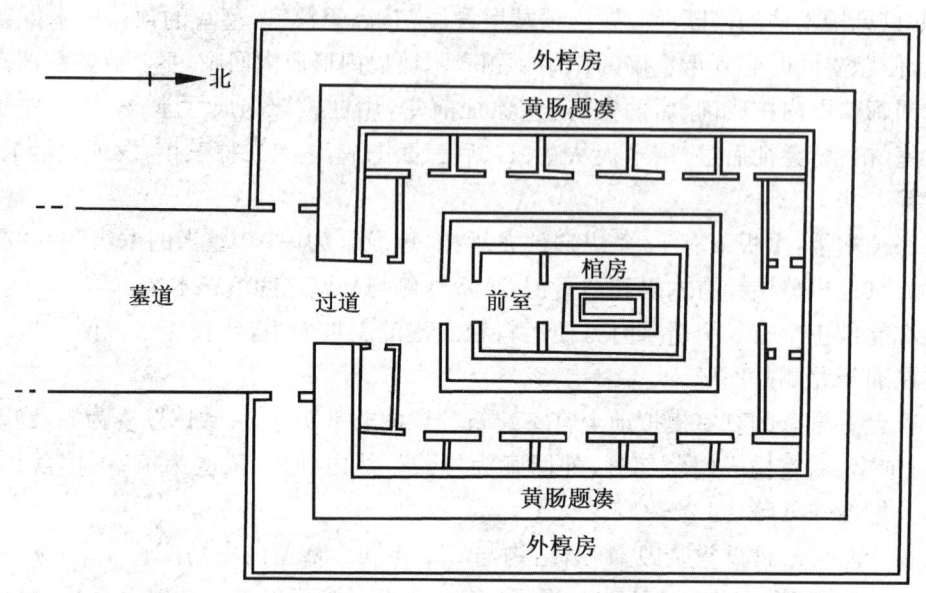

图2-22 扬州高邮天山汉墓(M1)平面示意图

高邮天山汉墓形制结构复杂、保存完整。据报道,墓主身着金缕玉衣,根据出土的"广陵私府"封泥和木牍墨书"六十二年八月戊戌"文字,推测M1墓主为第一代广陵王刘胥,在位63年。M2结构与M1相似,也是题凑墓,墓主为刘胥之妻。

(六)河北定州北庄汉墓和山东济宁肖王庄汉墓

河北定州北庄汉墓是一座东汉时期的石砌型题凑墓[1]。该墓坟丘高20米,斜坡墓道长50余米,墓道一侧附耳室。墓室平面呈"凸"字形,由甬道、横列前堂(室)、方形后室和回廊组成。该墓是一座砖、石墓,砖筑部分的耳室、墓门、甬道、前后室、回廊均为砖筑券顶,墓圹内砖室的四周以黄肠石叠垒作围墙,顶盖石块,沿用题凑的垒法,筑石题凑于砖室外侧。与西汉题凑墓不同的是,该墓用加工过的石块单道叠砌题凑墙,形成一圈围绕砖室的石壁。所用石材为长、宽各1米左右、厚25厘米的石块,共4 000余块,又称为黄肠石,其中170余块有墨书文字或铭刻,内容为贡石县名、石工籍贯、姓氏、石材尺寸等,以标记"北平石""望都石"者为多。东汉时期北平、望都都是中山国所属县。墓葬中出土属两个个体的5 000余片鎏金铜缕玉衣片。该墓是中山简王刘焉与其王后的合葬墓,刘焉卒于和帝永元二年(公元90年)。

---

[1] 河北省文化局文物工作队:《河北定县北庄汉墓发掘报告》,《考古学报》1964年第2期。

山东济宁市肖王庄一号汉墓(M1)是一座时代与中山简王刘焉墓相当的石砌题凑墓[1]。墓葬封土底径60米,残高11米。南向斜坡墓道残长22.8米,墓道北段有天井和两侧的东、西耳室,门庭(过洞)连接天井和墓室甬道门(原有木质门扇)。门庭两壁为砖砌,地面铺砖。墓室包括甬道、前室、后室、回廊、黄肠石墙,平面呈"凸"字形,南北长15.89米、东西宽15.5米,高8.35米,墓底距地表3.3米。墓室外圈用边长95厘米、厚25厘米的方石单道叠垒成题凑墓框,拐角处用长方形石块。题凑墙共用石材4 000块左右。石墙顶三排向内叠涩,推测原叠涩至六排左右,至墓室顶券腰处,券顶之上再平盖石块,最后形成覆斗状石顶,其下空间以土填实。墓框内以青砖砌墓室,下用石块作基础。题凑石墙与砖砌墓室之间有一周回廊。天井和墓内各室皆为券顶(图2-23)。

黄肠石大都有铭刻或朱书文字,记当时的地名、石工、送石者及尺寸等,所见地名多与《续汉书·郡国志》所记任城国属县有关。墓室内出土银缕玉衣片,盗洞内亦含有少量玉衣片。墓葬形制结构与北庄汉墓有相似之处。推测肖王庄M1墓主为卒于和帝永元十三年(101年)的东汉任城国始封王孝王刘尚。

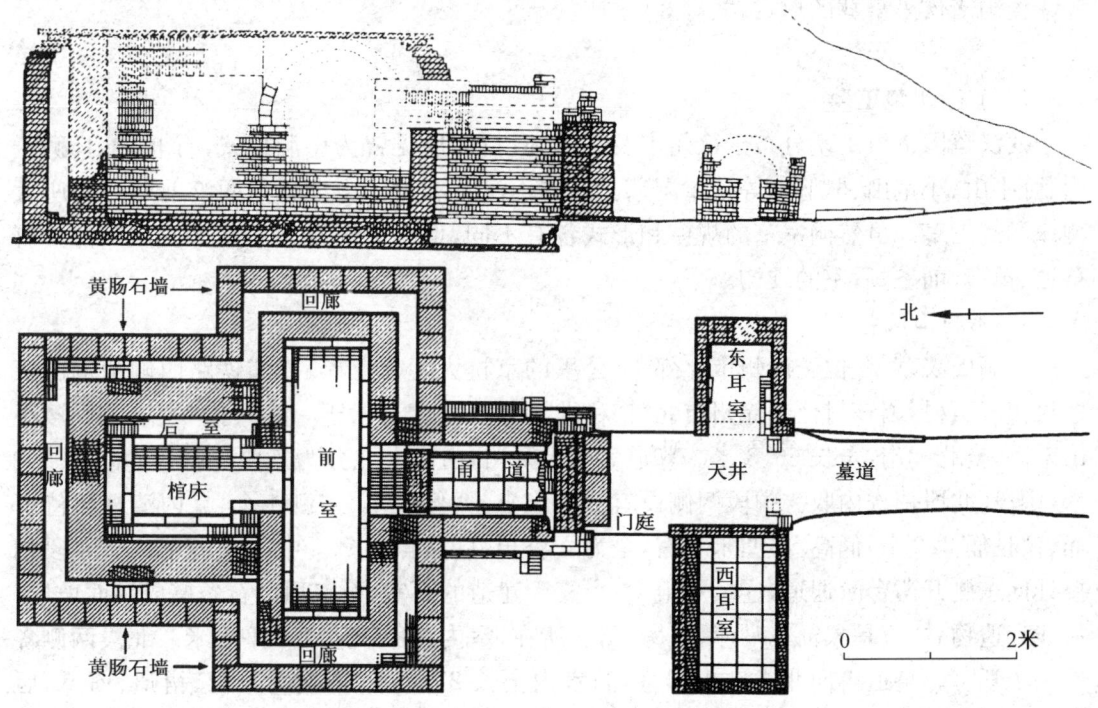

图2-23 济宁肖王庄汉墓(M1)平、剖视图

---

[1] 济宁市文物管理局:《山东济宁市肖王庄一号汉墓》,《考古学集刊》第12集,北京:中国大百科全书出版社,1995年。

比中山简王晚的徐州土山彭城王墓也用黄肠石,但以普通砌墙法砌筑。东汉晚期,河南孟津送庄一座汉桓帝时期的贵族黄肠石墓采用砖石结构,由墓道、墓门、前室、前侧室、后室组成,以石块直接砌筑墓壁,墓顶、墓底用砖构筑,已经是砖室墓的结构了[1]。西汉时期的黄肠木演变为东汉时期的黄肠石,形成石题凑墓,这是题凑墓的最后形式。东汉中期以后,即使有墓中有所谓"黄肠石"使用,但基本不见真正意义上的题凑之墓。

三、崖洞墓

在目前已发掘的西汉诸侯王墓中,崖洞墓是数量最多的一种,是汉代依山为陵、凿山为藏的一种墓葬形式。崖洞墓在石山中横向开凿墓室,地下空间的布置比较自由,不拘一格,都最大限度地象征和模仿了地上生活的内容。在这方面,崖洞墓要比木椁墓类型更具优势。目前所知的汉代诸侯王崖洞墓分布在江苏徐州、河南永城、山东曲阜、昌乐、巨野、河北满城等地,主要集中于黄淮之间的东部地区,是西汉时期楚、梁、鲁、菑川、昌邑、中山等诸侯国诸侯王墓葬的形式,共有 30 多座。

(一) 徐州楚王墓

西汉楚国诸侯王墓分布于徐州市及其近郊,目前所见皆为崖洞形式,有北洞山、狮子山、卧牛山、小龟山、驮篮山等处崖洞墓。北洞山汉墓和狮子山汉墓是西汉前期的两座大型崖洞楚王墓。虽然洞室墓的规模和形式各有不同,但除去附设的耳室、侧室等,都具有墓道、甬道、前室、后室的结构。

1. 北洞山汉墓

北洞山汉墓[2]位于徐州市北郊 10 公里的京杭大运河北岸、津浦铁路西侧的铜山区茅村镇洞山村,因该村位于徐州市北,俗称北洞山。墓葬开凿于一座海拔 54 米的低矮小山南侧,坐北朝南,全长 66.3 米。墓道为露天开凿,由南向北分为三段,南段最宽,宽 5.8 米,中段、北段依次内收。中段两侧设有 7 个小龛,西侧 3 个、东侧 4 个,龛内清理出侍卫俑、仪仗俑 222 个,俑高 50 厘米左右,全为立姿男性,腰佩长剑。中段墓道东北与北段相接处向东侧开凿台阶通道,连接一组 11 个露天建造的石室,石室顶以石条搭成两面坡形,从残存遗物看,应是象征车马库、仓房、厨房所在,室内总面积达 320 平方米。北段两侧各设 1 个耳室。墓道再向北凿山入洞室,洞室内全长 21.3 米,依次为墓门、甬道、前室、后室。甬道两侧各凿一侧室。前室东西横长,东北角有走廊,走廊北侧并排设二厕间。后室为棺室,南北向长方形,葬具无存。整个崖洞的地下建筑达 500 多平方米,设施齐全,有主体墓室 8 个,附属 11 个(图 2-24、2-25)。该墓早年被盗,除俑类外,出土半两钱 7 万多枚,并有玉衣片残留。据所出"楚宫司丞""楚御府印""楚武库印""楚邸"等 10 方官印,发

---

[1] 郭建邦:《河南孟津送庄汉黄肠石墓》,《文物资料丛刊》4,北京:文物出版社,1981 年。
[2] 徐州博物馆、南京大学历史学系考古专业:《徐州北洞山西汉楚王墓》,北京:文物出版社,2003 年。

掘报告推测墓主可能是西汉前期分封彭城的第五代楚王刘道,下葬于武帝元光六年(公元前129年)。近来又有学者考证,墓主可能为第一代楚王刘交,墓葬建于刘交受封之后,至刘交去世后下葬[1]。也有学者认为,墓主是第二代楚王刘郢客,墓葬年代为汉文帝前元二年至五年(公元前178～公元前175年)[2]。

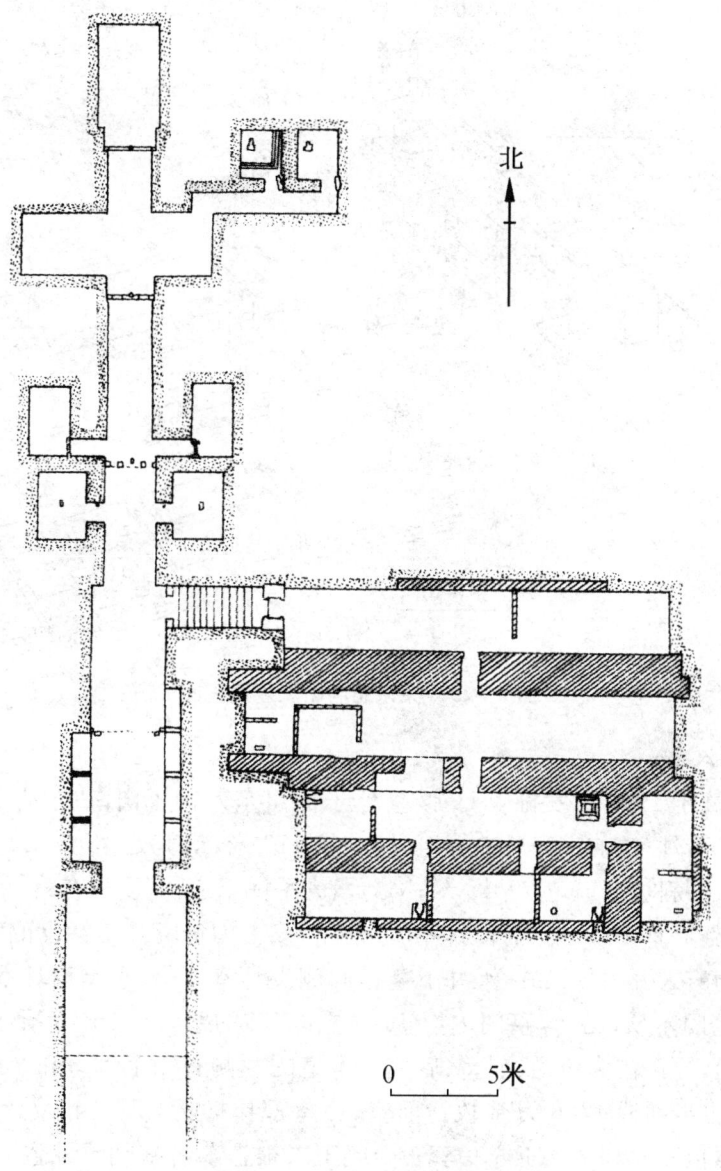

图 2-24 徐州北洞山汉墓平面图

---

[1] 刘瑞:《徐州北洞山楚王墓墓主考》,《考古》2008年第10期。
[2] 葛明宇:《徐州北洞山汉墓年代与墓主探讨》,《考古》2009年第9期。

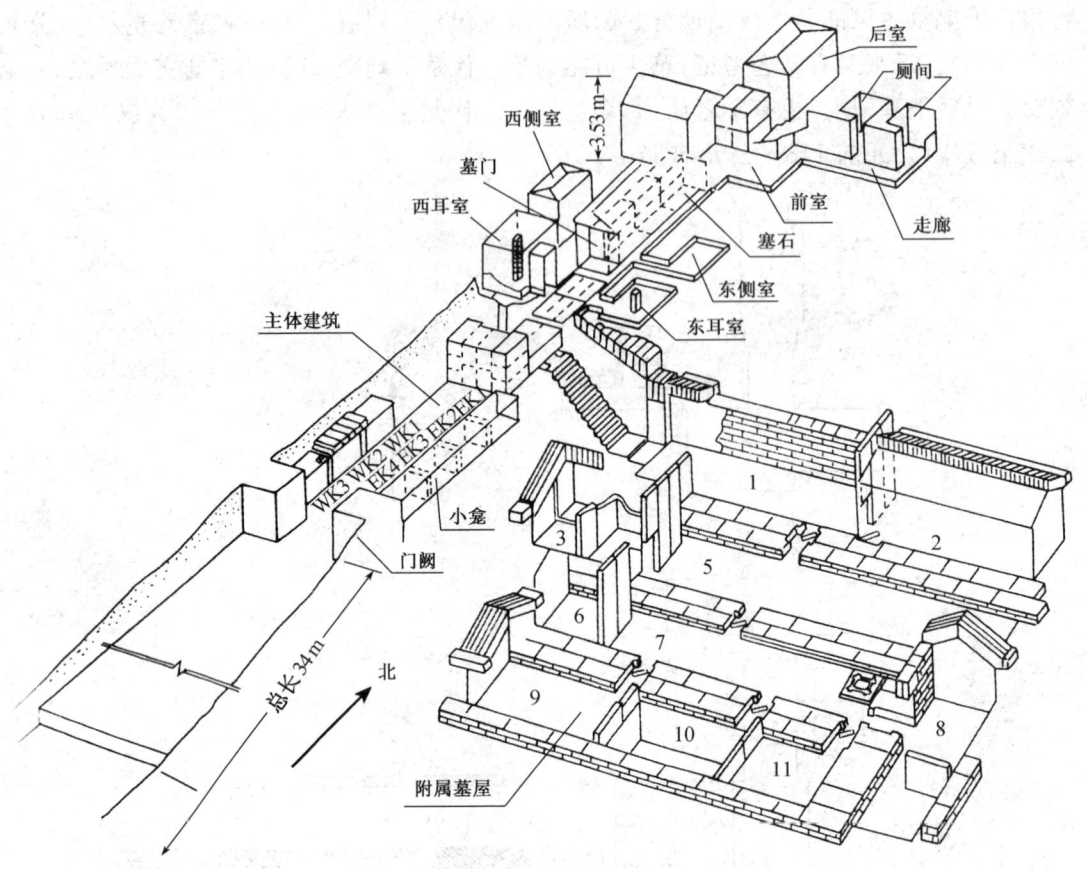

图 2-25　徐州北洞山汉墓透视图

2. 狮子山汉墓

狮子山汉墓于1995年发掘[1]。该墓位于徐州东郊狮子山南坡，坐北朝南，由外墓道、天井、内墓道、耳室、前室和后室等组成，全长117米，最宽处13.2米，深11米。墓道分三段，第一段为斜坡墓道，宽9.15米；第二段为平底墓道，宽度只有第一段的一半，北端东侧底部发现陪葬墓1座，出土"食官监印"铜印，墓主为负责楚王饮食的官员；第三段为内墓道，上方为露天开凿的天井，天井下墓道西侧设耳室2个，东侧设耳室1个。墓道向北连接墓门，墓门木质，已朽，墓门内以16块重60吨的塞石呈"田"字形充塞，据塞石自铭，该段为简道，再向内为甬道、前室、后室。甬道的两侧有4个侧室和2个陪葬室，其中E2为钱库，出土半两钱17.6万余枚。前室、后室都作横长方形。前室一侧有高起的棺床，发现镶玉漆棺一具和金缕玉衣一套。金缕玉衣被盗墓者拖到天井盗洞内在塞石上抽取金丝，散落完整和残破的玉片5 000余片。后室为象征日常宴饮的场所，与通常的前堂后室的布局风格不相一致(图2-26)。该墓早年被盗，仅有天井下的3个耳室和外墓道的陪葬墓未被盗扰，出土金、银、铜、玉等各类文物2 000多件(套)。墓室及甬道各处发现散落的铁甲片8 000余片，出土的240余件官印封泥是研究汉代官制的重要资料。从出

---

[1] 韦正、李虎仁、邹厚本：《江苏徐州市狮子山西汉墓的发掘与收获》，《考古》1998年第8期。

土物的分布来看，三个耳室和四个侧室分别为御府库、钱库、兵器库、炊厨库、贮藏库、杂物库等。

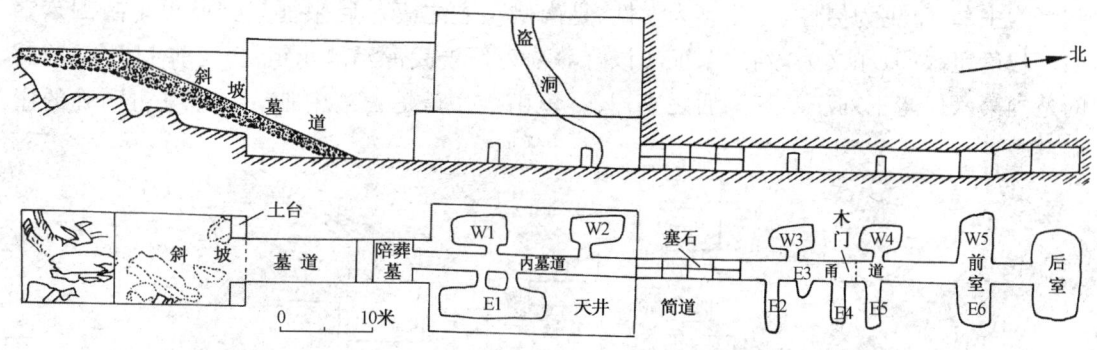

图2-26 徐州狮子山汉墓平、剖视图

狮子山周围发现有大型板瓦、铺地花纹方砖和用筒瓦拼成的排水管道，可能与狮子山汉墓的陵园建筑有关。

1984年在距离墓葬约400米的狮子山西麓发现陪葬兵马俑坑4座，探明兵俑4000个以上，已发掘2座，出土兵马俑2300多个，俑高34~43厘米，为模制烧成后施彩绘。

狮子山汉墓地下实用面积850多平方米，工程凿石量达5100多立方米，气势宏伟，是西汉崖洞墓的杰出代表，墓主可能是西汉文景时期分封的第二代楚王刘郢客[1]，或第三代楚王刘戊[2]。

3. 龟山汉墓

龟山汉墓位于徐州市九里区拾屯镇孤山村龟山西坡，1981~1992年陆续清理[3]。因1974年龟山西麓中部已发掘一座汉墓，龟山西坡汉墓编号为M2。该墓是南北并行的两座东西向横穴崖洞墓，两座墓各有自己的墓道、甬道和墓室，两墓道、甬道平行，墓室之间有过道（壸门）相通，使两座墓成为一座更大的合葬墓。

墓葬东西全长83.5米，最宽处33米。两墓道相距20米，结构相同。南侧墓道揭露部分长14.7米，分为两段，西段宽4米，东段长4.7米，宽内收至2米，到与甬道相接处宽1.06米。墓道底设深约10厘米的排水沟，东段墓道排水沟在墓道两边，东与甬道地面两侧的排水沟相连，到西段墓道底并为中间一条，通入一近椭圆形的渗水井后，再向西延伸。甬道为直壁平顶的隧道形，内填塞石。甬道口原可能装有门。南侧甬道宽1.06米、高1.78米，全长51.2米。距甬道口28米处向南开一耳室，向北顺向开两侧室。北侧甬道在与南侧甬道侧室相当处侧向南开一侧室。两甬道之后共有11个墓室空间，其中南侧7个，北侧4个，布局上并无对称之意。南、北两侧主墓室间凿壸门相通。面积较大的室，中

---

[1] 梁勇：《徐州狮子山楚王墓出土印章与墓主问题的再认识》，《考古》2006年第9期；孟强：《从随葬品谈徐州狮子山汉墓的墓主问题》，《考古》2006年第9期。

[2] 葛明宇：《徐州狮子山楚王陵墓主为刘戊考》，《东南文化》2012年第4期。

[3] 南京博物院、铜山县博物馆：《铜山龟山二号西汉崖洞墓》，《考古学报》1985年第1期；徐州博物馆：《江苏铜山县龟山二号西汉崖洞墓材料的再补充》，《考古》1997年第2期。

央留立柱支撑。各室有平顶、拱顶、两面坡顶或盝顶,高度都在2米以上,残存不同类别的器物,显然为不同用途而设(图2-27)。有的墓顶刻意凿出几个大乳钉。发掘者认为,南侧墓为主墓,墓主为男性,北侧墓为女性,是南侧墓主之妻。后来征集到原出于南侧墓室的一枚龟钮银印,印文为"刘注",证实该合葬墓为死于武帝元鼎元年(公元前116年)前后的楚国第六代楚王刘注及其王后之墓[1]。龟山M2是楚王墓中唯一一座墓主明确的崖洞墓。

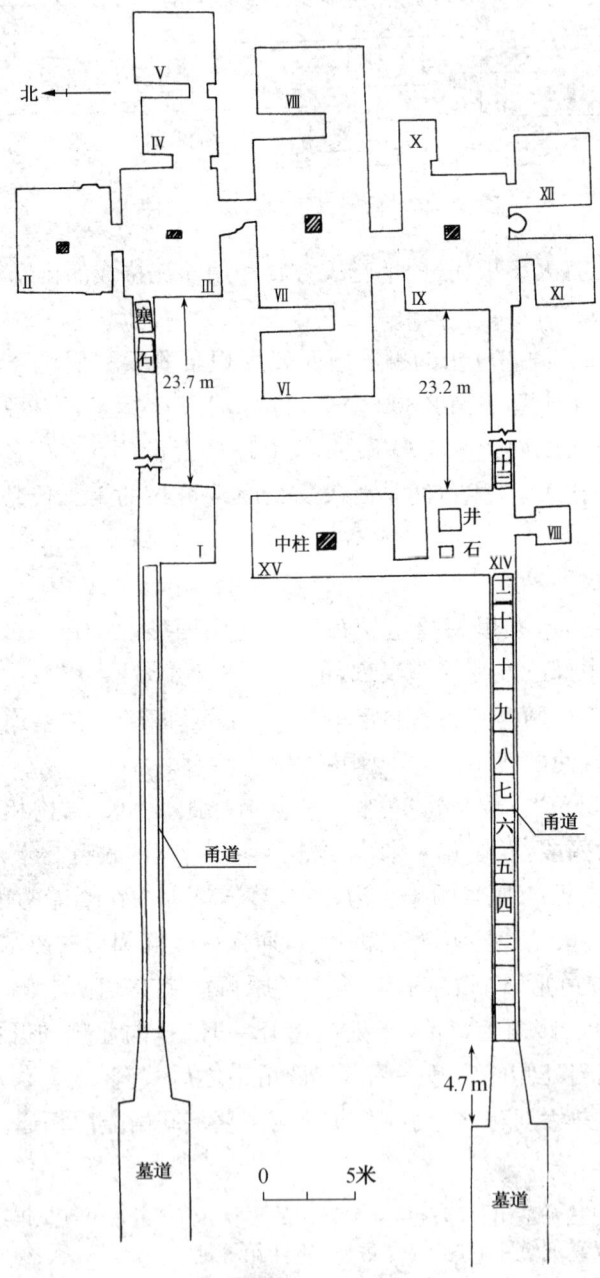

图2-27 徐州龟山汉墓(M2)平面图

---

[1] 尤振尧:《〈铜山龟山二号西汉崖洞墓〉一文的重要补充》,《考古学报》1985年第3期。

(二) 河北满城汉墓

河北满城县陵山崖洞墓是西汉中期的两座汉墓[1]。陵山东北距县城1.5公里，海拔235.8米，两座汉墓开凿于陵山主峰东坡，两墓相距约120米，一号墓在南，二号墓在北，墓道朝向辽阔的河北平原。M1规模最大，整个墓葬由墓道、甬道、南北耳室、前室、后室、侧室、回廊组成，平面呈"早"字形，通长51.7米（图2-28）。墓道口以土坯封门，两道土坯墙间浇以铁汁，铸成铁墙。甬道两侧有长长的南北耳室，耳室南北通长37.5米。南耳室和甬道是车库马房，内置猎车、安车6乘，马16匹，狗11只，鹿1只。北耳室是贮藏食物和饮料的库房兼磨房、厨房，放置大批不同类型的陶器，如装酒的大缸、装食物的大瓮和灶等炊事用具的模型，发现石磨，磨旁有马骨。甬道中间有渗水井。

前室（报告称"中室"）象征前堂，最高处6.8米。从出土现象观察，前室和甬道、耳室原建有木构瓦顶的房屋，后因木料朽腐而倒塌。室内放置大量铜器、陶器、铁器、金银器、漆器等，并有石俑和陶俑若干。南部发现铜帐钩，原应有两具华丽的帷幕。帷帐是贵族在前堂宴饮、会客时使用的。

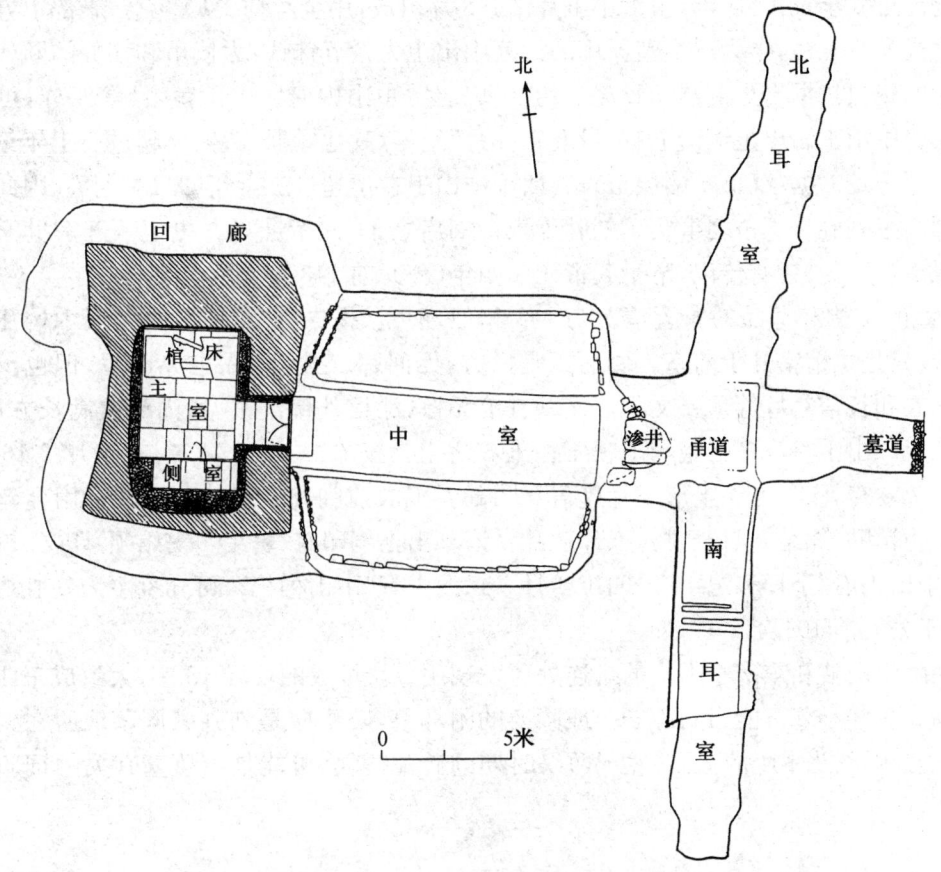

图2-28 河北满城一号汉墓平面图

---

[1] 中国社会科学院考古研究所、河北省文物管理处：《满城汉墓发掘报告》，北京：文物出版社，1980年。

后室有门道、石门与前室相通，以大石板拼、盖而成，放置一棺一椁和贵重器物，象征生人的居室。木质棺椁置于汉白玉棺床之上，皆已朽腐无存，可判断木棺施以红漆，并且四周装有鎏金铜环和衔环铺首。椁下有4个大铜轮，用于移送棺椁，当时棺椁是人力拉上山后推入墓室的。墓主身穿金缕玉衣，头枕镶玉铜枕，两手各握玉璜1件，玉衣胸前、背后共置10余枚玉璧，上部玉璧当为镶贴在木棺盖上的。腰左侧置刀1把，右侧置剑2把，玉衣袖内有篆刻小玉印2枚，印文"信""私信"。

后室的一侧有与之相通的石板侧室，内置青铜沐盆、盛水的铜锅、薰炉、铜灯、搓澡石等，象征沐浴更衣之所。后室及侧室出土镶嵌琉璃的鎏金银"长乐飤官"铜锺、鎏金银蟠龙纹"楚大官糟"铜锺和错金银鸟虫书铜壶、错金薰炉等重器。后室和侧室外有回廊相绕，象征地面建筑的回廊。

满城汉墓的墓壁都凿成弧形，没有发现直壁和直角相交的结构，室顶作拱形或穹窿顶。这非常符合力学原理，保证了墓葬的牢固耐久。

M1出土铜器419件，皆为实用器。出土的金缕玉衣是我国发现的第一具完整的玉衣实物。玉衣全长1.88米，由大小玉片2 498片组成，用金丝约1 100克。腹部下方有一玉琮磨成的小玉盒，当为罩生殖器用的。墓中出土大量五铢钱，为钱币和墓葬的断代提供了有用的资料。据出土铜器和封泥上的"中山府""中山内府""中山宦者"等字样，可知墓主为某代中山王。出土铜镬上有"卅九年九月"纪年，其他铜器、漆器上超过三十年纪年的文字还有多处。据《汉书·诸侯王表》，西汉中山王在位超过三十年的只有刘胜，因此墓主为中山靖王刘胜是不争之事实。刘胜为景帝刘启之子、武帝庶兄，《史记·五宗世家》《汉书·景十三王传》皆有传记，卒于武帝元鼎四年（公元前113年）。

M2的结构和葬品的布置情况与M1相似，前室（报告称"中室"）也发现木构瓦顶建筑遗迹，只是主棺室开于前室一侧而不是后方，无回廊。虽然葬品较M1少，但也出土了金缕玉衣和长信宫灯等重要文物。该墓有棺无椁，漆棺外壁镶玉璧，内壁镶满长方形、方形的玉版。出土时许多玉璧和玉版压在玉衣之上。玉衣全长1.72米，有玉片2 160片，金丝约700克，腹下方一圭形玉片遮盖女阴部。玉衣前胸和后背部分玉片不用金丝而是用丝织物粘贴、编结，织物已朽，玉片散乱。该墓出土铜印有"窦绾""窦绾须"印文，铜钼铭文有"中山内府"字样和纪年"卅四年四月"，封泥中有"中山祠祀"，可知墓主为刘胜之妻窦绾，死于公元前104年左右。

在陵山南坡和东南小山头的毗连处还发现用石块堆成的坟堆18座，大致成东西向有序排列。这些小墓可能为刘胜子孙或媵妾的附葬墓，陵山应是刘胜家族墓地所在。陵山中部的北侧，约当M1的上面，发现西汉时期的砖瓦碎块，可能是与陵墓有关的祠庙类建筑的遗存。

四、石室墓

石室墓以石块砌筑墓室，汉代诸侯王墓中只有竖穴岩坑石砌墓一种，虽然为数不多，但却是诸侯王墓的一个重要类型，主要分布于江苏徐州楚王山，河南永城窑山、僖山，山东巨野红土山和广东广州象岗。

1983年6月发现的广州市区象岗山南越王墓是汉代少数未被盗发的诸侯王墓之一，形制结构和葬俗在西汉石室墓中最为突出和独特[1]。该墓系在推土施工中发现，上部情况不明。

南越王墓是一座竖穴与掏洞相结合的大型石室墓，全部为大石块构筑，由斜坡墓道、甬道、耳室、前室、中室、后室组成，平面呈"早"字形。前室两侧是在竖穴中横向掏洞形成的长长的东、西耳室。中室（主室）两侧有狭长的东西侧室，长度为中室、后室之和，使墓室后半部的平面形成方形结构。甬道与前室之间、前室和后室之间各有石门，门后设自动顶门器。整个墓葬共有7室，平顶，仿前朝（堂）后寝布局，以750多块红砂岩大石砌成，墓顶用28块大石板平铺。墓道在第一道石门外4.12米的一段地面与墓底齐平，有大木构筑的外藏椁（图2-29）。

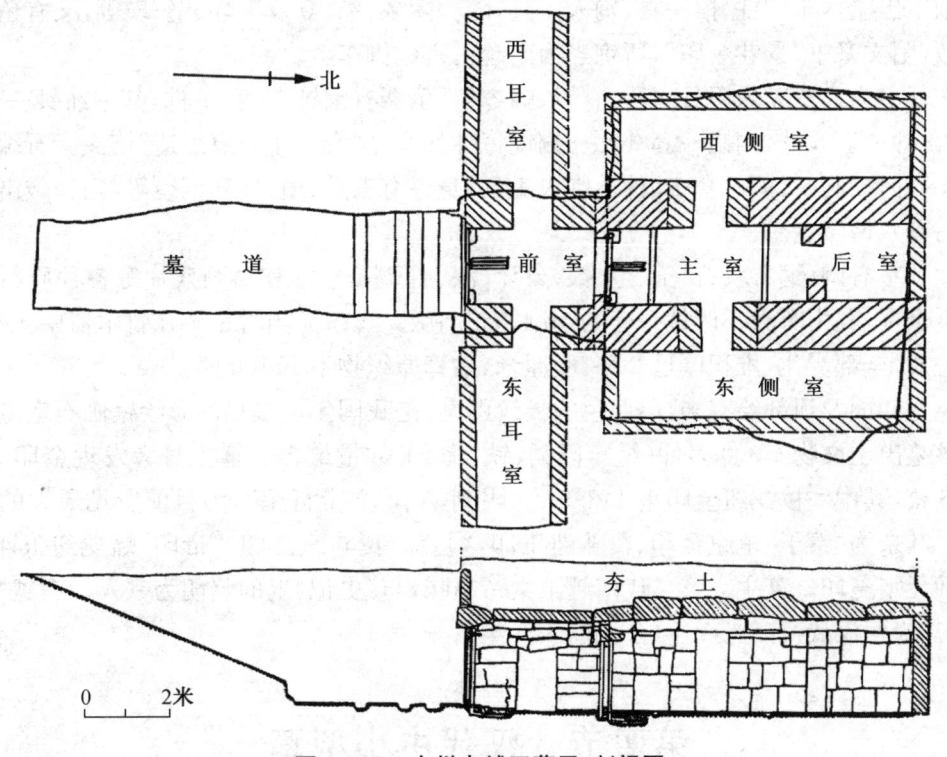

图2-29 广州南越王墓平、剖视图

中室为主棺室，根据板灰及器物分布情况，可以确定葬具为一棺一椁，棺与椁左右侧壁紧贴，两端稍空，相当于头、足箱，放置器物。墓主身着丝缕玉衣，头、手、足部以丝缕编织玉片，躯干部分的玉衣粘贴在衬布上，整套玉衣共用玉片2291片，玉片皆经精细加工。另外有玉雕制品200余件，其中墓主的组玉佩最为华丽。玉衣下铺垫5块玉璧，上衣里贴体排列14块玉璧，另有龙虎相争形象的金钩玉龙、构图完美的龙凤重环佩、形似犀角的玉

---

[1] 广州市文物管理委员会等：《西汉南越王墓》，北京：文物出版社，1991年。

杯等。玉杯形似犀角，呈半透明态，杯面的兽形纹饰从口沿向下缠绕杯身及底，用高浮雕、浅浮雕和线刻等技法镂刻三层纹饰，造型与纹饰浑然一体。

后室有铜、陶器皿100多件，铜器有铜鼎19件及铜鉴、炉、瓮、罐、提筒、釜、甑、鋆、蒜头壶、洗、鋗、匜、三足盒等，陶器有瓮、罐、鼎等，以罐为主。另有铁鼎1件。铜器中鉴、蒜头壶皆为典型秦器，鼎有中原式和越式两种。中原汉式鼎盖上有三云钮，腹部近口沿处刻"蕃禺少内　容一斗大半"。此鼎为少内专用或工官专为少内制作。

东侧室出印章7枚："右夫人"龟纽金印，"左夫人印""泰夫人印""□夫人印"为鎏金龟纽铜印，"赵蓝"覆斗钮象牙印及2枚无字方形覆斗钮玉印。葬具、遗骸皆朽。出铜、漆、银器。东侧室为姬妾葬处。

西侧室殉7人，葬品为部分牺牲和殉人用具，为庖丞、厨役之室，所殉当为厨丞、庖丁一类人物。

前室出土木车构件、棺一具、殉人1具，随葬陶罐、鼎、盒及玉环、璧、璜等，又有鱼钮铜印1枚，阴文篆书"景巷令印"，所殉当为南越王宫廷御车者。

东耳室为放置宴乐用具之所，有铜、陶容器，乐器有编钟3组27件，其中纽钟一套14件，铜甬钟一套5件，铜铙一套8件。铜铙每件都有"文帝九年乐府工造"铭文。石编磬两套共18件，一套8件，一套10件。殉人1具，身旁有玉璧、璜、环和铜镜等，当为敲击钟磬者。另有六博漆盘。

西耳室有陶、铜、铁、石、玉、金、银、象牙、漆、竹、木、丝绸和帛画残片等各种质料的物品500余件，其中有大小两件一套的铜制印花凸版。丝织品当时是装在竹木器中入藏的，多层叠放，全部炭化，堆积厚近20～30厘米，估算原织物不下100匹。

墓室四面及顶部绘有朱、墨两色的云纹图案，是我国年代最早的彩绘壁画石室墓。

该墓出土文物1000多件(组)，以铜、铁、陶、玉数量最多。墓主身旁发现金印2枚、玉印6枚，其中一枚龙纽金印重148.5克，阴刻篆书"文帝行玺"，为目前所见最大的西汉金印。其余为"泰子"龟纽金印、覆斗纽玉印，"赵眛"覆斗纽玉印，"帝印"蟠龙纽玉印和3枚素面无字玉印。墓主为第二代南越王文帝赵眛，与《史记》上的赵胡为一人。南越"文帝九年"当为西汉武帝元光六年(公元前129年)。

第四节　汉代中小型墓

中小型墓是汉代墓葬数量最多的一类，有竖穴土坑木椁墓、土坑墓、土洞墓(洞室墓)、砖室墓、空心砖墓、石室墓、画像石墓、画像砖墓、壁画墓、崖洞墓等，它们是正常埋葬的中下层官吏和平民墓。

一、竖穴土坑木椁墓和土坑墓

竖穴土坑木椁墓和土坑墓是汉代墓葬中的一个大类，中原、关中及边远地区以及受汉文化影响的地方都有分布,只是在形制特色和随葬品等方面各有特色。

(一)西汉时期

竖穴土坑木椁墓主要流行于西汉早、中期,西汉晚期与砖室墓共存并逐渐为砖室墓取代。在长江流域及南方和北方边远地区一直使用到东汉中期。而无椁的土坑墓无论在何时都是下层人士普遍使用的墓葬形式。单就木椁来说,它还见于洞室墓等西汉前期其他类型的墓。西汉木椁墓继承了商周以来的木椁墓形式,在长方形竖穴土坑内用木板搭筑椁室,较大的墓往往设一斜坡式或阶梯式墓道。较大型的墓有两重棺,多数一棺一椁。南方地区多见3~4个椁箱,椁一般不再分层。

西汉棺椁制度已没有先秦那样严格,但墓葬规模和棺椁、葬品等还是大致与墓主人的身份和财力相对应。上卿、郡太守至县令一级多使用中型木椁墓,墓圹边长5~10米,单棺或双棺,椁室分割为三四个椁箱,随葬铜、漆礼器和日用器、俑类等数十件,少数用偶车马。

下层官吏、中小地主和少数富裕农民一般使用边长2~5米、两椁箱以下的单棺小型木椁墓,随葬品以鼎、盒、壶等陶器为主,有模型明器仓、灶、井等,有少量铜器、带钩、木俑、陶俑等。

无官秩的庶民使用单棺土坑墓,随葬少量陶器,葬品或置于壁龛之中。处于社会最下层的贫民用大小仅可容身的土坑为墓室,瓦棺或无棺,无葬品或只有一两件陶罐或铜钱。

在木棺的构造上,西汉虽然开始使用铁棺钉,但仍以榫卯拼接为主,至东汉才普遍使用铁棺钉。

湖北江陵纪南城凤凰山 M168 是文帝时期的墓葬,与 M169 为异穴并列的夫妻合葬墓。该墓为长方形竖穴土坑,有东向斜坡墓道,墓口长 6.2 米、宽 4.8 米,一椁二棺,椁室分隔为棺箱、边箱和头箱三部分,其间有门窗相通,上面分别盖顶板,盖板由横列的 6 块楠木构成,椁室空间高 1.55 米,周围填塞青膏泥,其上填 5.26 米厚的粗硬青灰泥,青灰泥以上用五花土夯实。内棺发现男尸一具,保存较好。出土随葬品 500 多件,主要在头箱、边箱和内外棺中。头箱中放置木雕车、船、马、牛、狗模型和奴婢木俑;边箱中放置漆、木、竹、陶、铜器以及竹简、铜钱和陶仓、灶模型;内外棺中有丝、麻服饰等。出土漆器 160 多件,木器 120 多件,半数为木俑;笭、筒、扇等竹器 60 多件,笭、筒中有生姜、红枣、小茴香、牛肉、猪肉、鱼等。此外有一竹片制成的天平衡杆,长 29.9 厘米、宽 1 厘米、厚 0.3 厘米,正中部上侧有一小铜环,两端下侧各有一竹钉。衡杆正、背、底三面共有墨书文字 41 字,是汉文帝时检核钱币重量的衡器。根据椁室边箱取出的竹简所记,推测墓葬年代为汉文帝十三年(公元前 167 年),墓主为"市阳五大夫",大致相当于县令[1]。

湖北云梦大坟头 M1 是西汉早期的一座长方形木椁墓,单棺单椁,有头箱和一个边箱,椁室外填塞白膏泥。随葬器物 150 多件,铜器有鼎 2、甗 1、钫 2、鍪 1、蒜头壶 1、扁壶 1、铜剑 1、铜镜 1 及盂、匜、盘、勺、匕等。漆器有圆盒、盂、耳杯、盘、耳杯盒、圆奁盒等。有

---

[1] 湖北省文物考古研究所:《江陵凤凰山一六八号汉墓》,《考古学报》1993 年第 4 期。

木俑 10 件,马俑 8 件,木偶车 2 辆,另有陶器、玉器和丝织品等[1]。

2002 年发掘的山东日照海曲汉墓,M125 是一座一椁二棺的中小型合葬墓,有头箱和并列双棺。椁室有两层盖板,第一层用稍加修整的圆木横向平铺,将整个椁室盖住。第二层为规整的木板,亦为横向平铺,木板两端外为椁框。揭开第二层盖椁板,露出头箱和棺室上纵向的盖板,盖板下并列双棺。该墓虽然规模不大,但结构较为复杂[2]。

(二) 东汉时期

东汉时期,竖穴木椁墓基本被砖室墓所取代,在华南和江浙一带还有少量发现。这一带的木椁墓之所以能沿续较长时间,可能与南方多木材和其地方木工技术特别发达等有一定的关系。

华南地区的东汉木椁墓,椁室一般分成前室、器物室、棺室三个部分,墓坑底部分为高、低二级,前室比后室低几十厘米,椁室的纵剖面呈曲尺形,为二级二层木椁墓,实际应称"假二层"。如广州象栏冈二号墓,长方形竖穴墓,墓口长 6.08 米、宽 3.25 米,墓底分为二级,前段比后段低约 52 厘米。椁室底板后端直接铺在生土层上,前端伸向前室中部,搭在与后室坑底等高的短木柱上,成了器物室的顶板,器物室的前部是前室的空间。四壁和顶以大木平垒而成,后壁是横垒的三条大木,两端各锯一缺口,与左右两壁相扣。左右两壁用四条大木垒成,因为墓底是前低后高的,所以最下一条只有与前段墓底等长,筑在前室底板上,与后部的坑底取齐。封门用五条大的立木并排,中间三条可以活动,两侧两条各锯出凹口,把椁壁扣紧。椁室又用木板纵向分隔为棺室和边箱。这样整个椁内分为前室、器物室、棺室和边箱四个部分。这种结构相对于西汉晚期的双层木椁墓有所简化,后室绝大部分直接铺在坑底上,所以又叫"假二层"(图 2-30)。随葬品主要放在边箱,其次是器物室,计有陶盒、壶、罐、盆、熏炉、仓、灶、井、楼房等。即此时已有很多生活用品搬上"楼"了。葬品中有五铢、大泉五十和货泉,时代为东汉前期[3]。

华南地区还有一种砖木结构墓,有的用砖铺底,四壁仍是木架;有的墓壁砌砖,而盖顶或底板、封门仍用木料。墓底也做成前低后高的二级,与同时的期木椁墓相似。砖木结合的土坑墓和土坑木椁墓在其他地区也有发现,这是由木椁墓向砖室墓过渡的形式,又被称为砖椁墓,主要特点是以砖砌壁,木板盖顶。

江浙一带的木椁墓继承了西汉木椁墓的形制和构造方法,以楠木为棺具,椁室设有箱。如盐城三羊墩东汉早期墓 M1,长方形竖穴土坑木椁墓,西南端辟有墓道,木椁由盖板、底板、枕木构成,用挡板分为棺室、头箱、侧箱三部分。棺室三棺并列,棺壁、底皆用完整楠木斫成[4]。扬州七里甸木椁墓,有头箱、脚箱和木棺两具,皆用楠木。棺、盖为分别

---

[1] 湖北省博物馆汉墓发掘组等:《湖北云梦西汉墓发掘简报》,《文物》1973 年第 9 期。
[2] 山东省文物考古研究所:《山东日照海曲汉代墓地》,收入国家文物局主编《2002 中国重要考古发现》,北京:文物出版社,2003 年。
[3] 广州市文物管理委员会:《广州东山象栏冈第二号木椁墓清理简报》,《文物参考资料》1958 年第 4 期。
[4] 江苏省文物管理委员会、南京博物院:《江苏盐城三羊墩汉墓清理报告》,《考古》1964 年第 8 期。

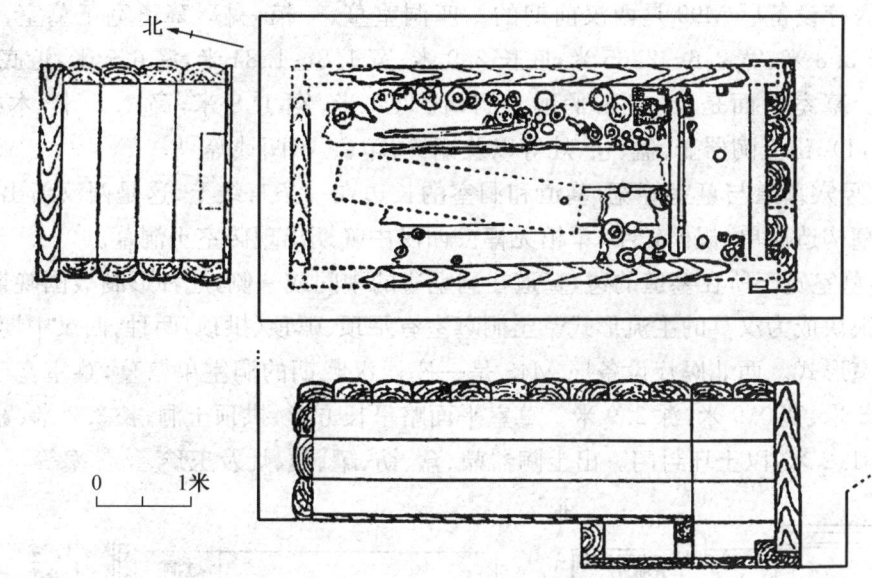

图 2-30 广州象栏岗东汉木椁墓(M2)平、剖面图

用整段楠木挖成,盖作盝顶[1]。但东汉晚期的木椁墓数量少,构造也简单。仪征石碑村的两座墓,M1单棺,只有棺室和头箱,M2两棺,有棺室和脚箱,棺、椁皆楠木质。二号墓为东汉中期,一号墓更晚一些[2]。

二、西汉洞室墓

洞室墓又称土洞墓,春秋战国流行于渭河流域,战国中期普及到洛阳一带,秦汉时期在黄河流域和北方地区大量流行并延续到以后各代。洞室墓以长方形竖井(有的口大底小)为墓道,在竖井墓道底部一边掏横穴式土洞为墓室。有的为斜坡墓道,在斜坡墓道底向前掏挖洞室。洞室墓不像竖穴土坑墓那样露天开挖墓室。在墓室前部一侧或两侧往往设有耳室或小龛,放置随葬物品。洞室墓是中小型墓中的一个地方类型,在北方地区,它同竖穴土坑墓同时并行,但在关中地区,洞室墓是西汉墓葬的主流形式,在较大规模的洞室墓中也使用木椁,一般为一棺一椁,很少分隔椁箱。西汉早期以木板或土坯封门,中晚期多以条砖封门,并且开始在洞室内做砖券墓室,代替原来的木椁墓。

根据《西安龙首原汉墓》[3]和《长安汉墓》[4]公布的170座西汉洞室墓的资料,它们大致可分为两个大类:

第一类为竖穴墓道洞室墓,洞室内置棺椁。根据洞室和墓道的大小分为三型:

A型:竖穴墓道略宽于墓室,墓室一般开挖于所在墓道边的中间,主要流行于西汉前

---

[1] 南京博物院、扬州市博物馆:《江苏扬州七里甸汉代木椁墓》,《考古》1962年第8期。
[2] 南京博物院:《江苏仪征石碑村汉代木椁墓》,《考古》1966年第1期。
[3] 西安市文物保护考古所:《西安龙首原汉墓》,西安:西北大学出版社,1999年。
[4] 西安市文物保护考古所、郑州大学考古专业:《长安汉墓》,西安:陕西人民出版社,2004年。

期。西北医疗设备厂 M99 是西汉前期的一座洞室墓，一棺一椁，墓道宽于墓室，口大底小，上口长 3.3 米、宽 2.6~2.65 米，底长 2.9 米、宽 1.8~1.84 米，深 6.7 米，近底处四壁有二层台。墓室平面是长方形，平顶土洞，长 3.8 米、宽 1.8 米、高 1.5 米，木板封门（图 2-31,1）。出土陶器壶、盆、仓、灶等以及铜铃、印章、半两钱等[1]。

B 型：竖穴墓道与墓室等宽，墓道和洞室的长边在一条直线上，这是西汉新出现的形式。此类墓构造简单，规模较小，单棺无椁。西汉中晚期出现砖室土洞墓。

C 型：墓室宽于所在墓道的边，墓道在洞室边的中间或一侧，此种形制战国晚期出现，西汉开始很快成为汉墓的主流形式。土洞墓室有平顶、弧顶（拱顶）两种，西汉中期以后出现券顶砖室形式。西北医疗设备厂 M43 是一座西汉晚期的洞室单棺墓，墓室宽于墓道，墓道长 2.5 米、宽 0.9 米，深 2.9 米。墓室平面略呈长方形，拱顶土洞，长 3.2 米、宽 1.7~1.9 米、高 1.2 米，以土坯封门。出土陶器鼎、盒、钫、罐、盆、灶及玉琀、玉鼻塞等[2]。

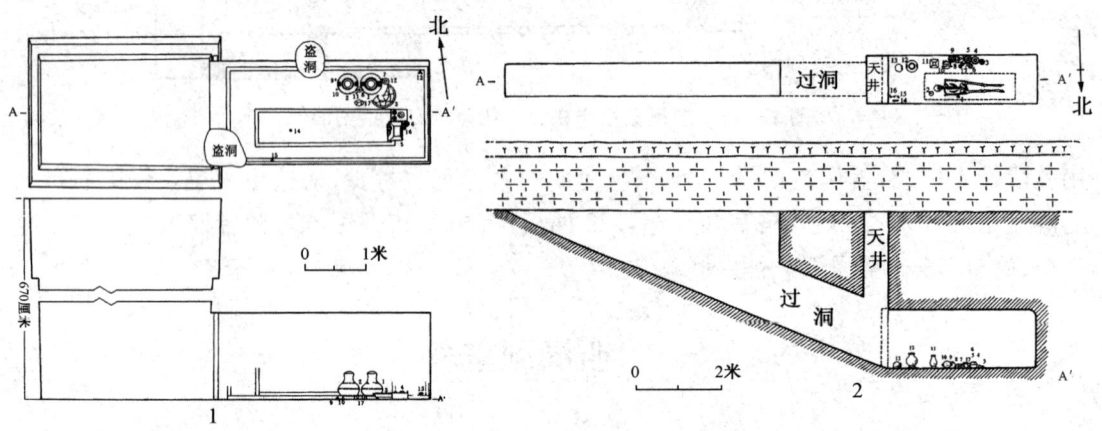

图 2-31　西安西汉洞室墓平、剖视图

第二类为斜坡墓道洞室墓，有的墓在墓道和洞室之间有过洞或天井加过洞，西汉早期出现，墓室由狭小向宽大发展，西汉中晚期出现券顶砖室墓。依墓道和洞室间有无过洞、天井分为三型：

A 型：斜坡墓道和洞室之间无天井和过洞，墓道和墓室相连，居于墓室一边的中间，平面呈"甲"字形，或偏于一侧，平面呈刀形。有的在墓道两边或墓室前端设耳室或小龛放置随葬品。西安市方新村 M16 为西汉中晚期带斜坡墓道的刀形墓，墓道开口长 8.8 米、宽 1 米，坡长 10.4 米，偏于墓室一侧，直接与墓室相连，以土坯封门。墓室平面为长方形，拱顶土洞，壁与墓道西壁齐平，长 4.2 米、宽 1.6 米，顶高 1 米。出土陶器有鼎、盒、壶、罐以及铜镜等物[3]。

---

[1] 西安市文物保护考古所：《西安龙首原汉墓》，西安：西北大学出版社，1999 年，第 127~130 页。

[2] 西安市文物保护考古所、郑州大学考古专业：《长安汉墓》上册，西安：陕西人民出版社，2004 年，第 31~34 页。

[3] 西安市文物保护考古所、郑州大学考古专业：《长安汉墓》上册，西安：陕西人民出版社，2004 年，第 143~144 页。

B 型:墓道和墓室间有过洞(或称甬道)而无天井,同 A 型墓一样,有墓道居于墓室一边的中间或一侧两种形制。西安市方新村 M4 为西汉中期墓,斜坡墓道长 9.9 米、宽 1 米,斜坡长 10.6 米,墓道与墓室之间为一坡长 3 米的拱顶过洞,过洞接墓室,墓室为拱顶土洞,长 4.6 米、宽 1.5 米、高 1.4 米,以木材封门。出土陶器有鼎、盒、罐、灶、瓿等[1]。

C 型:墓道和墓室之间有天井和过洞,整个墓葬由长斜坡墓道、过洞、天井和洞室四部分组成,平面形状亦有"甲"字和刀形。如陕西省交通学校 M124,时代为西汉中晚期,平面呈"甲"字形,墓道居于墓室短边的正中,长 6.4 米、宽 0.8 米,坡长 7 米。墓道以下接一长 2 米的拱顶过洞,过洞与洞室之间为天井,沿续墓道和过洞的坡状底,长 0.62 米,与洞室等宽。墓室为长方拱顶土洞,长 3.48 米、宽 1.12 米、高 1.4 米,以土坯封门(图 2-31,2)。随葬品有陶器鼎、盒、壶、钫、罐、盆、瓿、灶及铜镜、车马器等[2]。

三、空心砖墓和砖室墓

(一) 空心砖墓

空心砖墓比普通小砖墓出现得要早,它其实是砖室墓的一个特殊的地方类型。战国中期郑州新郑、二里岗一带首先出现竖穴空心砖墓,在竖穴土圹中用空心大砖砌椁室,上面用木材或空心砖作顶盖。西汉时期,空心砖墓分布于中原地区、关中东部,中原地区以河南洛阳、郑州、新郑、密县、巩义、禹州为中心,广见于河南十多个县市,邻近的晋南一带也有发现。

空心砖墓继承了战国晚期和西汉早期洞室墓的传统,常以竖井为墓道,在横穴内用空心砖砌墓室,早期多平顶单棺空心砖墓,以木板或空心砖盖顶,后期多双棺空心砖合葬墓,顶部为以空心砖搭成两面坡,前壁有门洞,模仿生人住宅,砖面上印有花纹、图案。洛阳地区西汉后期的个别墓还有彩色壁画,题材有天象、四神、神话人物及历史故事。东汉时期小砖墓流行全国,中原、关中地区的空心砖墓消失。

20 世纪 50 年代发掘洛阳烧沟汉墓共发现空心砖墓 28 座[3],其中不包括仅在铺地、封门时局部用空心砖的墓例。这些空心砖墓大都是单棺或双棺的平顶墓,有的与小砖混筑,以空心砖砌壁,小砖券顶,时代以西汉中期为主,少数到西汉晚期。M184 是一座平顶单棺空心砖墓,竖井墓道,以墓道底部一侧的洞室为墓室,墓室底平铺大砖一层,绕棺筑以空心砖墙,上盖顶砖,墓门用两块大砖封闭,合计共用 30 块空心大砖。墓顶及左右两壁的空心砖长 1.1 米、宽 0.26~0.4 米,后壁和墓门砖长 0.84 米。墓室一侧有耳室,未施砖筑,出土陶罐、陶仓、五铢钱等,时代为西汉中期。

---

[1] 西安市文物保护考古所、郑州大学考古专业:《长安汉墓》上册,西安:陕西人民出版社,2004 年,第 112 页。

[2] 西安市文物保护考古所、郑州大学考古专业:《长安汉墓》上册,西安:陕西人民出版社,2004 年,第 537~538 页。

[3] 洛阳考古发掘队:《洛阳烧沟汉墓》,北京:科学出版社,1959 年。

M102 是一座弧顶双棺空心砖墓，长方形竖井式墓道，以洞室为墓室，在甬道和棺室前端的两侧各对开两个长而大的耳室，共四个耳室，甲耳室为土洞，其余三个以空心砖砌筑，但乙耳室用小砖铺地。墓室长 4.7 米、宽 2.1 米，高 2.26 米，墓顶最上部以一排空心大砖横铺，两侧下斜成"八"字形支撑顶砖，墓顶断面呈桥梁形状。墓顶用砖最长 1.14 米，最短 0.54 米，据所在位置和结构功能特制而成。墓壁用条砖砌成，墓底用柱砖横铺，墓室前端用三角形空心砖两块为门额，其前部降低为甬道，甬道以小砖铺地，未加砖筑。出土陶器有瓮、罐、壶、鼎、敦、仓、灶等，另有铜洗、五铢钱等出土，时代为新莽至东汉早期。该墓以空心砖为主，用小砖和空心砖混筑，具有小砖墓的一般特点（图 2-32）。

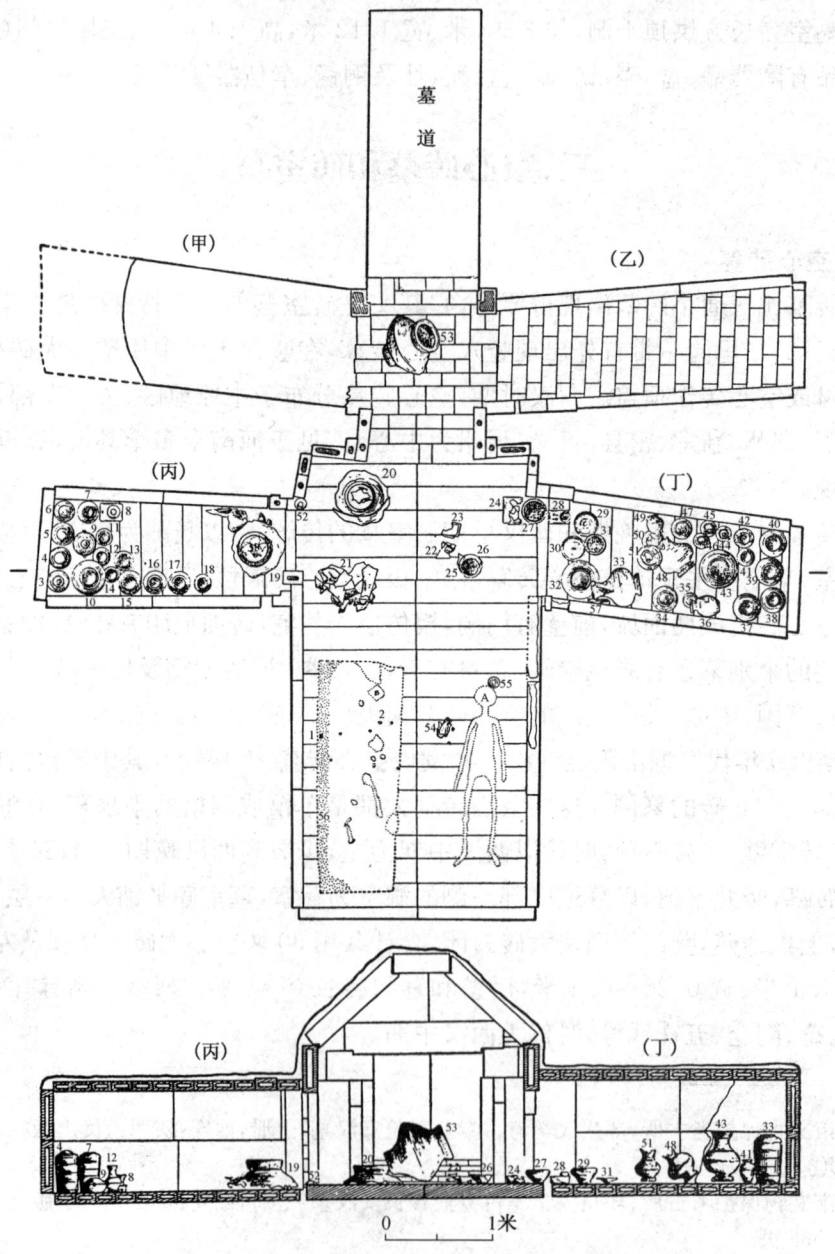

图 2-32　洛阳烧沟西汉空心砖墓（M102）平、剖视图

(二) 砖室墓

这里说的砖室墓是专指空心砖墓以外的小砖墓,墓顶部券筑成拱形或叠涩成穹窿状。砖室墓在全国各地出现的时间很不一致。西汉中后期小砖墓开始出现于中原、关中地区,早期小砖墓以小砖筑成砖框,有的也用砖铺墓底,而墓顶是木板平顶,也被称为砖椁墓,这是砖室墓的早期形式或由木椁墓向砖室墓过渡的形式。西汉晚期弧顶小砖墓逐渐取代木椁墓,东汉时期遍及全国。

关中地区于宣帝后期开始出现在洞室内砌筑小砖券顶墓室的砖室墓,西汉晚期洞室砖室墓逐渐流行,加上竖穴砖室墓的使用,砖室墓开始取代木椁墓,同期的空心砖墓也由单一的平顶开始转变为使用两面坡式顶。东汉时期,竖穴砖室墓少见,而流行带斜坡墓道的洞室砖室墓。

中原地区的小砖弧顶墓出现于西汉晚期(元帝以后),新莽时期开始流行,并形成前室方形、穹窿顶,后室长方形、券顶的较为固定的形式,至东汉中期多室墓开始流行。

西汉晚期是砖室墓在关中、中原地区流行并向全国推广的时期。关中、中原以外的其他地区,小砖墓流行的时期较关中和中原稍晚,但进入东汉以后,砖室墓取代土坑木椁墓已成为墓葬发展的主流。在有些地区,砖室墓开始的时间要比中原晚。长江以南的江浙一带,西汉晚期到东汉早期的砖室墓数量都不太多,而1984年发掘的杭州萧山溪头黄汉墓,59座汉墓均属中小型墓,西汉时期的均为土坑墓,东汉早期的19座墓只有1座(M23)是砖筑墓,属新出现的类型。该墓以砖铺底,砌筑四壁,墓壁顶部平齐,无起券迹象,应为向砖室墓过渡的砖椁墓。东汉中期的11座墓中只有3座是砖室墓,东汉晚期的4座墓全为砖室墓[1]。这个数量的变化反映了江南地区砖室墓发展的过程。岭南地区到东汉中期以后,砖室墓才基本取代了木椁墓,但个别地方砖室墓的普及可能更晚,如2007年发掘的广西贺州凤凰岭墓地,25座东汉晚期墓中,砖室墓只有2座,平面呈"凸"字形,由墓道、甬道、墓室三部分构成。长方形土坑墓12座,墓坑长度在3~4米,宽度一般为40~80厘米。"凸"字形土坑墓11座,带短墓道,多数有棺椁痕迹及横向枕木槽[2]。广西以往发现的东汉砖室墓多集中于合浦、贵港、梧州等汉代郡治所在的地区。

由于砖砌墓室本身就起到了椁的作用,墓内往往有棺无椁,但在砖室墓流行的早期,有的墓仍然使用木椁,如咸阳马泉西汉砖室墓,斜坡墓道,券顶,单棺,有单层木椁。椁室在墓室的后部,从残存痕迹可知,椁室长3.78米、宽2.2米,椁板厚约16~20厘米。椁底板和铺地砖间残存有木炭一层。木棺置于椁室南半部,仅存底板。墓主为女性,从所出昭明镜、清明镜和宣、平时期的五铢钱来看,时代为西汉晚期[3]。

砖室墓以小砖为建筑材料,营造的方法也有竖穴和横穴(洞室)两种,墓底以小砖平

---

[1] 杭州市文物考古研究所、萧山博物馆:《杭州萧山溪头黄汉墓发掘报告》,《考古学报》2018年第3期。

[2] 广西文物保护与考古研究所等:《贺州凤凰岭古墓群考古发掘报告》,收入《广西考古文集》第五辑,北京:科学出版社,2013年。

[3] 咸阳市博物馆:《陕西咸阳马泉西汉墓》,《考古》1979年第2期。

铺,墓壁错缝叠砌,顶部或券筑成圆弧形(券顶、弧顶),或叠涩成穹窿状(穹窿顶)。西汉晚期以前,墓室起券的砌法尚不成熟,多采用条砖并列法起券,各排砖券仅互相扶靠在一起。后来拱券部分多使用楔形砖或子母砖,以起到加固作用。西汉晚期已开始用纵连券法,券顶的砖亦错缝,从而使各列券在纵横两个方向上都发生联系,坚固程度大为提高。

砖室墓的大小不一,以简单的单券墓为多见,往往设有耳室,大墓中分为前室、中室(或侧室)、后室,模仿生人住宅前堂后室的格局。新莽时期,中原地区的砖室墓以前室(堂)穹窿顶、后室券顶为常见的形式。

东汉前期至中期仍然流行前堂后室的单穹窿顶形式,如烧沟M1026(图2-33),此形式自西汉晚期至东汉中期一直流行。由于家族成员合葬一墓的风俗开始流行,多在前室两侧开有侧室,形成多室墓。东汉时期砌筑技术也有所改进,除墓顶使用纵连券法,在拱券及与墓壁交接处都普遍地应用了纵连券的技术,使墓室成为牢固的整体。在墓顶的砌筑方法上,多用比较牢固的横券技术,子母砖的两个侧面都有拐折,使每列券砖上的每一块砖都与其前后左右券砖相扣接,墓顶的牢固程度较以前大为增强。这时期的砖室墓大都有斜坡墓道,竖井墓道和竖井加阶梯墓道仍然存在。砖筑甬道的高度与墓门弧顶取齐。

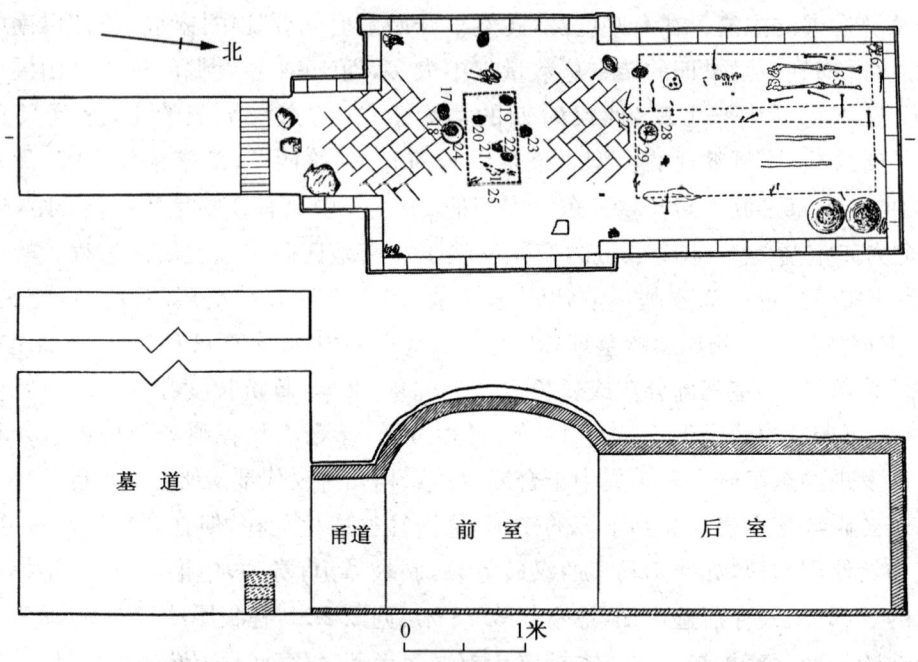

图2-33 洛阳烧沟东汉砖室墓(M1026)平、剖面图

东汉中晚期出现了双穹窿顶墓,把前、后室都筑成穹窿形,而更多的墓是把原纵长方形的前室(即堂)改为横长方形,即前堂横列墓,使前室的面积扩大,更适合于在其中进行祭奠等活动,再根据合葬的人数,在后室乃至两侧加筑顺列的棺室,前堂横列并具双后室,规模扩大。以后的大墓便以堂为中心,向前后及两侧开辟墓室,多有前、中、后三室,以象征地上居室的庭、堂和寝,而耳室几乎不见。由于合葬人数不同,东汉多室砖墓形制繁多,侧室的安排也无一定规则。

目前已发掘的等级最高的砖室墓是河北定州东汉中山简王刘焉与其王后的合葬墓，该墓砖室之外是以黄肠石叠筑的围墙，可以看成是大型题凑墓向完全的砖室墓过渡的形式。另一座是河南安阳市西高穴村曹操高陵，由斜坡墓道、墓门、封门墙、甬道、前后主室和主室两侧的四个侧室组成，前、后室为四角攒尖顶，侧室皆券顶。现在所见较大型的汉代砖室墓都是东汉时期的，其中以中晚期为主，大贵族、大官僚的墓如河北太原太守墓、河南密县弘农太守家族墓、内蒙古和林格尔护乌丸校尉墓、甘肃武威雷台汉墓等，都是结构极其复杂的砖室墓，有的还有壁画。砖室墓的兴起是从小型墓开始的。

四川、重庆一带流行平面呈刀形的小型砖室墓，墓道设在墓室短边一侧，甬道券顶低于墓室的券顶，纵剖面也呈刀形。

在南方，东汉砖室墓开始兴起并逐渐取代木椁墓，但穹窿顶并不盛行，整个东汉时期，券顶墓始终是最主要的形式。华南地区东汉前期使用"中"字形砖室墓，如广州动物园东汉墓，有长甬道、中室和后室。甬道券顶；中室穹窿顶，为设奠场所，左壁设旁龛；后室长方形，券顶，铺地砖较中室和甬道高出一级。墓口封门砖向外凸出，以扛住填土的压力。平面整体上呈中字形[1]。棺室高出一级的做法流行到东汉晚期，是假二层木椁墓传统风俗在砖室墓中的反映。

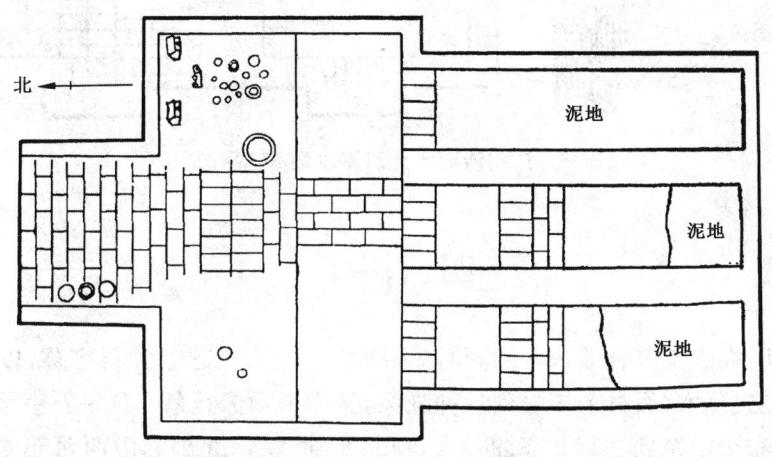

图 2-34　广西贵港东湖新村汉墓(M1)平面图

东汉后期，华南地区出现平面呈"十"字形和"卄"字形的多棺砖室墓，如广西贵县（今贵港市）东湖新村 M1，墓室分甬道、前室、后三室五部分，平面呈"十"字形，五部分皆用券顶，后三室为并排起券。前室底分两部分，前部与甬道齐平，后部高起一级形成宽约 1 米的台阶。后三室以砖墙相隔，地面高出前室一级，自甬道到后室形成三级台面（图 2-34）。广州沙河十九路军坟场 M3，无墓道，由两个结构相同的"凸"字形墓室并列组成平面呈"卄"字形的结构，双穹窿顶，两室间有过道相通，是一座东汉晚期的夫妻合葬墓（图 2-35）[2]。

---

[1]　广州市文物管理委员会：《广州动物园东汉建初元年墓清理简报》，《文物》1959 年第 11 期。
[2]　广州市文物管理委员会：《广州市东郊东汉砖墓清理纪略》，《文物参考资料》1955 年第 6 期。

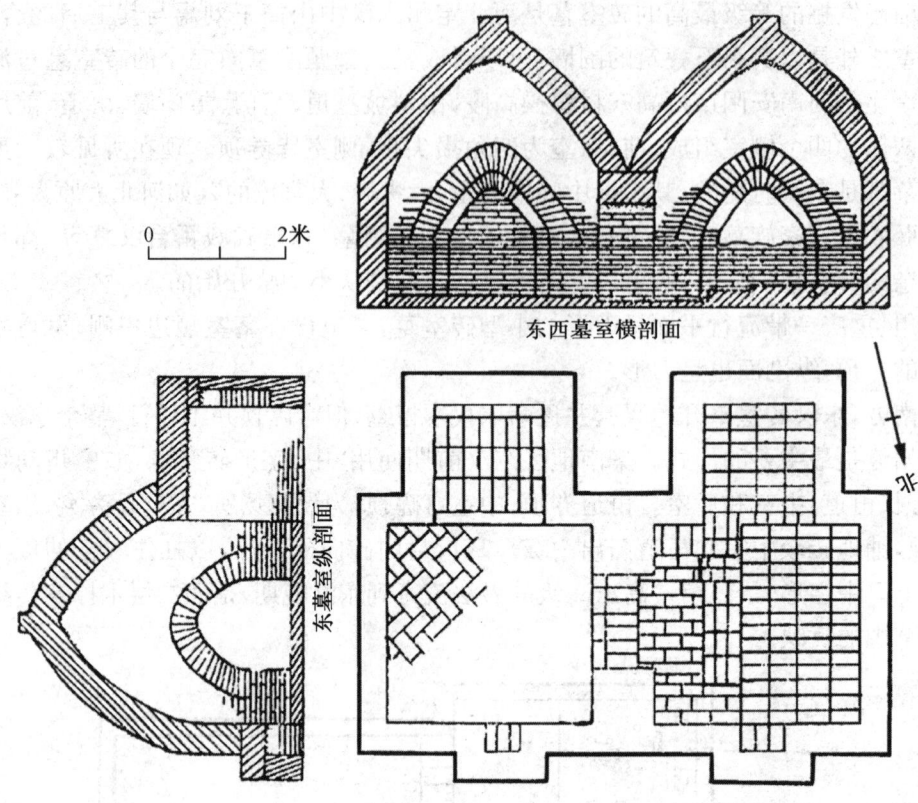

图 2-35 广州沙河十九路军坟场 M3 平、剖视图

四、石室墓

西汉后期,在砖室墓日益普及的同时,一些地区开始兴起一种石室墓,以经过加工的规整的石材砌筑墓室,石材上多雕刻各种画像,又称为画像石墓。这种石室墓主要流行于东汉时期,分布于山东到江苏北部、河南到湖北北部、陕西北部和山西西部地区。墓室的结构与同时期流行的砖室墓相似,也是仿照现实生活中生人的住宅,前堂后室。较早的石室墓使用平顶、"人"字形顶,晚期多使用叠涩顶的形式。画像技法和画像题材是画像石室墓研究的主要内容,我们放在画像石墓中详细介绍。

在四川、重庆地区,有一类用小石条代替小砖砌筑的墓,形式完全与砖室墓相同,多见刀形,使用券顶,这种墓同上述石室墓不同,可以同砖室墓一样看待。

五、石椁墓

石椁墓自春秋以来主要流行于山东地区,以竖穴为墓圹,石椁由前后挡板、左右侧板四块大石板和数块底板及盖板扣合而成,形似木椁,椁内有木棺痕迹。目前已发掘的西汉初期至东汉初期的石椁墓上千座,主要分布于山东南部,以济宁、枣庄两地区最为集中[1],枣庄滕州市发现最多,山东济南平阴和苏北、皖北也有少量发现。鲁南、苏北和皖北可以看作是石椁墓分布的一个大的区域。

石椁墓由木椁墓发展演变而来,并与木椁墓并行发展了相当长的时间。石椁墓的早期形式是碎石、积石墓和土坑或岩坑石盖板墓。碎石、积石墓的年代较早,春秋战国时期即已在齐地使用。石盖板墓的主要流行年代为西汉早期至新莽时期,可以看作石椁墓的简单形式。土坑石椁墓出现于西汉早期,西汉中期至东汉早期是石椁墓的流行时期。东汉中期砖室墓流行以后,石椁墓逐渐消失。

土坑石椁墓以单石椁为主流,并向双石椁、多石椁发展,最终演变为石室墓和砖室墓。双石椁墓葬有两椁室并列的同穴合葬墓,也有两墓穴并列的并穴石椁墓,两穴间有20～30厘米的生土隔墙。双石椁和多石椁墓椁所在的墓底有的存在高低不同的现象,显示出合葬中二次开挖的迹象。也有木椁(棺)或砖椁与石椁混合、土坑或岩坑无椁与石椁混合等形式。山东南部地区的石椁墓流行在椁室外的墓室一边或椁室外一端构筑并列或横向的器物箱,如山东济宁市共发现的48座砖、石混筑墓,多为石椁附带砖砌器物箱的形式,济宁郊区潘庙西汉墓地的15座石椁墓都有专门装随葬器物的头箱、脚箱或边箱,都是石椁砖箱的形式[2]。山东南部石椁墓的器物箱大小与石椁等同,而皖北地区石椁墓的器物箱大多小于椁室,横置于石椁一边。石盖板墓一般没有壁龛或器物箱,随葬器物也较少。

2000年苏北新沂发掘的11座石椁墓,墓底铺石板,四壁用大小不同的石板拼接而成,上有石盖板,棺内没有发现葬具。M1、M2为双石椁墓,两椁之间共用一块石板作隔板,椁底部铺设较厚的麻布,应为夫妻合葬墓。M1棺长2.3米、宽1.4米,高0.7米。M2形制与M1基本相同[3]。原报告称为石棺墓,其实与鲁南石椁墓应属一种类型。

2000年曲阜市小雪花山东坡抢救发掘96座汉代墓葬,绝大多数为竖穴土坑石椁墓,只有少量的石盖板墓及个别的砖椁墓、空心砖墓等。石椁墓分为单椁墓、双椁墓及三椁墓等,墓室面积为4～6平方米,较大的7～8平方米。有的石椁四壁用白地朱红彩绘青龙、白虎等简单壁画,还有的石椁墓在内置的木棺盖面上用白、黑、红等色绘制有清晰可辨的漆画。随葬陶器大都放在石椁外侧特设的器物箱或壁龛内,也有少数放在木棺盖上。而铜器、玉器、铜钱及铁器等均放在棺内墓主人身旁、头部或足部[4]。在20世纪90年代末的京福高速公路建设中,山东发掘石椁墓830多座,石椁上多有画像。2005年发掘的山东滕州朱洼西汉石椁墓,墓上面多为单层石盖板,有的墓葬使用双层石盖板,个别墓葬的四周不使用石板,仅在椁室上面盖一层石板。墓内木棺均已腐烂。有的墓还带有侧室,个别的挖双侧室。侧室均埋有人骨架,有的还放有1～2件陶罐[5]。

---

[1] 山东省文物考古研究所、滕州市博物馆:《鲁中南汉墓》,北京:文物出版社,2009年。
[2] 国家文物局考古领队培训班:《山东省济宁郊区潘庙汉代墓地》,《文物》1991年第12期。
[3] 新沂市博物馆:《江苏新沂市乱墩汉墓1号墩发掘简报》,《东南文化》2003年第3期。
[4] 山东省文物考古研究所:《曲阜花山汉墓出土彩绘陶器》,《中国文物报》2001年5月6日。
[5] 何德亮等:《配合西气东输工程山东滕州朱洼发掘汉代墓地》,《中国文物报》2005年6月8日。

山东嘉祥长直集 M2 是一座竖穴土坑双石椁墓，墓口长 2.9 米、宽 2.55 米，深 3 米。两椁室东西并列，其大小基本相同，长 2.26 米、宽 1 米，高 0.85 米和 0.9 米。椁室内存在木棺朽痕，骨架已经完全腐朽。两椁室南壁外侧各随葬陶罐 2 件。（图 2-36，1）

山东滕州顾庙墓地 M29 是一座岩室与石椁混合墓，墓圹长 2.84 米、宽 2.16 米，深 1.8～1.9 米。墓圹下半部由一宽 20 厘米的纵向岩台分隔为南、北两部分，北室长 2.54 米、宽 0.9 米，高 1.06 米，石椁内有木棺痕迹。南室（岩室）长 2.26 米，宽和深各为 0.7 米，内有木棺痕迹。两室内人骨架均已腐朽，头向西，仰身直肢。南室内和北室西侧台上各有陶罐 1 件（图 2-36，2）。墓葬年代约在西汉晚期至新莽时期。

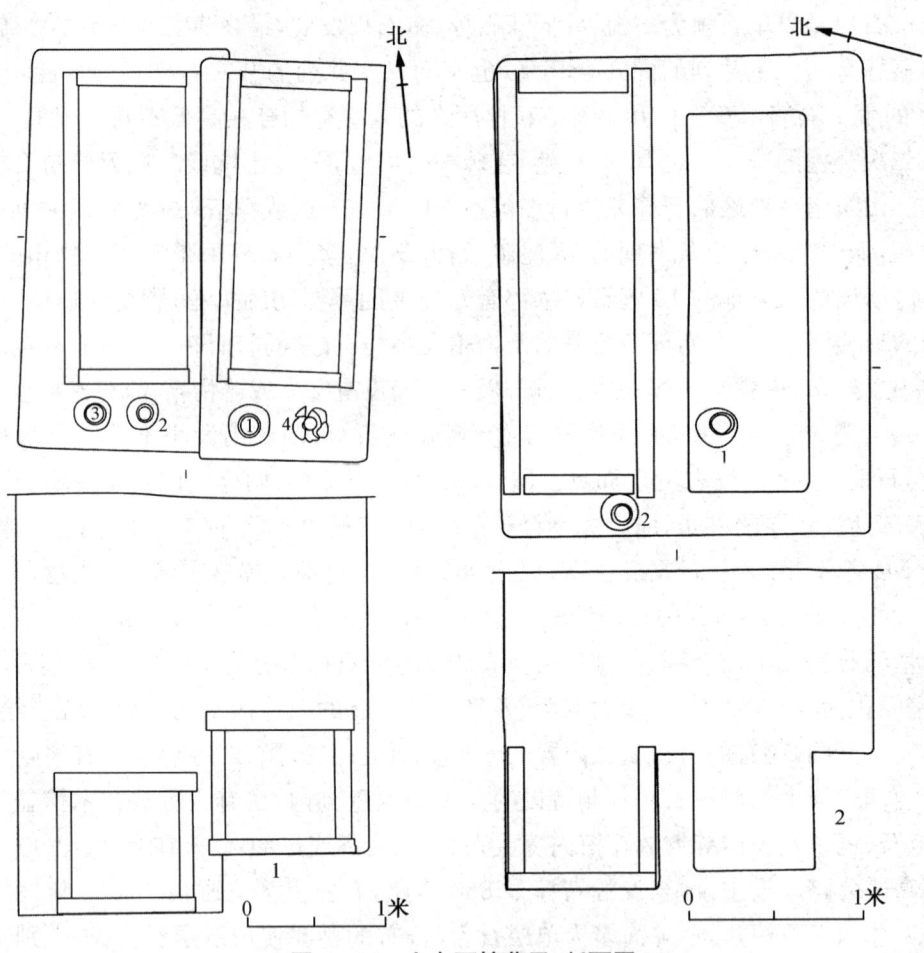

图 2-36　山东石椁墓平、剖面图
1.嘉祥长直集 M2；2.滕州顾庙 M29

六、壁画墓和画像砖、石墓

壁画墓、画像砖墓、画像石墓首先是砖室墓和石室墓，也有个别崖洞墓，画像便是描绘在墓室壁面和模印或雕刻在建材砖、石上的图案。壁画是画上去的，而画像砖、画像石上的所谓"画像"是模印和雕刻的。砖是模制的,上面的画像是也是模印的。画像石则是在石面上雕刻的,当然雕刻之前应有画稿,有的画像石上还可见描绘的线条。这些壁画和画像既是逝者墓室的装饰艺术作品,又是生人思想、社会习俗、生产生活和丧葬观念的一种表现形式。三类墓的墓主都以普通官僚、富豪、地主为主,平民虽也有壁画和画像砖、石墓,但所见较少。壁画墓、画像砖墓、画像石墓很少见于小型的单室墓。但就目前所见,无论是壁画墓还是画像砖、石墓,使用者大都不属于高等级人群。

壁画墓和画像砖、石墓,在汉墓中都不是普遍的墓葬形式,相对于数量众多的汉墓,它们只占极小的比例,而且其分布也局限于几个地区。虽然从建筑材料和结构类型方面讲,壁画墓、画像石墓和画像砖墓都不能同前面几类墓一样分列为一种汉墓的类型,但由于它们的地位十分重要,将之列述于此,是作为一个特殊类型看待的。

(一) 壁画墓

将砖室墓的墓壁用石灰抹平,用彩墨、毛笔在墓室内壁上作画,形成墓室壁画。壁画墓是砖室墓中的一个类型,但现在所知的两座年代最早的彩绘壁画墓都不是砖室墓。1983年发掘的广州象岗第二代南越王赵眜墓,石室墓,在墓室的四面及顶部绘有朱墨两色的云纹图案。1986年发现的河南永城县芒砀山柿园西汉早期梁国王室墓,该墓凿山为室,主墓室墓顶西半部用黑、白、红、蓝等色绘一巨幅彩色壁画——四神云气图,画面南北5.5米、东西宽3.5米。画面中间一巨龙昂首张口,呈嘶鸣欲吞状。龙的上方有一朱雀随龙腾飞,下方有一白虎,头高昂,前腿奋力跃起,后腿一直立,一作后蹬状,有上山虎的气势。龙首前方为一弓曲形动物,鸟首、蛇身、双尾,作上升状,挡在龙的去路前,与龙怒张的巨口相呼应(图2-37)。在墓门两侧还绘有灵芝草和云气纹图案[1]。柿园汉墓是一座崖洞墓,墓主为西汉早期(公元前136~公元前118年之间)的一代梁王。

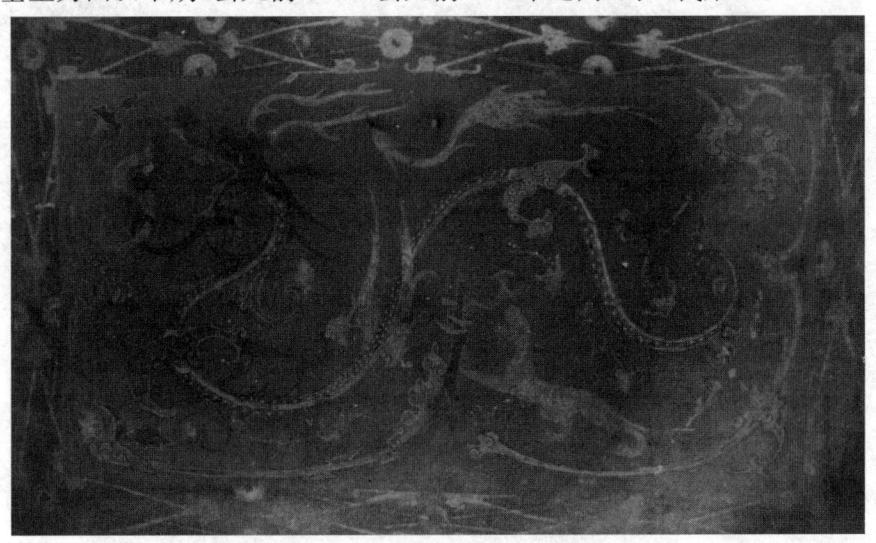

图 2-37 柿园汉墓墓顶壁画

---

[1] 阎根齐主编《芒砀山西汉梁王墓地》,北京:文物出版社,2001年,第115~120页。

两座墓均是诸侯王墓,是壁画墓中的特殊类型,但这两座墓都没有被作为壁画墓来对待。

考古发现的更多的汉代壁画墓主要是中小型砖室墓,流行于西汉晚期到东汉,壁画以矿物质颜料为着色剂,色泽稳定,经久不变,发现时颜色鲜艳如新。

西汉晚期,随着砖室墓的逐渐普及,壁画墓也开始多见起来,目前见诸报道的壁画墓有70余座,主要为东汉时期墓,属于西汉晚期的例子十分有限。在地区分布上,壁画墓只见于长江以北,以河南洛阳最为集中,陕西、甘肃、山西、内蒙、辽宁、山东、安徽等地都有发现。

西安曲江翠竹园一号壁画墓可能早到西汉中晚期,大约在宣、元时期。西安地区发现的5座壁画墓集中在杜陵邑附近[1],年代主要在西汉中晚期到新莽时期,墓主身份均为两千石左右的高级官吏,壁画题材有祥禽、瑞兽、天象、升仙、射猎、乐舞、斗鸡、宴乐等反映墓主现实生活的内容。

西汉晚期壁画墓以洛阳地区发现最多。洛阳烧沟汉墓区以东发掘的一座西汉元、成之间的壁画墓(M61),墓室用空心砖、小砖混合筑成,墓门内额上画有"神虎吃女魃图",主室西面隔墙梁额上画有13个人物,为"二桃杀三士"的故事(图2-38)。主室后壁画有描

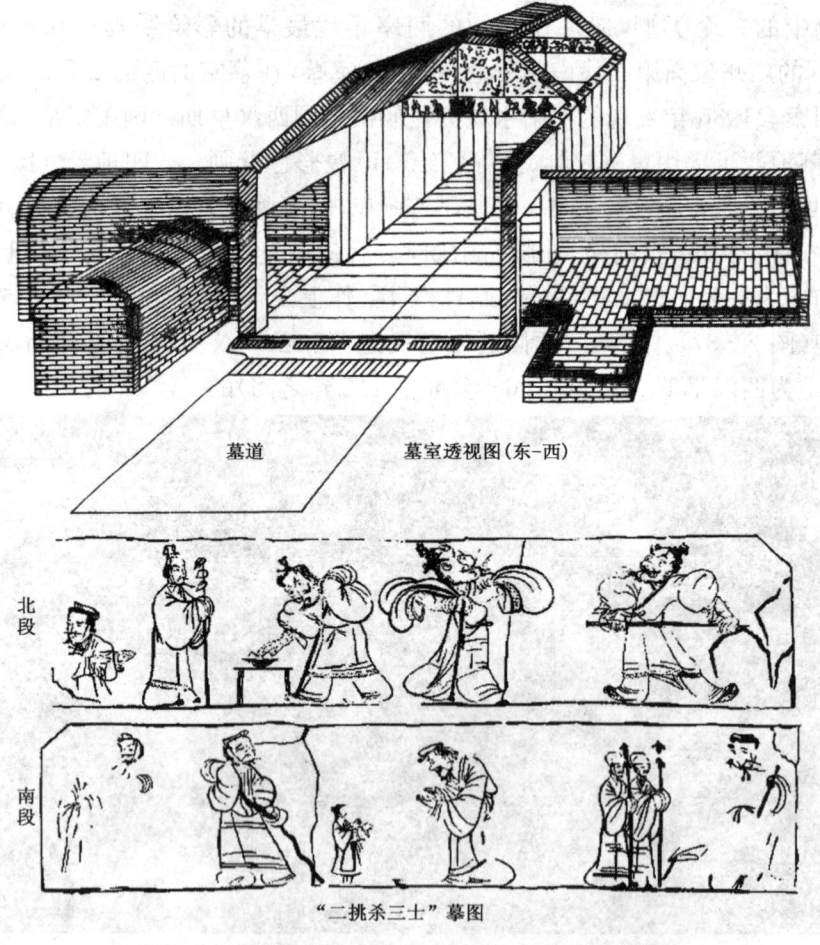

图 2-38　洛阳西汉壁画墓(M61)墓室透视图及壁画

---

[1] 张翔宇:《西安地区汉代壁画墓特点浅析》,《文物》2012年第10期。

绘鸿门宴故事的场景，上有人物8个，有的踞坐在炉旁烤肉，有的席地而坐，相向对饮，还有的拱手并肩而立，又有的温文尔雅，或怒目相视、拔剑欲刺。主室顶脊砖上从前到后绘有日、月、星辰、云气纹等天文图12幅[1]。

东汉壁画墓的规模一般都较大，多为东汉晚期二进或三进以上的多室墓。河南密县打虎亭 M2 中室南部偏东一侧绘有车马出行图，北壁上部绘有宴饮乐舞百戏图，表现墓主宴饮和跳丸、盘舞、吐火、奏乐等百戏表演，全幅有人物78个。中室的下部还绘有五幅14人的大型侍女图，墓顶有7组大型莲花、菱形图案组成的藻井。北耳室有迎宾和宴饮图，东耳室有庖厨图。壁画内容丰富，人物众多，场面宏大，表现了墓主人生前的显赫地位[2]。

放牧、农耕、采桑、打猎等生产内容是西北地区壁画的重要题材。内蒙古和林格尔新店子东汉晚期壁画墓是一座大型的多室穹窿顶砖室墓，以甬道、前室、中室、后室为主体，前室有左耳室、右耳室，中室附右耳室。墓壁、墓顶布满壁画，有描绘农耕、放牧、饲养、采桑等各种生产活动的大幅庄园图，还有表现墓主人仕途经历的车马出行图。根据题榜文字，画像中表现了墓主从"举孝廉"为官，历任"郎""西河长史""行上郡属国都尉""繁阳令""使持节护乌桓校尉"等官职的荣耀场景，墓主人的生平直观地展现在一幅长长的画卷上。墓主人官至护乌丸校尉，同时也是当时的大庄园主[3]。内蒙古鄂托克旗乌兰镇附近发掘了3座东汉早期的壁画墓，有壁画共200多平方米，其中1号墓发现有大幅狩猎图、放牧图、牛耕图、出行图、整衣图及墓顶星云图[4]。这是内蒙地区继和林格尔新店子东汉壁画墓之后的又一次重大发现。

（二）画像砖墓

画像砖墓主要集中于河南、四川两地，东汉初年以前，空心砖墓流行的河南南阳一带发现较多，东汉时期则主要分布在四川一带。陕西、江苏、江西、湖北、云南等地一些东汉砖室墓的小砖侧面也发现简单的模印图案，虽没有河南、四川的画像砖内容丰富和复杂，但也与常用的汉墓花纹砖区别明显，有人物、动物、车马、钱纹等图案，亦当看作画像一类。

河南画像砖墓主要集中于南阳、郑州、洛阳一带。南阳画像砖墓又以新野最为多见，湖北与南阳邻近的地区也有发现，这里的画像砖墓以小砖筑墓室，一般为带有斜坡墓道的单室、并列双室或三室墓，而画像砖为空心砖和实心大砖，用作墓的门柱和门楣，或镶砌于墓壁之上，墓顶以大型砖搭成两面坡形，时代为西汉中、晚期。

郑州、洛阳一带的画像砖墓是西汉时期的空心砖墓，西汉早、中期为平顶，晚期用两面坡顶，空心画像砖多用于墓门立柱、门楣和门扉。西汉中期至晚期是空心画像砖墓的流行

---

[1] 河南省文化局文物工作队：《洛阳西汉壁画墓发掘报告》，《考古学报》1964年第2期。
[2] 河南省文化局文物工作队：《河南密县打虎亭发现大型汉代壁画墓和画像石墓》，《文物》1960年第4期。
[3] 内蒙古自治区博物馆文物工作队：《和林格尔汉墓壁画》，北京：文物出版社，1978年。
[4] 王大方、杨泽蒙：《鄂托克清理三座东汉壁画墓》，《中国文物报》1999年12月19日。

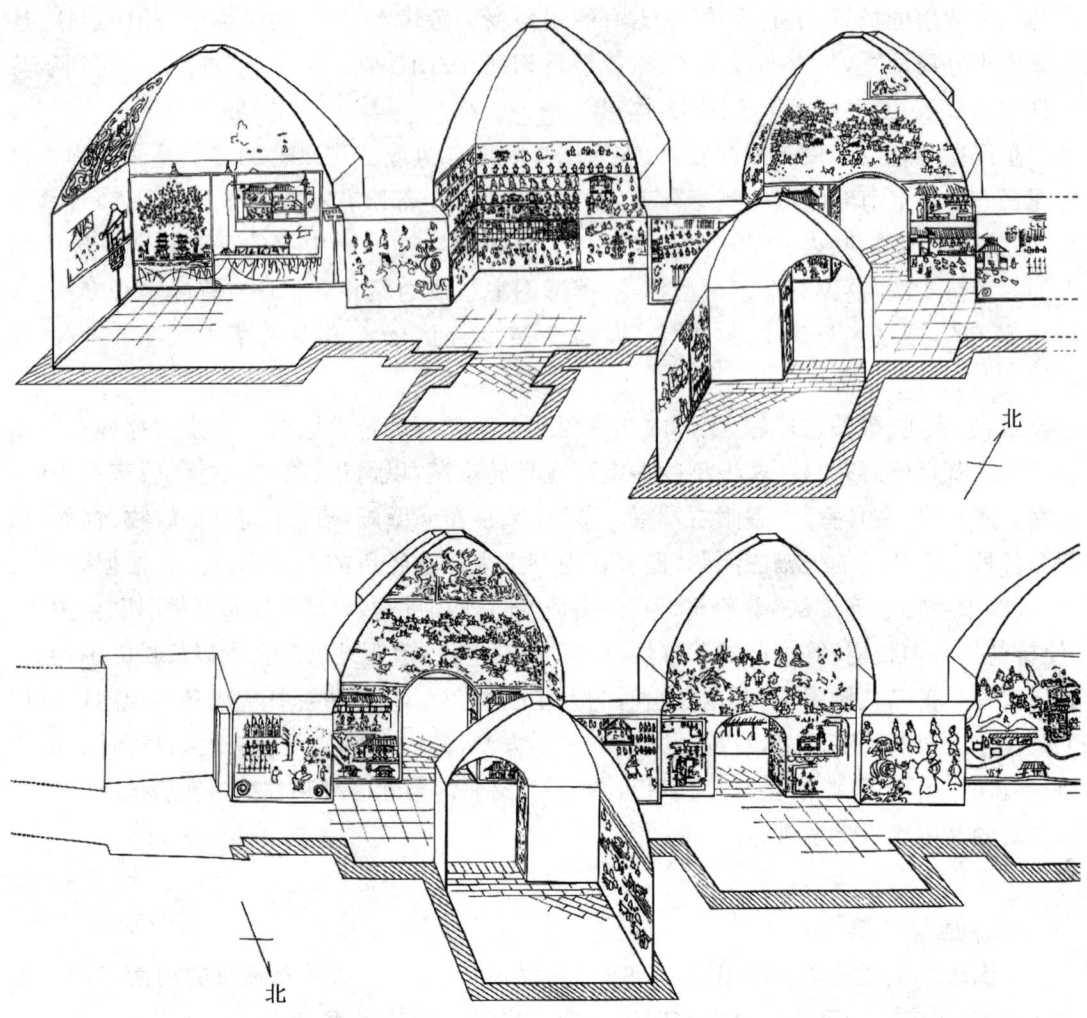

图 2-39 内蒙古和林格尔壁画墓透视图

期,东汉以后,洛阳和郑州地区不再用空心砖造墓了,统一为实心小砖墓,画像砖也随之消失。

由于空心砖和实心大砖的砖面较大,上面模印的图案内容丰富,有的是分段重复的图案,表现车马出行、历史故事、乐舞百戏、门吏、动物、祥瑞、庭院和门阙,等等。如郑州南仓街西汉晚期二号墓是一座西汉晚期带耳室的单室空心砖墓,墓室空心砖两面或两侧大都有百乳纹、三角纹、变形龙纹、钱纹、朱雀纹等图案,墓内有画像空心大砖9块,以东门扉画像砖东面为例,除周边装饰性纹饰外,内有门阙、铺首衔环、车马、骑射、长袖舞、建鼓舞、奏乐者等各种图案单元,单元间以线界隔,布局紧凑有致(图 2-40,1)。南阳一带的画像砖多有表现技艺超凡的杂技和马戏表演的内容,为探寻后世该地区杂技、马戏传统的历史渊源提供了素材。

四川画像砖墓主要分布于以成都为中心的成都平原,成都、广汉、彭山三地发现较多,始于东汉中期的券顶多室墓,流行于东汉晚期至蜀汉[1]。画像砖墓一般有短短的甬道,方形或长方形的大型实心画像砖往往成排镶嵌在甬道和墓室的一定高度上。成都用方形画像砖,成都附近地区如广汉、德阳、新津、彭县、什邡、新都等都用长方形画像砖。同一画面的砖在不同地点数次出土,说明画像砖来自固定的专业生产窑场。而彭山东汉崖墓遗物中发现画像砖残块的情况似乎也说明,在川西地区,画像砖的装饰范围可能不局限于砖室墓[2]。

四川画像砖除了表现车马出行、仪仗、乐舞、宴饮等场面,还多见南方水田农作以及煮盐、捕鱼、射雁等场景,反映出四川地区东汉时期环境、资源、生产等方面与其他地区相比所具有的特色(图2-40,2,3)。

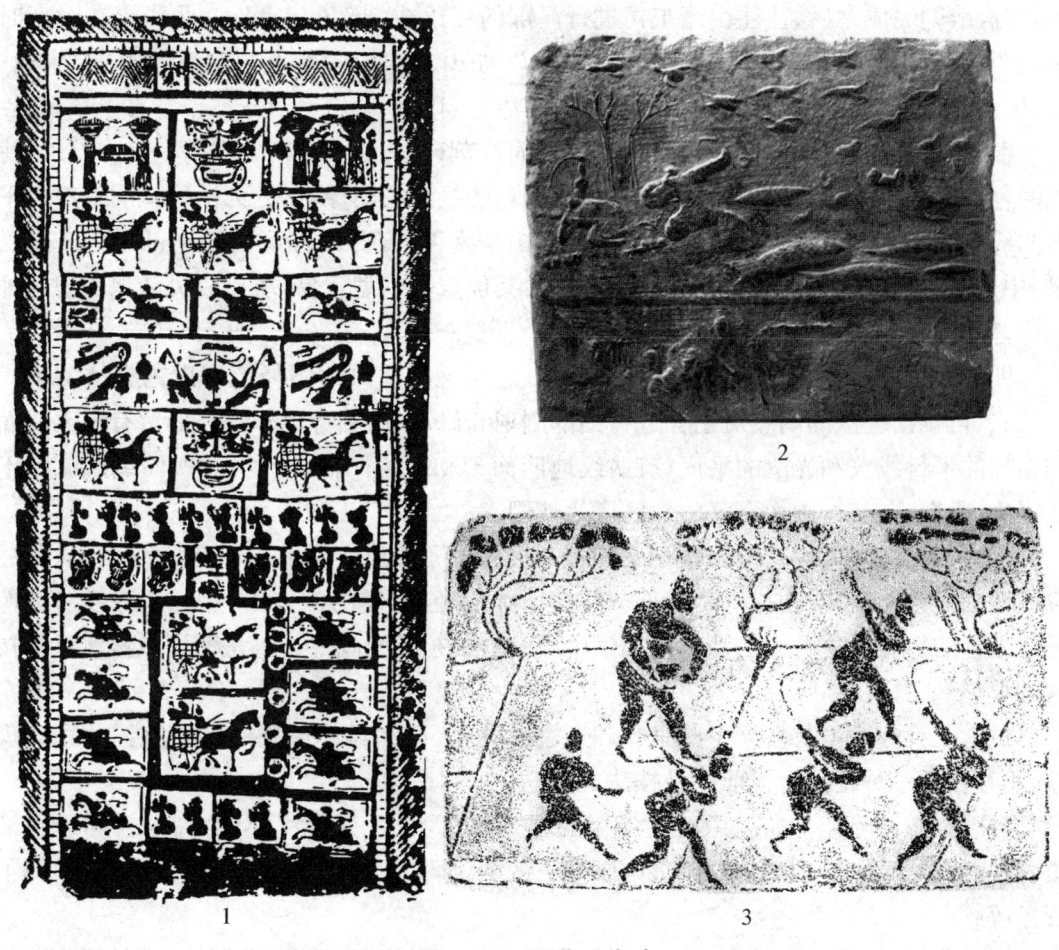

图 2-40 汉代画像砖

1. 郑州南仓街 M2 画像砖(拓片);2. 四川大邑县画像砖;3. 四川德阳县画像砖(拓片)

---

[1] 袁曙光:《四川汉代画像砖的分区与分期》,《四川文物》2002 年第 4 期。
[2] 成恩元:《四川大学历史博物馆调查了彭山、新津的汉代崖墓》,《文物参考资料》1955 年第 5 期。

(三) 画像石墓

在造墓石材上雕刻各种画像用以装饰墓室的画像石墓,见于石室墓和砖石混筑的砖室墓,自西汉中晚期开始出现,盛于东汉而弱于魏晋。但是属于西汉时期的石室画像墓发现不多,不同地区的情况又各不相同。而砖石合建画像石墓虽然在西汉晚期已经出现,但在东汉前期仍然不太流行,直到东汉中晚期才大量使用。画像石墓集中分布于鲁南、苏北和皖北,河南南阳和鄂北,陕北,四川和重庆四大地区,云南、浙江等地也有少量发现。同类石刻画像石还见于东汉时期的墓前石祠、石阙类建筑之上。一般说来,从西汉中晚期至东汉晚期,画像石墓的结构从简单发展到复杂,画像内容也从简单到丰富。

画像石是带有图像的石材,制作时先在加工好的石面上用墨线勾绘底图,再由石工依图雕刻,雕刻完成之后,往往由画工再进行局部的彩绘或细部的点缀,这些彩绘在发现时多已脱落无存,所以画像石铭文中自称为"画",如山东苍山画像石铭文有"郭(椁)中画""其中画橡(像)"等字样[1]。

雕刻的技法有阴线刻、凹面线刻、减地平面线刻(减地浅浮雕)、浮雕等多种。最早使用的是阴线刻,在平整的石面上以雕刻刀具刻划阴线纹的图像,又分为凿纹地阴线刻和平面阴线刻两种,自西汉中期即已使用,多见于山东南部、江苏北部和河南南部地区。东汉早、中期,阴线刻衰落,至晚期复有兴起迹象。其优点是刻划较易,能比较灵活地表现各种图像,但画面缺少立体感。

凹面线刻是在阴线刻基础上发展起来的,它是把阴线刻的图像范围以内整体凿平成凹面状,再刻出更深的阴线对图像进行细部刻划和修饰,而图像以外的石面留有加工石面的粗糙的平行线纹和光滑的平面,有凿纹地凹面刻和平地凹面刻两种。凹面线刻流行于东汉中、晚期,在流行画像石墓的地区广为使用。

减地平面线刻又称减地浅浮雕或剔地浅浮雕,是汉画像石中应用最广的雕刻技法。它同凹面线刻相反,对图像以外的部分作向下减地处理,使图像突出,然后用阴线对图像进行细部的加工。这种刻法流行于东汉中、晚期,山东沂南画像石墓是使用减地浅浮雕技法的典型例子。

以上三种技法虽有发展中的早晚和递进的关系,但在具体使用中存在交错并用的现象,不存在后一种技法替代前一种技法的问题。

浮雕是东汉晚期才在画像石上使用的雕刻技法,又可分为浅浮雕、高浮雕和透雕三类,以浅浮雕为多见,透雕只见于墓内画像石的局部,如石梁上的应龙和石柱础上的蹲羊形象等[2]。

无论哪一种雕刻,都是在石面上先用墨线勾绘,然后进行雕刻。减地浮雕的图像还往往以各色颜料对细部进行涂绘,刻、绘结合,不但省工,还起到独特的艺术效果。

---

[1] 山东省博物馆、苍山县文化馆:《山东苍山元嘉元年画象石墓》,《考古》1975年第2期。
[2] 俞伟超:《中国汉画像石概论》,收入《中国美术分类集·中国画像石全集》第一卷,济南:山东美术出版社,2000年。

1. 鲁南、苏北、豫东地区

山东南部和江苏的北部，以及邻近的河南东部和安徽北部连成一片，是汉代画像石墓分布最广和数量最多的一个地区。

一般认为，石椁（棺）墓是该区画像石墓的早期形式。石椁墓分布于鲁南、苏北、皖北地区，与汉画像石墓的分布区相一致。石椁画像开始出现于武帝时期的石椁墓，流行于西汉晚期。画像以阴线刻于石椁板上，较晚的使用凹面线刻技法。画像的内容都很简单，有门阙、人物、树木和装饰花纹，以竖穴单椁墓为主。晚期画像内容稍见丰富，乐舞、狩猎和神兽等都见于画面，多见并置的双椁、三椁合葬墓。山东济宁金乡香崮堆石椁墓仅存左右两块侧板，内外皆有画像，画像分左、中、右三格布局，如01号侧板外壁画像，左为一人相马图，中间为对角线系璧图，右为二人搏击图。内壁画像从左而右分别为牛耕和迎宾、车马出行、车马迎归（图2-41）。02号侧板外壁画像有门吏、系璧和搏击，内壁画像为亭阁守卫、厅堂侍宴和建鼓歌舞。香崮堆石椁墓的时代为西汉晚期至东汉早期，属晚期画像石椁墓[1]。实际上，画像石椁也可以看作是由画像石拼合而成的椁，画像雕刻于石椁板的内壁或内、外两壁。东汉中期，石椁墓消失，石椁画像随之不存。

图 2-41　山东金乡石椁墓石椁 01 号侧板画像

西汉晚期，该地区出现了真正的画像石墓，山东平阴新屯 M1 就是早期画像石墓的代表[2]。该墓以石材砌筑，由墓道、墓门、回廊、前室、后室（双主室）组成，前室为两面坡顶，其余为平顶。画像只有3幅，前室南壁有铺首，主室隔墙的正面有人像，西主室棺床上有穿璧纹和龙形图案。画像虽然简单，但在画像石椁墓流行的时期显得十分突出。

---

[1] 山东石刻艺术博物馆：《山东鄄城、成武、金乡石刻调查》，《考古》1996年第6期。
[2] 济南市文化局文物处：《山东平阴新屯汉画像石墓》，《考古》1988年第11期。

新莽至东汉初期,石椁墓减少,使用石室和砖石混合的画像墓,以竖穴墓道的洞室墓为主要形式,墓室多为前、后两室的洞室,平面呈"凸"字形,石室使用叠涩顶。画像技法除使用阴线刻,还开始出现剔地浅浮雕。画像题材丰富,有伏羲、女娲、青龙、白虎、奇禽异兽、车马出行和生活内容的画像,并且根据内容安排在墓室的不同位置。

江苏徐州铜山周庄石室墓是一座构造简单的画像石墓,分前、后两室,前室近方,后室狭长,平面呈"凸"字形,墓门门柱刻青龙、白虎、伏羲、女娲,前室后壁即后室门的两侧刻楼阁、人物等[1]。河南永城僖山画像石墓以石条砌筑,由墓门、前室、后室组成,前室横长,后室分三间,有门相通,顶部用石条叠涩成覆斗形。墓门、前室四壁和后室的后壁刻有奇异动物、车马出行等图案[2]。

东汉中晚期是画像石墓的兴盛时期,墓葬数量大增,墓室结构复杂,画像内容丰富,雕刻技法成熟,而且还比较多地出现纪年铭文,为画像石墓的分期断代提供了准确可靠的依据。

墓室的结构仍以前、后室为主线,有的设有中室,规模较大的,除前、中、后室外,还有多个耳室或侧室,更加接近生人宅第的形式,也顺应了东汉时期的家族合葬之风。

本时期还流行砖石混筑的多室画像石墓,画像石多见于墓门的横额、立柱或门扉上。

画像的内容,除前期出现的奇禽异兽、神仙人物、车马出行和各种装饰图案,还有历史故事、乐舞百戏、拜会、宴饮、狩猎、纺织、农耕、天文星象、东王公、西王母,等等。相对于其他地区的画像,鲁南、苏北地区较多地出现纺织、农耕画像和体现儒家"成教化、重名义"的历史故事,如孔子见老子、泗水取鼎、周公辅成王、孟母断杼、荆轲刺秦王等。

画像雕刻的技法以浅浮雕为主,仍有阴线刻,出现高浮雕和透雕,常见几种手法并用,如用减地的手法把画像刻成凸起的平面,再加刻少量阴线表示出细部,增强了画面的层次或和灵动感,使本已宅第化的画像墓室又增添一份生活的气息。

山东安丘董家庄石室墓是东汉晚期较为典型的画像石墓[3],主体部分由甬道、前室、中室、后室组成,中室一侧和后室后壁一边各附小耳室。甬道券顶,耳室平顶,余为覆斗形顶。前室、中室、后室以立柱分隔,后室中间立石柱,柱上有过梁,将后室分为两间。除甬道和耳室,前室、中室、后室的四壁、顶和立柱都刻满画像和装饰花纹,画像内容有车马出行、乐舞百戏、拜会、狩猎、奇禽异兽、神话传说、历史故事,等等,整个墓室既充满神秘的气氛,又富有生活气息。

山东沂南北寨石室墓也是东汉晚期的一座结构复杂的画像石墓[4],有前、中、后室和多个侧室,即前室左、右侧室和后室的左、右侧室与后侧室,相邻各室皆互通。墓门两扇,由三根立柱并列而成。前室、中室分别由一八角石柱和过梁分为左右两间,后室也由中间的立柱和过梁分为两间,立柱顶端使用先进的斗栱,墓顶为叠涩顶。后侧室隔墙内设有厕

---

[1] 江苏省文物管理委员会:《江苏徐州画像石》,北京:科学出版社,1959年,第8页。
[2] 李俊山:《永城僖山汉画像石墓》,《中原文物》1990年第1期。
[3] 安丘县文化局、安丘县博物馆:《安丘董家庄汉画像石墓》,济南:济南出版社,1992年。
[4] 南京博物院:《沂南古画像石墓发掘报告》,文化部文物管理局(出版),1956年。

间,厕间地面有实用的蹲坑1个。整个墓室共用石材280块,有画像石42块,画像73幅。墓门横额上为攻战图,门柱上为东王公、西王母、伏羲、女娲。前室横额上有盛大的祭祀场面,中室有乐舞百戏、车马出行、庖厨宴饮、收租、神话和历史故事,后室为涤器、仆人等反映家居生活的用器场景和奇禽异兽等(图2-42)。雕刻的技法主要为浅浮雕、减地平面线刻,并有少数高浮雕和透雕。

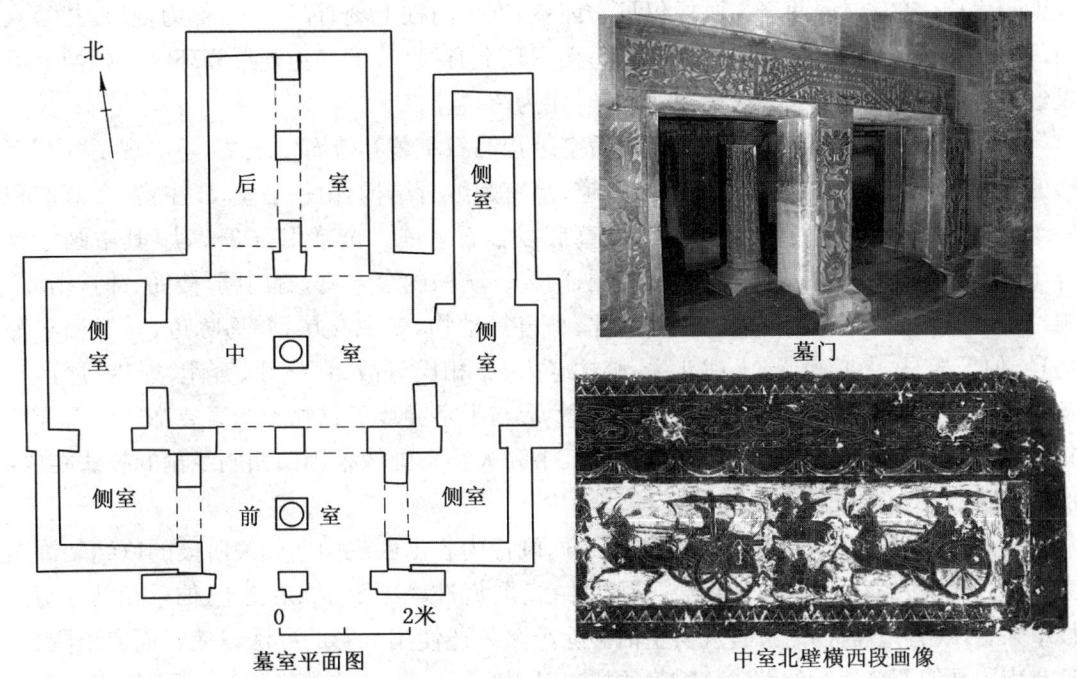

图2-42 沂南北寨汉墓及画像

2. 河南南阳和鄂北地区

河南南阳以及与之相邻的湖北北部地区在汉代南阳郡范围内,这里是汉代画像石墓的又一集中分布地区,画像石墓全为洞室结构,有石室墓和砖石混筑墓,墓室的空间布局和墓室顶部形式多样。

南阳赵寨砖瓦厂画像石墓和唐河湖阳画像石墓是该区早期画像石墓的代表,也是我国目前已知最早的画像石墓。

唐河湖阳镇画像石墓是一座砖石合建墓,墓室平面为长方形,有三条墓道和三座东西并列的拱券墓室,三条墓道并列对应三个墓室,坡度各不相同,明显是三次开挖的。西墓室前的墓道内有一规整的器物坑,坑底与墓底平,内置壶、敦、仓、灶、井等29件陶器。中室前的两侧隔墙上有过洞与东、西两室相通。整个墓室东西长5.98米、南北宽5.54米,高2.78米,三个墓室的大小基本相同。该墓的墓室、墓底、封门以砖砌筑,墓顶以楔形砖起券,中室和东室为双层券。墓门和过洞的门楣为石材,画像内容简单,门楣上为连弧纹,斜纹衬底浅浮雕,门柱、门扉上为菱形纹,用斜纹衬底浅浮雕或以不同的剔纹方向显示图案。墓葬时代为西汉昭、宣时期,可能为夫与妻、妾的合葬墓[1]。

赵寨砖瓦厂画像石墓,墓道无存,平面近方形,由前端横长方形的前室和后面中间的主室以及主室两侧的两个侧室组成,整体布局类似木椁墓的棺室、头箱和两侧箱。前室纯石结构,石板盖顶,以砖呈"人"字形铺地。主室砖结构,楔形子母砖券顶,木质门扉已朽。侧室砖石混筑,石条铺顶,与前室相通。前室前面由两侧的两个侧柱和中间的三个门柱构成四道大门,各有门扉两扇。画像仅见于前室,五个门柱上刻有门阙,下部为菱形图案,八扇门扉正中为带有铺首衔环大门的楼阁,楼阁顶上有凤鸟,下部为菱形穿环纹。画像上可见红、黄、蓝等各种彩绘的痕迹。该墓的时代为昭、宣时期[2]。

西汉晚期的画像石墓除了单室、前后室结构的石室墓和砖石混筑墓,还出现了"回"字形的石室墓。南阳杨官寺汉墓带斜坡墓道,墓室为纯石结构,由一前室、二主室、二侧室和一个后室组成,平面呈"回"字形,墓顶和墓底以长石平铺。全墓用石 351 块,其中画像石有 14 块,画面 14 幅,主要见于门柱、门楣、门扉。画像内容丰富,有门阙、楼阁、铺首衔环、栅栏等设施,立鸟、飞雁、白鹤、凤鸟、巨虎、小兽等动物,二龙交尾、鹤鸟啄鱼、马熊相斗等场景,伯乐相马、犬咬行人、人熊斗牛、鸠杖老人、方相氏等故事,格斗、奔跑、射猎、拜谒和各式人物的图像,还有山岗、小船、长青树、菱形与十字穿环等景物和图案装饰。壁石画像只有 1 幅,在南室南壁的正面,刻有长青树、牛和人物。画像采用凹面阴线刻的技法雕成,部分画像有彩绘的痕迹[3]。

该地区西汉中晚期画像石墓的形制多样,画像内容由西汉中期偏晚阶段的以纯装饰图案为主到西汉晚期人物、神兽、拜会、乐舞、斗兽、御龙图案以及二桃杀三士、伯乐相马等历史故事兼备,既有鬼怪神异,又有现实生活。除雕刻外还使用涂彩的办法以使画面突出醒目,这是南阳画像石墓通行的做法。雕刻的技法以阴线刻为主,也有凿纹地浅浮雕,轮廓线凿成凹槽,使图案更为突出。画像呆板、单调,图案化的倾向明显,呈现出早期画像的特点。

东汉前期的画像石墓的数量明显增多,又以砖石混筑为主,布局上更加灵活,前后室并带耳室的墓增多,由于耳室向外凸出,墓室整体的平面布局不再限于长方形或近方形结构。比较典型的有南阳石桥[4]、王寨[5]画像石墓和方城城关画像石墓[6]等。

南阳卧龙区石桥墓,有斜坡墓道,墓室由前室、前室两侧的两个耳室和后面并列的双后室(主室)组成,前室横列,左右耳室凸出于外,整个墓室的平面呈"T"形(图 2-43)。墓室为砖石混筑,墓门和主室、耳室的门、立柱、门楣、门扉、石梁为石材,墓壁、券顶和地面用砖。该墓共有画像石 17 块,以剔地(凿纹地)浅浮雕技法刻有 28 幅画面,有斗兽、角抵、蹶张、执钺和执戟、执盾或执剑的勇士或卫士,有神荼、郁垒、飞廉逐龙、苍龙追兔等神话素

---

[1] 南阳地区文物工作队、唐河县文化馆:《唐河县湖阳镇汉画像石墓清理简报》,《中原文物》1985 年第 3 期。
[2] 南阳市博物馆:《南阳赵寨砖瓦厂汉画像石墓》,《中原文物》1982 年第 1 期。
[3] 河南省文物工作队:《河南南阳杨官寺汉画像石墓发掘报告》,《考古学报》1963 年第 1 期。
[4] 南阳博物馆:《河南南阳石桥汉画像石墓》,《考古与文物》1982 年第 1 期。
[5] 南阳市博物馆:《南阳县王寨汉画像石墓》,《中原文物》1982 年第 1 期。
[6] 南阳地区文物工作队、方城县文化馆:《河南方城县城关镇汉画像石墓》,《文物》1984 年第 3 期。

材,有捧樽侍女、拥篲门吏、执笏门卒、乐舞百戏等生活画卷,等等。画像涂彩的现象仍然存在。根据残存器物,墓葬的年代为东汉早期。这一时期的画像内容更为丰富,线条流畅,画面生动,比早期成熟。该时期是汉代画像石墓的盛期。

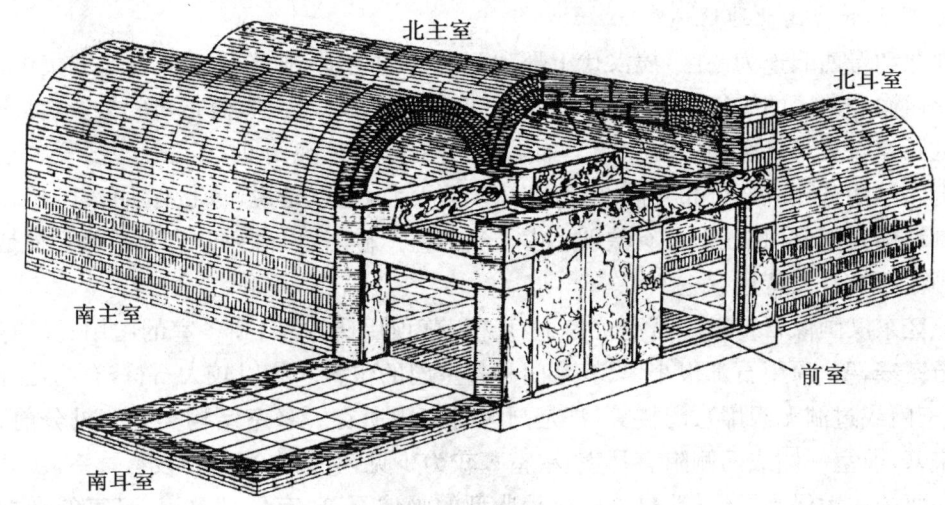

图2-43 南阳石桥汉画像石墓透视图

东汉晚期的画像石墓仍以砖石混筑为主,除前二期已有的各种形制,多室墓也较为发达,多见前、中、后三重墓室,另有侧室、耳室多个空间。以南阳中原机械学校画像石墓为例[1],该墓从前到后有墓道、墓门、甬道、前室、中室、后室,前室两侧有耳室,中室一侧有两个侧室,后室双间,共有8室,平面布局呈"T"字形,通长10.9米。墓室以砖铺地,其余部分全为石构。中室和后室为叠涩顶,其余为平顶。在这座石构大型画像石墓中,仅有画像石10块,见于墓门门柱、前室铺顶石板、中室门楣、侧室门楣和过梁石、后室门楣等处。画像的内容有执篲或盾的门吏、鼓舞、百戏、逐疫辟邪和菱形穿环纹等。

东汉晚期画像石墓的墓室构造较为复杂,从纪年画像石和榜题文字可知,该时期画像石墓的墓主身份提高,出现了二千石的官吏,这正与墓葬的规模相对应。但总体上,东汉晚期画像石墓已呈明显的衰落之势,画像石墓的发展已近尾声,主要表现为,其数量较东汉前期减少,在一些大型的石室墓和砖石混合墓中,使用画像石的数量也大为减少。虽然雕刻的技法有所精进,多用减地平面浅浮雕,但内容简单,多见门吏、铺首和一些装饰性的花纹图案,有的也不在显眼的位置上。东汉末年,社会上不再有使用画像石墓的风俗,以后新出现的画像石墓多属于以汉代画像石为石材的再造类型。

南阳和鄂北在先秦楚国故地范围内。楚俗信鬼神,好淫祀,该地区画像石上大量的驱害避邪、龙、虎、山神、奇异神兽、灵怪漫舞是对流俗的反映,这类题材既是楚人驰骋想象的产物,也正是楚地巫文化在汉代的再现。

另外,河南淮阳北关东汉顷王刘崇墓是目前已发掘汉代画像石墓中墓主身份最高的。刘崇死于延光四年(公元125年),其墓为带回廊的砖石多室墓,规格颇高,但画像石不多,仅

---

[1] 南阳汉代画像石编辑委员会编《南阳汉代画像石》,北京:文物出版社,1985年。

见前、后室之间门道的门扉上刻有卷云纹和浮雕铺首衔环、奇兽异鸟等,门框刻蟠螭波涛图案,一块不明位置的残画像石的四周刻卷云纹,内为宴饮图,仅存人物4个[1]。淮阳地处鲁南、苏北和南阳两大画像石墓分布区之间,当地很少有画像石墓,刘崇墓的发现值得关注。

3. 陕北和晋西北地区

陕北和晋西北连为一区,属汉代上郡和西河郡的辖地,画像石墓分布地域集中,主要见于陕西榆林地区的绥德、米脂、神木、靖边和山西离石[2]等地,流行时间也短,目前所见的该区画像石墓都是东汉中晚期的。如果把它们分为早、晚两期,其变化主要反映在地域分布上。早期墓葬主要分布于陕北,晚期集于晋西北,也就是说,重心有所偏移,但在墓葬的形制结构方面,早晚几乎没有差别。由于当地盛产砂岩,以红色砂岩为画像石材是该区汉墓画像石的一大特色。

该区东汉画像石墓以砖石混筑为主,墓壁、墓顶用砖,墓门和各室的门用石。有少量的纯石室墓,壁、顶用石都很小,只有墓门和各室门的位置才施以较大石材,有门柱、门楣、门扉(室门或过洞无门扉)、门槛等,都是画像石集中所在。墓室结构类型多见分前、后室的双室墓,前室一侧或两侧附有耳室,单室墓较为少见,有的在墓门外设有耳室。

陕西神木大保当23号墓是一座比较典型的画像石墓,有斜坡墓道,墓室的平面布局呈束腰长方形,由甬道、前室、后室组成,前、后室之间有过洞相通,四角各有突出的砖为灯台,砖石混作结构。整个墓室的结构与1971年发掘的米脂4号东汉画像石墓(牛文明墓)相似[3]。大保当汉墓的前室为方形,四角攒尖顶;后室长方形,穹窿顶;甬道和过洞以双层砖筑券顶,墓底以小砖呈"人"字纹平铺。画像石都在墓门位置,门楣画像分两层,上层为狩猎图,其两头分别有太阳和月亮,下层为车马出行,行列两端饰以芝草。两门柱对称,自上而下有说唱、舞蹈、卧鹿和车马画像,外侧饰以芝草纹带,与门楣相接成一整体。门枢有神鸟、神兽和铺首衔环。所有画像都根据不同对象和部位施以不同的色彩[4]。

陕西绥德延家岔二号汉画像石墓的结构稍见复杂,平面呈"中"字形,从前往后依次为墓道、墓门、甬道、前室(附左、右耳室)、后室门、过洞、后室,砖石混作。甬道为纯石砌筑,底、顶皆以石平铺。前室为四角攒尖顶,耳室为券顶。画像刻于门楣、门柱,门柱外侧边饰以云气、瑞兽、日、月等组成的装饰纹带,内侧边为西王母、羽人、玉兔、九尾狐、玄武和执笏门吏。门楣的主体图案为龙、朱雀、鹿、羊等灵兽,门扉为铺首衔环、朱雀、龙、虎。南耳室门楣上层有伏羲、女娲、车马出行,下层为乐舞场面,柱皆有玉兔捣药、羽人、门吏和白虎等图案。北耳室门楣上层为车马出行,下层为放牧图,门柱图案都是西王母、羽人、玉兔、九尾狐和门吏。前室门楣上层刻车马出行,下层刻狩猎图,门柱外侧为菱形穿环纹带,内侧为灵禽瑞兽。后室门楣上层为车马出行,两头为日和月,下层为羽人、应龙、朱雀、飞廉、白

---

[1] 周口地区文物工作队、淮阳县博物馆:《河南淮阳北关一号汉墓发掘简报》,《文物》1991年第4期。
[2] 王双斌:《山西离石马茂庄建宁四年汉画像石》,《文物》2009年第11期。
[3] 陕西省博物馆等:《米脂东汉画像石墓发掘简报》,《文物》1972年第3期。
[4] 陕西省考古研究所、榆林市文物管理委员会办公室:《神木大保当——汉代城址与墓葬考古报告》,北京:科学出版社,2001年。

虎等,门柱为人物、瑞兽等[1]。

图 2-44　陕西绥德苏家岩汉墓墓门画像

陕北、晋西北汉画像石的雕刻技法流行减地平面浅浮雕,细部很少用阴线刻而是施以彩绘。陕北绥德、米脂等地的画像石,出土时图案的细部仍发现画工打底稿的墨线痕迹,原来描绘细部的色彩多已脱落,只剩下雕刻的图像轮廓。该区的画像内容多为农耕、牧牛、饲马、射猎等生产题材,特别是农耕题材的图像较多,又有许多神话传说,如金乌、玉兔、应龙、翼虎、灵龟、女娲、九尾狐、西王母等,还有乐舞、车马出行等场面,但不见其他地区常见的历史故事类题材。以芝草、灵兽等组成的装饰纹带装饰门楣和门柱的外格也是本地区画像石突出的特点(图 2-44)[2]。另外,该区纪年画像石发现较多,也为画像石墓年代的确定提供了可靠的依据。

4. 四川、重庆和滇北地区

该区画像石墓集中分布于四川岷江和重庆嘉陵江流域,相对于以上三个地区,这里的画像石墓出现最晚,发现也最少。画像石墓的类型有崖墓、石室墓和砖石混合结构的墓,主要发现地点有四川成都、渠县、彭山、乐山、新津、新都、梓潼、雅安、宜宾,重庆合川、忠县,云南昭通等地,以成都周围最为多见,流行的时间为东汉中期至蜀汉,属于东汉早期的汉墓画像还十分少见。该区画像的内容、题材、风格和流行的凿纹减地线浮雕技法与南阳、鄂北地区后期的画像最为接近,应该是受到南阳、鄂北地区画像的影响后出现的。采莲、井盐、水田劳动等内容是该区汉画最为突出的特点,为其他地区所不见。这里也是东汉画像砖墓流行的地区,画像石和画像砖上的常见题材有较为一致的特点。

---

[1] 李林:《陕西绥德延家岔二号画像石墓》,《考古》1990 年第 2 期。
[2] 绥德县博物馆:《陕西绥德汉画像石墓》,《文物》1983 年第 5 期。

四川是东汉崖墓的分布区,但崖墓雕刻画像并不多见,且大都比较简单。长宁保民一号崖墓,墓门位置刻有浅浮雕画像,有穿钱纹、伏羲、女娲、双龙和几何图案等[1]。乐山麻浩一号墓是一座画像较多的多室崖墓,墓门和前室雕刻画像27幅,有迎谒、乐舞、百戏、祥禽瑞兽、垂钓和建筑图像,也有董永侍父、荆轲刺秦王等历史传说和故事。该墓发现最早的坐佛雕刻画像[2]。虽然崖墓画像不太流行,但崖墓石棺画像却是该区汉画像石的一大特色。

该区最常见的汉墓画像是石棺画像,多见于四川和滇北地区的崖墓和较大型的砖室墓。石棺为整石凿成,盖以石棺盖。一般棺盖、棺侧和棺两挡皆有画像,前挡多为双阙,后挡为伏羲、女娲,两侧为车马出行、乐舞百戏、仙人六博、西王母和等九尾狐、蟾蜍、玉兔等动物形象,棺盖画像则有龙虎戏璧、铺首、四叶(柿蒂纹)、鹿或装饰性的图案。四川合江县张家沟二号崖墓画像石棺,长2.2米、宽0.73米、高0.75米。弧形棺盖上有规则的斜线图案,前挡刻双阙,后挡有伏羲女娲图。石棺左侧右边是马驾棚车,中部刻庑殿式重檐天门,右边为西王母。西王母戴"山"字冠,两边夹胜,双翅,端坐于龙虎座上。石棺右侧刻蟾蜍、玉兔、九尾狐、三足乌、飞鸟、鱼等神灵异兽[3]。重庆璧山蛮洞坡一号崖墓是东汉晚期的一座单室墓,石棺前挡刻双阙,后挡为伏羲女娲,棺盖中间界格刻一大型的柿蒂纹,两边界格各有对称布局的四个凤鸟,中间有穿钱纹将凤鸟对称分开。石棺左侧上栏中间为菱形联璧纹,两边为对称的凤鸟、胜花。下栏以立柱等分三格,左格三人似在舞刀、跳丸,中格三羽人举手并列,右格三人腰佩刀,二人执便面。右侧刻有大致相似的画像。整个石棺上的画像显得轻松愉快(图2-45)[4]。

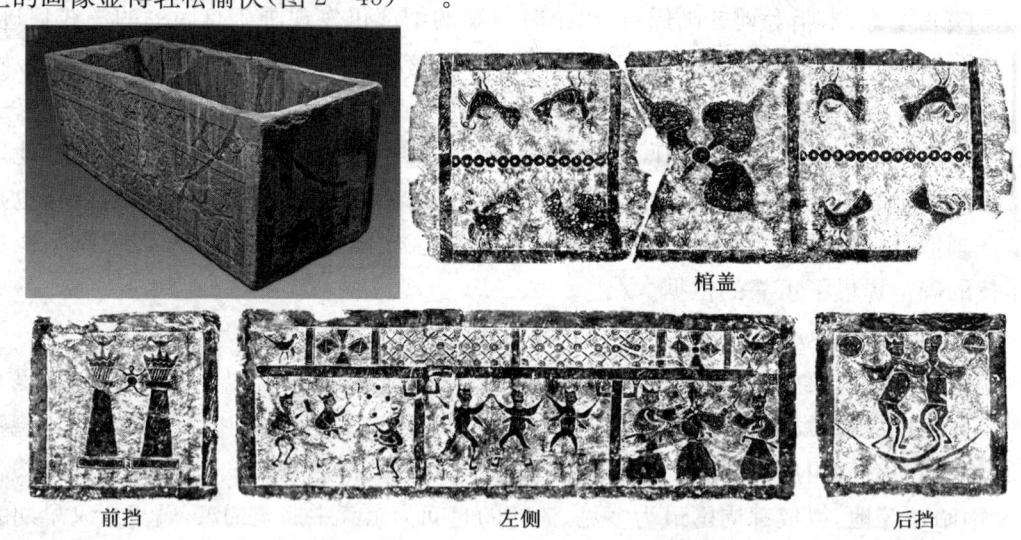

棺盖

前挡　　　　　　　左侧　　　　　　　后挡

图2-45　重庆璧山崖墓石棺及石棺画像

---

[1] 四川大学考古专业七八级实习队、长宁县文化馆:《四川长宁"七个洞"东汉纪年画像崖墓》,《考古与文物》1985年第5期。
[2] 乐山市文化局:《四川乐山麻浩一号崖墓》,《考古》1990年第2期。
[3] 王庭福、李一洪:《合江张家沟二号崖墓画像石棺发掘简报》,《四川文物》1995年第5期。
[4] 重庆市文化遗产研究院、璧山区文物管理所:《重庆市璧山区蛮洞坡崖墓群M1发掘简报》,《四川文物》2018年第1期。

四川、重庆也是汉阙发现较多的地区,汉阙上的浮雕画像也多有发现。

七、土墩墓

土墩墓本是江浙地区吴越墓葬的一种类型,战国中期已很少见,目前未见战国晚期土墩墓的报道。西汉中期从江浙、皖东南到苏北以至鲁东南沿海地区兴起土墩类型的汉墓,以浙江北部和苏南地区最为多见,湖南常德、广西合浦等地也有少量发现。因为它们同吴越土墩墓有相似的形式,而土墩内的墓葬与同时期汉墓特点一样,可以称为"汉代土墩墓",当然有的学者也称之为"汉代墩式封土墓"。

汉代土墩墓具有以下特点:第一,熟土埋葬。墓坑挖在熟土之中,这是汉代土墩墓最重要的特点,也正是在这一点上体现了汉代土墩墓同吴越土墩墓一脉相承的关系。埋墓之前先堆筑土墩,或者在地表上筑造土台或墩基,再在上面挖坑埋墓。第二,一墩多墓。土墩之下或土墩中的不同层位往往有多座墓葬,它们埋葬的时间有先有后,土墩是在不断埋墓的过程中由较小的土墩逐渐成为体量较大的土墩,不同时间下葬的墓往往形成不同的开口层位。山东日照海曲的三个土墩,D1 规模最大,有墓葬 31 座,面积约 2 000 平方米,残高 6 米;D2 有 38 座墓葬,面积 1 600 平方米,残高 4.28 米(图 2-46);D3 有 17 座墓葬,面积也有 600 平方米,残高 3 米。墓葬时代从西汉中期到东汉,少数墓葬到魏晋时期。也就是说,土墩是西汉中期到魏晋时期逐渐形成的,前后延续约 400 年[1]。2013 年发掘的淮安"御马墩",一墩有 97 座汉墓,时代从西汉早期到东汉,是目前所知包含汉墓最多的汉代土墩[2]。第三,同一土墩内的墓葬排列有一定规律,较少有打破关系,即使存在打破关系,一般也不是破坏性的。有些相互打破的墓恰恰反映了墓主人生前存在的密切关系。安徽广德、浙江杨家埠和山东日照海曲等土墩墓集中分布的几个地区都反映出同样的规律。当然,后代借墩的情况应属例外。借墩墓的墓主与土墩的早期主人无关,时代相隔较远,其埋葬一般都对早期墓形成较严重的破坏。

含有多座墓葬的土墩是在不断埋葬中逐渐增大的,同墩中包含时间不同的多座墓葬,有的延续时间很长。埋墓多,土墩规模自然也较大。日照海曲汉墓层次分明,土墩上每埋一墓都要增添一些土,形成新的地层,使土墩不断增高。同样,在土墩边缘埋墓又使土墩向四周扩展,土墩面积增大。汉代土墩虽然可以看作吴越土墩墓的继续,但它的复兴是顺应了汉代家族墓兴起的形势而出现的,是家族墓地一种比较合适的形式。

---

[1] 山东省文物考古研究所:《山东日照海曲汉代墓地》,见国家文物局主编《2002 中国重要考古发现》,北京:文物出版社,2003 年;山东省文物考古研究所:《山东日照市海曲 2 号墩式封土墓》,《考古》2014 年第 1 期。

[2] 淮安市博物馆:《江苏淮安王庄村汉墓群发掘简报》,《东南文化》2016 年第 5 期。

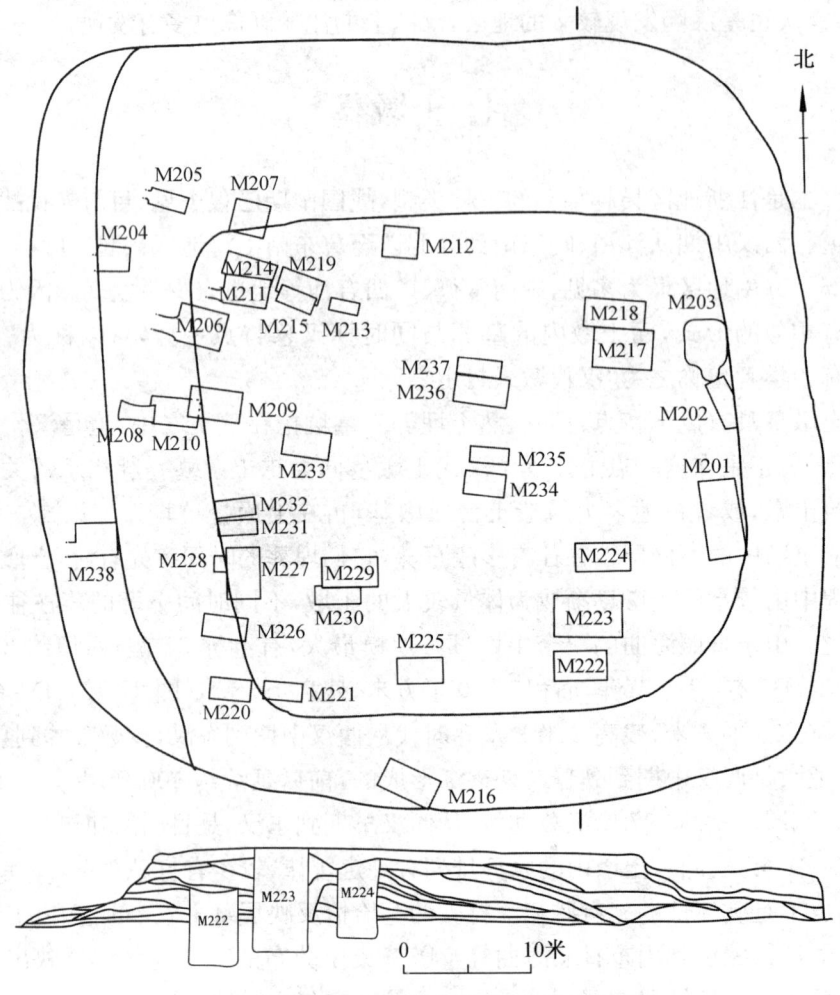

图 2-46　山东日照海曲土墩 D2 平、剖面图

八、东汉崖墓

崖墓又称崖洞墓。西汉崖洞墓主要分布在江苏徐州、河北满城、山东曲阜等处，以徐州地区最为集中，它们是西汉诸侯王（后）墓葬的一种类型。东汉时期的崖墓则集中分布于四川、重庆和云南东北一带的古巴蜀地区，出现于西汉晚期至新莽时期，到东汉晚期开始盛行。东汉崖墓从小型的单室墓到大型的多室墓，类型多样，墓主的身份也涵盖从高官到普通的平民。崖墓、画像砖墓、画像石棺和地面石阙等构成了四川、重庆地区东汉考古的一大特色。

西南地区的崖墓大都位于沿江或沿河的台地和山崖，凿崖开洞，以横洞穴为墓室，其组成部分有墓道、墓门和墓室。墓道有长有短，要依地势情况而定。墓门一般高 2 米左右，为平顶或弧顶，以砖或石封堵。墓室内形态各异，一般都沿壁开出高于墓底的棺床，有的凿有壁龛。墓底凿成内高外低，有排水沟道顺墓道通向外面[1]。由于崖墓可以随意添加侧室，

---

[1]　罗二虎：《四川崖墓的初步研究》，《考古学报》1998 年第 2 期。

适应了东汉时期合家而葬的普遍需求,成为古巴蜀地区东汉墓独具特色的重要形式。

四川西部和中部地区的崖墓结构较为复杂,流行多室家族墓,墓葬规模较大,一般由墓道、甬道、厅堂、主室和多个侧室组成。侧室的设置没有一定的规矩,随意性较大。这些崖墓具有明显的地上居室建筑的式样,墓门和墓室过门往往凿成门楣和门柱的轮廓,墓室平顶或者顶部做成藻井并施彩,大的墓室中间留有柱,柱顶端加工出象征性的斗栱。有的墓型虽然不大,但结构复杂,讲究室内装饰,有浮雕画像和彩绘。

四川地区崖墓的棺具也多种多样,除木棺外,还有石棺、瓦棺、砖棺等形式。石棺棺身以整石凿成,附以整石雕琢的棺盖,棺身四面和棺盖刻有画像。除崖墓外,画像石棺还见于该地区较大的砖室墓,是四川除画像砖外汉画像的重要载体形式。瓦棺即陶棺,由棺身和棺盖扣合而成。砖棺以砖构筑,发现较少。四川新津崖墓发现一具完整的砖棺,棺盖由"企口桥梁砖"组合成为整体,棺身用砖除最上和最下两层是一面企口外,其余的上下左右均为凹凸阴阳榫槽。全棺靠企口和榫槽互相咬合成为一个牢固的整体,当年盗墓者从棺盖中间打开缺口,也未能使棺身散开[1]。

四川中江塔梁子三号崖墓是一座多室墓,全长33.25米,有主墓室5进,侧室、耳室6间,共11间。前室、三室左右各设侧室,二室设右侧室,五室设左侧室,左侧室前后各设一棺床。每一进的门楣和门两侧有高浮雕的门吏、力士、动物等,墓壁石刻、彩绘有鱼、鼠、虎、朱雀、舂米、胡人舞蹈、宴饮图等,三室的左侧室藻井彩绘金乌。壁画墨书榜题有"先祖南阳尉……土乡长里汉太鸿胪文君子宾""子宾中黄门侍郎文君真坐与诏"及人名"荆子安字圣应"等,墓主为荆子安及其家族成员,墓葬时代在东汉桓、灵时期[2]。

成都天迴山三号崖墓,有狭长的墓道和过道(甬道),通长32米,过道尽头南侧有3个长方形墓室,北侧1个方形墓室,中间有一石柱。北室北、东又各开1个方形小墓室,全墓共计6室。有瓦棺11、石棺2,还可能有砖棺1具,分置7处,是典型的家族合葬墓。该墓还有排水沟通向墓室外。墓中残留陶器有罐、谷仓罐、钵、釜、盘、灯台、陶井、水田、水塘、楼房、琴、摇钱树座,陶俑有男女舞俑、抚琴俑、庖丁俑和持瓶、持镜、击鼓、持铲俑以及坐俑、武士俑等。动物俑有鸡、马、鸭、狗,还有镇墓兽头1个。铁器有锸、镰、权、刀、削和1件环柄错金刀,刀上有错金铭文"光和七年广汉工官□□□服者尊,长保子孙,宜侯王,□宜□",另一侧有错金凤纹。铜器有釜、环以及铜钱等,此外还有石猴、玻璃耳珰。由纪年光和七年(公元184年)和无蜀汉直百五铢可知,此墓下限当不晚至蜀汉[3]。

成都新津县大云山东汉崖墓,墓道残长3米,宽约1.8米,甬道内主室通长14.5米,主室南北两侧分布9个侧室,共发现16具陶棺。这些陶棺原来都应置放于各侧室之中,被盗时发生位移,有的极不规整地放在中间主室之中,而有的侧室空置,南1、北1和北2侧室分别整齐地排放着2、3、4具陶棺。墓室内布满陶棺碎块,陶棺的数量应不止16具,

---

[1] 高文、王锦生:《四川出土的第一具完整的砖棺》,《中国汉画研究》第一卷,桂林:广西师范大学出版社,2004年。
[2] 四川省文物考古研究所等:《四川中江塔梁子崖墓发掘简报》,《文物》2004年第9期。
[3] 刘志远:《成都天迴山崖墓清理记》,《考古学报》1958年第1期。

只是16具保存尚好,但棺盖皆已被破坏[1]。这显然也是一个大家族的墓(图2-47)。

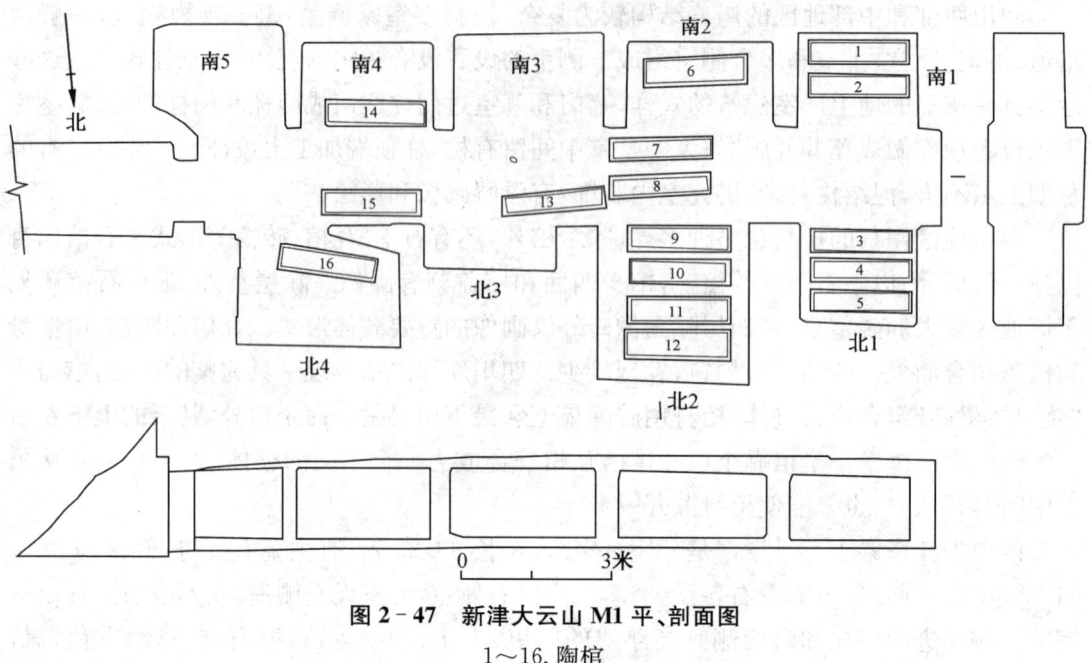

图2-47　新津大云山M1平、剖面图
1~16.陶棺

相对而言,川东和重庆地区的崖墓规模要小得多,单室墓普遍,式样少,构造也简单,复杂一点的仅分前、后室,墓室内缺少石棺、画像和彩绘。这些崖墓主要分布于长江及其支流的两岸。由于地势较陡,墓道都很短。重庆东部地区崖墓的结构更为简单,如奉节县城的江边,崖墓大都是开凿于红砂石中的一个不甚规整的长方形洞穴,也没有规整的墓门,更没有过渡性的厅堂。向东到巫山一带就很少有崖墓分布了。

九、刑徒墓

秦汉时期被判死刑以下的戴罪之人要被押解到修陵、筑城、治河、建桥、铺路和冶铁、铸铜等工地上服役,他们是秦汉社会的特殊阶层,国家的重大工程都离不开大量刑徒的劳作,如秦时修筑阿房宫和骊山陵的刑徒达七十二万人。刑徒生活条件极差,并在严格的监管之下从事繁重的劳动,常因劳累和疾病丧生,死后被草草地集中埋入刑徒墓地。秦汉刑徒墓都是较浅的长方形土坑墓,墓葬排列密集而有序,极少有葬具和葬品,有的身首异处、肢骨不完整,或戴有刑具。刑徒墓是非正常埋葬的一类特殊墓葬,考古发现的刑徒墓地规模巨大,都与重要工程相关联。

秦始皇帝陵园外西南发现三处修陵人墓地,墓主以刑徒为主,还有居赀人和其他服徭役者。姚池头村北墓地已被破坏殆尽,残存处发现数层人骨叠压的现象。姚池头村北墓

---

[1] 成都市文物考古研究所、新津县文物管理所：《成都市新津县大云山东汉崖墓的清理》,《考古》2011年第5期。

地以西2公里的东五小区墓地在东西50米、南北80米的范围内钻探发现墓葬220座,使用砖棺、瓦棺和木棺,墓主身份可能略高于刑徒。姚池头村北墓地以东500米的赵背户村西墓地保存较好,面积8 000余平方米。据已发掘的32座墓来看,皆为土坑墓,分三行排列,行距不足1米,墓间只有很窄的隔梁。西部两行为东西向,东部一行为南北向,排列和墓向有规律。32座墓内有人骨100具,有的身首异处或肢体残缺,除3具女性和2具儿童尸骨,其余为20~30岁的男性青年。墓葬中出土记录死者姓名、籍贯、死亡日期、刑名等信息的陶文或瓦文。

陕西咸阳汉景帝阳陵西北1.5公里处的刑徒墓地面积约8万平方米,墓葬分布杂乱,墓坑为长方形或不规则形。已经发掘的29座墓中出土人骨35具,有的身首异处,骨骼上还留有铁钳、铁釱等刑具,有的骨骼明显是被折断的,皆无葬具和葬品。这里是修陵人刑徒的墓地。

1964年发掘的洛阳刑徒墓地位于东汉都城洛阳南郊北距南垣2.5公里处,范围东西250米、南北200米,已经发掘的2 000平方米共清理东汉刑徒墓522座,皆为南北向窄长墓坑,长1.8~2.3米,宽0.4~0.5米,深不足1米,成排分布,排距为0.5~1米,墓间距0.2~0.4米,墓坑密集而有序(图2-48)。骨架大多保存完整,女性只占1.8%,所有骨架的脊椎部分都有明显的劳损痕迹。

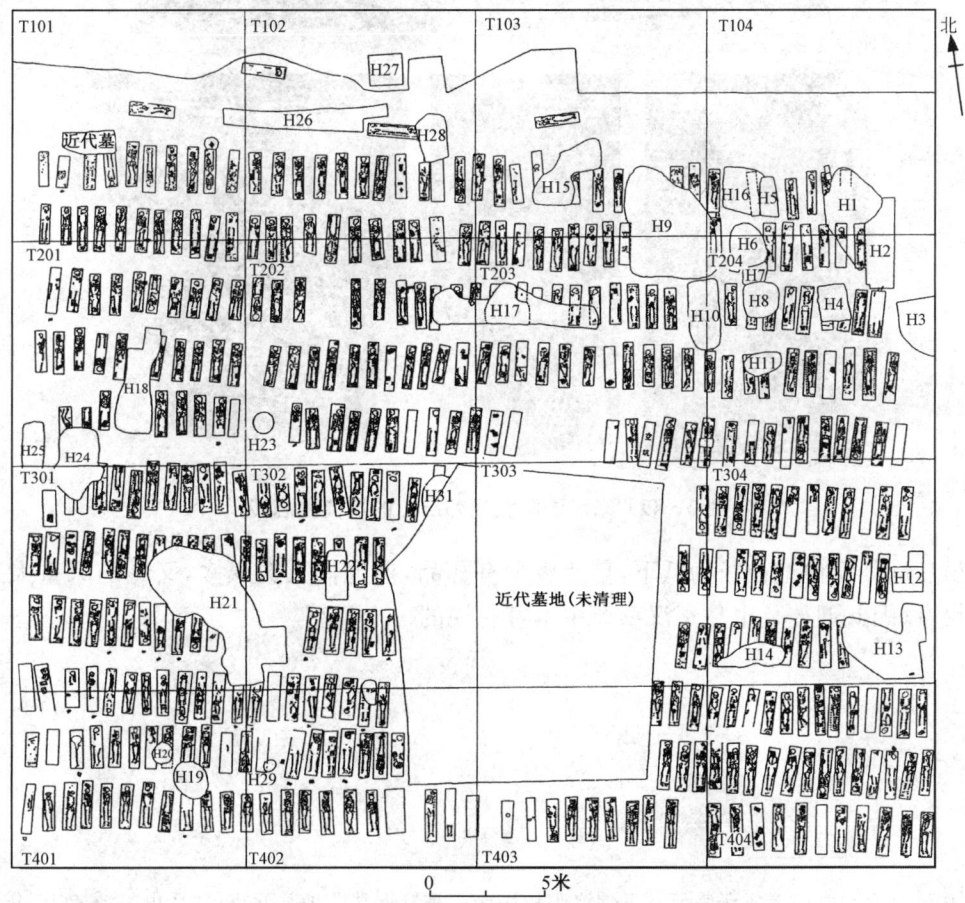

图2-48 东汉洛阳城南郊刑徒墓地墓葬分布图

墓坑中多有木棺痕迹,只有极少数墓有五铢钱、小陶罐等一二件葬品,但几乎每座墓都有一块残砖刻成的"墓志"——刑徒墓志砖,共发现820余块,上面阴刻文字简单记述死亡刑徒的姓名、刑名、来自何地、死亡年月(图2-49)。置两块或多块墓砖者应是墓坑反复利用的结果。洛阳刑徒墓砖刻文较为完整的格式有如:"无任河南洛阳髡钳赵巨元初六年闰月四日物故死。""右部无任南宛髡钳陈便永初元年五月二十五日物故死在此下。""左部""右部"(或只称"左"或"右")是管理刑徒役作的专门机构,故在其属下刑徒的墓砖上标明。"无任"(或"五任")是缀于服役刑徒前的名词,目前有不同的解释:说明系官犯;无人作保需戴刑具;无(或有)技能可供役使等。墓砖上提到的刑徒籍贯包括了当时九州39郡国167县,这些刑徒来自除益州、凉州、幽州、交州之外的地区,最远的是扬州会稽郡山阴。所见刑名有"髡钳""完城旦""鬼薪""司寇"四种。墓葬时段从汉安帝永初元年(公元107年)到永宁二年(公元121年)[1]。

图2-49 东汉洛阳城南郊出土的刑徒墓志砖

虽然刑徒身份地位极为低下,墓葬极少有葬品,但他们人数众多,又是国家重大工程的建设者,因此刑徒墓也是秦汉墓葬中不容忽视的一个类型。

---

[1] 中国社会科学院考古研究所:《汉魏洛阳故城南郊东汉刑徒墓地》,北京:文物出版社,2007年。

第五节 其他地区的特殊墓葬

由于中央政权的强化,战国时期的周边地区汉代已基本纳入到帝国的实际统治之下,为独立或相对独立的民族政权所占据的地区与汉文化的交流也日益频繁,这种形势决定了它们在保留地方文化特色的同时都会受到不同文化的影响。各地特殊的筑墓方式形成了各具特色的墓葬形式,即使是使用主流的土坑墓形式,也在葬具、埋葬方式和葬品等方面都表现出丰富多彩的地域特点,而墓葬中不同文化因素的多少也反映了文化交流的程度。

一、东北地区墓葬

东北地区是汉代乌桓、夫余、鲜卑、高句丽等少数民族的聚居地。中原政权也曾控制过朝鲜半岛北部地区,元封年间,汉政府在朝鲜半岛北部设置了乐浪郡、玄菟郡、真番郡和临屯郡,辖境南至今朝鲜半岛中部江华岛一线,这些地方也发现过丰富的汉代遗迹和遗物。下面仅介绍今日中国境内几处墓地。

(一) 土坑墓

东北地区邻近秦汉辽东边塞的辽宁西丰县西岔沟墓地有墓葬500座左右,20世纪50年代发掘63座,皆长方形竖穴土坑,单人葬,残存木片、席片等,可能为葬具的遗留。墓中多出土零散的马牙,并发现放置马头骨的葬坑。随葬陶器有高颈红陶壶、四耳罐、带把杯、单耳注壶等,兵器有铁剑、刀、矛和铜镞等。有反映草原民族生活和文化的马、牛、羊、鹿、驼、犬、鹰和出猎、捉俘等纹饰和图案的铜牌饰,也有具有汉式特点的绳纹陶器、铁镬、铁斧、铜镜(如蟠螭纹镜、草叶纹镜、星云镜、日光镜等)以及半两钱和五铢钱。墓葬时代为西汉时期,以武帝到宣帝时期为主[1]。同类墓葬在辽东地区的东辽县石驿彩岚村、公主岭市猴石村等地均有发现,其内涵丰富而复杂,族属有匈奴、乌桓等说,近年研究者认为应是西汉中晚期乌桓人的墓葬。整体来说,这批墓葬带有北方草原文化特点并受到汉文化的影响,而汉文化的因素占了相当大的比重。

1980～1981年发掘的吉林省榆树县(现为长春市县级市)老河深村墓地,发掘西汉末到东汉时期的墓葬129座[2],均为长方形竖穴土坑墓,有东向和西向两类。东向墓数量较少,分布于墓地中部西侧,多男女异穴合葬和单人葬。西向墓数量较多,墓地西部和南部集中分布一批较大的男女异穴合葬和男性居中的一男二女异穴合葬墓,而北部大墓较少。墓葬分布呈明显的规律。半数以上的墓有木质葬具。有的墓只以桦树皮或苇席等遮

---

[1] 孙守道:《"匈奴西岔沟文化"古墓群的发现》,《文物》1960年第8、9期(合刊)。
[2] 吉林省文物考古研究所:《榆树老河深》,北京:文物出版社,1987年。

挡四周，没有盖和底。有的椁有分箱现象，以木板隔出头箱，或者棺外四角施以支撑椁的木柱。有的墓葬填土中发现马牙，并发现有专门埋葬马头的葬坑。随葬品丰富，陶器多见壶、豆、罐、钵等，铁器有剑、矛、刀、镞等兵器和锼、锸、镰、锥等工具。铜器有铍、铜镜、带钩、车马器和牌饰等。铜铍和带有神兽、老虎和鹿纹等图案的牌饰显现出浓厚的草原民族文化气息，汉式铜镜和铁工具等则反映了汉文化的影响。原报告定为鲜卑墓葬[1]。秦汉时期，鲜卑人越来越多地受到汉文化的影响，鲜卑墓葬逐渐成为汉文化的组成部分。

（二）积石墓

东北地区自红山文化时期即流行积石冢（墓）。东北地区高句丽前期的墓葬多为积石墓，分布于鸭绿江中下游和浑江流域一带。鸭绿江流域中游，以吉林集安为中心的地区分布有大量汉代高句丽遗存，包括高句丽积石墓葬。积石墓直接在地表上砌筑墓室，以砾石或卵石铺底，以石块向上砌壁并封顶，也有的上部用土积封；或分为石圹和土圹两类[2]。早期积石墓先积石为方形墓基，上部筑有长方形椁室，上面再用石块积封，形成方丘状的坑丘。这类墓出现较早，上限可能在高句丽建国以前。大约东汉时期出现方坛积石墓，以巨型土块或长方形石条在地表上砌方坛，有的作2～5层阶梯状方坛，以三层居多，在上层台阶上筑椁室，有单室、多室之分，其上堆石为封。积石墓中出土过半两、五铢、货泉、大泉五十等钱币。

吉林集安县（今集安市）上活龙墓地清理积石墓3座。M2墓基平面呈方形，以直径10～20厘米的河卵石堆筑于地表，墓基长9米、宽7米、高1米。墓圹位于墓基中部，底与地表平，现发现的残存墓壁以较大的河卵石砌筑。墓的上部已遭破坏。方坛墓5座。M5是一座方坛阶梯积石墓，两级阶坛，基坛筑于地表的小河卵石上，用稍加修整的石条分三层砌筑，内部用河卵石填平。基坛内收1～2米再筑阶坛，台阶高70厘米，阶坛内以石块填平，然后内收筑椁圹，圹底高于地表1.4米，圹壁已遭破坏，上部用大小不等的河卵石封垄。另外还发现圆丘状土圹3座，石砌墓室并盖顶，外用黄土封护。出土器物有镰、锛、环首刀等汉式铁工具以及陶器罐、甑残片和残铜镜。下活龙清理高句丽积石墓34座，与上活龙积石墓的年代一致，均为东汉时期[3]。

二、北方长城地带中段墓葬

我国境内北方长城地带的汉代匈奴墓也是以长方形土坑墓为主的，重要的墓地有内

---

[1] 吉林省文物工作队等：《吉林省榆树县老河深鲜卑墓群部分墓葬发掘简报》，《文物》1985年第2期。
[2] 李殿福：《集安高句丽墓研究》，《考古学报》1980年第2期。
[3] 集安县文物保管所：《集安县上、下活龙高句丽古墓清理简报》，《文物》1984年第1期。

蒙古准噶尔旗西沟畔[1]、东胜县补洞沟[2]，宁夏同心县倒墩子[3]等，墓葬从西汉早期到东汉晚期都有，以西汉中晚期为多。汉代匈奴墓流行仰身直肢单人葬，头向以北向为主，有的有木棺。随葬器物以小口鼓腹罐和小口鼓肩罐为主，出土草原民族常见的有透雕动物或人物形图案的带饰（铜牌），也出土铜镜、漆器、钱币等汉式器物。这些墓葬既保留了匈奴文化的特色，又包含大量汉文化的因素。公元1世纪，匈奴分裂为南、北两支，南匈奴入居长城以北，与汉文化的交流更加密切，并逐渐融入汉文化。青海大通上孙家寨墓是一座由墓道、甬道、前室、后室组成的砖室墓，出土"汉匈奴归义亲汉长"阴文铜印，并出土汉镜、五铢钱和仓、灶、井等汉墓中常见的陶器组合，时代为东汉晚期，已经完全是汉文化为主的墓葬[4]。

三、新疆地区墓葬

新疆地区在汉代属西域，西域诸国大都同汉室有来往。在丝绸之路正式开通以前，这里属铁器时代末期，丝路正式开通以后，汉政府加强对西域的经营，往来更加密切，西汉中期设立西域都护府以后，汉文化也成为当地的重要文化。新疆若羌楼兰、民丰尼雅、乌鲁木齐阿拉沟及伊犁河流域和北疆的一些地方都分布相当于汉时期的重要墓葬，它们具有独特的地方特点。由于新疆地区独特的地理气候环境，出土文物大都保存完好，尸体有些以干尸的形式存在。

（一）沙坑墓

新疆和田地区民丰县西北约150公里的沙漠中有汉代尼雅遗址，遗址分南、北两部分，发现用红柳编成骨架、墁泥为墙的残破房舍数百间，房舍西北约2公里是墓葬区。墓葬棺木大都呈独木舟形，木棺直接埋于沙中，发现时木棺多暴露于沙面之上，看不出墓圹。如1959年发掘的一座墓，长方箱形木棺，长约2米，下有四个短足。棺盖上铺一条毛绳织成的毯子，棺四周有20厘米厚的红柳枝，红柳枝外抹一层2厘米厚的黄泥。棺内有男、女两具干尸，毛发、衣物基本完好。出土衣物有手套和"万世如意"锦袍、"延年益寿大宜子孙"锦袜以及绮、罗、绢、缣、绣等织物。器物有陶瓶、陶罐、铁刀、骨弓和木质的杯、豆、纺轮等。由出土的"君宜高官"铜镜等推断，墓葬年代相当于东汉时期[5]。1995年发掘的民丰尼雅95MN1号墓地可能是汉代精绝国王室墓地，在100平方米的范围内清理出木棺8具，依木棺形制可分为矩形箱式木棺墓和用胡杨等树干刳挖成独木舟形的木棺墓两类。一般前者葬2~4人，后者1~2人。M3打破M8，两墓皆为椭圆形竖穴沙坑墓，两墓间填

---

[1] 伊盟文物工作站、内蒙古文物工作队：《西沟畔汉代匈奴墓调查记》，《内蒙古文物考古》1981年创刊号。
[2] 伊盟文物工作站：《伊克昭盟补洞沟匈奴墓地清理简报》，《内蒙古文物考古》1981年创刊号。
[3] 宁夏文物考古研究所、中国社会科学院考古研究所宁夏考古组、同心县文物管理所：《宁夏同心倒墩子匈奴墓地》，《考古学报》1988年第3期。
[4] 青海省文物管理处考古队：《青海大通上孙家寨的匈奴墓》，《文物》1979年第4期。
[5] 新疆维吾尔自治区博物馆：《新疆民丰县北大沙漠中古遗址墓葬区东汉合葬墓清理简报》，《文物》1960年第6期。

充芦苇草，棺上盖麦秸草。M8 为箱式木棺，长 2.2 米，宽 0.97 米，高 0.98 米，用榫卯连接，棺盖由 5 块木板拼接后，用暗榫铆合。棺内排葬 2 人，头皆北向，仰身直肢，盖被单（图 2-50，左）。男尸居西，上部右侧置弓、箭、弓袋、箭箙及木叉，木叉上绕系刀鞘、锦帽、梳篦袋和"五星出东方利中国"织锦护臂（图 2-50，右）、黄绢袍服等。女尸居东，上部左侧置一木叉，杈上裹一毛织物及彩锦织袋（内有汉式四乳铜镜 1 枚）、帛鱼和革皮木胎圆木桶等。死者足端置带流陶罐 2 件、木杯 3 件、木盆 2 件、亚腰形木器座 2 件，等等（图 2-51）[1]。

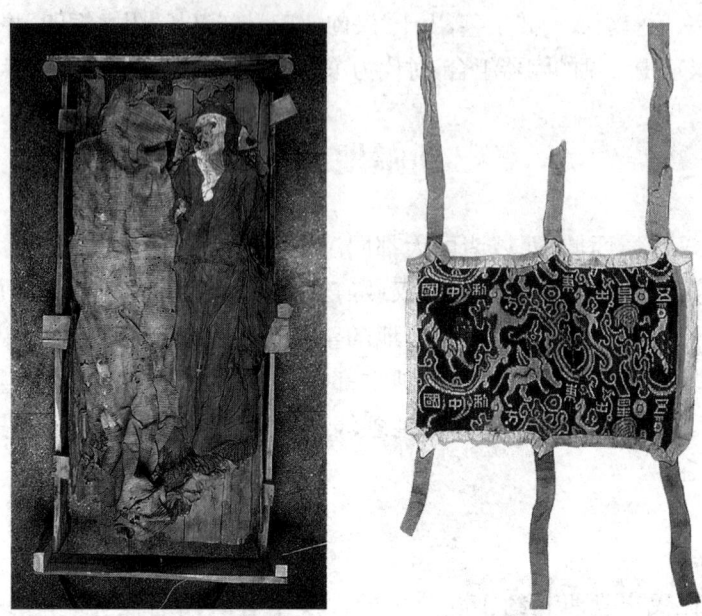

图 2-50 新疆民丰尼雅 95MN1 号墓地 M8 木棺及出土的织锦护臂

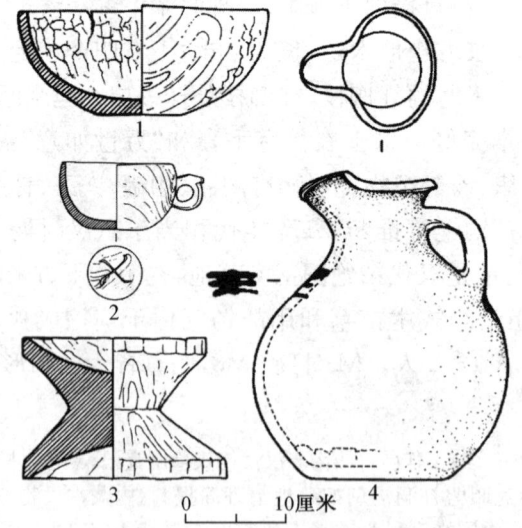

图 2-51 新疆民丰尼雅 95MN1 号墓地 M8 出土器物
1. 木盆（M8:6）；2. 木杯（M8:2）；3. 器座（M8:9）；4. 带流陶罐（M8:1）

---

[1] 新疆文物考古研究所：《新疆民丰尼雅遗址 95MN1 号墓地 M8 发掘简报》，《文物》2000 年第 1 期。

(二) 石堆墓

20世纪70年代,新疆乌鲁木齐南山矿区阿拉沟东口发掘了85座古墓,其中M18、M19、M30、M31四座竖穴木椁墓最为重要。这四座墓地面上都残存石封堆,四周用卵石砌起长方形垣墙。墓圹位于垣墙中部,均为东西向长方形竖穴,圹底有木椁,以圆形松木纵横叠置三至八层构成高约1米的椁室。椁底有的铺圆木,椁顶依次覆盖圆木、木板和苇草。墓内葬1~2人,皆仰身直肢,头向西,保存较好的骨架可见头骨上钻有小孔,有的墓内有木棺痕迹。墓葬大多被盗扰,出土器物中金银器较多,有虎纹圆金牌、虎纹金箔带、狮形金箔带、虎形方金箔牌和各种兽面金饰、佩饰,银器有近方形、矩形、盾形的银牌等。铜器有高足承兽铜方盘,铁器有小刀、小三棱形镞。陶器有细泥红陶的小钵、小把杯、筒形带流杯、盆等,器表皆打磨光洁,刷酱红色陶衣。漆器仅存红漆绘云纹盘1件,纹饰与湖南长沙马王堆汉墓所出的近似。此外有珍珠,玛瑙,木盆、木车模型和绫纹罗织物的印痕等。参考碳14测年数据,四座墓的年代大约相当于战国至西汉时期[1]。石堆墓代表了新疆地区相当于战国至两汉时期的一个地方墓葬类型。

(三) 土墩墓

新疆伊犁河流域昭苏、特克斯、新源、尼勒克、巩留、察布查尔等县分布有一种圆丘状封土的墓葬,考古学界称为土墩墓。土墩的底部周长多在100~150米之间,大的260米以上,小的不到50米。土墩顶部平坦,中间下凹。有的在封土面上铺一层卵石,有的封土周围有方形或圆形的浅沟。昭苏县萨尔霍布和木札特草原发掘的一批土墩墓,墓坑均为竖穴土坑,东西向,南北并行排列。有单室墓和多室墓,单室较少,多室以3到4室为主,夫妻同室或异室合葬。早期墓葬以原木平铺盖顶,后期墓有的有椁有棺。以毛毯裹尸,仰身直肢,头一律向西。随葬品有较少的陶器罐、钵、盆、壶等,较大墓葬中有毛织物、金器、骨器、铜器,也有漆器残片。综合出土器物特征和碳14测年数据以及《汉书·西域传》的记载,推断这些墓葬可能是乌孙人留下的遗存。新疆土墩墓就地面形式而言,其实就是一种封土墓。

(四) 石棺墓

在新疆乌鲁木齐以北的北疆地区,广泛分布着一种石人石棺墓,以阿勒泰、富蕴、温泉等县境内最为集中。石棺墓的石棺以石块拼成或以块石围成,20世纪调查发掘的阿勒泰克尔木齐墓地较为典型[2]。石棺墓葬散布于克尔木齐公社(今切木尔切克乡)附近草原的一些南北向的土岗以及戈壁滩上,按地面所见现象可分为单墓制和带石垣的多墓制两种,后者即所谓"坟院制"。坟院制墓葬地面上有列石(平铺或竖立)围成的长方形坟院,面积一般在200~600平方米,坟院内埋多座墓葬,分为有封土和无封土两种情况,按墓葬形制又可分为竖穴石棺和竖穴土坑两种。无封土的墓皆用竖穴石棺,而有封土的墓两种情况均有。竖穴土坑墓有的也用石片围成无底无盖的象征性石棺。单墓制没有块石或石片

---

[1] 新疆社会科学院考古研究所:《新疆阿拉沟竖穴木椁墓发掘简报》,《文物》1981年第1期。

[2] 新疆社会科学院考古研究所:《新疆克尔木齐古墓群发掘简报》,《文物》1981年第1期。

围成的石垣,其土坑墓皆有封土,而石棺墓有封土或无封土。封土呈圆形,用卵石堆成或覆盖卵石。切木尔切克石棺葬一部分单墓或坟院前立石人或三四块条石,故又称"石人石棺墓"。石棺墓中葬式多样,有屈肢葬、仰身直肢葬、俯身直肢葬,也有乱骨葬,以屈肢葬为多见。有殉人现象,将人肢解后埋于墓主一旁或墓主下方。出土器物不多,有陶豆、陶罐、石罐、石钵、铜刀、铜矛、铜镜、马具和铁刀等小件器物。M22出土一面中原地区战国时期特征的素面铜镜,说明这里很早就已经与中原地区往来了。石棺墓的年代跨度很大,早的相当于战国西汉之际,晚的可到隋唐时期。这1000多年的时间里,北疆地区的民族如匈奴、柔然、突厥等曾活动于此,现在还无法将石棺葬笼统地归入具体哪一个民族文化中。

第六节　汉代墓地制度和丧葬习俗

前面说的是墓葬的结构类型和地方类型,这里专谈汉代墓地、棺椁和葬品等问题。无论从墓葬的形制结构还是从随葬品的种类和组合等方面看,汉代早期与战国末期的联系都是十分明显的,可以说,西汉早期文化既是对战国文化的继续,也是汉文化逐渐突显和壮大的时期,至西汉中期,完全的汉文化风格才真正形成。墓葬研究不仅仅是要揭示地下埋葬情况,地面墓地的布置自然也是丧葬文化的重要内容。

一、家族墓地

战国时期,王陵、贵族与平民分区而葬的墓地制度已经出现明显动摇和松弛的迹象,在一个墓地上,大墓、小墓杂错的现象已比较普遍。西汉时期,随着宗法制崩溃和土地私有制的发展,根据自身条件自由选择墓地、单纯聚族而葬的家族墓地逐渐兴起,这是由个人或家族管理的私有墓地。《史记·淮阴侯列传》记载:"韩信虽为布衣时,其志与众异。其母死,贫无以葬,然乃行高营敞地,令其旁可置万家。"韩信为布衣时为其母选择墓地一事,便是在私人墓地兴起过程中发生的。

墓地私有以后,在一个广大的墓地空间内,墓位的排列貌似杂乱无章,但也绝少相互打破的现象。在这样一个大的墓地内,虽然异姓杂处,但不同家族依自己的财力情况和威望购买墓地,使得同一家族的墓位相对集中。如洛阳烧沟汉墓自武帝到新莽时期的百余座墓,墓主都是中小地主、下层官吏,其中包含了若干家族墓,从出土铜印可知,郭姓墓集中于墓地东南一片,其周围则又有吴、宾、章、尹、商、赵等姓墓主。这种情形是墓地私有以后才出现的。东汉时期墓葬中随葬买地券的葬俗就是伴随家族墓地的发展出现的。

从西汉中期开始,土地自由买卖加速了庄园经济的发展,庄园经济维系着豪强地主的家族关系,使地主阶层的关系变得十分密切,一个大家族绵延数百年、连续几代人葬在同一块墓地上,即使是做官、经商客死在异乡的人也都要归葬故乡家族墓地,称为"归旧茔"。有时一个墓埋几代多人,数世同堂,由此开启了西汉晚期开始至东汉多室墓的兴起。这些多室墓都有斜坡或阶梯形墓道,有墓门便于多次启闭,很适合多次埋葬。

2008~2010年发掘的西安南郊凤栖原张安世家族墓地,张安世墓(M8)、张安世夫人墓和6座陪葬坑在壕沟围成的墓园之内,张安世墓为"甲"字形大墓,夫人墓为中型墓。墓园东西长195米、南北宽159米。墓园内有祠堂类建筑、道路、排水系统等遗迹,墓园周围东、西、北三面有中、小型墓12座,12座墓的墓道都朝着墓园方向[1]。河北无极县史村墓地,地表可见封土堆36座,其中两座墓分别出土了东汉后期"甄谦买地券"和曹魏正始四年(243年)"处士中山甄凯墓志铭"。该墓地是东汉至南北朝时期的甄氏家族墓群。

西汉中期开始重新抬头的土墩墓就是适应了家族墓兴起的新形势。山东日照海曲汉墓,三座土墩内分别埋有17座、33座、36座汉墓。安徽广德县桃州镇发掘汉代土墩墓62墩,一墩有3~18座墓葬,合计269座单体墓葬。湖南常德南坪三号土墩底径50米,占地面积约4000平方米,残高约7米。墩内有12座汉末到新莽时期的竖穴土坑墓,其中D3M27出土滑石双面"长沙郎中令印"和青铜"廖福私印",D3M26出土和田羊脂玉"廖宏"私印,证明是廖氏家族墓。该墩外围发现排水沟道,内部中心有贯穿南北的排水暗沟。所有墓葬筑于熟土台上,并用青灰土和青膏泥筑起东西向和南北向的标志墙,标志墙与熟土台同高,除一座墓位于标志墙以东,其余11座墓有规律地布置于标志墙围成的区间内(图2-52)[2]。土墩中的汉墓聚族而葬,土墩一般体量较大,一墩中有多座墓,同单独

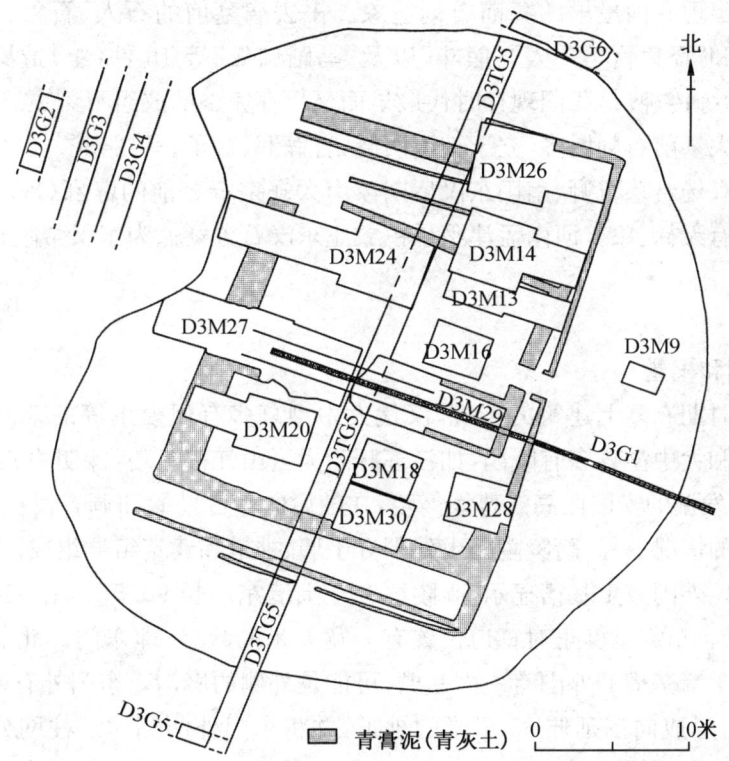

图 2-52 湖南常德南坪汉代土墩墓(D3)墓葬、遗迹分布图

―――――――
[1] 陕西省考古研究院:《西安凤栖原西汉墓地田野考古发掘收获》,《考古与文物》2009年第5期;张仲立、丁岩、朱艳玲:《凤栖原汉墓 西汉大将军的家族墓园》,《中国文化遗产》2011年第6期。
[2] 常德博物馆:《湖南常德市南坪汉代土墩墓群的发掘》,《考古》2014年第1期。

的封土墓相比,更显示出了家族的稳固、力量和气势。每个家族的成员都享受到了这种凝聚的成果,这正是江南吴越土墩形式在汉代很快被接受并推广的重要原因。

两汉时期是我国家族观念不断加强的时期。汉初是宗族的恢复和重建时期,人们一般以近亲家族为社会活动的基本单位。西汉后期开始,随着世家大族的出现,宗族联结也逐步得到强化,宗族成为社会生活中的基本单位,文献中常见"宗族数千家""宗族万三千余口""宗亲千余家"等提法。宗族包含若干个家族,宗族观念的加强是以家族观念的逐步强化为基础的。墓地制度的发展与家族观念的变化过程是一致的。

二、地面设施

(一) 封土和墓前石刻

汉代的各类墓都有大小不等的封土坟丘。现存较大的坟丘一般都属于大中型的木椁墓、砖室墓或石室墓。从封土墓的发展情况来看,西汉早、中期,小型墓葬的封土尚不多见,从西汉晚期开始,小型墓也开始普遍使用封土。崖洞墓是一种特殊形态,以山为陵,一般无独立的坟丘。

西汉时期出现我国最早的墓前石刻造象。霍去病墓前的石人、石象、石牛、石马、石鱼、石猪、石虎和"怪兽食羊""人与熊斗"以及"马踏匈奴"等 16 件(组)造象,作风浑厚朴素,雕刻手法简练传神,是我国现存时代最早而又保存完整的成组石刻。

东汉时期大墓前石刻增多,立于神道两侧,有辟邪、狮子、马、骆驼、虎、牛、马、羊等,如四川芦山县东汉杨君墓石狮、南阳东汉后期汝南太守宗资墓前的辟邪(现藏南阳博物馆)等。帝陵前还有天禄、象。河南孟津平乐镇象庄东汉石象疑似为东汉帝陵石刻的遗存,但不明归属。

(二) 墓园和祠堂

继承先秦时期有墓上建筑的传统,汉代大中型墓多有规模不等的墓园,墓前建有祠堂。诸侯王墓和大中型墓多有陵园,如江苏盱眙大云山江都王陵,探明边长 490 米的方形陵园。2009 年发掘的安阳西高穴曹操高陵,在随后的考古勘探和调查发掘中也确认了陵园和建筑遗迹的情况[1]。高陵陵园由外围夯土墙、神道和建筑组群组成。陵园西部被现代取土坑破坏。外围夯土基槽显示,高陵原夯土围墙东墙长 90.5 米,南墙残长 68 米,北墙残长 70.7 米。东部基槽正对墓道位置有一宽 5 米的缺口,即东门。北墙也发现缺口,应为北门。夯土墙基槽的外围有一圈基槽,可能是外侧的壕沟。东门外有两列方形柱础,南北间距 4 米,形成向东延伸 35.5 米的神道,并将东门外两侧建筑柱网分为南北两区。陵园内南侧亦有东西侧排列的三列柱础。南昌海昏侯刘贺墓的陵园内有主墓 2 座、祔葬墓 7 座。西安凤栖原张安世和其夫人的墓在围沟围成的同一墓园中。有些大墓的墓园可

---

[1] 河南省文物考古研究院等:《安阳高陵陵园遗址 2016～2017 年度考古发掘简报》,《华夏考古》2018 年第 1 期。

能已在后世的不断破坏中荡然无存了。

西汉时期在墓园内设祠已经比较多见。《盐铁论·散不足》记载:"今富者积土成山,列树成林,台榭连阁,集观增楼。中者祠堂屏阁,垣阙罘罳。"河北满城汉墓近处有祠堂建筑的遗迹,江苏高邮天山汉墓地表也发现散布各处的汉代瓦片。目前考古发现的墓祠基本为东汉时期的。最早的有明确纪年的地上小祠堂是山东汶上县天凤三年(公元 16 年)的路公祠堂,最晚的是山东嘉祥武氏祠堂中的武荣祠。汉代石祠遗迹在鲁南、苏北等地都有发现,墓前土木结构的祠堂虽未发现,但有的墓地上所见瓦当等建筑构件,应是祠堂类建筑存在的证据。现存著名的石祠皆在山东,石祠上有大量画像,内容丰富,题材、风格与同时期的画像石墓一致。

孝堂山石祠位于山东济南长清区孝里镇孝里铺村南孝堂山顶,是东汉前期(章、和时期)的地上祠堂(图 2-53),祠后有汉墓[1]。祠堂为石结构单檐悬山顶两开间房屋,坐北朝南,东西长 4.14 米、南北宽 2.5 米,高 2.64 米。祠堂后半部分地面上有高起的神台。祠内东、西、北三壁及三角梁上刻有 36 幅画像,有车马出行、庖厨宴饮、狩猎、百戏等。横贯三壁上部的是场面宏大的"大王出行图",有题榜"大王车"。北壁下部有"二千石出行图",有题榜"二千石"。还有伏羲、女娲、风伯、雷公等神话内容及周公辅成王、孔子见老子、边塞战争等历史故事,有题榜"孔子""成王""胡王"等。祠堂后壁有并列的三座建筑画像,每座建筑下都有叩拜主人的场景。旧传祠主为西汉孝子郭巨,但显然与祠堂所属时代和画像内容不符。

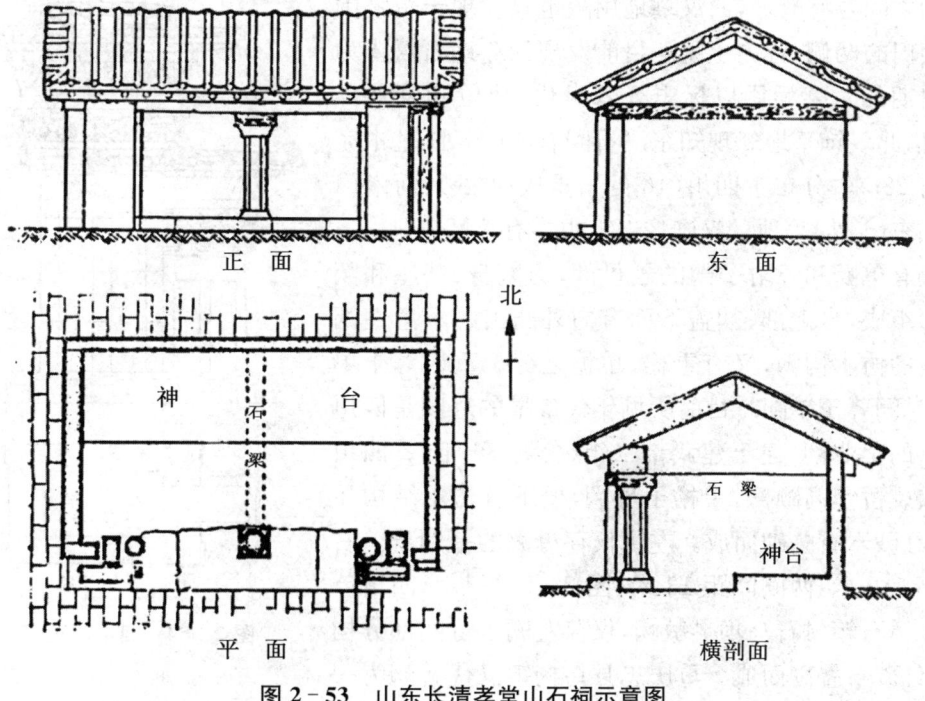

图 2-53 山东长清孝堂山石祠示意图

---

[1] 罗哲文:《孝堂山郭氏墓石祠》,《文物》1961 年 Z1 期。

武氏祠位于山东嘉祥县纸坊镇武宅山村西北，为武氏家族墓地上的建筑，属东汉晚期。1981年据原石形状并参考孝堂山石祠的特点复原为武梁祠、前石室、左石室3座石构建筑。

武梁祠，祠主武梁，生前曾任州从事，卒于桓帝元嘉元年（公元151年）。祠为单开间悬山顶石构建筑，面阔2.41米，进深1.47米，高2米，现存顶石、壁石共5块，画像近百幅，其中40余幅为历史故事，表现伏羲到夏桀等古代帝王，蔺相如、老莱子等忠臣孝子，秋胡妻、梁高行等节妇烈女，以及车马出行、家居、宴饮等内容。

前石室，室主武荣为武梁之侄，官至执金吾，卒于灵帝建宁元年（公元168年）。石室为双开间单檐悬山顶石构建筑，现存画像53幅，有东王公、西王母等神话故事，有车马出行、宴饮、百戏、庖厨等场景，还有孔子见老子、荆轲刺秦王、孝子邢渠等故事。

左石室，祠主不详。结构与前石室同，现存画像约40幅，内容与前石室相似，另有周公辅成王、二桃杀三士、管仲射齐桓公等为前室所无。

武氏祠前有阙，有"建和元年（公元147年）"题铭，刻有仙人、神兽、人物、门吏、车骑、孔子见老子等历史故事40余幅。

（三）墓阙

阙本是附设在大门外显示威仪的建筑物，一般左右对称分列，中间有缺口可通行，故称"阙"，也是门的标志。秦始皇帝陵园内外城东门之间和西门之间各有阙址，西汉墓地用阙也只发现于帝陵围墙四边门的两侧，皆为土阙。目前发现的墓地石阙皆为东汉时期的。墓阙用以标志死者身份、地位和墓地界限，也借此装饰墓地。现知东汉石阙有40余处，基本完整的有28座，分布于四川（16处）、重庆（4处）、河南（4处）、山东（4处）等地。汉画像石上也多有墓阙刻画。

阙有单阙和旁附子阙的子母阙，由阙身、基座和阙顶（盖）组成，身上部、阙盖下面有向外凸出的示意性阙楼。有的仿木构阙，又有重檐、单檐之分。重檐尊于单檐，子母阙尊于单阙。目前所见年代最早的墓阙是四川梓潼县的李业阙，建于建武十二年（公元36年）。四川雅安市姚桥镇高颐阙，单檐子母阙，檐下有仿木结构斗栱，由红砂岩石叠砌而成。左阙仅存母阙的基和身。右阙通高5.9米，两阙间距13米（图2-54）[1]。四川芦山沫东镇石箱村石马坝樊敏阙，仅存左阙子母阙部分构件，由红砂石叠砌而成。重庆忠县乌杨镇汉代石阙为一

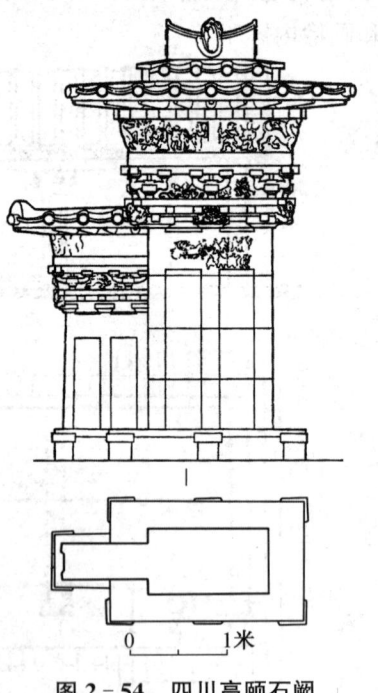

图2-54　四川高颐石阙

---

〔1〕　重庆博物馆：《四川汉代石阙》，北京：文物出版社，1992年。

对子母阙,复原后高 5.4 米。山东莒南延边区小山前乡东兰墩村孙氏墓阙,仅存 1 件阙身和 2 件阙顶,顶一大一小正好相配为阙的重檐。阙身高 1.8 米,上有阴刻铭文"元和二年(公元 85 年)正月六日孙仲阳□升父杨故行□□礼□作石阙贾直万五千"。正面为浮雕画像,自上而下有拜谒及百戏、出行、乐舞、对揖相叙四栏。阙身右侧浮雕长尾四脚兽、人首蛇身像等。

(四) 墓碑

墓碑可能出现于西汉时期,但目前所见最早的实物为东汉墓碑,长方形石刻,由碑首(额)、碑身、碑跌(座)构成。碑首多作圭形,也有半圆形。碑首、碑身之间有圆穿。碑座有方形、龟形,以方形为主。题额多篆书,碑文多隶书,刻记死者姓名、籍贯、生平经历、死亡日期、家族世系及对死者的溢美之辞。碑阴、碑侧常刻有门生、故吏的姓名。曹魏时禁立墓碑,原本在地面的石碑逐渐小型化后移到墓中,后来在墓中石碑的基础上衍化出墓志。目前所知最早的墓中石碑是河南偃师蔡庄建宁二年(公元 169 年)东汉墓出土的肥致碑,碑文多与神仙方术有关[1]。

三、随葬品

战国到西汉,西汉到东汉,人们的丧葬观念一直在不断变化之中,由于砖石墓逐渐兴起,墓葬结构越来越多地模仿生人地上住宅的布局形式。同时厚葬成风,稍具规模的墓葬随葬品种类齐全,数量众多,举凡地上生活所用之物,都可见诸地下,既有实用物品,也有模型明器,如器皿、食品、衣物、武器、装饰品、书籍、钱币、印章、车船,以及仓、灶、井等各种模型明器和动物、人物俑类。

西汉墓葬中随葬的漆器数量增多,青铜器减少,而且也不作为礼器使用,中型以下的墓葬一般不出青铜容器。

西汉早期墓同战国晚期的联系较多,随葬陶器的基本组合为鼎、盒、壶,开始使用仓、灶、井等模型明器,并逐渐成为各地汉墓的主流组合。晚期葬品组合一般是鼎、盒、壶、奁、耳杯、勺以及仓、灶、井、猪圈、房屋等,模型明器的数量明显增多。各地器形及演变也各有不同,图 2-55 反映的是《长安汉墓》中主要常见陶器的发展演变。东汉前期,杯、盘、案、勺等生活用器类的明器极为流行,其他模型明器的种类增多;从中期开始,房屋、楼阁、碓房、猪圈、水田、池塘及各式人俑和鸡、狗等动物俑的流行成为东汉墓中葬品的显著特色,楼阁多为 3 层,也有多至 4 层、5 层者。模型明器数量、种类大增,一些贵重、实用的器物如铜器、漆器等减少。据《续汉书·礼仪志》记载,帝陵也有相当比例的陶质模型明器。

在大贵族墓中,直到西汉中期仍有以车、马殉葬的,如满城汉墓、曲阜鲁王墓、大葆台汉墓、罗泊湾汉墓等,但车、马都埋在墓室或墓道内,而很少像前代那样在墓外另设车马

---

[1] 河南省偃师县文物管理委员会:《偃师县南蔡庄乡汉肥致墓发掘简报》,《文物》1992 年第 9 期。

坑。西汉元帝以后不再用真车、真马殉葬，而是用木或陶制的车马模型代替，南方的江陵、长沙、广州等地汉墓中还有用木船或陶船模型随葬的。

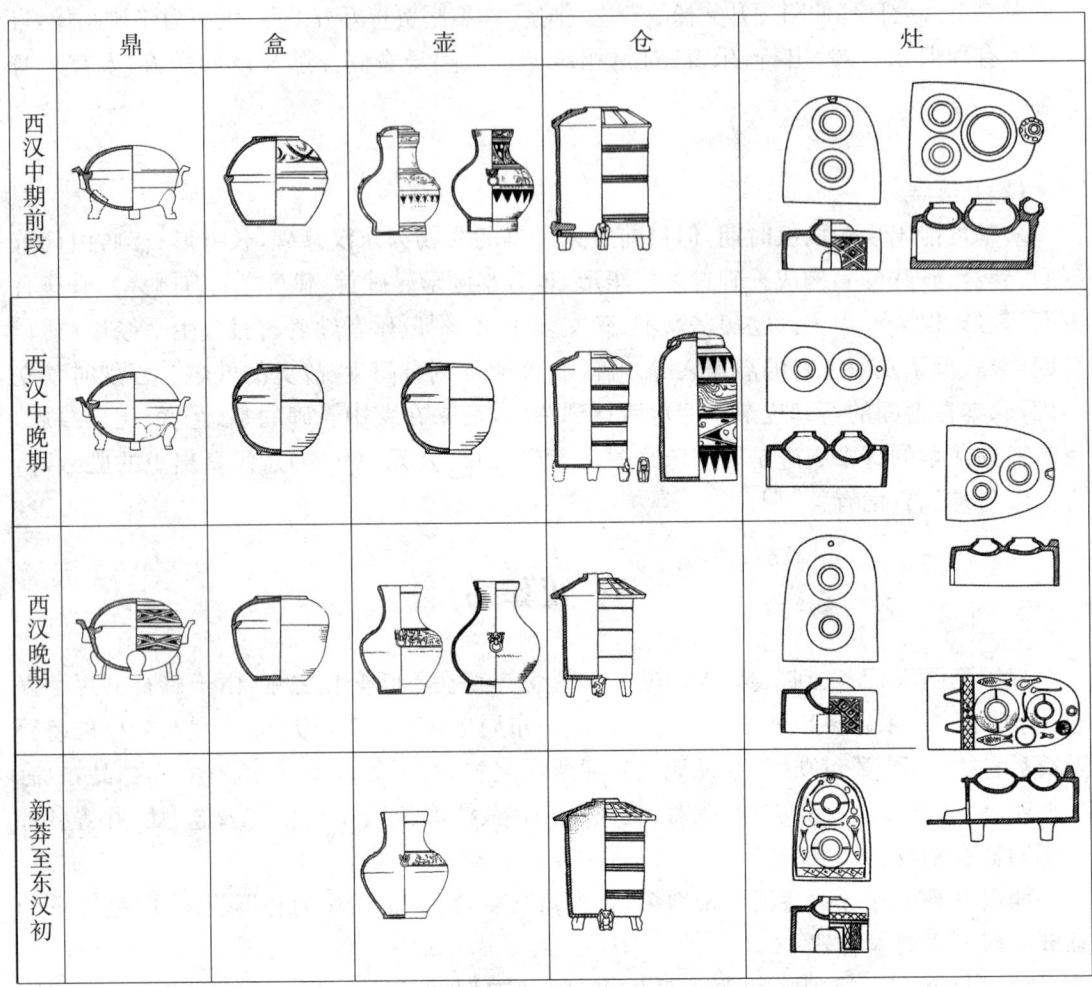

图 2-55 西安汉墓主要陶器演变图

西汉前期随葬品中多见珍贵的实用器，已出现少量的仓、灶等模型明器。西汉中期以后专为随葬而制作的陶质明器显著增多，有仓、灶、井、磨、杵臼、碓房、风箱、楼阁、田地模型，还有形态各异的动物俑和人物俑。模型明器中，仓、灶、井成为汉墓中稳定的器物组合，其中陶灶占有重要的地位。西汉时期，关中地区的灶多为平面马蹄形，至东汉时逐渐演变为方头，大多有两个火眼；中原地区的灶为长方形，西汉时大多只有一个火眼，东汉时火眼增至二三个，介于关中与中原之间的地区则兼有二式；西南地区汉墓流行单眼或双眼的长方形灶，西汉墓以单眼为主，东汉墓基本为双眼，也有多眼灶。北方灶有复杂的隔烟墙，吴楚地区流行船头灶，并有具备四个灶门和火眼的"都灶"。2002~2003年发掘的湘西里耶盆地清水坪西汉墓群，共清理汉初到新莽时期的墓葬255座，皆竖穴土坑，模型器中有大量的井、灶，但不见仓，反映了较强的地域特征。

东汉墓葬中的模型明器和猪、狗、羊、鸡等家畜、家禽俑，各式男女侍俑、杂技俑、乐舞俑、说唱俑的流行,增添了墓葬中的生活气息,反映了东汉地主庄园经济的繁荣,地主阶级也日益把自己的庄园当作统治堡垒,建筑具有攻击和防御功能,庭院深深,院落四周有角楼供瞭望,有的楼阁上布置持弓待射的武士。同时也反映了当时人对随葬品观念的变化,他们认为,将庄园中的全部动产和具有生产意义的不动产都制成象征性的陶质明器纳入墓中,比放置那些数量有限的珍贵器物更有意义,它们可以增殖,生生不息。这是葬品方面的一次大的变革,西南地区东汉墓中的摇钱树也就是在这种氛围中出现的。

摇钱树流行于汉晋时期,分布于四川、重庆、云南、贵州、陕西、甘肃、青海、湖北等地,以四川、重庆地区最为集中。近年出土东汉摇钱树60件左右,半数以上出自四川、重庆东汉墓。2017年陕西郭家崖东汉墓出土1件造型奇特的"摇钱树",该墓是目前所知出土摇钱树最北的地方。完整的摇钱树不易发现,能够说明有摇钱树随葬的材料,如陶、石摇钱树座以及摇钱树的残枝等为数甚多。摇钱树是一种特殊形态的随葬物品。

四、玉敛葬俗

丧葬用玉的种类较多,常见有玉琀、玉塞、玉罩(或玉盖)等。玉塞有耳塞、鼻塞、肛塞,短柱形,或一头粗一头稍细。玉罩有眼罩,眼形;生殖器罩或套,圆桶形,满城刘胜墓的生殖器套为旧玉琮改制而成。这些葬玉合为一套,有口塞(玉琀)1件,耳塞、鼻塞各2件,肛塞1件,眼罩、生殖器盖各1件,共9件。汉代葬俗,以9件不同形状的玉器填塞或遮盖死者九窍,以防精气外泄,统称为"玉塞"或"九窍塞"。东晋葛洪《抱朴子·内篇·对俗》称:"金玉在九窍,则死人为之不朽。"九窍塞西汉到东汉都有发现,但很少有九件俱全者,目前所见主要出土于汉代高等级贵族墓。

九种塞玉汉代常见的只有口塞,称为琀或玉含,做成舌形或蝉形玉片,压于死者舌上,普通墓也有以舌形滑石片代替者。目前已发现的汉墓蝉形口琀480余件,分布于江苏、陕西、山东、安徽、河北、湖南、江西、甘肃、湖北、内蒙、山西、河南、广西等地,可以说遍布全国各地汉墓之中。《汉书·杨王孙传》记杨王孙斥责当时的这种风气说:"口含玉石,欲化不得,郁为枯腊。"

含玉之俗由含饭发展而来。《白虎通·崩薨》载:"所以有饭含何?缘生食,今死,不欲虚其口,故含。用珠宝物何也?有益死者形体,故天子饭以玉,诸侯饭以珠,大夫以米,士以贝也。"又《公羊传·文公五年》何休注:"孝子所以实亲口也,缘生以事死,不忍虚其口。天子以珠,诸侯以玉,大夫以碧,士以贝,春秋之制也。文家加饭以稻米。"从功用和放置情况来看,汉代口琀或口塞可能并无以上复杂的分别。

战国时期,大中型墓中有使用幎目的情况,即按五官形状制成多块带孔玉片,排列于五官之上。又有用整块玉片雕刻出完整面部形象的椭圆形玉覆面,五官、须眉俱全,遮盖死者整个面部。幎目和玉覆面可能就是玉衣的前身,又与玉衣并行使用于不同等级的墓葬中。汉大中型墓也有玉覆面或玉面罩出土。山东长清双乳山死于武帝后元二年(公元前87年)的末代济北王刘宽之墓出土了完整的玉覆面。覆面由额、颐、腮、颌、颏、耳的17

块玉片和鼻罩组合而成,嘴巴由上、下两片玉片合成。整件玉覆面为脸形,玉片放置左右对称,上下协调,浑然一体。各玉片内侧下棱和鼻罩边缘处斜穿细孔,当时应是用丝缕连缀于丝帛之上的。墓主人头部颈下有玉枕,两手中有豚形玉握,腹部、腰侧和背部有玉璧5件。[1] 该墓的用玉体现了玉衣方式之外较完备的玉敛葬俗(图2-56)。

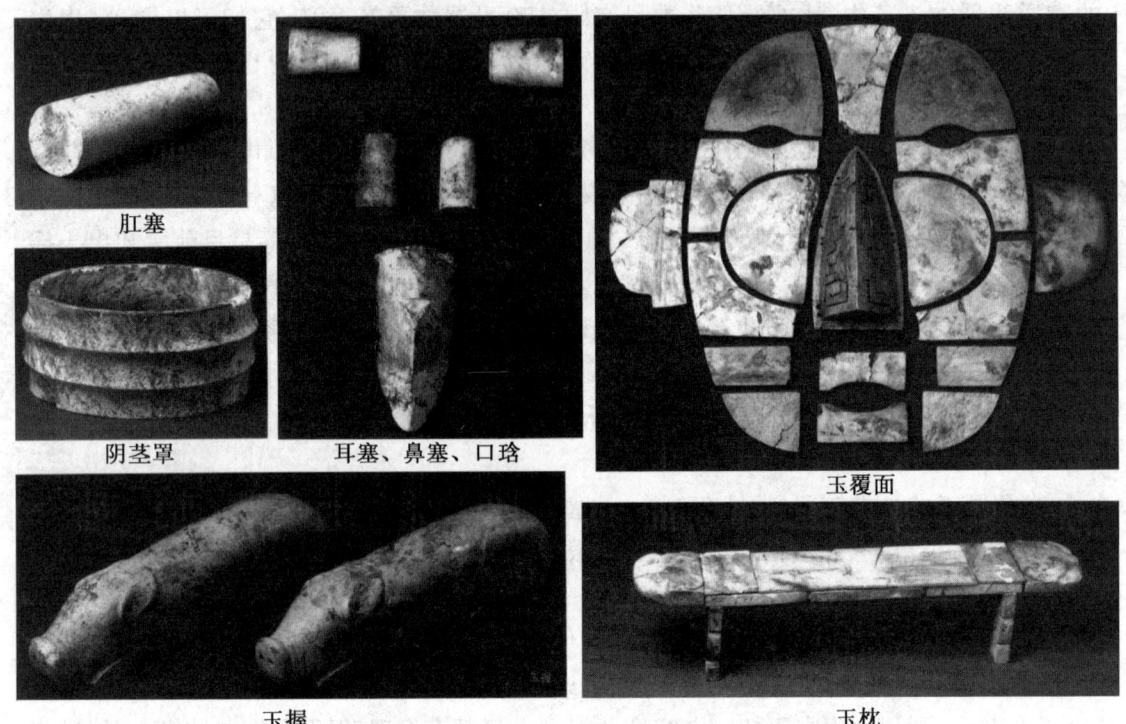

图2-56 山东长清双乳山济北王墓出土的丧葬用玉

玉塞之外还有玉握,也就是墓主人手中的握玉。西汉玉握为璜形,东汉为豚形。豚形玉握虽然在徐州地区的西汉早期墓葬即已出现,但广泛地流行还是在西汉晚期以后。

玉衣又称玉匣,是两汉时期专为皇室贵族、诸侯王和上层官吏制作的葬玉,用若干带孔的小玉片按人体外形编缀而成,外观似真人,套装在尸体外面。以金丝编缀者为金缕玉衣,又有银缕、铜缕、丝缕玉衣,以金缕者最为尊贵。西汉以金缕为多,东汉多见铜缕和银缕[2]。玉衣应始于春秋战国,《吕氏春秋·节丧》说:"国弥大,家弥富,葬弥厚,含珠鳞施。"汉代高诱注:"鳞施,施玉匣于死者之体,如鱼鳞也。"汉代文献称玉衣为"玉匣",王符《潜夫论·浮侈篇》载:"今京师贵戚,郡县豪家,生不极养,死乃崇丧,或至金缕玉匣。"玉衣和与之有关的玉片实物均发现于诸侯王和列侯级的大墓中,说明汉代玉衣之制有严格的身份等级上的规定。

目前发现的比较完整的汉代玉衣约30件,玉衣实物在河北、河南、江苏、安徽、山东、

---

[1] 山东大学考古系等:《山东长清双乳山一号汉墓发掘简报》,《考古》1997年第3期。
[2] 卢兆荫:《试论两汉的玉衣》,《考古》1981年第1期;《再论两汉的玉衣》,《文物》1989年第10期。

湖南、广东等地诸侯王墓中都有出土，而发现玉衣片而无法复原的墓例还有很多。用玉衣之墓，墓主从诸侯王到高级官吏都有，两汉时期皆有发现，以东汉玉衣为多。

1946年，尹达在华北解放区邯郸附近清理了一座汉墓，第一次发现散乱的汉代玉衣片。1968年发掘的汉中山国陵墓——满城陵山一号和二号汉墓，是西汉中山靖王刘胜及其妻窦绾的异穴合葬墓，首次发现了完整的成套玉衣（图2-57）。1978年，山东临沂西汉中期刘疵墓出土金缕玉面罩、玉帽、玉手套和玉袜，面罩和玉帽前后扣合成人头形。另有"刘疵"玉印、铁剑、铜弩机、铜车饰和陶器等多件，墓葬虽然塌陷，但未有被盗迹象[1]。该墓所出可以看作不完全的玉衣。刘疵可能为汉宗室人物，但还不具备用完整玉衣的条件和资格。1995年，徐州东甸子西汉墓出土一组玉衣残片14件，皆青玉，表面光滑，背部较粗糙。形状有长方形、三角形、长条形、楔形等。根据墓中出土"祕府"封泥等判断，墓主可能为西汉楚国掌机要文书的官吏，下葬年代为景帝末到武帝初[2]。1997年河北鹿泉市北新城村西汉墓（M2）出土132片玉衣散片，玉片呈长方形，四角有细孔，正面阳刻有日、月和瑞兽图案，是极为少见的样式。墓主为西汉中后期某代真定王[3]。河南永城芒砀山梁国王室墓有6座墓出土玉衣片[4]。广州南越王墓首次发现丝缕玉衣。

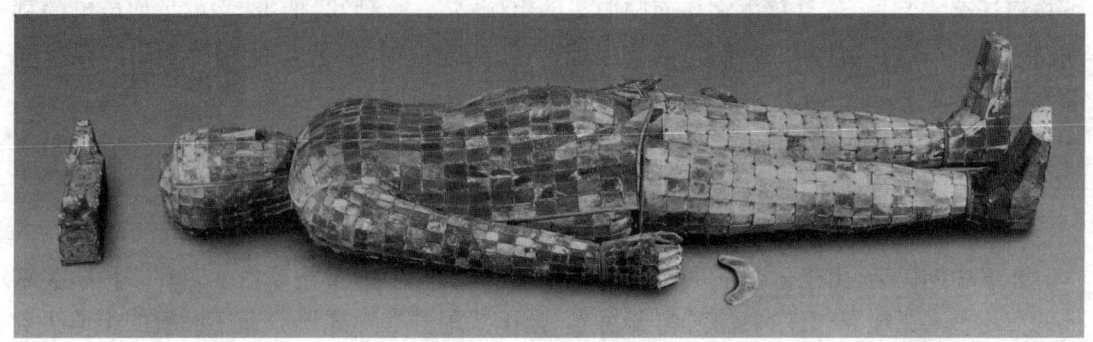

图2-57 河北满城中山靖王刘胜墓出土的金缕玉衣

东汉时期，最为著名的是河北定州北庄东汉中山简王刘焉墓出土的鎏金铜缕玉衣，用玉片5000余片，应属两个个体。迄今尚未发现东汉时期的金缕玉衣，墓葬中发现的玉衣大多为铜缕玉衣，少量为银缕玉衣。

目前发现的玉衣都是两汉时期的，共发现完整和较为完整的实物30余件。玉衣之制禁于曹魏。安徽亳州董园村东汉末年曹氏墓出土的玉衣是年代最晚的玉衣实物。

---

[1] 临沂县文物组：《山东临沂刘疵墓出土的金缕玉面罩等》，《文物》1980年第2期。
[2] 徐州博物馆：《徐州东甸子西汉墓》，《文物》1999年第12期。
[3] 河北省文物研究所等：《鹿泉市北新城汉墓M2发掘简报》，《文物春秋》2008年第4期。
[4] 河南省商丘市文物管理委员会、河南省文物考古研究所等：《芒砀山西汉梁王墓地》，北京：文物出版社，2001年；河南省文物考古研究所：《永城西汉梁国王陵与寝园》，郑州：中州古籍出版社，1996年；商博：《永城芒山发现汉代梁国王室墓葬》，《中国文物报》1986年10月31日。

五、告地策

汉代人奉行灵魂不灭的观念,对他们来说,死亡不是生命的终结,而是在另一个世界的开始,并且他们认为,在死后生活的阴间世界里,有着同生人现实世界类似的管理秩序,如特定的官僚机构、职官等级、俸禄、赋税,等等,一应俱全,因此,将亡灵送入阴间就需要一定的交接手续。西汉墓葬中有一种类似官样文书的记事竹简,死者家属模仿人间文书的形式,以地上官吏的名义替死者向地下官府登记户籍,称为"告地策"[1]。如下葬于汉文帝前元十三年(公元前167年)的湖北江陵凤凰山168号汉墓出土的"告地策"竹简,江陵丞向地下丞通告物品的种类和数量:"十三年五月庚辰。江陵丞敢告地下丞:市阳五大夫燧(遂),自言与大奴良等廿八人、大婢益等十八人、轺车二乘、牛车一两(辆)、骊马四匹、騮马二匹、骑马四匹。可令吏以从事。敢告主。"[2]长沙马王堆三号墓出土的一支竹简上记有:"十二年,二月乙巳朔戊辰,家丞(丞)奋,移主葬郎中,移葬物一编,书到无遗(撰)具素主葬君。"[3]主脏(葬)君有属官主葬郎中。江陵高台汉墓的"告地策"则记述将死者地下户籍迁至安都地下,是墓主客死而归旧茔的事例[4]。这种"告地策"文书类似后世的冥途路引单,但在汉代使用"告地策"的墓很少,主要为西汉时期,也可能与竹木简的保存问题有一定的关系。

六、买地券、镇墓文和镇墓兽

东汉中期以后,由于土地兼并激烈,土地所有权时有变更,于是墓内常随葬一种购买墓地的契约——买地券,又称"墓莂"或"地券"。地下买地券在形式上脱胎于民间的土地买卖契约,现知最早的土地买卖契约是居延汉简中西汉晚期的《受奴卖田契》:"……置长乐里受奴田卅五亩,贾钱九百,钱毕已。丈田即不足,计亩数环钱。旁人淳于次孺、王充、郑少卿,古酒旁二斗,皆饮之。"墓中买地券及券文形式多仿照简策形式写或刻在木条或铅、铁或玉石板上,三国两晋时的买地契约多刻在砖上。这是一种象征性的证券,放在墓中,使死者对墓地的所有权合法而不受侵犯。买地券后来发展为迷信压胜之物,内容荒诞不经,涉及的数字、价值等并不真实。买地券是研究东汉宗教信仰、丧葬风俗和土地制度的重要材料。

地券的内容主要是买地日期、面积、价值、地界、证人和证人报酬等,现知最早、最完整的购买墓地的券约是端方《陶斋藏石记》卷一著录、传出于山西忻县的玉质买地券——武廑婴买地券,券文为:"建初六年十一月十六日乙酉,武孟子男廑婴买马熙宜、朱大弟少卿

---

[1] 黄盛璋:《江陵凤凰山汉墓出土称钱衡、告地策与历史地理问题》,收入《历史地理与考古论丛》,济南:齐鲁书社,1982年。
[2] 湖北省文物考古研究所:《江陵凤凰山一六八号汉墓》,《考古学报》1993年第4期。
[3] 湖南省博物馆、湖南省文物考古研究所:《长沙马王堆二、三号汉墓》,北京:文物出版社,2004年,第43页。
[4] 黄盛璋:《江陵高台汉墓新出"告地策"、遣策与相关制度发复》,《江汉考古》1994年第2期。

冢田，南广九十四步，西长六十八步，北广六十五步，东长七十九步，为田廿三亩奇百六十四步，直钱十万二千。东，陈田比界，北、西、南，朱少比界。时知券约赵满、何非，沽酒各二斗。"罗振玉《贞松堂集古遗文》卷十五著录 1 件建宁二年（公元 169 年）王末卿买地铅券："建宁二年八月庚午朔廿五日甲午，河内怀男子王末卿，从河南街邮部男子袁叔威买皋门亭部什三陌西袁田三亩，亩价钱三千一百，并直九千三百，钱即日毕。时约者袁叔威，沽酒各半。即日丹书铁券为约。"

镇墓文又称"解除文"，见于东汉墓葬。王充《论衡·解除篇》说："世信祭祀，谓祭祀必有福。又然解除，谓解除必去凶。"东汉中期特别是后期，墓中流行镇墓券，在柱状多边砖或长方形的铜板或铁板上刻有镇墓文，其内容是用黄帝、天帝使者的名义为生人解罪，为死者求福，安慰并约束亡灵，使其认识到死生有别，对生人勿事纠缠，让生人安宁、死者稳定。或者用朱书将镇墓文写在一种固定型式的陶瓶或陶罐上，写有镇墓文的瓶、罐称为"镇墓瓶"或"镇墓罐"，其上文字又称"朱书解除文"，流行于东汉中后期至魏晋时期的墓葬中。镇墓文或解除文内容多为与道教思想相关的求福辟邪语，应与东汉后期道教的兴起有关。目前所见最早的镇墓文是咸阳教育学院东汉墓所出镇墓陶瓶上的朱书镇墓文，时代为明帝永平三年（公元 60 年）[1]。西安和平门外四号汉墓出土初平四年（公元 193 年）陶瓶上的朱书文字较为完整，从中可见东汉镇墓文的常用体例和内容：

> 初平四年十二月己卯朔十八日丙申，直危。天帝使者谨为王氏之家，后死黄母，当归旧阅。兹告丘丞莫（墓）伯、地下二千石、蒿里君、莫（墓）黄（皇）、莫（墓）主、莫（墓）故夫人、决曹、尚书令、王氏冢中先人：无惊无恐，安隐（稳）如故，令后曾（增）财益口，千秋万岁，无有央（殃）咎。谨奉黄金千斤两，用填（镇）塚门，地下死籍削除，文他央（殃）咎。转要道中人，和以五石之精，安冢莫（墓），利子孙。故以神瓶震（镇）郭门。如律令。[2]

1935 年修同蒲路时，于山西省出土的熹平二年（公元 173 年）张叔敬瓦缶朱书镇墓文体例也非常齐备：

> 熹平二年十二月乙巳朔十六日庚申，天帝使者告张氏之家、三丘五墓、墓左墓右、中央墓主、冢丞冢令、主冢司令、魂门亭长、冢中游击等：敢告移丘丞墓柏（伯）、地下二千石、东冢侯、西冢伯、地下击犆卿、耗（蒿）里伍长等：今日吉良，非用他故，但以死人张叔敬薄命蚤（早）死，当来下归丘墓。黄神生五岳，主生人录，召魂召魄，主死人籍。生人筑高台，死人归，深自埋。眉须以落，下为土灰。今故上复除之药，欲令后世无有死者。上党人参九枚，欲持代生人，铅人，持代死人。

---

[1] 咸阳市文物考古研究所：《咸阳教育学院汉墓清理简报》，《文物考古论集 咸阳文物考古研究所成立十周年纪念》，西安：三秦出版社，2000 年。
[2] 唐金裕：《汉初平四年王氏朱书陶瓶》，《文物》1980 年第 1 期。

黄豆瓜子,死人持给地下赋。立制牡厉,辟除土咎,欲令祸殃不行。传到,约束地吏,勿复烦扰张氏之家。急急如律令。[1]

镇墓文反映了汉代人对死后地下世界的丰富想象:有近似人间社会的官僚体系和管理制度,想象死人仍像生前一样服役缴税,以人参代生人,铅人代死人,铅人代替死者服劳役,以黄豆、瓜子缴赋税。死后的地下世界就像是地上生活图景的翻版和延续。

2001年8月咸阳窑店出土东汉朱书陶瓶,上部画有北斗七星等,下部是镇墓文:"生人有乡,死人有墓。生人前行,死人却行。死生异路,毋相午(忤)。"[2]河南密县后士郭一号东汉画像石墓出土陶罐8件,器身皆有朱书或墨书隶体镇墓文,较清晰可识者如:"……死人行阴,生人行阳,各自有分,□不得复交通……"[3]此类词句多见于东汉中晚期及稍后的镇墓文,如:"生人自有宅舍,死人自有棺椁。生死异处,无与生人相索。"长安县三里村汉墓中出土的朱书镇墓瓶上说:"故以自代铅人,铅人池池,能舂能炊,上车能御,把笔能书。"[4]镇墓文中提到的铅人在山东、河南、陕西等地的汉墓中都有发现。河南陕县刘家渠东汉墓(M88)所出铅人为模铸的扁裸体立人,四肢齐全,五官清楚,高6.3厘米[5]。

中原地区出土的镇墓瓶(罐)大都宽沿细颈矮腹大平底,瓶内往往装有不明矿物,如河南三门峡交口东汉晚期墓,有前、后室,共发现镇墓瓶5件,器高15.1~15.8厘米,分置于后室东北角、前室东南角、后室门中间甬道立柱旁、前室东北角、墓门甬道东南角下圆形小坑内,瓶内分装有五种不同颜色的石块(图2-58,左)[6]。关中地区所见镇墓瓶主要是折肩长筒形,小平底(图2-58,右)。敦煌一带有的罐内尚可见残存的干朽粟米,外有朱书镇墓文。

图 2-58　东汉墓出土的镇墓罐(瓶)

---

[1] 郭沫若:《由王谢墓志的出土论到兰亭序的真伪》,《文物》1965年第6期。
[2] 刘卫鹏、李朝阳:《咸阳窑店出土的东汉朱书陶瓶》,《文物》2004年第2期。
[3] 河南省文物研究所:《密县后士郭汉画像石墓发掘报告》,《华夏考古》1987年第2期。
[4] 陕西省文物管理委员会:《长安县三里村东汉墓发掘简报》,《文物参考资料》1958年第7期。
[5] 黄河水库考古工作队:《河南陕县刘家渠汉墓》,《考古学报》1965年第1期。
[6] 河南省文物考古研究所:《河南三门峡交口汉墓(M17)发掘简报》,《文物》2009年第3期。

镇墓文、买地券主要出土于北方汉墓，出土的数量也有限，目前所见也不过数十件。随葬镇墓文、买地券虽不是汉代的普遍葬俗，但它仍是研究汉代埋葬习俗、土地制度、民间信仰等方面的重要资料。黄帝是当时早期道教信奉的天神，道士以黄帝使者或天帝使者自命。镇墓文的使用明显是受到了早期道教的影响，反映了东汉道教的流行。人们把"送死"与"抚生"紧密联系在一起，埋葬死者的同时也在祈求生者的平安和吉祥，从中也可以看到人们在社会矛盾日趋尖锐的背景下透露出的惶恐不安的心情。

镇墓兽自春秋战国时期即已出现，如楚墓中的木质独角或双角的镇墓兽，但并不普遍，而且形式也不统一。西汉陶镇墓兽出土不多，东汉墓开始流行使用镇墓兽，形式也较为一致，是一尊蹲踞微倾、长舌下垂近地的怪兽。

第三章　社会生产

汉代是社会生产大发展的时期,虽然生产的主体类型没有发生大的改变,但战国时期出现的新技术和新的生产方式在汉代得到推广和普及。由于技术提高和政府的有效管理,生产规模扩大,为社会经济发展助力。考古发现的铁制生产工具数量多、分布广、类型全,就是社会经济发展的直观指标。并且汉代也出现了造纸、瓷器制造等新的生产技术,带来了社会生产发展的新高潮。

第一节　手工业

同战国手工业生产相比,秦汉时期的官营规模扩大,制盐、冶铁、铸钱是关乎国计民生的三大官府手工业部门,汉政府加强了主体产业的控制和管理,有利于生产的扩大和技术的提高。虽然官营手工业生产涉及诸多行业,也对有些私营手工业生产进行抑制,但官营手工业生产不可能替代民间普遍的手工作业,政府也鼓励家庭纺织一类的手工生产。官营大作坊生产和民间普遍的日常生产相结合,成为整个汉代手工业发展的大格局。

一、汉代冶铁业

（一）汉代冶铁、铸造遗址和冶铁事业的发展

汉代冶铁业进一步成为社会经济发展的基础,冶铁业逐渐成为农业和一般手工业发展的重要指标。汉代冶铁空前发展,鉴于各地诸侯王和富商大贾擅山海之利,开矿、煮盐,严重扰乱国家财政秩序,影响中央政府的财政收入,汉武帝于元狩五年（公元前118年）在全国范围内实行盐铁官营,在重要的产铁地置铁官进行管理,当时设铁官的有四十郡共四十九处,遍布今陕西、甘肃、四川、河南、山西、河北、山东、安徽、湖南、辽宁各地。一个铁官辖若干个铁工场,所以工场数要远远大于铁官数。对冶铸作坊或工场又统一按顺序编号,进行系统管理。铁官是汉代管理冶铸事业的机构,管理铁的冶炼、铸造和贸易,从铁官的分布可以看出汉代冶铁业的布局和发展形势。各地区冶铁业的发展也不平衡,其中山东地区有铁官12个,占全国的1/4。又据《汉书·食货志》,"郡不出铁者,置小铁官,使属所在县"。小铁官一般由县令、长兼任,负责管理旧铁回收和再铸新器。可以说,汉代的盐铁官营真正做到了无孔不入。铁官管理系统的建立,说明了汉政府对冶铁业的重视,也说明

汉代冶铁是关系到国计民生和国家稳定的大事。《史记·南越列传》记载,汉初"禁南越关市铁器",南越无法自已铸铁为器,所需铁器只能依赖和其他地区的交易。

东汉冶铁业仍然是以官府专营为主,《后汉书》没有记载当时国营铁工场和铁官的设置情况,但《续汉书·百官志》说"出铁多者置铁官,主鼓铸"。东汉王朝建立后,必然接收和继承了西汉时期的冶铁工场和矿井。经考古发掘、勘查的西汉时期古冶铁作坊多沿续到东汉及以后。

根据已发表的资料,1949年以后共发现汉代冶铁遗址60余处[1],有的工场是在战国原有基础上发展起来的,如河南登封阳城冶铁工场,山东临淄故城的几处汉代冶铁遗址。大部分创建于西汉,沿用到东汉甚至更晚,少数始于东汉。其中河南地区冶铁作坊最为集中,经调查发掘的有39处,占已发现的汉代冶铁遗址的半数以上。已经发掘的,规模都在1万平方米以上,具有代表性的有河南巩县(今巩义市)铁生沟、郑州古荥镇、南阳瓦房庄、温县招贤村、鲁山南关望城岗、泌阳下河湾等。西汉到东汉,河南地区冶铁中心的地位没有发生变化。

铁生沟冶铁遗址位于今巩义市南20公里的铁生沟村南,少室山北麓。这里盛产赤铁矿(Fe_2O_3),有丰富的原料来源。该工场使用的时间在西汉中期至新莽时期。根据遗址内出土有"河三"铭文的铁锛、铁铲等分析,这里应为汉代河南郡铁官所属的第三号作坊,因称为铁生沟"河三"冶铁遗址。"河三"遗址的面积为2.16万平方米,1958~1959年发掘2000平方米[2]。

郑州古荥汉代冶铁遗址位于郑州市西北郊古荥镇,这里原是秦汉三川郡和荥阳县冶所。遗址出土铁器318件,发现带"河一"铭文的铁铲,说明古荥是汉河南郡铁官下辖的第一号冶铁作坊,从西汉晚期使用至东汉。该遗址面积12万平方米,1975~1976年郑州市博物馆两次对遗址中心进行了发掘[3]。

泌阳县下河湾冶铁遗址于2004年调查发现,遗址面积23万平方米,发现炼炉、熔炉材料、铸范、鼓风管等与冶铸有关的遗物以及陶窑、居址等,是目前所见面积最大的一处官营手工业作坊遗址,时代为从战国中晚期到两汉[4]。

河南鲁山南关望城岗汉代冶铁遗址,2000年发现并发掘。在毛家村南清理两个泥模范残块堆积坑,出土了大批使用过、用于铸造的泥模范残块,主要是农具类范。其中一些残块有"阳一""河□""六年"等铭文。

1974年,河南省博物馆在河南温县招贤村汉河内郡温县故城外发现东汉时期的冶炼工场遗址,除发现铁渣、炉壁残块、范块等,遗址北部还发现东汉前期的烘范窑1座。遗址面积1万多平方米。

20世纪60年代,山东滕县(今滕州)薛国故城遗址中出土一批残铁范,其中犁、铲、斧

---

[1] 白云翔:《先秦两汉铁器的考古学研究》,北京:科学出版社,2005年,第388~397页。
[2] 河南省文化局文物工作队:《巩县铁生沟》,北京:文物出版社,1962年。
[3] 郑州市博物馆:《郑州古荥镇汉代冶铁遗址发掘简报》,《文物》1978年第2期。
[4] 宋定国:《河南泌阳下河湾发现大型铁官遗存》,《中国文物报》2005年1月21日。

范上多有"山阳二""巨野二"等文字标志,说明此处冶铁遗址为西汉山阳郡(王莽时改为巨野郡,在今山东巨野一带)铁官第二号冶铁作坊。

江苏徐州北部利国驿铁矿场发现于1954年,1959年复查,遗址内发现东汉椭圆形半地穴式炼铁炉1座,炉身用石英砂与粘土混合夯筑,以石灰石作助熔剂。距遗址400米的峒山顶有矿井和露天矿井遗迹各1处。利国驿冶铁场是东汉的一处小型作坊。

北京大葆西汉墓出土带"渔"字标记的铁斧,是渔阳郡铁官作坊的产品。

目前已发现的铁官作坊制品的标识,河南郡有"河一""河二""河三",南阳郡有"阳一""阳二",河东郡有"东一""东二""东三",弘农郡有"弘一""弘二"等,还有各地不用序号的蜀郡"蜀郡""成都",河南渑池的"绛邑""周左""黾"等。这些发现虽然很不全面,但也反映出汉代铁官所属作坊工场的普遍分布以及管理情况。

(二) 汉代冶铸技术

铁生沟遗址的考古发现再现了汉代从开矿、冶铁到铸造成器的全过程,结合汉代其他相关冶铁遗址的发现情况,从中可以了解汉代冶铁铸造的过程和技术成就。

矿井: 在遗址西南、西、东北三面山区都有古采矿洞,调查发现青龙山、金牛山、罗汉寺有汉代矿井,井坑为方形或椭圆形,坑内有采矿工具铁锤、铁镢等。矿石含铁量为64.48%~76%。

矿石加工场: 从弃置的大量矿粉看,矿石粉碎后经过筛选,以保证矿石颗粒均匀、大小适度,既易于熔化,也可增加透气性,不使料层和炉腔发生堵塞,节省燃料。遗址内有矿石加工场多处,发现粉碎矿用的铁锤、石钻、石夯等工具。

配料池: 发现调配熔剂用的砖砌配料池1个(图3-1)。以石灰石或石英石为助熔剂,将加工、筛分后的矿石与一定比例的熔剂在池内搅拌均匀,投入炉中,以增强炉内的流动性,使铁水顺利流出,提高冶炼的效率和生铁质量。郑州古荥遗址发现的炉渣多为碎块,其中有很多呈玻璃质,经测定,为熔化温度低、流动性好的低碱度酸性渣,碱度为45%左右,表明配料中曾加入适量的石灰石作碱性助熔剂,以降低炉渣熔化温度,提高铁水的流动性。

图3-1 铁生沟冶铁遗址配料池

燃料：铁渣中有木炭痕迹，当时应该是以木炭为冶炼的燃料。遗址内的窑址中和附近发现不少煤块和加工的无烟煤煤饼，当是烧窑用的。目前尚不能确定汉代已经用煤炼铁，因为煤受热后易碎，破坏炉内的透气性，且煤中含硫量高，影响生铁质量。据测定，铁生沟遗址出土的生铁含硫量很低，而汉代尚无相应的除硫技术。古荥遗址出土铁料块中也夹杂有木炭，而在陶窑中发现许多煤饼，因此说明煤不是用于冶铁的。

炼炉：遗址内发现炼炉8座，分布于遗址东部、中部和西部，用含硅量70%以上的长方形、弧形耐火砖砌筑。2个断面为长方形，残缺过甚；6个为圆形、椭圆形，残高1～1.5米，内径1米左右，有出铁槽。椭圆形炼炉的长轴两侧各有2个风口，炼铁的过程、原理同现代高炉炼铁基本相同，又被称为"高炉"。将配好的矿料与燃料分层投入，即可生火冶炼。椭圆形炼炉有效地解决了圆形炼炉中心风力不足、热度不够的问题，并增大了炉缸的容积，缩短了风管与高炉中心区的距离，将风吹入高炉中心（图3-2）[1]。郑州古荥冶铁遗址发现两座炉缸呈椭圆形的炼炉，东西并列，相隔14.5米，炉基深3米。在长轴方向的两侧各有2个鼓风口，一座炉有4个鼓风口，两两相对。炉基和炉壁用耐火土夯筑而成，内壁用耐火草拌泥。经测定，耐火砖含丰富的石英石（SiO_2）和绿色岩石颗粒，耐火度为1 240 ℃～1 406 ℃。一号炉缸长轴4米、短轴2.7米，面积8.5平方米，炉壁厚1米，复原炉高为6米，容积50立方米，推算日产生铁约1吨。在一号炉的周围出土13块大小不等的积铁块，其中一块重约23吨。炼炉周围还发现水井、水池、渣坑等，配套齐全（图3-3）[2]。

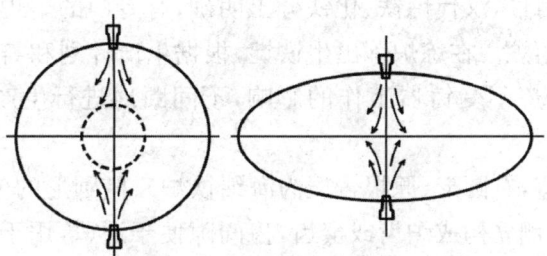

图3-2 圆炉和椭圆炉鼓风效果比较示意图

2000年，在河南鲁山南关望城岗汉代冶铁遗址发现的一号炉基是西汉中期到东汉初期的一座特大椭圆形高炉基础，椭圆炉缸的内径长轴约4米、短轴约2.8米，是目前所见汉代最大的炼炉。在炉缸基床附近东西顺放着一椭圆形特大积铁，重约30吨[3]。

鼓风管：遗址内发现不少鼓风管的残片和残段，分为泥质和陶质两种。泥质为外层，厚30～60厘米；陶质为内层，厚10～20厘米。泥料中有耐火砖料的熟料。鼓风嘴分为从炉侧插入炉内和垂直插入炉内两种。鼓风管与橐囊相接，向炉内鼓风。《淮南子·齐俗

---

[1] 刘云彩：《中国古代高炉的起源和演变》，《文物》1978年第2期。
[2] 河南省博物馆等：《河南汉代冶铁技术初探》，《考古学报》1978年第1期。
[3] 河南省文物考古研究所、鲁山县文物管理委员会：《河南鲁山望城岗汉代冶铁遗址一号炉发掘简报》，《华夏考古》2002年第1期。

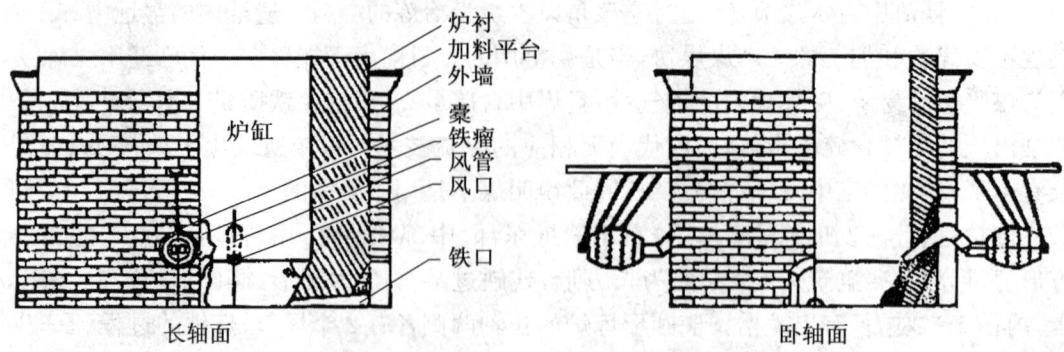

图 3-3 郑州古荥冶铁遗址一号高炉复原图

训》载:"炉橐埵坊设,非巧冶不能以冶金。"又《论衡·量知》有:"工师凿掘,炉橐铸烁乃成器。"山东滕州宏道院出土东汉画像石的鼓铸图上即用皮囊人力鼓风。

废铁坑: 废铁坑是集中存放废铁料的地方,遗址内共发现 8 个,内有铁块、炉料块等堆积物。

熔炉: 遗址虽然未发现熔炉的炉址,但有大量熔炉耐火砖出土,有炉口、腹、底部位的残块,有 1 厘米厚的炉衬,外糊 2 厘米厚的草泥,砖内掺大量石英砂。炉壁总厚 9 厘米。根据瓦房庄熔炉复原为地面竖炉,高 3~4 米,内径 1.5 米左右,炉壁分 3 层,从炉内壁熔融程度看,自上至下分为预热区、还原区、氧化区,这与炼炉有明显的区别。战国时期以炼炉内的铁水直接浇铸铸件,汉代炼铁、化铁分工明确,有专门的熔炉化铁,在登封告城、郑州古荥都发现化铁的熔炉。在炼炉炼出生铁锭,根据生产计划和需要送到专门地点熔化后再浇铸,可以保证冶炼不受铸器工作的影响,不间断地进行生产,也使铸造不受时间限制。

烘范窑: 共有 11 座,有圆形(原报告误为海绵铁炉)、椭圆形的勺式炉(原报告误为熔炉),膛内用 3~5 块砖侧立构成炉齿或窑齿,齿间隙便于通风,用于烘烤大型的盆、釜、鼎等器的铸范。还有大小不等的方形平底窑,壁与底的烧色与范同。烘范窑都作半地穴式,有窑门、火膛、窑室、烟囱四部分,门为拱顶,门内火膛有炉箅,比窑面低半米。窑室底铺砖,四壁用土坯向上逐渐收拢成密封的穹隆顶。窑室后壁设烟道通向地面。用泥范浇注铸件,在合范后、浇注前,要经过烘范工序预热,这样可以减慢金属液在范腔中的冷却速度,有利于铁水畅流注满型腔,保证铸件有较高的精确度。浇铸前较大型铸件的范一般都经烘烤。

遗址出土大量铁范、泥范。有六角形釭叠铸范残块、叠铸范底版、一字形锸铁范芯、叠铸直浇口铁等。汉代使用铁范比泥范更为普遍。铁范可多次使用,效率高,精确度也高。叠铸范多经烘烤后浇铸。用叠范叠铸,一次可浇注许多铸件。

铸造: 铁生沟出土的铁器有锥、凿、钩、锤、钁、铲、锸、锄、犁、刀、钉、剑、镞、镢等 166 件。古荥出土铸造铁器的陶范,如铺首范、鼎耳范、鼎足范等,还有大量制作犁铧、铧冠、凹口锸、直口锸、铲、六角承等铁范的陶模,未发现相应的铁范成品,推测古荥作坊是一个以铸造铁范为主要产品的工场,为其他铸造工场提供铁范。可见汉代的铁器铸造以农具为主。对于小件器件，汉代多用一范多器和叠铸法铸造。

退火脱碳炉：退火脱碳是对铸铁进行柔化处理的工艺，脱碳炉只发现1座（原报告称"反射炉"）。它整体作长方形，用耐火砖砌成，长3米、宽1米，内部结构似陶窑，壁、底两层，两层间距形成8厘米宽的空腔，前端腔口与火池相接，后壁腔与烟囱相通，烟道设在炉膛外围。这种结构可使炉内热空气分布均匀，提高热效率，通过加热速度和空气的调节，使铁件在固体状态下通过高温使其中的碳化合物发生变化，从而改变其材质性能，得到较多的可锻铸铁（即韧性铸铁或展性铸铁）、铸铁脱碳钢等优质钢铁器。脱碳（柔化）处理后，得到的铸件表层具有钢的属性，内部仍为生铁，是不彻底的脱碳。据炉壁烧色等测定，炉温在900度左右，正是退火脱碳的温度。北京大葆台西汉墓出土的铁箭头、铁笄、铁扒钉和铁环首器，满城汉墓出土的铁镞，都是生铁固态脱碳成钢工艺的制成品。古荥遗址发现的十余块铁板和铁器均经过脱碳处理，已经由铁变成了钢，个别器件已具有球墨铸铁的组织，其中一件铁䦆，结构基本达到了20世纪末我国同类产品的A级标准，即使放到现在，也属优质产品。退火脱碳的效率根据炉容情况而定，如以炉容1立方米测算，以铁铲为例，每炉脱3天，一次可脱2000件左右[1]。

锻炉：遗址西部有锻炉炉址1座，圆形，用白色铅土夯筑炉基，红色耐火砖和土坯筑炉墙，炉膛近方形，炉门向南。作用是加热软化铁料，再锻打成所需器形，附近发现经过锻造的铁板、铁条和锻制器铁凿、铁䦆等。

淬火：淬火也是一种热处理技术，将烧热的铁件取出迅速放进冷水或油中，铁件在温度急骤变化下改变性能，提高硬度和强度。郑州古荥遗址出土的铁铲经金相鉴定，中间为白口铁，周围则是钢，说明采用了局部淬火工艺。《史记·天官书》载："火与水合为焠。"《汉书·王褒传》记载中王褒上书宣帝："巧冶铸干将之朴，清水焠其锋。"加热铁件的火炉与锻炉没有分别。

炒钢炉：遗址有专门制钢的炒钢炉1座，椭圆形，直径28~37厘米，炉底似锅底，在左右挖成缶状坑作炉膛，膛内壁涂耐火泥。炒钢时封住炉顶，放入木炭烧旺，再放生铁，堵塞炉门，鼓风，加热生铁至半熔化状态，搅拌，使铁料中的碳氧化，产出低碳熟铁。或在不完全脱碳时终止炒炼，使生铁中的碳减少至钢的范围，取得中、高碳钢。炒钢是铸铁退火脱碳成钢的进一步发展，它已脱离了铸铁热处理的范围，成为生铁制钢的一项新技术，是汉代的一项重大发明。北京科技大学冶金与材料史研究所对徐州汉兵马俑博物馆提供的狮子山楚王陵出土的铁器标本进行金相分析，发现墓中至少5件炒钢制品，这是目前所知最早的炒钢制品[2]。

多用途窑：遗址中部发现多用途窑一排5个，故又称排窑或排炉，其结构与烧陶窑相同，出土烧变形的筒瓦和陶器，一陶盆上刻有"大赦"二字，应为在此劳作的刑徒所遗留。多用途窑为"河三"工场烧造所需的砖瓦、陶器、陶风管等，也可用来烘烤叠铸范，是该工场

---

[1] 李京华：《河南汉代冶金考古的发现与研究》，收入《李京华考古文集》，北京：科学出版社，2012年。
[2] 北京科技大学冶金与材料史研究所、徐州市兵马俑博物馆：《徐州狮子山西汉楚王陵出土铁器金相实验研究》，《文物》1999年第7期。

的重要组成部分。

南阳瓦房庄、鲁山望城岗等冶铁工场与此基本一致,但都没有铁生沟遗址的类型全面。铁生沟"河三"遗址呈现出汉代从开矿、炼铁到铸造、加工的全过程。

汉代的冶铁技术水平突出表现在以下方面:

炒钢技术较为广泛地应用,增加了汉代钢铁制品的种类,汉代的钢铁品种有铸铁脱碳钢、可锻铸铁、炒钢和各种生铁(白口铁、麻口铁、灰口铁等)。

使用椭圆形炼炉提高了铸铁的产量和质量,特别是出现了郑州古荥日产1吨的大高炉和内径长轴达4米的特大型炼炉。

人力鼓风外,还可能使用水力或畜力鼓风。山东滕州宏道院东汉画像石上的冶铁场面,有人力鼓风的设施。

冶炼和化铁浇铸分开,出现了专门用于铸造的熔炉,提高了冶铸的效率。

烘范窑较为普遍地使用,说明汉代叠铸和一范多器的大型范使用较多,大大提高生产效率。

(三) 汉代叠铸技术

有必要专门谈一下汉代的叠铸。铁器的铸造与铜器铸造有相同的技术和原理,叠铸自然也是铜、铁皆可用的方法,它是对小型器件进行批量生产的简便铸法,代表了汉代铸造技术的最高水平。由于汉代钱币的大量铸造,叠铸技术日渐成熟并得到普遍的应用。

叠铸法是汉代发明的高效铸法,最早的叠铸是从半两钱的铸造开始的。叠铸的工艺过程是,先制金属样模、模板和模框,然后制作泥模和浇铸金属模盒,再用金属模盒翻制泥范片,也就是子范,然后将子范分层叠合成套,外面糊以草泥,这就是合范。各层子范中间有一圆孔,叠合后就形成一个垂直的总浇道,总浇道通过每层的分浇道把各层的型腔连起来,浇铸时金属液从上而下逐层注入型腔,一次即可得多件器物。由于多层子范叠合成总体较大的叠铸范,所以在浇铸前往往要将叠范入窑烘烤,趁热取出浇铸,以保证铸器的质量。这种铸法效率高,又节省造型材料和金属液,非常适合于小型铸件(如钱币、车马器、带钩等)的大批量生产,铜器铸造使用较多。其流程可表示为:

制金属样模→制泥模→浇铸模盒→压印范片(子范)→叠合子范→涂泥→烘烤→浇铸→破范取器。

1990~1996年,汉长安城西市冶铸遗址发掘3个废料坑和1座烘范窑,出土大量叠铸陶范,夹细砂陶质,多数未经浇铸,保存较好,少数已经浇铸,保存较差。从子范上的型腔看,可铸器形有圆形轴套、六角承、马衔、带扣、车軎、器托和其他构件等。以带扣叠铸范为例,叠范由若干范片层层叠合形成套范,范片平面呈圆角长方形,两面皆有范腔,长11.9厘米、宽9.3厘米,高2厘米。相邻两层范片两面相对合成一箱,一箱有10个范腔,可铸带扣10枚。范腔在范片上双排成对排列,两排间有直浇道、横浇道和内浇道。范片上有定位榫卯。90CHH2:2现存范片14层,一次可得铸件70枚(图3-4)[1]。

---

[1] 刘振东、李毓芳:《1996年汉长安城冶铸遗址发掘简报》,《考古》1997年第7期。

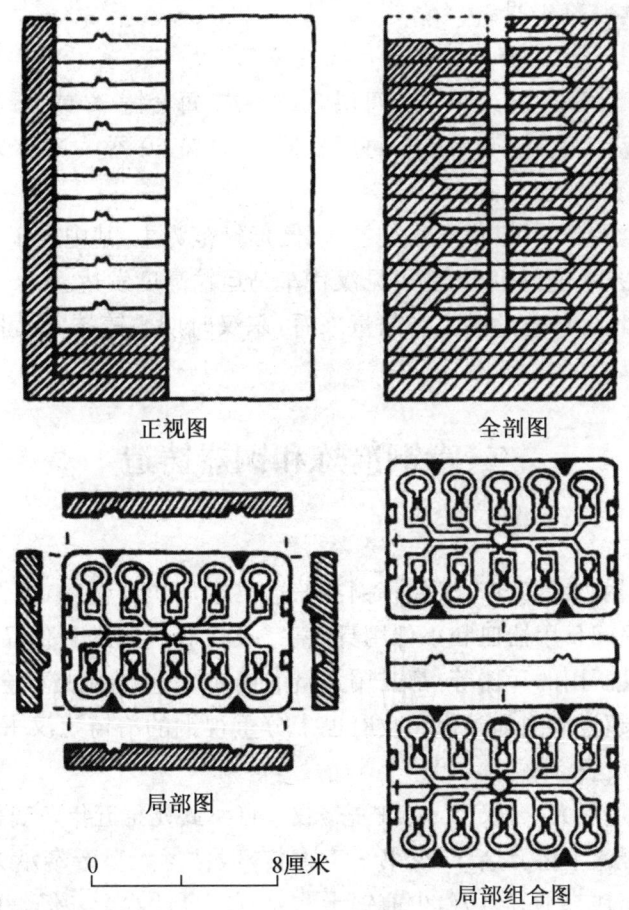

正视图　全剖图

局部图

0　　　　8厘米

局部组合图

图 3-4　汉长安城冶铸遗址出土的带扣叠铸范

1974年,河南省博物馆在调查发掘温县招贤村汉河内郡温县故城外东汉冶炼工场遗址[1]时,发现铁渣堆2处和铁条等,是一处以铸铁为主的作坊遗址。遗址北部发现东汉前期的烘范窑1座,烘范窑由工作坑、火膛、窑室、烟囱等组成,窑室内保存500多套已烘好待铸的叠铸范。窑内的叠铸范计有:

圆形釭(轴承)范,有254套,每套6或7层,大小10个规格,孔径3~10厘米;

六角形釭范3套,每套5~7层,直径4.6厘米、6厘米、10.8厘米;

方形釭范1套,11层,一次浇铸22器;

车𨫒范51套,每套6层,每层铸4器,每套可铸24器;

车𧊵范完整者18套,每套铸4器;

衔范完整者3套,每套10层,每套铸20~40器;

衔链1套,每套10层,每套铸20器;

镳范2套,每套10层,每套铸20器;

---

[1] 河南省博物馆、《中国冶金史》编写组:《汉代叠铸:温县烘范窑的发掘和研究》,北京:文物出版社,1978年。

三连环范 1 片,一范 4 器;

革带扣范 3 种 17 套,1 套可铸 24~84 器;

圆环范 80 余套,每套 16 或 17 层,每层 2 或 4 器,每套铸 32 或 68 器;

钩形器范完整者 2 套,每套 10 层,每层 6 器,每套铸 60 器;

权范完整者 6 套,每套 6 器。

叠铸的器物种类有 36 种,都属小型器,以圆形钉范为主,其中在车马器的制作上大量应用高工效的叠铸技术进行生产,也可见汉代车马运输高度发达。

从温县冶铸遗址叠铸范的种类和数量来看,东汉时期叠铸技术已相当成熟且已广泛应用。

二、青铜冶炼和铜器铸造

(一) 青铜冶炼

由于铁器、漆器的大量生产,汉代青铜器铸造已退居次要位置,铜器在人们生活中也不占重要位置,但民间日用器皿和小件用具,皇家及贵族所用的奢侈品、装饰品和宗庙中的祭器,战争和仪仗所用的兵器等,都需用大量的铜来铸造,特别是社会巨量的钱币需求,汉代的用铜量大大超过战国和秦代。政府也十分重视铜的冶铸,《汉书·地理志》也记录了西汉各地铜官的设置。

西汉铸钱用铜量巨大。《汉书·食货志》载:"自孝武元狩五年,三官初铸五铢钱,至平帝元始中,成钱二百八十亿万余。"《汉书·王嘉传》载:"孝元皇帝奉承大业,温恭少欲,都内钱四十万万,水衡钱二十五万万,少府钱十八万万。"合计八十三亿。这还只是一朝国府之钱,尚不计流通民间的数量,铸钱用铜之巨可想而知,致使当时人将社会秩序的混乱归咎于铜的存在。《汉书·食货志》说:"奸数不胜,而法禁数溃,铜使之然。故铜布于天下,其祸博矣。"东汉时期铸币用铜量仍然巨大,其用铜量并不比西汉低。根据铜器铭文所记,汉代丹阳郡(治今安徽宣城)的丹阳(今当涂)和今四川、云南一带是重要的出铜地,而丹阳一带出"善铜",销往京城一带。

汉代继承发展了战国时期的冶铜技术,并在一些旧铜矿上继续开发,如湖北大冶铜绿山、安徽铜陵金牛洞,仍是重要的产铜基地。铜陵金牛山为春秋至西汉时期的采矿遗址,1987 年以来清理出竖井、平巷、斜井、支木结构、铜凿、竹筐等。《汉书·贡禹传》说当涂"攻山取铜铁,一岁数十万以上",但迄今在这一带尚未发现铜矿遗址。

西汉时期开发的铜矿有河北兴隆县寿王坟、承德和广西北流等。河北承德矿冶遗址发现西汉早期的矿井、选矿场、冶炼场和居址。矿井(竖井)已坍塌,井下有巷道、采矿场。矿井在 70 米深度被现代坑道打通,估计深度在 100 米以上,较春秋战国矿井的深度更大。矿井中段有一较宽敞的采矿场,发现一堆 2 米多高的坑道木和 2 个梯子,有 4 条以上的坑道与采矿场相通。坑道采出的铜矿石集中到采矿场,再用梯子人力运矿石到地面,送到附近 8 米远的选矿场进行挑选,选矿场有 5 米宽的道路通往冶炼场,在选矿场一旁仍有数万立方米的碎石堆。与春秋战国铜绿山铜矿井下选矿的做法不同,承德铜矿采用地面选矿,也没有发现提升矿石的辘轳。地面冶炼场发现 4 处,地面上有炼碴、陶片、砌炉的弧形砖,发现 6 块 5～15 公斤的铜饼,标有产品的编号"东五四""西六十"和纪年"二年"等铭文,与半两钱伴出[1]。

广西北流铜石岭发现西汉晚期到东汉时期的炼铜遗址,有圆形的炼铜竖炉炉基 14 处,出土鼓风管、炉渣、铜锭、陶器等,铜锭的含铜量为 96.64%。炼铜遗址附近发现矿井遗址 3 处[2]。

山西运城洞沟古铜矿是一处东汉时期的铜矿遗址,分布在陡峭的山腰上,属黄铜矿,含矿量只有 5%。该遗址有 7 处古矿洞,目测深度 15～20 米,发现铁锤、铁钎等采矿工具和铜锭以及炼炉遗迹,附近存在成层的板瓦、筒瓦,外饰粗绳纹,内有麻点纹,具有东汉时期的特点。五号、六号矿洞间的摩崖石刻有汉灵帝"光和二年"(公元 179 年)、"中平二年"(公元 185 年)和宣帝"甘露"年号。硫化矿不易冶炼,开采难度也大,从 2 号矿洞大量碎石块与碎木炭混杂的堆积推测,当时很可能采取加热法采矿,烧热矿石,在灼热状态下浇注冷水,使其骤冷崩裂,再用铁锤、铁钎开采[3]。

除了常规的炼炉冶炼,汉代人可能还掌握了另外的炼铜方法。淮南王刘安的《淮南万毕术》中记:"白青得铁,即化为铜。""白青"即天然硫酸铜的蓝色结晶,表面脱水后呈白色。这实际上讲的是水炼取铜法——胆水浸铜,把铁放在胆矾(硫酸铜的古称,又称"石胆")水中浸泡,胆矾水与铁发生置换反应,水中铜离子被铁置换而生成单质铜沉淀下来,又称"胆铜法"。《神农本草经》卷一载:"石胆……能化铁为铜,合成金银,练饵食之不老。"但是水炼法在汉代生产中的应用情况尚不明了。

(二)汉代铜器装饰技术

西汉前期的金属细工工艺,种类与战国相似,如河北满城汉墓 M2 出土的长信宫灯,为一宫女造形,通体鎏金。刘胜墓(M1)出土的"长乐食官"锺,通体鎏金并嵌以菱形蓝绿色玻璃块,还有错金银鸟虫书铜壶,有"万年有余"等字样,是西汉仅见的书写鸟虫书的铜器。西汉晚期鎏金器更为普遍,相比之下,错金银和镶嵌器物发现不多。在湖南、两广地区,铜器多镂刻细线花纹,纹样有各种兽类、鸟类和几何纹图案,细腻流畅。

西汉开始,在战国时曾兴盛一时的错金银工艺逐渐为鎏金工艺所取代,这无疑是鎏金技术发展的结果。东汉日用器皿仍然以素面为主,装饰工艺中鎏金技术仍然盛行。《后汉书·皇后纪上》记载,"广平、巨鹿、乐成王车骑朴素,无金银之饰",被认为是一种美德,可见当时用金银为饰已成习尚。当时的广汉、蜀二郡皆设有金银器制造工场,专门为皇室制造奢侈品、装饰品。各地都出现了造型独特的艺术珍品,如甘肃武威雷台汉墓出土的马踏飞燕,又称"铜奔马",一匹腾空奋蹄飞奔的骏马,一前蹄踏在飞鸟的背上,高 34.5 厘米,长 45 厘米,造型奇特,令人叹为观之。徐州土山东汉墓出土鎏金镶嵌装饰的兽形砚匣,高

---

[1] 罗平:《河北承德专区汉代矿冶遗址的调查》,《考古》1957 年第 1 期。
[2] 广西壮族自治区文物工作队:《广西北流铜石岭汉代冶铜遗址的试掘》,《考古》1985 年第 5 期。
[3] 安志敏、陈存洗:《山西运城洞沟的东汉铜矿和题记》,《考古》1962 年第 10 期。

9.3厘米、长24.9厘米,造型为一匍匐神兽,形似蟾蜍,头有双角,体附双翼,背上缀一桥形钮,整体分上下两半,上为盖,下置砚,周身鎏金,且遍嵌绿松石,堪称世之珍品。

(三) 汉代青铜器的类型和总体特点

同战国时期相比,汉代青铜器的种类、器形等都发生了一定的变化。簠、簋、敦等食器已经绝迹,豆在西汉时偶有发现,多见高柄豆形灯,又称"烛豆",功用与以前豆的用途完全不同。鼎、壶(锺)、钫是西汉最主要的饮食器,它们继承前代形制而略有变化。东汉时鼎的数量减少,钫不再出现。壶、钫、洗、盘等容器流行铺首衔环。原多通行于秦、蜀地区的器种,如鍪、釜、甑等传布各地,成为汉代常见的青铜炊器。生活用器中出现鐎壶(亦称鐎斗)、熨斗等,摆设用器中最常见的是灯和熏炉。灯具形式多样,博山炉是熏炉的主要形式。铜兵器主要有弩机、铁铤铜镞、铜戈等,到东汉时期,铜镞、铜戈分别为铁镞、铁戈取代。

总地说来,西汉铜器脱离了古拙、厚重的作风,比战国铜器更显灵便、轻巧,适于实际生活的需要,生活用器多样化,而纹饰也相当简单、朴素,多素面、铺首或弦纹,铭文少而短,并以记重、记容为主。

在生活日用器皿趋向简朴的同时,贵族用器则流行以鎏金及用金银、玻璃、宝石之类镶嵌花纹的工艺进行装饰。

三、陶器制造和陶器类型

(一) 陶窑和烧造技术

汉代窑室的容积进一步加大,窑室有椭圆形、方形(或近方形)两种。河北邯郸大北城遗址发现的5处窑址,西汉晚期陶窑的内径都在2米以上,有的长轴达2.7米[1]。河南巩义市铁生沟汉中期到新莽时期的冶铁遗址有排窑,一排5座窑相连,烧制砖瓦、鼓风管和其他日用陶器,可以大大提高生产效率。官营陶窑作坊的生产能力强大,如汉代长安城西市发现4处制俑作坊,一处发掘21座陶窑,出土数千陶俑,其余2处有陶窑12座,烧造陶俑和砖瓦等。

除了窑室容量增大,汉代陶窑烟囱的设置也更为合理。河北武安午汲古城西汉早期窑筑于平地上,窑室较宽、较高,窑床作平台形,火道不长,从窑床中间通过,烟囱在后壁砌出,下面3个,到上面汇成1个,窑顶为用砖起券而成[2]。西汉晚期较大的陶窑烟囱多有3个,也有向上不并拢的。辽阳三道壕窑址、西安附近的西汉窑结构与午汲古城所见相似。河南新乡发现3种陶窑,分别设2、3、4个烟囱,最上面的排烟孔道只有一个。2001年发掘的山西夏县师冯汉代窑址,Y1、Y2南北向相对排列,共用中间一个工作坑。Y1结构完整,除工作坑外,有火膛口、火膛、窑室和烟道。火膛口呈拱门状,宽70厘米、高63厘

---

[1] 吕苏生:《略论秦汉时期河北手工业的发展》,《文物春秋》1998年第1期。
[2] 河北省文物管理委员会:《河北武安县午汲古城中的窑址》,《考古》1959年第7期。

米。窑室比火膛底部高出44厘米。窑室平面为长方形,长1.62米、宽1.33米。窑室后壁在生土上挖出三条断面呈方形的烟道,长17厘米、宽15厘米,间距为22厘米,烟道的窑室后壁一侧用土坯封砌。Y2未发现烟道,火膛、窑室未见烧过的痕迹,可能尚未建成[1]。重庆巫山大昌镇张家湾遗址Y3也是一种结构功能十分完备的陶窑,由火门(火膛口)、火膛、窑室、烟道组成。前部有较小的工作坑。窑室近方形,四壁保存完整,近似垂直,壁高1.95~2.15米。窑床、窑壁烧结面呈青灰色,异常坚硬。窑床十分平整,底部面积4.75平方米。窑顶无存,但从残留的窑顶堆积物来看,窑顶原与窑壁连成一体,成穹窿顶。火膛下宽上窄,底部呈梯形,拱形顶。火膛底为青灰色的烧土面,两侧及底部用青灰色砖砌成。后部有烟道3个,等距离分布于窑室后壁,烟道窑室一侧用砖封堵并与窑后壁齐平,底端与窑床相通处开半圆形口,上端出口近方形(图3-5)。根据窑内堆积情况推断,使用时代在西汉中晚期[2]。

图3-5 重庆巫山张家湾汉代陶窑

陶窑烟囱的数量依窑室的大小而定,而烟囱位置的确定则是充分考虑了提高窑室温度、使火焰在窑室均匀分布以达到火候一致的要求。汉代陶器以灰陶为主,实用器皆色泽青灰,凡圆形器其坯胎多系轮制,形状规整,表面光滑,火候均匀,烧成温度在1 000 ℃左右而不变形,质地坚硬,叩之有清脆音,这与烧陶技术的提高是分不开的。当然墓葬中随葬的非实用陶器也不乏粗糙、质软和不规整的器物。

(二)常见陶器类型

汉时陶制产品依其用途和特征大致有日用陶器、模型明器和建筑用陶三大类,日用陶器主要是容器类的器物。

1. 日用陶器

汉代常见日用陶器有各种饮食器、贮藏器和摆放用器等,如鼎、瓮、罐、壶(锺)、缸、盆、樽、盘、碗(或钵,小盆)、魁和案、灯、熏炉、扑满等。战国时期流行的豆只在西汉前期偶见,茧形壶(鸭蛋壶)西汉中期以后基本不见。西汉前期少数绳纹瓮、罐等尚有圜底,中期以

---

[1] 山西省考古研究所、上海大学历史系、夏县博物馆:《山西夏县师冯汉代窑址发掘简报》,《考古》2010年第4期。
[2] 南京大学历史系考古专业等:《巫山张家湾遗址第二次发掘报告》,收入重庆市文物局、重庆市移民局编《重庆库区考古报告集1999卷》,北京:科学出版社,2006年。

后，除少量三足器、圈足器外，多为平底，器形设计以实用和便于置放为目的。当然，其中有些容器可能是专为丧葬制作的明器，很难从实用陶器中区分出来。

2. 模型明器

模型明器是指专门用于随葬的非实用器，由于仿铜陶礼器和一些小型化的、非实用的丧葬用器自战国以前即已广泛使用，并且在前一类日用陶器中也包含了部分明器，这里的模型明器主要指仓、灶、井、猪圈、房屋、田地、池塘的模型器和动物、人物的俑类。随着丧葬习俗的改变，战国晚期已开始制作各种明器，到东汉时期，模型明器成了随葬器中的主要成份，种类多，数量大，比较全面地反映了当时社会生产、生活的各个方面。模型明器在墓葬中的流行丰富了制陶业生产的内容。

战国晚期墓葬中开始使用仓、灶等模型明器，但造型简单，数量也少。西汉中期以后，模型器的用量大增，除常见的仓、灶、井等生活模型器，房屋、动物圈舍、畜禽类的俑和反映乐舞、宴饮、劳动和家居生活的人物俑大量出现，中小型墓中都有普遍出土。汉帝王陵陪葬的兵马俑是极端的例子。

东汉时期，举凡与生产、生活有关的动产、不动产都可被制成丧葬用模型明器，有仓（囷）、灶、井栏、房屋、楼阁、城堡、车、船、圈舍、厕所、水田、池塘、碓、鸡、鸭、鱼、牛、羊、犬、猪和从事各类活动的各种造型的人物俑，一墓中数种至几十种不等。

3. 建筑用陶

建筑用陶的生产自西周时期即已开始，主要有陶水管道、板瓦、筒瓦等。战国时期，砖、瓦的生产成为建筑用陶制做的主要内容。汉代进一步完善了建筑用陶生产，并在官府建筑中普及使用建筑用陶。

（1）建筑用砖

汉代官营砖瓦工场生产发达，西汉晚期以后，砖室墓逐渐普及开来，真正出现了砖材地面建筑，小砖大量生产。汉代墓砖流行菱形纹和以菱形纹为主体的变化菱形纹，东汉时期多见车轮纹和富贵铭文砖。汉砖形体较大，一般超过30厘米长，宽度约为长度之半。大型建筑物的铺地方砖也以菱形纹为主体，多见"回"字纹和类似九叠篆法的文字砖。大型空心砖在流行空心砖墓的中原、关中地区为本地生产，除用于墓室建筑，其他地区也用于铺砌地上建筑台阶。

（2）瓦和瓦当

汉代制瓦技术更趋成熟，瓦件标准逐渐统一。西汉中期以后，轮制技术广泛应用于制瓦，泥条盘筑逐渐被淘汰，瓦的内部无分棱痕迹。不限于大型建筑，平民的宅第也普遍开始用瓦。

汉代流行圆瓦当，战国晚期已经出现的卷云纹圆瓦当成为汉代各地较为统一的瓦当形式，当缘一周凸起，当面内凹，以双线等分为四个象限，布置四组卷云纹或将卷云纹置于双线顶端。卷云纹常见内卷、内卷勾连和向外分卷等形式。早期当心的小圆圈内填网纹、方格纹或圆点纹，西汉中期开始，圆泡当心的卷云纹瓦当逐渐成为通行的模式。东汉、三国时期，这种瓦当一直流行，当心常为独立的大圆泡。战国时期瓦当少见文字，汉代文字瓦当较为多见，有"十"字对称布局的四字瓦当和全文瓦当两种，瓦文一般为反映统一思想、建筑题名、记事志念和吉祥等内容,如"汉并天下""单于天降""单于和亲""长陵西神""黄山""上林""千秋万岁""亿年无疆",等等。长安武库毁于新莽战火,出土的瓦当可以代表西汉时期瓦当的风格(图3-6)。"万岁"瓦当也不限于宫殿,河南内黄三杨庄西汉晚期村落遗址也有发现,但制作不工,文字漫漶不清。礼制性建筑还使用"四神"瓦当。

图3-6 汉长安武库遗址出土瓦当
1~6.卷云纹瓦当;7."长乐未央"瓦当;8."长生无极"瓦当;
9."维天降灵"十二字瓦当

(三)陶器装饰

汉代陶器的纹饰简单,除了绳纹和随着陶轮的旋转而刻划的少许平行弦纹及一些局部的几何纹和印纹外,基本上都是素面的。西汉前期少数容器如瓮、罐等尚偶有一些不明显的绳纹,中期后基本消失。但是汉代彩绘陶较为流行,器表周身施彩,红、黄、黑、白相间,画有火焰纹(变形云纹)、水波纹、狩猎纹等。彩绘陶除中原一带较为多见,西汉早期就已扩大到长江流域,如长沙马王堆一号汉墓出土的陶壶等器物,多见同时期漆器和纺织品上的火焰类纹样。1991年河南济源轵国故城西南发掘战国秦汉墓108座,其中M10最大,时代为东汉早中期,出土陶器45件,以彩绘陶为主,少数素面。彩绘图案有几何纹、植物纹。有的彩绘纹样与器物功能吻合,如薰炉盖上彩绘火焰纹。施彩时多在器表先涂一层深黑色的生漆类涂料为地,然后在深色地上作画。有的在地料上另施白彩为底色,再绘红色或黑色图案,这样,红、黑、白色三彩对比,富于层次感,极具装饰效果[1]。

汉代还有银衣灰陶器,银色有光泽。有仿漆器的漆衣陶,或称陶胎漆器,主要是墓中随葬用的。而陶器施釉则是一项特殊的装饰工艺。

(四) 汉代釉陶和瓷器

1. 两汉釉陶器

釉陶和瓷器是汉代制陶业的两大发明,它们一起代表了汉代制陶业的最高成就。

釉是盖在陶器表面的玻璃质薄层,由矿料、粘土、草木灰等调配而成,在焙烧陶瓷器的高温下熔融,随着温度的下降硬化成薄膜,与坯体紧密结合。汉代釉陶有两个系统,一个是北方地区的软釉陶,一个是南方地区的硬釉陶。

汉代北方地区首先流行的是软釉陶,软釉陶烧成温度低,内胎多呈砖红色,器表有一层带浓厚棕黄色和绿色的铅釉,是通常所说的釉陶。目前所见最早的低温铅釉软陶器是西安龙首原汉墓(医 M170)出土的盒、壶(2 件)、仓(5 件)、灶、豆、甑和盆,该墓出土的钱币中仅有汉初半两钱一种,计 162 枚,可确定墓葬的年代应在汉武帝元狩五年(公元前 118 年)以前,即西汉前期晚段[2]。西汉中期,低温铅釉软陶开始在陕西中部和河南地区流行,约自宣帝以后,铅釉技术获得比较快的发展,流传到关东的河南地区,后期普及到黄河流域和北方,又称为北方釉陶。关中和河南北部的济源地区是釉陶出土最为集中的两个地区。东汉时期,除黄河中下游地区,长江以南的湖南、江西、四川等地汉墓也都有釉陶器出土。两汉至南北朝时期,低温釉陶广泛见于北方地区中小型墓葬中的明器类型。

低温铅釉陶是软陶系,同商周以来传统的原始瓷青釉系统有着明显的不同。铅釉陶有以下特点:首先是釉色。低温铅釉陶为绿釉或较为明快的褐釉,或者由二种釉组合成黄绿、棕黄等色。这与原始瓷釉色为青色或青中泛褐的特点明显不同。西汉时最先出现的铅釉陶是棕黄色釉陶,绿釉陶出现较晚,东汉时绿釉陶大量流行,较棕釉陶更为普遍,洛阳烧沟东汉墓出土的釉陶有黄绿、绿、黄、褐色几种,还有少量银白、淡青等色。银白釉的银色光泽是釉陶长期埋藏形成的,俗称"银釉"。其次是在釉料方面。铅釉陶釉料中 80% 以上的碱性成分是铅,它以铅的化合物为主要助熔剂,以铜或铁的氧化物为主要呈色剂,由于火候和含量的不同,分别呈现绿色基调的浅绿、深绿、翠绿和褐色基调的浅褐、深褐、近红、近黑等,与青釉系使用石灰釉的情况完全不同。再次是在胎料上面。铅釉陶以普通黏土为胎料,杂质多,烧成后胎体多为红色。原始瓷胎料经精选,杂质少,胎色灰。最后是烧成温度。铅釉釉料中富含铅,铅可使熔点降低,在 700℃ 低温下就能使釉料出现熔融状态。胎料不精和烧成温度较低,使铅釉陶器成为质量不高的软陶,极易破碎[3]。

---

[1] 河南省文物考古研究所:《河南济源市桐花沟十号汉墓》,《考古》2000 年第 2 期。

[2] 西安市文物保护考古研究所:《西安龙首原汉墓·甲编》,西安:西北大学出版社,1999 年,第 166~177 页。

[3] 陈彦堂:《关于汉代低温铅釉陶器研究的几个问题》,收入《古代文明》第 4 卷,北京:文物出版社,2005 年。

釉陶器类主要有鼎、壶（锺）等仿铜容器，各式仓、灶、井、楼阁等模型，鸡、狗、猪等动物偶像和人物俑，熏炉、灯具、樽、耳杯、勺、魁、案等用器。软釉陶一般不见于居址，只用于墓中随葬，都不是实用陶器。

釉陶在关中地区的突然出现，有人推测可能是汉代通西域后受到了西亚釉陶的影响。釉陶最早出现在埃及，后来到达美索不达米亚、波斯和西域一带，与汉武帝开通西域有关。但也有人认为，虽然二者均为低温烧成，但釉的成分并不一样，它们之间未必有联系。

2. 青瓷发展的早期阶段

与低温铅釉软陶相对的是另一个釉陶系，即高温硬釉陶，烧成温度在1 000 ℃以上，属商周以来传统的青釉系统。硬釉陶首先是一种硬陶，江南地区商周以来就流行硬陶，商周时期的几何印纹硬陶就是一种无釉的硬陶。也就是最迟从商周开始，由于烧造火候、胎料成份等方面要求的不同，硬釉陶系朝着两个不同方向发展，一个继续着硬釉陶的传统，成为南方江浙地区汉墓中仍然常见的硬釉陶或高温釉陶，另一个则走上原始青瓷的道路，到东汉时期发展成为在日常生活中逐渐取代漆木器皿的青瓷器。陶器与瓷器的联结点是特殊的陶器——印纹硬陶，青瓷是在商周原始瓷和印纹硬陶的基础上发展而来的。

从20世纪50年代开始，河南郑州商城、偃师二里岗商代遗址发现原始瓷尊和原始青瓷碎片，当时一种意见认为，它们仍属于过去的釉陶。安金槐先生从胎骨为高岭土、釉质化学元素与早期瓷器已比较接近两个方面，结合商代的生产力发展水平判断，认为它们已经属于原始的瓷器[1]。

原始瓷器用高岭土和耐火粘土为胎料。高岭土又名瓷土，因色白而细腻，又称白云土，俗名观音土，因江西省浮梁县东乡高岭村出产而得名。瓷土呈黄色或白中微泛灰色，耐火度高，在矿物学上称为高岭土矿（$Al_2O_3 \cdot 2SiO_2 \cdot 2H_2O$）。普通硬陶以陶土为坯料，陶土是易熔性粘土，不耐高温。这是瓷器和陶器的本质区别。原始瓷器的烧成温度一般在1 200 ℃左右，普通陶器在1 000 ℃左右。由于以上两点，使得原始瓷器的硬度远远高于普遍的陶器。还有重要的一点，就是原始瓷的釉料是石灰釉，以长石、石灰石等原料配制，成分以氧化钙为主体，含铅量很低，须在1 000 ℃以上的高温下才能熔融，这也是与普通釉陶的不同之处。

春秋战国时，日用器皿中开始较多地使用原始瓷，其釉色为青绿色，坯料和釉料中含铁成分较高，又称为原始青瓷。原始青瓷具备瓷器的基本特征，但制作工艺还比较粗糙，原料处理欠精细，制作显粗糙，胎体中多有不规则的小孔。由于烧成温度不够高和烧成气氛控制不够严，也使胎体白度不够，质感不好，有一定吸水性，釉层与胎骨结合程度较差，容易剥落，多项指标与成熟的瓷器尚有一定距离。但原始青瓷毕竟是陶器向瓷器的过渡产品，为以后的瓷器生产奠定了基础。

西汉尤其是西汉晚期，原始青瓷高度发展，各地汉墓多有出土，如1995年四川绵阳一西汉墓中发现原始青瓷壶，壶胎呈灰色，细腻，胎骨坚硬，扣之有清脆声，胎上施高温釉，胎釉结合较好。它与同一时期的釉陶有本质的区别。汉代原始青瓷在长江中下游地区时有

---

[1] 安金槐：《谈谈郑州商代瓷器的几个问题》，《文物》1960年第8、第9期。

发现,在西南四川地区尚属首次发现,它对四川瓷器的起源研究有重要意义[1]。在一些地区的陈列中,常见标有西汉晚期的青瓷器,虽然观感尚好,但未经科学鉴定,无法确认是否为真正的青瓷器。

现在一般认为,以瓷土为坯料,选料、制作精细,浇成温度在 1 300 ℃以上,烧结后吸水率为 0~0.5%,即不吸水或基本不吸水,扣击声音清脆悦耳,胎色呈青灰或灰白色,薄胎器还具有透明或半透明性,这样的瓷器才算是真正的瓷器。我国东汉时期出现了合乎要求的真正的青瓷器。浙江绍兴、上虞、宁波一带发现的罍、壶(锺)、碗、盘、洗、碟、五联罐、泡菜坛、耳杯、唾盂以及广口、扁圆腹、平底的四系罐等,釉呈青色,质地、火候都符合瓷器标准。同类器在安徽亳州东汉末年曹氏墓中有较多发现。另外,在湖南长沙、益阳,江西南昌,江苏丹阳、新沂等地也有发现。根据墓葬中共出的日用器皿和仓、灶、井、猪圈等,可知为东汉晚期之物。浙江是汉代青瓷的主要产地,仅上虞一县就发现东汉时期的青瓷窑三十多处。浙江发现的汉代龙窑一次可烧上百件器物。

这些青瓷器釉色光亮,质地纯净,质量上乘。多数青瓷器的施釉技术由刷釉改为浸釉,釉层厚而均匀。东汉在青瓷之外,还有黑釉瓷、白釉瓷生产,浙江上虞联江乡帐子山瓷窑遗址发现的黑瓷还存在胎料不精、釉层较薄和施釉不均的问题,说明还是早期的黑瓷产品。黑、白瓷的出现丰富了汉代瓷器的品种,也是青瓷制作技术成熟阶段的产物。但总体来看,目前发现的汉代瓷器还是为数不多、地区有限,所以东汉时期仍然处于我国瓷器发展的早期阶段。中国古代陶器的烧制至迟从商周时开始形成了两个不同的发展序列,它们各自发展,互有影响,关系逐渐疏远,至汉代开始分道扬镳。

四、漆器制造和漆器装饰工艺

(一) 漆器的生产和制造

不同器形和胎质的漆器,制作工艺是不一样的。战国至汉代都以木胎漆器为主,制法有轮旋、割削和剜凿(斫制)、卷制、拼合四种,分器形而施。

战国漆器胎质多样化,特别是布胎漆器的出现,标志着战国漆器制作已达到相当高的技术水平。西汉漆器制造又有了进一步的发展。首先是漆器生产的规模有了扩大,《史记·货殖列传》载:"陈、夏千亩漆……此其人皆与千户侯等。"《金石索》收有"漆园司马""常山漆园司马"两枚汉印。漆园司马是汉代管理漆园的官吏。作为漆器重要生产原料的漆树的种植成为重要的产业。据《汉书·地理志》记,汉代设职官管理漆器生产的有八郡——蜀、广汉、河内、河南、颍川、南阳、济南、泰山,生产数量巨大。墓中随葬漆器成为习尚,江淮地区汉墓出土较多,长沙马王堆三座汉墓出土漆器 700 多件,其中 M1 出土漆器 184 件,湖北江陵、云梦大坟头、江苏盱眙大云山以及扬州等地汉墓也有大量出土。但在许多早期大中型汉墓中,由于很少用铜器和陶器随葬,整个墓室显得空空如也。这种状况

---

[1] 四川省文物考古研究所、绵阳市博物馆:《绵阳永兴双包山二号西汉木椁墓发掘简报》,《文物》1996 年第 10 期。

也是随葬漆器造成的。漆器不易保存,墓内只有漆皮杂于泥土之中。西汉漆器的种类与战国基本一样,有鼎、壶、钫、樽、盂、卮、耳杯、盘、盆、匜、盒、奁、几、案、屏风等,以耳杯、盒、盆、奁及饮食器皿为主,但器类较战国更加广泛,六博棋盘、虎子、面罩、纱帽等等都无不髹之以漆。西汉前期制器注意庄重实用,纯木胎居多,布胎数量有限。西汉中期开始,布胎漆器明显增多,文献称为"纻器"。湖南长沙曹𡟱墓出土的150多件漆器中,绝大多数为布胎。山东长清双乳山西汉中期墓出土了大量漆器,全部是布胎。

东汉漆器总体上数量下降,蜀和广汉二郡是西汉以来的官营漆器生产基地,但到东汉晚期,两郡的工官漆器已停止生产。不过东汉时期个别大墓仍然有相当数量的漆器出土,如扬州甘泉山广陵王墓、徐州土山彭城王墓、河北定县中山王刘畅墓、甘肃武威雷台汉墓等等。漆器发现的地区扩大到边远的广西、云南、内蒙、新疆等地。内蒙古满洲里扎赉诺尔东汉时期鲜卑墓、云南晋宁石寨山滇人墓、新疆罗布泊烽燧遗址以及朝鲜平壤、蒙古诺因乌拉匈奴贵族墓都有二郡所造漆器出土。当时朝廷也用漆器赏赐边郡官吏和少数民族的首领。东汉特别是晚期漆器数量的减少与青瓷器的崛起有着密切的关系。东汉晚期,由于青瓷器在日常生活中的地位越来越重要,日用漆器逐渐减少,漆器便开始向着工艺化的方向发展了。

战国时期少见的髹漆陶器也多有发现。在陶器表面涂漆,有的再行彩绘,既可看作是陶器装饰工艺,又可称为陶胎漆器(或称"瓦胎")或漆衣陶。1986年安徽霍山县西汉前期木椁墓有"黑衣陶"出土,器表髹一层黑漆,光亮鉴人,或在黑色陶衣上刷一层锡状涂料,闪闪发光,也有的在烧成后先刷一层黑漆,再用朱、黄色彩描绘花纹图案[1]。山东临沂银雀山西汉墓(M4)出土陶胎漆器21件。2002年山东日照海曲西汉木椁墓出土漆器、陶胎漆器甚多,如二号墩M217出有4件漆衣陶壶,一号墩M125也出土壶、耳杯等漆衣陶多件。2013年发掘的成都天回镇老官山汉墓出土鼎、罐等陶胎漆器。

(二) 漆器装饰工艺

战国时期使用的漆器装饰工艺,汉代仍然使用,并有了进一步的发展,这里只讲汉代较为重要的几点。

扣器: 战国时期,扣器发现的数量非常有限。西汉早期扣器仍不多见,可能与文帝禁用金、银、铜、锡有关。长沙马王堆M1出土的1件卮、安徽阜阳双古堆汉墓出的6件卮皆为早期加铜扣饰的漆器。西汉中期以后流行在盘、樽、盒、奁等器的口沿或底部镶镀金、银的铜箍,在耳杯两耳上镶镀金铜壳,《盐铁论·散不足》称之为"银口黄耳"。汉代称木胎漆器为"木器髹者",布胎漆器为"纻器",有金属扣的漆器为"釦器"。在樽、奁、盒等漆器的盖上附着镀金柿蒂形或四叶形铜饰的也可归入扣器之列。汉代对扣器的使用有规定,卫宏《汉官旧仪》卷上载:"太官尚食,用黄金釦器。中官、私官尚食,用白银釦器。"至东汉时期,扣器的比重增大。

贴花: 汉代漆器贴花工艺十分流行。《汉书·贡禹传》载:"臣禹尝从之东宫,见赐杯

---

[1] 安徽省文物考古研究所等:《安徽霍山县西汉木椁墓》,《文物》1989年第9期。

案,尽文画金银饰。"汉代漆器盖、身贴各种飞禽、走兽、车马、人物、海浪、翔云等金银饰片,有时还镶嵌水晶或玻璃珠,增加了漆器本身的名贵程度。贴花工艺常与其他工艺配合使用,如青岛市土山屯西汉晚期墓(M8)出土的一件漆盒,器口、腹和底部各镶一周带状银扣,银扣之间饰以红漆彩绘云纹,云纹上、下各有一周三角形金片装饰,云纹之间贴有飞龙等多种飞鸟走兽形金片饰,金饰外均有红线勾勒轮廓。盖顶中央原嵌有柿蒂纹形饰、四瓣纹中央镶嵌瓜子形的宝石饰品,均已脱落。盖顶周围亦有金片装饰[1]。完整的贴花漆器较难发现,只有散落的金片,原器形难以推断。另外,战国时期出现的金银平脱工艺继续流行。

锥画:在漆器上针刻文字的做法战国时期已见使用,西汉初期开始出现针刻花纹图案,长沙马王堆三号墓出土的遣策竹简称为"锥画"。到西汉中期在刺刻出来的线条内填入金彩,这是我国历史上出现最早的戗金工艺,使锥画作品有类似铜器金银错的装饰效果。

漆绘和油彩:汉代漆器装饰纹样细腻流畅,西汉最常见的有图案化的龙凤纹、草叶纹、花瓣、云气、几何、旋涡和近于写实的兽、鸟、鱼形等图案。早期多见三分或四分的整齐的流云图,擅长借助抽象的云气分割画面。中期以后较为松散,彩绘工艺不如前期。流行卷云纹、凤鸟纹、涡纹等,少数漆器花纹是神仙、孝子及其他人物为主的故事图。东汉彩绘图案纹样多见几何纹、几何勾连纹、云纹、变形云纹以及动植物纹、天文图像、乐舞、狩猎等生活题材的生活画、故事画等。

(三) 汉代漆器铭文

汉代漆器针刻、烙印、朱书、墨书的隶书铭文较为普遍,铭文所记有器物名称、用途、容量、制器工匠、生产管理人员、年代、地点等等,是研究汉代漆器生产工艺、生产管理和漆器使用情况的宝贵资料。

1924年出于朝鲜平壤石岩里丙坟汉墓的始元二年(公元前85年)漆耳杯是带长篇铭文漆器中年代较早的一件,圈足上针刻铭文36字:"始元二年,蜀西工,长广成、丞何放、护工卒史胜、守令史母夷、啬夫索喜、佐胜、髹工当、画工文造。"西汉晚期以后,带铭漆器增多,有的漆器带有长篇铭文,漆器制作各工艺过程涉及的人员都有详细记录。1957年贵州清镇汉墓出土的元始三年(公元3年)漆耳杯,其铭文为:"元始三年,广汉郡工官造乘舆髹丹画木(工)黄耳棓(桮)。容一升十六籥。素工昌、休工立、上工阶、铜耳黄涂工常、画工方、丹工平、清工匠、造工忠造。护工卒史恽、守长音、丞冯、掾令史谭主。"另一件出于不同墓的耳杯铭文为:"元始三年,蜀郡西工造,乘舆髹丹画木黄耳桮……工丰、髹工建、上工常、铜耳黄涂工武、画工典、丹工万、清工政、造工□造,护工卒史章、长良、丞凤、掾隆、令史竟(宽)主。"[2]从以上漆器例可以了解汉代一篇形式完备的漆器铭文的格式和具体内容。

---

[1] 青岛市文物保护考古研究所、黄岛博物馆:《山东青岛市土山屯墓地的两座汉墓》,《考古》2017年第10期。

[2] 贵州省博物馆:《贵州清镇平坝汉墓发掘报告》,《考古学报》1959年第1期。

铭文中的制器工匠有：素工，制木胎或上垸漆的；休（髹）工，从事初步涂漆；上工，精涂漆或涂表层漆；铜耳黄涂工、铜扣黄涂工，在耳杯上镶铜耳，调制汞泥涂于漆盘、壶等器的铜箍等铜扣上以鎏金银；画工，在表面绘制花纹图案；丹工，涂丹漆之工；清工，对器物或鎏金部位进行修整、洗净；造工，对漆器进行打磨、清洗、刻写铭文并最后检验。

对漆器生产进行管理、监督的工官中的官吏有护工卒史和工官长、丞、掾、令史。长是行政负责官，丞为其副职，掾是长、丞下的办事官吏。令史是掌管文书的官吏。啬夫本是主听讼、收税是乡官小吏，铭文中的啬夫也是一种基层的小官。护工卒史为少府特派的监官。设在都城的工官有考工、右工、供工等，也主铜器等。汉代漆器上的铭文既是物勒工名制度的一种体现，同时也反映了汉代漆器生产管理体系的完善。

五、汉代纺织生产

汉代是纺织生产大发展的时期，汉朝政府继承了楚国的织室制度，在京城长安设织室和织室令、丞，进行大规模的生产和严密的管理。1987～1988年发掘的汉长安城未央宫西北四号建筑遗址，即是包含了织室、尚方等大量官署在内的少府建筑群[1]。在丝织业发达的地区还设立较大的官营工场，有专人管理，自上而下有一套完整的生产和管理体系。有名的如齐郡临淄设服官，称为"三服官"，主管天子春、冬、夏三季所需丝绸。在陈留郡襄邑县（今河南商丘睢县）也设有服官，雇用大批工人从事丝织生产。特别是，汉代民间的纺织生产更加普遍，男耕女织成为固定的家庭生产方式，政府每年从民间大量征调织物，用于赏赐和日常用度，据《汉书·食货志》，汉武帝"北至朔方，东封泰山，巡海上，旁北边以归。所过赏赐，用帛百余万匹"，一岁之中，"诸均输帛五百万匹"。一年收天下帛五百万匹，也可见民间纺织生产的规模。

（一）汉代画像石上的纺织工具

汉代纺织工具仍有原始的腰织机存在，利用腰机织造简单的窄幅织物比用大型织机更为省便，这样的织法见于云南晋宁石寨山西汉墓和江川李家山西汉晚期到东汉早期墓出土的青铜贮贝器的器盖上的纺织场面[2]。不过汉代是固定台式织机普遍推广的时期，纺织技术的进步体现在台机的构造和使用中，这类台式织机的图像主要见于东汉画像石上的纺织图。

目前已发现的东汉纺织图画像石21块，其中山东9块、江苏8块、安徽1块、四川2块、吉林1块。所见的纺织工具有织机、络车和纬车三种。

---

[1] 中国社会科学院考古研究所汉城工作队：《汉长安城未央宫第四号建筑遗址发掘简报》，《考古》，1993年第11期。
[2] 云南省博物馆：《云南晋宁石寨山古墓群发掘报告》，北京：文物出版社，1959年；云南省文物考古研究所等：《云南江川县李家山古墓群第二次发掘》，《考古》2001年第12期。

图 3-7　徐州铜山洪楼东汉晚期墓画像石(局部)上的纺织图

织机： 江苏铜山洪楼和泗洪曹庄出土的两幅画像刻画较全，织机由机台、机架两部分组成(图3-7)。机台均为长方形凳架，机台下有脚踏板；机架是长方形框(经框)，用撑柱支撑，斜置于机台之上，使机架上装置的经面与机台成一定角度(图3-8)[1]。这类织机又被称为"斜织机"。斜织机经面悬空、倾斜，减少了地面尘土对经线的污染，坐在织机前的织妇对经面情况一目了然，减轻了疲劳的程度。通过机架的倾斜作用，又可促使经面的张力得到一定缓和，减少了丝线的断头。从画面上看，斜织机的主要部件有卷经轴、卷布轴、分经杆、马头、开综的蹑等，卷布轴在机架的最前端，反映的可能是汉代广为流行的中轴式双蹑斜织机[2]。

图 3-8　徐州铜山洪楼汉画像石织机复原示意图

---

[1] 宋伯胤、黎忠义：《从画像石探索汉代织机构造》，《文物》1962年第3期。
[2] 赵丰：《汉代踏板织机的复原研究》，《文物》1996年第5期。

四川成都曾家包东汉墓出土画像石纺织图上的两架织机。一架为斜织机,有卷经轴、开综的蹑等,据其形象,可能是汉代广为流行的中轴式双蹑斜织机。另一架织机结构较为简单,机架平置在机台上。原报告作者推测斜织机为织锦机,平式机为民间尚存的"家织机"[1]。水平织机与斜织机同时出现在一个画面上,这说明斜织机在汉代还是一种较为新式的、先进的织机类型。

梭子:曹庄画像石上已明显地表现有穿梭引纬工艺,梭的形状像中剖的半个橄榄,两头尖、中间空,中空的位置形成梭腔,将绕好丝线(纬线)的杼装在梭腔中,梭、杼合一,形成一个完整的新梭,这样的梭可以避免过去单用杼受纬、引纬存在的缺陷,是汉代新出现的新形式。以前的梭只是缠绕丝线的竹管,称为杼,《说文》称:"杼,机之持纬者。"杼受线后表面不光滑,引纬时操作极为不便,纬线也易于从杼上脱落。从曹庄纺织图画面上看,梭的上端略弧,下端(朝向织妇的一端)平直有刃,可能当时的梭除引纬外还兼有打纬功能。这种梭、杼分体合用,梭和打纬刀合一的做法,方便了操作,对提高生产效率和织物的质量大有益处。

络车:络车是调丝、绕线的工具,丝线通过络车卷绕成线团,便于牵经和卷纬(把丝线缠绕在杼上)。汉代络车由春秋战国时期的"工"字形或"⊠"字形绕线器发展而来,构造简单,但已采用了固定装置。如江苏邳县(今邳州)白山故子纺织图上的络车,纵剖面呈"工"字形,固定底座呈方形,座上有方柱,柱上端有一长于底座一倍的横杠,横杠上方左右近两端处各竖插一短棍。底座旁的左右两侧放置两个线团。一织妇跽坐于络车左侧,双手前伸,以左手指圈套着两个线材的线头,右手不停地往返旋绕,使两股线合并成一股,再缠绕在络车上端的短棍上,做成线团,以备牵经和作纬线用。采用固定装置后,可以由一人操作,双手调丝、绕线。

徐州铜山洪楼画像石上的络车则是另一种形式,它由四条短木榫合成方形底座,四角竖插短棍构成绕线框,图上丝线绕过屋檐横梁,操作时,左手搂丝线,右手前后左右摆动,将丝线缠绕在线框上。这种络车构造较为简单,丝线绕过横梁的做法也大大减轻了左手的劳动强度,较之白山故子所见"工"字形络车略有进步。

鲁南滕州宏道院和龙阳店画像石上的络车更显进步,形制虽同徐淮地区所见相近,但多出一个长方形的篗,篗的一端装柄,便于手握转动,操作时,右手握篗,把络车上的丝线缠绕在篗上。《说文》载:"篗,收丝者也。"直到明代,《天工开物·乃服》所附的络笃(络车)图上的篗还与鲁南画像石上所见基本一致。

纬车:将丝线绕在杼(通常是竹管)上,为织机提供织造所需的纬线,称为"摇纬"或"卷纬",使用的工具就是纬车,汉代又称"纗车"。徐淮地区纺织画像上所见纬车的主体结构是一个大的木制圆轮和一个带有木锭的支架,即篗车,两部分相隔一定距离固定在同一底座上,并由绳索一端绕圆轮半周,另一端牵动木锭中部,形成传动装置。圆轮中间装有手摇把手,成为摇车。操作时,将木锭上套一竹管,织妇手握摇把使圆轮不断旋转,牵动篗车上的木锭转动,左手牵丝线,使线源源不断地绕到木锭竹管上,然后取下竹管装在梭腔里

---

[1] 成都市文物管理处:《四川成都曾家包东汉画像砖石墓》,《文物》1981年第10期。

作纬线使用,换上新的竹管可继续摇纬。铜山洪楼的纺织图上,摇纬时还兼作并丝,图上纬车后置两束丝团,通过屋檐横梁后合并为一股绕向木锭竹管。在沛县留城的纺织图上,丝线直接绕向木锭竹管,并无绕梁做法。织物用经少而用纬多,故摇纬益显重要,画像石上多刻划有纬车的形象。甘肃武威磨咀子东汉墓出土一件木锭,可作为画像石上木锭的说明:木锭一端粗,有多道凹槽;一端尖细,便于套装竹(木)管。该墓还出土了卷线板、针、刺绣品等,墓主为一女性[1]。汉代以后,纬车不断改进,到宋代,随着棉花的广泛种植,这种手摇纬车又被改造为纺棉纱的纺车并一直行用于近现代农村。

(二)汉代织物品种和美化工艺

1972年,湖南长沙市郊马王堆一号汉墓出土了100余件丝麻织品,光单幅丝织品就有46卷,置于竹笥之中,有衣物如锦袍11件、单衣3件、单裙2件、裹尸锦衾、衣着20层,还有袜、枕巾、镜衣、香囊、绣枕,等等[2]。这是该墓完好女尸之外的又一重大发现。马王堆汉墓出土纺织品数量众多,品种齐全,代表了西汉早期纺织技术的水平。1975年发掘的湖北江陵凤凰山M168(汉文帝时期)也有丝织品出土,但其种类和保存状况远不如马王堆所出[3]。其他地区汉墓出土的纺织品主要有[4]:江苏连云港东海尹湾六号墓随葬衣物70件、二号墓50余件;仪征胥浦101号墓出土25件。高邮神居山二号汉墓、山东日照汉墓[5]也有出土。虽未出土但墓葬遣策(册)记载的衣物也有不少,如连云港海州西汉霍贺墓20多件,海州西汉侍其繇墓30余件,海州西郭宝汉墓随葬70余件。出土品的质地有绢、绮、缣、纱等,可惜多不完整或腐烂无法提取。由于气候条件等原因,东汉纺织品主要发现于西北丝路沿线各地,在甘肃居延遗址(分布于内蒙和甘肃金塔县)、武威、玉门、新疆罗布泊、古楼兰和民丰尼雅遗址,另外内蒙扎赉诺尔、朝鲜乐浪王墓、蒙古诺因乌拉墓地等地也发现有汉隶铭文的丝织品。

马王堆汉墓出土品较全面地反映了汉代纺织的技术水平,据有关部门整理研究,其丝织品的种类有纱、縠、罗、绢、纨、绮、锦、绨、缯、缣、练等,现在常见的主要丝绸品种当时均已具备[6]。另外,麻织物也有一定数量的发现。东汉时期,在丝、麻织物之外,新出现了毛织物、棉织物等品种。

绢:马王堆汉墓出土的衣物大多以绢制成,如一件完整的女裙,由四幅素绢拼接而成,裙腰、系带也用素绢制成。西箱竹笥内所出的46卷单幅丝织品中,有绢22幅,是出土绢品最大的一宗。经分析,其经密存在较大差异,以经密100根/厘米以下的粗绢为主,占

---

[1] 甘肃省博物馆:《甘肃武威磨咀子汉墓发掘》,《考古》1960年第9期。
[2] 湖南省博物馆等:《长沙马王堆一号汉墓·上册》,北京:文物出版社,1973年。
[3] 纪南城凤凰山一六八号墓发掘整理小组:《湖北江陵凤凰山一六八号汉墓发掘简报》,《文物》1975年第9期。
[4] 邹厚本主编:《江苏考古五十年》,南京:南京出版社,2000年,第246页。
[5] 国家文物局主编:《2002中国重要考古发现》,北京:文物出版社,2003年,第78页。
[6] 上海市纺织科学研究院、上海市丝绸工业公司文物研究组:《长沙马王堆一号汉墓出土纺织品的研究》,北京:文物出版社,1980年。

90%,经密 60~100 根/厘米的绢多见于衣物的衬里;100 根/厘米以上的细绢很少,在随葬衣物中,大多用于制作锦、夹袍和各种巾、袆的缘部或香囊、手套等细巧物品,可见细绢还是当时珍贵的丝织品。河北满城汉墓刘胜玉衣一侧发现的残绢(衾褥),经密达 200 根/厘米,纬密约为经密之半,比前期细密。

缣:《释名·释采帛》说,"缣,兼也,其丝细致,数并于绢。染兼五色,细致不漏水也。"马王堆一号汉墓出土有缣的实物,其经纬分明,纬丝宽于经丝,乍看似粗绢,在显微镜下可见扁平纬丝,有明显的并丝现象,有的甚至还略有分离或打绞。"遣策"简文有"土珠玑一缣囊"的记录。另外,该墓内棺壁板上装饰的一件树纹铺绒绣以褐色缣为绣地,绣品长 101 厘米、宽 74.4 厘米,是十分珍贵的实物资料。河北满城汉墓也有实物出土。

纱:纱是轻、细有罗孔的丝品。纱有平纱、绉纱两种。马王堆一号汉墓出土的纱只有平纹素纱一种,素纱织品可与当代乔其纱媲美,其所用原料的纤度为 10.2~11.3 旦(投影宽度只有 6.15~9.25 微米),轻薄透明,孔眼均匀,精密细致。该墓出土的一件素纱禅衣,整件长 128 厘米,两袖通长 190 厘米,用料 2.6 平方米,重量却只有 49 克(含领、袖口镶边纹锦 8.8 克),不足 1 两,经纬密度均为 62 根/厘米,堪称素纱中的精品(图 3-9,左)。从南京云锦研究所素纱禅衣的复制过程中,我们可以更清楚地认识汉代蚕桑、缫丝和丝织技术所具有的高超水平。

素纱禅衣　　　　　　　　绒圈锦

图 3-9　马王堆一号汉墓出土的素纱禅衣和绒圈锦

罗:汉代经纱起绞的素组织罗(素罗)已较普遍,依组织结构分,有二经绞罗、四经绞罗。马王堆一号、三号汉墓出土的罗织物中多数属于二经绞罗,即由一根绞经和一根地经配合使用,将绞经轮流同左右侧地经交替扭绞。四经绞罗织制要求更高,需在罗织机上装备平织综和绞经综,操纵绞经、地经依次左右扭绞而成。四经绞罗组织多见于马王堆汉墓出土花罗的地。马王堆一号汉墓提花的花罗有朱红菱纹罗、耳杯菱纹罗、皂色几何纹罗等,另有纹罗绣花丝锦袍、绣罗香囊、手套、帷幔等 13 件。

绮:绮为平纹地起素色斜纹花的提花丝织物,马王堆汉墓出土 3 幅,依纹样图案,有鸟纹绮、几何菱纹绮等。几何菱纹绮由一组经丝和一组纬丝相互交织,在平纹素地上起三上一下的四枚左斜纹经花,一个花纹循环有经丝116根、纬丝92根,由于地部是平纹组织,使得斜纹经花非常显眼。

锦:汉代织锦重地在陈留郡襄邑,《说文·帛部》载:"锦,襄邑织文也。"马王堆一号、三号墓出土的一批锦保存基本完好,其组织结构复杂,色彩鲜艳夺目,代表了汉代丝织生产技术的最高水平。出土锦的经线较密,经密多为120～160根/厘米,纬密约为经密的1/4～1/3。依花纹图案分,这些锦有几何纹锦、波纹孔雀锦、鸣鸟纹锦、香色地红茱萸锦、隐花星花锦、凸花锦、夔龙纹锦、朱龙锦、斿豹锦、绒圈锦等,江陵凤凰山M168还出土孔雀锦、炬纹锦、兽头纹锦、龙头炬纹锦等。最能反映汉代织锦技术成就的当属马王堆一号汉墓的绒圈锦(图3-9,右)。

绒圈锦或称起毛锦,是一种用特殊工艺织造的多重经提花织物,属多色锦,它用多色经丝和单色纬丝交织,经丝分地经和起绒经,用提花束综控制,织造时织入起绒纬使起绒凹凸于织物表面,抽出起绒纬即形成高出织物平面一倍以上的环状高低绒圈,层次分明,立体感强,具有刺绣或浮雕一样的效果,堪称锦上添花,而且织物的表面密布绒圈,手感柔软,质地厚实。绒圈锦织造复杂,自然益显名贵,只见于一号墓中衣袍的领、袖缘及香囊、镜套的底部。西汉中期河北满城汉墓和西汉晚期甘肃武威磨嘴子汉墓(M62)也发现与马王堆汉墓相似的绒圈锦实物。磨嘴子汉墓所出锦绒圈排列整齐,经线3根一组,纬线2根一组,较之马王堆所出又有所进步。汉代的绒圈锦,绒圈都不开毛,割开绒圈起毛的天鹅绒大约到明代以后方才出现。绒圈锦是我国古代的一大发明创造。

组带:马王堆汉墓也出土编织丝带,并由素色丝带发展出多色提花丝带。依用途和图案花纹分,马王堆一号汉墓出土丝带有三种:用于衣物装饰的狭长条带,简文称"缥缓绦";带有篆文"千金"字样的丝带,称为"千金绦",用于手套和棺内裹尸;筒状,压扁即为双层的丝带,上有鱼尾纹。[1] 丝带虽为手工编制,又狭窄、量小,但却是费时费工、结构复杂的高级工艺品。以一件带有"千金"字样的狭窄丝带为例:带宽0.9厘米,幅内分为左、中、右三行,左、右二行织对称雷纹图案,中行为左右并列的篆文"千金"和明暗对称的三角形连成的纵向波折纹。

刺绣:马王堆一号汉墓出土刺绣品40件,尸体的衣衾、随葬衣袍大多用绣品。用罗、细绢或绮作坯料,以五光十色的多色丝线绣出流畅、细腻的花纹图案,显得比锦华丽。对照遣策竹简的记载,主要有

信期绣纹　　　　长寿绣纹

图3-10　马王堆一号汉墓出土绣品的刺绣纹样

---

[1] 湖南省博物馆等:《马王堆一号汉墓·上册》,北京:文物出版社,1973年,第53页。

信期绣、长寿绣、乘云绣。这些名称主要来自于刺绣图案纹样，另外，还有茱萸纹、云纹、方棋纹绣等。信期绣最多，在21件保存较好的标本中，有19件属信期绣，长寿绣、乘云绣各7件。其实这三种绣品的纹样均以变体云纹为主体，间或杂有卷曲的藤蔓、燃烧的火焰或螭头状图形，只是因为竹简上分别称呼，故名（图3-10）。江苏连云港东海县尹湾汉墓、山东日照海曲汉墓都出土了同类绣品。变体云纹由各种卷绕的弧线构成，弧线平行、开张、收敛，变化多端，流利洒脱，体现出很高的刺绣技艺。除了以前所见的锁绣，汉代新出现了平绣针法（铺绒绣），在进行满绣时效率大为提高，也产生出与锁绣不一样的刺绣效果。

除了大宗的丝织物，汉代织品还有麻布、毛织物和棉织物。

麻布：长沙马王堆汉墓、江陵凤凰山汉墓等都有麻织物出土，以马王堆一号汉墓所出最为精良，共10块，幅宽51厘米，原料为大麻、苎麻，有粗、细两种。粗麻布（可能为大麻布）呈黄褐色，质地粗糙。一号墓和三号墓出土了相同式样的麻鞋，三号墓出土绢面麻底鞋1双，面为绢，底为麻线编织，平纹，孔眼稀疏，数层中夹有丝绵[1]。细麻布（可能为苎麻布）有灰、白两色，白布经密34～36根/厘米，纬密30根/厘米；灰布经密32～38根/厘米，纬密36～54根/厘米。苎麻布质地柔软，已接近现代细布，其表面有乌亮光泽，经鉴定含有无机物铜、汞、钙等，显然经过加工处理，说明汉代已掌握了织物轧光整理技术。

毛织品：新疆境内丝路古道上发现东汉时期的毛织物，主要有缂毛、斑罽、斜褐三种。

缂毛为以羊毛彩纬用通经回纬的缂法织成的绚丽多彩的毛织品，成品叫缂毛，是我国特有的一种丝织手工工艺品，花纹与刺绣相似，当空照视，有如刻镂而成。斯坦因在古楼兰遗址中发现汉奔马缂毛，用七种色线织出奔马花卉图案。不过，关于缂织技术的开始，尚在讨论之中。

斑罽是提花织造的精细毛织品，有毯子一类。平纹组织，纬线起花。民丰尼雅遗址出土人兽葡萄纹罽、龟四瓣花纹罽。

斜褐是斜纹粗毛织物。民丰汉墓出土蓝色斜褐，将毛纱染成蓝色，结构为一上二下的三枚斜纹组织。

棉织品：新疆民丰东汉墓出土蓝色蜡染棉布、白布裤、手帕等，是当地所产还是自西亚传入，有待考证。这还涉及我国使用蜡染技术的时间问题。

（三）提花、贴花和印染

提花：汉代的提花丝织品所见主要有锦、绮、罗，花纹图案复杂，反映其提花织造设备也日趋复杂。根据文献记载，汉代已有多综式提花机。《三国志·方技传》注："旧绫机五十综者五十蹑，六十综者六十蹑。"所谓"旧绫机"，自然可以理解为汉代织机。《西京杂记》卷一载巨鹿陈光妻造提花机，"机用一百二十蹑"，织蒲桃锦、散花绫，须六十日方成一匹，每日仅能织六寸余，一匹值万钱，耗费时日令人惊讶。

---

[1] 湖南省博物馆、湖南省文物考古研究所：《长沙马王堆二、三号墓》第一卷《田野考古发掘报告》，北京：文物出版社，2004年，第227页。

从长沙马王堆汉墓所出的锦、绮等提花织物来看，汉代确已使用极为复杂而精密的提花织机，如出土的绒圈锦，其总经数为8 800～11 200根，组织结构相当复杂，织造一个花纹单位要有2 100根左右的经丝单独活动，并且织造绒圈须使用双经轴机构，一个经轴管理底经和两根地纹经，另一个经轴控制起高低绒圈的绒圈经，还需要一种起绒纬，织后将其抽去以形成环状的绒圈，所用提花织机可能为一种束综提花机，提花线综通过牵线，由人工提起应提的花纹束综以织制花纹图案。

贴花：马王堆一号汉墓出土了1件经特殊工艺装饰加工的丝绸——菱花纹贴毛锦，这件贴毛锦见于墓中内棺外面棺板上的装饰，它上面的装饰图案既不是织成的，也不是刺绣的，而是用不同颜色的羽毛在锦地上粘贴而成，主题图案为菱形纹，是大小菱形套合组成的复合菱形几何纹图案，菱形边缘用宽0.9厘米的"千金绦"收边，图案正中饰一四瓣花朵。贴毛锦图案布局严谨，以羽毛显现的花纹既华丽又典雅。贴花是汉代新出现的装饰手法，它丰富了我国丝绸装饰艺术，可视为后世堆绫、贴绣的嚆矢。

印花：长沙马王堆一号汉墓出土的印染织物较多，从织物图案的布局看，当时使用镂空版或凸版和手工彩绘相结合的方法美化织物。印花敷彩纱和金银色印花纱都是首次发现的汉代印花织物，对研究汉代印染工艺有着极为重要的意义。马王堆一号汉墓出土有成幅印花敷彩纱1件，另有5件为丝锦袍的面和衣衾的残片。印花敷彩纱是用型版印花并与彩绘相结合的方法印染、绘制而成的。马王堆一号汉墓出土2幅金银方孔印花纱，纱为深灰色，上面的单元图案呈菱形，由银白和白色的均匀细致的曲线和金色小圆点组成，是用三套色凸版印成的，即使用三个小的阳纹版（雕刻凸纹版）印模蘸取不同的色浆进行套印，先印定位纹，再在定位纹上套印主体纹，最后将金色小圆点套印到细线条的主体纹上。印纹间线条有明显间隔不匀以至互相迭压的现象，说明套印过程中存在定位掌握不十分准确的情况，使得每一单元图案的整体花型分布几乎各不相同，看出打印章式印花的痕迹[1]。

马王堆汉墓虽没有发现印花型版的实物，但同时期广州南越王墓有2块铜质印花凸版与丝织物共出。铜版用丝物裹着，一大一小，表面凸起如火焰一样的花纹图案。小的印纹已模糊不清，大的略呈菱形，长5.8厘米，宽4厘米，为主面纹版，小的呈"人"字，为定位纹版，印花版的背面都有一穿孔的小钮，穿系丝绳后供手握持，如手抓铜镜或印章一般，自如地在布帛上印花（图3-11）。西耳室还发现整匹的印花纱，就是这种印花版印制的产品，但因炭化严重无法打开[2]。南越王墓铜印花凸版上的花纹与马王堆汉墓出土的印花纱上的花纹非常相似，印证了一个时代的印花工艺和纺织品装饰风尚。

镂空版的印花实物见于甘肃武威磨嘴子西汉晚期墓，该墓出土的3件裱糊草箧的印花绢即是用三块镂空版套印的，绢的绛色底上印有绿、白二色的花纹，以三套镂空版依次

---

[1] 上海市纺织科学研究院、上海市丝绸工业公司文物研究组：《长沙马王堆一号汉墓出土纺织品的研究》，北京：文物出版社，1980年，第108～111页。
[2] 麦英豪、黄淼章、谭庆芝：《广州南越王墓》，北京：三联书店，2005年，第171页。

图 3-11　南越王墓出土的印花铜版

用毛笔刷涂颜料印成[1]。至迟在东汉时期，蜡防染技术自中亚传入我国，新疆民丰尼雅东汉墓出土的蓝白花布就是以蜡染法（防染）染成的[2]。

六、玉器和玉器制造

虽然汉代玉器较商周种类减少，礼仪的功用明显减弱，但玉器出土数量并未减少，并且出现了一些新的类型，在佩饰和丧葬用玉等的制造方面，体现出汉代的制玉技术，也反映了汉代人的用玉风尚。

商周礼仪中的用玉有璧、琮、圭、璋、琥、璜，汉代只有璧、圭继续制作和使用，琮、璋虽然偶有出土，也只是旧物利用或者是旧玉翻新，不再作为瑞玉使用。琥在战国时期已不再制作。璜仅见于西汉墓中的玉握，发现极少。汉代玉器的种类主要是生活用品和作为工艺装饰品的玉笄、玉带钩、玉剑饰、玉组佩、玉屏风、玉枕头、玉舞人、玉奔马等，以及丧葬所用的玉塞、玉握、玉面具、玉衣等。

玉衣主要是两汉皇室贵族、诸侯王、列侯一级大墓所见的殓葬用玉。玉衣的制作十分考究，1999年河南永城市芒砀山出土玉衣1件，长182厘米，由纯金线将2480块玉片编缀而成，分为脸盖、头罩、上衣、袖筒、手套、裤筒、鞋套等七部分。脸上的鼻子是用一块完整的弯玉板做成，脸盖上刻出了两眼和嘴的轮廓。材料全用优质新疆和田玉，虽经数千年，仍晶莹剔透。其主人可能是西汉末期的梁王刘嘉。修复时共用金丝1000克。

汉以前制玉多用浅浮雕和线雕，汉代高浮雕、圆雕增多，镂空花纹和表面刻线纹增多。在流行镂空、浮雕玉器的情况下出现了新的装饰线条风格，雕刻力量大，不易操纵，在玉蝉、玉握豚等小件玉器的雕琢上追求简洁明快，又因线纹像"八"字，后世常以"汉八刀"称誉之。汉代玉器流行几何纹（涡纹、卷云纹等）、接近写实的动物纹以及飞龙、朱雀、兽面纹

---

[1] 甘肃省博物馆：《武威磨咀子三座汉墓发掘简报》，《文物》1972年第12期。
[2] 沙比提：《从考古发掘资料看新疆古代的棉花种植和纺织》，《文物》1973年第10期。

等。从河北满城汉墓出土的光滑如玻璃的玉器来看,汉代的玉器抛光技术也有了较大提高。

第二节 农 业

汉代农业的考古材料更加丰富,有以前没有或少见的田地和水塘模型、家畜圈舍模型、仓囷铭文、画像砖石等类型。汉代农业生产力水平的提高主要体现在铁制农具的改进和普及、牛耕的推广和水利工程建设的新技术发展等方面。

一、汉代农具

铁制农具在汉代已成为农耕不可或缺的用器。桓宽《盐铁论·水旱篇》言:"铁器,民之大用也。"《农耕篇》有:"铁器者,农夫之生死也。"又《汉书·食货志下》载:"铁,田农之本。"汉代农业生产力水平的提高在很大程度上要归因于铁农具的广泛使用。辅以木、石工具,传统农业所应有的一整套农具在汉代均已具备,并且汉代还出现有转动机械装置的加工器具,使农业生产在更高层次上得到发展。刘熙《释名·释用器》记录的汉代农具有镰、耒、耜、犁、檀(櫌)、锄、枷(耞)、锸、把(杷)、拂、耨、镈、铻、铚 15 种。有的农具虽未见文献记载或实物出土,但可以根据画像等材料加以补充说明。

(一) 翻耕、整地农具

犁: 汉代仍使用套装在木叶犁底上的"V"字形铁犁,但有所改进,其上口加宽,侧翼加长、后延,锋角变小,更利于刺土。河南陕县、洛阳,河北石家庄,仍有旧式"V"字形铁犁铧出土。洛阳烧沟汉墓出土的"V"字形犁,高 12.6 厘米、侧刃长 16 厘米、后宽 22.3 厘米(图 3-12,2)[1]。

西汉时期铁犁最重要的变化就是大量使用承装铁口犁的全铁犁。全铁犁前低后高,后端有等腰三角形或扁圆形的銎,V 形铁口犁先装在大铁犁的头上,再随铁犁一起套装在木犁底上。这样,"V"字形的铁犁就成了铁犁的头,我们称为铁口犁、犁冠、铧冠、犁头等。大概受凹形锸、锄等的影响,汉代新出现"凹"字形尖头铁口犁。山东滕县(今滕州市)长城村出土的三角形大铁犁,边长 48 厘米、后宽 45 厘米,后端有等腰三角形的銎(图 3-12,3)[2]。陕西陇县高楼村出土的带 V 形犁冠的大铁犁,舌形,通长 39.5 厘米、后宽 37.7 厘米、高 14.3 厘米(图 3-12,1)[3]。三角形或舌形的小型铧一般长 10.8~17.5 厘米、前宽 7~11.8 厘米、后宽 9~14 厘米、高 4.7~7.5 厘米。

---

[1] 洛阳地区考古发掘队:《洛阳烧沟汉墓》,北京:科学出版社,1959 年,第 188 页。
[2] 庄冬明:《滕县长城村发现汉代铁农具十余件》,《文物参考资料》1958 年第 3 期。
[3] 陕西省博物馆、文物管理委员会:《陕西省发现的汉代铁铧和鐴土》,《文物》1966 年第 1 期。

汉代铁犁自西汉中期以后出土数量明显增多，出土地遍及全国，其中又以陕西、河南、山东、河北等地出土为多，边远的贵州、云南、福建、广西、宁夏、新疆等地亦有出土。20世纪五六十年代，关中地区的富平、蓝田、蒲城、兴平、长安、礼泉、西安、咸阳、陇县等地发现大铁铧、小铧、铧冠、犁镜等农具六七十件。1975年，西安西郊一个铁农具窖藏中发现大小铁铧、犁镜等农具85件[1]。2014年，安徽利辛丹凤村一西汉灰坑（窖藏）中出土V形铁犁6件[2]。山东滕州、安丘，安徽寿县，河北保定、石家庄、承德，甘肃古浪等地，都发现东汉时期的大铁铧。除了铁犁铧实物，犁具模型、铸范和相关图像也多有发现。河南巩义铁生沟、南阳宛城和郑州古荥镇[3]出土大量V形铁口犁和犁范。山东莱芜、山西襄汾、辽宁辽阳三道壕、福建崇安（今武夷山市）汉城以及内蒙、河北、江苏、安徽、贵州、广西、甘肃、新疆等省区发现的犁以V形铁口犁为主。广东佛山出土水田模型中有"V"字形犁的形象，甘肃武威磨嘴子东汉墓出土木牛、木犁，犁头涂黑呈尖状，以示铁犁。汉画像石农耕图上的犁头多作三角形。

犁镜：犁镜是与铁犁配套使用的器件，是汉代新出现的工具类型。犁镜又称犁壁、镴土、犁耳，是耕犁上起窜垡、翻土作用的部件，由于长期与土磨擦，光亮鉴人，故称犁镜。过去的犁具只能开沟，有了犁镜后，就可以翻土了。

汉代犁镜有菱形（或长方形、板瓦形）、马鞍形两种基本形制。菱形犁镜呈板瓦状弧曲，一角内凹，便于安装，用于单面翻土。马鞍形犁镜附于犁铧背部正中，行进中将土翻向两侧。犁壁的使用是汉代铁犁具上的一大发明，不过犁镜的发现尚不普遍，主要见于陕西、河南、山东、安徽等地，甘肃、宁夏等地也有发现，有的单独出土，有的安在铁犁铧上。陕西礼县、陇县、咸阳等地还发现装有犁壁和犁冠的铁犁。陕西长安县韦兆村出土的背附犁壁的舌形铁犁铧，犁壁呈菱形而缺一角，缺的一角内弧以便置于犁背上（图3-12，4）。礼泉王相村发现的带犁冠和犁壁的铁犁呈三角形，犁壁为马鞍形（图3-12，5）[4]。

镬：长条形仍是汉代铁镬的主要形制，有直背直（竖）銎和弧背横銎两种形式。直銎镬长12～25厘米，长方形銎。河南鹤壁鹿楼村汉代冶铁遗址出土的西汉条形镬长17.5厘米、宽6厘米（图3-12，10）[5]，巩义铁生沟发现的东汉初期的直銎镬长20厘米，刃宽6.8厘米（图3-12，9）[6]。横銎镬长20～28厘米，銎部较厚，背微曲，平刃或弧刃。南阳瓦房庄横銎镬长28.5厘米，銎端最宽7.5厘米，弧刃，刃宽4.5厘米（图3-12，14）[7]。

---

[1] 陕西省文物管理委员会：《建国以来陕西省文物考古的收获》，收入《文物考古工作三十年》，北京：文物出版社，1979年。

[2] 任一龙：《安徽利辛丹凤村汉代窖藏》，《大众考古》2014年第12期。

[3] 河南省文化局文物工作队：《从南阳宛城遗址出土汉代犁铧模和铸范看犁铧的铸造工艺过程》，《文物》1965年第7期。

[4] 陕西省博物馆、文物管理委员会：《陕西发现的汉代铁铧和镴土》，《文物》1966年第1期。

[5] 河南省文化局文物工作队：《河南鹤壁市汉代冶铁遗址》，《考古》1963年第10期。

[6] 河南省文化局文物工作队：《巩县铁生沟》，北京：文物出版社，1962年，第32页。

[7] 河南文物研究所：《南阳北关瓦房庄汉代冶铁遗址发掘报告》，《华夏考古》1991年第1期。镬的尺寸为据线图比例测量换算得出。

巩义铁生沟出土横銎钁长23厘米，自銎端向刃部逐渐变宽，刃宽7厘米（图3-12,15）。

"凹"字形宽刃铁口钁在战国时期已经出现，汉代成为较为流行的样式，它像锸一样先装在木叶上，再以木叶通过榫卯连接横柄使用，也为横斫式。

钁是挖土的工具，河南等地发现最多。1958年，河南临汝夏店西汉冶铁遗址发现保存基本完整的大小铁钁300余件[1]，南阳瓦房庄冶铁遗址、郑州古荥镇冶铁遗址都有较多发现。辽宁抚顺莲花堡西汉初期遗址发现铁钁60余件[2]。湖北江陵凤凰山167号、168号墓皆出土持农具木俑，所持农具有锸、锄、钁等，木质，但都在刃部涂黑，表示为铁质。云南江川李家山、呈贡夫子庙、祥云大波那等地还发现汉代铜钁。

锸：锸仍有"一"字形（长方形）、"凹"字形两种。"凹"字形铁口锸是汉代锸的主要样式，长方形平刃直銎铁锸只见于北方地区。南方地区流行的"凹"字形铁锸多见弧刃外撇或尖刃的形式，广西贵港市罗泊湾一号西汉墓出土的铁锸弧刃外撇，高11厘米、刃宽16厘米、后宽12厘米（图3-12,18）[3]。湖南长沙马王堆M3填土中出土一件套装有"凹"字形弧刃铁锸头的带柄锸，整体似划船木桨，通长139.5厘米，铁口高11厘米，刃宽13.1厘米（图3-12,19）[4]。

考古发掘中，锸常与钁、锄、铲、镰等共出，出土数量仅次于钁。河南巩义铁生沟冶铁遗址出土的小件农具中，有长方形锸12件（报告归入铲）[5]；陕西咸阳张家湾发现铁锸88件[6]；福建崇安汉城发现铁锸25件[7]。2007年湖北荆州沙市区西汉墓椁室内发现20件铁锸，以棕绳捆成束，每件长12.85厘米、宽13厘米，墓葬下葬于高后五年（公元前184年）[8]。持锸俑在四川、重庆多有发现，如四川牧马山发现东汉时期腰挂小刀、左手持箕、右手持锸的俑。湖北江陵凤凰山八号汉墓出土遣策有"大奴师（？）捋田操楮（锸）"字样[9]。

这种"凹"字形的铁套刃，由于大小不同和装柄方式的不同可以产生不同的用途，有的成为锸，有的则成为钁或锄，甚至有的作为犁冠套装在铁犁上。

耙：耙主要是用于碎土的工具，也用于起土，横向装柄，有二齿、三齿、五齿三种，形制同战国耙。汉代多齿耙在山东、江苏、河南、河北、福建等地均有发现。巩义铁生沟冶铁遗址出土的小件农具中，有双齿耙（报告称"双齿钁"）6件，河北满城二号汉墓出土双齿、三

---

[1] 倪自励：《河南临汝夏店发现汉代炼铁遗址一处》，《文物》1960年第1期。
[2] 王增新：《辽宁抚顺市莲花堡遗址发掘简报》，《考古》1964年第6期。
[3] 广西壮族自治区博物馆：《广西贵县罗泊湾汉墓》，北京：文物出版社，1988年，第52页。刃宽、后宽为据线图比例测算得出。
[4] 文保：《马王堆三号汉墓出土的铁口木臿》，《文物》1974年第11期。
[5] 河南省文化局文物工作队：《巩县铁生沟》，北京：文物出版社，1962年，第32~33页。
[6] 陕西省考古研究所汉陵考古队：《汉景帝阳陵南区从葬坑发掘第一号简报》，《文物》1992年第4期。
[7] 杨琮：《福建崇安城村汉代城址出土的铁农具》，《农业考古》1990年第1期。
[8] 荆州博物馆：《湖北荆州谢家桥一号墓发掘简报》，《文物》2009年第4期。
[9] 金立：《江陵凤凰山八号汉墓竹简试释》，《文物》1976年第6期。

齿耙[1]，福建崇安汉城出土的五齿铁耙与北方各地所见完全相同（图3-12,7）[2]。由于耙同时具有起土功用，报告中也常称为"双齿镢"、"三齿镢"等。

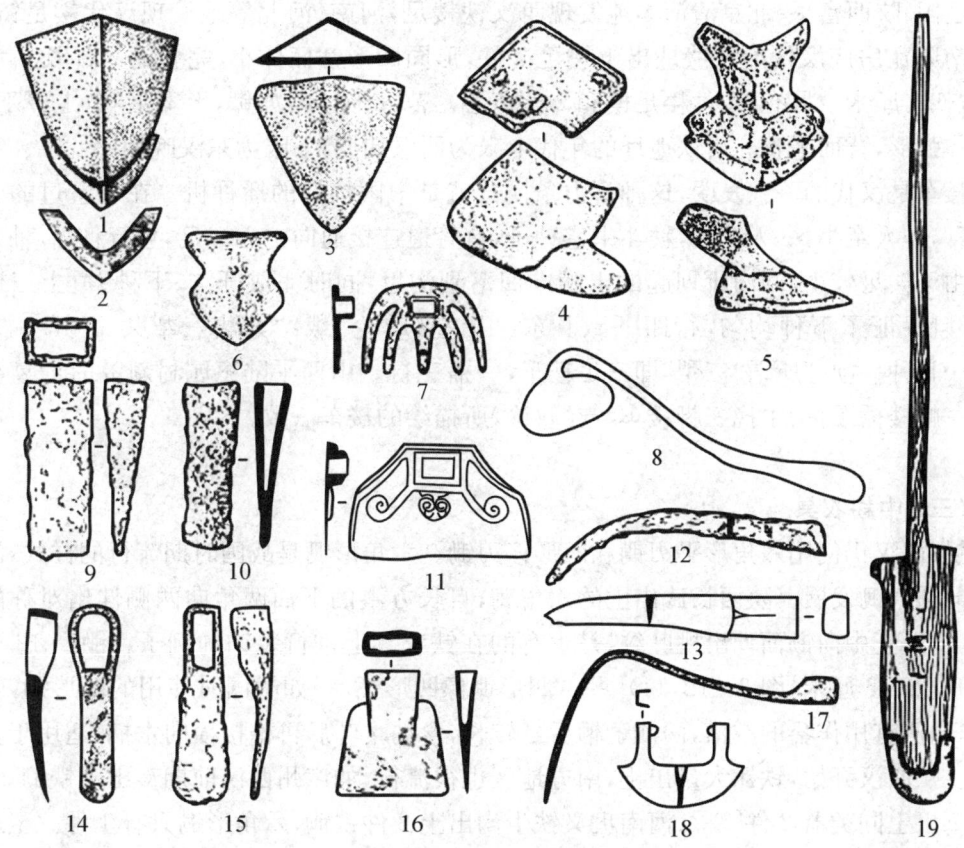

图3-12 汉代铁农具

1. 陇县高楼村铁犁；2. 洛阳烧沟"V"形犁；3. 滕州长城村三角犁；4. 长安韦兆村带壁犁；5. 礼泉王相村铁犁；6. 河南渑池耧铧；7. 崇安汉城铁耙；8. 洛阳伊川半圆锄；9. 巩义铁生沟直銎镢；10. 鹤壁鹿楼村直銎镢；11. 陕西长武六角锄；12. 洛阳烧沟铁镰；13. 成都龙泉驿铁镰；14. 南阳瓦房庄横銎镢；15. 巩义铁生沟横銎镢；16. 陇县秦代铁铲；17. 成都牧马山铍镰；18. 贵港罗泊湾铁锸；19. 长沙马王堆锸

（二）播种农具

汉代新出现了附有铁构件的播种专用器具，一种畜力条播器——耧车。耧车的使用大大提高了播种的效率，并使播种整齐而且精准。

耧铧：铁耧足（耧铧）是畜力条播器耧车上的主要部件，有三角形、马鞍形等，与铁犁一

---

[1] 中国社会科学院考古研究所、河北省文物管理处：《满城汉墓发掘报告》，北京：文物出版社，1980年，第280~281页。
[2] 福建省博物馆：《崇安汉城村汉城探掘简报》，《文物》1985年第11期。

样前低后高。河南渑池窖藏出土的耧铧呈束腰形（图3-12,6）[1]。耧铧足后部中间有空腔，以便下种入沟。相对于其他类型的铁农具，耧足发现较少，可能汉代耧播尚未普及。辽宁辽阳、陕西富平、北京清河等地发现西汉铁耧足，河南、河北等地发现汉代耧足铸范。河南南阳瓦房庄汉代冶铁遗址出土耧足7件，形同凹形锸而体小，完整的一件长7.6厘米、宽6.6厘米。另有12件耧足模和2件范芯。范芯形体略如镬，上宽下窄，上厚下薄，正面作弧形，背面平整。冶铁遗址的年代上限为西汉初期，下限为东汉晚期[2]。

耧车是汉代的一大发明，这种畜力条播器就是中国早期的播种机。在平整过的土地上播种，一人牵牛，一人扶耧，耧斗中盛种子，有管道连接通向空心耧足，且行且摇，种乃自下。由于耧足较小，开沟所划起的土随即回落到沟里，同时完成开沟、下种、覆土三道工序，并且保证了下种均匀，行距一致。东汉崔寔《政论》载："其法三犁共一牛，一人将之……日种一顷。"所谓"三犁"即三足耧车，一播三行。山西平陆枣园村新莽时期墓葬中发现一幅耧播图，一牛挽三脚耧车，与《政论》所描绘的耧车一致。

（三）中耕农具

锄：西汉仍使用六角形平刃锄和凹形侈刃锄。六角形锄是战国时期流行的样式，汉代继续向圆肩锄发展。陕西长武出土的六角锄，自长方銎的下面两角向两侧伸出对称的卷云纹，銎下正中向锄面伸出桃叶纹，是少有的在铁农具上进行装饰的例子。锄高12.8厘米、刃宽20.5厘米（图3-12,11）[3]。凹形锄像凹形锸，一如战国时使用的凹形锄，弧刃外撇，内侧有用作銎的空槽，两侧銎槽后延较长，含纳木叶后再榫接横向木柄，适用于垄间中耕。从西汉开始，铁锄大量出土，南方地区也很流行，如广州西汉前期墓出土铁锄5件，中期墓出土同类器2件[4]。河南巩义铁生沟出土8件铁锄，六角形锄只有1件。至迟在西汉晚期，圆肩铁锄进一步发展，出现了全铁曲柄的半圆形锄，湖北枣阳、河南洛阳伊川等地有发现（图3-12,8）[5]，这种曲柄半圆形锄与现代传统农具锄基本相同，装柄方法也完全一样。东汉时期，曲柄半圆形锄开始流行。另外，云南晋宁石寨山出土东汉树叶形及异形铜锄。

铲：铁铲的器形与战国铲相似，但器身变薄，更为轻巧。陕西陇县秦代墓出土的铁铲通长14.1厘米、刃宽13厘米，自肩部向刃部逐渐变宽，刃口较利，较战国铁铲更显轻便（图3-12,16）[6]。王祯《农书·农器图谱集之四·钱镈门》引《纂文》曰："养苗之道，锄不如耨，耨不如铲。铲，柄长二尺，刃广二寸，以划（铲）地除草。"铲普遍发现于全国各地，

---

[1] 渑池县文化馆、河南省博物馆：《渑池县发现的古代窖藏铁器》，《文物》1976年第8期。窖藏虽为北魏时期的遗留，其中多有汉代遗物，渑池又曾是西汉铁官驻地，故论者多作汉代器物看待。

[2] 河南省文物研究所：《南阳北关瓦房庄汉代冶铁遗址发掘报告》，《华夏考古》1991年第1期。

[3] 刘庆柱：《陕西长武出土汉代铁器》，《考古与文物》1982年第1期。

[4] 广州市文物管理委员会、广州市博物馆：《广州汉墓·上》，北京：文物出版社，1981年，第163、237页。

[5] 周军、冯健：《从馆藏文物看洛阳汉代农业的发展》，《农业考古》1991年第1期。

[6] 陕西省考古研究所：《陇县店子秦墓》，西安：三秦出版社，1998年，第110页。

陕西、河南两地出土汉代铁铲最多,陕西长武一次出土 12 件,河南巩义铁生沟汉代冶铁遗址出土铲 25 件。西汉又出现了带铤(短铁柄)铁铲。湖南衡阳道子坪出土东汉铜铲[1]。

(四) 收获、加工农具

镰:战国时期的各式铁镰继续在汉代流行。汉代镰以新月形为主,除少数为铸造外,多为熟铁锻制,使用锻銎装柄式镰,锻銎镰占了很大比重。洛阳烧沟汉墓出土 3 件无銎铁镰,完整的一件长 24.5 厘米、宽 0.7～2.5 厘米、背厚 0.2～0.6 厘米,仍属较笨重的镰(图 3-12,12)[2]。成都龙泉驿区西汉墓出土的 7 件铁镰,长条形,刃略内弧,末端有与镰身方向一致的长方銎,装曲柄使用。其中一件通长 30.5 厘米(图 3-12,13)[3]。汉代铁镰出土的数量不如镬、锸,但分布地区很广,陕西、河南、江苏、山东、湖北、广东、广西、吉林、新疆、四川等地皆有出土。广东佛山澜石东汉墓出土的水田模型中,磨镰俑与插秧俑同时出现。四川、重庆地区多有汉代持镰陶俑发现。另外,四川东汉墓还出土一种大䥽镰,镰身窄长弯曲,两面刃,带短銎,装长柄,使用时如藏区人收割牧草一样站立甩割。《说文·金部》有:"䥽,两刃,木柄,可以刈草。"四川成都牧马山东汉崖墓出土一件,镰身长 35 厘米,报告称"钩镰"(图 3-12,17)[4]。新津汉墓出土 3 件形状相同的䥽镰[5],与大邑县安仁乡汉画像砖、德阳画像砖上收割图的所见䥽镰也相一致。四川西昌还发现西汉铜镰,椭圆形銎,尖部残,残断部分疑为铁质。

铚:不用装柄、握在手中割取禾穗的铚仍是汉代除镰刀之外的重要收获工具,器呈半圆形或长方形,背部双孔。《释名·释用器》说:"铚,获黍铁也;铚铚,断黍穗声也。"汉代铚的发现不如镰多。云南昆明羊甫头汉墓、呈贡石碑汉墓均有铜、铁铚共出[6]。今日广西、云南等少数民族地区还以铚收割。割取禾穗后,留下的禾秸仍需要处理,并且它不能割取较长的禾秸以供利用,所以铚在古代始终没有镰刀普遍。

臼:汉代木、石、铜、铁臼和陶臼模型都有发现。河南洛阳吉利区东汉墓出土石臼 2 件,圆柱形,束腰,臼槽为圆口,内置一件棒形石杵,是实用的器具[7]。广州汉墓出土西汉后期到东汉时期的陶臼模型 5 件。舂臼俑在四川、重庆等地多有发现。

碓:石碓由杵臼发展而来。碓用足踏而不用手捣,汉代又称之为"碓机",与旋转石磨差不多同时产生。磨、碓同是加工面粉的器具而常被相提并论。考古发现的汉代石臼有

---

[1] 湖南省博物馆:《湖南衡阳县道子坪东汉墓发掘简报》,《文物》1981 年第 12 期。
[2] 洛阳区考古发掘队:《洛阳烧沟汉墓》,北京:科学出版社,1959 年,第 189 页。
[3] 成都市文物考古研究所、龙泉驿区文物管理所:《成都龙泉驿区北干道木椁墓群发掘简报》,《文物》2000 年第 8 期。
[4] 四川省博物馆:《四川牧马山灌溉渠古墓清理简报》,《考古》1959 年第 8 期。
[5] 陈文华:《汉代长江流域的水稻栽培和有关农具的成就》,收入《论农业考古》,南昌:江西教育出版社,1990 年。
[6] 云南省文物考古研究所、昆明市博物馆、官渡区博物馆:《云南昆明羊甫头墓发掘简报》,《文物》2001 年第 4 期;昆明市文物管理委员会:《昆明呈贡石碑村古墓群第二次清理简报》,《考古》1984 年第 3 期。
[7] 洛阳市文物工作队:《洛阳吉利区东汉墓发掘简报》,《文物》2001 年第 10 期。

的可能为碓臼。河南内黄三杨庄遗址博物馆展室所见西汉晚期至新莽时期村落遗址出土的石碓杵，下段圆而稍细，为杵头，上部断面近方，侧面有一长方孔，用以纳碓杠。东汉墓葬中，陶碓往往与风车连为一体。

汉代除用践碓（踏碓）外，还出现畜力碓和水力碓。桓谭《新论·离事》有："宓牺之制杵臼，万民以济，及后世加巧，因延力借身重以践碓，而利十倍，又复设机关，用驴、骡、牛、马，及役水而舂，其利乃且百倍。"

石磨：旋转石磨由石磨盘发展而来，文献称"䃺"。石磨盘从何时发展成为旋转石磨，目前尚无法说明。1970年调查发掘邯郸大北城时出土"大小石磨、石臼、石锤、石磙、柱础石等"[1]。报告没有对石器进行描述，且大北城有战国至秦汉时期的堆积，尚不清楚石磨的特征和时代。从考古发现的春秋战国搓磨式石磨盘数量逐步减少的情况看，也可以大致推测，旋转石磨至迟出现于战国。陕西临潼县武屯公社（今西安市阎良区武屯镇）秦故都栎阳遗址出土石磨下扇一件，直径55.5厘米，中置铁芯，铁芯周围10厘米范围光素无齿，再向外至边缘密排七圈枣核形齿窝[2]。

汉代是石磨普及和推广的时期，这与麦类作物的普遍种植和饮食习惯的变化有着密切的关系。汉代石磨主要发现于北方地区。早期石磨齿纹呈点窝状或枣核状，西汉中期出现放射状凿纹，大约到西汉晚期出现分区布置的放射状斜线齿纹，齿纹疏密一致，布局合理，已同现代石磨的齿纹相一致。河北满城汉墓一号墓北耳室发现的大型石磨旁有马骨遗骸，表明是用马作为动力的石转磨。磨齿为点窝状，磨下装有铜漏斗（应为承盘），上扇边沿有两个插磨棍用的长方形榫眼[3]。河南内黄三杨庄汉代村落遗址出土两种石磨：二号庭院大门外水井旁有一扇齿纹为放射状的石磨，中心部位无齿纹。据出土位置和摆放情况判断，可能为废弃的旧式磨。另一种为有分区放射齿纹的石磨，齿纹达中心部位，中心有凸起较高的铁芯（磨脐）（图3-13，3、4）。该遗址毁弃的年代在新莽到东汉初期[4]。

汉墓多有明器陶磨出土，其上多有示意性的齿纹。河南济源泗涧沟墓地陶磨与踏碓模型共出，洛阳西郊东汉墓中多有陶磨或釉陶磨模型以及推磨俑。洛阳新安铁塔山西汉末至新莽时期的墓中出土釉陶磨1件，直径19.2厘米。上扇顶面有两个半月形沟槽，底面刻成辐射状沟槽，侧面有一方孔，为插磨柄之处。下扇隆起，面上亦刻成辐射状沟槽，磨下部有承盘[5]。

飏扇：飏扇（扬扇）或风扇车，汉代文献叫"扇"，人为制造风力，利用谷粒及夹杂物容重飘浮特性的不同，使谷、秕和杂物自行分离，是西汉新出现的先进器械。西汉史游《急就

---

[1] 邯郸市文物保管所：《河北邯郸市区古遗址调查简报》，《考古》1980年第2期。

[2] 陕西省文物管理委员会：《秦都栎阳遗址初步勘察记》，《文物》1966年第1期。

[3] 中国社会科学院考古研究所、河北省文物管理处：《满城汉墓发掘报告》，北京：文物出版社，1980年，第144页。

[4] 河南省文物考古研究所、内黄县文物保护管理所：《河南内黄三杨庄汉代聚落遗址第二处庭院发掘简报》，《华夏考古》2010年第3期。图片为三杨庄遗址博物馆展室所见。

[5] 洛阳市文物工作队：《洛阳新安县铁塔山汉墓发掘报告》，《文物》2002年第5期。

图 3-13 秦汉时期的石磨
1. 栎阳城出土；2. 满城汉墓（M1）出土；3、4. 内黄三杨庄出土

篇》载："碓硙扇隤舂簸扬。"至元代王祯《农书》始见"飏扇"之名，以与日常生活中的手持扇相区分。根据河南、山西、四川等地发现的汉代风车模型或画像材料，汉代扬扇可分为两种类型：

分体立式扇。立式扇只有两片扇板，是结构最简单的扇。1955 年四川彭县（今彭州市）出土的舂碓画像砖上有立式风扇，画像砖面的上方为干栏式的粮仓，画面左侧为两架足碓，两人正扶栏踏碓，足碓右边，一人负圆桶往下倾倒粮食，另一人操作扬扇以吹去秕糠（图 3-14，左）[1]。成都市新都区东汉崖墓出土持扇的陶俑，原报告称"陶执锸俑"。成都市青白江区跃进村汉墓亦出土了这样的"执锸童子俑"（图 3-14，右）[2]。

---

[1] 夏亨廉、林正同主编：《汉代农业画像砖石》，北京：中国农业出版社，1996 年，第 48 页。
[2] 成都市文物考古工作队、青白江区文物管理所：《成都市青白江区跃进村汉墓发掘简报》，《文物》1999 年第 8 期。

彭州画像砖　　　　　　　　成都持扇俑

图3-14　四川汉墓出土的舂碓画像砖和持扇俑

固定装置的摇动式扇车。扬扇固定在台架上，虽形式不拘一格，但都由箱体（或框）、扇叶、摇柄等组成，扇箱有进粮口、出粮口和出风口。但模型都属示意性的，外形往往看不出具体构件。河南济源泗涧沟西汉晚期墓葬出土的模型表现的是一个箱式结构的扇车（图3-15）[1]，风扇车与踏碓在一块陶板上，踏碓居中布置，风扇车在陶板的一侧，风箱闭合

图3-15　河南济源泗涧沟汉墓米碓、扇车模型

为梯形，后端敞开，以利进风，侧面还有圆形进风口，进风口同时也应是操作转动扇叶装置的地方。前端斜坡状，至前下端有一很小的开口作出风口，风扇的前方上部有一方形倾粮口。转动风扇，同时粮食自倾粮口倒入，风力将糠秕、杂物吹向斜坡部分的箱体中。透过两个进风口，可以看到风箱内部情况。河南出土较多，山西、山东等地也有出土。

二、汉代牛耕

现在学术界一般认为，牛耕始于春秋，《国语·晋语》有"宗庙之牺，为畎亩之勤"，这是文献关于牛耕最早的确切记载。《战国策·赵策》说"秦以牛田，水通粮"。战国中期以后，铁犁铧的不断出土，也印证了牛耕的实施。由于对耕牛作用的认识，而有了相应的法律条文。1975年湖北云梦睡虎地出土秦律竹简中有《厩苑律》，律文对田牛（耕牛）的饲养管理

---

[1] 河南省博物馆：《济源泗涧沟三座汉墓的发掘》，《文物》1973年第2期。

有特别严格的奖罚规定。

汉代铁犁普遍发展,牛耕开始推广,成为这一时期农业生产力迅速发展的显著标志。画像石及墓葬出土的模型中,陶牛和牛耕的材料明显增多。甘肃武威磨嘴子东汉墓出土木牛、木犁。不唯关中、中原地区,岭南、东北等地也用牛耕。崔寔《政论》记:"辽东耕犁,辕长四尺。"1961年广东佛山澜石东汉墓中发现一件泥质红陶水田模型,田面被田埂面分为六份,有两处劳动俑作扶犁耕作,犁头呈"V"字形[1]。

东汉画像石牛耕图明显记录了牛耕的方式。画像石多见二牛抬杠的耕作方式,有人认为这种方式就是西汉赵过在全国推广的"耦犁"。《汉书·食货志》记,武帝时(公元前89年),搜粟都尉赵过在关中推广代田法,"用耦犁,二牛三人"。使用的犁具是一种直辕犁。

根据牛耕画像,汉代在耕翻之后出现了耢和耙。山东滕州黄家岭画像石的农耕图上,牛耕之后又有牛牵引耢(又称"耱")或耙,耕翻田地后接着破碎土块和平整土地(图3-16)。在耙、耢出现以前,用以击碎土块、推平田面的工具是耰,费时费工。从图上看不出是耙还是耢,耙是有齿的,而耢无齿,是在耙后的土地上使用的。甘肃省嘉峪关魏晋墓画像砖上明确有耙地、耱地的场面。耢(耱)和耙的使用,标志着北方旱作"耕—耙—耢"的技术体系形成,是农具史上的大事。与北方的耕作方式相对应,南方水田的"耕—耙—耖"技术体系也在发展和孕育之中。

图3-16 滕州黄家岭牛耕画像石

汉代耕犁除普遍使用犁镜,还可能出现了调节耕土深浅的犁评。江苏睢宁双沟出土的牛耕图上的辕、箭间有一个活动的楔子,就是后世犁评的萌芽。山东滕州黄家岭画像石上的一幅耕地图,一马一牛牵犁,也有楔木安装在辕和箭的连接处。

三、汉代水利

汉代是我国大兴水利的时期,尤其在关中地区,人工的灌溉渠道形成宏大的农田灌溉系统。汉代著名的水利工程有龙首渠、六辅渠、白渠、漕渠、漳渠、成国渠、灵轵渠、鸿隙陂、芍陂、蒲阳陂、鉴湖等等,其中,西汉龙首渠和东汉鉴湖堪称汉代水利工程的杰作。

---

[1] 广东省文物管理委员会:《广东佛山市郊澜石东汉墓发掘报告》,《考古》1964年第9期。

(一) 龙首渠

《史记·河渠书》载,武帝元鼎年间(公元前120~公元前111年),"发卒万余人穿渠,自征(今陕西澄县)引洛水至商颜山(今铁镰山)下。岸善崩,乃凿井,深者四十余丈。往往为井,井下相通行水。水颓以绝商颜,东至山岭十余里间。井渠之生自此始。穿渠得龙骨,故名曰龙首渠"。

龙首渠北渠渠首在今陕西澄县,南引洛水,在蒲城县永丰境内穿铁镰山至大荔县(即汉临晋)境内复入洛水。井渠的遗迹发现于陕西蒲城永丰镇境内,在南北2 600米范围之间发现竖井7个,相邻井的间距为11米、160米、224米、260米,井口直径为1.24米、1.26米不等,已探明的井的深度为27.8米,深及黄沙土层,井内发现汉代常见的绳纹板瓦、筒瓦及陶罐、瓮、盆、釜等残片[1]。

龙首渠成,最终虽"未得其饶",但它使用的井渠法意义重大。井渠是一种地下暗渠,在地面挖竖井,井下挖渠相通,穿过山地,有效地解决了开明渠"岸善崩"的问题,也使工程量大为减少(图3-17)。虽然井渠技术并不是汉代人的发明,但它成熟于汉代却是可以肯定的。秦始皇帝陵园内发现的地下排水暗渠,竖井间距小,井口大,是井渠技术发展早期阶段的产物。我国井渠技术发生于春秋战国,现在保留在新疆地区的坎儿井就是我国传统的井渠,它是我国本土起源的[2]。

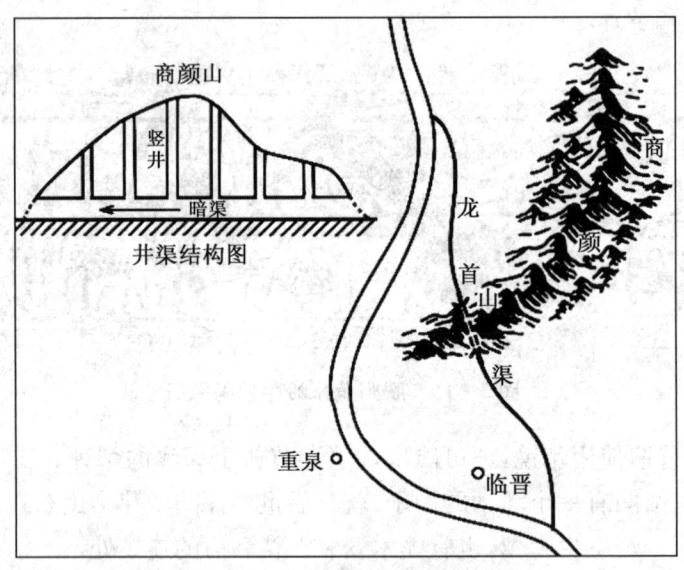

图3-17 龙首渠结构示意图

---

[1] 张瑞苓、高强:《陕西蒲城永丰发现汉龙首渠遗迹》,《文物》1981年第1期。

[2] 刘兴林:《论井渠技术的起源》,《华夏考古》2007年第1期。

(二) 鉴湖

鉴湖又称镜湖,在今绍兴市南,是江南地区首见记载的农田水利工程,也是江南最大的塘堰工程。

绍兴境从东南到西北有会稽山脉,北境为770平方公里宽广的冲积平原,南北窄而东西宽,从南向北倾斜,再向北就是杭州湾。绍兴从南到北是由山区到平原到杭州湾的阶梯地形,常受海水倒灌的影响,雨季山洪又排泄不畅,平原成沼泽,内涝严重。

东汉以前,这里已有一些挡潮蓄淡的陂塘工程,但由于零星分散,规模较小,发挥不了排涝的作用。汉顺帝永建四年(公元129年),会稽郡移治山阴(今绍兴市),吴、会分治,绍兴成了浙东的政治经济中心。永和五年(公元140年),由会稽太守马臻主持,在会稽山北麓、会稽城东西修筑长堤"百三十里",在山以北、堤以南形成一个巨大的蓄水塘——鉴湖,旱则放湖水灌田,涝则排积水入海。《水经注》称为"长湖",说它宽5里,长130里。沿湖有水门69座,排蓄由斗门(闸门)控制,引水灌溉,尾水入海。长堤和涵闸系统是鉴湖的主体工程,斗门是鉴湖拒咸排洪的关键。鉴湖工程完成后,可灌田9 000顷,发挥了巨大的效益。

经勘查,现存长堤堤坝总长56.5公里,总工程量230万立方米。筑堤使用木桩先入地基和泥土然后用柴竹沉排筑法。鉴湖湖面控制集雨区面积610平方公里,水面面积172.7平方公里,总库容至少达44亿立方米[1]。

古鉴湖是东汉大型蓄水工程,是与芍陂、鸿隙陂齐名的古代灌溉陂塘之一。宋人王十朋《鉴湖说》:"越之有镜湖,犹人之有肠胃。"现存鉴湖只是东汉鉴湖的一小部分。

(三) 井灌和塘灌

1. 井灌

汉代是砖井发育和发展的时期。砖井较陶管井耐压力强,井壁厚而渗水好,更有利于农田灌溉。广州南越国宫署遗址发现的水井是目前所见最早的砖井。该井以扇形砖砌壁,直径为0.86米,深8.8米,井底铺小石子和细砂,上面再平铺5块石板。根据井中出土的南越国时期遗物,该井毁于南越国灭亡以后[2]。

水井的发展经历了土井—木(竹)构井—陶圈井—砖井的过程。陶圈井至迟在春秋出现,战国开始流行;砖井(小砖井)在西汉早期开始出现,西汉晚期到东汉流行。虽然它们存在前后相继的发展顺序,但并不是新的取代旧的,新出现的井即使流行开来也无法完全取代旧式的井,每一时期都有多种类型的井同时发挥着大小不同的作用,只不过有主次之别罢了。西汉早中期砖井相对较少,以土井、陶圈井为主,西汉晚期到东汉时期,小砖井开始普遍流行。

我国古代的造井技术至汉代小砖井出现以后臻于完备,农田井灌也随着井的发展而

---

[1] 盛鸿郎、邱志荣:《古鉴湖新证》,收入《鉴湖与绍兴水利》,北京:中国书店,1991年。
[2] 广州市文物考古研究所、南越王宫博物馆筹建办公室:《广州南越国宫署遗址1995~1997年发掘简报》,《文物》2000年第9期。

不断发展。水井可以随人居和农田所在就地开挖,在远离地上水源和不便开渠的地方发挥着越来越重要的作用。王充《论衡·自然》有:"汲井决陂,灌溉田园。"这里的"田园"也当以菜田为主。河南淮阳于庄汉墓出土的附于院落一侧的菜园模型,菜园畦田的中间有一口水井,水井连接水渠,水渠两侧为菜畦[1]。

汉代水井除浇灌菜园,还广泛用于大田作物的灌溉,这也与汉代水井的发展形势相吻合。以下所举水井有可能为大田灌溉用井。河南泌阳板桥水库荆树坟村发现南北向两条地下管道,管道在地表下1米,东西平行,相距32米。两条管道长11.1米、11.9米,分别由长45厘米、直径为19厘米和26厘米的陶管一节节子母相套而成。管道内有淤沙,北端不远处有一砖券古井。该地共发现东汉晚期至六朝的水井11口,这些井当与农业灌溉有密切关系[2]。1997年和2000年,河南南阳白河镇双铺村及白河滩上发现汉代水井群,两处井群距白河较近,遗址附近没有发现大的建筑基址、墓葬等,应为灌溉用井[3]。分布比较集中而周围没有同时期相关居址的水井群作为灌溉用井的可能性大。1956年,北京复兴门外蔡公庄到宣武门豁口地带发现大批汉代陶井,有的井营造时代早至战国。陶井分布密集,最密集处6平方米范围内就有4口水井。据其密集程度判断,其中应有灌溉用井[4]。

另外,墓葬中也出土水井模型。西汉中期以后,水井模型成为墓葬中的习见之物,东汉墓中井的模型更为多见。《洛阳烧沟汉墓》收录水井模型97件,多附有辘轳、井架、陶水斗和长方形的水槽等,可能与井灌有联系。

汲井水浇灌大田作物,汉代文献也多有记载。《氾胜之书·种麻》载:"天旱,以流水浇之,树五升;无流水,曝井水,杀其寒气以浇之。"居延汉简有:"☐井水五十步,深二丈五,立泉二尺五,上可治田度给吏卒☐"(127·6)。这都是井灌溉大田作物的较明确记载。西北地区干旱少雨,井灌是常用的溉田方式。居延汉简所记有"当井陈弘""当井周捐""渠井候长"等,应是值巡或管理水井的戍卒或官员。

汲水技术的发展也反映在相应工具的改进上。汉墓中的模型明器井上有井架和滑轮,汉画像石汲水图的井上常见有桔槔,桔槔和滑轮是汉代常用的汲水工具。广州南越王宫署遗址发现的砖井底有木辘轳和铁桶,这应是目前所知的汉代最早的手摇式辘轳的实物。1955年,洛阳西郊东汉时期的井口上还发现带方穿的压辘轳轴的桩石。辘轳广泛地用于提井水灌溉当在汉晋以后。

2. 塘灌

井灌和开渠引水灌溉多见于北方旱作农业区,而利用陂塘灌溉是古代南方灌溉事业的重要组成部分,具有鲜明的地域特色。1980年,四川青川郝家坪战国秦墓(M50)出土秦武王二年(公元前309年)《更修为田律》的木牍中就有与塘灌相关的"修波(陂)堤,利津

---

[1] 骆崇礼、骆明:《淮阳于庄汉墓发掘简报》,《中原文物》1983年第1期。
[2] 河南省文物局文物工作队:《河南泌阳板桥古墓葬及古井的发掘》,《考古学报》1958年第4期。
[3] 李桂阁:《南阳地区汉代陶井及相关问题》,《农业考古》2003年第1期。
[4] 苏天钧:《十年来北京市所发现的重要古代墓葬和遗址》,《考古》1959年第3期。

梁"。汉代文献中关于陂塘溉田的记述较多，如《淮南子·说林训》有："十顷之陂，可以灌四十顷，一顷之陂，可以灌四顷，大小之衰然也。"

西南地区四川、重庆、云南、贵州和陕西汉中等地的汉墓，从西汉晚期开始流行随葬水塘和田地模型的葬俗，水塘常与田地相连，揭示出水塘与农田灌溉的密切关系。陕西汉中东汉早期墓出土的陂池稻田模型长 60 厘米、宽 37 厘米，四边有高 6.5~10 厘米的沿，中间有一高 7 厘米的横坝将模型分为两半，分别代表陂池和稻田。稻田部分略大，底上有戳点成行的秧墩。陂池中塑有鱼、鳖、螺、菱角等，稻田以"十"字形田埂分为四块。坝中部安装闸门，有合为一体的闸墩和闸槽。出水口为拱形，通过闸门的升降可以控制灌溉水量，而出水口正对水田的一条田埂，以便让水分流到两边田块中（图 3-18，左）[1]。2005 年，重庆奉节营盘包、桂井东汉墓出土相似的长方形陶水塘，塘中央有一段横向低坝伸至塘中间位置，形成缺口，低坝一侧有鱼、鳖、莲蓬和菱角的堆塑，另一侧空白，表示分别为水塘和水田两部分（图 3-18，右）[2]。贵州赫章可乐东汉墓出土的长方形水田模型，一半为水塘，一半为水田，水塘中有田螺 3 个，田分四格，内各有田螺 1 个[3]。

图 3-18　西南地区汉墓出土的水塘、田地模型

圆形水田模型多作圆盘状或盆状，见于云、贵两地，四川和重庆等地也有少量发现。

藏于四川新都县（今成都市新都区）文物保管所的"薅秧画像砖"，以中间田埂分为左、右两格，左为秧田，右为水塘。田、塘之间的田埂中间刻划一"V"字形的灌溉水口，开口向水塘，尖角伸入秧田，指示水源方向和灌溉的对象。水塘模型和画像中的水塘多有鱼、鳖、菱角等，水塘不但用于灌溉，也有养殖之利。

四、作物品种和分布

汉代农作物虽然没有增加新的品种，但发现的地点和出土机会增加。粟、黍、稻、麦、豆、麻和高粱仍是主要的粮食作物，青稞、荞麦、薏米等在一些地区也多有发现。另一个值得注意的现象是，北方旱作的粟、黍在南方地区也有发现，如湖南长沙马王堆汉墓和广西

---

[1]　秦中行：《记汉中出土的汉代陂池模型》，《文物》1976 年第 3 期。
[2]　重庆市文物局、重庆市移民局编《奉节营盘包墓地》，北京：科学出版社，2016 年，第 131、208 页。
[3]　贵州省博物馆考古组、贵州省赫章县文化馆：《赫章可乐发掘报告》，《考古学报》1986 年第 2 期。

贵港罗泊湾汉墓都发现了西汉时期的粟。长沙马王堆汉墓发现黍,广州汉墓陶瓮内有半瓮炭化黍。稻的品种齐全,发现数量多。湖北江陵凤凰山 167 号西汉初期墓随葬陶仓内发现四束形态完整的稻穗[1]。荆州谢家桥一号西汉墓陶仓内底部有 5.4 厘米厚的稻谷[2]。湖南长沙马王堆一号汉墓出土的稻有籼稻、粳稻、粘稻、糯稻,长、中、短粒并存[3]。从分布上看,除了南方传统稻区,北方的山东、河南、江苏(苏北)都是水稻出土较多的地区,新疆也有汉晋时期的稻谷(稻草)出土。新疆尉犁营盘墓地 1995 年发掘的 32 座墓中,有 12 座墓墓底或二层台以大麦草、稷草、稻草等铺盖[4]。小麦的出土地点遍及黄河流域和江淮地区。大豆、高粱、大麻等在汉代都得以推广。洛阳汉墓陶仓上多有"大豆万石""豆万石""大豆百石"等标识,部分陶仓内有大豆的实物。汉墓买地券出现了大豆的新名称"黄豆",如灵帝熹平二年(公元 173 年)张叔敬墓陶盆(瓶)上的朱书镇墓文中有"黄豆,瓜子,死人持给地下赋"。曹操高陵出土名物石牌 60 余枚,其中一枚有"黄豆二斗"字样[5]。河南新郑工农路西汉晚期墓出土的一件小陶壶上有用白色颜料隶体书写的"麻子",而壶中所装正是已经炭化了的麻子[6]。洛阳烧沟汉墓陶仓上标识作物名称的题记有"粟种""黍种""稻种"以及"麻万石"等。辽阳北郊三道壕西汉村落一号居址出土"被烧而炭化了的高粱一小堆"[7]。1975 年,陕西咸阳马泉西汉晚期砖室墓墓道中出土了 11 件装满粮食的陶瓮,有 2 件装有高粱,其余为粟、糜子(黍)和麦。粮食籽粒内部已空,外壳完好,形状与现代高粱相同[8]。洛阳烧沟汉墓陶仓上有"粱万石"的铭记,仓内装有高粱。以下是汉代主要粮食作物的出土地点分布情况:

粟:陕西、河南、山东、北京、江苏、安徽、湖北、湖南、甘肃、宁夏、新疆、山西、内蒙、四川、广西、吉林。

黍:陕西、河南、山东、北京、江苏、安徽、河北、湖南、甘肃、宁夏、山西、内蒙、广东、新疆。

稻:陕西、河南、江苏、安徽、河北、北京、四川、贵州、湖北、湖南、江西、广西、新疆。

麦:陕西、河南、甘肃、山西、江苏、安徽、湖南、内蒙、新疆。

大豆:陕西、河南、安徽、甘肃、贵州、湖北、湖南、北京、广西。

大麻:陕西、河南、安徽、湖北、湖南、宁夏、广西。

高粱:陕西、河南、山西、江苏、辽宁、内蒙、广东。

荞麦:陕西、甘肃、内蒙。

---

[1] 凤凰山一六七号汉墓发掘整理小组:《江陵凤凰山一六七号汉墓发掘简报》,《文物》1976 年第 10 期。

[2] 荆州博物馆:《湖北荆州谢家桥一号汉墓发掘简报》,《文物》2009 年第 4 期。

[3] 湖南农学院:《长沙马王堆一号汉墓出土动植物标本的研究》,北京:文物出版社,1978 年,第 2 页。

[4] 新疆文物考古研究所:《新疆尉犁县营盘墓地 1995 年发掘简报》,《文物》2002 年第 6 期。

[5] 熊长云:《"黄豆二斗"石牌释文辨误》,《考古与文物》2015 年第 1 期。

[6] 河南省文物研究所:《河南考古四十年》,郑州:河南人民出版社,1994 年,第 322 页。

[7] 东北博物馆:《辽阳三道壕西汉村落遗址》,《考古学报》1957 年第 1 期。

[8] 李毓芳:《浅谈我国高粱的栽培时代》,《农业考古》1986 年第 1 期。

青稞:陕西、甘肃、新疆。

薏苡:安徽、河南。

从洛阳汉墓出土作物和陶仓文字标识的作物品种也可见汉代作物的种类和种植形势。

洛阳西郊汉墓出土作物:粟、黍、麦、大麦、豆、小豆、麻、白米[1]。陶壶、陶仓的文字所见作物:粟、黍、小麦、大麦、大豆、小豆、麻、白米。洛阳烧沟汉墓出土的作物:粟、黍、大豆、麻、薏苡。陶仓文字所见作物:粟、黍、小麦、大麦、大豆、小豆、麻、稻(白米)。洛阳西北郊东汉墓出土作物:粟、黍、薏米。洛阳涧滨汉代墓葬出土作物:粟。陶仓文字所见作物:粟、黍、麦、豆、麻、稻。

考古发现虽然无法全面反映作物的实际分布,但我们可以根据发现情况来推断各种作物多见于哪些区域。当时种植得多,被后世发现的机会也就多。

---

[1] 中国社会科学院考古研究所洛阳发掘队:《洛阳西郊汉墓发掘报告》,《考古学报》1963年第2期。

第四章　社会生活

汉代金属制品大量出现在日常用器中,从而使考古发现的机会越来越多。在帝国行政的控制和推动下,货币和度量衡制度空前统一,战国时期列国形成的地方体系不复存在,相应的物质文化虽然相对简单但更加丰富多彩。铜镜、铜灯、熏炉、熨斗、带钩、席镇等既是家居日用的实用器,又是装点生活的艺术品,它们常常引领时代的风尚,反映了人们的精神追求。汉代村落遗址的发现也使历史时期聚落的研究不再仅仅着眼于文献的单方面叙述,从辽阳三道壕、河南三杨庄汉代村落的布局上,我们看到了汉代人们日常生产和生活的真实图景。

第一节　货币体系

从秦代开始,我国货币历史进入了半两钱制的时期,这个时期一直沿续到西汉前期。汉武帝废除半两钱,行五铢钱,开创了五铢钱制的时期,直到唐初铸行开元通宝以前,五铢钱一直是主流的货币形式。

一、汉初的半两钱

汉初仍行半两钱,高祖半两钱的特点是,轻薄体小,方孔较大,无郭,背平素,钱文省笔,字体修长,多模糊不清。钱文"半两",实重3铢。又许民间私铸,以至于有钱径不足1厘米者。汉初半两因体小而有"荚钱"之称(图4-1,1,2)。

高后二年(公元前186年)进行了汉初整顿钱法的第一次尝试,取消民间私铸,由国家垄断铸币权,另铸八分钱,文曰"半两",实重8铢,重约4.8~5.3克,直径2.7~3厘米。八铢半两钱文书体略扁平而短,已出现隶化迹象(图4-1,3)。高后六年(公元前182年)又铸四铢半两,钱文"半两",实重不足4铢,直径2.2厘米。

汉文帝前元五年(公元前175年)铸四铢半两,钱文"半两",法定4铢,实重2.5~2.8克,直径2.2~2.5厘米(图4-1,4,5)。文帝四铢半两钱面平整,文字笔画规整,虽不禁民间私铸,但对钱的重量和质量有严格的规定。1975年湖北江陵凤凰山M168在同一竹筒中出土一件用来称量四铢半两钱的竹制天平衡杆和一枚环形衡权,衡杆长29.2厘米、宽0.3厘米,两侧及底部有墨书文字:"正为市阳户人婴家称钱衡,以钱为累,刻曰四朱、两,疏第十。敢择轻重,衡及弗用,劾论罚,徭里家十日。"这是与半两并行的制度措施。共出的101枚半两钱,每枚重2~3.3克,合4铢。环权重10.75克,合16铢,正为4枚半两之重[1]。文帝半两是汉初第一种稳定的货币,也是目前出土最多的一种半两钱。

二、汉代五铢钱

汉武帝元狩四年(公元前119年)冬,令销毁半两钱,更铸三铢钱,钱文"三铢",实重2~2.4克,直径1.8~2.2厘米(图4-1,6)。

元狩五年,废除三铢钱,改铸五铢钱,面文"五铢",重如其文,直径2.5厘米,标准重量3.5克。从此我国货币历史进入五铢钱制时期。武帝时先后共有三种官铸五铢。

初时准许郡国共铸,所行钱称"郡国五铢"或"元狩五铢"。郡国五铢钱背增加轮、郭,钱文"朱"字头多方折,"五"字交笔斜直或略曲,多有穿上或穿下横郭和半星记号,整体而言,这种钱铸造欠精整(图4-1,7、8)。后期郡国所铸钱有实重不足1克者,直径1.5厘米。

元鼎四年(公元前113年),武帝将铸钱权收归中央,禁止郡国私铸,专令上林三官铸标准五铢,"令天下非三官钱不得行",又称"上林五铢"或"上林三官钱"。上林五铢直径2.5厘米,重3~4克,面无内郭,有的穿上有横郭,外郭稍宽。"五"字两笔曲交,"朱"头方折(图4-1,9、10)。

昭、宣时期,"五"字相交两画与两横相接处略内收,交笔弯曲,"金"头较小,呈双翼镞形,"朱"头方折,较"金"头为高,外郭较宽。至元帝以后,"五"字交笔弯曲更甚,与上下两横接处呈垂直状,"金"头较小,呈三角形(图4-1,11、12)。

汉元帝以后,钱文字体加宽,"五"字交笔弯曲更甚,似对头炮弹。制作更显粗糙(图4-1,13)。另,西汉晚期,流通货币中出现剪轮或磨郭五铢,又有称"綖环钱",一般认为是剪凿而成(图4-1,14)。

东汉建国之初,社会动荡,货币一度混乱。汉光武帝于建武十六年(公元40年)下令统一货币,铸行五铢钱,世称"建武五铢"或"东汉五铢"。东汉五铢直径2.5厘米,重3.4~3.5克,面无内郭,外郭较窄,"五"字交笔缓曲,"朱"头圆折,中竖两头细,"金"头为硕大的正三角形,四点较长(图4-1,15)。

桓、灵时期铸有一种钱背有四出纹的五铢,四道斜纹由穿孔四角放射至外郭,又叫"角钱"(图4-1,16)。《后汉书·灵帝纪》《张让传》等记,灵帝铸"四出文钱",而1970年洛阳唐寺门东汉晚期墓(M1)出土2枚四出五铢,出土筒瓦上有桓帝"永康元年"(公元167年)墨书纪年文字[2]。东汉末年剪轮钱、磨郭钱、綖环钱又兴,献帝初平元年(公元190年),董卓又在长安铸劣钱,称"董卓五铢"或"董卓小钱",直径1.2~1.5厘米,重0.5~1克,无内外郭,"五铢"二字不清,难于辨识,甚至有无文小钱。

---

[1] 湖北省文物考古研究所:《江陵凤凰山一六八号汉墓》,《考古学报》1993年4期。
[2] 洛阳市文物工作队:《洛阳唐寺门两座墓发掘简报》,《中原文物》1984年第3期。

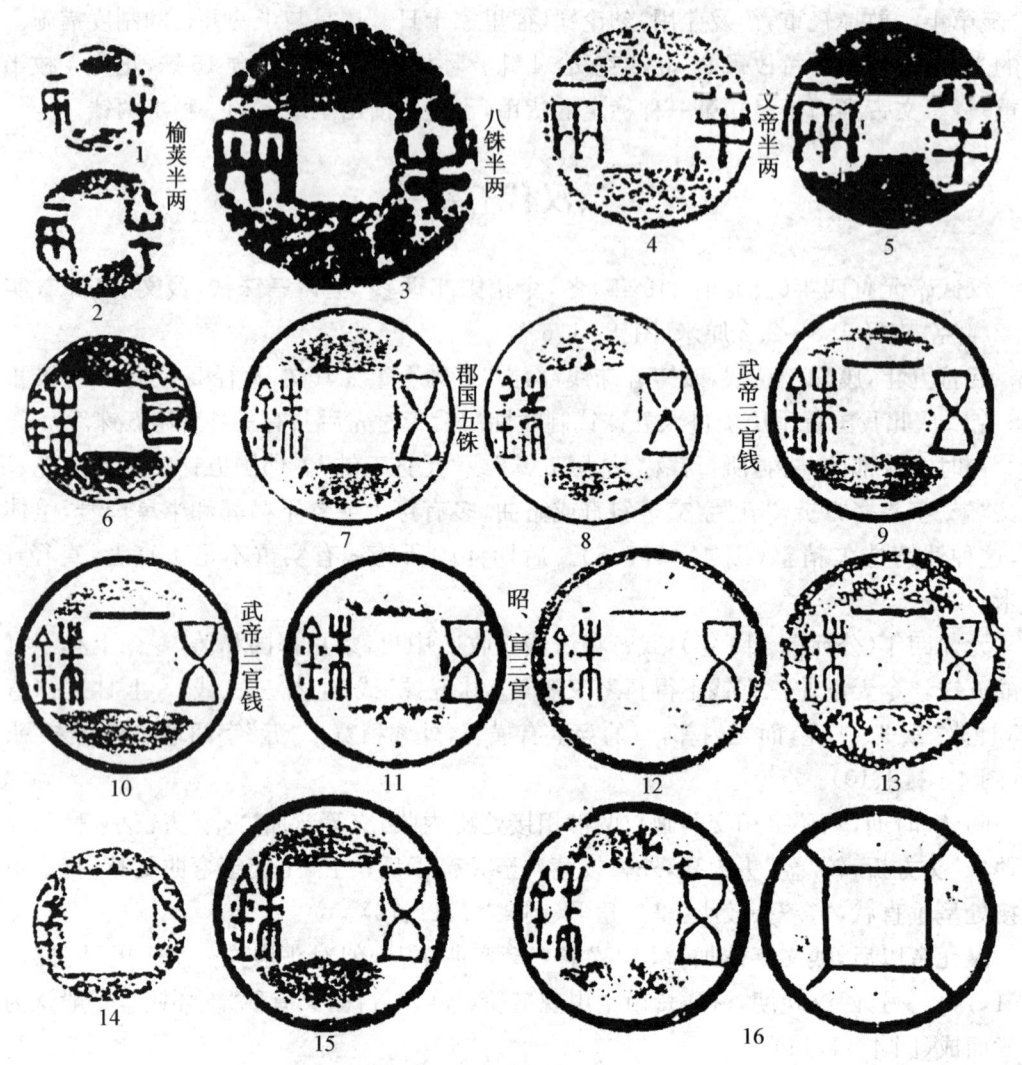

图 4-1 汉代货币

三、新莽货币

王莽从居摄二年(7年)起,推行了四次以上的货币改制,仿照先秦币制铸行刀币、布币和泉钱(图 4-2)。

刀币:王莽于西汉孺子婴居摄二年铸造错刀、契刀、大泉五十,与原五铢钱共行。错刀即一刀平五千,面文"一刀平五千","一刀"二字以金丝错成,又叫金错刀,实际上是圜钱和刀币结合的形式,通长7.3厘米,重20~40克。契刀的形制、大小与一刀平五千等,面文"契刀五百",面值为错刀之半,重16.4克。

泉钱:泉钱有六泉、货泉共七种。六泉从大到小为大泉五十、壮泉四十、中泉三十、幼泉二十、幺泉一十、小泉直一。大泉五十于居摄二年与刀钱同造,其余为王莽践祚后陆续铸造。大泉五十直径 2.8 厘米,重 3~7 克,1 枚抵五铢 50 枚。自大泉五十至小泉直一,大小和面值依次递减。小泉直一直径 1.3 厘米,重 0.7 克,是王莽废止五铢钱后铸造的与大泉五十等大面值钱相配使用的小钱。

货泉是天凤元年(公元 14 年)王莽第四次币制改革时所铸,是王莽货币中最常见的一种,大小仿五铢,实重 2.8~3.6 克,直径 2.2~2.4 厘米。钱文的最大特点是"泉"字中竖断开。

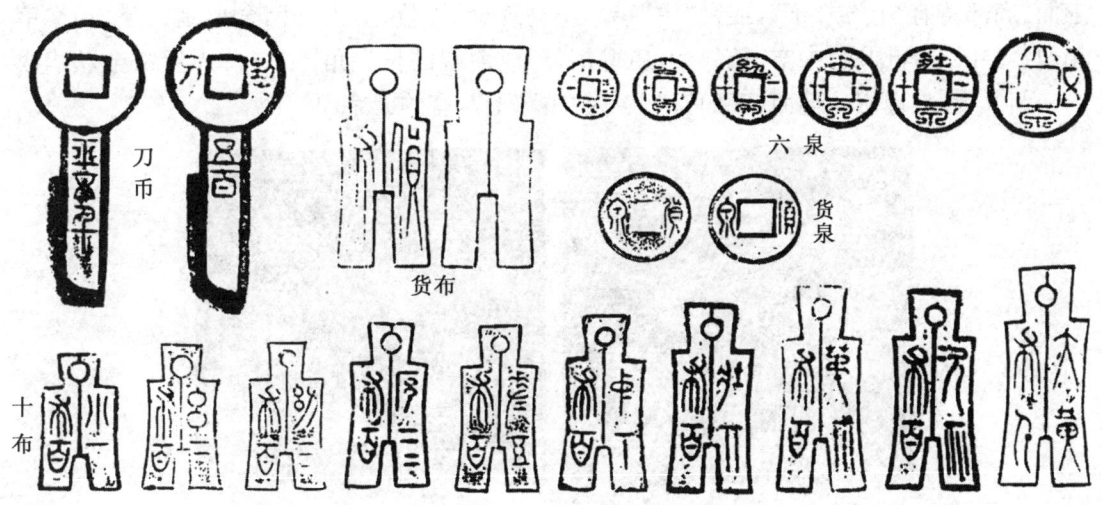

图 4-2 新莽货币

布钱: 布钱有十布和货布。王莽始建国二年(公元 10 年)在第三次币制改革时铸行"布货十品",仿先秦布币,依轻重大小及面文币值从小到大有小布一百、么(ㄙ)布二百、幼布三百、序布四百、差布五百、中布六百、壮布七百、第布八百、次布九百,直至大布黄千。小布一百长 3.4 厘米,重 6~8 克,自小布一百以上每品递增一分,价增一百,增重一铢。大布黄千长 5.4 厘米,重 8~12 克。

货布与货泉同铸,首宽、裆高,通长 6 厘米,重 16.5 克,钱文字体修长,用悬针篆法,一布"重二十五铢,直当货泉二十五"[1]。

四、汉代金币

西汉时期有金五铢,新莽有金货泉,但都十分罕见。汉代金币以金饼为主,金饼的外形如半球状,面略隆起,背内凹,凹面大都有文字、戳记。1999 年西安市北郊相距 3 米的两口井中一次出土西汉金饼 219 枚,直径 5.67~6.6 厘米、厚 0.82~1.64 厘米,每枚重多在 247 克左右,约合汉代 1 斤[2]。考古所见汉代金饼有大小不同的形式,以大金饼最为多见,小金饼重 50 克左右。

---

[1] [汉]班固:《汉书》卷二四《食货志下》,北京:中华书局,1962 年,第 1184 页。
[2] 呼林贵、尹夏清:《西安东北十里铺发现大量西汉金饼》,《中国钱币》2001 年第 2 期。

据《汉书·食货志》和《武帝纪》记载，武帝太始二年（公元前95年），因获白麟，见黄金，出天马，令铸麟趾金、马蹄金以应祥瑞。考古所见麟趾金和马蹄金皆蹄形中空。关于马蹄金和麟趾金的名、实问题，学术界一直有不同解释。

2015年，南昌海昏侯刘贺墓出土金饼385枚、马蹄金48枚、麟趾金25枚（图4-3）。马蹄金底圆中空，斜壁，前壁高后壁低，呈一斜面，形如马蹄。有大、小两种，大马蹄金17枚，口部饰滚珠丝纹、滚珠丝制成的套珠纹、滚珠丝纹、码丝纹四组纹饰，口内嵌琉璃面或玉面，底部铸有"上"或"下"，或贴"中"字。小马蹄金31枚，与大马蹄金形制、花纹和文字相似。麟趾金椭圆底，中空，长斜壁，后壁短，形成前端的长尖角，上口一周丝饰金丝掐成的一组纹饰，口内嵌琉璃面，底面铸"上"或"中""下"，有的无字[1]。

图4-3　海昏侯墓出土的西汉金币
1.大马蹄金；2.金饼；3.小马蹄金；4.麟趾金

根据刘贺墓所出金币种类，金饼、马蹄金和斜角麟趾金是明确的，其中麟趾金较马蹄金瘦长，有尖角，特征突出。过去将椭圆底的命名为马蹄金而以圆底者为麟趾金，现在看来，不论圆或椭圆的都应是马蹄金，它们属于马蹄金的两个亚型[2]。由于海昏侯墓没有发现圆形中空小口的蹄金类型，有人认为它可能是战国时期使用的金饼，海昏侯墓出土的才是真正意义上的汉代马蹄金和麟趾金[3]。江苏盱眙南窑庄窖藏与郢金共出的马蹄金，

---

[1] 刘慧中、田庄、管群、谭景斌：《海昏侯刘贺墓出土马蹄金、麟趾金意义探析》，《南方文物》2017年第1期。
[2] 戴志强、李君：《从西汉刘贺墓说到中国古代的金银钱币》，《中国钱币》2016年第5期。
[3] 杨君：《马蹄金和麟趾金考辨》，《中国钱币》2017年第3期。

有圆底和椭圆底两种。椭圆底者 8 块,每枚重 295.8～462.2 克;圆底者 7 块,较矮,一般重 250 克左右。同出的还有金饼,部分金饼正面刻有"斤八两""一斤二两九朱"等字样。[1]

马蹄金、麟趾金并不用于流通,只用于皇帝的赏赐,目前仅见于窖藏和诸侯王、列侯一级的墓葬中,而饼金可能用于巨额交易的清偿,出土较为普遍。另外汉墓中还多见陶、铅、泥质的仿马蹄金或金饼,也是汉代铸造和使用金币的反映。

第二节 度量衡制度

我国度量衡制度从汉代开始系统完备地记录于书籍,《汉书·律历志》对度量衡的标准、命名、原器及行政管理都有详备的说明。汉代继承秦代统一的度量衡名称、单位、进制,虽然有所改进,但在单位数值上并没有发生太大的变化。汉代除出土较多度量衡器外,铜器上的刻铭也往往标有自身重量、容量和大小尺寸,都可供考察汉代的度量衡制。

一、汉代度制

根据《汉书·律历志》,汉代的长度单位仍然是分、寸、尺、丈、引,十进制。西汉尺度基本同秦制,东汉时期略有加长。

江苏胡场汉墓(M2)出土的骨尺和广西贵港罗泊湾汉墓(M1)出土的木尺都是 23 厘米,甘肃居延肩水金关出土昭、宣时期的竹尺(E·J·T10:04)长 23.6 厘米,另一件西汉晚期的木尺(E·J·T37:01)长 23.2 厘米。1994 年陕西子长县城关桃园村出土汉代铜矩,长边 23 厘米,有 10 个刻度,短边为长边之半,长 11.5 厘米,有 5 个刻度,正是 1 尺和半尺之数[2]。考古发现的度器尺的长度一般为 23～23.2 厘米,与秦制的 23.1 厘米是相同的。根据刻有自身尺度铭文的器物实测推算出的数据也大致相似,如据茂陵外藏坑出土的 16 件刻铭铜器测算出 1 尺的平均值为 23 厘米略大,河北满城汉墓出土的铜灯上记有"高八寸",实测后推算 1 尺为 22.5～23 厘米。制器时出现一些误差也属正常,当以度器(尺)实物为准。

二、汉代量制

汉代量制也同秦制一样,龠、合、升、斗、斛,除龠、合为二进,自升至斛皆十进。量器的形制,除斛为桶形,多作长柄勺状,主体口部作圆形或椭圆形。

---

[1] 姚迁:《江苏盱眙南窑庄楚汉文物窖藏》,《文物》1982 年第 11 期。
[2] 师小群、韩建武:《陕西历史博物馆新征集文物选释》,收入《陕西历史博物馆馆刊》第三辑,西安:西北大学出版社,1996 年。

故宫博物院藏王莽铜方斗,四面刻画有五种作物的图像,图像下方有与其相应的名称,左侧是"嘉禾""嘉麻",右侧为"嘉麦""嘉豆",柄下方有"嘉黍",说明量器是度量粮食的器具。2008 年西安南郊凤栖原张安世家族墓主墓外藏坑 K4 出土一批大小成套的量器,皆椭圆口勺形带柄器,有大小七种量(图 4-4,左)[1]。汉代各种量的实际容量可以在王莽嘉量上得到集中的反映。王莽嘉量形制独特,是王莽始建国元年(公元 9 年)颁发的标准量器,可以从中了解汉代量制的详细情况。

《考工记》所记战国中期以前嘉量的形制和标准是:"量之以为鬴,深尺,内方而圜其外,其实一鬴。其臀一寸,其实一豆。其耳三寸,其实一升。重一钧,其声中黄钟之宫。"这实际上要一器担当律、度、量、衡四种标准的功能。王莽托古改制,始建国元年刘歆造嘉量时尽量参考了《考工记》的记载,但所成之器已非《考工记》旧制,采用了十进制。

王莽嘉量是一件五量合一的量器(图 4-4,右),又称新莽铜嘉量、刘歆铜斛。"嘉"有美好、标准之意。器之主体为直桶状容器,桶内界隔成上下两部分,上为斛,下为斗。主体器外左、右各附一杯状器,左为升,右器内中间也界隔成上下两部分,上为合,下为龠,与《汉书·律历志》所记相合:"其法用铜,方尺而圜其外,旁有庣焉。其上为斛,其下为斗。左耳为升,右耳为合、龠。其状似爵,以縻爵禄。上三下二,参天两地,圜而函方,左一右二,阴阳之象也。其圜象规,其重二钧。……声中黄钟。"

张安世墓园K4出土量器　　　　　王莽嘉量

图 4-4　汉代量器

根据实测:

1 龠=10.65 毫升;

1 合=21.125 毫升;

1 升=191.825 毫升;

1 斗=2012.5 毫升;

1 斛=20 097.5 毫升。

实测数据与汉代量制的进制完全相符,大小与秦制相差不大。

嘉量的主体即斛量,外壁正面刻有王莽统一度量衡的 81 字诏书,为器物的总铭,记录了王莽在全国范围内颁行标准度量衡器的史实:"黄帝初祖,德币于虞,虞帝始祖,德币于新。岁在大梁,龙集戊辰。戊辰直定,天命有民。据土德受,正号即真。改正建丑,长寿隆崇。同

---

[1] 丁岩、张仲立、朱艳玲:《西汉一代重臣张安世家族墓考古揽胜》,《大众考古》2014 年第 12 期。

律度量衡,稽当前人,龙在己巳,岁次实沉。初班天下,万国永遵。子子孙孙,亨传亿年。"

总铭外,每一量的外壁又分别刻有相应的铭文,记述各器尺寸和容积,分别为:

"律嘉量斛,方尺而圜其外,庞旁九厘五毫,冥百六十二寸,深尺,积千六百二十寸,容十斗。"

"律嘉量斗,方尺而圜其外,庞旁九厘五毫,冥百六十二寸,深寸,积百六十二寸,容十升。"

"律嘉量升,方二寸而圜其外,庞旁一厘九毫,冥六百四十八分,深二寸五分,积万六千二百分,容十合。"

"律嘉量合,方寸而圜其外,庞旁九毫,冥百六十二分,深寸,积千六百二十分,容二龠。"

"律嘉量龠,方寸而圜其外,庞旁九毫,冥百六十二分,深五分,积八百一十分,容如黄钟。"

嘉量原器现存台北故宫博物院,国家博物馆有一相同器的残片,上附部分铭文。王莽嘉量是以当时先进的科学理论和技术手段制造的,代表了当时先进的科技理念。

山东邹城市邾国故城遗址出土有81字诏铭的方形铜诏版2块,诏版边长约25.5厘米,这种铜诏版应与秦诏版一样,也是镶嵌在木质量器上作为法定标准量的标识(图4-5)。

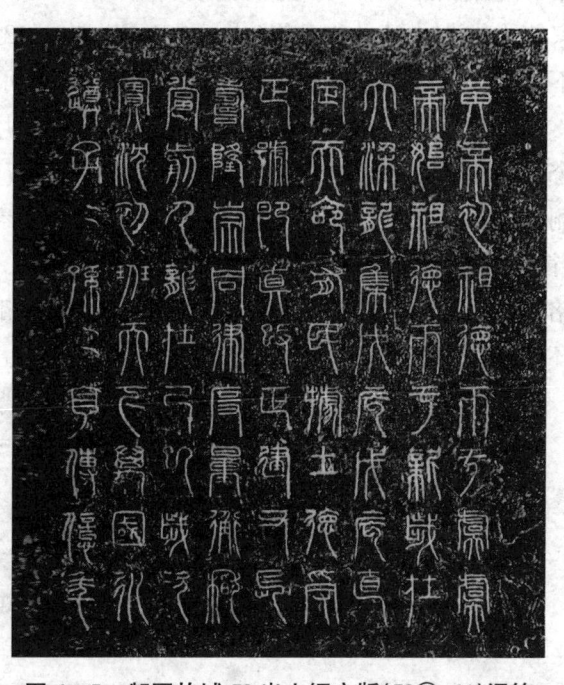

图4-5 邾国故城J3出土铜方版(J3①:41)诏铭

1956年,河南陕县隋唐墓中出土"始建国元年"纪年的小量,圆口长柄,器壁有铭文:"律撮,方五分而圜其外,庞旁四毫,冥卅分五厘,深四分,积百六十二分,容四圭。"长柄上有铭文一行:"始建国元年正月癸酉朔日制。"[1]该器容量只有2.07毫升。"撮""圭"应是龠以下的小量,1撮=4圭,但与其他量的进制关系尚不明了。张安世墓园外藏坑K4出土的量器中,最小的两种是否有撮、圭,因报告尚未发表,无法做具体的推测。

汉代刻铭记容的器物很多,也是研究量制的重要材料。如济南市长清区双乳山诸侯王墓出土铜钫,自铭"容五升";1987年,十偃公安局缴获一铜鼎,器腹外壁有铭文一行"女(汝)阴侯容一斗重五斤十两"。实测后可以推算实际升、斗之数,并通过进制推得其余。

---

[1] 黄河水库考古工作队:《一九五六年河南陕县刘家渠汉唐墓葬发掘简报》,《考古通讯》1957年第4期。

三、汉代衡制

汉代衡制亦同秦制,考古发现的衡器主要有铜、铁、石砝码和铜环权,环权多见于新莽时期,衡器的木杆部分未有实物发现。洛阳西郊汉墓出土铁权,半球形,顶端一半为圆形钮,底径5厘米、通高3厘米[1]。南阳出土西汉中期(武帝前后)铁权,底径4.5厘米、通高3.5厘米[2]。根据衡器本身标记的重量,实测得到的数据为西汉1斤在247克左右。据江陵凤凰山M168出土的铜权实重推算,1斤约258克,这是目前所见最大的数值。国家博物馆藏东汉光和二年(公元179年)权,重250克。总体上,汉代衡制约同秦制,并有不断增大的趋势。同样,根据铜器记重自铭也可以通过实测推算衡制情况。

2017年,山东邹城市邾国故城遗址的一口井中出土了新莽时期大小不一的铜环权4个,分别重737.5克、2 224.7克、7 649克、29 775克。最小的一件直径6.7厘米,侧面及侧上方有铭文4行15字:"律三斤。始建国元年正月癸酉朔日制。"较小的两件分别刻有"律九斤""律钧权,重卅斤",有相同的纪年铭文。最大的一件直径27.5厘米,一侧上方有铭文"律权石,重四钧"(图4-6),另一侧与之相对的位置有81字诏书铭文[3]。新莽铜环权在甘肃定西、湖北枝江、四川成都等地也有出土。

图4-6　邾国故城J3出土的新莽铜环权
1、2."九斤"权及其铭文;3."四钧"权铭文;4."四钧"权

---

[1] 中国科学院考古研究所洛阳发掘队:《洛阳西郊汉墓发掘报告》,《考古学报》1963年第2期。
[2] 南阳市文物考古研究所:《南阳牛王庙汉墓考古发掘报告》,北京:文物出版社,2011年,第236页。
[3] 山东大学历史文化学院等:《山东邹城市邾国故城遗址2017年J3发掘简报》,《考古》2018年第8期。

第三节 铜镜、灯具和熏炉

战国至秦代在日常生活中已经普遍使用的铜镜、铜灯到汉代发生了较大变化,式样繁多,装饰效果增强。战国时期还不太多见的熏炉,汉代成为人们生活中常见的实用卫生用器和日常摆设的装饰器具。除了铜镜,灯具和熏炉都有生活中相应的实用陶质器物,只是墓葬中出土的陶灯、陶熏炉都很难判断它们的实用性。其他如带钩、酒具、六博、席镇等等,都是考古发现中较为多见的类型。

一、铜　镜

汉代是铜镜制造的鼎盛时期,铜镜造工精巧,镜背装饰图案丰富。由于铜镜表面经磨锡加工,又经长年氧化形成氧化锡的透明薄膜,后世所见多乌黑亮泽,因此汉镜素有"黑漆古"的美称。

该时期还出现了一些异形镜,如山东淄博市临淄窝托村西汉齐王墓随葬坑出土一面长方形大铜镜,长115.1厘米、宽57.7厘米、厚1.2厘米,重达56.5公斤,是我国出土的最大的汉代铜镜,时代为武帝前后。镜背纹饰为夔龙纠结交错自如的蟠螭纹图案,线条刚劲流畅。背部有5个环形纽,中间1个,近四角处各1个,纽座饰柿蒂形纹,造型、装饰都堪称精美[1]。

西汉初期:铜镜在形制、花纹方面保留了战国时期的作风,胎薄,面平,边窄,三弦纽(带状拱形纽),圆形或方形纽座。常见的是主纹下衬以地纹,多见蟠螭纹、云雷纹、涡纹镜,以带有地纹的蟠螭纹镜最为多见,偶见"山"字纹镜,图案内外分区不明显(图4-7,1)。个别铜镜出现吉语铭文,如"大乐富贵""延年益寿""千秋万岁""修相思,勿相忘""心思美人,毋忘大王"等。新出现的镜式有草叶纹镜,纽外大方格,无地纹,连弧边(图4-7,2)。秦汉之际出现博局纹镜。

武昭时期:开始出现真正的汉式镜,地纹消失,"山"字纹镜基本不见,弦纽或桥纽变为半球形圆纽,镜体厚重,宽缘,盛行草叶纹、星云纹镜(又称"百乳镜"),常用连弧纹花边,多见博局镜(图4-7,3)。新见日光镜,铭文为"见日之光,天下大明"。

宣帝到新莽前:花纹规整而简洁,铭文加长并成为铜镜装饰的重要组成部分。有"映日,则背花俱见"的透光镜,其外形和普通铜镜一样,但当光线照在镜面上时,会在对面墙上映出镜背花纹的图案,古人称为"幻镜"。这是在铜镜制造过程中冷却和加工研磨镜面过程中产生的内应力所形成的特殊效果。

武昭时期的日光镜继续流行,该时期还有习惯上依铜镜铭文定名的昭明镜,铭文为"内清质以昭明,光辉象夫日月"(图4-7,4)。昭明镜流行至东汉初期。另外还有清白镜、日有熹镜等。

---

[1] 山东省淄博市博物馆:《西汉齐王墓随葬器物坑》,《考古学报》1985年第2期。

新莽时期：阴阳五行和神仙迷信思想反映在铜镜上，流行"四神"图案，大量制作大型方格博局镜，钮旁常有十二辰文字，并一直流行到东汉中期。镜背外圈常见铭文"青龙白虎掌四方，朱雀玄武顺阴阳"。另外，新莽时期出现了纪年铭文镜和变形四叶纹镜（图4-7,5）。

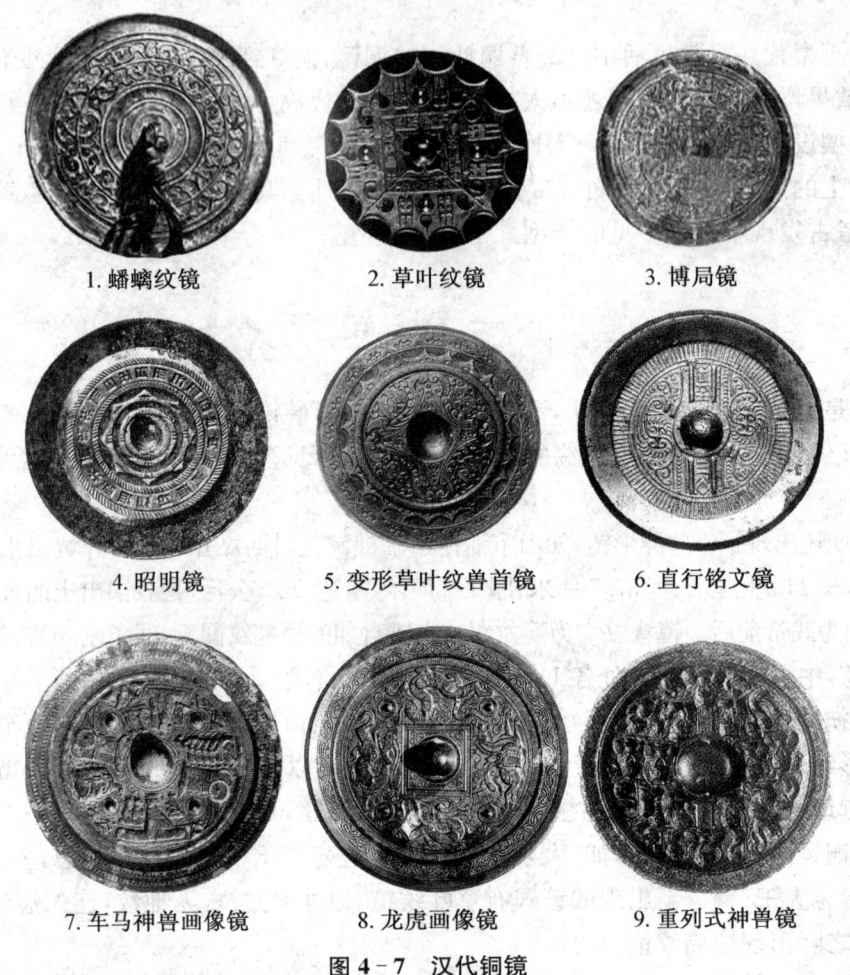

1. 蟠螭纹镜 2. 草叶纹镜 3. 博局镜
4. 昭明镜 5. 变形草叶纹兽首镜 6. 直行铭文镜
7. 车马神兽画像镜 8. 龙虎画像镜 9. 重列式神兽镜

图4-7 汉代铜镜

东汉早期：基本继承了新莽时期铜镜的风格，鸟兽或四神博局镜继续流行，在镜背上饰流云、波折、锯齿纹，镜背分为四区八等分，布置四神、鸟兽、羽人等。新莽时出现的变形四叶纹镜逐渐成为流行的样式。江浙一带开始出现少量画像镜。

纪年铭文镜增多，铭文加长，有官营作坊的"尚方镜"，如明帝永平七年（公元64年）的鸟兽纹镜上有："尚方作竟（镜）大毋伤，巧工刻之成文章。左龙右虎辟不详（祥），朱雀玄武顺阴阳。上有仙人不知老，渴饮玉泉饥食枣。永平七年九月造真。"广东曲江东汉墓出土四神博局铜镜，铭文为："尚方作竟（镜）真大巧，上有仙人不知老，渴饮王（玉）泉饥食枣，浮白天下遨四海。"广西钟山县出土"青盖镜"，铭文为："青盖竟（镜）真大好，上有仙人不知老，渴饮玉泉饥食枣，浮游名山采芝草，长保二亲国之保。"东汉早期新出姓氏镜，为民营作坊生产，铭文有如："朱氏明竟（镜）快人意，上有龙虎四时宜，常保二亲宜酒食，君宜官秩家大富，乐未央，宜牛羊。"东汉镜铭带有浓厚的道教色彩，并形成固定的内容和句式。

根据镜铭及铜镜出土情况,当时的丹阳郡、广汉郡、蜀郡、吴郡、会稽郡和今山东、关中地区都是铜镜的重要产地。

东汉中期:摆脱了以前单一的中心对称式布局,开始出现了轴对称式布局纹饰的铜镜,纹饰仍以奇禽异兽为主,左右对称布置,如以直行铭文为轴的镜,铭文上下组成一词或一句,多为"君宜高官""位至三公"等,铭文两侧各有一夔凤夹镜钮呈对称布置。轴对称式纹饰的铜镜流行于东汉中期至南北朝(图4-7,6)。

早期出现的画像镜继续流行,又出现浮雕式神兽镜,以东王公、西王母等神人及龙、虎等兽形为主纹。绍兴赵家村出土的神兽镜直径18.5厘米,凹形圆圈、方格钮座,内区饰高凸的青龙、白虎、异兽、羽人骑马四组纹饰,外区为云纹带,三角缘。画像镜虽以画像技法表现神像、兽形、车马、歌舞、历史人物传说等图像,但没有浮雕式神兽镜立体感强。以上两式镜多出于长江下游江浙地区,又以车马、人物和西王母题材表现得最多(图4-7,7、8)。浙江诸暨杨梅桥出土一枚车马人物画像镜(藏诸暨博物馆),内区纹饰作四分法布置,其中两组为四马驾车,车后拖长帛,马前为山峦,另两组为神仙和侍者,铭文为:"石氏作镜四夷,多贺国家人民息,胡虏殄灭天下覆,风雨时节五谷熟,长保二亲。"外区有纹带一周。

出现记日镜,如传世神兽镜铭:"汉西蜀刘氏作竟(镜),延熹三年五月五日。""元兴元年五月丙午日天大述(赦),广汉造作,尚方明竟,幽湅三商,周传无亟,世为光明,长乐未央……"河南南阳市博物馆藏东汉灵帝建宁元年镜,铭文为:"建宁元九月九日丙午,造作尚方明镜,幽湅三商,上有东王公、西王母……"序数记日以"五月五日"为多见,干支纪日以"丙午"日为常见。

东汉晚期:神兽镜、画像镜仍然流行,新出现重列式神兽镜,神像自上而下一段一段分层排列,好像开凿在壁上的层层佛龛,有三段、五段等形式(图4-7,9)。

姓氏镜、记日镜比中期更多见。有的记日干支与实际历法不相符,如传世神兽镜,镜铭为"建安廿四年五月丁巳朔丙午造作竟(镜)",经查,建安二十四年(公元219年)为己亥年,五月壬子为朔,月内无丙午日。这种阴差阳错的情况在东汉干支纪日镜中尚属少数,以六朝时为多。这可能是当时人有意将铸镜吉日铸到镜铭中。

东汉晚期个别镜铭标有湅数。建安七年(公元202年)神兽镜铭:"建安七年九月廿六日作明竟,百湅(炼)青同(铜)……"

二、灯 具

青铜灯具在战国时期即已较为流行,且形制多样。汉代进入我国灯具发展的辉煌时期,不但发现的数量多,灯的式样多,在制作上也充分考虑了实用、装饰和环保等方面的因素。这都远远超过了战国时期灯具的制作水平。根据灯铭和灯具造型,灯具主要有高灯、行灯、雁足灯、鹿卢灯、朱雀灯、羊灯、当户灯等,仅满城汉墓出土的灯就有长信宫灯、朱雀灯、羊灯、当户灯等。据造型特征分类,有器皿形灯、人物形灯、连枝灯等类,还可粗分为盘灯、虹管灯和筒灯。依造型分类,不外乎以下几种:

豆形灯:圈足细高柄,以豆盘为灯盘,灯盘常作折腹。这类灯自战国时期即已流行,汉代仍是常见的形式,如泗水王陵等地出土的豆形灯,虽然造型简单,但有些灯具装饰十分考究。有的在豆盘外附饰飞鸟,作鸟衔豆盘状,极具装饰效果。日照海曲汉墓出土的豆形灯,在灯盘的一侧伸出一捉手,这种灯又可归于行灯之列(图4-8,1)。汉代称灯为"豆",盖因灯具实由器物豆演变而来。昌乐东圈一号墓(菑川王墓)出土有铜灯,盘上有铭:"菑川宦谒右般北宫豆元年五月造第十五。"

雁足灯:雁足灯是汉代流行的式样,一条雁足稳健地踏在平板上支撑着灯盘底部一侧,灯盘的主体部分与雁爪朝向一致,虽然支撑点不在灯盘重心处,但这种整体上的不对称和粗壮的雁腿、与底板铸成一体的雁爪,生出不一样的美感和稳固感。山东临淄出土的一件雁足灯通高35厘米,环带状盘灯,中有三个圆形的尖凸为烛扦(图4-8,2)。灯柱为雁足,足蹼(爪)与底板合为一体,雁足后方与底座相连处有一圆形钮,雁爪最前端均为尖形趾,雁爪上有两道凸弦纹表示爪的关节。

动物、人物承托的灯:用动物、人物造型承托灯盘,这种类型的灯战国时期即已比较多见,如战国中晚期江陵望山M2出土的人骑骆驼的铜灯和河北平山中山国墓出土的漆绘人形铜灯。满城汉墓出土的"当户"灯以铜人为灯座,人形半跪,右手上举托着灯盘,盘壁刻铭文:"御当户锭一,第然于。"(图4-8,3)山东日照海曲汉墓出土的凤灯,凤鸟头顶灯盘立于龟背之上(图4-8,4),安徽天长等地也有同样的灯出土。窦绾墓出土的朱雀灯作朱雀衔灯盘的形式,朱雀嘴衔灯盘,昂首翘尾足踏盘龙,展翅欲飞,器形既活泼又平稳。

图4-8 汉代铜灯

多枝灯：多枝灯又称连枝灯，多作灯树形，战国出现，中山王墓出土的十五连枝灯是此类灯具中的杰作。汉代开始盛行，南北方皆有发现。广西贵港罗泊湾汉墓出土的扶桑树形灯，以桑树为主体，树干上分出九枝桑叶形灯盘，树顶卧一小鸟，以鸟腹为灯盘，共10个灯盘(图4-8,6)。1959年甘肃武威雷台汉墓出土的铜连枝灯高112厘米，树形，主干分为三段，套插而成，自树干向外分出两层树叶灯盘。东汉墓出土釉陶多枝灯甚多。西安南郊潘家庄东汉墓出土的陶百枝灯，覆豆形底座，座表模印山川峰峦并贴附人物、走兽、飞鸟。底座向上托一灯盘，盘内插四龙，龙首上弯，顶着方形平顶灯台，4个灯盏间捏塑乘龙羽人，灯盏边缘前部粘附一鸟。再向上为龟座高柄灯，柄中段向四外各插一灯枝，上置鸟形灯盏。柄顶置一较大灯盏，灯盏一端附鸡首，两侧附双翅，后端附鸡尾，通高82.8厘米(图4-8,5)[1]。这种多枝灯的造型融入了人们丰富的想象，反映了当时的观念和信仰。而洛阳烧沟东汉墓出土的十二连枝铁灯是目前所见唯一的铁制多枝灯。除树形多枝灯，也有作山形者，不过多为陶质。多枝灯具有很强的美化环境的效果，《西京杂记》载："高祖初入咸阳宫，周行库府，金玉珍宝不可称言。其尤惊异者有青玉五枝灯，高七尺五寸，下作蟠螭以口衔灯，灯燃，鳞甲皆动，焕炳若列星而盈室焉。"

组合灯：组合灯主要见于西汉，由可拆分的部件组合而成，拆分后成为多件灯，合成后为一件完整器。或以器盖翻盖至器上为灯盘，盖后成一正常器物。如秦安西汉墓出土的灯，合体为一桶状器物，分开成三个灯盘，可分可合，设计巧妙(图4-8,9)。泗水王陵、满城汉墓等也有组合灯出土。

可翻转灯盘的灯：灯盘与器身之间有活钮连接，翻转为灯，扣合后为器物。这类灯战国时期已见使用，汉代多作动物形。汉代动物形灯中有一种背部或头部有活钮连接可以翻转灯盘的灯，一般作卧羊状，又有牛形、凤形等。羊形灯又称"羊尊灯"，如曲阜汉墓所出跪卧羊形灯，羊腹为盛油器，羊背有盖，通过活钮转轴反转置盖于羊头之上，即成灯盏盘。盘内有置灯捻的小流嘴，熄灯时再反转，油入羊腹，盖合后又成一尊。满城汉墓出土的卧羊铜灯，羊头平昂，背部和身躯分铸形成背盖，羊颈的后部有一活钮连接背盖，盖可翻转置于羊头顶之上，即为灯盘。整件器物通高18.6厘米，长23厘米，是不可多得的艺术珍品(图4-8,8)。

烟道灯：汉代有一种有烟道的灯具，由容器、灯盘、灯罩(调光罩)、烟罩和烟道等部分组成，有单烟道、双烟道两种，容器承托灯盘，烟道一端连接容器，一端连接烟罩，灯烟通过烟道导入灯体容器中。南京大学藏长沙出土的闾翁主烟道灯，以鼎形容器为母体，器口承灯盘，灯盘上有灯罩、烟罩，烟罩与两侧的两条连接容器的烟道相接，整个灯具对称、稳重、美观(图4-8,7)，其肩部有铭文："闾翁主铜釭镶一具。"河北满城二号墓出土的长信宫灯是汉代烟道灯中的杰作[2]，灯整体作宫女跪坐持灯造型，宫女体中空，通体鎏金，以持烟罩的右臂为烟道，袖口顺势扩张形成烟罩，烟罩与灯盘之间是内外两片半弧形屏板组成的

---

[1] 西安市文物保护考古所：《西安南郊潘家庄169号东汉墓发掘简报》，《文物》2008年第6期。
[2] 中国社会科学院考古研究所、河北省文物管理处：《满城汉墓发掘报告》，北京：文物出版社，1980年，第261页。

灯罩,灯罩镶嵌在灯盘周缘的凹槽里以利转动,可以左右推动灯罩,通过屏板的开合调节灯光照射方向和亮度。宫女左手握持灯座,座上圆形灯盘亦可转动,以调节灯火的大小和照明的方向,盘中心有烛扦。灯座、灯盘、灯罩和宫女的头可以拆合。使用时,灯烟通过宫女的右臂进入体内,使烟炱附着于体腔,达到保持室内空气清洁的目的。宫女雍容端庄,生动传神,是罕见的珍品。灯座、灯盘、灯罩屏板和右臂及衣角等处刻有"阳信家""长信尚浴""今内者卧"等铭文,此灯最初为阳信侯刘揭家之物,后归长信宫尚浴府,可能系刘胜祖母景帝皇太后窦氏赠送之物(图4-9,左)。烟道灯是一种环保型灯,它代表了汉代青铜灯具制作的最高水平。烟道灯又多作动物造型,借牛的双角、犀的独角、凤鸟的脖子等为烟道。山西朔州西汉墓出土的雁鱼灯,整体作大雁回首衔鱼造型,灯盘置于雁背之上,以鱼形为灯罩(图4-9,右)。南昌海昏侯墓出土两件同样的雁鱼灯。炉形灯座的烟道灯,以三足扁圆腹的容器为灯座,炉侧分出一支或对称两支向上的烟道连接烟罩。烟道灯又可称虹管灯,因自铭为"釭",所以又称"釭灯"。

图4-9 汉墓出土的烟道灯

其他: 除上述类型外,还有杯形灯、卮灯和方便手执的无座小行灯以及民间普遍使用的碗形灯,东汉时期还出现吊灯。过去考古报告中将柄极短的勺形器称为陶勺,其实它们应该就是民间普遍使用的灯具类型。

总之,汉代铜灯功能齐全,造型多样,汉代进入了我国灯具发展史上的辉煌时期。

三、熏 炉

熏炉是焚香用的器具,当然也可能用于熏虫,是常见的室内摆件和实用器具。战国时期即已使用熏炉,汉晋时期较为流行。熏炉虽造型各异,但炉盖或炉身均有镂孔以利出烟。博山炉是熏炉中较常见的一种,焚香炉体呈半球形,圈足或圆盘底座,炉体上扣有镂空的山形器盖,重峰叠嶂,山上常有草木,或人物、动物等形出没其中,可以想见香烟缭绕下,山峦、树木、群兽共同产生的朦胧感和神秘感。汉代熏炉还多做成动物形状,动物背部有镂孔的器盖,更富有装饰效果。

满城一号汉墓出土铜熏炉四型5件,二号汉墓出土三型3件,有以装饰为主的摆设用器,也有以实用为主的简便炉具(图4-10)。一号墓出土的错金银博山炉,通高26厘米,圈足,短柄,柄部镂雕成三条飞腾龙形,以龙头承托炉身。炉盖层峦叠嶂,炉身口沿部亦有一周山峰与盖相呼应。山间有树木、神兽,猴子有的坐山峰,有的骑兽背,还有猎人负弓逐兽,生动活泼(图4-10,1)。茂陵附近一号无名墓陪葬坑出土的一件铜熏炉,通高58厘米,为目前所见最高的熏炉。炉底座雕二龙盘曲仰首张口,长柄从龙口向上作竹节状延伸,上铸三条长龙,龙头上曲托住炉身底侧。龙体鎏金,爪为银色。据炉盖口外侧和底座圈足外侧的铭刻,应为宫内陈设,原为未央宫物,后归阳信家,当时称"金黄涂竹节熏卢(炉)"。

图4-10 满城汉墓出土的铜熏炉
1～3.一号墓出土;4.二号墓出土

汉代墓葬中,陶熏炉也是较常见的随葬器物,有的在器盖上示意性地刻划出山形,制作粗糙,是丧葬的冥器;有的盖上镂孔并分瓣成山形,制作考究,可能也是当时的实用品。也有盖作弧顶的,不局一格。

第四节 汉代基层聚落考古

聚落是人们居住和生活的基层单位,也是国家编制吏民户籍的基本单位。从外部形式上看,聚落比家户大而比城邑小;从组织形式上讲,它又处于社会政治结构的最下层,是国家直接或间接管理的最基层的社会单元。先秦两汉时期,文献中出现的乡村聚落名称有"里""聚""格""屯""廛",等等,它们的功能、性质相似,都是指家户以上的基层聚居形式,与人们日常生活的关系最为密切,正是留住人们乡愁的地方。中国古代是农业社会,农业人口是社会人群的主体,目前关于汉代农业人口的聚居形式(可以称为"乡村聚落")的考古材料已比较充实,已经发掘的有辽宁辽阳三道壕、江苏高邮邵家沟、河南遂平小寨和内黄三杨庄等汉代村落遗址。辽阳三道壕和内黄三杨庄两处遗址代表了汉代乡间聚落多种形式中的两种类型。

一、辽阳三道壕

辽阳三道壕是一处西汉时期的村落遗址,遗址位于太子河西岸的冲积平原地带。20世纪50年代发掘1万多平方米,这仅是大型聚落遗址的一小部分,共发现居址6处,砖窑址7座,水井11眼,以及道路等遗迹。"各住宅都向南或稍偏东、西开门,互不连接,排列的也无次序。各宅院间的距离,近的15米,远的约30多米或更远些。宅院大都具备有:房屋、炉灶、土窖、水井、厕所土沟、木栏畜圈、垃圾堆等。在这些分散的宅院遗址中间和附近,分布着砖窑址和卵石路。"[1]各居址内都有铁锄、铁钁、铁铧等农业生产工具出土。居址的一端都有低洼的家畜圈舍,其中三至六号居址的圈舍与厕所相接,以便积肥,这种做法常见于东北地区的农村中。显然,这是一处农业聚落遗址,只不过遗址内较多的窑址和附属于各居址的水井说明这里的窑业可能已开始由农民的副业走向专业化的生产。

三道壕的住址很分散,只是整体上相对集中,15到30米的间距过大,显然不是小的巷道,但住宅间穿插生产和生活的设施,也使聚落内部不会有太大的空地,形成一种相对集中但无统一规划的聚居点,聚落内的小农其田地应在聚落以外远近不等的地方。

据遗迹现象推测,三道壕的房址原是一种土墙、木柱、草瓦盖顶的小房舍,比较简陋。聚落遗址中的六个居住遗址面积分别是 20×13 平方米、38×15 平方米、34×18 平方米、30×16 平方米、30×18 平方米、22×30 平方米。大小不一的住址对应着情况不同的个体小农家庭,看不出类似"五亩之宅"的统一规划。住址的位置比较错乱,没有街巷。宽达7米的铺石大道位于住址的北边,遗址不见有围墙的迹象,应该不是云梦睡虎地秦简、张家山汉墓竹简《二年律令·户律》和《汉书·食货志》等提到的有里巷、围墙和门塾并依时启闭大门的里,属于城邑之外的自然聚落类型。

---

[1] 东北博物馆:《辽阳三道壕西汉村落遗址》,《考古学报》1957年第1期。

二、内黄三杨庄

2005年,河南省文物考古研究所发掘内黄三杨庄汉代聚落遗址,在100万平方米的范围内勘探发现14处西汉晚期到东汉早期的庭院建筑遗址,已经发掘的有4处(图4-11)[1]。由于房屋是在大水浸泡下慢慢倒塌的,房屋坍塌在原处,农田中田垄依旧。已经发掘的第二处庭院有两进院落,第一进院落有门房和东厢房,第二进院落有西厢房和后排主房。大门朝南,门前有水井,水井到大门口有瓦片铺的小路。水井的西边发现从事编织的遗迹,庭院西墙外侧(右侧)有水塘。整个庭院的结构布局十分合理,唯有厕所位于庭院的后边,置于院墙之外。第三处庭院第一进院落有南厢,第二进院落主房靠西,占据2/3的面积,院后墙开有后门,后门外西侧贴主房外墙亦有厕所。厕所置墙外又有明确的归属,是这种散居的聚落的特点之一,所谓因地制宜。该聚落遗址显示了以下突出的特点:

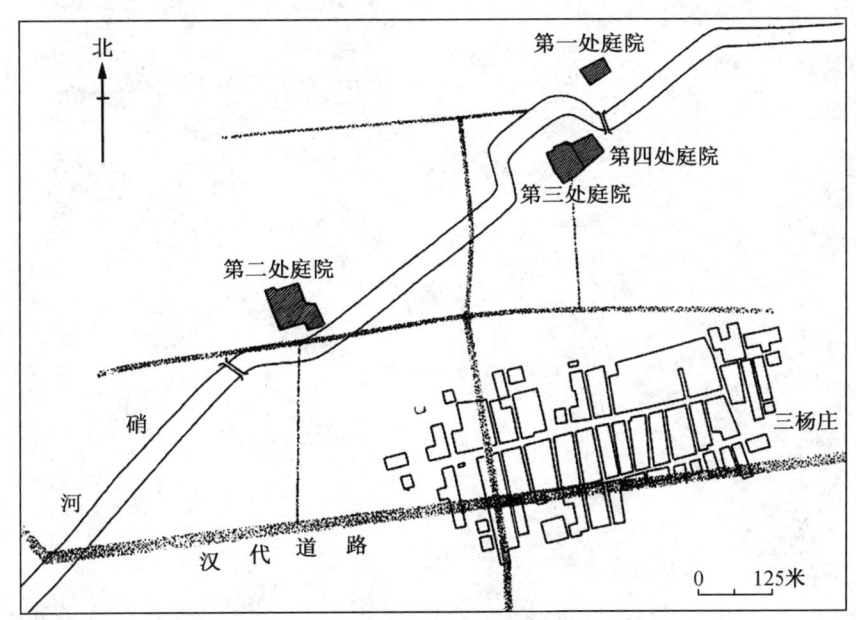

图4-11 河南内黄三杨庄汉代聚落遗址庭院分布图

第一,庭院和庭院不相邻,相近的两处庭院之间的距离从50米到200米不等。庭院和庭院间是大片农田,农田中可见清晰的田垄。这些庭院既不成行也不成列,完全是一种散居的形式。

第二,庭院坐北朝南,每处庭院的面积大都在900平方米左右,庭院的前面都有较大

---

[1] 河南省文物考古研究所:《河南内黄县三杨庄汉代庭院遗址》,《考古》2004年第7期;刘海旺、朱汝生:《河南内黄三杨庄发掘多处西汉庭院民居》,《中国文物报》2006年1月13日;刘海旺、朱汝生:《河南内黄三杨庄汉代田宅遗存》,见国家文物局主编《2005中国重要考古发现》,北京:文物出版社,2006年。

的活动场地,连同庭院一起,面积总计1300平方米左右(第二处庭院前面的空地较大)。有瓦顶的主房和厢房,有水井、厕所等生活设施,出土石臼、石磨等生活用器,院墙之外有桑、榆环绕,说明该聚落房屋不是临时性的住宅,而是常年居住的房屋。

第三,遗址发现粮食加工用的臼、磨、碓,有窑址1座、道路5条,其中一条东西向道路宽达20米,道路上发现车辙。这是一处自给自足型的乡村聚落。

三杨庄聚落没有陶窑等生产性设施,也还没有发现与该聚落有关的墓地,也可能墓地在后世河道冲刷(黄河改道后这里形成一条河流——硝河)和人们的活动中消逝无存了。

三杨庄是一处汉代散居形式的自然聚落,是汉代乡间农业聚落的另一种形式。

第五章 汉代纸张和简帛

书写用纸的出现是文化史上的大事,西汉是造纸发生的时期,虽然纸作为文字载体在文化传播中开始发生作用的时间可能迟到东汉中期以后,但早期少量纸的发现却代表了造纸术在推动人类文化进步过程中留下的坚实脚印。整个两汉仍然是文化史上简牍帛书的时代。目前发现汉代简牍16万余枚,这些还不包括汉墓中较为多见而又零散的遣策,较重要的发现多包含当时的公文、律令、书信、书籍文献等。

第一节 汉代的纸

我国造纸虽始于西汉,但是纸品成为普遍的书写材料要到西晋以后,目前出土西汉纸10余起,皆为小纸片。东汉造纸术成熟后,纸品仍不普遍,一直到西晋仍然纸、简并用。2004年,湖南郴州市中心建筑工地的一口古井中就出土西晋木简近千枚。东晋以降,就再也不见简牍文书出土,几乎全用纸张了。

(一) 文献记载和纸的起源

现在一般认为,文献中记录的纸最早于西汉武帝时期有出现。《太平御览》卷六十五《文部》引《江充传》:"充见戾太子,太子以鼻溃烂,以纸掩面。"清代张澍辑《三辅故事》所记大同小异:"卫太子鼻大,武帝病,太子入省。江充曰:'上恶大鼻,当持纸蔽其鼻而入。'帝怒。"《汉书·外戚传·赵皇后》载成帝元延元年(公元前12年),"(籍)武发箧中有裹药二枚,赫蹏书,曰'告伟能:努力饮此药,不可复入。女自知之!'"孟康曰:"蹏犹地也,染纸素令赤而书之,若今黄纸也。"应劭曰:"赫蹏,薄小纸也。"又应劭《风俗通》记载:"汉光武帝由长安车驾徙都洛阳,载素、简、纸经二千辆。"

《后汉书·蔡伦传》记载,"(蔡)伦乃造意,用树肤、麻头及敝布、鱼网以为纸。元兴元年奏上之,帝善其能,自是莫不从用焉,故天下咸称'蔡侯纸'"。《后汉书·和熹邓皇后纪》中记载邓皇后禁方国贡献,允许"岁时但供纸墨而已"。书写用纸在"蔡侯纸"以后开始推广。

关于纸的起源问题,素来有三种说法。

(1) 茧絮纸起源说。纸最早是从茧絮纸开始的。东汉灵帝时服虔著《通俗文》载:"方絮曰纸,字从糸氐。"《说文·丝部》曰:"纸絮,一苫也。从糸氏声。"《说文·竹部》又曰:

"箔,潎絮簀也。""潎,于水中击絮也。"可见纸与丝絮有着密切的关联,纸就是由絮得来的。《说文》段注说:"造纸仿于漂絮,其初丝絮为之,以箔荐而成之。今用竹质木皮为纸,亦有致密竹簾荐之是也。"茧壳外层的微毛(絮)是乱丝形成的,无法抽取成线,缫丝时需去掉,于水中浸泡击打,絮漂在水面,蚕茧舒解的部分胶质将絮联结成为一个薄层,抄起类纸,这可能就是最初的纸。南朝梁顾野王《玉篇》有:"上汉人所谓纸,丝絮所成,今纸,木皮、麻布所造。"

(2) 麻纸起源说。麻纤维纸是纸的源头,目前所发现的早期的纸大都是麻纤维纸。

(3) 纸即缯帛。《后汉书·蔡伦传》载:"自古书契,多编之以竹简,其用缣帛者,谓之纸。"这实际是名称的辨析,用于书写的缣帛称为纸,即帛书。

(二) 早期纸的考古发现

罗布淖尔纸:1933 年,黄文弼在新疆罗布泊汉代烽燧遗址发掘出一片残纸,"麻质,白色,作方块薄片,四周不完整","不精细"。同出的有汉宣帝黄龙元年(公元前 49 年)的木简[1]。此纸现在台湾。

居延查科尔纸:1942 年,劳幹和石璋如在居延额济纳河岸的查科尔烽燧下掘出一张已揉成团的汉纸,"在纸质方面……粗、厚而帘纹不甚显著",经同济大学生物系专家鉴定,为"植物纤维所作"。出土层位在东汉章帝永元十年(公元 98 年)简下面。也有人对层位问题提出异议,认为年代为永元前后,可能晚至东汉。

灞桥纸:1957 年,陕西省博物馆在灞桥砖瓦厂工地收集了一批古物,其中有铜镜 3 面,皆三弦钮,正面有布纹,并有残布数片,布下有类似丝质纤维作成的纸 88 片,最大的长宽不足 10 厘米,纸上有明显的布纹。灞桥纸时代为武帝以前,曾被认为是最早的纤维纸,比蔡伦造纸早 200 年以上。20 世纪 60 年代经中国科学院自然科学史研究所认定,为麻质纤维纸。后来有人认为其不具备纸的结构,是麻絮、线条类纤维因年久积压成片,它没有经过造纸最重要的打浆工艺的处理,属自然纸或是麻布腐烂风化后的残留物。

居延金关纸:1972~1974 年,居延考古队在甘肃金塔县以北 25 公里的居延肩水金关汉代烽塞关城遗址发掘到麻纸 2 片及竹简 1 300 多片。经鉴定,一件麻絮纸标本的成份以苎麻为主,另一件含麻筋、线头等,结构较松弛,以纸的定义看,还不能算是真正的纸。地层年代属汉哀帝建平元年(公元前 6 年)以前。

中颜纸:1978 年,扶风太白乡中颜村汉代建筑遗址瓦片堆积层下的圆形坑内,陶罐中出土铜器、钱币、麻布等文物 90 余件。在漆器饰件铜泡中填塞有揉成团的古纸 3 片,最大的一片为 68 毫米×72 毫米,乳黄色,柔韧,表面粗糙,纤维分布不均[2]。经中国科学院自然科学史研究所等单位分析鉴定,初步结论为具有纸的雏形的麻絮纸,其原料为苎麻[3]。根据共出的半两钱、五铢钱和地层情况判断,该麻纸的制造时间可能在汉宣帝时

---

[1] 潘吉星:《关于造纸的起源——中国古代造纸技术史专题研究之一》,《文物》1973 年第 9 期。
[2] 罗西章:《陕西扶风县中颜村发现西汉窖藏铜器和古纸》,《文物》1979 年第 9 期。
[3] 李晓岑:《陕西扶风出土汉代中颜纸的初步研究》,《文物》2012 年第 7 期。

期(公元前 73~公元前 49 年)[1]。

马圈纸：1979 年,甘肃长城调查组试掘敦煌县西北 95 公里的马圈湾烽燧遗址,出土文物 337 件,其中有麻纸 5 件 8 片,并出土宣、平时期的木简[2],推断纸应为王莽时期之物。马圈湾应是玉门候官的治所,发现于马圈湾的文书当是玉门候官向玉门都尉府上报致籍的底稿。

放马滩纸：1986 年,甘肃天水放马滩护林站西汉景帝时期墓(M5)中出土丝质残纸片,残长 56 毫米、宽 26 毫米,初呈黄色,后变为浅灰间黄色。纸面平整光滑,结构紧密,为大麻纸。纸上用黑色线条绘制山川、河流、道路等,但无地名(图 5-1,左)[3]。2012 年又经学者进一步观察分析,确定放马滩纸是麻类纤维纸,并且发现纸的表面无帘纹,纤维异向交织,分布不均,为不同于蔡伦造纸法的浇纸法所造,而非抄纸法。纸的表面加有糊状填料,浇纸后又经初步加工。这是目前可以确定时代的世界上最早的麻纸[4]。

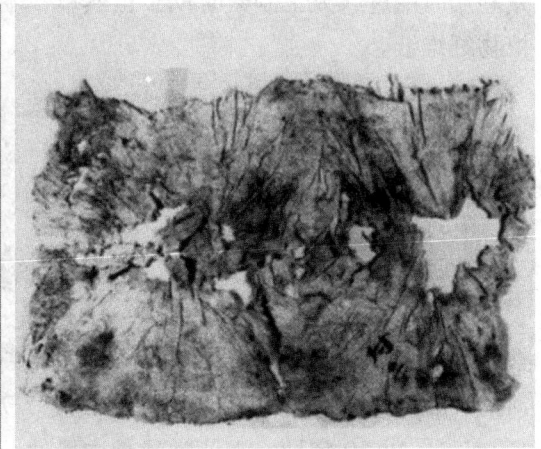

放马滩纸　　　　　　　　　悬泉纸

图 5-1　汉代的纸

悬泉纸：1991~1992 年,敦煌汉代悬泉置遗址出土文物 1 万余件,共出土西汉武、昭至西晋时期的麻纸 460 多片,其中汉代纸 24 片,与汉宣帝时期的木简一起出土,有汉字墨迹的纸 4 张,简牍 15 000 多枚。发掘报告归入"文献类"的纸文书残片共 10 件,汉纸 9 件,晋纸 1 件。武昭时期的纸文书有 3 件,东汉初 2 件[5]。武昭时期的纸文书上写有"付子""薰力""细辛"的药名(图 5-1,右),从纸的形状和折叠痕迹判断,应为包药用纸。又有宣、成时期的草书文书。有人据有字纸上的字形和书写习惯,认为悬泉纸应为新莽或魏晋

---

[1] 潘吉星：《喜看中颜村西汉窖藏出土的麻纸》,《文物》1979 年第 9 期。
[2] 甘肃省博物馆：《敦煌马圈湾汉代烽燧遗址发掘简报》,《文物》1981 年第 10 期。
[3] 甘肃省文物考古研究所、天水市北道区文化馆：《甘肃天水放马滩战国秦汉墓群的发掘》,《文物》1989 年第 2 期。
[4] 李晓岑：《甘肃天水放马滩西汉墓出土纸的再研究》,《文物》2016 年第 10 期。
[5] 甘肃省文物考古研究所：《甘肃敦煌汉代悬泉置遗址发掘简报》,《文物》,2000 年第 5 期。

时期纸。该遗址有西汉武帝到魏晋时期的不同地层,其中东汉地层出土纸最多,王莽时期地层有2处带字纸;西汉昭帝到武帝时地层距地表1米处出土无字纸;最下层为汉武帝时期,无纸出土。

旱滩坡纸:1974年,甘肃武威旱滩坡发现东汉晚期的纸[1],较蔡伦献纸晚几十年,是一种麻纤维纸,纸面有涂层,纸基厚0.04毫米,约当现在20~30克的薄型纸[2]。

另外还有多处出土汉代纸的报道。如1977年安徽阜阳双古堆西汉墓出一片茧絮纸;1983年西汉初年第二代南越王墓出土纸片。但它们的鉴定情况不明。

以上出土的西汉纸以西北地区为主,又以麻絮纸为主,皆以麻絮、麻布、绳头为原料,纸的纤维交织状态差,除放马滩地图外,纸面粗糙不平。

东汉时期开始进入我国造纸技术的成熟期,出土纸文物增多。从蔡伦时起,才由自然絮利用时期进入人工制絮时期。虽然蔡伦不是纸的发明者,但蔡侯纸肯定是比较完善的植物纤维纸。

第二节 汉代的简帛

西汉是简牍帛书的时代。《史记·滑稽列传》载东方朔"初入长安,至公车上书,凡用三千奏牍……"时博士共难之,曰"今子修先王之本,慕圣人之义,诵诗书百家之言,不可胜数,著于竹帛"。汉代简帛的出土较战国时期的更多,新疆、甘肃、青海、山东、湖南、湖北、河南、江苏等地都有出土,仅西汉简牍就7万余枚。帛书主要见于湖南长沙马王堆西汉墓,包含图书10余种。本节举述最主要的一些发现。

一、西北地区汉简

1. 居延汉简

1901年,瑞典人斯文·赫定发掘楼兰古城,发现120多枚汉文简牍,这是西北地区最早发现的汉简。1930年4月到1931年,中、瑞西北科学考察团瑞典团员贝格曼在居延汉代烽燧遗址处共掘得汉简1万余枚(现存台北"中研院")。由于出土地可能属汉代张掖郡居延县,因此被称为"居延汉简"。本次所得由劳榦陆续公布释文、考证和图版,参见《居延汉简考释·释文之部》(1943)、《居延汉简考释·考证之部》(1945)、《居延汉简·图版之部》(1957)。1959年、1980年,考古研究所分别编辑出版了《居延汉简甲编》《居延汉简乙编》。20世纪70年代,甘肃省居延考古队又在3处烽燧遗址发掘出土19 639枚简,部分

---

[1] 潘吉星:《谈旱滩坡东汉墓出土的麻纸》,《文物》1977年第1期。
[2] 王菊华、李玉华:《从几种汉纸的分析鉴定试论我国造纸术的发明》,《文物》1980年第1期。

简牍晚至西晋[1]。2002年又有一批居延汉简出土。居延汉简内容为汉代边塞上的屯戍档案、历谱、私人信件和部分书籍等是《史记》《汉书》之外存世数量最多的汉代历史文献。

2. 敦煌汉简

1907年，斯坦因在敦煌以北的汉代烽燧遗址获汉简708枚，1915年又得84枚。至1988年，在玉门关及以西汉代烽燧遗址共发现汉简近3000枚。敦煌汉简的时代为自西汉武帝至东汉顺帝，有诏书、奏书、官府文书、屯戍簿籍、律令、司法文书、邮驿通讯等内容，还有《易》《力枚》《苍颉篇》《急就篇》《九九术》以及历谱、药方、相剑刀、相马等方面的书籍。甘肃省文物考古研究所编有《敦煌汉简》二册，收简2485枚。1990至1992年，甘肃省文物考古研究所在敦煌市东汉代效谷县悬泉置遗址发掘出汉简2万余枚，被称为"悬泉汉简"（图5-2）[2]，其实也是敦煌汉简的一部分。

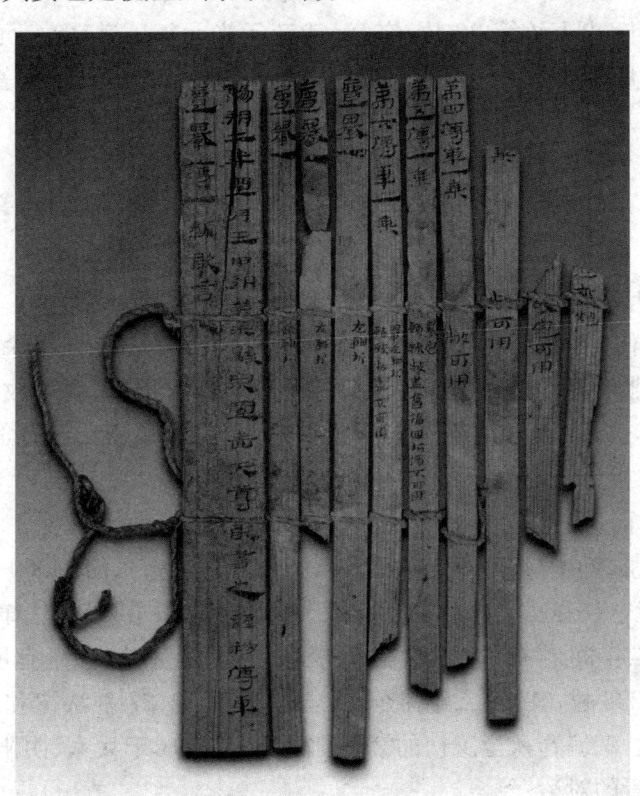

图5-2 敦煌汉代悬泉置遗址出土的阳朔二年《传车簿》木简

3. 武威汉简

1959年，甘肃武威磨嘴子6号汉墓出土汉简504枚，为竹、木两种版本的《仪礼》，竹简上书写1篇，木简上8篇，合计9篇。另有部分"日忌"类残简。该墓为单室土洞墓，斜坡墓道，夫妻合葬，男左女右，《仪礼》置于男棺之上[3]。本次发现的《仪礼》是继大、小"戴

---

[1] 甘肃省文物考古研究所等：《居延新简》，北京：文物出版社，1990年。
[2] 甘肃省文物考古研究所：《敦煌悬泉汉简释文选》，《文物》2000年第5期。
[3] 甘肃省博物馆：《甘肃武威磨咀子6号汉墓》，《考古》1960年第5期。

礼"和刘向《仪礼》之后的第四个版本。18号墓出土木简10枚,缠在鸠杖上,为优待老人的诏书,学术界称为"王杖十简"。1972年,武威旱滩坡东汉墓又出土医药书等木简92枚[1]。

二、山东银雀山汉简

1972年,临沂银雀山发现两座汉墓,M1的下葬年代在公元前140年~公元前118年(武帝初年),出土竹简4974枚,大部分是兵书,包括《孙子兵法》《孙膑兵法》《尉缭子》《文韬》《墨子》《守法》《守令》《管子》《晏子春秋》和阴阳杂占等十三篇秦汉以前的古籍。其中《孙膑兵法》已失传1700余年,本次发现240多枚、6 000余字。M2的下葬年代为公元前134~公元前118年,出土竹简32枚,有《汉武帝元光元年历谱》等。元光元年即公元前134年。历谱以十月为岁首[2]。其中不见儒家著作,有人认为,儒家著作是秦始皇焚书的主要对象。

三、湖北汉简

1. 江陵凤凰山简牍

20世纪70年代,湖北江陵凤凰山六座西汉墓出土简牍630枚,除遣策类外,还有乡里文书、商业活动账册等,内容主要涉及赋税、徭役、户籍、借贷、乡里收支账目等,包括公文、账册、契约等形式。168号墓还出土了"告地策"。江陵凤凰山汉墓简牍对研究西汉社会经济和风俗具有极高的价值[3]。

2. 张家山汉简

1983年,江陵张家山247号、249号、258号汉墓共出土木简1 200余枚,内容包括遣策、历谱和《二年律令》《奏谳书》《脉书》《算术书》《盖庐》《引书》等。法律类占半数以上,为摘录汉初至吕后二年间颁布的法律,是律令条款的汇编,与秦律有明显的继承关系。M247出土竹简1 236枚,其中《二年律令》有526枚简,含27种法律和1种令(津关令),《奏谳书》简228枚,汇编春秋至汉初的24个案例。另有属于兵家、阴阳家的《盖庐》简55枚,记阖闾与伍子胥的对话[4]。

---

[1] 甘肃省博物馆、武威县文化馆:《武威汉代医简》,北京:文物出版社,1975年。
[2] 银雀山汉墓竹简整理小组:《银雀山汉墓竹简》,北京:文物出版社,1985年。
[3] 湖北省文物考古研究所:《江陵凤凰山西汉简牍》,北京:中华书局,2012年。
[4] 张家山汉墓二四七号汉墓竹简整理小组:《张家山汉墓竹简[二四七号墓]》,北京:文物出版社,2006年。

四、湖南汉简、帛书

1. 长沙汉简和帛书

1972年，长沙马王堆一号汉墓出土竹简793枚、木简10枚、木牍7枚，主要为记录随葬品的遣策。1973年，马王堆三号墓发现遣策竹简403枚，木牍7枚，另有医书简200枚。医简采用问答体，内容与《黄帝内经》相似。三号墓的漆木匣中出土一批帛书，共计28种12万字，有图有文。如果按照《汉书·艺文志》的分类，有六艺类：《周易》《丧服图》《春秋事语》《战国纵横家书》；诸子类：《老子》甲本、乙本，《九主图》《皇帝书》；兵书类：《刑德》甲、乙、丙3种；数术类：《篆书阴阳五行》《隶书阴阳五行》《五星占》《天文气象杂占》《出行占》《木人占》《符箓》《神图》《筑城图》《园寝图》和《相马经》；方术类：《五十二病方》（附佚书4篇）、《胎产图》《养生图》《杂疗方》《导引图》。还有《长沙国南部地形图》《驻军图》《城邑图》3幅地图。《五星占》是现存最早的天文书。帛书内容涉及战国至西汉初期政治、军事、思想、文化及科学等各方面，有重要的学术价值，又可作为校勘传世古籍的依据。

2004年，长沙市东牌楼发掘清理古井群，其中J7出土了一批东汉木简、木牍，大多为杉木质，内容为东汉灵帝时长沙郡和临湘县通过邮亭收发的公私文书，共426枚，有字者218枚。J7使用于东汉桓帝至灵帝末期，废弃于灵帝末至孙吴初期[1]。

2010年，长沙市城区地铁施工期间，在五一广场站地下水管改迁施工过程中，于一号窖内出土东汉简牍万余枚，经初步辨认，有长沙地方政府的官方档案文书。出土简牍的一号窖位于东汉长沙府廨所在地[2]。

2. 沅陵虎溪山汉墓竹简

1999年，湖南沅陵县虎溪山西汉早期墓（M1）出土竹简1300余件（段），约合完整简800余枚。简文主要有黄簿、日书和美食方等，涉及户籍、养生、田亩、赋税登记、占卜等等。如简M1T:43-99记："廷到长安，道函浴（谷），三千二百一十九里，其四百卅三里沅水。"M1T:101记："泣聚户百卅四，口五百廿一人。"M1N:69-己9记："☐盖以巾，令其烝（蒸），彻上，即继出置巾上，以手排去其大气而成为饭二斗。"M1墓主为长沙王吴臣之子、第一代沅陵侯吴阳，死于文帝后元二年（公元162年）[3]。

五、江苏汉简

1993年，连云港东海县温泉镇尹湾村6号西汉墓出土竹简100余枚，木牍23件，内容主要为西汉末年东海郡的文书档案，有集簿和属县吏员定簿、升迁簿、考绩簿等。"武库永始四年兵车器集簿"木牍记载了西汉东海郡武库藏兵车器240种，共计2 000多万件。

---

[1] 长沙市文物考古研究所：《长沙东牌楼7号古井（J7）发掘简报》，《文物》2005年第12期。
[2] 长沙市文物考古研究所：《湖南长沙五一广场东汉简牍发掘简报》，《文物》2013年第6期。
[3] 湖南省文物考古研究所等：《沅陵虎溪山一号汉墓发掘简报》，《文物》2003年第1期。

13号木牍"君兄缯方缇中物疏"除记刀、笔、管、板研、墨橐等文具外,还记录了各种著作,有《记》一卷(即"元延二年起居记")、《六甲阴阳书》一卷(即9号牍)、《乌傅》(即"神乌傅[赋]")"(图5-3)。但所记另有《列女传》《恩泽诏书》《楚相内史对》《弟子职》等,墓中未见任何残存,应为帛书[1]。

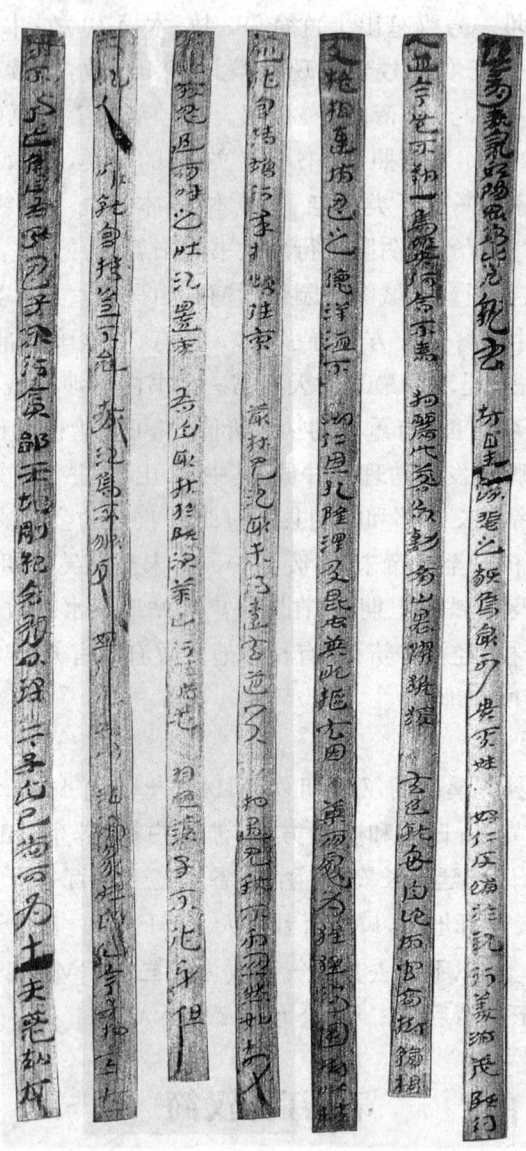

图5-3 连云港尹湾汉墓出土"神乌傅(赋)"部分木简

1984年,仪征胥浦101号西汉墓出土的竹简《先令券书》是所见遗嘱类文书中最为完整和文字最多的。

---

[1] 连云港市博物馆等:《尹湾汉墓简牍》,北京:文物出版社,1997年。

六、安徽汉简

1977年,安徽阜阳双古堆西汉前期第二代汝阴侯夏侯灶墓(M1)出土一批木简[1],约6000件,内容包括《诗经》《刑德》《仓颉篇》《周易》《大事记》《相狗经》《日书》《行气》《万物》《干支表》等10余种。夏侯灶卒于文帝十五年(公元前165年),出土木简《诗经》是已知最早的《诗经》古本。《仓颉篇》存541字,也是该书最重要的一次发现。

七、河北汉简

1973年,河北定县(今定州)八角廊西汉晚期中山怀王刘修墓出土724枚炭化的竹简,经辨识,内容包括《论语》《文子》《日书》《太公》《儒家者言》等重要古籍,竹书《论语》是目前所见最早的抄本,简文约占传本文字的一半,与传本有一定差别[2]。

八、南越汉简

2004年底,南越国宫署遗址264号井中出土木简100余枚,内容主要为籍簿文书和法律文书,前者包括宫署出入簿、财务分类簿、军事文档等,后者有律令、爰书、奏谳书。体例同中原汉简,所见职官有泰子、公主、谭侯、舍人、中官、常使(侍)、食官、御工令、景巷令、游卫(徼)、大鸡官等,基本"同制京师",而"大鸡官"等为南越所独有。简文字体为汉初隶书,简长25厘米[3]。这是南越地区首次发现的汉简,从多个侧面反映了南越国各项制度和南越国王宫的生活,可大大弥补南越国史记载的不足。尚不明确南越有无用简制度。

九、成都天回山汉简

2012年至2013年,成都市考古研究所发掘金牛区天回镇土门社区东侧老官山西汉木椁墓,在M1中出土了50枚木牍,为官府文书和巫术两大类。M3出土竹简920余枚,含有疑似失传已久的扁鹊派经典医书,并出土完整的经穴髹漆人俑。这是四川地区首次发现汉代竹木简。另外,M2出土的4部竹木质织机模型,对成都织锦技术的研究也有重要意义[4]。

---

[1] 安徽省文物工作队等:《阜阳双古堆西汉汝阴侯墓发掘简报》,《文物》1978年第8期。
[2] 河北省文物研究所定州汉墓竹简整理小组:《定州汉墓竹简〈论语〉》,北京:文物出版社,1997年。
[3] 广州市文物考古研究所等:《广州市南越国宫署遗址西汉木简发掘简报》,《考古》2006年第3期。
[4] 成都文物考古研究所等:《成都天回镇老官山汉墓发掘简报》,《南方民族考古》2016年第10期。

十、北京大学藏西汉竹书（北大简）

2009年，北京大学受赠一批从海外回归的西汉竹简3 000余枚，其中完整简1 600余枚，现入藏北京大学赛克勒考古与艺术博物馆。竹简长度有46厘米、30厘米、23厘米三种规格，分别为《日书》和《老子》《苍颉篇》等各种古籍以及医药类文献。简上墨书隶体文字，内容丰富，具体内容基本涵盖了《汉书·艺文志》所划分的"六艺""诸子"等六大门类，对于先秦史、秦汉史、古代思想史、自然科学史、医学史、书法艺术史、历史文献学、文字学、简牍书籍制度等诸多领域的研究，都具有非同寻常的学术价值。2010年陆续整理公布，见北京大学出土文献研究所编《北京大学藏西汉竹书》（壹至肆，上海古籍出版社，2012至2015年出版）。

主要参考书目

说明:书目按作者姓氏音序排列,音同者按著作出版时间先后排列。随正文注出的历史文献和期刊中的发掘报告、相关论文不再列出。

一、考古报告

1. 成都文物考古研究所:《成都商业街船棺葬》,北京:文物出版社,2009年;
2. 重庆市文物局、重庆市移民局:《奉节营盘包墓地》,北京:科学出版社,2016年;
3. 大葆台汉墓发掘组、中国社会科学院考古研究所:《北京大葆台汉墓》,北京:文物出版社,1989年;
4. 郭宝钧:《山彪镇与琉璃阁》,北京:科学出版社,1959年;
5. 广西壮族自治区博物馆:《广西贵县罗泊湾汉墓》,北京:文物出版社,1988年;
6. 广州市文物管理委员会、广州市博物馆:《广州汉墓》,北京:文物出版社,1981年;
7. 广州市文物管理委员会等:《西汉南越王墓》,北京:文物出版社,1991年;
8. 广州市文物考古研究所、广州番禺区文管会办公室:《番禺汉墓》,北京:科学出版社,2006年;
9. 贵州省文物考古研究所:《赫章可乐二〇〇〇年发掘报告》,北京:文物出版社,2008年;
10. 河北省文物研究所:《墓罍——战国中山国国王之墓》,北京:文物出版社,1996年;
11. 河北省文物研究所:《燕下都》,北京:文物出版社,1996年;
12. 河北省文物研究所:《战国中山国灵寿城——1975~1993年考古发掘报告》,北京:文物出版社,2005年;
13. 河南省商丘市文物管理委员会、河南省文物考古研究所、河南省永城市文物管理委员会:《芒砀山西汉梁王墓地》,北京:文物出版社,2001年。
14. 河南省文化局文物工作队:《巩县铁生沟》,北京:文物出版社,1962年;
15. 河南省文物考古研究所:《永城西汉梁国王陵与寝园》,郑州:中州古籍出版社,1996年;

16. 湖北省博物馆:《曾侯乙墓》,北京:文物出版社,1989年;
17. 湖北省荆沙铁路考古队:《包山楚墓》,北京:文物出版社,1991年;
18. 湖北省宜昌地区博物馆、北京大学考古系:《当阳赵家湖楚墓》,北京:文物出版社,1992年;
19. 湖北省宜昌博物馆:《当阳岱家山楚汉墓》,北京:科学出版社,2006年;
20. 湖北省荆州地区博物馆:《江陵雨台山楚墓》,北京:文物出版社,1984年;
21. 湖北省荆州地区博物馆:《江陵马山一号楚墓》,北京:文物出版社,1985年;
22. 湖北省文物考古研究所:《江陵九店东周墓》,北京:科学出版社,1995年;
23. 湖北省文物考古研究所:《江陵望山沙冢楚墓》,北京:文物出版社,1996年;
24. 湖北省文物考古研究所等:《荆门左冢楚墓》,北京:文物出版社,2006年。
25. 湖南省博物馆、中国科学院考古研究所:《长沙马王堆一号汉墓》,北京:文物出版社,1973年;
26. 湖南省博物馆等:《长沙楚墓》,北京:文物出版社,2000年;
27. 湖南省博物馆、湖南省文物考古研究所:《长沙马王堆二、三号汉墓 第一卷 田野发掘报告》,北京:文物出版社,2004年;
28. 湖南省文物考古研究所:《里耶发掘报告》,长沙:岳麓书社,2006年;
29. 黄石市博物馆:《铜绿山古矿冶遗址》,北京:文物出版社,1999年;
30. 江苏省文物管理委员会:《江苏徐州汉画像石》,北京:科学出版社,1959年;
31. 洛阳文物工作队:《洛阳王城广场东周墓》,北京:文物出版社,2009年;
32. 南京博物院、山东省文物管理处:《沂南古画像石墓发掘报告》,北京:文化部文物管理局,1956年;
33. 南京博物院:《四川彭山汉代崖墓》,北京:文物出版社,1991年;
34. 南阳汉代画像石编辑委员会:《南阳汉代画像石》,北京:文物出版社,1985年;
35. 睡虎地秦墓竹简整理小组:《睡虎地秦墓竹简》,北京:文物出版社,2001年;
36. 秦始皇帝陵博物院:《秦始皇帝陵园考古报告(2009～2010)》,北京:科学出版社,2012年;
37. 山东省文物考古研究所等:《曲阜鲁国故城》,济南:齐鲁书社,1982年;
38. 山东省文物考古研究所:《临淄齐墓》(第一集),北京:文物出版社,2007年;
39. 山东省文物考古研究所等:《鲁中南汉墓》,北京:文物出版社,2009年;
40. 山东省文物考古研究所:《临淄齐故城》,北京:文物出版社,2013年;
41. 陕西省考古研究所:《陇县店子秦墓》,西安:三秦出版社,1998年;
42. 陕西省考古研究所:《秦都咸阳考古报告》,北京:科学出版社,2004年;
43. 陕西省考古研究院、秦始皇兵马俑博物馆:《秦始皇帝陵园考古报告(2001～2003)》,北京:文物出版社,2007年;
44. 四川省博物馆:《四川船棺葬发掘报告》,北京:文物出版社,1960年;
45. 四川省文物考古研究所、绵阳博物馆:《绵阳双包山汉墓》,北京:文物出版社,2006年;

46. 文物编辑委员会:《中国长城遗迹调查报告集》,北京:文物出版社,1981年;
47. 西安市文物保护考古所:《西安龙首原汉墓》,西安:西北大学出版社,1999年;
48. 西安市文物保护考古所:《西安东汉墓》,北京:文物出版社,2000年;
49. 西安市文物保护考古所:《西安南郊秦墓》,西安:陕西人民出版社,2004年;
50. 西安市文物保护考古所、郑州大学考古专业:《长安汉墓》,陕西人民出版社,2004年;
51. 徐州博物馆、南京大学历史学系考古专业:《徐州北洞山西汉楚王墓》,北京:文物出版社,2003年;
52. 云南省博物馆:《云南晋宁石寨山古墓群发掘报告》,北京:文物出版社,1959年;
53. 云南省文物考古研究所、玉溪市文物管理所、江川县文化局:《江川李家山——第二次发掘报告》,北京:文物出版社,2007年;
54. 云南省文物考古研究所、昆明市博物馆、晋宁县文物管理所:《晋宁石寨山——第五次发掘报告》,北京:文物出版社,2009年;
55. 《云梦睡虎地秦墓》编写组:《云梦睡虎地秦墓》,北京:文物出版社,1981年。
56. 中国科学院考古研究所:《辉县发掘报告》,北京:科学出版社,1956年;
57. 中国科学院考古研究所:《洛阳烧沟汉墓》,北京:科学出版社,1959年;
58. 中国科学院考古研究所:《洛阳中州路(西工段)》,北京:科学出版社,1959年;
59. 中国社会科学院考古研究所、河北省文物管理处:《满城汉墓发掘报告》,北京:文物出版社,1980年;
60. 中国社会科学院考古研究所:《陕县东周秦汉墓》,北京:科学出版社,1994年;
61. 中国社会科学院考古研究所:《西汉礼制建筑遗址》,北京:文物出版社,2003年;
62. 中国社会科学院考古研究所:《汉长安城武库》,北京:文物出版社,2005年;
63. 中国社会科学院考古研究所:《汉魏洛阳故城南郊东汉刑徒墓地》,北京:文物出版社,2007年;
64. 中国社会科学院考古研究所:《汉魏洛阳故城南郊礼制建筑遗址1962～1992年考古发掘报告》,北京:文物出版社,2010年。

二、学术著作

1. 白云翔:《先秦两汉铁器的考古学研究》,北京:科学出版社,2005年;
2. 陈振裕:《战国秦汉漆器群研究》,北京:文物出版社,2007年;
3. 段宏振:《赵都邯郸城研究》,北京:文物出版社,2009年;
4. 段鹏琦:《汉魏洛阳故城》,北京:文物出版社,2009年;
5. 段清波:《秦始皇帝陵园考古研究》,北京:北京大学出版社,2011年;
6. 郭德维:《楚系墓葬研究》,湖北教育出版社,1995年;
7. 龚廷万、龚玉、戴嘉陵:《巴蜀汉代画像集》,北京:文物出版社,1998年;
8. 黄锡全:《先秦货币通论》,紫禁城出版社,2001年;
9. 黄晓芬:《汉墓的考古学研究》,长沙:岳麓书社,2003年;

10. 黄佩贤:《汉代墓室壁画研究》,北京:文物出版社,2008年;
11. 黄展岳:《先秦两汉考古论丛》,北京:科学出版社,2008年;
12. 洪石:《战国秦汉漆器研究》,北京:文物出版社,2006年;
13. 河南省博物馆、《中国冶金史》编写组:《汉代叠铸:温县烘范窑的发掘和研究》,北京:文物出版社,1978年;
14. 河南省文物研究所编《河南考古四十年》,郑州:河南人民出版社,1994年;
15. 荆门市博物馆:《郭店楚墓竹简》,北京:文物出版社,1998年;
16. 蒋英炬、杨爱国:《汉代画像石与画像砖》,北京:文物出版社,2001年;
17. 孔祥星、刘一曼:《中国古代铜镜》,北京:文物出版社,1984年;
18. 凌业勤等:《中国古代传统铸造技术》,北京:科学技术文献出版社,1987年;
19. 罗哲文:《长城文集》,北京:外文出版社,1996年;
20. 李发林:《齐故城瓦当》,北京:文物出版社,1990年;
21. 李京华:《李京华考古文集》,北京:科学出版社,2012年;
22. 邱光明、邱隆、杨平:《中国科学技术史·度量衡卷》,北京:科学出版社,2003年;
23. 刘尊志:《徐州汉墓与汉代社会》,北京:科学出版社,2011年;
24. 刘振东:《冥界的秩序——中国古代墓葬制度概论》,北京:文物出版社,2015年;
25. 刘庆柱、李毓芳:《西汉十一陵》,西安:陕西人民出版社,1987年;
26. 刘庆柱、李毓芳:《汉长安城》,北京:文物出版社,2003年;
27. 刘兴林:《考古学视野下的江南纺织史研究》,厦门:厦门大学出版社,2012年;
28. 刘兴林:《先秦两汉农业与乡村聚落的考古学研究》,北京:文物出版社,2017年;
29. 刘瑞、刘涛:《西汉诸侯王陵墓制度研究》,北京:中国社会科学出版社,2010年;
30. 马王堆汉墓帛书整理小组:《马王堆汉墓帛书(肆)》,北京:文物出版社,1985年;
31. 骈宇骞、段书安:《二十世纪出土简帛综述》,北京:文物出版社,2006年;
32. 上海市纺织科学研究院、上海市丝绸工业公司文物研究组:《长沙马王堆一号汉墓出土纺织品的研究》,北京:文物出版社,1980年;
33. 孙机:《汉代物质文化资料图说》(增订本),上海:上海古籍出版社,2011年;
34. 滕铭予:《秦文化——从封国到帝国的考古学观察》,北京:学苑出版社,2002年;
35. 王仲殊:《汉代考古学概说》,北京:中华书局,1984年;
36. 王建中:《汉代画像石通论》,北京:紫金城出版社,2001年;
37. 文物编辑委员会编《文物考古工作十年 1979—1989》,北京:文物出版社,1991年;
38. 文物出版社编《新中国考古五十年》,北京:文物出版社,1999年;
39. 信立祥:《中国汉代画像石综合研究》,北京:文物出版社,1999年;
40. 许鸣岐:《中国古代造纸术起源史研究》,上海:上海交通大学出版社,1991年;
41. 徐龙国:《秦汉城邑考古学研究》,北京:中国社会科学出版社,2013年;
42. 杨巨中:《中国古代造纸史渊源》,西安:三秦出版社,2001年;
43. 杨宽:《中国古代陵寝制度史研究》,上海:上海古籍出版社,1985年;

44. 杨宽:《中国古代冶铁技术发展史》,上海:上海人民出版社,2004年;
45. 杨鸿勋:《杨鸿勋建筑考古学论文集》,北京:清华大学出版社,2008年;
46. 袁仲一:《秦始皇陵考古发现与研究》,西安:陕西人民出版社,2002年;
47. 袁仲一:《秦始皇陵兵马俑研究》,北京:文物出版社,1990年;
48. 俞伟超:《先秦两汉考古学论集》,北京:文物出版社,1985年;
49. 俞伟超:《古史的考古学探索》,北京:文物出版社,2002年;
50. 赵化成、高崇文等:《秦汉考古》,北京:文物出版社,2002年;
51. 中国社会科学院考古研究所编《新中国的考古发现和研究》,北京:文物出版社,1984年;
52. 中国社会科学院考古研究所编《中国考古学·两周卷》,北京:中国社会科学出版社,2004年;
53. 中国社会科学院考古研究所汉长安城工作队、西安市汉长安遗址保管所:《汉长安城遗址研究》,北京:科学出版社,2006年;
54. 中国社会科学院考古研究所编《中国考古学·秦汉卷》,北京:中国社会科学出版社,2010年;
55. 中国社会科学院考古研究所、西安市文物保护考古研究院、西安市秦阿房宫遗址保管所:《阿房宫考古发现与研究》,北京:文物出版社,2014年。

三、教材

1. 高英民主编《中国古代钱币》,北京:学苑出版社,2007年;
2. 井中伟、王立新:《夏商周考古学》,北京:科学出版社,2013年;
3. 李发林:《战国秦汉考古》,济南:山东大学出版社,1991年;
4. 宋治民:《战国秦汉考古》,成都:四川大学出版社,1993年;
5. 苏秉琦:《战国秦汉考古》,上海:上海古籍出版社,2014年;
6. 查瑞珍:《战国秦汉考古》,南京:南京大学出版社,1990年;
7. 昭明、马利清:《中国古代货币》,天津:百花文艺出版社,2007年。

后 记

南京大学历史系考古专业创办于1972年。初时,蒋赞初先生约请北京大学李伯谦和徐州师范学院(现江苏师范大学)阎孝慈两位先生讲授商周至秦汉考古。1975年开始,由本校查瑞珍老师承担"战国秦汉考古"课程的教学工作。我1981年考入南京大学考古专业,正是查老师给我们讲授"战国秦汉考古"一课,当时发给同学们使用的是她的油印讲义稿。1990年查老师编写出版了《战国秦汉考古》教材(南京大学出版社出版),当时国内断代考古类教材稀缺,教材的出版满足了考古专业教学的需要。

1996年,查瑞珍老师荣退。我1998年调入南大,接替查老师的工作,给本科考古专业学生讲授"战国秦汉考古",继续使用查老师编写的教材。由于该教材出版时间早,又因需求大而库存有限,不几年就出现短缺。我在备课时参考查老师的教材,不断补充新材料,吸收新成果,增减内容,调整体系,于2003年在我的讲稿的基础上整理出20多万字的讲义发给学生以应急需。随着内容不断充实、丰富和更新,讲义稿便成为现在这本《战国秦汉考古》的基础。2007年,我参加张之恒老师主编的《中国考古通论》(2009年由南京大学出版社出版)的编写,我负责的"战国秦汉考古"一章也是当年讲义稿的精减版。该章内容曾被拆分成不同的专题,零散地发到了网络上的不同栏目中,相关表述应以本稿为准。

感谢老师兼师母查瑞珍给我无私的帮助和鼎力支持。记得当年刚回南大上课时,查老师常为我耐心地解答问题、介绍参考书目,甚至直接提供备课材料。我的导师洪家义先生也常在旁指导加嘱咐。从1985年读洪老师的研究生开始,他们的家就一直是我常去的地方。有了老师的支持,我在边学边教中受益无穷,站在讲台上也多了些许底气。我现在边教边学,仍时时不忘他们给我的帮助和教诲!

编著者学识、精力有限,又考古发现和研究成果日新月异,教材中的错误和疏漏、不合时宜的老旧观点一定不少,读者尽可以在使用过程中边批评边纠正。

博士生张艳秋和硕士研究生方明红、卢雨森、方晴等同学协助校对文稿,在此表示感谢!最后向为本系列教材的规划和出版付出大量心力、劳动的院系领导与同仁以及责任编辑表示钦佩、敬重和感谢!

刘兴林

2018年11月10日

图书在版编目(CIP)数据

战国秦汉考古 / 刘兴林编著. —— 南京：南京大学出版社，2019.11
ISBN 978-7-305-19441-2

Ⅰ. ①战… Ⅱ. ①刘… Ⅲ. ①考古—中国—战国时代—高等学校—教材②秦汉考古—中国—高等学校—教材 Ⅳ. ①K871.41

中国版本图书馆 CIP 数据核字(2019)第 267024 号

出版发行	南京大学出版社
社　　址	南京市汉口路 22 号　　邮　编　210093
出 版 人	金鑫荣

书　　名　战国秦汉考古
编　　著　刘兴林
责任编辑　王　静　　　　　　　编辑热线　(025)83593963

照　　排	南京南琳图文制作有限公司
印　　刷	南京玉河印刷厂
开　　本	787×1092　1/16　印张 23.5　字数 550 千
版　　次	2019 年 11 月第 1 版　2019 年 11 月第 1 次印刷

ISBN 978-7-305-19441-2
定　　价　68.00 元

网　　址　http://www.njupco.com
官方微博　http://weibo.com/njupco
官方微信　njupress
销售热线　(025) 83594756

* 版权所有，侵权必究
* 凡购买南大版图书，如有印装质量问题，请与所购图书销售部门联系调换